L'ITALIE DU NORD

Édité par la Maison QUANTIN

LE MONDE PITTORESQUE ET MONUMENTAL

L'ITALIE DU NORD

Tous droits réservés.

LE MONDE PITTORESQUE ET MONUMENTAL

L'ITALIE DU NORD

PAR

G. DE LÉRIS

Ouvrage illustré de nombreux dessins d'après nature

PARIS
MAISON QUANTIN
COMPAGNIE GÉNÉRALE D'IMPRESSION ET D'ÉDITION
7, RUE SAINT-BENOIT
1889

AVANT-PROPOS

Qui n'a songé, une fois au moins en sa vie, à un voyage en Italie? Qui de nous, dans ses années de jeunesse, alors qu'il établissait ses plans d'avenir et prévoyait de courts répits au milieu d'occupations sérieuses, n'a fixé parmi les premières excursions qu'il désirait accomplir un tour au delà des Alpes, dans le pays du soleil, dans cette contrée heureuse où les souvenirs de l'ancien temps se mêlent, se confondent avec ceux des époques moins lointaines pour donner un éclat plus grand aux traditions de l'histoire ou de l'art. Il y a quelques années encore, bien peu d'années vraiment, quarante tout au plus, combien devaient renoncer à un rêve dont la réalisation exigeait beaucoup de temps et beaucoup d'argent! On examinait son budget, on calculait ses loisirs, et, par suite même des difficultés auxquelles on se heurtait en arrêtant la route à suivre, on tenait à tout voir en un seul voyage, tant on était peu sûr de le recommencer. Se rendre seulement dans le Piémont ou le Milanais eût paru presque ridicule, on ne se fût même pas contenté de pousser jusqu'à Venise et de visiter les seules contrées du nord. On voulait aller plus avant et si, parfois, on sacrifiait Naples, au moins n'entreprenait-on jamais un parcours qui ne vous conduisît à Florence et jusqu'à Rome.

Les conditions sont changées. Les chemins de fer rapidement créés amenèrent d'abord les voyageurs jusqu'au pied des Alpes. Sur l'autre versant, les lignes italiennes établies dans chaque État se construisirent peu à peu, s'augmentèrent chaque année d'un tronçon nouveau et finirent par se joindre, reliant ainsi par une voie continue le nord au centre, puis au midi. Restait le passage des montagnes, fort appréciable assurément au point de vue pittoresque, mais parfois aussi bien pénible. Cependant on eût été bien malvenu à se plaindre; on n'y songeait même pas, tant ces quelques heures de voiture paraissaient peu de chose auprès des longs trajets en diligence, ou même en chaise de poste.

Quelques années s'écoulèrent encore, et le chemin de fer, brisant tous les obstacles, perça sa voie sous ces masses de granit, se lança avec témérité dans les longs tunnels noirs et reparut de l'autre côté de la montagne, saluant le jour d'un puissant jet de fumée blanche. Dès lors on pouvait profiter des loisirs les plus limités, mesurer l'importance du voyage à la dépense qui vous était permise, et remettre à une année suivante l'achèvement d'un parcours trop étendu.

Et alors on part. En quelques heures on est arrivé.

Le plus souvent on pousse droit devant soi, le plus loin possible, comptant visiter au retour les villes négligées dans les premiers jours. Il y a dans cette hâte deux sentiments. Aller d'abord plus loin, parce que, au second voyage, il sera plus facile de revenir plus près. Voir, avant toute autre partie, l'Italie de Florence et de Rome. Bien des gens n'en admettent pas d'autre. La tradition le veut ainsi. Il faut un voyage complet, suivi avec soin, pour apprendre qu'au nord il y a autant à voir, à étudier qu'au centre, et que si diverses provinces plus voisines de nous sont moins riantes, moins gaies à l'œil, certaines même plus vides sous le rapport de l'art, tout sollicite à juste titre l'attention dans ce merveilleux pays, sur cette terre privilégiée que les âges ont consacrée.

Doit-on négliger le Piémont parce que son premier aspect est rude, parce que les monuments y sont moins nombreux? Faut-il s'arrêter moins longtemps dans le Milanais parce que ses vastes plaines fatiguent de leur uniformité? Mais, déjà, que de travaux d'art à étudier, que de souvenirs historiques à réveiller, et quelle jouissance on éprouve à se promener sur ses lacs incomparables! Voilà enfin la Vénétie. Soit! ne parlons pas du pays qui n'est pittoresque, accidenté que dans le nord, vers le Frioul. Mais Venise réclame une visite des plus minutieuses; chacune des cités de cette antique province a été un foyer de science et d'art, a donné naissance à des écoles dont le renom est encore glorieux. On fait toujours, il est vrai, une exception pour Venise; mais cette exception même est insuffisante.

A partir de Bologne, les visiteurs sont plus nombreux; du moins cette ville est-elle pour la plupart d'entre eux le premier temps d'arrêt. Mais trop souvent encore on omet de visiter la Romagne, toute la côte de l'Adriatique bien intéressante à suivre en détail. On lui préfère pour son éclat, pour ses effets variés cette admirable côte méditerranéenne de la province de Ligurie, dont on revient toujours en gardant gravé dans l'esprit un enchantement sans pareil. A Bologne, on est au cœur de cette belle contrée qui formait l'antique Ombrie, et, en quelques heures d'un train rapide, on gravit l'Apennin pour redescendre dans la vallée de l'Arno, dans cette merveille de verdure, dans ce paradis de la Toscane où s'accumulent les villes intéressantes, où se multiplient à chaque pas les plus beaux souvenirs de puissance, de richesse et d'art. Commencer par ce point extrême, c'est se préparer certainement quelques désillusions dans l'avenir. Il faut avoir passé par l'hiver, qui, lui aussi, a ses beautés, pour bien jouir de l'été.

Mais à quoi servirait un conseil? Chacun obéit à son inspiration sans songer même à jeter un coup d'œil sur la carte. On y verrait indiquée d'une façon logique la marche à suivre dans cette Italie du nord et du centre, enserrée, défendue au nord et à l'ouest par les Alpes, de la Méditerranée à l'Istrie, à l'ouest encore par la Méditerranée, à l'est par l'Adriatique, traversée dans sa longueur par les Apennins, arrosée par de larges et puissants fleuves comme le Pô, le Tessin, l'Adige, l'Arno, le Mincio.

Toutes les anciennes divisions territoriales sont maintenant fondues dans le royaume d'Italie, dont Victor-Emmanuel II a été le premier à porter la couronne. C'étaient la Sardaigne, la Vénétie, avant qu'elle se fût affranchie du joug de l'Autriche, les duchés de Parme et de Modène, le grand-duché de Toscane, enfin, en Romagne, une partie des États de l'Église. Maintenant, l'œuvre de l'unité italienne est accomplie depuis 1866, et la prise de Rome l'a complétée en 1870; l'Italie est un pays rajeuni, trop porté à s'exagérer sa puissance, mais plein de sève et d'ambition, disposant de ressources considérables qu'une sage entente du progrès lui permettrait d'accroître sans efforts.

L'Italie communique avec l'Europe par un grand nombre de passages à travers les Alpes. Il suffit d'en rappeler succinctement les plus importants, les plus célèbres, peut-on dire, tant est grande la place qu'ils occupent dans l'histoire. Le col de Tende, qui va de Vintimille à Coni, est le premier qui se rencontre en suivant les Alpes à partir de la Méditerranée. Briançon, en France, et Saluces, en Italie, sont ensuite reliés par le col du mont Viso, un des passages les plus élevés des Alpes (3,040 mètres); et par le pas du mont Genèvre on peut se rendre à Pignerol, dans les vallées vaudoises. Le mont Cenis était le passage le plus fréquenté de toute cette région; la route conduisait de Lanslebourg à Suse. Le chemin de fer passe maintenant un peu plus au nord, sous le Fréjus. Le dernier col enfin qui mène de France en Italie, de Chambéry à Aoste, est le petit Saint-Bernard. De l'autre côté du mont Blanc est le grand Saint-Bernard (2,620 mètres), qui fait communiquer Martigny, en Suisse, avec Ivrée, en Italie. On y compte plus de vingt mille voyageurs chaque année, et il est presque superflu de rappeler les passages célèbres qui s'y sont effectués : celui de Charlemagne, en 773 ; celui de Frédéric Barberousse, en 1106; celui de Bonaparte, du 15 au 21 mai 1800, un mois avant la bataille de Marengo.

La pittoresque route du Simplon, commencée sur l'ordre du premier consul, en 1800 du côté de la Lombardie, en 1801 du côté de la Suisse, terminée en 1805, est une des plus courtes à parcourir. Il faut huit ou neuf heures pour se rendre de Brieg, dans le Valais, à Isella dans le Milanais. Puis c'est le Saint-Gothard que les diligences mettaient, avant l'ouverture du tunnel, douze heures à franchir pour se rendre d'Altorf à Bellinzona. En 1881, on releva soixante-dix mille voyageurs sur cette route, qui fut construite de 1820 à 1832 par les cantons d'Uri et du Tessin. Notons ensuite la route du Splugen, qui unit Coire à Chiavenna; c'est une des plus anciennes voies de communication pratiquées entre la Suisse et l'Italie, mais elle fut élargie, aménagée de 1818 à 1823. Elle donna passage à l'empereur d'Allemagne Henri IV allant faire sa soumission, à Canossa, au pape Grégoire VII, et à Macdonald qui la fit franchir à son armée, en plein hiver, du 27 novembre au 4 décembre 1800. Un autre col, celui du Bernardino, permet de se rendre également de Coire à Bellinzona, et, dans le même groupe montagneux, on trouve encore le passage du Stelvio, voie admirable, mais difficile, dangereuse même à certaines époques, la route de voiture la plus élevée de l'Europe, car elle monte jusqu'à 2,814 mètres. Elle a été construite de 1820 à 1824.

Dans les monts du Tyrol, la route la plus ancienne et la plus importante est celle du Brenner, établie par l'Autriche en 1772 ; elle mène d'Inspruck à Vérone. La voie ferrée actuelle a été ouverte en 1867. Le chemin de fer du Semmering, dans les Alpes styriennes, est bien plus ancien ; il date de 1854. Il met en communication l'Autriche et l'Italie qu'il joint à la station de Pontebba. Cette ligne, qui monte à des hauteurs effrayantes dans le pays le plus abrupt qui puisse s'imaginer, a nécessité des travaux d'art d'une puissance extraordinaire, et, par suite de la rapidité des rampes, la traction, assez lente, doit être faite par des machines d'un modèle spécial. L'entreprise n'a pas coûté moins de trente-sept millions.

Il serait assez difficile d'établir d'une façon exacte le nombre des voyageurs auxquels donnent passage chaque année ces différentes voies. On l'évalue à cinq cent mille, sur lesquels cent cinquante mille piétons et trois cent cinquante mille en voiture, auxquels il faudrait ajouter ceux amenés par les chemins de fer et par les bateaux à vapeur pour avoir le total des voyageurs qui se rendent annuellement en Italie, soit pour leurs plaisirs, soit pour leurs affaires.

L'Italie, dont la population dépasse maintenant 30 millions, comprend une superficie totale de 296,014 kilomètres carrés, et son sol, d'une fécondité remarquable, porte les produits les plus variés et les plus riches, nettement déterminés suivant différentes zones. Le mouvement commercial et industriel suit une progression dont il est nécessaire de tenir compte, mais qui se fût affirmée bien plus importante ces dernières années, si les mesures économiques édictées par le gouvernement italien n'avaient amené dans les exportations des produits généraux une diminution considérable.

Je ne peux ici, dans un ouvrage d'ensemble, indiquer exactement les conditions générales de l'importation et de l'exportation. Tout au plus est-il permis de donner quelques chiffres et encore ceux-ci datent-ils de deux années déjà.

Voici, telle que la direction des douanes italiennes l'a publiée cette année 1888, la statistique du mouvement commercial entre l'Italie et les États étrangers pendant l'année 1886 :

L'Italie a exporté en Autriche-Hongrie pour un chiffre rond de 96 millions, pour 15 millions et demi en Belgique, et en France pour 481 millions, tandis que les importations de la France en Italie s'élevaient à la valeur de 346 millions. L'Italie, qui expédiait pour 108 millions de produits à l'Allemagne, en recevait 129 millions ; l'Angleterre lui en expédiait pour 275 millions contre une exportation de 71 millions.

Partout, à une exception près, le chiffre des importations est de beaucoup moins élevé que celui des exportations. On trouve les chiffres de 95 millions pour la Russie, de 95 millions également pour la Suisse, de 100 millions pour la Turquie d'Europe, de

AVANT-PROPOS.

11 millions pour l'Égypte contre 21 millions d'exportation, de 14 millions pour la Tunisie et la Tripolitaine, de 55 millions pour l'Amérique du Nord, de 21 millions pour les États de la Plata.

Rien n'est sec comme des chiffres, et même rien n'est plus trompeur. Ceux que je viens de citer suffisent cependant à fournir une base pour se rendre compte du mouvement commercial italien. Il faut noter d'ailleurs que les exportations, prises dans leur ensemble, ont plutôt diminué qu'augmenté depuis deux ans. Par suite de la dénonciation des traités douaniers, la diminution a été pour les neuf premiers mois de l'année 1888 de plus de 217 millions à l'importation, et de près de 50 millions à l'exportation. Ces chiffres ont leur éloquence.

Mais en ce moment je ne veux faire qu'une sorte de statistique sommaire, et je rapproche, mais sans autre réflexion, de ces renseignements généraux, les chiffres publiés à la même date de 1886, relatifs à la marine marchande. Celle-ci comprenait alors 7,336 navires, dont 225 vapeurs, jaugeant 124,000 tonnes, et 7,111 à voiles, jaugeant 828,819 tonnes.

Ce que les chiffres ne peuvent pas dire et ce qui est incontestable, ce qu'il faut noter avec soin à l'étranger, comme je le disais tout à l'heure, c'est l'extension considérable donnée au mouvement commercial et surtout au mouvement industriel. Il serait vraiment puéril de ne pas constater l'accroissement de la puissance politique et commerciale de l'Italie depuis quelques années. Sans doute tout ce qui a été fait, et il a été fait beaucoup, ne correspond pas entièrement à l'apparence ; il faut se garder de considérer comme bon tout ce qui est, mais il importe de tenir compte des difficultés énormes que le jeune royaume italien a eu à surmonter.

Je n'ai pas la prétention d'étudier ici, en quelques lignes, la transformation indéniable qui s'est produite dans la politique intérieure et extérieure de l'Italie depuis vingt ans ; mais il ne m'en faut pas moins noter la situation prise par le nouveau royaume italien. Celle-ci se résume d'un mot : l'Italie, à l'extérieur, a réussi à entrer dans le concert des grandes puissances, à peser dans l'action européenne, à s'assurer des alliances ; et à l'intérieur, malgré des impôts considérables, malgré une situation économique peu florissante, à maintenir ses finances dans un équilibre d'apparence satisfaisante, quelque énormes qu'aient été les dépenses qu'elle se soit imposées. Un gouvernement constitutionnel la régit ; le roi Humbert la gouverne ; les divers partis politiques, très attachés à la monarchie, ont concouru tour à tour à la rénovation actuelle, à ce *risorgimento* dont les Italiens sont fiers à bon droit, mais dont ils s'exagèrent la portée. Conservateurs, opposants de gauche, libéraux monarchiques, tous ont eu comme mobile la même aspiration, et leurs divisions se sont atténuées peu à peu, les besoins naturels d'une politique intérieure difficile ayant nécessité un rapprochement que le bon sens des chefs des divers partis a su rendre fructueux.

Si on entend parler des déclarations furibondes de quelques radicaux révolutionnaires, on ne connaît pas ce que nous appelons le parti républicain. L'opposition, quelque avancée qu'elle se manifeste, reste monarchique; elle le restera longtemps encore, il faut le croire: le danger à craindre proviendrait plutôt des sentiments fédéralistes des diverses provinces d'Italie. Celles-ci regrettent, en effet, et assez vaguement encore que l'unification du pays ait fait disparaître, au point de vue politique, des autonomies régionales qui ne s'affirment plus que dans les mœurs.

L'œuvre de rénovation générale qui s'effectue en Italie a eu pour principal auteur, après Rattazzi et Minghetti, Depretis, tous morts après avoir accompli une bonne partie de la tâche qu'ils s'étaient proposé d'exécuter. Ils l'ont fait avec assez de succès pour prémunir l'Italie, pendant quelque temps du moins, contre les fantaisies de la nouvelle politique suivie par M. Crispi, fantaisies au nombre desquelles il faut compter les ambitions coloniales.

L'Italie actuelle s'est formée, on peut le dire, dans des conditions toutes révolutionnaires; il y avait pour le jeune royaume mille difficultés à vaincre, et si ces difficultés n'ont pas été toutes surmontées, on a vu du moins se produire peu à peu, sous l'impulsion de M. Depretis, le développement de l'armée de terre et de mer, les premiers travaux de défense des côtes, le percement du Saint-Gothard, les conventions qui remettaient l'exploitation des chemins de fer à des compagnies, l'abolition de l'impôt sur la mouture et du cours forcé, la réforme électorale, réformes auxquelles M. Crispi vient malheureusement d'ajouter la réforme du code pénal, réforme conçue dans un esprit de lutte contre l'Église à laquelle les sectaires italiens n'épargnent aucune vexation.

M. Depretis, ce fut là sa force, eut pour politique un système qu'on a appelé le juste milieu, et grâce auquel, en effet, il parvint à tenir en équilibre les besoins nationaux à l'intérieur et à l'extérieur. Souple, insinuant, ayant su rallier à ses vues des adversaires comme Minghetti et Robilant, de la droite, comme Crispi et Cairoli, de la gauche, l'ermite de Stradella réussit à mener à bien une réorganisation générale pleine de périls et à asseoir cette tactique parlementaire à laquelle on a donné le nom de « transformisme ». Ce procédé parlementaire lui permit de s'appuyer, à la Chambre, sur les forces de ses adversaires pour faire adopter les mesures qui lui paraissaient les plus propres à assurer le succès de ses idées.

Sa mort arrivée en 1887 a démontré, ce qu'on ne craignait que trop, qu'il fût difficile de continuer sans lui la politique qu'il avait suivie. Il n'était pas de ce parti pour qui l'avenir de l'Italie réside dans une alliance militaire avec l'Allemagne, il n'oubliait pas ce que l'Italie doit à notre pays, il ne se faisait aucune illusion sur les avantages que la péninsule peut tirer d'un nouvel affaiblissement de la France, et si M. Depretis avait conclu, quelque temps avant sa mort, un pacte italo-allemand, du moins ne devait-on pas craindre, tant qu'il aurait la charge de l'exécuter, que ce traité même devînt pour nous une menace. Le premier ministre italien était trop pratique, trop expérimenté, trop modéré même de sentiments pour chercher à édifier la fortune, toute nouvelle, de son pays sur l'écrasement du pays voisin dont l'aide fut si précieuse à l'Italie, pays avec lequel, de l'autre côté des Alpes, on a tant d'affinités de race, de mœurs et de langue.

Là surgit un point délicat. Il n'est pas de jour où on ne parle de l'ingratitude italienne, de la haine de ses populations à notre endroit, où on ne cite des faits à l'appui de cette assertion, et on doit reconnaître que les faits donnent souvent une apparence de raison aux affirmations de ce genre. Je crois, pour ma part, qu'on se trompe dans une certaine mesure. Je suis loin de contester l'ingratitude de l'Italien, je ne la crois pas spéciale à la France. Très orgueilleux de nature, très enorgueilli d'une rénovation dont les premiers symptômes ont grisé son jugement au point de lui en centupler les effets, il n'aime pas, cela est bien certain, qu'on lui rappelle les services rendus ; mais il recherche avant tout les bénéfices qu'il pourra retirer d'une alliance quelconque, sans plus se soucier de ceux qu'il abandonne et peut-être même de ceux auxquels il se livre, et dont il se détacherait avec autant de facilité le jour où son intérêt le commanderait.

Le sentiment de la patrie italienne est fort vif dans toutes les classes de la nation, et peut-être faut-il chercher dans la préoccupation patriotique que chacun ressent, la raison d'une opinion dont les affirmations publiques doivent fatalement paraître un peu dures à d'anciens alliés. En réalité, le sentiment antifrançais n'est pas aussi général qu'on le dit, on en a maintes fois la preuve ; il est plus officiel que national ; en réalité aussi, le peuple italien ne définit pas encore exactement de quel côté se trouve la part la plus considérable de son intérêt ; la masse flotte, hésite, résiste même, quand elle se trouve, comme à l'heure actuelle, en présence de faits où son intérêt direct est engagé, tels que la dénonciation des traités douaniers existant entre la France et l'Italie ; mais il est une fraction importante du pays, et non la moins intelligente, à qui l'alliance allemande ne paraît pas devoir procurer tous les bienfaits qu'on espère en tirer. L'Allemand, qu'on ne l'oublie pas, est protestant, autoritaire et brutal ; l'Italien est catholique, latin et d'esprit ouvert. Où trouvez-vous l'affinité nécessaire ?

M. Crispi, qui a succédé au pouvoir à M. Depretis, ne semble pas avoir saisi ces considérations, fort importantes cependant en ce qui touche l'avenir. Il n'a de son prédécesseur ni la prudence, ni l'équité. Il est l'interprète forcé du traité italo-allemand conclu il y a bientôt deux ans, et il est prêt à tout, il ne le montre que trop chaque jour, pour tirer des circonstances le soutien qui lui est nécessaire à l'intérieur et à l'extérieur. Cette abdication de toute volonté, au profit de la politique du prince de Bismarck, peut lui être funeste à lui-même ; elle peut être déplorable pour le pays dont il dirige la politique. En Italie, on a fort mal considéré ce qui se passe au point de vue des traités de commerce ; on se montre plus sévère encore, sans trop vouloir l'avouer, en ce qui touche la politique d'extension coloniale qui a eu pour principal résultat l'occupation de Massaouah, occupation difficile, sans profits certains, mais non sans pertes, sans désastres renouvelés.

Il est nombre de questions intérieures, M. Crispi le comprendra trop tard, sur lesquelles il eût été préférable de porter toute son attention, dont il eût mieux valu préparer la solution impatiemment attendue principalement par les populations agricoles. Le développement général, industriel et commercial que j'ai signalé serait un trompe-l'œil, resterait, si on préfère, sans grand effet sur l'extension de la richesse générale du pays si celui-ci ne devait pas trouver en lui-même les ressources agricoles qui lui sont nécessaires. Or il n'est pas niable qu'un malaise considérable pèse sur les campagnes où le socialisme agraire a fait plus de progrès que dans nul autre pays. Certes, je le dirai plus loin, on a fait énormément en faveur de la petite culture, notamment par la création des caisses de prêts agraires; mais, en premier lieu, la petite culture est fort peu importante : on ne la rencontre que dans le nord. La main-d'œuvre est fort basse, les maladies locales dues, la plupart du temps, à la misère sont très développées, les impôts ont augmenté dans d'énormes proportions pour permettre au gouvernement de solder les immenses dépenses de l'armement de terre et de mer ; certaines provinces, englobées dans la masse, et jusqu'alors très prospères, souffrent d'avoir à acquitter une quote-part au-dessus de leurs ressources; par suite, la misère s'accroît et elle s'affirme dans la grande extension de l'émigration dont il devient nécessaire de régler l'exercice.

Cette émigration si considérable peut justifier dans une certaine mesure les préoccupations coloniales des Italiens; si elle fait espérer au commerce italien de nombreux débouchés, elle est loin, d'autre part, de rendre facile à résoudre la question du recrutement. Toute médaille a son revers. L'émigration a dépassé cent mille hommes en 1887, et la loi la plus importante à rendre serait peut-être celle qui conserverait à l'Italie une somme si considérable de forces, d'activité et d'intelligence qui vont se perdre à l'étranger sans profit réel pour la mère patrie. L'extension des grandes villes est un léger dérivatif à l'émigration étrangère, et nous sommes encore loin du temps où les travaux industriels assureront aux indigènes le travail nécessaire qu'ils ne trouvent pas dans les campagnes.

Cependant, si on ne voulait considérer que la charge de l'impôt, en la comparant à celle supportée par les autres peuples, on verrait que l'Italien paye par tête, d'après une dernière statistique, 48 fr. 24, tandis que le Français paye 76 fr. 44, l'Anglais 64 fr. 80, l'Allemand, 51 fr. 05, etc. Ces chiffres n'indiquent, il est vrai, qu'une moyenne, car nulle part ailleurs il ne serait aussi nécessaire d'établir une péréquation foncière que rendent indispensable les incroyables différences qui se notent dans les impositions supportées par les provinces du nord et les provinces du sud.

Les dépenses, comme je l'ai dit, ont augmenté dans des proportions effrayantes. On a voulu, en Italie, reformer l'armée en lui donnant une force numérique qui lui permit de faire figure à côté de celles des autres puissances d'Europe. La durée du service actif est de trois ans et l'armée compte plus de 2,400,000 hommes dont 900,000, en chiffres ronds, dans l'armée active ; l'armée de second rang comporte 370,000 hommes et la territoriale 1,130,000 hommes. Pour la marine et la défense

AVANT-PROPOS.

des côtes on a multiplié les sacrifices; d'énormes travaux ont été exécutés à Gênes, la Spezzia, Livourne, la Maddalena, Naples, Messine, Palerme, Tarente, Ancône, Venise, et la Spezzia, notamment, est devenue le principal arsenal maritime de l'Italie. La flotte doit compter, à l'époque actuelle, d'après les prévisions budgétaires, 210 navires, soit cuirassés, torpilleurs et croiseurs.

Je ne fais qu'indiquer des chiffres qui me paraissent indispensables dans la sorte de résumé qui doit servir d'avant-propos à cet ouvrage. Mais je n'ai à m'occuper que de l'Italie du Nord, je ne dois pas l'oublier, et certaines questions, celles qui intéressent l'Italie dans son entier, doivent être réservées tout naturellement pour le volume qui contiendra l'étude et la description de la seconde partie de l'Italie. N'aura-t-on pas Rome à y décrire? Et Rome devenue capitale du royaume italien, Rome où règne le roi Humbert Ier, où en face du Quirinal se dresse le Vatican, la demeure de ce vénéré pontife Léon XIII, que le monde entier est venu saluer cette année à l'occasion de son jubilé, Rome n'est-elle pas le centre des pouvoirs politiques du pays? Les Chambres y délibèrent, les administrations publiques y ont leur siège, et c'est en étudiant leur fonctionnement qu'il sera indispensable de donner des renseignements précis, des chiffres formels sur toutes les branches de la vie publique, et de s'enquérir, pour l'ensemble du royaume, non seulement de l'organisation de l'armée et de la marine, mais des finances, de l'instruction publique, de l'assistance publique, pour tout dire, de la statistique générale.

Ce premier volume n'étudie, je le répète, que l'Italie du Nord à laquelle on ne prête pas toujours l'attention qu'elle mérite. Si l'étendue du programme que je m'étais tracé ne m'a pas permis de donner tous les renseignements recueillis, du moins y trouvera-t-on une somme importante d'indications souvent inédites, de descriptions trop longtemps négligées. Ainsi rencontrerait-on bien peu d'ouvrages où on se soit véritablement occupé du nord de la Vénétie.

Ce sont les seuls points, du reste, sur lesquels on puisse donner des renseignements généraux en les appliquant au pays entier. En ce qui touche la vie, les mœurs, les coutumes, chaque province, chaque ancien État a gardé et gardera longtemps encore sa physionomie particulière. Rome a pu être imposée comme capitale politique à l'Italie, mais elle n'en est pas devenue la capitale sociale, le centre mondain, littéraire, artistique, d'où se répand sur le pays entier le mouvement intellectuel aussi bien que politique. Le régionalisme subsistera pendant un temps fort long sans doute, entretenu par la jalousie, très explicable du reste, qui a existé de tout temps entre les anciennes capitales des États disparus dans l'Italie unifiée. Celles-ci avaient appris à se suffire à elles-mêmes ; bien plus, chacune d'elles s'attribuait une supériorité sur sa voisine et Rome, par le seul fait qu'on lui a conféré le titre de capitale du royaume, n'est pas en situation de faire accepter sans résistance sa suprématie. N'est-il pas naturel que Turin, Milan, Florence ou Naples même se défendent contre une prépotence peu justifiée d'ailleurs quand on constate le mouvement scientifique et littéraire qui se

MODANE.

CHAPITRE PREMIER

I. — LE MONT CENIS. — LE TUNNEL. — DE BARDONNECCHIA A TURIN.

Si la vieille et magnifique route de Lauslebourg à Suse, la seule usitée au temps jadis, la route traditionnelle pour ainsi dire, est maintenant presque complètement délaissée, la voie du mont Cenis, par le tunnel, bien entendu, n'en reste pas moins une des plus fréquentées pour pénétrer directement de France en Italie.

Les conditions du passage sont, il est vrai, bien changées depuis dix-huit ans. L'œuvre gigantesque entreprise en 1852 par les ingénieurs Sommeiller, Grattoni et Grandis, poursuivie avec un acharnement que ne purent vaincre des déceptions sans nombre, a été terminée en 1870.

Le premier coup de pic dans la masse que devait traverser le tunnel fut donné le 17 septembre 1850 du côté de Modane et, peu de temps après, du côté de Bardonnecchia. Le 25 décembre 1870 tomba le dernier bloc de granit qui séparait encore les deux tronçons de la galerie souterraine, et, le 17 septembre 1871, passa le premier convoi international. Sommeiller ne put assister au triomphe qu'il avait rendu possible en inventant les admirables machines perforatrices actionnées par l'air comprimé. Il avait succombé le 11 juillet aux fatigues morales et physiques qui étaient résultées pour lui de l'accomplissement de son œuvre.

Quelques années avaient suffi aux habiles ingénieurs qui dirigeaient les travaux pour clore, avec l'aide de quatre mille ouvriers journellement employés au perforage et au déblayement, une série de labeurs qui furent longtemps considérés comme la plus folle des entreprises.

Il faut vingt-cinq minutes à peine pour parvenir de Modane à Bardonnecchia, mais vingt-cinq minutes sous le tunnel, et lorsque le train s'arrête à la première station italienne, on ne peut se défendre de jeter un regard sur le trou béant d'où s'échappent encore quelques flocons de fumée chassés par le courant d'air. L'œil remonte le long

BARDONNECCHIA.

de la montagne comme pour mesurer l'énorme masse, dont le poids, vous semble-t-il, a porté sur vos épaules.

La gare de Bardonnecchia occupe tout entier le minuscule plateau où elle est construite. Le village est un peu en contre-bas sur la gauche, vers la vallée. Une haute muraille de rochers qui s'élèvent sur la droite cache presque le ciel. Au sortir de la gare, la voie se déroule en s'abaissant peu à peu; les rameaux des Alpes s'écartent et laissent apercevoir la vallée de la Dora, des arbres d'une verdure sombre indiquent le premier développement de la végétation. On descend toujours, devinant à un temps d'arrêt quelques villages qu'on abandonne bien vite. On dépasse Suse, dont on aperçoit au loin la masse confuse sur laquelle pointent deux hauts clochers, ensuite Bussoleno, où se raccorde l'embranchement de Suse, et encore Condove, Avigliana. A ce dernier point la vallée s'élargit brusquement, se confond avec la plaine qui s'étend sur quatorze lieues de longueur jusqu'à Turin. L'aspect du pays parcouru s'est insensiblement modifié. De son wagon on a pu suivre cette sorte d'épanouissement de la nature qui

Vues du mont Cenis.

marque les degrés successifs de fécondité du sol. C'étaient d'abord des champs de maïs, puis de larges prairies naturelles et, sur les coteaux, des vignes au feuillage maigre, aux sarments noueux. A partir de San-Ambrogio les cultures sont plus variées et de grands champs, parsemés d'arbres, s'étendent bientôt presque à perte de vue. On entre dans la grande plaine de Turin qui va se développer sur la droite vers Coni et se prolonger sur la gauche, en remontant un peu au nord, vers Novare et Milan.

Quelques minutes encore et le train s'arrêtera dans la gare de Turin, de la vieille capitale du Piémont, de ce rude pays qui a donné pour souverains à l'Italie entière et unifiée les membres de son antique dynastie royale.

II. — TURIN.

IMPRESSION PREMIÈRE. — VIEUX QUARTIERS ET QUARTIERS NEUFS.

On se sent chez un peuple tenace et réfléchi, sans grande expansion extérieure, vaquant à ses occupations lentement, mais sûrement, amoureux des grandes lignes un peu froides, regardant haut et droit devant lui, comme ceux qui, se donnant un but, y marchent sans rien considérer de ce qui peut les retenir sur la route.

Cela ressort du mouvement général de la vie. Les passants se hâtent, mais sans presse, sans bousculades. On ne flâne pas, ou on flâne peu, même sous les Arcades. On ne court pas non plus, on marche d'un même pas régulier, quelle que soit la longueur de la route, gravement, placidement, en gens qui ont une longue course à fournir. Il y a du montagnard dans le Turinais comme dans tout bon Piémontais.

L'étranger, subissant trop souvent cette impression première, un peu rude, ne fait à l'ordinaire que déboucler sa valise et, à peine arrivé, il songe à un départ prochain. Turin, par suite de sa position au pied des Alpes, n'est considéré par la plupart des voyageurs que comme un lieu d'étape. On s'y arrête le plus souvent pour reprendre haleine, avant de se lancer vers Venise ou Florence, ou avant de rentrer en France, et, bien à tort, on quitte sans regret ce coin de Piémont mal apprécié parce qu'il est mal connu.

Un séjour un peu prolongé modifie ce premier sentiment. On s'habitue assez vite à cet ensemble dont la monotonie même ne devient pas sans charme, et, pour peu que la saison s'y prête, on trouve aux environs de nombreuses excursions à faire, des points de vue superbes à observer, bien des remarques à noter, de quoi, sans contredit, occuper et retenir pendant de longs jours ceux qui ne passent pas indifférents, réservant leur attention pour les banalités qui seules leur ont été signalées.

Pour le touriste inquiet des monuments de grand style, des collections d'art de haut prix, Turin n'est pas ville qui puisse lui plaire. Il aura vite parcouru les rues principales, rues uniformément droites et bordées non moins uniformément de hautes et un peu sombres constructions, embrassé d'un coup d'œil les places répandues à foison dans la ville, et examiné aussi les innombrables statues qui décorent chacune d'elles. En quelques heures encore il aura visité le Palais-Royal qui, à juste titre, le laissera sans enthousiasme, et le Palazzo Madama plus curieux à examiner du dehors qu'au dedans. Reste à voir la cathédrale et la chapelle du Saint-Suaire, le palais Carignan, l'Université, et le soir le Teatro Regio s'il y a représentation, puis encore la galerie d'armures attenante au Palais-Royal, enfin le Valentino en dehors de la ville, et à deux lieues de là, d'un côté Moncalieri, de l'autre la Superga.

C'est tout ce que vous indiquera le premier guide venu, et en réalité il n'y a pas beaucoup plus à voir pour celui qui est pressé d'en finir.

Mais il n'en est pas de même quand on songe tant soit peu au passé, et quand on veut se rendre compte de la façon dont s'est formée cette ville, unique d'aspect, aussi bien que de ses conditions de vie.

Rien n'est curieux comme de regarder un plan général de Turin. On dirait un immense damier dont les cases, très petites et très régulières au centre, s'agrandissent au fur et à mesure qu'on se porte vers les extrémités, et, à l'examen seul de ces îlots d'habitations, la genèse même de la ville et son agrandissement s'expliquent. On

Turin. — Piazza Castello.

reconnaît le rectangle formé par la vieille ville, rectangle qui s'étendait du Castello, à l'est, à la via della Consolata, à l'ouest, et de la porta Palatina, au nord, à la via Santa Teresa au sud.

Emmanuel-Philibert construit la citadelle, et les constructions qui s'élèvent sous son successeur forment en quelque sorte la suite des bâtiments dont la citadelle était l'extrémité. Au siècle suivant, les agrandissements ont lieu dans la direction du Pô. La Piazza Castello devient le centre de la Cité. Ces quartiers neufs se soudent les uns aux autres, et lorsque les Français auront en 1800 abattu les vieilles murailles, l'extension de la ville se fera sur toute la partie de sa circonférence, de la porte de Suse au Pô.

A partir de 1848 les agrandissements continuent, aussi bien du côté de la Piazza dello Statuto que vers le Borgo San-Salvatore.

Depuis longtemps déjà le centre géographique de la cité n'est plus Piazza Castello, mais les hautes arcades des palais qui entourent cette belle place, la via Roma qui y aboutit venant de la gare, la via Lagrange qui est parallèle à cette rue, la via Dora Grossa qui a traversé dans leur milieu les anciens quartiers, restent le centre du mouvement, de la vie, des affaires et des plaisirs de Turin. C'est à cette place d'ailleurs qu'aboutissent les principales voies de la ville, la via Roma, la via Lagrange, et la via Dora Grossa que je viens de citer, puis la via Barbaroux, la via della Zecca et la via di Po.

La partie de la place confinant aux vieux quartiers est bordée de maisons irrégulières de forme et de hauteur; mais des trois autres côtés s'élève une longue suite de palais de même architecture, aux rez-de-chaussée en portiques, jusqu'au pavillon de la Chancellerie qui tient au Palais-Royal.

Au centre se dresse le Palazzo Madama, vaste et lourd édifice qui donne en quelque sorte, dans ses bâtiments disparates réunis et non confondus, l'image de l'époque primitive et des temps modernes. Trois de ses faces sont formées de hauts murs de briques flanqués, aux deux angles est, de tours octogones plus hautes que le reste des bâtiments.

Le quatrième côté, la façade, date au contraire du xviiie siècle. Elle fut construite en 1718 par Juvara. Aux flancs d'un château moyen âge, se trouve donc accrochée pour ainsi dire une façade moderne, comme la ville, également moderne, datant de la même période, s'est juxtaposée, soudée à la cité primitive que quelques pas à peine séparent de la place du Château.

III. — LES VIEUX QUARTIERS. — LA BASILIQUE. — LE PALAIS-ROYAL.

Les vieux quartiers sont en effet tout proches. Ils sont contenus dans ces quelques îlots de maisons compris entre la via Dora Grossa et la porta Palatina, en remontant de la Piazza Castello presque jusqu'à la Piazza dello Statuto. L'Hôtel de Ville en occupe à peu près le centre. C'était, il y a bien peu de temps encore, un fouillis de rues sombres, en partie démolies maintenant, bordées de palais plus sombres encore, quoique assez remarquables parfois, notamment le Palazzo Verrua, et de maisons hautes et noires. Le soleil ne pénétrait qu'en pâles rayons jusqu'au sol. Par les portes basses, au fond d'une voûte obscure, on apercevait des cours noires, sortes de puits où suintait l'humidité. Sous d'autres porches débouchaient des corridors profonds, à peine éclairés, des allées ténébreuses, des impasses sales et dangereuses, aux odeurs de moisissure et d'immondices. Les prisons ont, à côté de ces bâtiments où la tristesse dégoutte des murs avec l'humidité, un air gai et souriant. Il en est encore de même sur bien des points. Les magasins, les échoppes qui se trouvent sur la rue, au rez-de-chaussée, n'ont pas un aspect plus attrayant; elles ne renferment d'ailleurs que le plus petit commerce, le marchand de vin où se détaille le piccolito des montagnes, la fruitière dont les légumes se fanent faute d'air et de soleil, et si une lampe brille, même en plein jour, au fond d'une boutique plus profonde, c'est que quelque brocanteur de bas étage l'occupe, à moins qu'on n'y trouve un bureau de loterie, si pauvrement éclairé par sa lampe à pétrole fumeuse, que c'est à peine si on peut lire les numéros gagnants du dernier tirage affichés le long des murs. J'ai vu un de ces bureaux dans la rue du Palais de la Cité, et cette vision m'est restée gravée dans l'esprit. C'était bien, avec ses rideaux de cotonnade rouge, l'enfer où venaient se perdre les pauvres *soldi*, les quelques sous de malheureux confiants dans les combinaisons qu'ils avaient longuement méditées.

Quel soupir de soulagement on laisse échapper en arrivant à un quartier neuf! Avec quelles délices on aspire un air dégagé de ces odeurs de fromage, de fritures à l'huile rance ou d'herbes pourries! On respire avec bonheur en se trouvant

TURIN. — Escalier du Palais Madame.

sur la place ouverte autour de la porta Palatina. La porta Palatina date de l'époque romaine. Au-dessus de ses quatre porches, dont deux assez bas réservés aux piétons, s'étend une large façade régulière, aux lignes sobres et pleines, flanquée de deux tours polygonales et crénelées, à l'une desquelles se rattache encore un pan du mur qui formait jadis l'enceinte de la ville. Puis, après avoir contemplé un instant ce monument si bien conservé d'un autre âge, on revient vers la cathédrale, l'église de San-Giovanni-Battista, dont la façade fut élevée en 1492 par un Florentin, Meo del Caprino. Les architectes turinais de la Renaissance s'entendaient mieux à construire des fortifications que des églises. La construction est un peu basse; mais la façade, toute en marbre, est d'une harmonie et d'une pureté de lignes très grandes. A côté s'élève un haut et massif campanile carré, détaché de l'église, et dont la partie supérieure a été reconstruite par Juvara. Les trois portes qui donnent accès dans l'église sont fort belles, et lorsqu'on les a franchies, on se trouve dans un vaste édifice à trois nefs surchargé de dorures et de marbres. L'intérieur ne vaut certainement pas l'extérieur.

Derrière le maître-autel — à gauche se trouve la tribune royale qui communique avec le Palais-Royal — on aperçoit, à travers la paroi vitrée qui la sépare de l'église, la Cappella del San-Sudario que construisit, au xviie siècle, Guarini pour renfermer les tombeaux des ducs de Savoie. Cette chapelle prend son nom d'un morceau du Saint-Suaire contenu dans une urne en forme de sarcophage placée au-dessus de l'autel. Elle est ronde, surmontée d'un dôme élevé, éclairé par le haut, dont on aperçoit du dehors la masse à plans superposés dominant et l'église et le palais. Le jour tombant droit sur les mausolées en marbre blanc élevés autour de la chapelle, dans des niches de marbre sombre, donne une vigueur particulière et un effet curieux à cet ensemble dont la décoration, d'un goût peu raffiné peut-être, est cependant des mieux comprises. Les statues, les figures allégoriques, les inscriptions y sont nombreuses ; les quatre mausolées qu'elle renferme sont ceux d'Emmanuel-Philibert, d'Amédée VIII, de Charles-Emmanuel II et du prince Thomas.

Des corridors intérieurs mettent la chapelle du Saint-Suaire en communication avec le Palais-Royal, dont la façade de briques, sans élégance et sans véritable style, s'allonge sur une cour intérieure séparée par une grille de la Piazza Castello. Autant l'extérieur du Palais est simple, autant à l'intérieur on a prodigué l'or, le marbre, la peinture et les étoffes pour décorer, avec plus de munificence que de goût, les divers appartements.

La façade qui donne sur les jardins est plus imposante, a plus grand air. Ces jardins, établis sur les anciens glacis des remparts, forment terrasse dans la partie qui avoisine le Château. On les a disposés en parterres ornés de statues, semés de bosquets d'arbres entourant un vaste bassin d'où émerge au centre un beau groupe de Tritons et de Néréides en marbre. Au bout des parterres — de cet endroit on jouit d'une vue magnifique sur les collines de la Superga, — on a planté un peu en contre-bas un jardin zoologique qui dépend du palais.

IV. — LES ARCADES. — LA VIE DE LA RUE.
LES PROMENADES. — LES CAFÉS ET LES THÉÂTRES. — LA SOCIÉTÉ. — LES CLUBS.

C'est surtout à partir de quatre heures de l'après-midi qu'il faut parcourir les arcades de la Piazza et de la via di Po pour se rendre compte de la vie extérieure de la population aisée, de la vie élégante des Turinais. En deux heures d'allées et venues sous les arcades de la via Roma à la via di Po, dans cette partie dénommée Portici della Fiera, dont on a fait une vraie galerie en établissant des boutiques vitrées entre les piliers des arcades, on peut voir passer, je suis sûr, la moitié au moins de la population aisée de Turin. Les uns y font les cent pas, les autres les traversent rapide-

TURIN. — PANORAMA PRIS DU MONTE DEI CAPUCCINI.

ment, sans s'arrêter autrement que pour distribuer deci delà quelques bonjours, tout en ayant fait un détour afin de ne pas manquer ces rencontres dues, en apparence, au simple hasard. Les hommes s'y rendent pour marcher en causant après avoir terminé leurs affaires et pour se reposer de leurs études et de leurs travaux, les élégants pour y recueillir les racontars du jour et suivre de l'œil quelque belle occupée à ses emplettes. Les femmes viennent jeter un coup d'œil dans les magasins et, comme elles ne peuvent entrer au café, s'y installer, s'y reposer, elles s'arrêtent chez Bass et grignotent un gâteau en buvant un verre de vermont. Eh! oui, c'est parfaitement admis. Pourquoi d'ailleurs une femme ne boirait-elle pas comme vous et moi son vermont? On vous le sert sec, au quinquina ou pur, et qui n'a bu le vermont à Turin ne sait ce qu'il en est. Après avoir parcouru la ville, couru de chez la couturière chez le bijoutier, on vient donc chez Bass, comme à Paris on s'arrête chez Guerre ou chez Gagé. A-t-on équipage, on va faire un tour dans les jolis jardins du Valentino ou plus ordinairement, la mode le veut ainsi, dans les grandes allées qui bordent le Champ de Mars; puis, en revenant, on passe par les arcades. L'hiver, c'est mieux encore. Le froid est piquant, la neige tombe épaisse et, plutôt que de marcher dans la boue, on profite de l'abri des arcades, en prolongeant sa promenade le long de la via di Po.

C'est un va-et-vient continuel d'élégants et d'élégantes, de gens sérieux et d'oisifs, d'officiers pincés dans leur dolman noir, la culotte collante, la casquette sur le nez et de grisettes trottinant ou flânant dans cette cohue.

Tout le jour il y a foule. Vers cinq heures on se bouscule, et le soir la vie reprend encore active, mais moins hâtive, animée surtout par les lumières des magasins et des cafés ouverts sous les portiques. Les principaux cafés de Turin sont naturellement sous les portiques de la Piazza et de la via di Po; leur clientèle, fort nombreuse, se renouvelle sans cesse. A Turin, on va beaucoup au café, surtout pour causer et pour lire les journaux. Dès le matin on y prend son *bicchierino,* mélange de café et de chocolat qui est la boisson favorite à cette heure. Le soir, après avoir longtemps marché sous les arcades en causant, on va s'asseoir à une table chez Fiorio, ou au Romano pour y continuer les longues discussions ou les bavardages sans fin. Chaque café a un peu sa spécialité, ici comme partout, mais plus définie peut-être parce que la vie extérieure, la vie hors de la maison étant une habitude générale, chacun se forme un centre où il revient toujours. On dit souvent que les habitants de Turin se distinguent par une précision d'habitudes incroyable, et je le crois volontiers d'après ce que j'ai vu, ayant toujours rencontré aux mêmes heures, à la même table, dans le même coin, ou sous le même portique les mêmes personnes. Les cafés profitent, comme bien on pense, de cette sorte de coutume, quoiqu'ils soient un peu moins fréquentés qu'autrefois, je veux dire moins fréquentés par toutes les classes de la société. Un moment ils furent de véritables cercles politiques; mais à ce point de vue leur rôle est fini, et, je le répète, chaque café a ses habitués bien spéciaux. Les gens qui veulent lire vont au café de la Bourse, via Roma, ou au café de Londres. Ils y trouvent tous les journaux italiens et les journaux étrangers, soit quotidiens, soit illustrés. Du reste, il n'est pas un seul des grands cafés où on ne puisse se procurer, parmi les journaux français, le *Figaro,* les *Débats,* la *République Française,* le *Monde illustré,* l'*Illustration* et souvent la *Revue des deux Mondes*. Le monde élégant se porte surtout au Fiorio et au café de Paris, via di Po, ou au Romano où se donnent chaque soir des concerts dans la vaste salle souterraine; les étudiants, les élèves de l'Académie militaire ont pour centre de rendez-vous le café National, via di Po, et les gens graves, les professeurs de l'Université qui cherchent un cabinet de lecture plutôt qu'un café, se retrouvent journellement au café de Londres. La sociabilité est fort grande, toutes les classes de la société se coudoient, se rencontrent sans que personne s'étonne de rapprochements assez étranges parfois, mais naturels dans un pays où il est admis que les gens les plus sérieux, les fonctionnaires les plus élevés usent de ce lieu de rendez-vous comme les simples oisifs.

Quelques-uns de ces établissements sont beaux, leurs salles sont vastes, un peu sombres

Turin. — La Cathédrale.

peut-être pour ceux qui se trouvent sous les galeries; mais le plus important de tous est le Romano qui a comme annexe un grand sous-sol dans la galerie de l'Industrie sub-alpine. Cette haute galerie vitrée, qui est large et bien décorée, garnie de beaux magasins, a été construite en 1874 pour joindre la Piazza Castello à la Piazza Carlo Alberto, et non seulement elle est un passage très commode et très fréquenté, mais l'hiver elle sert de promenoir lorsqu'il fait trop froid pour se tenir sous les portiques. C'est que lorsque la neige tombe, lorsque la pluie est refroidie par le vent du nord, Turin a une température fort basse et qui se maintient pendant plusieurs semaines à une moyenne entre trois ou quatre degrés au-dessous, et un ou deux degrés au-dessus de zéro. Par contre, l'été est très chaud, quoique tempéré par les vents du nord-ouest, plus agréable que le printemps où des pluies assez fréquentes, de brusques changements de temps viennent malheureusement compenser les journées ensoleillées.

C'est au printemps que sont pleines de charme les promenades dans les allées de la nouvelle place d'armes, ou aux jardins du Valentino, dans les bosquets, traversés par de larges allées, où furent élevés en 1884 les bâtiments de l'exposition, du côté du bourg moyen âge, castel et bourg, qui ont été conservés tels qu'ils avaient été reconstitués à cette époque.

La mode a consacré les grandes avenues du côté de la nouvelle place d'armes, tous ces nouveaux quartiers où se sont élevées depuis quelques années des constructions charmantes, petits hôtels entourés de jardins, ou palais somptueux ombragés par les arbres des promenades. Cela rappelle dans une certaine mesure nos quartiers neufs de Paris, l'avenue du Bois-de-Boulogne, l'avenue du Ranelagh, ou mieux encore l'avenue du Trocadéro. On s'y rend par la Porta Nuova, le Corso Vittorio Emmanuele d'où l'on gagne le Corso Duca di Genova que parcourent les voitures, tandis que les piétons suivent plus modestement la contre-allée, à l'ombre des magnifiques platanes qui la bordent. Et au-dessous des arbres, au delà du Champ de Mars, on aperçoit les Alpes, estompées dans la brume, formant le fond de cette campagne verdoyante que des villages pointent de larges taches blanches.

Les jardins du Valentino offrent aux Turinais une promenade bien autrement fleurie et gracieuse, dans un site ravissant, sur la rive gauche du Pô. Plantés vers 1856 dans la partie la plus proche du château, successivement agrandis et embellis, si joliment situés que les collines qui s'élèvent de l'autre côté du fleuve semblent les continuer à l'infini et donnent à leur paysage si vert une profondeur incroyable, ils sont un lieu de promenade charmant, un emplacement privilégié pour des fêtes de toute sorte. En 1884, on y avait élevé les bâtiments de l'exposition, et tout le monde admirait leur merveilleuse situation.

En suivant le Pô, dont les eaux coulent gaiement avec des reflets argentés entre ses deux rives vertes, on a la vue entière des collines agrestes sises sur l'autre bord, et on revient, charmé de cette excursion, vers le palais du Valentino, devant lequel continue la route en passant au pied de la terrasse même du château. On a pu visiter le château moyen âge, cette reconstitution des castels féodaux du XVe siècle; on se trouve alors devant une belle construction du XVIIe siècle que fit élever la veuve de Victor-Amédée Ier, la duchesse Marie-Christine de France. Les bâtiments, d'un aspect majestueux, comprennent, du côté de la ville, un pavillon central flanqué de hauts pavillons d'angle qui enserrent la cour d'honneur fermée par une grille. Les salles du château sont belles, et les pièces, les galeries qui servirent jadis aux divertissements de la cour de Savoie, qui furent ensuite utilisées, à notre époque, pour des expositions périodiques, ont été affectées, depuis 1859, à l'École royale d'application pour les ingénieurs. Cette école, dont on peut citer les belles collections de modèles et de minéralogie, a été, si je ne me trompe, la première de ce genre fondée en Italie.

Beaucoup de villes seraient heureuses d'avoir des promenades intérieures aussi belles. En outre, dans le centre même de Turin il est un grand nombre de squares et surtout de boulevards bordés d'arbres, principalement du côté de la citadelle. Le peuple use largement de ces promenades, et, le dimanche, le Valentino est envahi par la foule, surtout par la bourgeoisie aisée qui peut s'y rendre facilement en tramways. Mieux vaut d'ailleurs le tramway que les vilains fiacres qui stationnent Piazza Castello, voitures souvent fort délabrées, traînées par des chevaux plus usés encore.

Du reste, tout le monde à Turin use des tramways qui parcourent en nombre considérable les principales rues et qui se dirigent dans toutes les directions, sans compter les tramways à vapeur qui font le service régulier des villages entourant la ville.

Turin. — Palais Madame.

Les tramways sont, en Italie, le mode de transport par excellence, le mode démocratique dans le sens le plus étendu du mot, puisque toutes les classes profitent des réels avantages qu'ils offrent à la circulation ; leur développement s'est produit avec une rapidité extrême et dans des proportions incroyables. Si le premier tramway a été établi à Milan, on peut dire que le second l'a été à Turin, de même que les chemins de fer dont on a doté le Piémont sont des premiers parmi ceux qui ont été construits en Italie. Les premières lignes exécutées par l'État, et cela à partir de 1843, furent celles de Turin à Gênes par Novi et Alexandrie, de Turin au lac Majeur par Novare, de Turin à la frontière de Lombardie.

On aime à s'amuser à Turin comme ailleurs, et les plus grosses farces ne paraissent pas les plus mauvaises ; mais le plus grand plaisir, celui auquel le Turinais résiste le moins, quoiqu'il soit ménager de son argent, c'est celui que procure le théâtre, depuis le théâtre de marionnettes jusqu'au ballet féerique du Regio. Dans l'Italie entière, le théâtre est le divertissement populaire par excellence, et c'est avec assez de raison qu'on l'a appelé une institution démocratique parce qu'il est ouvert à tous. En payant seulement son entrée, chacun a le droit de se tenir debout dans le *palco*, notre parterre. Toutes les classes de la société s'y trouvent confondues. Il est vrai, et il faut le regretter, que depuis quelques années les conditions du théâtre tendent à changer; le public devient plus exigeant pour les décors et les costumes ; les troupes de comédie ou d'opéra ne se contentent plus des appointements restreints d'autrefois, et, comme conséquence inévitable, les prix des places augmentent. Cependant cette hausse dans les prix ne se fait encore sentir que dans les grands théâtres, où la disposition des places reste néanmoins la même, ce qui permet encore à tous, grands et petits, de jouir de ce plaisir si grand et d'en jouir, j'allais dire respectueusement, tant on tolère peu qu'on fasse du bruit et qu'on trouble la représentation. Comment, dira-t-on, mais il est connu de tout le monde qu'il n'y a pas un pays où on écoute avec moins d'attention un opéra. En Italie, chacun le sait, on va au théâtre pour causer, pour recevoir des visites, pour se faire voir et non pour entendre ce qui se récite ou se chante. La disposition même des loges n'indique-t-elle pas cet usage ? Que parlez-vous alors de silence, d'attention respectueuse ? On a raison et je n'ai pas tort. Sur les grandes scènes, dans les grandes villes, à l'Opéra surtout, on a l'habitude en effet de parler haut et beaucoup dans les loges : ce qui ne veut pas dire, je l'ai vu, que le public du parterre et de l'orchestre ne se fâche parfois et n'impose le silence. Mais dans les théâtres secondaires, dans les théâtres de comédie et dans les salles de petite ville on est beaucoup moins tolérant. Une fois, à Legnago je me suis fait huer, je l'avoue sans honte, parce que, assis à l'orchestre, j'avais, avant le lever du rideau, gardé mon chapeau sur ma tête. Ah ! si vous aviez entendu ces cris de : *capello ! capello !* Je ne comprenais rien à ce vacarme. Une autre fois à Pise, j'ai vu expulser avec force horions un malheureux qui se disputait avec son voisin au parterre. S'il eût sifflé, on lui eût pardonné, car il n'eût fait alors que manifester son sentiment sur la pièce.

Dans les grandes villes on est moins sévère ; il est même des théâtres où on jouit de la liberté la plus complète, j'en appelle de cette assertion aux habitués du *Balbo* à Turin. Au Balbo, pièces et public ne sont peut-être pas d'un degré très relevé ou, pour mieux dire, on laisse volontiers à la porte le décorum ; mais, en revanche, on s'amuse franchement. Le plus souvent ce sont des troupes milanaises qui y donnent des représentations, en dialecte milanais, bien entendu, et les pièces y sont jouées avec une verve endiablée.

Un autre théâtre qui a certainement un caractère plus turinais, c'est celui de San-Martiniano, théâtre populaire entre tous, le rival du Gianduja qui n'existe plus. Dans l'ancienne salle minuscule où je l'ai vu se pressait la petite bourgeoisie, et une société plus relevée ne dédaignait pas d'y venir de temps à autre. Qu'est-ce donc que San-Martiniano ? Tout simplement un théâtre de marionnettes.

Le théâtre d'Angennes, qui ouvre rarement du reste, et le théâtre Rossini ont en général des troupes exclusivement piémontaises, jouant en dialecte piémontais, tandis qu'au Gerbino, élevé en 1838, et à l'Alfieri qui date de 1855, ouverts presque toute l'année, ce sont les comédies italiennes ou les traductions des pièces françaises qui sont exclusivement représentées. Il y a encore le Carignano, le plus ancien théâtre de comédie de Turin — il fut construit en 1752 — où débutèrent des auteurs justement célèbres comme Vittorio Alfieri, comme Carlo Marenco, Alberto Nota — de 1890 à 1848 — et bien d'autres après eux qui se sont acquis une réputation populaire, entre autres à notre époque Ferrari et Leopoldo Marenco. Notons aussi le théâtre Scribe dont la construction remonte à 1857, et où je me rappelle avoir entendu *Zaïre*, Salvini ren-

Turin. — Armeria Real.

dant avec son grand talent de tragédien le personnage d'Orosmane. Par contre, les Turinais qui sont amateurs de musique, sans véritable enthousiasme cependant, qui ont depuis 1872 des concerts populaires très suivis et d'autres séances de musique données par la société philharmonique, qui ont une école de musique assez bonne, ne possèdent qu'un théâtre de grande musique, le Regio, ouvert pendant le carnaval et le carême seulement, et où on a donné ces dernières années, entre autres opéras, l'*Ero et Leandro*, de Bottesini; le *Mefistofele*, de Boïto; le *Roi de Lahore*, *Guarany*, de Gomez, et de grands ballets comme *Messalina*, *Sieba*, *Excelsior*, bien entendu, *Dai-Sin*, etc. Le Regio est une très belle salle pouvant contenir 2,500 spectateurs, construite en 1738 par le comte Alfieri qui devait élever quelques années après le Carignano. J'ai dit avec raison une très belle salle, puisqu'il n'y a pas de façade proprement dite à ce théâtre situé Piazza Castello, dans l'angle est, près de la via della

Zecca, et dissimulé derrière les bâtiments à portiques qui occupent tout le tour de la place. Ses développements intérieurs permettent une mise en scène considérable et sa salle, formée de cinq étages de loges au-dessus desquelles court une vaste galerie garnie de stalles, est d'une belle ordonnance et d'une décoration très riche. Elle est éclairée maintenant à l'électricité. Une galerie qui suit tout un des côtés de la Piazza Castello, en traversant les divers pavillons occupés par la galerie des armures, par les archives, etc., met le théâtre en communication avec le Palais-Royal et permet ainsi à la famille royale de se rendre aux représentations sans sortir sur la place. Le Regio est d'ailleurs tout à fait un théâtre d'apparat, très bien agencé pour ajouter à l'éclat des fêtes qui s'y donnent, un théâtre cher, puisque l'entrée seule coûte trois francs. On sait que dans les théâtres italiens il faut, à quelque place qu'on se rende, payer d'abord le droit d'entrée, auquel s'ajoute celui de la place qu'on occupe dans la salle, à moins qu'on ne reste debout au parterre. Cette mode est fort appréciée des hommes. Pour peu qu'ils aient plusieurs personnes de leurs relations dans la salle, ils peuvent assister à la représentation dans deux ou trois loges successives, en visite, prêts à céder leur place quand un nouveau visiteur se présente. Au Regio, c'est un magnifique suisse qui, le chapeau en bataille, l'épée au côté, la hallebarde en main, vous reçoit dans le vestibule d'entrée et fait sonner à votre passage sa hallebarde sur le pavé de marbre; les huissiers sont en frac et cravate blanche; on a conservé les anciennes traditions de luxe et d'apparat. Ce déploiement de livrées à l'entrée est d'ailleurs assez peu surprenant en Italie où, dans les théâtres de second ordre même, c'est toujours un domestique en livrée — et il y en a même de fort grotesques — qui vous introduit dans le vestibule.

Le Turinais est un homme de foyer, tout en gardant des habitudes de vie au dehors. Il aime le théâtre, les fêtes de la rue, les illuminations, les *veglioni;* en temps de carnaval, il recherche aussi les réceptions intimes, les fêtes particulières. Turin, en cessant d'être capitale du royaume, a même plus perdu à l'apparat des fêtes qu'à leur nombre. Le duc d'Aoste donnait encore, il est vrai, chaque année un ou deux bals magnifiques ; mais où est le temps où la « saison » était animée par les réceptions de la cour, des ministres, du corps diplomatique? Cette époque brillante renaîtra-t-elle? Pas complètement sans doute, mais les Turinais n'en ont pas moins vu avec bonheur le mariage du duc d'Aoste et de la princesse Lætitia Bonaparte, qui vient d'avoir lieu. Des fêtes très belles ont été données à l'occasion de cette union entre le frère du roi d'Italie et la fille du prince Jérôme Napoléon, l'oncle et la nièce. Le palais royal leur servira de résidence, et on ne doute pas à Turin que la jeune princesse ne contribue par des fêtes à rendre à la ville une partie de son ancienne animation.

Mais les conditions de la société sont désormais un peu modifiées. Depuis quelques années on s'est montré moins exclusif dans ses relations. De là, des rapprochements qu'on eût crus impossibles il y a trente ans au plus. D'autre part, Turin, ayant perdu sa couronne de capitale, cherche à devenir une ville industrielle considérable; de grandes fortunes se forment peu à peu en dehors des vieilles familles de la noblesse ou de la banque, et la confusion des rangs s'opère assez rapidement, mais non sans des résistances fort vives de la part de l'ancienne aristocratie. Le peuple a peut-être plus perdu que les autres classes à ces modifications profondes dans l'existence de

TURIN. — VALENTINO ET LES RIVES DU PO.

Turin, en ce sens que l'atelier, l'usine ont exercé, là comme ailleurs, leur effet délétère, et la population, en augmentant, en recevant parmi elle des éléments étrangers nombreux, et surtout en se portant dans les quartiers plus éloignés où rien ne la contient, prend des habitudes de cabaret, de vice qu'elle ne connaissait certainement pas à ce degré, il y a peu de temps encore. On se rend compte des changements qui se produisent dans les esprits comme conséquences de ces mœurs nouvelles, le socialisme fait là comme ailleurs des victimes, et dans les classes plus élevées le vieux libéralisme qui rendait parfois frondeur, sans diminuer en rien au fond le respect et le dévouement que tout le monde portait au roi de Piémont, rend plus aigres les récriminations contre le roi de l'Italie unifiée dont on regrette toujours l'éloignement : le régionalisme est quelque peu féroce en Piémont. Si la vie de café, telle qu'elle était comprise, pour échanger des nouvelles, pour lire et pour causer, a un peu perdu de son prestige, cela tient beaucoup aussi à la création de clubs, de cercles, où les hommes se réunissent maintenant plus volontiers que sous les arcades. Et ces cercles sont, en vérité, fort nombreux, si on considère comme tels toutes les sociétés qui se sont formées soit dans un but de plaisir, soit dans un but de travail et d'instruction.

Le plus ancien et le plus célèbre des cercles de Turin, celui qui, pour sa composition, se rapproche le plus de notre Jockey-Club, est le *Whist*, qui fut fondé en 1841. Formé uniquement à ses débuts par des membres de la noblesse, il est devenu moins exclusif, de même que le whist, d'où il a tiré son nom, n'est plus le seul jeu qui s'y joue. Au contraire, le piquet, les échecs et le *goffo* y sont en grand honneur également. Les quarante membres de la création sont devenus trois cents, — ce chiffre ne peut être dépassé, — qui payent une cotisation de cent soixante-quinze francs par an, et les quatre salles qu'il occupa en 1841, via di Po, sont remplacées maintenant par les magnifiques salons de l'ancien hôtel Nomis di Pollone, piazza Castello. Le *Whist* et le cercle de l'*Unione* de Milan reçoivent les membres de l'une et de l'autre société quand ceux-ci se trouvent en déplacement, soit à Turin, soit à Milan.

Un autre cercle des plus élégants, des mieux composés, est le *Giovine-Club*, fondé en 1877 et qui a son siège également piazza Castello. On en retrouve presque tous les membres comme fondateurs dans les autres cercles de sport, tels que le Cercle des canotiers, la Société des courses, le Cercle d'escrime, la Société du tir au pigeon.

Turin, on le voit, offre de grands éléments de distraction; les relations y sont aimables, faciles pour les étrangers qui y sont admirablement accueillis. C'est pourquoi je répète que si cette ville aux grandes lignes géométriques paraît peu engageante au visiteur qui descend du chemin de fer, celui-là même trouve vite un véritable charme à la vie qu'on y mène s'il prolonge son séjour.

V. — LES MONUMENTS. — LES ÉGLISES. LES STATUES. — LA CITADELLE ET LE QUARTIER MILITAIRE.

Les Français ont à Turin un avantage sur les autres étrangers, celui de pouvoir se faire comprendre de tout le monde. En Italie, il est vrai, en mêlant à son langage courant quelques mots italiens, appris bien vite, voire même quelques mots latins, on réussit toujours à savoir ce que l'on veut. A Turin, il n'est même pas besoin de se donner

TURIN. — Église de la Gran Madre di Dio et le Monte dei Capuccini.

tant de peine, et que ce soit dans un magasin, à la poste, au chemin de fer, on obtient toujours la réponse que l'on cherche.

Rien ne rend aussi facile la visite des monuments et c'est presque à regretter que Turin n'en possède pas un plus grand nombre. En dehors de ceux mêmes que j'ai cités déjà, le palais royal, le palais Madame, le palais de la Cité, la cathédrale et la chapelle du Saint-Suaire, je ne vois plus guère à signaler que le palais Carignan et quelques hôtels particuliers, car les églises n'ont en général ni véritable style architectural, ni décoration intérieure qui appelle une description quelconque. Le palais Carignan a surtout pour lui ses vastes dimensions et sa façade sur la place à laquelle il a donné son nom. Il comprend en réalité deux palais soudés l'un à l'autre, l'un du XVIIe siècle, l'autre entièrement moderne. La partie ancienne fut construite par Guarini, sur l'ordre du prince Emmanuel-Philibert de Carignan, en 1680, et sa façade, couverte d'ornements en terre cuite noircis par le temps, est curieuse à examiner sans qu'elle soit cependant à prendre pour modèle. L'autre partie, reliée aux vieux bâtiments, date de 1864, époque à laquelle elle fut commencée, pour être terminée en 1871. Elle fut construite par les architectes Bollati et Ferri, et sa façade sur la place Charles-Albert est d'un dessin grandiose et d'une heureuse conception. Victor-Emmanuel naquit dans ce palais, comme le rappelle une grande inscription en lettres dorées, posée sur la façade du côté de la place Carignan, et la Chambre des députés du royaume de Piémont et Sardaigne occupa, de 1840 à 1864, la vaste salle qui avait été aménagée pour ses délibérations. Les collections de zoologie, de paléontologie, de géologie et de minéralogie, qui étaient autrefois à l'Académie des sciences, ont été transportées depuis 1876 au palais Carignan.

Le palais, où siègent maintenant la cour d'appel, la cour d'assises et les tribunaux civil et correctionnel, est encore un bel édifice qui date de 1720. Il fut élevé sur les dessins de Juvara, modifiés dans la suite par le comte Alfieri; sa façade est imposante, d'une architecture très noble. Parmi les palais particuliers, on remarque le beau palais della Cisterna que le duc d'Aoste habita jusqu'à ces derniers temps. Ce palais appartenait en propre à cette gracieuse princesse della Cisterna que le duc avait épousée en 1867 et qui mourut reine d'Espagne. Les jardins du palais qui longent la via Carlo Alberto sont magnifiques. Non loin de là est le palazzo Dalla-Valle dont Juvara donna le dessin; puis ce sont le palais de Sonnaz dont le Cercle des artistes occupe une partie, le palais Barolo, le palais d'Ormea dont la haute façade construite par Juvara s'élève sur la place Charles-Emmanuel, d'autres encore, le palais de l'Académie des sciences, vieil édifice construit en 1678 par Guarini pour le collège des Nobles et où on a installé le Musée de peinture, et le palais Chiablese, ou du duc de Gênes, sur la piazza San-Giovanni, à côté de la cathédrale.

Comme églises faut-il citer, à côté même du palais du duc de Gênes, celle de San-Lorenzo, qui date de 1634 et que construisit Guarini, et, à deux ou trois rues de distance, la Consolata à laquelle travaillèrent successivement Guarini vers 1679 et Juvara en 1714? C'est une des églises les plus vénérées de Turin. Dans la chapelle de gauche, sous la coupole, Vela a sculpté en 1861 les statues agenouillées de la reine Marie-Thérèse, femme de Charles-Albert, et de Marie-Adélaïde, femme de Victor-Emmanuel. L'église des Santi-Martiri, — où se trouve le tombeau du comte de Maistre, — l'église de Santo-Spirito où Jean-Jacques Rousseau se convertit au catholicisme le 12 avril 1728, sont presque les seules que j'aie encore visitées avec l'église de la Gran Madre di Dio, élevée en 1818 au bout de la via di Po, de l'autre côté du pont construit en 1810 sur l'ordre de Napoléon, par Pertinchamp. Cette dernière église, qui a été élevée sur le modèle du Panthéon de Rome, avec une coupole un peu lourde qui l'écrase, est à l'extérieur d'un aspect assez décoratif. Vue de la piazza Castello, elle offre véritablement, au pied de la colline verte qui la domine, une belle perspective qu'on eût rendue véritablement remarquable en donnant plus d'élévation au monument entier, ou surtout en le plaçant sur le flanc même de la colline, au lieu de l'élever sur le terre-plein du pont.

Sur la petite place qui précède l'église, je le fais remarquer sans malice, ne se dresse aucune statue. C'est faute d'espace sans doute, car, à Turin, une place sans monument est un fait extraordinaire. De quelque côté de la ville qu'on se dirige, on se heurte à un grand homme, ce qui est du reste tout à la gloire de ce pays si riche en guerriers, en patriotes, en hommes éminents dans toutes les branches des sciences et des arts.

Un des derniers monuments érigés à Turin est celui du roi Victor-Emmanuel dont la statue s'élève sur la place de ce nom, à la rencontre du corso Vittorio Emmanuele et du corso Siccardi. Le monument est du sculpteur Paolo Costa. Le roi est debout, sur un socle très élevé, formé de quatre colonnes réunies entre elles. Au pied du

TURIN. — Piazza San-Carlo.

monument sont quatre statues allégoriques qui représentent l'Unité, la Liberté, le Travail, la Fraternité. La statue du roi, en bronze comme les figures allégoriques, a 12 mètres de haut, et le monument entier 35 mètres d'élévation. Mais je ne peux ni nommer ni décrire toutes les statues que l'on rencontre à chaque pas ; les principales dont je me contente de donner la désignation sont celles du *conte Verde*, du duc de Gênes, d'Emmanuel-Philibert sur la piazza San-Carlo, une des places les plus complètes, les mieux comprises au point de vue architectural, de Charles-Albert, de Cavour, de Gioberti, de Pietro Mica, de La Marmora, de Lagrange, de Massimo d'Azeglio, et j'ajoute beaucoup d'*et cætera*, après avoir signalé encore le beau monument élevé piazza dello Statuto. Ce dernier a pour objet de perpétuer le souvenir du percement du Fréjus et de conserver la mémoire des trois ingénieurs Sommeiller, Grattoni et Grandis, dont un génie inscrit le nom sur une plaque de marbre au haut d'un amas de rochers sous lesquels gisent vaincus les géants des montagnes.

De la vieille citadelle construite, en 1565, par le duc Emmanuel-Philibert, sur les dessins de Pacciotto di Urbino, considérablement agrandie en 1608, d'abord par Guibert, puis en 1702 par Bertola, il ne reste que quelques bâtiments qui servirent à la fin du siècle dernier et jusqu'en 1848 de prison politique. Mais la masse des constructions a été démolie vers 1857, et sur les terrains laissés libres la municipalité a tracé des rues et des boulevards qui se garnissent peu à peu d'élégants bâtiments. Sur le devant, entourant la statue de Pietro Mica, s'étend une place couverte d'arbres, que prolonge la vieille place d'armes, et qui offre à la population de tout ce quartier un agréable lieu de promenade. Toute cette petite partie de Turin a d'ailleurs un aspect bien particulier dû au mouvement militaire qui s'y produit tout naturellement, par suite des nombreux bâtiments militaires réunis sur un même point. Tout à côté, en effet, se trouve la magnifique caserne de la Cernaia, construite en 1864; puis, dans un court rayon, les ateliers d'équipement militaire, le laboratoire de pyrotechnie, les magasins d'artillerie, l'école d'équitation des officiers, et enfin l'Arsenal, au coin du corso Re Umberto et de la via Oporto. L'Arsenal fut commencé par Charles-Emmanuel II et reconstruit, agrandi par Charles-Emmanuel III, en 1791. Ses vastes bâtiments isolés renferment une importante fonderie de canons, dont les ateliers reçoivent la force motrice d'une puissante chute d'eau et de cinq machines à vapeur d'une force totale de 250 chevaux; près de 2,000 ouvriers y sont journellement occupés, et une voie ferrée, passant par le corso Oporto, relie l'intérieur de l'Arsenal à la grande ligne du chemin de fer. A côté de la fonderie sont établies des salles de physique, de chimie et de minéralogie renfermant des collections importantes, un laboratoire de mécanique, des salles d'armes, une riche bibliothèque militaire et le musée d'artillerie formé en 1842, qui comprend une très belle, très curieuse collection d'armes de tout genre et les modèles de toutes les pièces à feu de gros calibre des temps anciens. En outre, on a réparti, dans diverses parties de cet énorme carré de bâtiments, une caserne d'artillerie, l'école d'application d'artillerie et du génie, le comité d'artillerie, les bureaux du commandement territorial d'artillerie de la province et le tribunal militaire.

Cette agglomération de services militaires amène dans ce même quartier un va-et-vient, assez curieux vraiment, de détachements de soldats, de voitures régimentaires, voitures d'ambulance ou voitures transportant les équipements et les vivres des troupes, de soldats d'ordonnance, d'officiers se rendant à leur service ou regagnant leur logis ou leur pension, situés dans les environs. A toutes les vitrines de libraires et de marchands de journaux, les images, les gravures militaires s'étalent et attirent les troupiers en permission. Il semble que toute cette population, les civils comme les militaires, vive au son du clairon qui leur marque les diverses occupations de la journée. Nul mieux qu'un Turinais ne se prête d'ailleurs à ce semblant de discipline. Turin a toujours été une ville militaire, comme devait l'être fatalement la capitale d'un pays où pendant des siècles la guerre a été pour ainsi dire la vie générale. A ne prendre que son aspect extérieur, Turin a souvent été traitée de caserne immense, vu la régularité et l'aspect de ses habitations, et on peut ajouter que les habitudes mêmes de la vie, sérieuses, régulières, gardaient quelque chose de la vie de soldat à laquelle chacun avait été rompu pendant ces longues époques où le Piémont était partagé entre un besoin continuel de défense et un désir incessant de conquête.

VI. — LA SUPERGA.

Les statues des divers rois de Sardaigne s'élèvent sur les places de la ville, leurs corps reposent dans la royale basilique de la Superga. Voilà l'excursion à faire après cette longue promenade dans la ville. Si quelque chose peut reposer de la vue de ces monuments de pierre, c'est bien le merveilleux panorama qui se développe devant vous

Bersagliers.

du haut de la verte colline dont les pentes escarpées se distinguent au loin de l'autre côté du Pô.

Le chemin est maintenant des plus aisés à parcourir. Le tramway à vapeur qui stationne piazza Castello vous y conduit en une heure. La route à suivre dans ces wagonnets où s'étouffe la population la plus mélangée est bien un peu poussiéreuse, mais jolie cependant. De nombreuses constructions ont été élevées sur le bord du chemin, et, sur les flancs de la colline qui longe le Pô, des villas se dissimulent dans les arbres ou dans des replis de terrain d'aspect presque sauvage. Quoique cette partie du pays ait perdu de son ancien caractère de villégiature aisée, les villas s'étant transformées souvent en usines, l'ensemble est toujours doux et coquet à l'œil.

Arrivé à Sassi, on quitte le tramway. Il y a peu d'années encore, il fallait grimper à âne ou en voiture la côte ardue du mont. L'ascension était longue, plus encore que pénible, et souvent on la coupait, à moitié route, par un déjeuner champêtre. L'excursion en devenant plus facile est devenue aussi plus banale. Depuis 1884 on a construit un chemin de fer funiculaire dont le câble d'acier, se déroulant sans fin, élève promptement et sans secousse les voitures jusqu'au sommet, en faisant gravir presque en ligne droite au touriste charmé de la vue, qu'il découvre plus large de moment en moment, le coteau couvert de vignes et d'arbustes.

Au sortir du wagon on se trouve sur une vaste terrasse qui précède la Basilique. Cette haute et lourde construction, qui rappelle un peu par son type le Val-de-Grâce, est sans contredit imposante ; mais le panorama grandiose qui vous attire de l'autre côté lui fait tort. Toujours on se détourne pour regarder dans l'espace et on se hâte presque d'entrer dans l'église pour échapper à cette obsession. La Basilique a été construite de 1718 à 1731, sur les plans de Juvara, pour recevoir les sépultures de la maison de Savoie, en exécution d'un vœu de Victor-Amédée II qui s'engagea à élever ce monument si ses troupes étaient victorieuses dans le combat qu'elles allaient engager contre les troupes françaises, le 7 septembre 1706, et si elles réussissaient à faire lever le siège de Turin. L'édifice entier, que précède un haut portique formant avant-corps soutenu par huit colonnes corinthiennes, est dominé par une coupole très élevée, de chaque côté de laquelle se dressent deux clochers d'un dessin assez léger. Derrière s'étendent les bâtiments de l'ancien couvent où résidaient les religieux à qui avait été confiée la garde des sépultures royales. L'intérieur de la basilique est froid et vide, et les cryptes seules sont intéressantes à visiter. Là se trouvent rangées les tombes des princes et des rois de la maison de Savoie, musée sépulcral dont la vue rend songeur. Les tombes les plus récentes sont celles du duc de Gênes et de la princesse de la Cisterna, femme du duc d'Aoste, morte à Madrid reine d'Espagne. Il semble que la révolution avait attendu sa mort pour renverser son trône.

On remonte, on sort, et de nouveau ce vaste panorama vous saisit, vous retient en contemplation. Quelle belle étendue de pays! Que l'on comprend cette orgueilleuse pensée de Victor-Amédée II affirmant sa puissance, sa domination sur toute cette contrée qu'il lui fallait disputer les armes à la main, par le choix même du lieu où il voulait dormir de l'éternel sommeil avec tous ceux de sa race!

A l'horizon les Alpes, dessinant un cercle immense, enserrent la plaine parsemée de bouquets d'arbres, de villages et de villas. Le regard suit, sans pouvoir s'en détacher, cette longue chaîne de montagnes au-dessus de laquelle pointent quelques pics élevés : sur la droite le mont Rose dont les cimes toujours neigeuses renvoient les rayons du soleil, ensuite le Grand Paradis, puis, de l'autre côté de la vallée de Suse, la Roche-Melon, et tout à gauche enfin, le mont Viso. Si, par bonheur, le temps est clair, on voit naître la plaine au débouché des vallées, et peu à peu on revient vers Turin en rétrécissant ce cercle imaginaire, l'œil guidé par de longues routes droites courant dans la plaine ou par quelque éclat de lumière se jouant sur un cours d'eau, la Stura, ou au loin sur la gauche, la Dora, qui se déroule comme un lacet d'argent tantôt resserrée, tantôt élargie par quelque marais jusqu'à son confluent avec le Pô, presque au pied du coteau que domine la nécropole royale.

Du haut de ce mont on resterait longtemps à promener ses regards sur cette contrée où un court effort de mémoire fait deviner les bourgs et les villes aux noms connus, célèbres même, que nous a rendus familiers le souvenir des luttes qui s'y sont passées, luttes auxquelles la France a été si souvent mêlée. A toutes les époques nos armées ont traversé ce pays, réclamant un droit de passage qu'on n'osait leur contester ou que, souvent aussi, il leur fallait obtenir en combattant. Au xviii° siècle surtout, ce fut une guerre perpétuelle, coupée de quelques années de trêve pendant lesquelles on n'avait d'autre but que de renouveler ses forces.

Turin. — La Superga.
Le chemin de fer funiculaire.

A deux lieues sur la gauche on aperçoit, baignant ses quais dans le Pô, la vieille capitale du Piémont dont les constructions régulières, que dominent quelques hauts clochers donnent par leur masse et leur étendue une idée de force et de grandeur. Rien n'est beau comme d'assister de cette hauteur au coucher du soleil, et lorsqu'on redescend, l'ombre s'étant étendue déjà sur la plaine, les feux de la ville, qui s'allument peu à peu et qui piquent au loin la nuit de leur lumière vacillante, sont seuls à vous indiquer l'emplacement de la cité que doraient un moment auparavant les derniers rayons du soleil.

VII. — INSTRUCTION PUBLIQUE. — ARTS. — LITTÉRATURE.
SCIENCES. — JOURNAUX ET LIBRAIRIES. — INDUSTRIE ET COMMERCE.

Je disais tout à l'heure que les habitants de Turin, et les Piémontais même en général, avaient gardé dans leurs mœurs, presque dans leurs goûts, quelque chose de la discipline militaire. Leur esprit précis, sérieux et pratique comprend mieux en effet les sciences techniques que les conceptions idéales; c'est, en réalité, un peuple d'ingénieurs, d'hommes de science, plus qu'un peuple d'artistes. Cette opinion, formulée bien des fois déjà, a pour appui les faits mêmes de l'histoire.

Au point de vue de l'art, le vieux Piémont a très peu produit de lui-même, ou du moins il n'a pas eu l'initiative de sa production. Ses peintres, ses sculpteurs, dont quelques-uns eurent un réel talent, ne furent que les disciples des artistes étrangers dont ils subissaient l'influence et ils ne réussirent jamais à fonder une école.

En littérature, au contraire, il a été beaucoup produit, et le mouvement littéraire s'étend chaque jour davantage à Turin, une des villes d'Italie du reste où on lit le plus et où l'instruction publique est la plus répandue. Les sciences spéciales ont eu un plus grand nombre d'adeptes encore, et les Turinais peuvent citer avec orgueil une longue liste d'ingénieurs, de mathématiciens, de médecins, de légistes, d'historiens, dont les travaux resteront comme un monument du travail de ces esprits raisonneurs et laborieux, connus maintenant dans le monde entier.

Dès les temps anciens d'ailleurs, l'instruction publique a été dans la province entière et principalement à Turin l'objet de soins spéciaux. A notre époque, de nombreuses écoles ont été ouvertes à l'enseignement primaire et à l'enseignement élémentaire professionnel et industriel. L'enseignement secondaire et supérieur a à sa disposition le lycée Cavour et le lycée Gioberti, quatre gymnases (collèges du second degré) et cinq écoles techniques. Enfin les élèves d'un degré supérieur suivent les cours de l'Université et les écoles d'application spéciales. En outre, c'est à Turin que les trois grandes écoles militaires, l'Académie militaire dont les cours durent trois ans, l'École d'application d'artillerie et du génie, et enfin l'École supérieure de guerre, ont été installées.

Les lettrés qui poursuivent des travaux de longue haleine peuvent en outre recourir aux bibliothèques et aux dépôts d'archives très riches en documents. Aussi la production littéraire est-elle considérable, comme je l'ai dit, et le commerce de librairie prend-il par suite à Turin une extension importante.

Les principaux éditeurs de Turin sont Roux et Favale, Bocca, Ermano Lœscher, Casanova, et les ouvrages qu'ils éditent sont généralement d'une typographie soignée. La maison Roux et Favale — M. Roux est député au parlement italien — possède, en outre, la *Gazzetta piemontese,* le plus important journal de Turin, et la *Gazzetta letteraria,* journal hebdomadaire de petit format, mais à huit pages de texte, qui publie des articles de littérature et des extraits d'ouvrages. La *Gazzetta piemontese* a été fondée en 1867. Depuis 1860 existait un autre journal, la *Gazzetta di Torino,* qui continue toujours avec succès sa publication. Il y a encore *Il Risorgimento,* fondé en 1876 ; la *Gazzetta del Popolo,* qui, le dimanche, publie un numéro littéraire spécial, et de nombreuses revues dont la plus importante est la *Rivista storica italiana,* publiée par la maison Bocca, et la plus récente, le *Giornale storico,* gros volume trimestriel édité par Lœscher sous la direction du professeur Graf. En dehors de ces journaux et revues, il se publie une infinité d'opuscules périodiques ayant moins de valeur et d'influence, mais formant un total des plus respectables, car, à Turin, il ne paraît pas moins de cent vingt et un journaux ou publications périodiques. L'*Annuario della libreria e typografia et delle arti affini in Italia,* paru en 1884, notait cent quatre-vingt-quinze établissements se rattachant à l'industrie du livre, et, entre autres, quarante et un libraires-éditeurs, quarante imprimeurs, quarante-trois relieurs.

Je parlais tout à l'heure de l'enseignement industriel élémentaire et supérieur qui se donne dans de nombreuses écoles ouvertes fort libéralement aux ouvriers ; la création, datant de quelques années, d'un musée industriel et commercial prouve aussi l'importance qu'on attache en Piémont aux questions de ce genre. Le développement industriel, considérable depuis quelques années, a récompensé des efforts poursuivis avec persévérance.

Quelques industries nouvelles se sont établies à Turin, mais celles qui existaient antérieurement ont surtout progressé. Je veux seulement signaler celles qui ont pris une grande extension, la fabrication des pâtes alimentaires, celle des conserves de légumes, celle encore des liqueurs fines et principalement du vermout. Les maisons de vente de vermout sont installées à Turin, mais les fabriques ont été établies dans le pays vignoble même. Ainsi l'établissement Cora est à Costigliole d'Asti, les établissements Cinzano à Santa-Vittoria d'Alba et à Santo-Stefano Belbo, la fabrique Bailor à Cambiano, etc. C'est à partir du commencement du siècle que le commerce de ce vin amer a pris en Italie et à l'étranger et s'est développé dans des proportions aussi considérables. Actuellement, la maison Cora fabrique chaque année une moyenne de sept mille hectolitres, les Cinzano environ dix mille hectolitres, et les maisons Bandino, Bergia, Martini, Rossi vendent ensemble près de quarante-cinq mille hectolitres de vermout et de muscat mousseux dont plus des trois cinquièmes sont bus à l'étranger.

Les anciennes filatures de soie et de coton se sont également agrandies, et la fabrication du drap, des rubans, de la passementerie a beaucoup progressé. Il y a encore à Turin des fonderies d'une certaine importance, une fabrique considérable de voitures, de wagons, sur les bords du Pô, des fabriques de machines, locomobiles, machines agricoles et autres, des fabriques de produits chimiques, de papier, de bougies et d'allumettes. Les industries artistiques, par contre, font presque totalement défaut ; la bijouterie, l'orfèvrerie n'ont même pas réussi, malgré de grands efforts, à atteindre une production véritable.

Le mouvement artistique, tout comme le mouvement littéraire, montre une certaine hésitation, surtout en peinture, malgré les encouragements donnés aux artistes. Les sculpteurs ont largement profité de la sorte de fureur de statues et de monuments qui sévit à Turin comme dans toute l'Italie, mais les peintres doivent se contenter de quelques travaux dans les églises. On s'efforce cependant de leur faciliter les moyens de faire connaître leurs œuvres du public ; les expositions, en effet, se répètent plus nombreuses chaque année, expositions générales ou expositions plus réduites, organisées par différentes sociétés artistiques, notamment par la Société promotrice des beaux-arts dont la fondation remonte à 1842.

VIII. — LA PROVINCE DE TURIN. — LES MAISONS ROYALES.

Les habitants de Turin sont grands amateurs de villégiature ; ils le disent du moins, et il faut les croire quand on constate leur empressement, lors des beaux jours d'été et d'automne, à se répandre dans les campagnes environnantes de la ville. Les tramways à vapeur regorgent alors d'une foule avide d'air, heureuse d'un déplacement de quelques heures, joyeuse, mais rarement bruyante, tant il faut une secousse profonde pour que le Piémontais traduise par des cris le sentiment qu'il éprouve. De quelque côté qu'on se dirige, il y a foule, mais principalement tout le long du Pô, sur cette verte colline qui domine la ville depuis le monte dei Capuccini jusqu'à Moncalieri, et à Moncalieri même. Le dimanche, on s'entasse dans les deux wagonnets du train qui va de la Piazza Castello à Moncalieri. La petite locomotive s'ébranle et emporte avec une rapidité parfois inquiétante sa masse de voyageurs mal protégés contre la suie et la fumée qui les aveugle. Les rideaux de toile se détachent, flottent au vent, et ce train minuscule file à toute vapeur sur la route qui longe le fleuve dont elle ne se détache qu'en approchant du village royal. Les deux lieues sont vite parcourues.

Moncalieri est un gros bourg qui s'étage sur les flancs du coteau remontant des bords du Pô jusqu'au château dont la masse de briques s'aperçoit, au sommet, entre les arbres du parc. L'aspect de la vieille demeure royale est sombre, cette masse énorme de bâtiments semble manquer de vie, et lorsqu'on visite ses appartements intérieurs mal agencés, reliés entre eux par une multitude de galeries et de couloirs, on comprend que la plus grande partie en soit abandonnée aux visiteurs, auxquels échappe seule la fraction réduite où s'est installée la princesse Clotilde, la sœur du roi Humbert, la femme du prince Jérôme Napoléon.

Mais si le confortable manque dans le château de Moncalieri, dans ces grandes salles — je parle de celles que tout le monde visite — que garnissent de vieux meubles marquetés du pays, on jouit par contre, des fenêtres du château et de sa large terrasse, d'une des plus belles vues qui se puissent imaginer. Moncalieri est situé à l'avancée de la colline, ce qui lui donne la vue sur deux côtés de plaine. Le Pô, faisant à cet endroit un coude brusque, s'étend sur la gauche comme un long ruban d'argent et se perd au loin vers les Alpes qui bornent l'horizon. Et devant les yeux s'étend une plaine fertile, coupée de petits bois ou de rangées d'arbres. Quelques ruisseaux descendant des mon-

TURIN. — LES RIVES DU PO.

tagnes courent dans la verdure, tandis que les Alpes, à demi perdues dans la brume, dressent vers le ciel leurs cimes orgueilleuses.

La princesse Clotilde vit depuis de longues années déjà, depuis 1871, si je ne me trompe, dans ce triste château, véritable retraite d'où elle ne s'absente jamais qu'à regret et pour le moins de temps possible. Nulle n'est plus ennemie de la représentation. Lorsque le roi vient à Turin, elle s'arrache à sa demeure silencieuse; elle prend, à l'entrée du souverain dans son ancienne capitale, la place qui lui appartient dans le cortège royal, elle paraît aux fêtes quand elle ne peut s'en dispenser; mais bien vite elle retourne à Moncalieri, le lieu seul où elle retrouve la vie qui plaît à sa nature modeste, bienfaisante et peut-être désenchantée.

Plus près de Turin est une autre ancienne maison royale, la Vigne de la Reine, transformée en maison d'éducation pour les filles d'officier. La Vigne de la Reine était, à en croire un voyageur, au temps où elle fut construite, « un des plus beaux et des plus agréables lieux des environs de la ville, soit que l'on considère les beautés de son bâtiment sur le penchant du coteau, ou ses parterres, ses fruits, ses terrasses et ses cascades ». Une partie des jardins sert maintenant de promenade. Elle se trouve derrière l'église de la Gran Madre di Dio, proche du monte dei Capuccini, *il Monte* pour les Turinais, que domina, paraît-il, aux XIVe et XVe siècles, une forteresse remplacée plus tard par un couvent, dont quelques salles ont été mises il y a peu d'années à la disposition du Club Alpin de Turin. Un musée, des salles d'études météorologiques y ont été installés, de puissantes lunettes ont été établies sur la terrasse pour faciliter au visiteur la vue du merveilleux groupe de montagnes qui lui fait face. Le panorama est presque aussi beau que celui dont on jouit de la Superga, mais la hauteur est bien moins considérable, et si le regard plane sur la ville, il ne peut, par contre, fouiller la plaine immense dont quelques points seuls lui apparaissent distincts.

Moncalieri et la Vigne de la Reine ne sont pas les seuls châteaux royaux qu'il y ait à citer dans un rayon toujours assez restreint autour de Turin. Il faut noter encore Stupinigi, à deux lieues à peu près de la ville, qui fut construit par Juvara sur l'ordre de Charles-Emmanuel III, puis Racconigi et encore la Vénerie, *Venaria Reale*, dont est peu distante la Mandria, — une ferme plus qu'un château, — où Victor-Emmanuel aimait à oublier qu'il était roi pour vivre en chasseur avec la Mirafiori.

On ne se douterait guère, en visitant les quelques pièces du rez-de-chaussée et les chambres de cette ferme célèbre, qu'un roi en a fait longtemps son séjour favori. Mais peu importait à Victor-Emmanuel, ou plutôt cette simplicité même lui plaisait. Il se rendait souvent, le plus souvent possible, dans ce réduit, heureux d'y vivre bourgeoisement en compagnie de la Mirafiori — la Rosina — et d'un ou deux compagnons intimes qui le suivaient dans ses chasses. C'était cette proximité de la montagne qui l'attirait surtout, et l'aube le voyait souvent, le fusil sur l'épaule, gravissant les pentes des collines comprises dans le domaine dont l'enceinte ne compte pas moins de 23 kilomètres.

IX. — LES VALLÉES. — LE CHATEAU DE FENIS.

J'avais le désir de faire quelques excursions dans les vallées. On m'avait dit que j'en rapporterais de vives impressions, que je serais frappé par ces mille vestiges du passé qui se retrouvent dans ces bourgs, ces villages accrochés sur les pentes de la montagne ou cachés sur le bord d'un gave, dans tous ces châteaux si nombreux en Piémont, abrités dans quelques plis de terrain contre le vent des glaciers. Les souvenirs

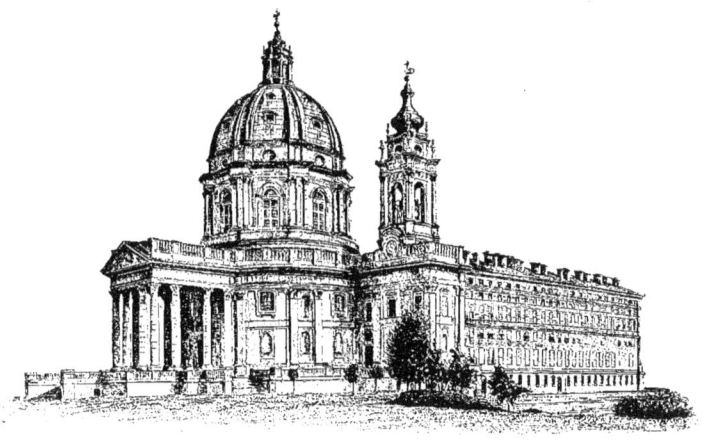

Turin. — La Superga.

historiques, le pittoresque des sites ne sont pas seuls à attirer, d'ailleurs, le développement industriel si considérable dans cette partie du Piémont mérite aussi toute l'attention du voyageur.

C'est dans la contrée montagneuse où chaque crête de colline portait jadis son château fort que les archéologues turinais, si bien dirigés par le comte Pastoris, allèrent chercher les modèles de cet étrange et intéressant bourg féodal qu'on éleva pour l'exposition de 1884, et dont les bâtiments ont été conservés depuis lors. Comme l'avait dit fort intelligemment, dans ses premières séances, la section de l'histoire de l'art, les « provinces du Piémont sont de toutes les provinces d'Italie les moins riches en trésors artistiques » et, au lieu de tenter d'obtenir ceux des régions éloignées, il était plus habile et plus intéressant de « limiter les études à une seule région, la moins connue au point de vue artistique, d'étudier dans cette région une seule époque, celle présentant le caractère le plus saillant d'originalité ». On choisit le xv⁰ siècle, et, après deux ans d'un travail préparatoire fort ardu, on parvint à reconstruire un vieux bourg crénelé, entouré de fossés et de gros murs en cailloux des torrents. Au milieu s'entassèrent l'église, les maisons des artisans, et, placé sur une éminence, le castel féodal domina cette masse confuse d'antiques demeures.

On forma ce curieux ensemble des mille détails rassemblés de village en village, copiés et traduits avec une fidélité et une intelligence qui font honneur aux membres de la commission historique. Les constructions imitèrent celles qu'on voit encore dans le Canavese, près Rivarolo, sur la route de Turin à Novare. Les peintures qui ornèrent la poterne furent copiées à Malgia, château de la même contrée; les petites maisons basses, étroites, garanties sur le devant par le rebord du toit qui s'étend en avant au point de toucher presque le côté opposé, reproduisent exactement des maisonnettes qui se voient encore à Bussoleno, village sur la ligne de Modane, d'où part l'embranchement de Suse.

Sur la petite place, à l'entrée du bourg, dans la rue tortueuse qui fait face à la poterne, on longe tour à tour le four public, le hangar du maréchal ferrant, la maison du tisserand et du potier, etc. Une autre maison a été copiée à Frossasco; la tour qui domine le bourg a été prise à Alba, sur la ligne de Savone; d'autres détails ont été reproduits sur des modèles tirés de Chieri, de Cuorgne, de Verzuolo, de Borgofranca, et surtout d'Avigliana, ce bourg si riche en spécimens des xiv⁰ et xv⁰ siècles. C'est là que se voit le modèle de l'hôtellerie de Saint-Georges placée dans le haut du village, près du manoir seigneurial qui est comme la conclusion de cette reconstitution archéologique.

La cour du manoir a été fidèlement reproduite d'après celle du château de Fenis, dans la vallée d'Aoste, la chambre des gardes vient de Verres, la cuisine d'Issogne, aussi de la vallée d'Aoste. La salle à manger a été construite sur le dessin de celle de Strambino, près Ivrea; la petite habitation du gardien et la magnifique salle baroniale sont celles du château de la Manta, près Saluces; le château d'Issogne a fourni le modèle du perron, de la chambre à coucher, de l'oratoire et de la chapelle.

Le bourg moyen âge que je viens de décrire avait été élevé sur les bords du Pô, dans un site charmant sans doute; mais ce n'est pas là qu'il faut voir ces curieux spécimens du passé, le cadre fait défaut à ce tableau trop bien peint.

Le château de Fenis, dont on a reproduit la cour, mérite par exemple une excursion spéciale. Il est situé dans cette ravissante vallée d'Aoste qui mène aux passes du grand et du petit Saint-Bernard. La route, à partir d'Ivrée, est des plus pittoresques; elle suit la Dora Baltea, serpente aux pieds des montagnes couvertes de vignes, passe au-dessous du fort de Bard, franchit le défilé de Montjovet pour atteindre bientôt la terrasse de la vallée sur laquelle est assise Aoste. Il y a peu de paysages aussi grandioses, de contrées où la végétation soit plus luxuriante que sur ce petit coin de terre. Bientôt, au débouché d'une vallée, on aperçoit le château de Fenis, le plus pittoresque des nombreux castels rencontrés sur le chemin. Placé au milieu de vertes prairies, il se détache sur le noir des forêts qui garnissent le vallon. Au loin, tout en haut, étincellent les neiges des glaciers. Il y a là, dans un espace des plus réduits, une incroyable agglomération de tours crénelées, les unes rondes, les autres carrées, celles-ci massives, celles-là se découpant fines, élancées sur le fond du ciel. L'aspect intérieur est des plus surprenants. La porte principale, pratiquée dans la tour du milieu, une fois franchie, il faut suivre une série de passages qui donnent l'idée d'un labyrinthe ; une porte hérissée de clous vous barre le passage; au delà s'allonge un grand corridor qui conduit à la cour, une cour sombre, tant le jour a de peine à y pénétrer. Celle-ci est entourée de galeries sur lesquelles s'ouvrent une dizaine de pièces. Les murs sont couverts de fresques; un saint Georges à cheval se distingue dans la pénombre, et c'est

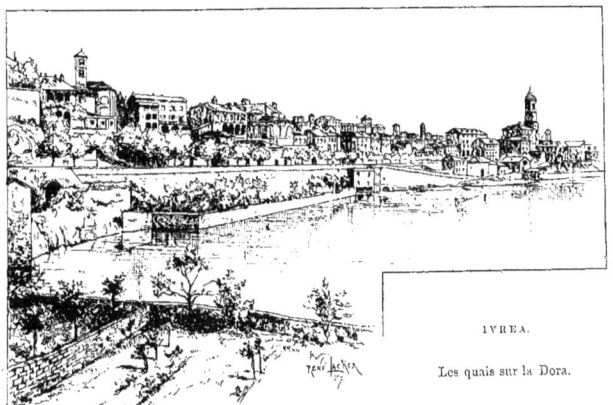

IVREA.
Les quais sur la Dora.

à peine si on peut lire l'inscription placée dans un autre coin : *Maneat domus donec formica aquas bibat et lenta testudo totum preambulet orbem.*

Malheureusement Fenis se détruit peu à peu ; ce curieux château est habité par un fermier dont le moindre souci est d'y faire les réparations nécessaires, et on peut craindre que ce souvenir d'un autre âge disparaisse bientôt peu à peu.

On est alors trop près d'Aoste pour ne pas pousser plus avant son voyage, — c'est presque un voyage, il y a neuf heures de voiture à partir d'Ivrée; — mais je donnerais les restes des monuments romains, même l'antique cathédrale d'Aoste et la tour du Lépreux, pour quelques coins de la route parcourue. Le trajet est d'ailleurs des plus faciles si on veut le faire par le chemin de fer qui s'avance depuis 1886 jusqu'à Aoste ; on jouira un peu moins du pittoresque du pays, mais le voyage sera encore plein de charme et cette petite ville est assez intéressante à visiter. On ne parle que français dans toute cette région, les affiches officielles sont elles-mêmes en français, ainsi que les noms des rues et les enseignes des magasins. La statue élevée à Victor-Emmanuel n'a-t-elle pas comme inscription : « Au roi chasseur. »

D'Aoste, qui est éclairé à l'électricité, on peut même se rendre en quatre ou cinq heures de diligence à Courmayeur, un des points les plus élevés des Alpes italiennes. C'est une station balnéaire fort suivie, dans une admirable situation, à une heure à peu près du gracieux village des Prés-Saint-Didier, assis dans un fond de verdure à l'entrée du col du petit Saint-Bernard.

Et combien d'autres excursions intéressantes il resterait à faire dans toute cette partie du Piémont, si fertile et si commerçante! Ainsi il faut aller à Biella, qui est le centre d'une région où l'industrie s'est considérablement développée. On passe par Santhia, dont l'église, récemment réparée, renferme un beau tableau de Gaudenzio Ferrari, et on arrive assez rapidement dans la vieille petite cité de Biella; je devrais dire dans la double cité, car il y a la ville neuve, — remarquez que celle-ci remonte à près de trois siècles, — et la vieille ville, pittoresquement perchée sur une hauteur. Son château fort, sa vieille église dominent une multitude de palais habités maintenant par les ouvriers de fabriques.

Au-dessous s'étend l'autre ville dont les rues bordées d'arcades ont un cachet très original. Tout a été fait pour développer, dans cette petite contrée resserrée, la production d'une industrie très florissante déjà jadis et dont on a pu examiner les spécimens les plus complets à l'exposition qui eut lieu à Biella en 1883 ou 1884. On y exposa tous les produits de la laine travaillée sous toutes les formes, les draps, les mérinos, les couvertures, les tricots, les châles, les tissus mêlés. Une des principales fabriques de drap appartenait à M. Quintino Sella, l'ancien ministre, mort il y a quatre ans. On estime à 150 le nombre des fabriques travaillant la laine, des teintureries existant dans la région; il faut dire, pour être exact, que la plupart de ces établissements industriels ont une production assez restreinte. A côté de cette fabrication spéciale, l'exposition comprenait d'autres produits du pays, la sculpture sur bois, les meubles, le papier, le savon, les feutres, les terres cuites, les poteries. Les agriculteurs y avaient envoyé des échantillons d'un vin excellent cultivé sur les pentes de la vallée.

Le musée d'art industriel permanent, fondé à Biella par M. Quintino Sella, permet d'ailleurs de se rendre toujours un compte assez exact de l'industrie du pays, industrie qu'on ne cesse de développer. A cet égard, l'école professionnelle annexée au musée a donné les meilleurs résultats. Cette école, qui est un modèle, a obtenu la médaille d'or à l'exposition de Milan en 1881, tant elle est bien comprise dans ses différents services. Elle reçoit en subsides 12,000 francs du gouvernement, 3,500 francs de la chambre de commerce, 5,500 francs de la province de Novare et 5,000 francs de la commune. Les cours en sont très fréquentés.

Je regrette de ne pouvoir parler plus longtemps de cette petite ville si intéressante, auprès de laquelle est un pèlerinage très célèbre, celui de la *Madone d'Oropa*. Toute cette partie de pays, aussi bien que la pittoresque vallée de la Sesia qui remonte jusqu'au mont Rose et que j'ai eu le regret de ne pas visiter, mériterait une longue description. Mais peut-on tout voir?

X. — LA SAGRA DI SAN-MICHELE.

D'un autre côté de Turin, dans la direction de Suse, sur un pic assez élevé du contrefort des Alpes, le monte Pirchiriano, que domine en arrière, sur l'autre bord de la vallée, la pointe aiguë du Rocciamelone, s'élève un curieux et intéressant couvent, on devrait dire, à ne considérer que son aspect extérieur, un château fort, la Sagra di

AOSTE. — Arc de triomphe romain.

San-Michele, où furent transportés en 1836, sur l'ordre de Charles-Albert, les restes des princes et des princesses de la maison de Savoie.

L'abbaye fut, dit-on, construite par un marquis d'Avigliana en 998 ; mais déjà, depuis une trentaine d'années, une petite chapelle dédiée à saint Michel s'élevait à une courte distance. Pendant plusieurs siècles, la Sagra fut célèbre et prospère ; elle contint un moment trois cents moines de l'ordre de saint Benoît, puis sa remarquable position stratégique la fit fortifier et occuper par un détachement de troupes. A moitié ruinée, elle fut restaurée par Charles-Félix, plus tard par Charles-Albert qui s'efforça de lui rendre son ancienne splendeur. Elle a été classée comme monument national et il est question d'en opérer la restauration complète.

Construite dans le style lombard primitif, l'abbaye a un caractère d'originalité vraiment étrange, dû en partie à l'irrégularité de ses constructions. On a bâti un peu où on pouvait, forcé de suivre la ligne des roches. Cependant la façade, très haute, a un aspect ample et simple d'un merveilleux effet. C'est une des parties vraiment anciennes n'ayant subi aucune des réparations assez maladroites faites depuis un siècle. A l'intérieur, on est encore plus frappé par les détails. Ainsi, après avoir franchi la porte, une porte de fer sous l'antique tour du pont-levis, on doit suivre un chemin tortueux qui zigzague entre les anciens bastions à moitié démantelés, ruinés et les murs de défense, et qui conduit à la porte même du cloître. Là commence un escalier escarpé dont les cent vingt et une marches sont taillées à même le roc, et en gravissant cette raide échelle, on frôle presque des squelettes de moines, car c'est dans les flancs mêmes du rocher qu'étaient établies les sépultures du couvent. On explique cette coutume en disant que la roche creusée pour recevoir les tombes a la propriété de momifier les corps. Une seconde porte, d'un style roman très pur, donne enfin accès dans l'église. On regarde avec admiration cette fine architecture si franche et si large, les chapiteaux bas soutenant les légères colonnettes qui relient les arceaux aux délicates nervures. C'est d'une remarquable puissance, sans effort, sans recherches de style. Par contre, l'intérieur gothique ne présente rien de remarquable. La coupe du bâtiment est belle ; mais le grand autel, de style toscan, récemment restauré, semble disparate dans cet ensemble froid à l'œil, où on ne voit que quelques sépultures et des peintures anciennes sans valeur. La crypte où reposent les anciens ducs de Savoie a été réparée sous Charles-Albert ; elle ne présente aucun caractère particulier.

Mais il faut monter dans le vieux clocher que termine une colonnade en pierre dure, et de cette hauteur on contemple alors un coin de pays des plus pittoresques. On domine la *Comba di Susa*, la vallée où court le chemin de fer de Modane, le village de San-Ambrogio que l'on traversait un moment auparavant, et plus loin, au fur et à mesure que le regard s'étend vers Turin, on perçoit jusqu'à l'horizon une plaine merveilleuse, toute verdoyante, coupée seulement par la Dora-Riparia qui glisse écumeuse ; puis, calme et blanche, vers le Pô, et dans le fond, tout en haut sur le ciel, la Superga, cet autre mausolée, vous fait face. Ce sont deux âges distincts qui se contemplent.

La plaine, vue ainsi sous un clair soleil, offre un spectacle merveilleux. Puis, l'œil encore imprégné de cette lumière éclatante, on regarde de nouveau autour de soi. On s'amuse à regarder la route qu'il a fallu parcourir depuis San-Ambrogio ; on la voit se perdre dans les sinuosités de la montagne, mince lacet suspendu parfois sur des abîmes, montant toujours pour arriver au plateau qui précède l'abbaye et sur lequel est bâti le petit village de San-Pietro. Là, hélas ! se dressent quelques villas modernes à côté de l'auberge. Leur architecture prétentieuse crispe les nerfs dans ce milieu sauvage ; on se détourne au plus vite ; mieux vaut cent fois contempler ces pics de montagnes superposés les uns aux autres, cette agglomération de roches qui vous enserrent, se livrer à la majesté de cet admirable spectacle. Peut-être est-ce de ce rocher-là, sur le bord du précipice, que la belle Alda, voulant échapper à un séducteur, se précipita et tomba sans même se blesser. Comme on voit bien qu'il s'agit d'une légende et que la légende remonte à plusieurs siècles !

Le chemin le plus court, le plus aisé pour se rendre à la Sagra est le chemin de fer de Turin à Suse, qui vous dépose à la station de San-Ambrogio. En une heure on atteint ce village, où on trouve facilement des chevaux ou des ânes pour vous faire gravir les pentes de la montagne, et on comprend que les habitants de Turin emploient cette route lorsque, l'été, ils se donnent le plaisir de cette excursion. Ils vont y dîner et respirer l'air de la montagne, et reviennent aussitôt. Mais, pour qui veut faire une excursion véritable et voir non seulement la Sagra, mais le pays qu'il traverse, mieux vaut user du tramway à vapeur et aller par Giaveno, d'où l'on gagne Avigliana. En suivant cette voie, on pourra juger, pour un de ses côtés, cette grande plaine de Turin si fertile, arrosée par mille cours d'eau, divisée en champs, en prés, sans qu'une parcelle de terrain échappe à l'activité de ses cultivateurs.

AOSTE. — Tour romaine.

Les villages sont assez rapprochés; ce sont Trana, Orbassano, Beinasco ; ils ont un aspect d'aisance et de propreté. En passant par Giaveno la route est plus pittoresque, mais il faut deux heures au moins de voiture pour gagner San-Ambrogio. C'est à partir de ce village que le pays devient véritablement sauvage, le paysage plus mâle, plus sévère.

Avigliana est un fort curieux bourg qui conserve de nombreux vestiges du passé. J'en ai parlé à propos du manoir féodal reconstitué à l'Exposition ; divers spécimens de maisons y ont été copiés, et on y visite encore avec intérêt l'église gothique de San-

Giovanni où se conserve une *Sainte famille* de Gaudenzio Ferrari, et les ruines de l'ancien château des marquis d'Avigliana, sur une roche abrupte qui domine la Dora-Riparia où elle semble prête à s'engloutir depuis des siècles.

Le paysage est beau, gracieux et sévère en même temps, et la route qui descend à Giaveno et passe entre les deux lacs d'Avigliana, deux lacs aux eaux claires, limpides, d'une teinte vert émeraude, est délicieuse à suivre. Si on veut s'arrêter à Giaveno et visiter, surtout au point de vue industriel, ce bourg important, on verra quel grand développement d'affaires se fait dans cette contrée.

XI. — CIRIÉ. — LANZO. — LA VALLÉE DE LA STURA.

Une autre excursion fort intéressante et devenue facile depuis l'établissement d'un chemin de fer spécial, c'est celle de Lanzo. On peut, on doit même compléter ce court voyage en le prolongeant dans la vallée de la Stura. Il faut le considérer dans son ensemble, pour le pittoresque de quelques sites, surtout pour le cachet des villages espacés sur la route, de leurs maisons aux toits à auvent, sans s'attendre à trouver quelques constructions d'un effet merveilleux, d'un style bien déterminé. Mais nulle mieux que cette rapide excursion ne donne la caractéristique du vieux Piémont, ne fait comprendre ce mélange de force, de ténacité, d'application industrielle qui a marqué et qui marque encore ce dur et vigoureux pays. Toute cette contrée est certainement une des plus industrielles du Turinais.

Je ne reparle plus de la Vénerie et de la Mandria qui se trouvent sur le chemin de Lanzo; il faut pousser plus avant, pour voir du pays, si on peut se permettre cette expression, pour juger rapidement cette région, sur sa multitude de villas élégantes, autour de San-Maurizio par exemple, et de fabriques, jetées au bord de ruisseaux écumeux ou dans les prés verts. Puis, comme on ne peut toujours courir, on s'arrête à Cirié, dont la vieille église du XIIIe siècle récemment restaurée et le palais entouré d'un merveilleux parc des marquis de Cirié sont dignes d'une visite attentive. Cirié! c'est un vieux nom piémontais que l'on retrouve cité dans tous les mémoires des anciens temps. Depuis toujours, il y eut un Cirié à côté des ducs de Savoie, et vous voilà aussitôt, pour un nom, évoquant l'histoire qui a de si fortes attaches dans ce pays.

On repart, car en voyage on n'a pas le droit de s'attarder, on traverse Nole, Balangero, on arrive à Lanzo. Et sur tout ce parcours on a deviné, tant on l'a entrevu rapidement, un paysage frais, pittoresque, mais non sauvage. Dans le fond des vallons qui coupent la route, d'autres villages ont apparu cachés derrière les arbres, abrités sous les roches; des ruines saisissent l'œil de leur tache grise, c'est tantôt un vieux château ou encore un couvent à moitié détruit et utilisé maintenant par un cultivateur ou un fabricant.

A Lanzo, notez que le chemin de fer vous y a conduit en une heure à peine, vous aurez vite fait encore de parcourir ses quelques rues, de regarder la vieille tour crènelée, mais garnie maintenant d'un toit en biseau de l'ancien hôtel communal, une tour qui, n'en déplaise, est à moitié détruite depuis 1553. C'est du moins la légende qui le dit. Cela seul ne vaudrait peut-être pas le voyage, quelque ravissamment située que soit la petite ville à cheval pour ainsi dire sur un promontoire qui ferme la vallée de la Stura. Mais tout près du bourg, à dix minutes de chemin, est une merveille de force et de hardiesse, le pont jeté sur la rivière. Il se nomme le Pont du Diable et on se doute bien à ce seul mot, qu'on lui attribue une origine fantastique. C'est que vraiment il a une audace de jet incroyable, ce pont construit, affirme-t-on, en 1378 ! Arc-bouté des deux côtés sur le roc, il a une longueur de 37 mètres en son arche unique, s'élève à 23 mètres au-dessus du torrent qui, à la fonte des neiges, grossit, écume, comme s'il voulait renverser cette digue naturelle qui l'enserre. Le roc lui faisait obstacle, il l'a rompu et il passe hardiment en grondant, après avoir rempli ce qu'on appelle les Marmites des Géants, des excavations larges et profondes qui sont dans le lit même du fleuve. L'architecte du Pont du Diable a eu raison de lui donner cette élévation, la Stura aurait été capable de ne pas respecter cette antiquité.

Lanzo, je viens de le dire, se trouve au débouché de trois vallées. C'est là que les trois branches de la Stura qui prennent leur source entre le Rocciamelone et le monte Levanna se réunissent. En quelques heures on peut rayonner aisément dans un admirable pays dont les nombreux sites engagent à des excursions répétées. Si vous allez à Lanzo, on vous conseillera d'abord une promenade dans la vallée du Tesso et une visite au sanctuaire de San-Ignazio, et comme ces deux excursions sont charmantes, vous auriez bien tort de vous y refuser. Le sanctuaire a tout au moins de remarquable la position qu'il occupe sur un pic très élevé.

LANZO. — Tour de l'hôtel communal.

C'est là, en somme, le petit voyage que tout le monde peut faire en partant de Turin le matin, avec la certitude d'y rentrer le soir. Il faut être plus libre de son temps pour parcourir les trois vallées soit du côté de Germagnano, soit du côté d'Ala, soit au-dessus de Forno vers les glaciers du monte Levanna dans la grande vallée. On va de Turin s'y installer comme en Suisse, pour jouir de la fraîcheur des bois et de la pureté de l'air, s'y reposer au bord des cascades en regardant le soleil se jouer dans leur écume blanche. On dit que ce pays est une Suisse en miniature, je connais bien des sites en Suisse qui ne valent pas ce coin perdu dans le fond des Alpes.

XII. — PIGNEROL. — LES VALLÉES VAUDOISES. — SALUCES. — LE COL DE TENDE.

De quelque côté d'ailleurs qu'on se dirige en partant de Turin, on trouve un pays pittoresque et large, une campagne fertile et ombragée, on remue en foule les souvenirs, car chaque nom dans cette contrée se lie à notre histoire. D'un côté tout à fait opposé à celui dont je viens de parler s'allonge la route de Pignerol, route qui se prolonge, à partir de cette ville, en remontant dans la vallée du Clusone, jusqu'à Fenestrelle et au mont Genèvre dont le col rejoint l'Italie à Briançon, en France. Pignerol! Fenestrelle! il semble qu'on ne serait plus compris si on donnait à leurs noms la terminaison italienne. A Pignerol, si souvent pris, perdu et repris par nos troupes, était jadis une forteresse fameuse dont il ne reste plus que des ruines et qui fut démantelée par les Français en 1696. Le Masque de fer, Fouquet, Lauzun y furent enfermés. Et que de luttes, que de défenses héroïques, que d'assauts intrépides autour de cette forteresse de Fenestrelle qui défendait le passage d'Italie en France, et dont la possession assura si longtemps notre domination sur la région! Puis entre ces deux villes sont les vallées vaudoises. Encore un souvenir que ce nom évoque! C'est là que se réfugièrent les communautés protestantes vaudoises, et cela on ne sait au juste à quelle époque, vers le XIVe siècle, pense-t-on. Étaient-ce des chrétiens primitifs, était-ce un reste des Albigeois? On a fait toutes les suppositions, sans résoudre la question; mais ce qu'il y a de certain, c'est que les Vaudois étaient « réformés » bien avant la Réforme. Malgré les persécutions les plus sanglantes, malgré des exécutions qui les décimèrent et les forcèrent à abandonner leurs vallées, les Vaudois se sont maintenus sur le versant italien, et actuellement, ils forment encore une population de 25,000 à 30,000 âmes, réparties dans plusieurs communes, dont les principales sont celles de Lucerna, Perosa, San-Martino et Clusone. Mais actuellement aussi, ils jouissent d'une tranquillité qui leur avait été refusée pendant des siècles, ils font même une active propagande et, dès que le statut italien eut proclamé la liberté des cultes, ils fondèrent à Turin même un temple, il Tempio Valdese, inauguré en 1853, dans lequel l'exercice du culte se fait en langue italienne et en langue française. On a annexé au temple une école et un asile.

Les 30,000 Vaudois existants sont donc les descendants des 5,000 infortunés qui, traqués, après la révocation de l'édit de Nantes, d'un côté par Louis XIV, de l'autre par le duc de Savoie, avaient réussi à trouver un asile en Suisse et qui, trois ans après, en 1689, avaient regagné leurs vallées et engagé de nouveau une lutte dont ils devaient sortir vainqueurs, puisqu'ils réussirent à se maintenir dans leur pays. Leur propagande, comme je le disais, se poursuit ardente, sans trêve; ils ont fondé des églises dans tous les centres importants, ils en possèdent 60 et ils ont 24 stations missionnaires. Dans une direction différente de Pignerol est Saluces, — Saluzzo — la patrie de Silvio Pellico, une intéressante petite ville qui possède une belle cathédrale du xvᵉ siècle. Elle se trouve sur l'ancienne route de Coni, du col de Tende et de Vintimille, et n'est encore desservie, comme Coni, que par un embranchement de la ligne de Turin à Savone. Mais une ligne directe mettra bientôt Turin en communication avec Vintimille et desservira alors Saluces. L'ancienne route passait par Carignano, Carmagnola, Racconigi, Savigliano, Coni (Cuneo),

Militaires alpins.

vieille ville fortifiée au confluent de la Stura et du Gesso. Mais les vieux remparts de Coni ont été rasés après la bataille de Marengo et transformés en promenades, il ne lui reste plus que le souvenir des assauts qu'elle a dû subir et des défenses acharnées qu'elle a soutenues. On suit dans sa longueur sa rue principale entièrement bordée de portiques, et plus on avance, plus la plaine se resserre, se fait montueuse. A Robilante, on se trouve déjà enserré dans les contreforts des Alpes-Maritimes, les torrents deviennent plus écumeux; la route monte insensiblement, permettant de donner un dernier coup d'œil sur la plaine et d'apercevoir les points principaux du vaste arc de cercle formé par la chaîne des Alpes, que domine sur la droite le beau mont Viso. Le bourg suivant est Limone; on y arrive par la belle vallée de la Vermanagna dont les bords sont tantôt boisés, tantôt formés de rochers abrupts; puis la montée du col commence, montée raide et pénible, qui suit pendant quelque temps le cours de la Vermanagna; enfin les chaînes successives des Alpes vous cachent bientôt tout le pays parcouru et même le mont Viso que l'on voyait un moment auparavant briller au loin.

La route qui conduit au col de Tende a été construite par Victor-Amédée IV, ou du moins rendue par lui praticable aux voitures; mais elle est néanmoins d'un passage difficile, presque impossible à certaines époques de l'année par suite de la violence du vent qui chasse la neige avec une fureur incroyable Cependant le plateau supérieur sur lequel passe la route, le col de Tende enfin, n'est pas à une grande hauteur. Il ne s'élève qu'à 1,800 mètres au-dessus de la mer. De ce point on jouit d'une vue admirable sur toute la chaîne des Alpes, depuis le mont Iseran jusqu'au mont Rose. La descente commence, et la route tournant et retournant sur elle-même — on compte 69 courbes — sur les flancs arides de la montagne, gagne le fond de la vallée déserte et sauvage où se précipite le torrent de la Roja qui, à certains endroits, se trouve tellement encaissé entre ses deux hautes murailles de rochers, qu'il est impossible de l'apercevoir. Bientôt on est à Tenda, le petit bourg situé au pied du col sur le versant méditerranéen; de là, après avoir franchi la frontière française à Fontana, on arrive à Giandola, en suivant toujours la vallée de la Roja, si étroite parfois, si étranglée entre les roches qu'on se croit souvent arrêté dans sa course. Puis on remonte pour arriver au col de Brouis, d'où on aperçoit, on pourrait dire pour la première fois, la Méditerranée; on redescend dans la vallée de la Bevera, on traverse d'épais bois d'oliviers pour arriver à Sospello, on remonte encore pour passer le col de Guardin, si on se dirige sur Menton, ou dans la direction de Nice pour atteindre le col de Braus. Par le pays le plus désolé, le plus aride qui se puisse voir, on gagne Scarena, dans la vallée du Paglione, le fameux Paillon si souvent privé d'eau, vallée aussi fertile qu'était sauvage la contrée précédente. Bientôt on entre à Nice.

TURIN. — Rives du Pô et mont des Capucins.

SAN-REMO. — Torrent de San-Remolo.

CHAPITRE II

I. — DE VINTIMILLE A PISE. — LA RIVIÈRE DU PONENT.

DE Vintimille à Pise! Si jamais il se pouvait qu'on supprimât les innombrables tunnels sous lesquels passe la voie ferrée au cours des trois cents et quelques kilomètres qui forment la longueur de ce trajet, je ne connaîtrais pas de plus beau voyage.

Oui, mais il y a les tunnels, et en nombre infini, des tunnels maudits qui, brutalement, vous arrachent à votre éblouissement pour vous plonger dans la nuit noire, et ne vous délivrent de leur étreinte étouffante que pour mieux vous ressaisir quelques minutes plus tard. Que ne peut-on, je le répète, voyager à air libre entre la montagne et la mer, la mer infinie qui vient caresser mollement de ses flots bleus et murmurants le pied des villas et des villages, les jardins et les bois répandus sur ses rives? C'est presque de l'ingratitude que de formuler un pareil souhait, car il n'est pas permis à tout le monde de louer une voiture, de suivre à petites journées la route magnifique qui longe la côte, montant et descendant les vallées ou les coteaux, et du chemin de fer on voit encore assez de paysage et de mer pour arriver au terme de son voyage plein d'admiration pour la contrée merveilleuse qu'on a traversée. En réalité, c'est à Nice que commence ce spectacle magique, et si j'ai pris Vintimille comme point de départ, c'est que Vintimille est la première station italienne après la frontière lorsque, venant de France, on s'engage sur la célèbre voie de la Corniche. Mais comme nature, comme aspect, comme végétation, le caractère général du pays est le même sur toute l'étendue de cette côte, principalement jusqu'à Gênes, c'est-à-dire sur la partie du littoral dénommée rivière du Ponent. A partir de Gênes la côte infléchit assez brusquement au sud-est et forme jusqu'à la Spezia la rivière du Levant. De ce dernier point jusqu'à Pise, l'aspect du pays se modifie légèrement, de façon à peine sensible dès l'abord, plus appréciable ensuite au fur et à mesure qu'on approche de Livourne.

La Ligurie, que Gênes, coquettement enfouie au fond de son golfe, séparait en deux tronçons égaux, étendait à peu près de Menton à la Spezia la longue et étroite bande de littoral qui formait politiquement son territoire. Nulle part d'ailleurs la division politique ne fut déterminée, commandée d'une façon plus absolue par la disposition géographique de la contrée, le chaînon détaché des Apennins qui meurt dans la mer à Porto-Venere, fermant en quelque sorte presque complètement de son rempart escarpé la rive supérieure. De Vintimille à la Spezia, la contexture géographique se prolonge d'un dessin on peut dire uniforme. Une succession de caps abrupts tombant droit dans la mer enserrent une multitude de petites baies peu profondes, à l'arc à peine prononcé, à la petite plage de sable fin qui semble demander grâce aux falaises voisines pour le peu de terre qu'elle a gardée et pour l'étonnante végétation qui y a pris racine. Toute cette côte se contourne ainsi doucement, ouverte au soleil, sans crainte des vents du large dont la garantissent ses hauts promontoires, abritée des vents du nord par la chaîne des Apennins dont les sommets dénudés contrastent si violemment avec la verdure puissante et variée qui garnit les plans inférieurs de leurs pentes escarpées.

Dans chacune de ces baies, au fond de chacun de ces ravins où coulent en torrents à la fin de l'hiver les eaux de la montagne, s'élève un village ou un bourg, ou encore un groupe de villas qui étendent leurs jardins sur le coteau. Partout où le terrain le permet, de nouvelles constructions s'élèvent chaque année, constructions industrielles, usines, manufactures sur certains points, maisons de plaisance sur d'autres, si bien que l'espace libre diminuant de plus en plus, il semble que cette côte merveilleuse soit habitée sans interruption d'une extrémité à l'autre. Quelques-uns de ces villages — qui deviennent avec une rapidité incroyable des petites villes — ont leurs noms connus de tout le monde, comme Bordighera, San-Remo; les autres, comme Nervi, Porto-Venere, Sestri, acquièrent peu à peu la célébrité que leur climat si doux et leur végétation constante leur procurent à juste titre. Il n'est plus un seul de ces villages, jadis à peine connus, qui ne se transforme en une station où se réfugient, l'hiver, les malades et les oisifs.

Vintimille, qui est cependant pittoresquement adossée à des hauteurs fortifiées, n'est guère considérée que comme ville frontière; on va plus loin chercher une plage bien préservée du vent, et on s'arrête à Bordighera, la ville des palmiers, dont le haut quartier, abrité par des collines couvertes de bois, est admirablement protégé contre les vents de terre et de mer. De ce point élevé on a la vue la plus étendue sur toute la côte jusqu'à Monaco, et sur les montagnes de l'Estérel, et le regard se perd dans les bois de palmiers, d'oliviers, de dattiers. Nulle part comme à Bordighera, même à San-Remo, les palmiers ne poussent avec une pareille vigueur. La vente de leurs branches est un objet de commerce considérable.

C'est à San-Remo, où on arrive après être passé devant Ospedaletti, une petite station qui cherche à naître, que vivaient, je crois, que vivent peut-être encore les descendants d'une famille Bresca qui avait le fructueux privilège de fournir seule la ville de Rome des palmes qui étaient vendues dans les rues le jour des Rameaux. On raconte que, lors de l'érection de l'obélisque de Saint-Pierre, le pape Sixte-Quint défendit, sous peine de mort, qu'aucun cri ne fût poussé pendant l'opération si difficile à laquelle présidait l'architecte Fontana. L'obélisque s'élevait peu à peu et le peuple assemblé assistait au spectacle dans un silence absolu. Le bourreau était là, tout prêt à saisir l'audacieux qui aurait enfreint les ordres donnés. Tout à coup une voix s'élève nette, distincte. « De l'eau aux cordes! » s'est écrié un homme dans la foule; on le saisit, on l'entraîne, on va le pendre. Mais Fontana, averti par ce cri, a compris que les cordes trop tendues vont se rompre; il les fait couvrir d'eau, elles se resserrent, un dernier effort et l'obélisque est sur son piédestal. Reconnaissant envers celui qui a sauvé son œuvre, il implore sa grâce, il l'obtient, et Bresca emporte en outre à San-Remo, son village, le privilège que j'ai mentionné. C'est, du moins, ce que raconte la

SAN-REMO. — Une rue.

légende; mais il est incontestable que, chaque année, un navire quittait San-Remo n'ayant d'autre cargaison que des feuilles de palmiers envoyées à Rome pour décorer les églises le jour des Rameaux.

Quelle merveilleuse situation que celle de San-Remo, et combien est pittoresque l'aspect de la vieille ville dont les ruelles, les escaliers étroits et sombres grimpent et zigzaguent entre les hautes maisons si curieusement étayées les unes aux autres par des arcades sous lesquelles passent les voies de la ville! Le petit port a un commerce assez actif. San-Remo compte 15,000 habitants, et il n'est pas question, bien entendu, dans ce chiffre, de la population nomade, des étrangers qui viennent, l'hiver, louer des appartements dans les maisons situées près de la mer ou les villas construites sur ce merveilleux coteau couvert de vignes, d'oliviers, de palmiers, de citronniers et de figuiers.

Des promenades garnies de palmiers, d'eucalyptus, de poivriers, d'aloès ont été établies dans la ville neuve ; le jardin public, le corso Mezzogiorno, le giardino dell' Imperatrice sont chaque jour le rendez-vous de la foule cosmopolite qui a élu San-Remo pour une de ses stations favorites. Les plus jolies routes serpentent sur les collines, remontent jusqu'à la montagne, jusqu'à la Colla d'un côté, jusqu'à la Madonna della Guardia, de l'autre, encore jusqu'à Paggio, Taggia, San-Stefano le long de la côte. Des villas, admirablement situées en amphithéâtre, perdues dans les oliviers et les massifs de lauriers-roses, s'aperçoivent dans toutes les directions, ayant à leurs pieds la masse confuse de la ville, la forêt d'oliviers qui s'étend au fond de la baie comme un tapis de velours et, au delà, les flots bleus de la mer qui miroitent sous le soleil et viennent mourir dans le port si bien garanti des gros vents.

C'est là un séjour enchanteur qu'une température toujours égale rend favorable aux malades, surtout en décembre et en janvier, les deux mois où les pluies sont les plus rares, les vents les moins violents et le soleil le plus pur.

La route contourne le cap Vert, la voie ferrée se glisse sous sa masse rocheuse et de tunnel en tunnel, de ravin en ravin, arrive à Porto-Maurizio après s'être arrêtée à Taggia, à San-Stefano, dont les vieilles tours, bâties dans le voisinage de la mer, au IXe et au Xe siècle pour protéger le rivage contre les incursions des Sarrasins et des pirates, ont été converties en maisons d'habitation, et encore à San-Lorenzo.

Toujours la contrée est couverte d'orangers, d'oliviers dont les belles et nombreuses plantations garnissent la colline à laquelle est adossé Porto-Maurizio, une des cités principales de la rivière de Gênes, une jolie ville commerçante dont le port, des plus actifs, donne son abri à une flottille considérable de caboteurs qui vont porter dans les autres ports les huiles d'olives, les pâtes alimentaires, les pierres lithographiques dont il se fait un commerce considérable. L'aspect est gai à l'œil, la petite ville, qui est le chef-lieu de la province, est animée ; dans ses rues étroites, sur le rivage, c'est un mouvement continu, et la campagne qui l'entoure, qui se prolonge avec ses plants d'oliviers ou ses champs de vigne jusqu'à Oneglia, offre les points de vue les plus charmants aux touristes qui gagnent en voiture cette dernière ville. Celle-ci, plus commerçante encore peut-être, étend de plus en plus ses faubourgs où s'élèvent de nombreuses fabriques en dehors des vieilles fortifications que les Français bombardèrent en 1792.

La route, si jolie à suivre jusque-là, devient plus belle encore lorsqu'on a franchi le grand tunnel qui commence presque aux portes de la ville; les montagnes s'éloignent un peu de la rive; de loin, on aperçoit des villages perdus dans la verdure; une petite plaine, couverte de fleurs et de fruits, de vignes et d'arbres de toute sorte, court le long de la mer de Diano Marina à Cervo qu'on voit sur une hauteur, et au débouché du long tunnel qui traverse le cap delle Mele ; après Laigueglia, la vue découvre, plongeant dans la mer ses falaises dénudées, le cap San-Croce et, dans la baie qui le précède, Alassio dont les maisons blanches s'étendent à l'abri de la masse rocheuse sur le rivage ensoleillé. Les palmiers et les orangers lui forment comme un nid de verdure, les fleurs éclatantes garnissent les jardins qui l'entourent, et l'on comprend ceux qui viennent en grand nombre s'y fixer pendant les durs mois d'hiver.

Puis, au delà du cap San-Croce, on a les plus admirables échappées de vue sur la mer au milieu de laquelle se dresse la petite île rocheuse de Gallinara. Une haute tour qui couronne la masse sombre de l'île se détache nette et dure sur l'horizon limpide. Bientôt se déploie sur la gauche une plaine, une vraie plaine couverte d'une végétation

PORTO-MAURIZIO.

magnifique au milieu de laquelle coule la petite rivière de la Centa qui vient se jeter dans la mer à Albenga.

Mais ce que cette partie de la route gagne en étendue, elle le perd en pittoresque et, on assure aussi, en salubrité. Le vent y souffle du large librement, les pluies y sont plus fréquentes, et, pour être une des plus anciennes villes de la côte, Albenga n'en est pas une des plus habitées. Elle existait déjà du temps des Romains, qui exécutèrent aux alentours des travaux considérables, comme le prouvent les restes du Ponte-Lungo; plus tard encore, elle eut une réelle grandeur, comme l'atteste son ancienne cathédrale gothique; puis, peu à peu, elle vit diminuer son importance. Loano, situé un peu plus loin, dut être aussi, à une époque peu éloignée, un bourg considérable; c'est, du moins, ce que semblerait indiquer l'église à coupole que firent construire les Doria au commencement du XVIIe siècle, mais ici encore la côte est insalubre, et Loano n'est plus qu'un village de peu d'étendue.

On traverse de nouveaux tunnels, et encore d'autres tunnels dont l'un ne vous laisse même pas apercevoir Finalmarina, la partie la plus ancienne de la ville de Finale qui se compose de trois localités espacées sur la côte; on arrive à Noli, puis à Spotorno. La voie, à cet endroit, est creusée dans le roc; mais le tunnel n'est pas continu, c'est pour mieux dire une longue galerie dont d'énormes blocs de rochers forment les piliers et, par ces arcades répétées, on voit la mer qui vient battre le pied de la falaise et se brise en écumant sur les roches placées à fleur d'eau sur la rive et autour de la petite île de Bergeggi. Quelques minutes encore, et après avoir dépassé le promontoire de Vado, on peut apercevoir toute la côte de Gênes jusqu'à Nervi, distinguer la masse blanche de Gênes au pied des hautes montagnes. Le coup d'œil est merveilleux pour son étendue, pour la diversité des tons de la mer et du paysage, pour cette multitude de baies et de caps dont on devine à peine, à cette distance, les contours successifs.

NOLI.

Plus on approche de Gênes, plus les centres d'habitation se multiplient sur le littoral; plus ils deviennent importants au point de vue du commerce et de l'industrie, plus ils se peuplent de propriétés magnifiques, entourées de jardins où toute la flore tropicale pousse en terre libre et répand au loin ses parfums enivrants.

Ainsi Savone, la première station après Vado, est une petite ville qui compte de 17,000 à 18,000 habitants, ville manufacturière où on fabrique des porcelaines et des faïences, où on travaille les produits chimiques, ville commerçante d'où s'exportent en quantité considérable les citrons, les oranges, les huiles que lui fournissent les magnifiques plantations de citronniers, d'orangers, d'oliviers qui forment autour d'elle un bosquet embaumé. Savone fut à une époque une ville considérable; son port, très profond, offrait un abri sûr aux barques et aux navires de fort tonnage; mais sa prospérité même causa sa ruine; car Gênes, jalouse de sa suprématie, n'admettant à côté d'elle aucune puissance qui pût lui porter ombrage, l'attaqua, la vainquit et fit combler son port que dut abandonner le commerce de gros transit.

La construction du chemin de fer qui relie Savone à Turin, par Alexandrie, Acqui et Novi d'abord, et par Brà ensuite, lui a rendu beaucoup d'activité en lui permettant d'écouler par terre le produit de ses manufactures.

La ligne ferrée de Savone à Alexandrie est des plus belles : elle monte par le santuario di Savona jusqu'à la galerie del Belbo, un tunnel long de plus de quatre kilomètres, qui la conduit sur l'autre versant de la montagne d'où elle descend dans la vallée du Tanaro. Du Santuario, lieu de pèlerinage très fréquenté, de l'hospice élevé en 1536, on a une vue magnifique sur la ville et sur le port. Savone est par elle-même une ville charmante ayant conservé quelques monuments comme la cathédrale, élevée en 1604 ; ses environs, et les stations où s'arrête le chemin de fer en la quittant : Albissola d'où est originaire la famille della Rovere qui a donné deux papes au monde, Sixte IV et Jules II ; Celle, Varazze, Cogoleto, Arenzano, présentent les sites les plus merveilleux, les uns sauvages, comme du côté de Celle, les autres adoucis, fleuris comme Cogoleto qui revendique l'honneur d'avoir vu naître Christophe Colomb, honneur dont on l'a dépossédé récemment en établissant que Colomb est né dans un humble village de Corse. La maison où on prétend qu'il a vu le jour n'en continuera pas moins sans doute à porter les inscriptions qui rappellent sa mémoire.

PEGLI. — Villa Doria.

Varazze a des chantiers de construction maritime assez importants, ainsi que Voltri si joliment située à l'embouchure du Cerusa. On y trouve des fabriques de drap et des papeteries, ainsi qu'à Prà, la station avant Pegli, un des plus adorables sites de cette belle rivière de Gênes.

La côte commence déjà à incliner vers le sud, l'exposition n'est plus la même ; Pegli fait en réalité partie de la rivière du Levant, quoique celle-ci ne soit ainsi dénommée qu'à partir de Gênes, et les chauds rayons du soleil que la côte reçoit dès l'aurore font pousser dans la baie les arbres et les arbustes les plus divers et donnent à la végétation qui la couvre une vigueur et une coloration étonnantes.

Pegli, comme Sestri-Ponente et Cornigliano, sont, pour ainsi dire, des faubourgs de Gênes où on parvient en moins d'une demi-heure, et on comprend la vogue dont leurs plages délicieuses, couvertes du sable le plus fin, ont joui, à toutes les époques, auprès des Génois. Pegli n'est qu'un vaste jardin, un jardin embaumé où les sources coulant de la montagne conservent au sol un peu de fraîcheur sous les ardents rayons du soleil.

Bien loin sur la côte et sur le flanc de la colline se voient les superbes villas, les maisons de plaisance plus modestes, enfouies dans la verdure, couvrant chaque étage, chaque gradin du coteau. Il n'est pas un pouce de terrain qu'on n'ait utilisé pour y établir une délicieuse résidence. Je ne veux pas en faire la nomenclature, mais comment ne pas citer la villa Rostan et la villa Doria dont le jardin, remontant sur la colline, se joint à un bois de pins qui en couvre le sommet, et encore la villa Spinola, et la villa Pallavicini où la nature corrige par ses merveilleux aspects les recherches de mauvais goût entassées dans ce lieu charmant ? Si on doit passer, sans autrement s'y arrêter, auprès des kiosques turcs, chinois, pompéiens, disséminés de tous côtés dans les jardins de cette villa, auprès de cette tour moyen âge que des travaux d'approche, des terrassements entourent comme si le siège en était ouvert, comme si l'attaque en était des plus meurtrières, puisque, dans le petit cimetière voisin, on a enterré les soldats tués en combattant ; si encore on a peu à s'occuper de ces fantaisies de berceaux de feuillage où des jets d'eau invisibles vous couvrent à volonté d'une pluie fine, l'admirable situation des jardins, la merveilleuse végétation qui y pousse méritent toute l'admiration des visiteurs admis à s'y promener. L'art dans ces lieux ne vaut pas la nature. On ne peut nier cependant qu'il n'y ait un art particulier dans la disposition des bosquets et des plates-bandes où se mêlent, se confondent dans une promiscuité odorante les magnolias, les lauriers-roses, les lauriers-cerises, les camélias, les azalées, les citronniers et les orangers et même, dans certaines parties mieux exposées encore au soleil, les plantes rares des tropiques, le caféier, le sucrier, le camphrier et le palmier qui les domine tous des lances de son feuillage. D'un autre côté est une grotte bâtie avec des fragments de stalactite au fond de laquelle s'étend un petit lac ; on sourit en contemplant ce joujou qui paraît plus insignifiant encore lorsque, à la sortie de la grotte, on découvre le plus magnifique point de vue sur la mer et sur Gênes dont le phare se dresse à la pointe du môle.

Voilà qui est beau ; voilà qui vaut toutes les inventions de l'imagination torturée pour accumuler les bizarreries et les fautes de goût ! Combien l'esprit humain, lorsqu'il veut ainsi raffiner, lutter avec une nature aussi splendide, paraît petit et insuffisant !

La côte se prolonge et les villas s'accumulent succédant aux villas. Et ce n'est pas d'aujourd'hui qu'il en est ainsi. Le président de Brosses, qui fit ce trajet en chaise de poste, écrivait déjà : « De Voltri à Gênes ce n'est qu'une rue de trois lieues de long, bordée à droite par la mer, et à gauche par des maisons de campagne magnifiques, toutes peintes à fresque. » Les fresques ont disparu, dégradées par l'air salin ; elles sont généralement recouvertes aujourd'hui par quelque badigeon rose, blanc ou jaune.

C'est à peine si on voit où finit Pegli, où commence Sestri. Mais Sestri Ponente ne doit pas être seulement considéré comme un lieu de plaisance, c'est une ville commerçante, industrielle, qui, en outre de ses fabriques, possède les plus grands chantiers de construction maritime de l'Italie et peut-être de la Méditerranée tout entière. Elle compte actuellement près de 12,000 habitants et chaque année s'accroît son importance. Reliée à Gênes par la grande ligne du chemin de fer, elle est en outre desservie par un tramway qui, partant de Pegli, aboutit sur la piazza dell' Annunziata à Gênes. Deux kilomètres plus loin, on arrive à Cornigliano, coquettement tapi dans un véritable jardin où les tamaris roses poussent, on pourrait dire sur la plage, entre les palmiers et les fleurs. En quelques minutes on est enfin à San-Pier d'Arena, le grand faubourg manufacturier qui précède immédiatement Gênes.

II. — GÊNES.

Je ne veux pas médire de Gênes. Je ne vois pas cependant pourquoi je forcerais mon admiration au point de me déclarer enthousiaste d'une ville qui m'a fort intéressé sans doute, mais à laquelle je n'ai dû aucune impression particulièrement vive. Gênes a été beaucoup trop prônée et beaucoup trop dénigrée; la vérité, c'est que nombre des critiques adressées par les uns à la capitale de la Ligurie sont justes, tout aussi bien qu'une bonne partie des éloges qui lui sont adressés par les autres sont des mieux mérités. En tant que ville, d'ailleurs, Gênes s'est beaucoup modifiée, et à son avantage,

GÊNES. — Le Port.

depuis quelques années, par l'agrandissement de son port, par le prolongement de sa magnifique terrasse maritime et par la percée des grandes voies qui courent au flanc de la colline. Il faut, en somme, prendre Gênes pour ce qu'elle est, pour une ville commerçante qui vit, qui a toujours vécu de son commerce, sans autre mobile à sa politique que d'augmenter sa puissance commerciale. La principale de ses institutions, — car c'était bien une institution politique autant que commerciale, — la banque de Saint-Georges, n'en est-elle pas la preuve la plus frappante? Elle planait en quelque sorte au-dessus des divisions des partis, des luttes intérieures ; nul ne s'avisait d'y porter atteinte. On pouvait attaquer, renverser un doge ; on respectait la banque de Saint-Georges à laquelle, d'ailleurs, on avait donné des attributions fiscales importantes. Venise, la rivale de Gênes, avait du moins le sens des arts et des lettres, le goût raffiné, l'esprit ouvert, tandis que Gênes, restée marchande, exclusivement marchande, n'a jamais étalé qu'une opulence de parvenu. On voit bien que des millions ont été dépensés, mais on ne sent nulle part l'inspiration artistique de ceux qui ont commandé les grands travaux exécutés; il semblerait même que les injonctions reçues par les artistes étrangers appelés à orner la ville aient comprimé leur essor.

En réalité, Gênes est sauvée, au point de vue de l'aspect général, au point de vue du pittoresque, par son admirable situation qui, d'autre part, a gêné le développement auquel elle eût atteint si la nature s'y fût prêtée. Tout est par masses, les monuments isolés aussi bien que la ville elle-même. La nature a interdit à Gênes toute autre ambition que celle du commerce. La mince bande de littoral sur laquelle elle est construite est infertile, elle ne produit que des fruits et des fleurs. La mer qui baigne ses côtes est également presque improductive ; les poissons ne trouvent pas, dans les hautes falaises qui descendent à pic jusqu'au fond de l'eau, les repaires qui leur sont nécessaires pour multiplier, la pêche ne peut donc alimenter toute cette population qui ne vit cependant que de la mer. C'est donc à l'industrie manufacturière et au commerce lointain que Gênes doit demander ses ressources principales, et sa position au fond d'un golfe spacieux, au centre même de la côte, en fait l'entrepôt naturel de tout le commerce de la contrée. Ne lui demandez pas de produire de grands artistes, des littérateurs éminents, elle fournira seulement ce qu'elle a, des négociants émérites et des révolutionnaires incorrigibles, des fauteurs de conspirations, car le fond de la nature de ce peuple, à qui de nombreux éléments étrangers apportent leurs défauts plus que leurs qualités, est l'inconstance, la jalousie, l'amour du lucre.

Tout le monde connaît le dicton qui avait pour prétention de dépeindre le pays et le caractère génois : « Mare senza pesce, montagne senza alberi, uomini senza fede e donne senza vergogna », auquel Dante ajoutait cette malédiction :

> Ahi! Genovesi, uomini diversi
> D'ogni costume, e pien magagna ;
> Perche non sieta voi del mondo spersi ?

Faites la part d'une exagération bien naturelle quand on songe aux haines de peuple à peuple entretenues par une rivalité constante, et la vérité se dégagera peu favorable pour les Génois ; — j'entends par Génois les habitants de toute la côte.

Du Xe siècle, époque où Gênes se déclare indépendante, jusqu'au XVIIIe siècle, ce ne sont dans cet État minuscule que trahisons, révoltes et conspirations, que guerres à l'intérieur et guerres à l'extérieur pour étendre ses colonies dans l'Orient entier jusqu'au fond de la mer Noire, sur cette terre de Crimée que les Génois possédèrent du XIIIe au XVe siècle. Les Doria et les Spinola du parti guelfe, les Grimaldi et les Fieschi du parti gibelin, se sont jusqu'à cette dernière époque arraché le pouvoir, sans que l'institution du Doganat en 1339 ait réussi à apaiser ces divisions intérieures qui se continuent malgré la lutte terrible engagée avec Venise. Les Guelfes et les Gibelins disparaissent dans cette tourmente politique; d'autres factions leur succèdent, les Adorni et les Fregosi, d'une part, les Guarchi et les Montalti de l'autre, et la République se trouve maintes fois réduite à un péril si extrême qu'il lui faut implorer la protection étrangère, se donner tantôt au roi de France, tantôt aux Montferrat, subir le joug de ces durs podestats, les Montferrat et les Visconti, les chasser pour implorer de nouveau la protection de la France qui se déchargera sur un Visconti du soin difficile de gouverner ce peuple intraitable. Les musulmans profitent de sa faiblesse pour lui arracher ses possessions d'Arménie, de Perse, de Colchide ; les factions fomentent une guerre civile plus terrible encore que les précédentes ; enfin au XVIe siècle, André Doria quitte le service de la France,

GÊNES. — Villa Pallavicini.

passe au service de l'Empereur, donnant de ce fait la prépondérance à l'influence autrichienne, et il devient nécessaire de rédiger une constitution qui, pendant plus de deux siècles, régira la République. Pour la première fois peut-être le calme fut durable à l'intérieur après la conjuration avortée de Fieschi, mais cette tranquillité même semble avoir enlevé à la République tout son ressort, et sa décadence se précipite, marquée par la perte de la Corse, de l'île de Schio, par le bombardement de la ville évite ainsi de payer les droits d'entrée dans la ville. Jadis, il y a quelques années encore, l'entrée de ces magasins était interdite aux prêtres, aux militaires et aux femmes; on n'admettait, voulait-on dire ainsi, que ceux-là seuls qui étaient appelés à l'entrepôt par leurs affaires; je crois bien que cette interdiction a été levée. Ce qui subsiste encore, c'est le monopole donné de temps immémorial aux Bergamasques de décharger les marchandises et de les emmagasiner. Leur privilège remonte, paraît-il, à l'an 1340, époque où la banque de Saint-Georges conféra à 12 portefaix bergamasques, réunis en compagnie, en *caravana*, la licence d'opérer les déchargements. De 12, leur nombre s'accrut rapidement, et, à une époque, ils furent 220 titulaires de cette charge véritable qu'ils revendaient à leurs successeurs. Tous ces portefaix venaient non pas de Bergame même, mais de la vallée Brembana, dans la province de Bergame, et tous étaient renommés pour leur honnêteté et leur courage au travail. En 1832, un règlement nouveau réduisit leur nombre à 200.

Toujours, on le voit, on est ramené à parler commerce lorsqu'on se trouve à Gênes, et peut-être hésite-t-on à se lancer dans ses voies étroites aux montées fatigantes. Il ne faut pas songer en effet à s'y promener en voiture, quoique les voitures puissent passer dans les principales rues ! il y a même un tramway, mais seulement, il est vrai, dans la partie de la ville avoisinant la gare ! Ce tramway, établi depuis quelques années, suit dans toute sa longueur la via Balbi qui se prolonge de la piazza dell'Annunziata à la piazza Acquaverde. A la piazza dell'Annunziata s'amorce la via Nuovissima à laquelle fait suite la via Nuova jusqu'à la piazza delle Fontane Amorose. C'est dans ces trois voies, établies à mi-côte de la première pente de la montagne, et qui seules dans l'ancienne ville méritent d'être appelées des rues, que se trouvent les plus beaux palais de Gênes, palais dont les hautes façades en marbre diversifiées de dessin forment une perspective vraiment magnifique à suivre de l'œil dans toute sa longueur. En parcourant la via Balbi, la via Nuova, on a une idée très vraie de la magnificence des patriciens de l'ancienne République, de ces nobles fastueux pour qui le palais qu'ils devaient habiter ne pouvait être ni trop riche ni trop merveilleux. Leur orgueil s'y étalait à l'aise, comme aussi il devait se manifester tout entier dans les églises qu'ils faisaient élever non loin de leurs demeures, en expiation peut-être d'actions coupables, de vengeances sanglantes, mais qu'ils voulaient construites pour eux seuls. On devait dire l'église des Saoeli, l'église des Lomellini, comme on disait le palais des Doria.

La via Balbi, ouverte en 1606 aux frais de la famille de ce nom, compte dans sa longueur le palazzo Balbi-Senarega, à la magnifique cour entourée de colonnes doriques, construit par Bianco comme le palazzo Marcello, élevé au XVIIe siècle pour les Balbi et dans lequel on fait admirer une façade imposante, un vaste vestibule et un escalier monumental ajouté à la fin du XVIIIe siècle par Tagliafico. Tout à côté est le palais de l'Université commencé en 1623 par Bart. Bianco pour recevoir le collège des jésuites ; on y a transporté l'Université en 1812. La cour, le vestibule aux lions de marbre sculptés par Biggi, l'escalier, sont de magnifiques morceaux d'architecture. Plus loin est un autre palais, le palazzo Durazzo, et un autre encore construit pour la même famille par Cantone et Falcone, agrandi ensuite par Fontana, et qui est devenu en 1815 le Palais-Royal.

Puis on passe dans la via Nuova. Tout d'abord on est frappé par la façade rouge du palais Brignole-Sale, du palazzo Rosso, construit au xviie siècle et qui a appartenu à la généreuse duchesse de Galliera, née Brignole-Sale, jusqu'en 1874, époque où elle en fit don à la ville avec toutes les collections qu'il renfermait. Ces collections comprenaient, entre autres œuvres précieuses, quatre magnifiques Van Dyck. En face est un autre palais ayant appartenu aux Brignole-Sale, le palazzo Bianco, et tout à côté l'ancien palazzo Doria Tursi, devenu le palais municipal. Et, toujours en suivant, on passe devant le palazzo Serra, le palazzo Adorno, le palazzo Doria, élevés tous les trois par Alessi, et encore le palazzo Cataldi, le palazzo Parodi, le palazzo Gambaro, puis un peu plus loin sur la piazza delle Fontane Amorose, un ancien palais des Spinosa et un des palais Pallavicini.

Que de palais et que d'œuvres d'art merveilleuses réunies dans leurs galeries! des Véronèse, des Van Dyck, des Titien, des Dürer, des Strozzi, des Bordone, des Rubens, des Carrache, des Guide, des Guerchin, des Velasquez. Cependant nombre de ces collections célèbres ont été disséminées; ce qu'il en reste suffirait à former un admirable musée. Mais il est encore bien d'autres palais sur divers points de la ville, comme le palazzo Doria, sur le port, dont le chemin de fer longe la façade postérieure, tout près de la gare, comme le palazzo Centurioni sur la hauteur, comme vingt

GÊNES. — La Lanterne.

autres accotés à des ruelles dans lesquelles ils semblent plonger d'un côté, tandis que leur façade s'élève droite sur une voie un peu plus large et de plain-pied avec la cour qui les précède. Car c'est là ce qu'il faut noter de curieux, la pente du terrain est tellement forte dans certaines parties de la ville, l'espace est si restreint, que la cour occupe parfois tout entière le gradin de terre où on a établi les fondations et que l'escalier qui conduit au premier étage s'appuie sur le terrain même qui remonte vers le sommet de la montagne. Aussi, bien souvent, le plus souvent même, les bâtiments, palais ou simples maisons, n'ont-ils qu'une façade. De l'autre côté de la rue, les maisons se trouvent avoir leurs étages supérieurs à la hauteur du dernier étage des maisons du gradin inférieur.

Puis, tout à côté de ces magnifiques constructions où la richesse de la matière employée, le marbre, l'or venaient ajouter aux splendeurs de l'art, de hautes maisons s'élèvent sales et noires donnant sur ces *strade,* ces *scali,* ces *salite,* ces ruelles tortueuses et étroites où grouille une population d'enfants dénudés qui dégringolent de marche en marche et de tas d'ordures en tas d'ordures. Cependant la ville est abondamment pourvue d'eau ; ses rues et même ses ruelles sont entretenues avec tout le soin possible. Gênes, en réalité, est plus propre que ne le ferait supposer sa réputation. Mais évitez donc un peu de saleté dans une ville où chacun a pour habitude de suspendre à sa fenêtre, lavé ou non, sans s'inquiéter s'il en résulte quelque gêne pour les passants. Il n'en est pas ainsi sur les voies larges ou commerçantes, bien entendu ; mais les quartiers riches et les quartiers pauvres sont ici confondus dans une promiscuité peu agréable, et à la première ruelle venue, levez les yeux en l'air et dites-moi si j'exagère.

Aussi, au bout de quelque temps de cette promenade où l'air, l'espace et la lumière vous sont mesurés, éprouve-t-on le besoin de respirer librement. On pourrait revenir au port et se reposer les yeux au tableau magique que présentent les quais, la réunion des bateaux à l'ancre et le mouvement des barques ; mais mieux vaut au contraire monter vers les hauts quartiers et faire le tour de la ville par la voie nouvelle, la via di Circonvallazione, ouverte en 1876 et qui suit, dans une partie de son parcours, l'ancienne enceinte fortifiée, celle élevée au xive siècle. Les fortifications actuelles, complétées de nos jours, il est vrai, furent construites au xviie siècle sur les montagnes mêmes, du fort de la Lanterne à l'embouchure du Bisagno sur un contour de treize kilomètres. Cette admirable défense, dont Masséna montra la puissance en 1800, a été depuis ce temps complétée par une ligne de forts détachés, bâtis plus haut dans la montagne.

Mais je reviens à la via di Circonvallazione qui part au nord de la piazza Acquaverde, derrière l'arsenal de terre, qui passe sur la piazza dell' Annunziata, remonte jusqu'à l'Albergo di Poveri, hôpital fondé au xviie siècle, agrandi en 1835, pouvant recevoir 1,300 pauvres, se replie sur elle-même, se contourne suivant les exigences du terrain, redescendant, remontant, enjambant sur un viaduc d'autres parties plus basses, et toujours gagnant les hauteurs, vient aboutir à la piazza Manin, contre le mur d'enceinte. C'est une des plus belles, des plus pittoresques promenades que l'on puisse faire, la vue s'étendant par-dessus la masse de la ville qui s'étage à vos pieds jusque sur le port et sur la haute mer.

Mais je ne sais si la vue n'est pas plus belle encore de l'église de Santa-Maria di Carignano. En redescendant par la via Assarotti, on parvient assez rapidement à l'esplanade de l'Acqua Sola, qui est une ravissante promenade créée vers 1825 contre les vieilles murailles, afin d'utiliser la quantité énorme de déblais qu'il fallut enlever pour l'ouverture de la via Carlo Felice et la construction du théâtre de ce nom. On a formé sur cet emplacement assez vaste les jardins les plus charmants, plantés d'arbres magnifiques, de bosquets toujours verts, ombrageant des fontaines jaillissantes. Rapidement l'esplanade devint la promenade favorite de la ville, soit qu'on s'y rendît par les grands escaliers descendant vers les rues intérieures, soit qu'on voulût y accéder en voiture par les rues adjacentes. La foule se pressa bien vite sur la terrasse qui borde les jardins, et d'où on domine — car à Gênes on domine toujours quelque chose — tout un quartier neuf et, vers l'est, l'immensité de la mer.

De l'Acqua Sola on se rend par la via Fieschi à Santa-Maria di Carignano. Lorsque j'allai visiter la vieille église, commencée au XVIe siècle par Alessi, je n'avais, je l'avoue, qu'un but, celui d'embrasser d'un coup d'œil un magnifique panorama du haut

GÊNES. — Église de Santa-Maria di Carignano.

du dôme. On n'a jamais d'autre pensée dans ce beau pays que de voir devant soi le plus d'espace possible. J'y allais donc décidé à monter jusqu'à la flèche du dôme s'il l'avait fallu; — quoiqu'en général je prise peu les ascensions de ce genre, — je m'attendais à un beau spectacle, et je restai stupéfié, ébloui. On m'avait recommandé de gravir le matin les 249 marches du dôme, j'en fus empêché. J'arrivai au contraire à Santa-Maria assez tard, un peu avant le coucher du soleil et je ne sais si dans la matinée le spectacle eût été plus beau. Je fus ébloui, comme je le disais, et non seulement à cause de la vue pittoresque de la ville étendue au-dessous de moi, toute blanche comme un drap jeté sur un talus de gazon et séchant au soleil, non seulement à cause du merveilleux espace que je découvrais vers la rivière du Levant, vers la rivière du Ponent, mais bien plus encore pour l'incomparable et multiple coloration de cet espace infini.

L'air était si pur que je pouvais détailler chaque objet, les maisons et les forts, les bateaux voguant dans le port, les villas éparses sur les collines, les voiles blanches et les traînées de fumée des navires passant à l'horizon dans la haute mer. La vaste nappe de la Méditerranée s'irisait par larges places de mille couleurs qui s'effaçaient, renaissaient, reparaissaient plus loin sous le jeu de la lumière ; ici l'eau semblait verte, d'un vert opalin charmant, là bleue, transparente, nacrée. Sur les coteaux s'étalait toute une gamme de verts, du ton foncé des pins et des cyprès au ton si vaporeux, presque indéfinissable des tamarins, et, sur les murs des maisons et des palais, les derniers rayons dorés du soleil faisaient naître des teintes roses et douces, se jouant sur les toits de tuile rouge des maisons, sur les terrasses supérieures des palais, sur les clochers des églises, tirant de toutes ces parties un éclair vif, brillant, qui se perdait aussitôt dans cette sorte de nuée de pourpre et d'or jetée sur la nature comme une parure divine.

Si le gardien de l'église n'était venu m'avertir qu'il était l'heure de me retirer, je serais resté, je crois, engourdi dans une torpeur béate jusqu'au coucher du soleil. Je ne voulus pas rentrer dans l'intérieur de la ville, m'étouffer dans quelque ruelle sombre après m'être grisé d'air et d'espace, je traversai le pont jeté, à trente mètres au moins d'élévation, sur une rue et un groupe de maisons, et, descendant jusqu'au Molo Vecchio, je revins par le port où je restai presque jusqu'à la chute du jour à regarder le va-et-vient des barques, des matelots, des portefaix activant le dernier travail de la journée.

Je regrettai ensuite de n'avoir pas quitté Gênes sur la vive impression que je venais de ressentir, pour emporter comme dernier souvenir le panorama admirable vu de Santa-Maria. Il me suffit d'y reporter ma pensée pour que Gênes m'apparaisse dans ce nimbe d'or et de lumière. Peut-être cette sensation si profonde, si elle eût été perçue la dernière, m'eût-elle fait oublier bien des détails qui me ramènent à la réalité des choses?

Je parle, bien entendu, des détails de la vie courante, de l'aspect si peu engageant d'une partie des rues et des maisons qui les bordent, car il est nombre de belles choses à voir au contraire par le menu, les palais et les églises notamment. Je voudrais bien faire comprendre mon sentiment. Quoique choqué par bien des détails, je n'en ai pas moins admiré comme elles le méritent chacune des merveilleuses demeures seigneuriales dont j'ai cité les principales et qui sont, avec les autres monuments de la ville, autant de preuves de la splendeur et plus encore de la puissance ancienne de Gênes. A contempler leur architecture si belle et si variée, leurs cours, leurs escaliers, leurs portiques où le marbre et l'or se disputent la place, à visiter tous les trésors d'art que renferment ces palais, l'admiration la plus vraie, la plus entière vous saisit et, ne fût-ce qu'au point de vue de l'art qui s'est affirmé avec tant de force à une époque, on ne saurait trop étudier cette sorte d'épanouissement général. C'est à peine si on songe alors à regretter qu'aucun des artistes si éminents qui ont contribué à cette magnifique décoration de la ville n'en fût originaire.

Les églises présentent la même affirmation de puissance, et aussi d'orgueil, et si toutes ne méritent pas qu'on gravisse les rues qui y conduisent, la plupart d'entre elles sont remarquables. Je vais y revenir, mais je veux signaler tout de suite un petit point de la ville qui est bien un des plus curieux, un des plus pittoresques, un de ceux au

GÊNES. — PANORAMA DU PORT.

moins qui ont le plus de cachet. Je pense à l'église San-Matteo et à la place qui s'étend devant l'église même et devant le cloître situé à côté, un beau cloître à doubles colonnes qui est du commencement du xiv° siècle. Nous nous trouvons ici chez les Doria, j'allais dire dans le royaume des Doria, car l'église a été bâtie par eux, le cloître a été bâti par eux, de même les palais qui entourent la place. On vous dit : Voici les palais de la famille Doria, — qui par la suite en posséda d'autres encore sur d'autres points de la ville, — et une inscription placée sur l'un d'eux, à l'étrange façade de marbre noir et jaune, nous indique en effet qu'il fut la demeure du plus puissant des Doria. C'est nommer André Doria dont la statue, mutilée malheureusement, se trouve dans le cloître, dont l'épée de combat est conservée au maître-autel. Avec quelle facilité l'imagination travaille lorsqu'on se trouve ainsi brusquement reporté à trois siècles de distance !

San-Matteo nous parle des Doria, bien d'autres églises rappelleront les noms d'anciennes familles patriciennes. Santa-Maria di Carignano, qui fut construite en 1552 par Galéas Alessi, est due à la famille des Sauli dont Puget représente un des membres, le bienheureux Alexandre Sauli, dans une statue placée à l'un des quatre grands piliers qui soutiennent la coupole. A l'autre pilier est un merveilleux saint Sébastien, également de notre grand sculpteur Puget. Le pont Carignan, qui relie les deux collines de Sarzane et de Carignan, est dû également à la famille Sauli. Santa-Annunziata, située à l'autre extrémité de la ville et dont la façade, supportée par des colonnes cannelées et revêtue de marbre blanc, n'est pas achevée, fut élevée par les soins de la famille Lomellini qui consacra à la décoration extrêmement riche des sommes énormes. Sur un autre point, la famille Pallavicini a fait construire San-Ambrogio, cette magnifique église tout incrustée de marbres de couleur où se voient la remarquable *Assomption de la Vierge* de Guido Reni, le *Saint Ignace* et la *Circoncision* de Rubens, et il n'est pas une des nombreuses églises de la ville qui ne contienne un souvenir de la munificence des anciens patriciens. Je ne peux les citer toutes, San-Felippo Néri, San-Cosimo, Santa-Maria di Castello, Santa-Maria delle Vigne, Santa-Maria dei Servi, la Madonetta, San-Stefano, vieille église gothique à la façade en marbres blanc et noir alternés par bandes, datant du xiv° siècle. A côté se dresse une tour romane qui remonte à la construction de l'église primitive. Au maître-autel est le *Martyre de saint Étienne*, peint par Jules Romain. On dit que le dessin en était de Raphaël.

Mais l'église la plus ancienne de Gênes est San-Ciro, si on en croit du moins la tradition qui fait remonter sa construction au III° siècle. Elle servit de cathédrale jusqu'en 985, et c'est dans la vieille basilique que le peuple tenait ses assemblées et élisait son doge. De ce temple primitif il ne reste rien ; l'emplacement fut à peu près seul conservé lorsqu'on la reconstruisit en 1516, et depuis ce temps, à notre époque même, elle a été tant de fois restaurée, si profondément modifiée, que les moindres vestiges des anciennes constructions ont disparu. C'est actuellement une des plus riches et des plus grandes églises de Gênes. Au maître-autel, il y a des figures d'anges en bronze doré de Puget.

Si la cathédrale San-Lorenzo est moins antique, au moins retrouve-t-on dans ses vastes constructions des parties entières remontant à son origine, c'est-à-dire au xi° siècle. La façade, élevée deux siècles plus tard, est de style gothique, de marbres blanc et noir alternés par bandes, tandis qu'on attribue à Alessi le chœur et la coupole, qui sont du style de la Renaissance. En 1307, on utilisa les anciennes colonnes lorsqu'on reconstruisit l'intérieur qui est à trois nefs voûtées en berceau et

GÊNES. — Santa-Annunziata.

supportées par seize colonnes corinthiennes en marbre blanc et noir de Paros, et par quatre piliers au-dessus desquels court une colonnade. La chapelle Saint-Jean-Baptiste est la partie la plus remarquable, tout au moins la plus ornée et la plus intéressante de l'église. Elle est située la deuxième à gauche en entrant. Le dessin en fut donné par

Giacomo della Porta, en 1451; mais sa décoration en marbre et en stuc doré, son ornementation générale de bas-reliefs et de statues ne furent complètement terminées qu'en 1406. Elle renferme dans un tombeau en pierre supporté par quatre colonnes de porphyre les reliques de saint Jean-Baptiste transportées de Palestine à Gênes en 1097. Les six statues des côtés et les bas-reliefs sont de Matteo Civitali, la Vierge et saint Jean-Baptiste d'André Sansovino; les sculptures de la façade, conçues dans le style gothique, sont de Guillaume della Porta. Dans la sacristie, parmi les pièces assez nombreuses du Trésor, on montre le *Sacro Catino*, un vase rapporté de Césarée en 1101, vase qui, à en croire la légende, aurait servi à Jésus-Christ pendant la Cène. On le crut ou on le dit pendant longtemps en émeraude, et une loi de 1476 punissait de mort quiconque eût osé le toucher avec une matière dure. Mais, lorsqu'il fut transporté à Paris en 1809, on reconnut qu'il était simplement en pâte de verre oriental ancienne. Il fut rendu à San-Lorenzo en 1815.

Tout à côté du dôme est l'ancien palais ducal, qui ne présente véritablement rien de curieux. Les souvenirs anciens en sont même effacés par les restaurations successives qu'il a subies et par des mutilations qui lui ont enlevé tout caractère. Cette ancienne résidence des doges, qui est devenue le siège de la préfecture, fut construite vers 1262, puis agrandie vers 1388 par le doge Adorno, rebâtie à la fin du XVIe siècle; — il reste de cette époque un bel escalier dessiné par Rocco Pennone, restauré et enfin refait en partie en 1778, après un terrible incendie qui l'avait ravagé. A notre époque même, on y a fait de nouveaux travaux; puis ses collections d'art en ont été retirées, les bustes des Génois célèbres qui décoraient la salle du grand conseil ont été brisés en 1796 : il ne lui reste donc que bien peu de choses de son état ancien. On a agrandi la place sur laquelle s'étend la façade, sans que celle-ci probablement ait beaucoup profité, au point de vue de l'aspect, de l'espace qu'on ouvrait devant elle. Sur un des côtés de la place s'élève l'église de San-Ambrogio dont j'ai parlé, et, en revenant vers la place Deferrari, se trouvent le plus grand théâtre de Gênes, le théâtre Carlo Felice et l'Académie des beaux-arts qui renferme la bibliothèque municipale, riche de quarante mille volumes, et une galerie de peintures sans grand intérêt. Presque tous les théâtres de Gênes sont du reste réunis dans ce même quartier : le théâtre Carlo Felice d'abord, l'Apollo, le Colombo, le Politeama, le teatro delle Vigne où jouent des marionnettes. Le Falcone ou le Regio, comme on l'appelle maintenant, est plus loin, via Balbi, près du Palais-Royal.

Le plus grand et le plus beau de ces théâtres est sans contredit le Carlo Felice. Il fut ouvert le 7 avril 1828; il peut contenir 3,000 personnes. C'est certainement un des premiers théâtres de l'Italie par la grandeur de ses proportions et par sa décoration intérieure. On y joue l'opéra, mais seulement pendant le carnaval; le reste de l'année, il demeure fermé, tandis que l'Apollo, où on chante l'opéra pendant le carnaval, sert tout le printemps à des représentations de comédie.

Et alors, quand les théâtres sont fermés, on va au Concordia, le grand café situé en face du palazzo Brignole-Sale, écouter les concerts qui s'y donnent presque chaque soir, ou, si c'est l'été, au café d'Italie, près du parc d'Acqua Sola. La musique militaire qui joue l'hiver, dans la journée, sur la place Deferrari, se fait en outre entendre tous les soirs au parc d'Acqua Sola. La foule, sous prétexte d'écouter des valses ou des airs d'opéra, se répand sur cette jolie promenade qui a pour elle, sinon de grands espaces, du moins une vue magnifique sur la rade et des fontaines qui rafraîchissent l'air brûlant.

Gênes, puisque je parle de ses fontaines, de ses jardins et de ses places, — elles sont nombreuses, — est très bien fournie d'eau par trois aqueducs dont le plus ancien, l'aqueduc de la ville, aurait été fondé, dit-on, par le capitaine du peuple Boccanegra en 1157.

Gênes. — Détail de la façade de San-Lorenzo.

Il a été établi sur les restes d'un ancien aqueduc romain, et en 1847 on a terminé d'importants travaux qui ont modifié son parcours de près de 4 kilomètres, en le faisant passer par un siphon au-dessus du torrent Veilino à Straglieno. Sa dérivation est à Trensasco. Le second aqueduc est tout récent ; il a été inauguré en 1883, et il est dû au duc de Galliera. Il prend ses eaux dans le lac Bruno, à vingt kilomètres de Gênes, dans la vallée de la Gorzenta, sur le territoire de Campomarone. Ses réservoirs ont une capacité de trois millions de mètres cubes d'une eau excellente, qui a été, après analyse, reconnue la plus pure de toutes celles amenées à Gênes. La construction de ce dernier aqueduc a été un véritable bienfait. Le troisième enfin est l'aqueduc Nicolay, qui prend ses eaux dans la Scrivia ; près de Bussola ; mais on s'est plaint, à maintes reprises, de la mauvaise qualité de ses eaux et, en 1884, lors de la terrible épidémie cholérique qui fit tant de victimes en Italie et principalement à Naples, à la Spezia et à Gênes, on dut supprimer le service des eaux de cet aqueduc. Je passai à Gênes, à cette époque, et quoique l'épidémie eût décru d'intensité, chaque jour on enregistrait de nouveaux décès. Sur les places, dans les carrefours, on ne cessait de brûler du soufre dans des cuves énormes, on désinfectait la ville autant que faire se pouvait; mais l'incurie des habitants, leur ignorance, leur superstition rendaient bien inefficaces les mesures édictées par la municipalité. Que son port était triste en ce moment! Que de convois funèbres on rencontrait se dirigeant vers Staglieno! — et encore en dissimulait-on le nombre en faisant le plus possible les enterrements subrepticement. A Staglieno est, en effet, le grand cimetière de la ville, le campo santo, à une demi-heure à peu près de la route dans la vallée du Bisagno, près des siphons de l'aqueduc municipal dont je parlais tout à l'heure. La disposition des cimetières italiens ne rappelle en rien nos cimetières, je parle naturellement de ceux des grandes villes, qui sont modernes et bâtis sur un type uniforme; — celui de Gênes est de 1867. — Le mot bâti est le seul juste puisqu'il s'agit de vastes galeries, de portiques entourant le champ de la mort; dans les murs de ces galeries sont ménagées des cases où on dépose les cercueils. Donc pas de chapelles funéraires comme nous les aimons, pas de tombes isolées recouvertes de leur carapace de pierre ou formant un jardinet fleuri qu'entoure une grille de fer; chacun a sa case, perdue entre les cases de ses voisins, à l'étage où il a été possible d'en acheter une disponible. Vous occupez le premier ou le dernier rayon de ce vaste cartonnier selon le hasard; le nom, l'inscription en l'honneur du défunt sont gravés en lettres noires ou en lettres d'or sur la plaque de marbre, et souvent un long clou doré, scellé également en haut de la plaque, est disposé pour supporter les couronnes. Rien n'est plus froid, rien n'est moins personnel qu'un campo santo italien.

Voilà pour les modestes. Les humbles ont quelques mètres de terre dans un champ qui s'étend entre les portiques. Les riches, les célébrités ou simplement les orgueilleux ont leurs monuments répartis dans les galeries, qui deviennent ainsi de véritables musées où on va se promener pour voir des sculptures comme dans la première galerie municipale venue. Il y en a de fort beaux; il y en a de médiocres et de prétentieux. En cela tous les pays du monde se ressemblent.

A Gênes, le cimetière doit à sa situation sur le versant d'une colline une originalité particulière; la partie supérieure, celle qui supporte la rotonde et les grandes galeries soutenues par des colonnes monolithes de marbre noir, forme une vaste terrasse reliée à la partie inférieure par de larges escaliers qui donnent une allure imposante à l'ensemble du campo santo. Le tombeau de Mazzini est à gauche dans le haut, sur la plate-forme. C'est fort beau d'aspect. N'importe, j'aime mieux nos cimetières ombragés de cyprès et d'acacias. Il me semble qu'on y est mieux chez soi et qu'on doit y mieux dormir du dernier sommeil.

En revenant par la porta Romana, la vue s'étend jusque sur la haute mer, puis par la via San-Vincenzo, par la via Giulia on rentre au cœur de la ville, sur la place Deferrari. Les places publiques sont assez peu nombreuses à Gênes. Comment aurait-on réussi à les établir sur ces terrains en pente? Puis l'espace est si restreint. On ne compte guère dans l'ancienne Gênes que la piazza del Acquaverde, la piazza dell'Annunziata, celle delle Fontane Amorose, la piazza Carlo Felice, et encore la piazza Nuova, la piazza di Carignano, et parmi les plus nouvelles la piazza Bixio et la piazza Manin. Chose assez extraordinaire également en Italie, les statues et les monuments sont rares. Place de l'Acquaverde est la statue de Christophe Colomb, place Corvetto la statue équestre du roi Victor-Emmanuel qui a été inaugurée le 18 juillet 1886 en présence du roi Humbert, dont la venue fut le prétexte de grandes fêtes. Sur le piédestal est cette seule inscription : « A Re Vittorio Emmanuele II, fondatore della unita nazionale i Genovesi. » Les fonds ont été fournis en effet par une souscription publique. Le monument a coûté près de 200,000 francs. Il a, en son entier, 13 mètres de haut. La statue en bronze de Victor-Emmanuel, sculptée par Francesco Barzaghi et Pagani, repose sur un piédestal rectangulaire de marbre rouge de Baveno. C'est un beau monument, bien conçu et d'une belle exécution. Les Italiens, qui se montrent si facilement oublieux de ce que font pour eux les nations étrangères, ont au moins, il faut le reconnaître, la reconnaissance très vive envers ceux des leurs qui concourent à la gloire et au relèvement de leur patrie. Je crois bien qu'il n'est pas maintenant une ville d'Italie qui n'ait sa statue de Victor-Emmanuel, de Cavour et de Garibaldi, ou du moins qui n'ait consacré, en donnant leurs noms à une place, à une rue, le souvenir de cette trinité d'hommes qui, chacun dans sa mesure, ont contribué à l'unification de l'Italie. Les démocrates de Gênes leur ont rendu, comme les autres, de grands honneurs. Ils leur ont joint, il est vrai, Mazzini, dans leur reconnaissance patriotique.

Je reviens vers le port par le labyrinthe de ruelles qui descendent de la via Nuova ; tout y ramène, le désir de jeter un dernier coup d'œil sur la ville s'étageant en amphithéâtre, de contempler ce beau et curieux spectacle du port si animé, si remuant, si vivant. A une extrémité est ce magnifique palazzo Doria, qui fut donné en 1522 à André Doria. Le Père de la Patrie le fit transformer en 1521 par Montorsoli et orner de fresques par Perin del Vaga, élève de Raphaël. Dans le jardin, du côté du port, est une grande loggia à arcades d'un bel effet ; mais le palais entier est malheureusement assez mal entretenu, et quoique ayant été restaurées, les fresques de Vaga ont perdu beaucoup de leur intérêt.

A l'autre extrémité, dans la Gênes commerçante, presque derrière le port franc, est la Douane, qu'on a logée dans l'édifice anciennement occupé par la banque de Saint-Georges, cette puissance formidable qui possédait des îles et des territoires, — la Corse et Sarzane entre autres, — et qui étendait au-dessus de la République ses rameaux protecteurs ; à quelques pas de distance, sur la piazza dei Banchi, est la loggia dei Banchi, la Bourse, si on aime mieux, qui fut bâtie au XVIe siècle par Alessi et dont l'immense salle sert de lieu de réunion aux négociants de la ville. Dans ce court espace s'agitait toute la vie de Gênes, et ces mêmes quartiers ont gardé leur animation ancienne, car le commerce reste la préoccupation générale et dominante.

On évalue l'importation annuelle de son commerce à plus de 330 millions de francs et l'exportation à 70 ou 75 millions. Cette exportation porte sur les pâtes alimentaires, les papiers, les soieries, les velours, les savons, les huiles, les métaux, les poteries, les fleurs artificielles, produits principaux de la fabrication locale.

III. — LA RIVIÈRE DU LEVANT.

Je ne sais pas vraiment si la rivière du Levant n'est pas plus belle encore que la rivière du Ponent. J'ai souvent hésité à me prononcer, et cependant, en repassant mes souvenirs, en relisant mes notes, il me semble que l'impression que j'ai ressentie sur la route de Gênes à Pise a été plus forte, plus accentuée encore que lorsque j'arrivais de Vintimille à Gênes. C'est que toute cette côte descendante est plus sauvage, plus abrupte. Par suite, le contraste de ces hautes falaises âpres et brûlées, des massifs de verdure rencontrés dans les ravins et de la grande mer bleue est plus violent, plus attachant aussi. Ce n'est plus un jardin qu'on parcourt, jardin des plus accidentés, il est vrai. Quoique la végétation soit non moins belle, mais plus noueuse peut-être, les fleurs et la verdure ne réussissent pas à lui enlever la sorte d'allure sauvage que lui donne la nature du terrain. En maints endroits on se demande vraiment comment l'homme, malgré sa ténacité, malgré la nécessité de produire pour vivre, a pu dérober à la roche l'espace qu'on aperçoit couvert de vignes, de maigres moissons et d'arbres fruitiers souvent rabougris. Il lui a fallu profiter des moindres gradins de la montagne, les agrandir, y maintenir le peu de terre qu'apportait le vent, se fiant aux plantes qu'il y semait du soin de consolider avec leurs racines ce mince terrain. On sent une lutte continuelle entre l'homme et la nature, et quand on voit s'épanouir dans ces lieux resserrés une végétation aussi merveilleuse, quand on peut jouir placidement de cet ensemble qui semble créé pour vivre en contemplation, on éprouve comme un épanouissement de son être tout entier qui rend plus vivace le sentiment d'admiration qu'excite ce beau pays.

Le chemin de fer longe la côte comme sur la rivière du Ponent, traversant ou dominant les villages qui deviennent de plus en plus fréquentés par les baigneurs et les malades, côtoyant les falaises, les franchissant sous de longs tunnels, profitant de tous les accidents de terrain, de tous les lambeaux de plaine pour raccourcir ses courbes et prendre, en quelque sorte, l'élan qui lui sera nécessaire afin de franchir de nouvelles pentes.

Tous les premiers villages que l'on rencontre à la sortie de Gênes sont en réalité la continuation de la ville elle-même, de simples faubourgs entourés de jardins et de villas comme l'étaient ceux qu'il avait fallu traverser à l'arrivée. San-Francesco d'Albaro, Sturla, Quarto, Quinto, où s'entremêlent les palmiers et les orangers, ont une population, qui se renouvelle sans cesse, d'étrangers ou de Génois qui viennent y passer l'hiver ou s'y reposer l'été.

On arrive à Nervi dont les maisons, peintes de différentes couleurs, s'étagent si gracieusement sur le coteau et descendent vers la plage qu'on aperçoit plus au fond, à une petite distance. Les maisons bordent la voie du chemin de fer, la vue plonge dans les appartements d'où les Anglaises blondes regardent passer le train ; on se croirait dans la banlieue de Paris, traversant Sèvres ou Saint-Cloud. Nervi prend chaque jour plus d'importance; la foule des étrangers s'y porte chaque année plus nombreuse, car il est impossible de trouver un climat plus doux, mieux garanti des vents, plus favorable aux malades qui veulent pouvoir respirer un air chaud et pur, tandis que les vaillants ont la mer si calme et si belle et les hauteurs voisines couvertes de villas qui les invitent aux excursions.

GÊNES. — Campo Santo.

C'est un séjour enchanteur où, l'été, on vient prendre des bains de mer; où, l'hiver, on vient chercher une température toujours égale, tout en se promenant dans la magnifique forêt d'oliviers, d'orangers et de citronniers qui l'entoure. De Nervi même, et plus encore naturellement des hauteurs voisines, du mont Gingo ou simplement de l'église de San-Ilario, on a la vue la plus étendue et la plus admirable. D'un côté, on peut apercevoir la rivière du Ponent jusqu'au delà de Voltri; de l'autre, le regard s'étend jusqu'au cap de Portofino, tout le long de la côte où se pressent les villages de Bogliasco, de Pieve di Sori, de Sori, de Recco, de Camogli, côte enchantée, faite pour le plaisir des yeux et de tous les sens. Mais pourquoi faut-il que les tunnels sous lesquels vous entraîne la locomotive empêchent de jouir de cette immense étendue, de cette vue merveilleuse qu'on voit seulement par échappées? A peine la station est-elle dépassée que le paysage vous est caché par l'énorme masse de roches brûlées par le soleil, aperçues de loin et qu'il faut bientôt franchir. A Sori, du haut du viaduc, on voit d'un côté la vallée où un torrent à sec dessine sa courbe blanche, de l'autre la mer qui vient baigner le pied des maisons; à Recco, encore un viaduc; à Camogli, on roule sur la plage même, de niveau avec les barques échouées sur le rivage au retour de la pêche; mais ce coup d'air et d'espace ne dure que quelques secondes, ou maudit presque — chose bien étrange — les employés qui crient : Partenza ! partenza ! ou qui forcent le train à reprendre sa route. C'est qu'il faut franchir sous un tunnel, bien entendu, la masse du Montefino, qui, s'avançant dans la mer, forme le cap de Portofino, du nom du petit port qui se cache, tout à la pointe, au pied de la montagne. Au sortir du tunnel on aperçoit Santa-Margherita, sur le versant ouest du cap, son petit port fermé par un môle, les restes de son château fort dans le bas, près de la plage, les maisons à arcades qui s'élèvent sur le port, et de l'autre côté de la voie, s'étageant sur la colline, un château pittoresquement situé et de grandes villas qui embrassent par leurs larges fenêtres ouvertes cette magnifique vue de la baie de Rapallo. Une petite route dont on aperçoit les détours suit la côte, longe la baie jusqu'à Portofino, un adorable port d'où le regard s'étend sur une partie de la haute mer et qu'on aperçoit mieux encore, se développant tout à l'aise, si on s'avance jusqu'à un vieux château restauré qui occupe la pointe extrême du cap au delà du couvent de Cervara. Là fut enfermé, dit-on, pendant quelques jours François Ier, dont le navire, qui l'emportait en Espagne, avait été jeté sur la côte par la tempête. Du haut du mont on découvre une étendue plus immense encore : la vue s'étend bien au delà de Gênes, si le temps est clair, et jusqu'au cap de Porto-Venere dans l'autre direction; et si l'on veut compléter cette excursion charmante, on peut redescendre à travers d'épais bois de châtaigniers et revenir en barque, en profitant de la brise, soit à Santa-Margherita, soit à Rapallo qui cache au fond de la baie, au milieu des plantations d'oliviers, ses maisons teintes des couleurs les plus diverses, depuis le rose jusqu'au rouge sang, en passant par les tonalités les plus étranges. L'une d'elles, près de la gare, faisait surtout le plus curieux effet. Les murs étaient teints en jaune, et les angles, les arêtes de la façade en rouge vif, et de cette même couleur on avait peint sur le devant de hautes statues en fresque. Je laisse à imaginer l'effet produit par cette maison que devait habiter, je m'imagine, quelque boucher. Il fallait le beau et clair soleil qui illuminait toutes choses quand je la vis, pour qu'elle ne me parût pas horrible. Rapallo est un bourg important qui fait un grand commerce d'huile d'olive, qui continue une vieille industrie locale, celle de la dentelle, à laquelle on voit les femmes travailler sur les portes, tandis que les hommes vont jusque sur les côtes de Sardaigne et d'Algérie pêcher le corail.

Plus loin est Zoagli, dans un nid de verdure ; mais c'est à peine si on a le temps d'apercevoir ce joli petit village, et tout le parcours entre Rapallo et Chiavari est si beau, qu'on ne devrait jamais le faire autrement qu'en voiture, par la route qui serpente sur la montagne ; ce trajet est incomparable. Et de même on ne peut imaginer plus jolie situation que celle occupée par Chiavari, située à l'embouchure de l'Entella, dans le vaste hémicycle laissé libre par les montagnes qui, à cet endroit, s'éloignent de la côte et laissent à la culture une assez large bande de littoral jusqu'à Sestri Levante.

De loin on aperçoit de grandes fabriques de dentelle de soie, le dôme des églises de Saint-François et de la Madonna dell'Orto où afflue, à l'époque de la fête de la Madonna, toute la belle population de la contrée environnante qui se répand comme un flot joyeux à travers les rues bordées d'arcades de la petite ville. De grands chantiers de construction sont établis sur le port, toujours animé par les barques qui entrent ou qui sortent, que l'on charge ou que l'on décharge. En se penchant à la por-

BOGLIASCO.

tière du wagon, on voit les manoirs et les clochers de Chiavari se perdre derrière les arbres, car toute cette partie de la côte est fertile, bien cultivée jusqu'à Lavagna, le berceau des comtes de Fieschi, autre bourg très important que semble dominer sa grande église dont les deux clochers et la coupole s'élancent vers le ciel, se détachant sur la colline sombre couverte d'oliviers à laquelle elle se trouve adossée.

La baie est large, et de Lavagna même on aperçoit jusqu'à Sestri Levante; mais il faut encore franchir un tunnel pour arriver dans la jolie vallée qui débouche, fraîche et verte, près de la petite ville où les tunnels reprennent plus nombreux, laissant aux diverses stations un espace aéré si court, que c'est à peine si le train peut, entre chacune d'elles, s'étendre de toute sa longueur. Quelques maisons formant village sont entassées, prises comme dans un étau entre la mer et la montagne. On dépasse ainsi Moneglia, que traverse un torrent sous un pont d'une seule arche, Deiva, Framura, Bonassola ; l'espace ne s'élargit qu'à Levanto, dont la petite baie, très recherchée pour sa belle plage de sable,

Sori.

— on y a élevé un petit casino, — termine une étroite vallée où l'ardent soleil qui s'y concentre fait pousser à l'envi les palmiers et les orangers, les oliviers, les cactus aux dures membranes et aux fleurs rouges, et la vigne aux feuilles jaunissantes. Puis, après de nouveaux tunnels, voici Monterosso et Vernazza, dont la vieille église et les maisons semblent s'accrocher au rocher comme un enfant peureux qui cherche à escalader la montagne et à éviter l'eau qui vient lui mouiller les pieds. La mer déferle jusque sur la place de l'église adossée à la montagne abrupte, car dans ce coin de terre disputé par les hommes à la nature, il n'y a même pas, comme à Manarola, la station suivante, des gradins naturels dans la roche sur lesquels puissent s'élever quelques maisons, s'étendre quelques champs où le blé pousse; la vue en est curieuse, à l'ombre des lauriers-roses. Encore une station, Riomaggiore, avant d'arriver à la Spezia. Une dernière fois on roulera pour ainsi dire dans la mer dont un haut talus de sable protège seul la voie, et, coupant alors sur la gauche, passant sous le grand chaînon des Apennins qui va mourir à Porto-Venere, on s'arrête à la station toute neuve de la Spezia, mais assez loin de la ville, au milieu des champs et des arbres.

Là se termine la rivière du Levant. Le promontoire de Porto-Venere, presque inac-

L'Entella, près Chiavari.

cessible du côté de Riomaggiore, semble en former la limite naturelle en ce sens que l'écartement des montagnes, leur éloignement de la côte plus on avance vers le sud, va modifier profondément le caractère de la région. Alors on doit aller aussitôt à Porto-Venere, et du haut de son rocher de marbre noir que couronnent les ruines de l'église San-Pietro en marbre blanc et noir, élevée au XIIIe siècle sur l'emplacement de l'ancien temple de Vénus, il faut jeter un dernier coup d'œil sur le littoral parcouru, sur cette terre magique de la Ligurie. En face, détachée du promontoire par quelque secousse volcanique qui a creusé une large passe dans laquelle s'est précipitée la mer, la masse noire et triangulaire de la Palmaria surgit des flots. Elle commande tout le golfe de la Spezia; on y a élevé un fort dont les canons peuvent balayer au loin la mer ou défendre, en convergeant ses feux avec ceux du second fort placé à l'autre extrémité du golfe, à Varalunga, le grand arsenal maritime de l'Italie. Des hauteurs on voit, en revenant, les pentes abruptes des Apennins se perdre à l'horizon, le magnifique golfe de la Spezia étendre la nappe limpide de ses eaux et la plaine étaler son tapis de verdure où les diverses espèces d'arbres et les champs se distinguent à leurs tonalités différentes. Le golfe est en son entier bordé de villages qui baignent dans les flots : c'est Lerici, le plus important de tous ; les ruines de son château fort rappellent la lutte à laquelle il prit part contre Gênes ; c'est à côté San-Terenzio entouré de jardins et de villas ; Marala, Cadare, Panigaglia, où se trouve la plus grande poudrière de l'Italie, le Grazie, Varignano, Aspromonte où Garibaldi fut fait prisonnier au moment où il débarquait à son retour de Naples, et encore Castagna, Fezzano, San-Vito, entre lesquels un service régulier de bateaux à vapeur récemment établi rend désormais les communications faciles.

Deux fois je suis passé à la Spezia sans pouvoir m'y arrêter. Une première fois

LAVAGNA.

j'avais à peine eu le temps de traverser la ville que je fus brusquement rappelé. La seconde fois, le choléra y sévissait brutalement, et les soldats qui faisaient le service de la gare ne permettaient même pas aux voyageurs de descendre de leurs wagons. Je ne le regrettai, il est vrai, qu'à moitié, car la ville en elle-même, toute bien située qu'elle soit, ne présente aucune particularité intéressante si ce n'est son arsenal, et j'étais trop assuré de ne pouvoir le visiter en détail pour éprouver un grand dépit à renoncer au court séjour que je comptais faire à la Spezia. Je me contentai donc des renseignements succincts que j'avais recueillis sur ce vaste golfe, un des plus sûrs qui existent, un des plus considérables aussi puisqu'il peut contenir des flottes entières. Il fut renommé pour sa sûreté dès la plus haute antiquité, et lorsque Napoléon eut créé le royaume d'Italie, il songea aussitôt à en faire son principal port maritime. Des millions furent absorbés par les premiers travaux entrepris, d'autres millions furent consacrés à les continuer par le royaume de Sardaigne, et les améliorations successives, les agrandissements poursuivis sans relâche en ont fait le premier port militaire de l'Italie. Les bâtiments, les chantiers, les docks, les bassins de l'arsenal de la marine situés au sud-ouest de la ville occupent maintenant une superficie de 900,000 mètres carrés au moins, sans compter les terrains où s'élèvent la caserne de la marine et l'hôpital maritime ; or de l'autre côté, dans la petite baie de San-Vito, les magasins de l'artillerie de marine s'étendent sur plus de 600,000 mètres carrés. De larges boulevards bordés de platanes, d'acacias et de peupliers conduisent à l'arsenal et l'entourent. Ce vaste établissement comprend, en outre de ses immenses ateliers où travaillent plus de mille ouvriers, quatre grands bassins, — on en creuse un cinquième, — d'où sont sortis, ces dernières années, les énormes cuirassés, comme le *Lepanto*, le *Duilio*, tous les vaisseaux de haut bord construits par l'Italie. La marine militaire comprend actuellement quarante-trois navires de guerre dont dix-neuf blindés, dix-huit navires à hélice et six à aubes, cent torpilleurs. Les vaisseaux de

LEVANTO.

transport sont au nombre de dix-sept, et il y a en outre douze navires pour le service local.

L'arsenal, la nombreuse garnison réunie à la Spezia donnent à cette petite ville une grande animation qu'accroît encore, l'été, la présence de nombreux baigneurs. Ce qui nuit à la Spezia, c'est l'humidité de son climat, car les vents qui s'engouffrent dans son golfe y chassent et y déversent souvent des pluies torrentielles, et y entretiennent l'humidité que ne peuvent combattre les vents supérieurs arrêtés par le chaînon de montagnes de Porto-Venere.

D'autres petites chaînes de montagnes ferment la plaine à son autre extrémité; il faut encore les franchir par des tunnels avant d'atteindre la rivière de la Magra, qui formait l'ancienne frontière de la Ligurie. Cette rivière torrentueuse, qui descend des hauteurs de

Pontremoli, passe près de Trexana, d'Aulla et se jette dans le golfe même de la Spezia, près de Lerici. Rapidement on arrive à Sarzana, que domine la forteresse de Sarzanella, construite par Castruccio Castracani au XIVᵉ siècle. Ses tours rondes crénelées sont de l'effet le plus pittoresque. Bientôt on est à Avenza, d'où on a une vue magnifique sur le golfe de la Spezia et, à gauche, au fond d'une plaine des plus fertiles, sur les carrières de marbre de Carrare dont la large tache d'un blanc lumineux éclatant rompt la chaîne sombre des montagnes. Mais cette tache blanche n'est en quelque sorte qu'une indication ;

Détroit de Porto-Venere et la Palmaria.

assez pour vous dire que nous sommes à Carrare, le pays du marbre. Il faut, en effet, pour se rendre compte de l'importance des gisements de cette merveilleuse pierre au grain si fin, au ton si éclatant, prendre le petit chemin de fer qui s'embranche à Avenza et conduit à Carrare, puis remonter la vallée jusqu'au delà de Torano. Il y a 700 carrières en exploitation, 59 scieries mécaniques sur les bords du Carrione, un filet d'eau le plus souvent, mais qui parfois devient terrible. Il y a trois ans, je crois, ce soi-disant ruisseau emporta une partie du village, inonda les carrières et la ville, détruisit les scieries de marbre, causa enfin des dégâts effroyables. A Carrare, tout le monde, on s'en doute bien, travaille le marbre soit comme ouvriers dans les carrières — plus de deux mille hommes y sont employés, — soit comme sculpteurs dans les nombreux ateliers de sculpture qui se sont ouverts dans la ville et d'où sont sortis, du reste, plusieurs artistes de mérite. Ses deux églises, San-Andrea et la Madonna delle Grazie, renferment de bonnes sculptures.

Massa, qui est toute voisine de Carrare, possède également sur son territoire des carrières de marbre importantes, et toute la contrée qui entoure l'ancienne capitale du duché de Massa, réuni en 1820 au duché de Modène, est des plus fertiles, des mieux

San-Terenzio et Porto-Venere.

cultivées, des plus pittoresques même, car ce ne sont sur tous les points des montagnes qui bordent la plaine, et de la plaine elle-même, que des ruines de châteaux ou d'agréables villas entourées de jardins couverts de fleurs. Pietrasanta, que l'on traverse ensuite, a gardé un aspect d'antiquité des plus curieux. De vieilles murailles l'entourent et rappellent un siège célèbre qu'elle soutint contre les troupes de Laurent de Médicis, en 1482. La petite ville succomba malgré une héroïque défense, et elle resta dès lors sous la domination de Florence. Les deux églises qu'elle renferme, son hôtel de ville sont des monuments fort intéressants à visiter. San-Martino,

la cathédrale, qui date du XIIIe siècle, — son haut clocher fut achevé en 1380, — renferme une chaire, des bénitiers et différentes sculptures remarquables de Stagio Stagi. Dans le baptistère on vous montre des bronzes de Donatello, et de l'autre côté de l'hôtel de ville à créneaux s'élève une seconde église gothique du XIVe siècle, San-Agostino, qui a conservé quelques peintures de Taddeo Zacchia.

On approche de Pise, on passe à Viareggio dont la plage est très fréquentée l'été

FEZZANO.

pour les bains de mer; on y fait même des séjours assez prolongés l'hiver, car le climat y est tempéré, plus agréable certainement que l'été, époque où les chaleurs sont parfois étouffantes. On y a élevé deux établissements de bains, et le plus grand, le Nettuno, est le rendez-vous de la société la plus riche, la plus élégante. Mais quelque heureuse que devrait être, il semble, la petite ville de voir ainsi affluer une foule qui peut lui apporter l'aisance, même la fortune, elle ne fait aucun effort pour se rendre digne, par la propreté de ses rues et la bonne tenue de ses habitations, de la faveur dont elle jouit auprès de la haute société. En vérité, il ferait beau voir que celle-ci ne fût pas satisfaite, alors qu'on lui a établi un petit tramway qui, de la plage, remonte dans la partie haute de la ville! De bonne foi peut-on en demander davantage? peut-on même exiger que ce tramway, démonstration si frappante de la civilisation moderne, aille assez vite pour rendre le trajet plus long à pied qu'en voiture?

La contrée devient marécageuse au delà de Viareggio, sur les rives du Serchio que l'on franchit un peu après Torre di Lago. Toute cette contrée est des plus tristes, et la vue en gâte un peu le souvenir du magnifique parcours que l'on vient d'accomplir.

Castello de Aulla.

Cette impression se dissipe bien vite d'ailleurs, tant restent profondément gravés dans l'esprit les spectacles précédemment entrevus. En outre, ne se promet-on pas d'autres merveilles à admirer? Dans le lointain apparaissent les trois grands monuments de Pise, sa haute tour penchée qui, vue ainsi à une certaine distance, semble s'effondrer sur la ville, puis le Dôme et le Baptistère. Je ne tarderai pas à venir me reposer dans la ville endormie qu'arrose l'Arno.

MILAN. — Dôme et place du Dôme.

CHAPITRE III

I. — DE TURIN A MILAN. — MILAN. — TRAMWAYS. — FACCHINI ET AGENTS DE POLICE.
LA GALERIE VICTOR-EMMANUEL.

Le Piémont s'étend jusqu'au Tessin, en tant que division politique ; mais, dès à partir de Verceil, les modifications sont si accentuées dans l'aspect général du pays que l'on se rend compte immédiatement, quelque rapide que soit la course en chemin de fer, des traits principaux de la contrée nouvelle dans laquelle on est entré.

Le pays est riche, extraordinairement fertile, mais sans ampleur. L'horizon est court. La plaine, il est vrai, est immense, car c'est à peine s'il y a quelques collines sur un espace de plusieurs lieues de largeur; mais les arbres qui entourent chaque prairie, chaque rivière, tout champ de blé ou de maïs, arrêtent la vue et rétrécissent l'envolée du regard. De temps à autre seulement, on aperçoit quelque coin des Alpes, quelque pic éclatant sous le soleil. La traversée des rizières cause tout au moins quelque surprise. On sait combien cette culture est répandue du côté de Verceil, plus encore autour de

Novare dont on aperçoit de bien loin un important et fort remarquable monument, le dôme de l'église San-Gaudenzio, en forme de tour, garnie d'une haute colonnade. La multitude de petits canaux courant dans la plaine, tantôt, et c'est le plus souvent, en lignes droites, tantôt s'enchevêtrant les uns dans les autres, sautant même l'un par-dessus l'autre, excite très naturellement l'étonnement dont je viens de parler et explique la sorte de brume humide que maintes fois on peut constater, planant au-dessus de ces terrains détrempés, entièrement couverts par les eaux, dans certaines parties, pendant quelques mois de l'année.

Les villages ont tout naturellement le même aspect riche et gai; les maisons, massées comme pour occuper le moins de terrain possible, forment des groupes blancs, sur lesquels tranche le rouge des tuiles qui les recouvrent généralement. Les clochers des églises sont carrés, montant droit sans renflure jusqu'aux petites fenêtres ogivales placées vers le haut de la tour, au niveau des cloches, et un toit de tuiles rouges écrasé termine lourdement l'édifice, fort peu gracieux déjà par lui-même.

Que l'on aille de Turin à Milan, ou vers le sud, d'Alexandrie à Milan; que du Pô on remonte par Pavie, par Crémone, c'est, à bien peu de différences près, le même aspect uniforme. De Milan à Vérone seulement, l'unité de tons n'est plus aussi persistante; de même le pays est plus mouvementé et présente un aspect très dissemblable lorsque, remontant vers les lacs, on se rapproche des montagnes. On comprend, en étudiant de quelles ressources dispose ce sol merveilleux, que les pays voisins, moins fortunés, aient cherché pendant des siècles à arracher quelques feuilles de cet « artichaut » incomparable qui se nommait le duché de Milan.

Assez rapidement, en trois heures, on arrive à Milan, dans cette grande et belle ville, active et bruyante, à l'allure toute moderne, dont le mouvement tout moderne, je répète ce qualificatif avec intention, absorbe de telle sorte le visiteur étranger que celui-ci part souvent sans se douter des merveilles artistiques qu'il rencontrerait en visitant les vieux quartiers, si pleins de souvenirs.

Mais dès les premiers pas on a éprouvé une sensation qui ne s'effacera pas. Milan restera, pour la plupart de ceux qui la visitent, la ville du mouvement, la ville des affaires et du plaisir, et, pour laisser leur part aux temps anciens, la ville du Dôme et de la galerie Victor-Emmanuel. Cela s'explique. — Le Dôme, c'est le monument classique; la visite au Dôme est, en quelque sorte, le payement dû à l'antiquité par tous les touristes. — La galerie Victor-Emmanuel, c'est la vie, la vie moderne, les magasins largement éclairés, les cafés, la foule enfin. Notez en outre que ces deux « merveilles » de Milan se touchent. Quelques pas suffisent pour vous conduire de l'une à l'autre, et rien ne donne de l'appétit pour venir déjeuner chez Biffi comme d'avoir fait l'ascension du Dôme.

Le mouvement ne cesse à aucun instant sur la place du Dôme, ou, pour être plus exact, dans ses alentours, car le soleil l'été, la pluie ou la neige l'hiver, ne rendent pas agréable la traversée de cet immense espace; mais il n'en est pas de même sur les côtés, principalement vers la via Carlo Alberto où le va-et-vient des tramways à bandes de toutes couleurs, noire, jaune, verte, des omnibus et des fiacres, qui ont leur station principale sur le côté sud de la place, suffirait à animer ce coin de la ville. A chaque minute part, dans une direction nouvelle, un de ces petits tramways à double plate-forme et sans impériale, qui sont le type commun en Italie, et, à la foule de ceux qui montent ou descendent de voiture, se mêlent les distributeurs de prospectus, les vendeurs de journaux, les *strilloni,* comme on les appelle, ce qui veut à peu près dire les hurleurs, qui rivalisent de cris pour annoncer le *Secolo,* le *Corriere della Sera* ou le *Pungolo,* — il se publie à Milan près de 150 journaux périodiques, soit quotidiens, soit hebdomadaires, — tandis que sous les arcades se tiennent les commissionnaires prêts à répondre au premier appel. Les facchini, qui portent comme uniforme une blouse de toile bleue, un képi et une plaque sur le bras droit, forment à Milan une société très bien organisée, reconnue par la municipalité, — le syndic en est le président, — qui délivre à chacun d'eux une médaille et leur impose un tarif.

Cette concentration en un même point de tous les moyens de transport est des plus commodes, et elle explique, avec la modicité du prix, le grand succès des tramways. Pour deux sous on va du Dôme à une extrémité de la ville, et tout le monde, à quelque condition qu'il appartienne, use de ce véhicule démocratique, depuis l'homme élégant jusqu'au facteur du télégraphe qui paye sa place avec un ticket que lui délivre la compagnie.

A Milan, contrairement à ce qui se passe dans bien des villes lorsqu'elles s'accroissent en population et en étendue, le centre de la vie, des affaires et des plaisirs ne s'est pas déplacé et ne tend pas à se déplacer. C'était toujours vers le Dôme que se portait le grand mouvement de la population; il était donc nécessaire, tout en respectant, en maintenant les habitudes anciennes, de donner à l'activité générale les facilités de communication depuis longtemps réclamées. En outre, et la querelle remontait loin déjà, tandis que les uns craignaient qu'on ne nuisît à l'effet architectural du Dôme en en dégageant les abords, les autres réclamaient sans cesse qu'on fît disparaître les bâtiments qui gênaient la vue de ce merveilleux édifice. La place, assez irrégulière de forme, était autrefois de proportions réduites. La plus grande partie de l'immense espace laissé vide par la place actuelle ou occupé par la Galerie était alors encombrée par un amas de vieilles maisons, entre lesquelles se croisaient, tortueuses et sales, une quantité de rues et de ruelles. Qu'on s'imagine, dans une certaine mesure, notre vieille place du Carrousel avant la démolition des bâtiments de toute sorte qui l'obstruaient. Au point de vue du pittoresque, le vieux quartier pouvait et devait même charmer l'œil du touriste, et Théophile Gautier, lors de son voyage en Italie, séduit par la couleur locale, considérait même « ces maisons avec leurs piliers massifs, leurs bannes de couleur safran faisant face à des bâtisses sans ordre et d'inégales hauteurs », comme un « très bon repoussoir pour la cathédrale ». Or il ne semble pas que la régularité et l'ampleur de la piazza nuisent en rien à l'effet que doit produire le Dôme, quoi qu'en dise le programme de reconstruction de la façade.

Sur le vaste terrain déblayé jusqu'à la via San Raffaele, on éleva une sorte de quartier, un immense pâté de hautes maisons de style uniforme, qui vinrent en bordure de la via Santa Margherita, de la via Carlo Alberto et de la place du Dôme dont ils formèrent un des côtés. La façade s'en déploie majestueuse, un peu lourde même, en une ligne régulière de grands portiques et de fenêtres à corniches sur toute la partie ouest de la place. La façade donnant sur la place est coupée au milieu par un pavillon de même style, qui sert de débouché à une des branches de la galerie. La galerie Victor-Emmanuel, commencée en 1865, et qui fut terminée en 1867 pour le gros œuvre, occupe en effet le centre de cette masse de bâtiments. Elle a la forme d'une croix latine dont les quatre bras se rejoignent à un dôme octogone, qui forme ainsi le centre de la galerie. Chacun de ces bras a quinze mètres de large et leur toiture de verre est à vingt-six mètres au-dessus du sol ; la coupole du centre a cinquante mètres d'élévation. Les Milanais sont fiers, et à bon droit, de cette construction due à l'architecte Mengoni, qui mourut un peu avant de l'avoir terminée, en 1877, en tombant du haut d'un des échafaudages de la façade. Plus de huit millions ont été dépensés dans cette construction, mais c'est évidemment un bâtiment unique et admirablement disposé pour l'usage auquel on le destinait. Le vaisseau de la galerie est grandiose, sans lourdeur, et son ornementation, très sobre, accompagne sans la surcharger la ligne des bâtiments. Des peintures à fresque représentant l'Europe, l'Asie, l'Afrique, l'Amérique, garnissent la coupole, et vingt-quatre statues d'Italiens célèbres décorent les quatre bras. Les deux bras principaux sont naturellement ceux qui conduisent en droite ligne de la place du Dôme à la place de la Scala ; ils renferment les plus beaux magasins et absorbent tout le mouvement de la galerie que traversent chaque jour des milliers de personnes. Rien n'est curieux comme de s'asseoir chez Biffi, au grand café qui occupe un des côtés de la rotonde, et d'assister à ce défilé d'individus affairés, de promeneurs, de gens de toutes conditions, de tous métiers, au milieu desquels circulent les vendeurs de journaux, les marchands d'allumettes, — une plaie en Italie par leur nombre et leurs sollicitations, — les bouquetières, etc. Le vendeur de journaux attitré du café Biffi est presque un personnage, et les Français l'apprécient d'autant mieux que, seul, il a un journal français à leur offrir. Mais la galerie a perdu une de ses attractions depuis qu'elle est éclairée à l'électricité. Auparavant elle avait dans sa partie la plus haute, au point même où commençait le vitrage, un cordon de gaz que chaque jour les étrangers et même les Milanais venaient voir allumer. Une petite locomotive, mue par un mécanisme d'horlogerie, faisait, en une minute et demie, le tour de la coupole, et c'était en réalité un assez amusant spectacle que de voir chaque point lumineux de cette couronne de gaz prendre feu au passage de cette locomotive. La voilà maintenant passée au rang de légende.

Le soir, lorsque toutes les lumières sont allumées, lorsque tous les magasins sont éclairés, lorsque la foule se presse en montant et descendant sans cesse de la place du Dôme à la place de la Scala, l'effet de la galerie est merveilleux. On échange des nouvelles, on regarde aux étalages les bijoux et les articles de modes, on s'enquiert chez Riccordi de la dernière partition parue, chez Galli du livre dont la publication est annoncée pour le lendemain, on s'assoit un moment chez Biffi ou chez Gnocchi pour prendre une glace en écoutant l'orchestre qui joue presque tous les soirs à l'intérieur ; de nouveau on fait un tour en recueillant les nouvelles, et vers dix heures les officiers se dirigent vers le cercle, les bourgeois regagnent leur lit, la jeunesse s'échappe en chantant et bientôt le calme remplace le mouvement et le bruit. On n'entend plus que les pas des attardés résonnant sur les dalles de marbre du grand promenoir municipal que continue seul à parcourir le *capellone*, le garde de la police municipale, de cette marche lente et lourde particulière aux gardiens de tous les pays. Le *capellone!* On devine aisément d'où lui est venu ce nom que lui a donné la fantaisie populaire. Lorsque ce corps spécial fut formé en 1860, on lui attribua pour costume la longue redingote noire et le chapeau à haute forme, et pour toute arme une grande canne à pomme blanche. Ces surveillants pacifiques furent une surprise, alors qu'on connaissait

MILAN. — Galerie Victor-Emmanuel.

seulement les agents militaires de l'autorité autrichienne. On fut prêt à rire de leur tournure étrange; leur chapeau surtout excita l'hilarité. Les *Capelloni* ont conservé leur costume, assez laid, il faut en convenir; mais ils ont gagné, ce qui est le principal, le respect de la population. La municipalité entretient 150 agents qui ont pour unique devoir de veiller à l'observation des règlements municipaux et qui sont entièrement distincts des gardes de la questure, dont les attributions sont toutes différentes. Il est curieux de voir la distinction que le sentiment populaire établit entre ces deux polices ; cela se comprend assez aisément, de reste, et à Milan plus encore qu'à Turin. Pendant longtemps on s'est toujours cru sous la domination autrichienne, pendant laquelle la haine de la police était poussée à l'extrême ; cette impression ancienne s'est atténuée à l'égard des capelloni, mais elle subsiste assez vivace encore en ce qui touche les gardes de la questure ; quand se produit une agitation populaire, ces derniers, les seuls du reste qui aient à intervenir, sont assurés de recevoir des pierres et de s'entendre crier haro ! Je crois, une fois de plus, que la dualité des services de police usitée dans toutes les villes d'Italie présente de grands inconvénients, et je ne la vois pas appliquée en France.

De l'autre côté de la place du Dôme que clôt à l'ouest la via Carlo Alberto, s'élèvent, entre la via Torino et la via dei Rastrelli, une suite de bâtiments de même style que ceux qui s'élèvent au-dessus de la galerie Victor-Emmanuel. Mengoni en donna également le plan lorsque la place fut agrandie. Puis, plus près de la cathédrale, est le Palais-Royal que longe la via dei Rastrelli, rue des plus fréquentées, car elle renferme la Poste. Le Palais-Royal, que précède une vaste avant-cour, est un bâtiment assez vulgaire d'aspect, construit en 1772 sur l'emplacement d'un palais des Visconti, sans ornementation extérieure, — on vante beaucoup sa grande salle de bal, — et auquel fait tort le palais archiépiscopal, plus noble de forme, qui lui fait suite et occupe, à l'est du Dôme, l'espace compris entre la via Palazzo Reale, la via d'Ore et la piazza Fontana. Ce dernier monument, élevé en 1565 par Pellegrini pour les Borromée, a deux façades : l'une du côté de la cathédrale, précédant une belle cour à arcades décorées de statues colossales de Moïse et d'Aaron par Tandardeini et Strazza, l'autre sur la piazza Fontana. Cette seconde façade est séparée du reste des bâtiments par une autre cour à colonnes corinthiennes d'un très beau dessin.

Enfin, pour compléter en quelque sorte le tour entier de la place du Dôme, à l'ouest, après avoir traversé la via Carlo Alberto, on trouve la piazza dei Mercanti, qui fut le centre de la ville du moyen âge et que cinq portes isolaient jadis du reste de la cité. Au centre se dresse l'ancien palazzo della Ragione, ou palais de justice, construit en 1233 par le podestat Tresseno. Au premier étage on conserve les archives civiles, tandis que le rez-de-chaussée sert de bourse aux grains, de même que le vieux palais qui lui fait face a les salles de son premier étages utilisées par la bourse des valeurs. Ce dernier bâtiment date du xvie siècle, mais il a perdu presque tout son caractère primitif, et seule une grande tour, placée à l'un de ses angles, lui donne quelque originalité. Dans ce court espace se trouvent encore répartis la Loggia degli Osii (1315) et le Collegio dei Nobili.

II. — LE DOME.

Mais est-il permis de rester aussi longtemps sans parler du Dôme ? Et veut-on, très sincère, l'impression que j'ai ressentie et gardée intacte, qui est toujours présente à mon esprit et à mes yeux, pour peu que j'évoque cet incomparable monument ? J'ai éprouvé, je l'avoue, moins d'enthousiasme que d'étonnement. Un étonnement causé par ce stupéfiant ensemble de clochetons, de statues, de nervures, de colonnettes, de tourelles de marbre découpant leurs fines silhouettes, leur dentelle merveilleuse de légèreté sur le ciel bleu. Sous un clair soleil, cet immense édifice tout blanc présente à l'œil le spectacle le plus extraordinaire. L'imagination travaille d'elle-même. On rêve comme a dû rêver celui qui l'a conçu, avec des soubresants, des révoltes et des engourdissements de tout son être.

Puis cet hommage, si mérité d'ailleurs, rendu à cette construction dont rien de connu n'approche, c'est en vain qu'on s'interroge pour découvrir en soi un autre sentiment. Tout parle aux yeux, à l'esprit, rien au cœur et à l'âme, et je m'imagine que cela tient à deux causes : en premier à l'éclat de ce marbre fatigant de blancheur, à son uniformité de ton, puis au gracieux même des sculptures dont le Dôme est surchargé. On chercherait en vain l'unité de style, l'observance d'une règle absolue: on n'en a pas moins dit et écrit que c'était là un merveilleux monument gothique, une conception unique au monde, dont les défauts disparaissent, se noient dans l'ensemble.

Et l'on a ajouté, M. Boïto, entre autres, au sujet du marbre dont il est uniquement construit : cela ne vaut-il pas mieux que ce gothique austère, sombre, noir des pays du Nord? Je ne le crois pas et je préfère un style rigide à ces caprices, à ces extravagances de marbre; je n'hésiterais pas, s'il fallait choisir entre cette basilique éclatante et une église antique, grise de la poussière des siècles. Celle-là me trouble plus par son austérité même que ce monument qui me semble toujours terminé de la veille. C'est un bouquet, si vous voulez, un épanouissement de fleurs... un feu d'artifice, une gerbe de fusées s'élançant vers le ciel. Je consentirai à lui donner toutes les épithètes dont on a été prodigue à son endroit, j'admettrai toutes les comparaisons; mais ne me demandez pas d'avoir l'âme serrée, transportée, d'être inquiet de moi-même, à moins qu'une circonstance extérieure ne vienne modifier en quelque sorte l'aspect général. Un jour, cela est vrai, je me rappelle avoir été saisi par un effet de lumière d'une puissance extraordinaire. Un immense nuage noir couvrait le ciel, planant au-dessus de la cathédrale et de la ville. Au couchant seul, une déchirure s'était faite dans ce voile sombre. Par cette brèche un lourd rayon de soleil jaune orangé semblait raser la terre d'un horizon à l'autre. Il frappait la façade du Dôme un peu au-dessus des grandes portes, coupant par une ligne

MILAN. — Galerie Victor-Emmanuel.

dure l'édifice en deux parties. Tout le bas de la cathédrale, les marches, le porche paraissaient noirs, tandis que le haut, tourelles, clochetons et haut clocher ressortaient blancs, d'un blanc glauque sur le ciel sombre. C'était incomparablement étrange, fantastique même, pour mieux dire, impossible à rendre comme couleur ou même à décrire, et je restais à l'extrémité de la place où le hasard m'avait amené, immobile, regardant toujours sans m'apercevoir des larges gouttes de pluie qui me couvraient. Puis, brusquement, comme si la toile était tombée, les nuages se rejoignirent, s'épaissirent encore, et tout le monument s'enfonça dans l'ombre jusqu'à la fin de l'orage qui éclatait.

Mais c'est là un cas particulier. Le plus souvent le ciel est clair; si des nuages courent légers sur l'azur, ils n'enlèvent pas assez de lumière pour atténuer cette énervante blancheur d'un marbre toujours propre, toujours luisant. Je ne connais rien de froid à la vue comme le marbre disposé en grandes masses sur de larges espaces.

Il a fallu des siècles, pendant lesquels, il est vrai, le travail est resté interrompu ou s'est détruit de lui-même et a dû être refait, pour terminer l'édifice. Quand on songe que cette « huitième merveille du monde », comme la dénomment avec orgueil les Milanais, a été commencée sous Galéas Visconti en 1386, — l'inscription qui le confirme se trouve quelque part dans la nef — et que les derniers travaux, notamment la tourelle au-dessus de la coupole, remontent au commencement de notre xixe siècle et ont été exécutés sur l'ordre de Napoléon Ier ! Quel fut l'architecte de génie qui conçut le plan de l'édifice ? On ignore et on ignorera sans doute toujours son nom. Je ne veux pas prendre part à l'interminable controverse poursuivie à ce sujet. On sait seulement qu'un Français, Nicolaus de Bonaventis de Parisius, comme le dénomment d'anciens comptes, dirigea les travaux en qualité d'ingénieur vers 1389, et qu'il donna le dessin des trois remarquables fenêtres du chœur; on cite encore d'autres architectes de France et d'Allemagne, sans compter les Italiens. En réalité, il est bien difficile, sinon impossible d'attribuer à chacun de ces ouvriers, de ces artistes incomparables la part qui leur revient dans l'ouvrage, et peu importe vraiment, en dehors de l'intérêt historique. Ce qui est certain, c'est que le Dôme a été conçu dans le style gothique, du gothique du Nord, dont les architectes italiens ont abâtardi les lignes, en y accumulant les sculptures et les clochetons, en rompant enfin par une surcharge d'ornements la rectitude d'un style, dur peut-être, mais toujours sobre, intelligent de sa forme, grand et imposant par sa régularité et le souffle puissant qui l'anime. Puis l'unité de plan fut souvent détruite. Et comment en eût-il été autrement dans cette succession de siècles ? Quelques-unes des parties ajoutées peu à peu, dans un âge différent, ont été intelligemment remplacées, il est vrai; mais il en est qui ont été maintenues, et ce n'est pas sans étonnement que l'on considère les portes de la façade dont le style Renaissance jure bêtement avec cet ensemble gothique. On attribue ces portes à Pellegrini, qui les aurait sculptées à l'époque des Borromée. Mais, en vérité, il faut examiner avec un soin extrême la façade, descendre de l'ensemble aux détails, afin de s'apercevoir de lacunes qui ne sont pas assez saillantes pour nuire à l'effet général.

Le Dôme, construit en forme de croix, a cinq nefs et un transept à trois nefs.

A son intérieur, et pour donner quelques chiffres qui fassent comprendre la grandeur de ses constructions, il mesure 145 mètres de long sur 57 mètres de large. La nef

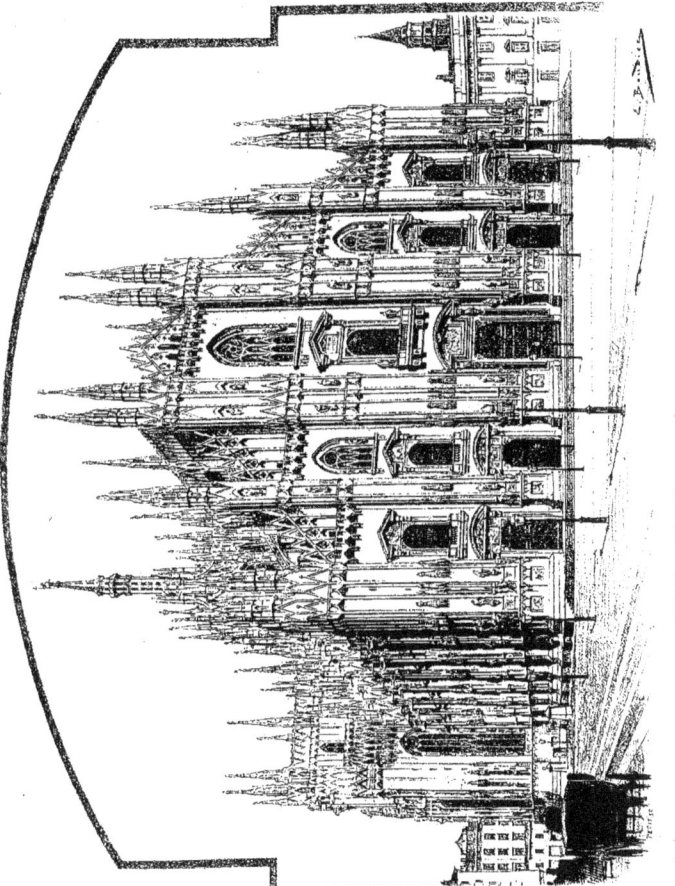

MILAN. — FAÇADE ET COTÉ NORD DU DOME.

du milieu a 17 mètres de large et 48 mètres de haut. Cinquante-deux colonnes de marbre, auxquelles tient lieu de chapiteau une couronne de niches garnies de statues, supportent les voûtes à ogives des cinq nefs, si bizarrement peintes de manière à imiter des pierres sculptées à jour. A l'entrée se trouvent deux énormes colonnes de granit rouge, d'un seul bloc, provenant des carrières de Baveno, qui soutiennent le balcon placé au-dessus de la porte centrale.

L'impression que l'on ressent à l'intérieur est toute différente de celle éprouvée à l'extérieur. Il y a une étonnante hardiesse de lignes dans l'enlevé du vaisseau central et des bas côtés, dans la profondeur de l'abside; on s'arrête stupéfait devant cet incroyable enchevêtrement de sculptures qui font de la voûte une dentelle; on est saisi de l'élancement des piliers qui soutiennent ce monde de pierre. De ce tout où pénètre largement une lumière douce, atténuée par les vitraux, se dégage un vrai sentiment religieux, le sentiment de l'infini, de l'aspiration à toujours s'élever; il semble qu'on y respire un air plus subtil; l'âme plane calme, sans crainte, apaisée, dans cette maison de Dieu que l'on sent élevée par une foi mystique sans sécheresse.

Un certain nombre de tombeaux, de bas-reliefs et de statues sont dignes d'attention lorsqu'on parcourt enfin l'église. Quant à la chapelle souterraine de Saint-Charles-Borromée, toute resplendissante de dorures et de pierreries, son mauvais goût, qui contraste si fort avec la simplicité de l'édifice, vous en éloigne bien vite.

Les deux chaires en bronze doré, couvertes de bas-reliefs, qui entourent les deux grands piliers qui portent la coupole sont fort belles, d'un aspect surtout fort pittoresque. Elles reposent sur des cariatides colossales en bronze, représentant les quatre évangélistes et les quatre docteurs de la foi, qui ont été modelées par Brambilla.

Du *Trésor,* conservé dans la sacristie de droite, il y a peu de chose à dire, car les objets les plus précieux en ont évidemment été enlevés, et si je cite la statue de *saint Barthélemy écorché,* au bout de la nef de droite, ce n'est pas pour la présenter comme un chef-d'œuvre. C'est une simple curiosité, fort étrangement placée dans une cathédrale, une pièce anatomique dont son auteur fut cependant bien fier, car on lit, au bas de son œuvre, cette orgueilleuse inscription : « Ce n'est pas Praxitèle qui m'a faite, mais Marcus Agratus. »

Dans le transept de droite on vous offre, moyennant vingt-cinq centimes, un billet donnant accès sur le toit et dans le clocher; on n'a garde de le refuser, la première fois du moins, car le souvenir de cette rude montée de 494 degrés — c'est le chiffre exact — vous retient ensuite le plus souvent en bas. On grimpe dans l'épaisseur du mur, puis on débouche en pleine lumière sur un vaste toit à peine incliné, formé de dalles de marbre. Au-dessus de votre tête passent les longs et fins arceaux qui soutiennent le corps principal de l'église, bien plus élevé encore. Une haute balustrade dentelée, ciselée dans ce même marbre dont le blanc cru vous froisse les yeux, vous sépare du vide. Vous pouvez, si bon vous semble, passer la tête entre deux feuilles d'acanthe et regarder les toits du Palais-Royal ou saluer quelque saint cloîtré dans sa niche. On monte ensuite vers la tour; les gradins sont si bas que c'est plutôt pendant quelque temps un plan incliné des plus aisés à gravir en contemplant les milliers de statues réunies sur les flancs et sur les toits du Dôme; on en voit de tous les âges, quelques-unes même sont modernes. Il y a de tout sur ce toit : des saints et des saintes, des bêtes de l'Apocalypse ouvrant des gueules énormes qui servent de gargouille, un jardin botanique, en marbre, bien entendu; tout n'est-il pas en marbre? Légumes et fruits ont chacun leur représentant dans ce jardinet d'un nouveau genre; il n'y manque qu'une tonnelle; une table et des rafraîchissements, et encore je ne jurerais pas que le gardien posté au bas de la tour ne pût vous les offrir.

On est émerveillé, mais aussi un peu fatigué déjà; cependant il vous reste 150 marches à franchir, et celles-là, raides et étroites. Mais une fois au sommet de la tour, que surmonte encore la statue de la Vierge, on oublie sa peine; l'étrange spectacle qu'on a au-dessous de soi vaudrait à lui seul l'ascension : on est à 108 mètres du sol, on domine l'église, on plane sur ce monde de pignons, de clochetons, d'arcs-boutants; on est ébahi de ce phénoménal enchevêtrement de lignes et de pointes de pierre. Ensuite, on regarde curieusement la ville perdue à ses pieds et, étendant le regard, on embrasse, si le temps est clair, un admirable panorama. On peut apercevoir depuis le mont Cenis jusqu'au Saint-Gothard en suivant dans la chaîne des Alpes les pics principaux au-dessus desquels pointent le mont Blanc et l'éclatant mont Rose. Au loin, de l'autre côté, apparaissent les coupoles de Pavie et dans le fond les Apennins, puis dans ce cirque immense la plaine lombarde, ce grand verger toujours vert qui a contribué pour une bonne part, grâce aux richesses qu'elle a depuis des siècles fournies en abondance, à l'érection de cette incomparable basilique.

MILAN. — Porte de la Cathédrale.

L'entretien seul de cet immense monument et les quelques travaux qui y sont sans cesse poursuivis coûtent des sommes considérables à la ville et à l'État. Au budget des beaux-arts de l'État, figure chaque année, je crois, un chapitre spécial qui absorbe plus de 100,000 francs sous la rubrique : « Réparation et conservation du monument du Dôme de Milan. » Cependant on songe à dépenser de plus grosses sommes encore, car la façade est à peine dégarnie des échafaudages qui l'ont si longtemps dérobée aux regards qu'un concours est ouvert pour sa reconstruction entière. Vous avez bien lu, il ne s'agit pas d'une restauration, de la réfection de certaines parties que l'on estime jurer par trop avec l'ensemble, on veut reconstruire entièrement la façade et sur un plan nouveau qui ait au moins le mérite de l'unité.

Plusieurs fois déjà cette grosse question fut agitée, de nombreux projets furent exposés au musée Brera; mais aucun d'eux ne parvint à réunir l'unanimité des suffrages. Sera-t-on plus heureux à ce nouveau concours qu'une clause du testament d'un Milanais, Aristide de Togni, a presque contraint à ouvrir en léguant à la municipalité une somme importante pour reconstruire la façade dans un délai imposé par le testataire? « Aujourd'hui, disait d'ailleurs l'exposé des motifs qui précédait les conditions du concours, rendues publiques en 1885, il y a nécessité à opérer cette reconstruction depuis le récent agrandissement de la place et le caractère des constructions qui l'entourent. » En conséquence, « un concours à deux degrés a été ouvert entre tous les artistes italiens et étrangers pour un projet d'une nouvelle façade du Dôme de Milan », et l'article 2 du programme prévenait les concurrents que « la plus grande liberté leur était laissée pour changer entièrement la décoration de la façade actuelle, pour modifier le nombre, les dimensions et les formes des portes et fenêtres, étendre la façade selon que l'exigera le plan, tout en tenant compte des conditions d'esthétique et de viabilité de la place. On prévient seulement que la nouvelle façade devra être construite entièrement avec le marbre du Dôme et devra s'accorder le plus possible avec l'organisme et le style particulier du temple, sans rendre nécessaire aucune modification dans les nefs et les façades des côtés. »

L'administration de la fabrique du Dôme avait fixé le 1er avril 1887 comme dernier délai pour la réception des projets qui, après exposition publique, devaient être jugés par un jury international composé de quinze membres, dont quatre — deux architectes, un peintre et un sculpteur — étaient élus par les concurrents.

C'était là le premier concours. Le second, dont le programme a été publié dans l'année 1887, devait comprendre les artistes admis à y participer après cette première sélection. Chacun de ces derniers était assuré de recevoir un prix important, son projet fût-il, ou non, accepté. Aucune décision définitive n'était encore prise quand j'ai eu fini d'écrire ce chapitre.

III. — VIA MANZONI ET LA GARE DU CHEMIN DE FER. — VIA TORINO ET LE QUARTIER DELLA PORTA TICINESE. — QUARTIER DELLA PORTA GARIBALDI ET SES HABITANTS. — CORSO VITTORIO EMMANUELE ET CORSO PORTA VENEZIA. — LES JARDINS PUBLICS ET LES BASTIONS.

Lorsque tous les tramways partent d'un point central comme à Milan, le moyen le plus commode pour « faire connaissance » — si on me permet cette expression — avec la ville dans laquelle on arrive est certainement d'user et d'abuser même de ce mode de locomotion. En quelques heures on peut parcourir les quartiers les plus opposés, se rendre compte de la différence de vie, de population qui marque le centre de la ville et les faubourgs, noter au passage un monument, quelque coin curieux de maison que l'on reviendra examiner ensuite plus à l'aise. Ainsi, à Milan, on se formera une idée topographique assez complète de la ville en prenant successivement le tramway qui, de la place du Dôme, conduit à la gare centrale, celui qui aboutit à la porta Ticinese

MILAN. — Piazza dei Merchanti.

par la via Torino, celui encore qui suit le corso Vittorio Emmanuele, et enfin la voiture qui vous mène au cimetière et qui passe, après bien des tours et détours, par la piazza di Castello, le long des Arènes. Ce sont là quatre points opposés de la ville et chacun des quartiers parcourus présente un caractère bien tranché.

Pour aller à la station centrale, qui est un beau et vaste monument, construit en 1884 par un architecte français, si je ne me trompe, M. Bouchot, on suit la via Carlo Alberto qui passe entre le télégraphe et les bâtiments dépendant de la galerie Victor-Emmanuel, un bout de la via Santa Margherita, puis, à partir de la piazza della Scala et du théâtre, la via Manzoni bordée de hauts et de beaux palais d'un style assez simple, tout au moins jusqu'à la via Monte Napoleone. A partir de la place Cavour, d'où on aperçoit sur la droite les jardins publics, au long de la via Principe Umberto, les maisons sont moins monumentales d'aspect. C'est un quartier riche, noble d'aspect, où les magasins sont assez rares. La proximité de la gare, de la galerie et de la place du Dôme, la réunion de quelques grands hôtels de voyageurs font naturellement de ces rues les voies les plus fréquentées par les étrangers.

Dans une direction tont opposée est la porta Ticinese, à laquelle on arrive par la via Torino et le corso della porta Ticinese. Ici l'aspect est entièrement différent. Le mouvement est plus considérable, mais plus populaire. Les maisons, sauf quelques-unes au début, construites hors de l'alignement de la rue, sont de hauteur inégale et sans caractère, et plus on avance, plus on est frappé du changement qui se manifeste dans les habitations et dans les habitants. Les boutiques indiquent le petit commerce, et l'attitude générale des passants dénote la petite bourgeoisie, l'ouvrier aisé, l'artisan. Plus loin encore, après avoir dépassé les ruines de San-Lorenzo et la vieille porte qui fermait la ville au XVe siècle, on se sent dans le faubourg où le peuple, l'ouvrier est le maître et règne du premier au dernier étage des maisons. La via Torino m'a fait souvent songer à notre rue Saint-Antoine, et non pas seulement par quelque vague ressemblance extérieure ; mais c'est de ce côté seulement qu'on retrouve presque sans mélange le vrai type milanais et qu'on perçoit encore des détails de costume rappelant évidemment de vieilles coutumes, aussi bien que le dialecte populaire a conservé certaines formes et un accent particuliers. Tout le mouvement ouvrier passe par cette grande artère, la voie la plus directe pour arriver au centre de la ville en venant des bourgs suburbains qui prennent chaque jour plus d'extension. Les maçons notamment, les manœuvres de toute sorte habitent ainsi presque tous hors de la porta Ticinese.

Ce quartier n'est pas le seul, du reste, qui ait gardé cette originalité d'aspect. A une autre extrémité de la ville, entre la piazza d'Armi et la gare du chemin de fer, s'étend, vaste et très populeux, le quartier de la porta Garibaldi attenant à celui de la porta Tenaglia, de caractère à peu près semblable. Là s'entassent les petites industries de toute sorte, les revendeurs, les métiers bizarres et peu fructueux des basses classes ; de ce coin de Milan s'échappe au matin toute cette foule grouillante de revendeurs, de colporteurs, qui promène à travers la ville ses cris de toute nature, ses chansons et ses sérénades. C'est là le grand quartier général de tous les musiciens ambulants. Dans ce dédale de rues étroites, sombres, tortueuses s'agite une population bien spéciale qui se presse autour des petits vendeurs de la rue criant les marchandises de la saison, des fruits verts ou des châtaignes sèches, des légumes, tandis que leur répondent les cris des ramoneurs, des serruriers ambulants, des marchands d'ustensiles de ménage, etc.; d'autre part, à l'odeur qui s'exhale, on reconnaît les marchands de polenta ou de poisson frit, tapis dans quelque baraque enfumée. On dit merveilleux le savoir-faire de ces cuisiniers de la rue, mais Dieu sait que leur marchandise a l'aspect peu tentant ! J'aimerais encore mieux une tasse de café noir prise à un de ces petits marchands arrêtés au coin des rues. Leur marchandise n'a rien cependant qui attire. Bien certainement on retrouve dans d'autres quartiers populaires quelques-unes de ces industries si caractérisées, mais nulle part elles ne sont en nombre et ne paraissent être chez elles comme dans le quartier de la porta Garibaldi. Il n'y a guère, d'ailleurs, que les marchands de fruits et de légumes, de glaces, de melons et de concombres, de fleurs, qui se répandent dans la ville, et non pas encore dans tous les quartiers. C'est du côté de la piazza Castello qu'il faut, surtout à l'époque voulue, entendre ces derniers, les vendeurs de fruits et de pastèques, réunis en masse sous des baraques ou des tentes, et vantant leur succulente marchandise avec cette phrase typique : *Rosoli! Rosoli! Se mangia, se beve; e se lava la faccia! Il y a à boire, à manger et encore de quoi se laver la figure.*

Tout autre, il est inutile de le dire, est l'aspect du corso Vittorio Emmanuele et du corso Venezia qui lui fait suite et conduit aux jardins publics. Le corso Vittorio Emmanuele, anciennement corso della Porta Orientale, est une des plus anciennes et des plus importantes rues de Milan. Les maisons qui la bordent n'ont, à vrai dire, à l'exception de deux ou trois d'entre elles, aucun style bien remarquable, et quoique presque toutes soient à balcons de pierre, elles sont fort inégales de hauteur et de largeur. Mais ce qui procure à cette voie si fréquentée son extrême animation, ce sont ses magasins, presque tous magasins de luxe, devant lesquels s'arrêtent acheteurs et flâneurs de la matinée à la soirée. De quatre à six heures, et le soir de huit à dix heures, le Corso est, avec la Galerie, le but de promenade obligé

MILAN. — Corso Vittorio Emmanuele.

pour toute la bourgeoisie. On monte et on redescend à l'infini la ligne des trottoirs dallés, depuis la Galerie jusqu'à la via Monte Napoleone, ou tout au moins jusqu'à la petite place qui précède l'église San-Carlo, cette sorte de temple grec sans caractère, élevé en la partie extrême du Corso. La galerie de Cristoforis, long passage vitré garni de boutiques, construit en 1830, qui se trouve au delà de l'église San-Carlo, n'a plus le mouvement que lui donnait jadis la mode; elle a été détrônée par la galerie Victor-Emmanuel, auprès de laquelle elle paraît, en effet, bien mesquine.

Vers quatre heures, à l'époque où la haute société est à Milan, les voitures, les équipages se rendant à la promenade élégante du bastion de la Porta Venezia ajoutent à ce mouvement continu. C'est en effet le chemin le plus direct du Dôme aux jardins publics, auxquels on parvient par le corso Venezia, voie large, garnie de hautes maisons et de palais. Presque à sa jonction avec le corso Vittorio Emmanuele, on aperçoit, à peu près au milieu de la rue, devant la vieille église de San-Babila, une haute colonne portant les armes du quartier de la ville et érigée, il y a quatre siècles, en mémoire d'une victoire remportée sur les Vénitiens. Plus loin, sur la gauche, se rencontre le palais Ciani, palais tout moderne d'ailleurs puisqu'il n'a été terminé qu'en 1861 et dont on admire bien à tort la décoration extérieure en terre cuite, fort riche peut-être, mais assurément de très mauvais goût. Plus loin encore, avant d'arriver aux jardins, se trouve le séminaire qu'une cour magnifique, à double colonnade d'ordre dorique dans le bas et ionique dans le haut, sépare de la rue. Cette colonnade date du XVIe siècle, époque où elle fut élevée par Jos. Meda.

Je suis trop près des jardins publics pour ne pas en dire un mot. Ils sont fort beaux, bien entretenus et fort joliment dessinés, avec bassins et cascades, massifs de fleurs, gazons verts et bosquets d'arbres dans la partie moderne; l'autre moitié a conservé sa forme de parterres à la française ou de futaie sans allée définie. Ils s'étendent de la porta Venezia à la via Manin, tout près de la gare, en longeant en contre-bas les anciens bastions qui, plantés de marronniers touffus, d'arbres séculaires, forment une promenade magnifique pour les voitures auxquelles il est interdit d'entrer dans les jardins publics. Ceux qui veulent se montrer en voiture ou à cheval doivent se contenter des remparts. Ce ne sont pas d'ailleurs les plus mal partagés. Sur ce long espace, entre la porta Venezia et la porta Nuova, la société riche et élégante se donne rendez-vous chaque jour au printemps et à l'automne, au retour des villégiatures avant que le froid, devenu trop vif, rende difficiles les longues courses. Les Milanais avaient surtout et ils ont encore, mais peut-être à un degré moindre, le goût du luxe, et ils mettent un soin particulier à leurs équipages. Ils aiment les belles voitures, — on en construit du reste d'excellentes à Milan, — les beaux chevaux, et c'est à qui aura le landau le plus soigné, l'attelage le plus fringant. Un assez grand nombre de propriétaires attellent à quatre chevaux et prennent part avec leur mail à la promenade favorite. Au printemps, lorsque les voitures sont nombreuses, lorsque la foule des piétons est grande sous la double rangée d'arbres qui garnit de chaque côté le bastion, c'est un fort joli spectacle à voir que celui de ce défilé élégant. Les Milanais font grand cas de leur promenade, et ils n'ont pas tort.

LA LOMBARDIE.   97

IV. — LES MONUMENTS. — SAN-LORENZO. — SAN-AMBROGIO. — SAN-EUSTORGIO.

Si j'ai parlé du Milan mouvementé et pittoresque avant de citer, pour ainsi dire, un seul monument, à l'exception du Dôme, c'est parce que l'impression de la rue est assez vive à Milan pour dominer, les premiers moments tout au moins, toute autre préoccupation. On se complaît à vivre de cette vie du dehors, à errer dans la « ville de granit »,

MILAN. — Corso Porto Venezia.

selon le surnom qui lui a été donné, à regarder Milan par son côté moderne et on arrive à oublier que cette antique cité peut offrir à l'observateur attentif des spécimens d'art d'autant plus intéressants à étudier qu'ils présentent une chaîne non interrompue depuis les premiers siècles jusqu'à nos jours.

Tout près même de la place du Dôme, n'a-t-on pas un reste d'édifice romain, la colonnade de San-Lorenzo si bizarrement posée au milieu de la via della porta Ticinese dans le sens de la longueur? Ces seize colonnes corinthiennes en marbre de Carrare sont magnifiques de force et de légèreté malgré leur masse ; elles sont surmontées de chapiteaux d'un dessin très fin, mais lézardés, dégradés, maintenus seulement par les ferrures qu'on y a placées lors des réparations successives. Ces colonnes devaient faire partie des thermes élevés par l'empereur Maximien, et elles sont d'autant plus précieuses qu'elles restent seules des nombreux et magnifiques monuments construits à l'époque de la domination romaine, lorsque Milan fut capitale de l'Empire.

Bien plus curieuse est la basilique de San-Ambrogio, située à peu de distance au bout de la via Lanzone. Elle date du XIIe siècle et ses bâtiments actuels remplacent l'église fondée au IVe siècle par saint Ambroise, sur les ruines, assure-t-on, d'un temple de Bacchus, comme San-Vincenzo in Prato, qui se trouve à peu de distance, près de la porta Genova, fut tout d'abord un temple de Jupiter.

Quel contraste entre ces quartiers et ceux du centre ! Ici tout un quartier semble dormir. A peine voit-on de temps à autre quelques piétons isolés, quelques soldats dont la caserne est toute voisine, traverser la grande place qui précède l'église. Une fois, en arrivant à San-Ambrogio, je me suis rencontré avec un enterrement qui se rendait à la vieille basilique. C'était un enterrement de pauvre, dix personnes tout au plus suivaient le corbillard noir, sans ornements, et malgré un soleil merveilleux qui égayait l'œil, de cet ensemble morne se dégageait une tristesse dont j'ai gardé l'impression. A un seul moment de l'année, au commencement de l'hiver, la place, le quartier s'animent ; on célèbre une sorte de neuvaine en l'honneur de saint Ambroise, et pendant six dimanches la fête des *Oh bei !* c'est ainsi qu'on la dénomme, attire une foule joyeuse et bruyante, qui s'efforce, en s'amusant, de rendre hommage au grand évêque dont la vénération publique a fait depuis des siècles le patron de la cité.

L'examen de San-Ambrogio est doublement curieux puisqu'on y trouve le spécimen de deux époques, on pourrait dire de trois, si on y adjoignait le cloître, l'exemple de deux arts entièrement dissemblables. Ce qu'on en voit d'abord, c'est l'église lombarde, la plus importante, celle qui sert à classer San-Ambrogio. De la place on pénètre d'abord dans un atrium à ciel ouvert que, vu sa grandeur, il serait plus logique d'appeler un préau, autour duquel court un portique à six arcades.

La masse de l'édifice est incontestablement de l'école lombarde et même de l'époque la plus ancienne du IXe siècle ; malheureusement des restaurations peu intelligentes en ont parfois altéré la pureté en y mêlant des parties d'un style tout différent, comme les voûtes en ogive qui datent certainement du XIIIe siècle. Néanmoins, l'effet général est sobre, un peu dur et triste, mais puissant, sans rien devoir aux détails qui ne sont pas toujours heureux, il faut bien le dire.

Mais à côté de l'église lombarde est une chapelle, plutôt qu'une église, vu ses dimensions, qui échappe malheureusement à l'attention de la plupart des visiteurs. Cet autre édifice sacré, auquel on accède par une grille placée au fond de la nef de droite, se compose de trois chapelles dont celle de gauche est l'antique basilique Fausta. Ce nom lui vient de la fille d'un des premiers chrétiens milanais qui, possesseur de jardins situés alors hors de la ville, y avait fait ensevelir les restes des martyrs. Une chapelle fut élevée en cet endroit par les soins de la Fausta ; la tradition, en racontant le fait, donna à la chapelle le nom de celle qui l'avait construite.

LA LOMBARDIE.

San-Eustorgio, près de la porta Ticinese, est également curieux à examiner à bien des titres, et je pourrais citer encore d'autres spécimens de l'époque lombarde, tels que la façade de San-Simpliciano, les restes de l'église de San-Celso, divers fragments d'architecture à San-Nazaro-Maggiore, à San-Stefano in Broglio, à San-Babila. Le musée archéologique renferme, en outre, plusieurs pièces fort intéressantes qui proviennent de Santa-Maria Aurona, église détruite maintenant, et de Santa-Maria di Brera.

V. — SANTA-MARIA DELLE GRAZIE. — LA CÈNE.

Le style gothique s'affirme, plus ou moins pur, dans un nombre plus considérable de monuments, les uns construits en pierre ou en marbre, les autres, plus fréquents encore, en briques ou briques et pierre, car il ne faudrait pas croire, d'après le surnom de ville de granit, qu'à Milan on n'ait jamais employé d'autres matériaux que la pierre. Au moyen âge, au contraire, c'est la brique qui domine, soit qu'on l'alterne dans les constructions avec la pierre, soit qu'on en fasse le fond entier du bâtiment, en réservant la pierre pour l'entourage des fenêtres, des loggia et des portiques.

Deux édifices religieux, situés à deux points opposés de la ville, peuvent servir de types de l'architecture de l'époque qui suivit celle où furent élevés les monuments dont je viens de parler, époque de transition où les contours s'amollissent, où la structure s'élargit, où la décoration s'exagère et dissimule les lignes. Le premier, situé près de la porta Vittoria, est San-Pietro in Gessate, dont le chœur fut élevé vers 1450, mais dont les autres parties sont moins anciennes. Bramante construisit les deux cloîtres qui y furent annexés. Le second de ces édifices est Santa-Maria delle Grazie, qui se trouve corso Magenta, non loin de San-Ambrogio, et nul ne passe à Milan sans aller la visiter, non seulement pour son architecture composite et curieuse, mais plus encore pour le chef-d'œuvre que renferme une salle attenante à l'église, *la Cène*, de Léonard de Vinci. Santa-Maria delle Grazie est construite tout en briques surchargées d'ornements de terre cuite; c'est un travail non terminé. Mais, tel qu'on la voit, l'aspect n'en est pas moins original. La base est de forme carrée s'arrondissant au chevet, supportant une large coupole ceinte de deux galeries de colonnettes. La masse générale est élégante, les lignes sont gracieuses; mais ce qu'il faut considérer surtout, c'est la fantaisie, l'originalité de l'ensemble, auquel ne nuit pas l'absence de règles architectoniques précises. Il y a là, jetés, ciselés à profusion, les ornements les plus divers, les lignes les moins semblables; l'œil se perd dans cette multitude de pilastres gracieux, de médaillons, de couronnes, de fenêtres et de niches. On ne trouverait nulle part ailleurs un tel spécimen de l'architecture de terre cuite.

Un cloître avait été annexé à l'église, et ses bâtiments, faisant retour sur le côté, garnissaient et garnissent encore toute une partie de la petite place qui précède l'église. Le cloître a été transformé en une caserne de cavalerie que les troupes autrichiennes, puis italiennes, ont successivement occupée. La cloche ne sonne plus matines, c'est le clairon qui lance les notes aiguës de la diane dans ses vastes cours, sous ces portiques que parcourent d'un pas lourd les carabiniers. Une seule pièce du cloître a été distraite de cet envahissement, le réfectoire, qui, sur la même ligne que l'église, dans l'angle, relie l'église au cloître. C'est là que se trouve *la Cène*. La vaste salle a été réparée, mais non garantie contre toute humidité. Et au fond en entrant, garnissant tout le panneau du mur, on aperçoit l'admirable composition de Léonard de Vinci, cette merveilleuse fresque dont le temps a effacé les couleurs, effrité bien des parties, sans réussir à lui enlever son rayonnement contenu, en lui ajoutant peut-être une poésie douce par suite de ce ton passé des couleurs, de la sorte de buée grise qui semble séparer la fresque de l'œil qui la contemple.

Il y a toujours dans la salle, exposées sur des chevalets, quelques copies du chef-d'œuvre, copies qui attendent un acheteur. Les uns, parmi les auteurs de ces mauvaises peintures, ont transporté *la Cène* sur leur toile tel qu'ils la voyaient, en s'efforçant du moins de reproduire les teintes changées, lavées de leur modèle ; les autres, plus hardis ou moins habiles encore, ont préféré ne prendre que son dessin général qu'ils ont couvert de couleurs crues et dures en se figurant peut-être lui donner les tons que Vinci y avait mis. Le tout est de piètre exécution. L'œuvre de Vinci, qui peut porter la date de 1499, a dû être restaurée à plusieurs reprises déjà ; le travail était difficile, et il faut encore savoir gré à ceux qui l'ont exécuté d'avoir su conserver, malgré des erreurs et des fautes grossières, cette *Cène* merveilleuse où chaque personnage se détache en un relief puissant que lui donne l'expression des sentiments si divers, si réels qui les animent. Je n'ai pas à décrire une fresque que tout le monde connaît par la gravure, — la plus célèbre ou la plus belle est celle de Morghen ; — je voulais indiquer seulement quel charme pénétrant et doux elle dégage, quelle impression de religion et de solennité elle produit.

VI. — PORTA NUOVA. — PALAZZO DELLA RAGIONE. — LOGGIA DEI OSII. — OSPEDALE MAGGIORE. — IL CASTELLO. — CASA CASTIGLIONI. — PALAZZI ZUCCHI, BENTIVOGLIO, CORIO, D'ADDA, PONTI, ETC.

Je n'ai cité jusqu'ici que des édifices religieux, et ce sont, à vrai dire, ceux que l'on trouve en plus grand nombre. J'aurais dû signaler cependant dans l'époque lombarde l'ancienne porta Nuova qu'on a heureusement conservée ; le palazzo della Ragione, dont j'ai parlé, offre également un spécimen de l'architecture civile lombarde, dont la simplicité de lignes et la force de structure sont le caractère principal, l'ornementation étant nulle pour ainsi dire. Ses fenêtres à colonnettes sont bien dans le style du XIIIe siècle, aussi bien que le portique de la loggia dei Osii dont la partie supérieure est du XVe siècle. Cette dernière époque a vu s'élever un des monuments les plus originaux et les mieux compris de Milan, je veux parler de l'Ospedale Maggiore.

Le grand hôpital est situé dans le vieux quartier de Milan qui s'étend de la place du Dôme au Naviglio grande. Sa large et imposante façade en briques s'étend sur la via dell'Ospedale; c'est la principale des quatre façades qui, conçues toutes sur le même dessin, devaient recevoir la même décoration. Au-dessus d'un soubassement en pierre d'Angera court tout à l'entour une vaste galerie qui, d'après les dessins de l'architecte, eût dû rester ouverte, et que surmonte une frise en terre cuite merveilleusement ciselée,

MILAN. — San-Ambrogio.

supportant une suite de fenêtres géminées encadrées de pampres peuplés d'enfants et d'oiseaux. Une tête sculptée surmonte chacune des colonnettes qui séparent les deux baies des fenêtres. On ne saurait trop admirer l'ampleur de la conception générale et cette ornementation si gracieuse, si légère et en même temps si riche, qui donne le modèle le plus parfait de la construction en briques complétée par une décoration en terre cuite aussi finement taillée que la pierre la mieux travaillée.

À l'époque même où Averlino, appelé de Florence en 1456 par François Sforza, et non Antonio Filarete, présenté à tort comme premier architecte de ce monument, élevait ces bâtiments où le style gothique était un peu noyé, perdu dans des recherches, des aspirations à un genre nouveau, un autre Florentin, Michelozzo Micchelozzi, construisait la belle et élégante chapelle Portinari qui est accolée à San-Eustorgio, derrière le chœur.

Je voudrais m'arrêter un moment encore à Santa-Maria presso San-Satiro, fondée vers 1470, fort curieuse, malgré de maladroites restaurations, et dont le baptistère est un remarquable ouvrage d'architecture de la fin du xv⁰ siècle; mais j'ai hâte d'arriver à une époque plus moderne et je n'ai pas encore parlé du Castello dont la masse imposante s'élève à l'extrémité sud-est de la place d'Armes.

Construit en 1368 par Galéas II, agrandi et fortifié par Jean Galéas, détruit en 1447, reconstruit en 1450 par Francesco Sforza, ayant souffert en 1521 de l'explosion d'une poudrière, il perdit enfin en 1801 ses formidables fortifications. Les remparts, garnis de tours et de fossés qui enserraient dans une double ligne de défense les bâtiments intérieurs, ont à jamais disparu, et les bâtiments si considérables qui existent encore, entourés également d'un fossé, composaient le palais des ducs de Milan. Ce qui en subsiste est un grand édifice à quatre faces égales, d'une architecture forte et simple dont certains points remontent évidemment à l'époque de sa fondation. Le pont à galerie couverte qui sert à traverser le fossé est un assez curieux morceau d'architecture et dans les salles transformées en caserne, on trouve encore, en assez grand nombre, des vestiges de peintures, de sculptures, de colonnes de marbre et de stuc qui permettent d'apprécier combien dut être somptueuse cette demeure princière. Les plus grands artistes du xv⁰ siècle, entre autres Léonard de Vinci, concoururent à orner ce palais, à en faire la merveille que racontent les récits des fêtes données à cette époque, notamment celles qui eurent lieu à l'occasion des noces d'Isabelle d'Aragon et de celles de Ludovic le More avec Béatrice d'Este. Les Sforza, et Ludovic le More en particulier, déployaient un faste inimaginable dans toutes ces solennités dont Bramante et Léonard de Vinci devaient accepter d'être les ordonnateurs. Il leur fallait donc préparer un cadre digne des fêtes, plus somptueuses chaque jour, qu'ils inventaient, et le château de Milan fut, à ce point de vue, l'objet constant de leurs soins.

Rien n'est contagieux comme la munificence; l'orgueil et l'amour-propre la développent, car nul ne veut être inférieur à son voisin. Il était d'ailleurs de bonne courtisanerie d'imiter le prince dans ses travaux, et la noblesse ne se fit pas faute d'élever pour elle-même des demeures aussi riches, aussi fastueuses que les rêvait pour lui-même le duc de Milan; mais il reste un bien petit nombre de palais datant de cette époque, et encore sont-ils pour la plupart incomplets. Le mieux conservé de tous est la « Casa Castiglioni », sur le corso Vittorio Emmanuele. J'aurais bien d'autres palais à citer, le palais Zucchi, les palais Bentivoglio, Corio, d'Adda, Landriani-Melzi, et encore le palais Ponti, situé dans cette vieille via dei Bigli, si fournie en vieilles demeures, puis le palais Marino qui occupe un des côtés de la piazza della Scala. Ce dernier est d'un siècle plus jeune. Il fut construit en 1555 par Alessi, de Pérouse, et lorsque la ville s'en est rendue acquéreur, en 1860, pour y loger la municipalité, de grands travaux y ont été exécutés, de nature à lui restituer, extérieurement et surtout intérieurement, son caractère primitif.

Mais je ne peux citer ni tous les beaux palais dignes d'être admirés, ni les églises répandues dans les divers quartiers, ni même les travaux relativement plus modernes, entre autres les diverses portes de la ville, et si je parle de l'Arena, c'est plutôt pour l'ampleur que pour la valeur de cet édifice.

VII. — ARCO DELLA PACE. — ARENA. — PORTA COMASINA, TICINESE. — PALAZZI BESANA, BELLONI, ROCCA, ETC. — CIMITERO MONUMENTALE.

L'Arco della Pace s'élève à l'extrémité ouest de la place d'Armes, au point où aboutit la route du Simplon. Il fait donc face au Castello, dont les deux vieilles tours massives se détachent au loin sur le ciel. Cet arc, de dimensions énormes, d'un dessin très pur, fut conçu sur les plans du marquis Luigi Cagnola, qui ne put en terminer la construction.

MILAN. — Ospedale Maggiore.

Commencé en 1805, il ne fut achevé qu'en 1836, sous la direction d'un élève de Cagnola, Peverelli, et l'arc du Simplon, destiné à affirmer la gloire de Napoléon Ier, devint, sur l'ordre de l'empereur François Ier d'Autriche, l'arc de la Paix, dont la figure allégorique remplaça celle de la Victoire sur le char à six chevaux du couronnement. Il est construit entièrement en marbre du lac de Côme et de Crevola, et orné de statues et de groupes, de bronzes et de bas-reliefs. Les travaux ont absorbé, dit-on, près de 5 millions de francs.

L'Arena, qui se trouve sur un des bas côtés de la place d'Armes, date de 1805. Il est de l'architecte Canonica. C'est un amphithéâtre immense, de forme elliptique, qui peut contenir 30,000 personnes sur ses gradins de gazon, de hauts gradins de pierre n'existant en effet que devant les quatre pavillons qui sont aux deux extrémités et au centre des deux côtés. Ce vaste hippodrome, s'il ne sert que bien rarement à de grandes fêtes populaires, produit du moins une ample récolte de foin que coupait, lorsque je l'ai visité, une armée de faucheurs. C'étaient là les gladiateurs modernes. En quelques heures on peut remplir d'eau l'énorme cuvette de l'amphithéâtre, et on cite encore les grandes régates qui y furent données en 1807, en présence de Napoléon, pour l'inauguration du monument. L'hiver, on y fait couler de l'eau qui, gelée, offre une arène excellente aux patineurs. La porte d'entrée, en forme d'arc de triomphe, est une belle, mais froide conception.

D'autre part, la municipalité a fait construire d'importants édifices d'utilité publique : des écoles, la caisse d'épargne, les grands abattoirs et la vaste prison cellulaire situés vers la porta Magenta, quelques églises, tout en poursuivant la restauration d'autres monuments plus anciens. Enfin, au nord-ouest de la ville, en dehors de la porta Tenaglia, on a élevé, en 1865, le grand cimetière, *Cimitero monumentale,* qui occupe une superficie de 20 hectares. C'est un des plus beaux cimetières d'Italie ; déjà il renferme un grand nombre de monuments funéraires dus aux principaux sculpteurs modernes. Les plans en ont été conçus par l'architecte Macciachini. La façade principale est monumentale, d'une architecture assez bien comprise, sinon très pure et surtout très exclusive de style; mais l'effet du pavillon d'entrée, vu du bout de l'avenue qui y conduit, est imposant. A l'intérieur, une large colonnade entoure le cimetière, et dans le fond on a élevé depuis quelques années le fameux pavillon crématoire où sont brûlés les corps des partisans de ce nouveau mode de sépulture.

Toutes ces constructions modernes, élevées en pierre de taille, car les quelques tentatives de décorations en terre cuite à l'imitation des anciens monuments sont rares, ont modifié, il est facile de s'en rendre compte, l'aspect de Milan. Elles n'ont pas peu contribué, avec les hautes maisons à balcons ou à montants de portes sculptés, qui se bâtissent chaque jour, à donner à l'ancienne cité l'aspect moderne que je signale après tous ceux qui l'ont visitée depuis une trentaine d'années. Ces anciens voyageurs même ne la reconnaîtraient pas, tant les travaux d'agrandissement ont été considérables ces dernières années. Tout un nouveau quartier a été, pour ainsi dire, construit du côté de la place du château, et on songe à en bâtir un semblable de l'autre côté de la gare centrale.

Peu à peu, et avec une rapidité extrême, Milan se transforme, et cela à tous les points de vue, comme aspect extérieur, comme mœurs, comme vie. L'état général de la société se modifie, les besoins de luxe envahissent toutes les classes, Milan se fait de plus en plus la grande cité industrielle de l'Italie, et la noblesse, qui avait eu jusqu'à ces derniers temps le rare mérite de se tenir toujours à la tête du mouvement politique, artistique, littéraire et même industriel, qui avait su le vivifier pour le diriger à toutes les époques de l'histoire, semble oublier un peu ces traditions si intelligentes et se laisse déborder par un courant qu'elle ne peut plus contenir.

Cela tient évidemment à des causes multiples et dont un grand nombre ne sont particulières ni à Milan, ni même à l'Italie ; mais il n'en est pas moins fâcheux de voir disparaître une suprématie qui fut si utile à la cité entière. Ainsi, car il n'y a pas de si

Abbaye de Chiaravalle.

petits faits qu'il ne faille considérer, les hautes classes tendent à s'isoler, l'ancienne hospitalité se restreint, les réceptions se font plus rares, l'influence des femmes, très considérable aussi bien dans la bourgeoisie que dans la noblesse, a moins d'action, et, la vie intime perdant de ses attraits, la vie au dehors prend un développement inconnu jusqu'alors.

Tout aux affaires et tout aux plaisirs semble être maintenant la double devise du Milanais. La balance est-elle maintenue égale? On ne sait vraiment avec des gens qui ne font jamais les choses à demi, et qui sont toujours prêts, qu'il s'agisse de fêtes, d'actes de bienfaisance, de théâtre, de beaux-arts ou de littérature, à prodiguer leurs efforts, leurs peines et leur argent.

On ne peut s'imaginer notamment l'importance et le nombre des œuvres de bienfaisance que soutient à Milan la charité privée. Les hautes classes se sont d'ailleurs toujours distinguées à Milan par une bienfaisance sans limites et intelligente dans la façon de s'exercer. C'est à elles qu'on doit la plupart des hôpitaux, les asiles pour l'enfance et pour la vieillesse, les maisons pour les incurables, les dépôts de mendicité et d'enfants trouvés. On retrouve cette même bienfaisance s'exerçant activement à propos de l'enseignement et des institutions de secours mutuels, comme le mont-de-piété et la caisse d'épargne.

Parlant des établissements hospitaliers de Milan, il ne m'est pas possible de ne pas dire quelques mots du principal de tous, du plus considérable peut-être de l'Italie entière, de l'Ospedale Maggiore dont je n'ai parlé qu'au point de vue architectural. Ce monument si vaste, si admirablement conçu et distribué, date de l'année 1456, époque où le fonda Francisco Sforza pour réunir en un seul local tous les petits hôpitaux épars dans la cité. Mais le plan primitif resta longtemps incomplet, et en 1621 seulement, les bâtiments existants furent considérablement augmentés. Dès lors, l'Ospedale était destiné à recevoir non seulement les habitants de Milan, mais les malades de tout le duché, et, malgré ses vastes proportions, il est peu probable qu'il eût suffi à les contenir si tous ceux qui avaient besoin de soins avaient demandé à être reçus. Avec son organisation actuelle, l'Ospedale Maggiore peut recevoir plus de deux mille malades qui sont répartis dans quarante salles dépendant des divers services; ceux-ci comprennent neuf divisions pour le service médical, six divisions pour le service chirurgical, et cinq divisions pour les maladies spéciales. — Tous les bâtiments à droite de la grande cour d'honneur sont occupés par les femmes, ceux de gauche par les hommes. L'installation générale pourrait servir de modèle sur bien des points, tant elle est bien comprise. Le nombre élevé de malades, l'importance du personnel qui comprend cent médecins et chirurgiens et plus de trois cents employés rendent d'ailleurs nécessaire une organisation parfaite. Notons en outre que des consultations gratuites y sont données chaque jour, et que la pharmacie de l'hôpital doit exécuter annuellement près de huit cent mille ordonnances.

Les sommes nécessaires à l'entretien de ce vaste hôpital sont naturellement très considérables. La ville contribue certes pour une grande part à la dépense; mais celle-ci est assurée, pour sa majeure partie, par des donations particulières, donations des plus anciennes, et par des legs et des dons qui se renouvellent chaque année. Il était même d'usage — je ne sais si la coutume est encore en vigueur — de faire faire le portrait de tous les généreux donateurs; ceux qui versaient 50,000 francs avaient leur portrait de demi-grandeur, ceux qui faisaient don de 100,000 francs ou plus étaient reproduits en grandeur naturelle. Il s'est ainsi formé une très curieuse galerie, très intéressante au point de vue de l'art et des types des diverses époques, qui comprend plus de trois cents portraits dont on fait une exposition publique tous les deux ans, à la fête patronale de l'Annonciation. Cette coutume date, paraît-il, de l'année 1464.

Les sommes mises à la disposition de l'administration de l'hôpital — je devrais

MILAN. — Ospedale Maggiore. Cour intérieure.

dire, pour être plus précis, de son conseil d'administration — ne sont pas d'ailleurs uniquement destinées à l'Ospedale Maggiore. Il est d'autres établissements, d'autres institutions de bienfaisance qui dépendent, pour leur administration et pour la gestion de leurs fonds, de l'Ospedale Maggiore, tout en gardant la propriété distincte de leurs biens. Ainsi, l'Ospedale delle *Fate-bene-sorelle,* qui a un patrimoine particulier de 3,500,000 francs, est rattaché pour la partie administrative à l'Ospedale Maggiore. Cet établissement, fondé en 1823 et qui occupe depuis 1840 le magnifique local du corso Porta Nuova, élevé en grande partie grâce aux dons de la marquise Ciceri, peut recevoir cent femmes. L'administration de l'Ospedale Maggiore a encore la surveillance d'une institution de bienfaisance des plus importantes et des plus utiles, l'œuvre des soins à domicile, connue sous le nom d'œuvre di Santa-Corona. Cette institution, qui remonte à l'année 1496 et qui dispose maintenant d'un patrimoine de cinq millions, fonctionne régulièrement dans toute la cité. Elle subvient annuellement à plus de soixante-dix mille visites faites à domicile — c'est le chiffre d'une de ces dernières années — et à plus de cent mille consultations gratuites données au dispensaire établi dans l'Ospedale Maggiore. Le service médical de nuit, établi en 1872, dépend également de l'Ospedale Maggiore.

Un autre hôpital bien ancien, il date de 1588, mais indépendant, est celui des *Fate-bene-fratelli*, dont les frères de Saint-Jean-de-Dieu ont la direction depuis sa fondation. Les bâtiments, situés via San Vittore, contiennent cent lits, et une succursale établie en 1860 près de la porte Magenta peut recevoir quarante malades. Il a un patrimoine de cinq millions et reçoit en outre de nombreux dons. Je ne peux citer tous les établissements hospitaliers, je dois noter cependant celui fondé en 1771 par le prince Trivulzio, et qui est de dimensions assez vastes pour recevoir cinq cents vieillards des deux sexes; je veux énumérer surtout rapidement les principales fondations pieuses qui ont pour but le soulagement des malheureux.

Un certain nombre d'entre elles qui forment un ensemble d'œuvres pieuses sont réunies sous le vocable général de *Congregazione di Carita,* disposant d'un patrimoine de près de trente-trois millions. Les œuvres principales qui dépendent de cette congrégation de charité sont *I luoghi pii elemosinieri* (les lieux pieux charitables) pour secours en nature; l'*Opera pia di baliatico* (œuvre pieuse de l'allaitement), le *Pie case di industria* (maisons pieuses de travail); l'*Opera pia Birago* pour secours aux prêtres infirmes; *Il ricovero di mendicita* (asile pour les pauvres mendiants), l'*Opera pia dei derelitti* (l'œuvre pieuse des abandonnés), la *Casa degli incurabili* (incurables), et bien d'autres encore. Une de ces œuvres qui rend de réels services, en sauvant de la misère ou du vagabondage les infirmes, est la Casa di industria — elle date de 1784 — où on procure du travail à ceux que de graves accidents ou des déformations naturelles rendent inhabiles à fournir un travail suffisant et suffisamment bien fait pour rendre facile à ces ouvriers leur admission dans un atelier.

Une œuvre également moralisatrice est celle des *Riformatori* qui comprend le patronage des prisonniers et des libérés, l'œuvre des ignorants (insoumis) de Santa-Maria alla Pace, et celle des petits enfants abandonnés dont l'asile est installé à Pariabigo. Il est d'ailleurs d'autres œuvres encore, et en assez grand nombre, qui ont pour but de relever par l'instruction et le travail les jeunes gens vicieux, de leur fournir une occupation à l'expiration de leur peine, d'autres qui s'efforcent d'arracher au mal ceux que la misère allait conduire au vice ou au crime. D'autre part, les sourds-muets et les aveugles sont recueillis, instruits, soignés dans des établissements spéciaux admirablement organisés, et l'hôpital des fous est un des mieux entretenus qui se puissent voir.

La bienfaisance publique, si féconde en pensées généreuses, s'exerce encore d'une façon toute particulière sur les enfants. Les œuvres destinées à les recueillir, à les soigner, à les instruire, sont des plus nombreuses. La première de toutes est celle des

Esposti (enfants trouvés). Elle occupe un vaste local près de l'Ospedale Maggiore dont elle dépend. Elle poursuit le double but de recueillir et d'assister les enfants déposés à l'hôpital ou abandonnés, ainsi que les enfants pauvres et illégitimes. Une division spéciale reçoit les accouchées et les femmes prêtes à accoucher. J'ai déjà cité l'œuvre de l'allaitement, le Baliatico, qui vient en aide aux mères que la maladie, les fatigues ou le travail empêchent de donner à leurs nourrissons les soins et la nourriture nécessaires ; de nombreux asiles, des crèches, comme on les appelle en France, complètent cette belle œuvre en recevant pendant les quelques heures de la journée les enfants que leurs mères, occupées dans les fabriques ou au dehors de chez elles, ne peuvent emmener à leur travail. Dans d'autres asiles où on leur donne une première instruction élémentaire, on reçoit des enfants un peu plus âgés qu'on met à même, dès ces premières années, d'apprendre un travail manuel.

MILAN. — Santa-Maria delle Grazie.

Les soins hygiéniques donnés dans ces diverses institutions avec un dévouement intelligent ont contribué à diminuer considérablement la mortalité des premiers âges. Mais les crèches et les asiles ne reçoivent guère que des enfants bien portants, ou du moins bien constitués. Les pauvres petits qui viennent au monde déformés, les membres tordus par d'implacables maladies n'ont pas été oubliés et la *Casa dei Rachitici*, ouverte depuis quelques années, recueille ces infortunés et distribue des soins continus, fournit des appareils, tandis qu'une œuvre spéciale s'occupe d'envoyer les maladifs, les scrofuleux demander aux eaux de mer ou aux sources minérales des forces nouvelles. Un établissement de bains de mer spécial a été établi à Voltri ; il reçoit par an une moyenne de 250 enfants, tandis que 150 environ suivent chaque année un traitement spécial aux sources minérales de Rivanazzano.

Pour compléter cette brève nomenclature des œuvres spéciales à l'enfance, il faut enfin citer les deux grandes maisons où sont recueillis les orphelins et les orphelines : *I martinetti!* comme on appelle les premiers ; le *Stelline,* comme on dénomme les secondes, surnoms qui proviennent de ce que les premiers orphelins furent réunis dans une maison dépendante de l'église de San-Martino, et les premières orphelines dans un ancien cloître dédié à Santa-Maria della Stella. Souvent on rencontre dans les rues de Milan ces bambins et bambines vêtus de leur uniforme accompagnant un enterrement en chantant de leur voix douce et un peu triste des cantiques funèbres. Aucun enterrement d'une classe un peu élevée ne saurait se passer d'avoir les orphelins dans le cortège ; c'est un usage reçu et le payement qui leur est octroyé grossit d'autant les fonds de l'œuvre et permet de recevoir un plus grand nombre d'enfants. Un même conseil d'administration régit les deux institutions qui disposent d'un patrimoine de 10 millions.

On voit que la charité s'exerce à Milan largement et de toutes les façons, pour les malades, pour les vieillards, pour les enfants auxquels cette même bienfaisance privée a ouvert de nombreuses écoles gratuites; elle soutient également les écoles du soir, les écoles professionnelles, distribue des prix, des encouragements de toute sorte, assure du travail à ceux qui profitent le mieux des leçons données. Les fonds distribués avec une générosité si grande complètent l'œuvre officielle en rendant plus large et plus facile à acquérir l'enseignement municipal. Ces détails des plus intéressants sont fort peu connus. Cette organisation a valu à Milan, lors du congrès d'hygiène tenu à Turin et lors du congrès de bienfaisance qui a eu lieu à Milan même, dans ces dernières années, une admiration et des éloges bien mérités.

On trouvera, par contre, fort naturel que je parle assez succinctement des musées dont je n'ai pas à dresser le catalogue mainte fois publié déjà. Ce qu'il importe de noter, c'est que les hautes classes milanaises avaient, en outre de la tradition de bienfaisance qu'elles ont conservée, une autre tradition moins bien gardée peut-être, et qui leur commandait d'accorder aux arts une protection aussi large qu'éclairée. C'est à cette protection qu'est dû le développement artistique sous la Renaissance et au XVIIIe siècle, et c'est le sentiment d'art si répandu dans toutes les classes qui nous vaut la conservation de collections anciennes formées pour concourir à la gloire de la cité, pour donner aux artistes l'occasion d'un travail incessant. La réunion de ces collections, complétées par celle des œuvres d'art éparses dans les monuments publics et sauvées d'une destruction complète, a permis de fonder les deux musées si célèbres de Milan.

Peut-être exagère-t-on la valeur du musée Brera, quoiqu'il possède des pièces d'une haute valeur ; mais du moins cette belle collection a-t-elle le grand mérite, et cela grâce au fond considérable fourni par le trésor des particuliers, de renfermer un nombre assez considérable d'œuvres de chaque époque pour permettre de poursuivre une étude raisonnée des diverses écoles, surtout de l'école lombarde et naturellement de l'école milanaise que l'on confond trop souvent dans l'école lombarde dont la distingue un caractère propre très marqué.

La galerie de tableaux de la Brera a été inaugurée vers 1809. Elle comprenait alors douze salles qu'il fallut rapidement agrandir, les collections s'étant enrichies de nouvelles dépouilles arrachées aux couvents dont la suppression se poursuivait, d'acquisitions importantes et de dons considérables. Le catalogue comprend actuellement plus de 2,000 numéros de peintures classées par écoles sur le plan même arrêté par Appiani. Ce grand peintre, qui mourut en 1817, contribua pour une grande part à la formation de la pinacothèque.

En outre de la galerie de peintures, fort précieuse assurément, la Brera, le *Palazzo delle scienze ed arti*, renferme une bibliothèque publique, fondée en 1770 et riche de 200,000 volumes, un cabinet des médailles, l'observatoire, des plâtres antiques et un musée archéologique.

A ne considérer que la peinture, la Brera renferme incontestablement une suite d'œuvres dont l'étude comparée forme le plus utile enseignement. Je ne sais pas cependant si l'Ambrosienne ne présente pas plus d'intérêt pour le véritable amateur. On y trouve, entre autres peintres, Bernardino Luini, pour une fresque, *le Couronnement d'épines* et un *Christ bénissant*, d'une puissante allure, le Borgognone, Marco da Oggione, Gaudenzio Ferrari, le Bramantino, Carrache, Dürer, enfin, en dehors des recueils de dessins de Léonard de Vinci, renfermés

MILAN. — Colonnes de San-Lorenzo.

dans la bibliothèque, un portrait d'Isabelle d'Aragon d'une vérité d'aspect, d'une finesse de dessin incroyables, et des dessins comme le portrait de Maximilien Sforza enfant et un autre de Marie Sforza. En outre, l'Ambrosienne possède, et c'est une de ses pièces les plus curieuses, tout le carton de l'*École d'Athènes*, de Raphaël qui permet seul de juger dans ses détails cette admirable composition, tant est détériorée la fresque du Vatican. Quelques belles sculptures de Canova et de Thorwaldsen complètent cette intéressante collection.

La bibliothèque, qui est la vraie gloire de l'Ambrosienne, fut fondée en 1609 par le cardinal Frédéric Borromée. Elle contient 160,000 volumes imprimés, et 8,000 manuscrits ou palimpsestes d'une très grande rareté.

Je noterai quelques sculptures encore et quelques beaux tableaux au Musée municipal, formé par les legs généreux et les dons d'amateurs, tels que les Guasconi, Marchesi, Fogliani, Bolognini, Sormani, Taverna, de Cristoforis, qui ont laissé à la ville non seulement les peintures, sculptures et dessins de leurs collections, mais encore les médailles, les objets historiques, les faïences, les pièces d'orfèvrerie dont ils avaient garni leurs vitrines.

Une des plus riches et des plus intelligemment constituées parmi les collections particulières était sans contredit celle du cavalier Poldi-Pezzoli. Elle contenait des armes et des armures remarquables, des étoffes splendides, des bronzes et des meubles de toute beauté, puis des tableaux comme *la Vierge et les Anges* du Pérugin, le *Saint Paul et saint Jérôme* de Mantegna, le *Mariage de sainte Catherine* de Luini, et d'autres encore. Cette belle collection fut léguée à la ville en 1871 et elle a été maintenue dans les salles du beau palais Poldi-Pezzoli, via Morone. D'ailleurs, si on voulait visiter tous les palais de l'aristocratie, celui des Melzi, puis encore le palais Trivulzio, le palais Visconti, le palais Borromée, le palais Belgiojoso, et bien d'autres, que de peintures remarquables, que d'admirables sujets de décoration intérieure dus aux peintres les plus célèbres ne rencontrerait-on pas ! Ce serait, même à ce seul point de vue, une utile et intéressante façon de terminer dans Milan la revue des œuvres d'art que contiennent ses musées.

VIII. — LES DIVERTISSEMENTS. LE CARNAVAL. — LES THÉÂTRES.
LA SCALA. — LES CERCLES.

Ce n'est généralement pas l'hiver que les touristes visitent Milan, aussi ne connaissent-ils guère les fêtes qui s'y donnent pour le carnaval. Bien plus, vous les surprendriez pour la plupart si vous leur disiez que ce carnaval même, au lieu de finir dans la soirée du mardi gras, se prolonge jusqu'au samedi soir, et que les deux journées les plus brillantes sont précisément le jeudi et le samedi de cette période. Tandis que les autres villes, les autres contrées sont déjà soumises au carême, Milan jouit en effet de quatre jours de répit que ses habitants emploient le plus joyeusement qu'il leur est possible. Cette coutume tient au vieux rite ambrosien, jadis usité dans l'Église milanaise et respecté par le rite romain, et les quatre jours gagnés ainsi sur le carême forment le *carnevalone,* le carnaval spécial à Milan. Sans doute, ici comme partout, il a perdu de son éclat, de son mouvement, et les grandes mascarades publiques n'atteignent pas ou atteignent bien rarement du moins à la splendeur des anciennes fêtes ; mais, chaque année encore, de beaux et riches cortèges parcourent les principales rues de la ville. Il n'y a pas une des fenêtres des maisons qui les bordent où ne se presse une foule joyeuse, composée pour une bonne partie d'étrangers à la ville à qui ces places privilégiées sont louées fort cher, et prête à répondre aux lazzi des masques et à échanger confetti et bouquets avec ceux qui montent les voitures. On se bombarde d'une fenêtre à l'autre, d'un balcon à une voiture comme dans tout carnaval italien qui se respecte, et les acteurs de cette fête si animée peuvent récolter une ample moisson de fleurs qui fait oublier les confetti si peu agréables à recevoir.

La vraie mascarade milanaise était la *Facchinata,* qui empruntait ses figures, ses costumes à la contrée même et aux contrées les plus proches, surtout à la province de Gênes et au Piémont ; mais la vogue en est un peu passée, et je me rappelle avoir assisté, il y a quelques années, à une mascarade plus fantaisiste encore que les officiers de la garnison avaient organisée et dans laquelle ils figuraient, à cheval, déguisés en abeilles. C'est un des plus jolis cortèges que j'aie vus. La *Facchinata* prenait son nom des personnages qui la composaient et qui représentaient les habitants de quelques vallées voisines du lac Majeur, dont la plupart viennent exercer à Milan le métier de *facchini* ou de portefaix. Cette mascarade recrutait ses acteurs parmi les membres d'une corporation appelée la *Magnifica Badia* (la magnifique abbaye), dont l'origine remonte à deux siècles au moins. Elle avait ses statuts et ses dignités, et son curé, son abbé, son avocat, son poète, son chancelier, et bien d'autres encore de ses dignitaires occupaient les places principales de ce cortège où les mascarades grotesques alternaient avec des représentations de la vie champêtre ou des scènes pittoresques. On a conservé, tant elles furent belles, le récit de quelques-unes des principales solennités où la *Badia* se signala par un éclat inaccoutumé.

MILAN. — San-Satiro.

Mais, à défaut de cet ancien cortège classique, chaque année on tâche d'en composer un nouveau présentant quelque originalité; et à son défaut il y a toujours le défilé des voitures et des simples masques qui parcourent le Corso et l'animent de leur foule bruyante, principalement le jeudi et le samedi ; il est un certain nombre de cercles, de sociétés, qui n'ont en réalité qu'une existence de quelques mois, qu'un but, celui d'organiser à l'époque du carnaval des divertissements dont les pauvres profitent souvent de reste. Ce sont alors de côté et d'autre, soit des bals, soit de grandes fêtes costumées, soit des *veglioni*, ces soirées qui se passent dans un théâtre et où on se rend masqué, où les travestissements les plus bizarres sont admis pour la partie active de ceux qui y prennent part. On fait enfin tous ses efforts pour s'amuser pendant cette dernière période de fête, pendant ce carnaval dont la première partie — aux environs de Noël et du nouvel an — s'est surtout trouvée employée en dîners, en réceptions plus intimes.

Le Milanais aime en effet le plaisir et la bonne chère ; mais, en réalité, il use de l'un et de l'autre avec une certaine mesure. Une table bien servie, et servie surtout à la milanaise, est peut-être pour lui la distraction qui présente le plus de charme, un charme dont il ne cherche même pas à se défendre, et que rendent fort vif les bons chapons, les coqs d'Inde, les gâteaux de toute sorte et, principalement vers la Noël, les *torroni*, ces gâteaux au miel et aux amandes qui sont comme un mets national ou, si on préfère, régional. Cependant cet amour de la bonne chère, commun à toutes les classes et qui se satisfait, qu'on le croie bien, en dehors du carnaval, n'amène jamais de trop grands excès. Le Milanais est sobre, et la rencontre dans les rues d'hommes pris de boisson est en réalité fort rare. On se grise surtout de paroles, et c'est une fumée qui passe plus vite que celle du vin.

Les deux mois d'hiver — et d'un hiver fort rude le plus souvent — sont, on le suppose aisément, l'époque du grand mouvement théâtral de la ville. Encore un plaisir que les Milanais apprécient beaucoup et que, jadis, ils goûtaient même, semble-t-il, encore plus. Les théâtres sont nombreux à Milan ; je ne crois pas les avoir cités. C'est d'abord la *Scala*, le théâtre célèbre entre tous ; puis le *teatro alla Canobbiana*, le théâtre *Manzoni*, le théâtre *dal Verme*, le théâtre *Carlo Porta*. La Scala est, assure-t-on, le plus grand théâtre de l'Italie après celui de Saint-Charles, à Naples ; il peut contenir 3,600 personnes, mais cela importe peu. Pour bien juger ce théâtre célèbre, il faut le visiter non pas dans la journée, comme on le montre à tous les touristes, mais le soir, pendant une des brillantes représentations de la saison qui s'ouvre à l'époque du carnaval. L'aspect de ses six étages de loges garnies de femmes en grande toilette est merveilleux. A la Scala on joue, on le sait, le grand opéra. N'est-ce pas là que la première représentation de l'*Otello* de Verdi a eu lieu il y a trois ans à peine ? On y prise fort aussi le ballet, car je crois bien qu'une des dernières « premières » a été *Amor*, le ballet de Manzoni. Au Manzoni, c'est au contraire la comédie qui se joue, et au *dal Verme* on retrouve des opéras et des ballets quand l'orchestre n'est pas transformé en piste pour un cirque.

Aucun de ces théâtres ne joue toute l'année. Ils alternent, pour ainsi dire, et cela s'explique d'autant mieux que les Milanais, sans rien perdre de leur amour pour le théâtre, trouvent maintenant autre part plus de distractions qu'autrefois. Ainsi les cercles sont fort nombreux et, l'hiver, il en est peu qui, soit pour obéir à un usage ancien, soit sous le premier prétexte venu, ne donnent des fêtes privées ou publiques.

Puisque je parle des cercles, citons les principaux : d'abord le *Club de l'Unione*, le plus important de tous, mais non le plus ancien. Il date seulement de 1860, tandis que la *Societa del Giardino* a été fondée en 1783.

Vient ensuite le *Circolo ferruccio*, qui est le cercle de la jeunesse ; et on retrouve un grand nombre de ses membres, et de ceux d'ailleurs des deux cercles précédents, dans les sociétés formées avec un but spécial, comme la Société d'escrime, la Société de tir, le Veloce-Club, le Club Alpin. Il y a encore le Cercle agricole, qui compte 300 membres et où se donnent des conférences d'une utilité pratique reconnue, puis le Cercle industriel commercial, qui comprend également 300 membres, et encore le *Circolo operaio*, le cercle ouvrier, qui mérite bien une mention spéciale, qui a 1,500 membres et dont le droit d'entrée est de 0,05 c. et la cotisation de 0,05 c. par semaine. Milan a aussi, bien entendu, comme toutes les villes, on pourrait presque dire comme toutes les communes d'Italie, sa *Societa dei reduci delle patrie battaglie*. Les survivants des batailles passées sont au nombre de 600 à la société milanaise. D'autres cercles ne restent pas ouverts toute l'année, comme le *Circolo Bocconi*, qui est plutôt une société ayant pour but de donner des fêtes de bienfaisance

MILAN. — Statue de Léonard de Vinci.

et de diriger le mouvement joyeux à l'époque du carnaval, comme le Club des Échecs et le *Circolo filologico*. Les artistes ont comme cercle principal la *Famiglia artistica*, qui comprend 900 membres dont la plupart, je crois bien, ne touchent que de très loin à l'art, et qui voient surtout dans ce club un lieu agréable particulièrement gai, où se donnent des fêtes fréquentes. Pour bien montrer cependant qu'elle a parmi ses membres un certain nombre d'artistes, la *Famiglia artistica* organise de temps à autre des expositions qui sont fréquentées par toute la haute société.

Oui, on s'amuse ; mais aussi on travaille à Milan. Le développement industriel et commercial y est considérable. Les usines se bâtissent, les magasins s'ouvrent de toutes parts, le mouvement d'affaires augmente chaque jour. Cependant Milan n'a pas été sans éprouver quelques désenchantements, et le plus sensible peut-être lui a été causé par le chemin de fer du Saint-Gothard. La percée du Saint-Gothard devait, à en croire les espérances qui paraissaient les mieux justifiées, amener un développement de transactions, une augmentation de transit qui eût transformé la situation de l'ancienne capitale de la Lombardie. Il n'en a pas été ainsi, du moins dans la mesure prévue; mais Milan n'en prend pas moins chaque jour une importance des plus considérables, importance dont il est nécessaire de tenir compte. Il est permis de concevoir brillant et durable l'avenir de la vieille cité lombarde.

Femme du lac de Côme.

CÔME. — Panorama.

CHAPITRE IV

I. — MILAN L'ÉTÉ. — LES VILLÉGIATURES. — MONZA. — CÔME. — LE LAC.
LAC MAJEUR, DE VARESE, D'ORTA, DE LUGANO.

Les Milanais, à quelque classe qu'ils appartiennent, sont passionnés de villégiature. Nul ne s'en étonnera en songeant à ce que doivent être les fortes chaleurs de l'été dans cette ville où manquent les ombrages et les eaux courantes qui pourraient atténuer, dans une certaine mesure, l'effet écrasant du soleil.

Dès que l'été commence, les Milanais n'ont plus qu'une seule pensée, celle de fuir en dehors des murs, de se réfugier dans quelque endroit frais et ombreux, sans trop s'éloigner cependant de la ville. L'aristocratie, la haute bourgeoisie s'échappent donc de côté ou d'autre, un peu vers la mer, sur la rivière de Gênes notamment, beaucoup vers les stations d'eaux des montagnes et vers les lacs, dans ces riches et pittoresques pays où s'élèvent des milliers de villas dont aucune ne reste inhabitée du mois d'août au mois d'octobre. La ville perd, à cette époque, une notable partie de ses habitants.

La petite bourgeoisie, les ouvriers aussi bien que les classes plus aisées ne laissent passer aucune occasion de gagner la campagne. Ceux qui peuvent tenter une excursion relativement lointaine vont vers Vaprio, sur le chemin de Bergame ou jusqu'à Saronno dont le *Santuario della beata Vergine*, célèbre par son pèlerinage, renferme d'importantes fresques de Bern. Luini et d'autres peintures de Gaudenzio Ferrari et de Cés. da Sesto. Mais le point des environs de Milan le plus fréquenté peut-être est Monza où le parc royal, que traverse le Lambro, offre aux promeneurs les beaux ombrages de ses arbres séculaires. La plus grande partie de sa futaie et des prairies contenues dans son enceinte de murailles, longue de 13 kilomètres, est en effet livrée au public qui peut approcher tout à son aise jusqu'aux jardins réservés et contempler de l'autre côté du saut-de-loup la masse du château royal construit en 1779 par Piermarini. C'est un vaste édifice de style sobre, mais sans élégance, qui a surtout pour lui sa charmante situation ; quand on sait combien sont rares en Italie les beaux parcs, quand on constate l'isolement relatif du château, isolement qui assure toute liberté à ses hôtes royaux, on comprend la prédilection de la reine Marguerite pour cette demeure si calme. L'entrée principale — une large et haute grille de fer qui précède la grande cour d'honneur — se trouve sur la route de Côme, et du côté de la ville, de larges quinconces gazonnés isolent le château des premières habitations.

Monza est plus qu'un gros bourg, c'est une véritable ville renfermant près de 25,000 habitants, très fiers des souvenirs qui s'attachent à leur cité, très orgueilleux de son antiquité, très heureux aussi, malgré les déclamations de quelques radicaux, d'avoir près d'eux un château royal où les visiteurs et les hôtes, se succédant, procurent à leurs rues étroites un peu d'animation. Si l'aspect général de la petite ville n'a rien de particulièrement curieux, la grande cathédrale et son trésor, l'hôtel communal sont deux monuments intéressants à visiter. La cathédrale date de l'année 595 ; elle fut fondée par Théodelinde, reine des Lombards, dont le trésor de l'église renferme d'assez nombreux souvenirs: son éventail et son peigne et une allégorie dont elle avait fait don à l'église, une poule avec sept poussins en or, représentant les sept provinces de la Lombardie. Un curieux bas-relief placé au-dessus du grand portail représente la reine Théodelinde et son époux, le roi Autaris ; dans le bras gauche du transept on conserve son sarcophage. A chaque pas, lorsqu'on vous fait visiter l'église, revient le nom de la grande reine lombarde, quoique la partie de l'église construite par elle ne consiste plus qu'en quelques fragments conservés dans le haut de l'édifice. L'église fut en effet reconstruite dans le xive siècle selon le style lombard, par Marco di Campione, qui donna à la façade et au haut clocher cette décoration si étrange d'aspect et si fréquente vers le centre de l'Italie, de marbres de couleurs différentes alternés blanc sur noir.

Le trésor, dont je parlais, renferme encore la fameuse « Couronne de fer » d'un travail assez grossier du reste, qui a servi au couronnement de 34 rois lombards, en y comprenant Charles-Quint, et, en dernier lieu, à celui de Napoléon Ier, en 1805, et de l'empereur d'Autriche, Ferdinand Ier, en 1838. Pendant quelques années, de 1859 à 1886, cette pièce historique importante fut emportée et gardée à Mantoue; mais elle a repris sa place dans la petite cassette qui forme le centre de la croix placée au-dessus de l'autel à droite du chœur. Cette couronne de fer est un large cercle d'or massif orné de pierreries. Elle ne doit son nom qu'à la mince bande de fer placée à l'intérieur et formée, dit-on, d'un clou de la croix de Jésus-Christ, rapporté de Palestine par la reine Hélène. C'est donc à la fois une relique religieuse et une relique historique.

Une autre petite église, située dans la rue principale de Monza, a une façade assez curieuse en terre cuite fouillée à l'extrême, mais très détériorée. Quelque cent mètres plus loin on se heurte au Broletto, fort intéressant spécimen de l'architecture du XIIIe siècle, supporté sur de hautes arcades ogivales qui laissent se continuer sous leur abri la rue qui y aboutit.

Monza vaut donc bien une promenade de quelques heures, et c'est, pour ainsi dire, une station obligatoire sur cette jolie voie qui mène au lac de Côme et aux montagnes dont, en se promenant dans le parc, on aperçoit les cimes neigeuses par des échappées de verdure. La large route bordée d'arbres qui s'allonge jusqu'à Côme est même une des plus belles qu'on puisse suivre si on veut se rendre au lac en voiture, car du haut de la colline que l'on descend en serpentant à son arrivée, on jouit d'un merveilleux panorama qui vous reste presque complètement caché, si on prend la voie plus aisée, plus rapide surtout, du chemin de fer.

II. — CÔME. — LE BROLETTO. — LE DÔME.

Le lac, ce merveilleux bassin rempli d'une eau bleue et limpide dans laquelle se réfléchissent les collines couvertes de verdure qui l'entourent, les villas et les villages qui le bordent, fait tort en quelque sorte à cette petite ville de Côme qui lui a donné son nom.

Côme est une vieille ville, originale d'aspect et qui mérite d'être visitée. A défaut d'autres monuments elle renferme notamment une cathédrale qui est certainement une des plus belles églises du nord de l'Italie.

Mais quand on arrive à Côme, on ne songe, je le répète, et c'est fort naturel, qu'à courir vers le lac, tout prêt à l'admirer, sur la foi de récits enthousiastes mille fois répétés, jamais démentis et des mieux justifiés. Mais la première impression est bien souvent du désenchantement, cela s'explique aisément. On s'attendait à voir se développer une immense nappe d'eau, alors que tout le lac reste caché aux regards, l'œil se heurtant presque aussitôt à une montagne qui barre l'horizon.

Mais je reviens à la ville même, qui vaut bien quelques mots de description. Il suffit de signaler la place du môle, nommée place Volta, le quai donnant sur le lac et bordé de maisons, dont quelques-unes à portiques au rez-de-chaussée, et d'hôtels dont la vue est bornée à la place même ; mais en remontant la rue qui débouche dans un des angles, lorsqu'on arrive au centre de cette vieille ville, on est frappé du caractère qu'elle a conservé. Dans un court espace, accolés l'un à l'autre, se trouvent le *Broletto*, le vieil hôtel municipal, et la cathédrale, auxquels laisse un peu d'air et d'espace une petite place entourée de portiques bas et massifs.

Le Broletto date du xiii° siècle; il fut terminé en 1215, c'est-à-dire lors de la reconstruction de la ville ordonnée par Barberousse après sa destruction par les Milanais. Il est construit en marbre de trois couleurs dont la disposition ajoute à l'originalité de l'édifice.

La cathédrale est un monument des plus intéressants à étudier, malgré la diversité de style de ses différentes parties. C'est ainsi que, commencée en 1396 dans le style lombard, elle fut en partie transformée au xvi° siècle suivant les règles architecturales de la Renaissance. La façade fut terminée notamment en 1526 par Rodari qui construisit également le chœur et le transept. Le Bramante donna en outre, assure-t-on, le dessin du baptistère. Enfin la coupole, achevée en 1732, est attribuée à Juvara. Les restaurations postérieures ont heureusement respecté la façade, dont la porte, la rosace, les files de niches terminées par un petit clocheton d'une forme si élégante, celui encore qui s'élève à sa pointe extrême, commandent une sérieuse attention. Cette belle église renferme encore de belles sculptures, des statues, entre autres celles, élevées en 1498, de Pline l'Ancien et de Pline le Jeune, dont Côme fut la patrie, des bas-reliefs et des peintures dont quelques-unes de Bern. Luini. Ce peintre, d'un talent si gracieux et si fin, est représenté dans la cathédrale par plusieurs toiles dont les plus parfaites sont l'*Adoration des Mages* à côté de l'autel de San-Abbondio, autel orné de fort belles sculptures en bois, et la *Nativité de Jésus-Christ*. A la chapelle de Saint-Joseph est un intéressant *Mariage de la Vierge* de Gaudenzio Ferrari.

Côme, qui possède encore d'autres monuments anciens comme la vieille cathédrale San-Fedele et la porte del Torre, puis en dehors de la ville, sur le versant de la montagne, l'antique basilique de San-Abbondio, très belle construction du xi° siècle, a pris depuis le commencement du siècle un assez grand développement. Elle est devenue un centre d'affaires important. On y a établi des usines, surtout des manufactures de soieries dont les hautes cheminées répandent malheureusement sur cette petite cité si gaie, si claire, leur épaisse fumée noire. La situation de Côme à l'extrémité du lac, sa position sur la grande ligne ferrée du Saint-Gothard lui amènent non seulement des touristes, mais la rendent le point de transit nécessaire de tout le commerce de la vallée. Les hommes d'affaires y concluent des transactions considérables, tandis que les voyageurs s'arrêtent surtout, en flânant dans ses rues étroites, devant les nombreux bijoutiers qui se rencontrent tous les dix pas, et auxquels ils achètent, en souvenir de leur passage, quelques-unes de ces longues épingles d'argent que les femmes du pays piquent en auréole dans leur chignon.

Lorsqu'elles s'habillent, le dimanche, les jours de fêtes, les paysannes plantent dans les nattes serrées réunies derrière leur tête un nombre énorme de ces épingles, vingt, trente, quarante, — leur nombre est naturellement un signe de richesse, — qui se déploient en forme d'éventail jusqu'aux deux grosses olives d'argent maintenues par la longue tige d'argent qui traverse le chignon. Seulement, cette coiffure si originale est, paraît-il, fort difficile à faire, tant elle comporte de tresses, de nattes, et, pour n'avoir pas à réclamer trop souvent l'aide d'une voisine, les femmes ne se coiffent que chaque dimanche, s'imposant le dur souci de coucher la tête en dehors du traversin, afin de ne pas déranger ce laborieux édifice. Peu leur importe que cet usage soit contraire à la propreté. Les

Lac de Côme. — Vue prise de la villa d'Este.

paysannes riches portent encore, pour compléter cette parure, de grosses boucles d'oreilles d'or retenues par de longs et minces anneaux. C'est là, du reste, à peu près toute l'originalité de leur costume qui se compose d'un large foulard aux couleurs voyantes croisé sur la poitrine et d'une jupe plus sombre, le plus souvent à grandes raies. Cet habillement a été trouvé si joli qu'il a été adopté, pour ainsi dire, pour toutes les nourrices des classes aisées dans le nord de l'Italie.

III. — LE LAC.

Mais j'ai hâte de parler du lac, de ce beau lac de Côme qui n'a jamais été trop vanté. On ne peut rien imaginer de plus riant, de plus doux à l'œil que l'aspect de cette vaste nappe d'eau tranquille à laquelle de hautes montagnes vertes forment un cadre unique au monde. Sous la forte lumière du soleil, ces verdures différentes, ces fleurs qu'on aperçoit en massifs lorsqu'on s'approche du bord, ces villas étagées sur les flancs de la montagne ou dont les terrasses baignent dans l'eau, se nuancent de tons chauds et doux comme si une buée invisible, s'élevant sans cesse du lac, estompait la lumière trop vive. Le vent n'y souffle pas en tempête comme sur le lac Majeur. De Côme à Bellaggio, il n'y a même pas de courant; les barques élégantes des propriétaires des villas peuvent le parcourir sans crainte, et sans grands efforts de la part des rameurs, et conduire à toute heure, d'un village à un autre, les visiteurs, les promeneurs, les femmes en toilettes claires, les hommes coiffés de chapeaux de paille, tandis que les amateurs de pêche poursuivent à l'envi la truite et l'agone, petit poisson délicat, spécial au lac. Dans la saison d'automne, c'est un mouvement, une animation élégante sans pareille, à laquelle se prête ce merveilleux décor qu'on est presque tenté, par moments, de trouver, dans la partie entre Côme et Bellaggio, trop beau, trop préparé, comme si la nature seule n'avait pas disposé cette merveille pour le plus grand bonheur de ceux qui y résident. On se figure que la vie doit couler toujours calme et douce dans cette atmosphère un peu humide, amollissante, presque énervante. C'est, hélas! un peu compter sans les pluies assez fréquentes dans toute cette région, surtout vers le mois d'août et la fin de l'automne.

Le lac de Côme a quarante-huit kilomètres de longueur sur quatre de largeur au point le plus étendu, entre Menaggio et Varenna; mais les nombreux promontoires qui resserrent son lit à certains endroits enlèvent la vue de toute cette étendue qui serait si belle à contempler. Jusqu'à Argegno on dirait presque une succession de petits lacs, tant les promontoires semblent, lorsqu'on est encore à une certaine distance, fermer complètement le passage. Mais où la vue est merveilleuse, tant est grand l'espace qui s'ouvre devant vous, c'est à Bellaggio, à cette pointe aiguë qui se trouve entre le lac de Côme et le lac de Lecco et qui forme ce qu'on appelle la presqu'île de la Brianza. Tandis que ce dernier lac redescend vers le sud comme s'il formait une des jambes de ce corps immense, le lac de Côme continue droit vers le nord, plus large que dans toute son étendue antérieure et presque en droite ligne jusqu'à Gravedona, où il incline vers la droite, vers son point initial où l'Adda vient se perdre dans ses profondeurs.

Il était assuré que dans des conditions semblables la foule riche et oisive affluerait sur ces rives délicieuses, sur ces coteaux plantés de vignes et de mûriers, au milieu de ces forêts de hêtres et de cette végétation merveilleuse si complexe. Rien ne vaut une excursion sur ces eaux calmes et transparentes que le vapeur fend sans peine, allant d'une rive à l'autre vers les nombreux villages qui les bordent, sans s'arrêter même à chacun d'eux, tant les stations deviendraient rapprochées. En réalité, la route qui longe le lac de chaque bord est bordée sans interruption de maisons et de jardins.

Il faut renoncer à citer toutes les villas célèbres, ou tout au moins connues, que l'on aperçoit dans ce rapide parcours. Au sortir même de Côme, dépendant du faubourg de Vico, on vous indique les villas Saporiti, Mondolfo, la grande villa Raimondi, et à

Villa d'Este. — Cascade d'Hercule.

gauche, à l'embouchure de la Breggia, la villa Tavernola et un peu après la villa Cima dont le beau parc s'étage sur le coteau. Sur la droite on a dépassé Blevio et ses nombreuses villas, villas Mylius, Ricordi, Taglioni. Cette dernière appartient maintenant au gendre de la célèbre danseuse, le prince Troubetzkoï. Le bateau s'est ensuite arrêté sur la gauche à Cernobbio, où se trouvent les villas Bellinzaghi, Baroggi et, dans le trajet presque en ligne droite pour arriver à Moltrasio, sur la même rive du lac, on laisse sur sa gauche la grande villa d'Este, qui rappelle le souvenir de la reine Caroline d'Angleterre et de ses scandaleuses amours. Le parc dans lequel, entre autres travaux d'art, on a élevé la fameuse cascade d'Hercule, remonte fort haut sur la montagne, presque jusqu'à Rovenna dont l'église se détache pittoresquement au-dessus de cette nappe de verdure. La villa d'Este est maintenant un hôtel de voyageurs.

Moltrasio est un joli petit village célèbre par sa cascade; on le quitte pour traverser le lac presque en droite ligne et s'arrêter à Torno, dont la langue de terre avance comme un cap dans les eaux immobiles où se réfléchissent ses maisons blanches et la multitude de villas qui l'entourent. Dans la baie que forme vers le nord ce promontoire, à l'entrée d'une gorge étroite, est la villa Pliniana, fort sombre édifice du reste, large château carré, massif, construit, paraît-il, en 1570, et auquel ses propriétaires successifs

Lac de Côme. — Sala et Isola Comacina.

et la dernière de toutes, la princesse Belgiojoso, n'ont pas réussi, si même ils l'ont cherché, à enlever son aspect rébarbatif. Il faut dire que le site se prête à cette sombre apparence. Ce qui fait la renommée de cette villa, c'est la source si curieuse, au flux et au reflux quotidien, qui se trouve près du château, et dont Pline l'Ancien a signalé dans ses écrits l'étrange mouvement. De là le nom de villa Pliniana donné au château.

Et en route pour l'autre rive, où on s'arrête à Carate, que domine le Monte Bisbino, et où on aperçoit de loin les couleurs criardes, vert et rouge, de la villa Colobiano. Il paraît, je le répète sur la foi des récits, car je ne me suis pas dérangé pour aller la voir, qu'il y a là une haute pyramide qu'un professeur de Pavie, mort il y a une trentaine d'années, fit ériger en son propre honneur. Que dire de cette modestie ? On ne prévient pas mieux le jugement de la postérité.

Encore quelques tours de roues du vapeur et on est dans la partie la plus célèbre du lac, celle où se trouvent les villas les plus importantes par leurs dimensions et les

BELLAGGIO. — Vue prise de la villa d'Este.

richesses qu'elles renferment et aussi par les noms de leurs propriétaires. De Carate le bateau a traversé, pour s'arrêter à Laglio, et traversé encore vers Torrigia auprès de laquelle se trouve la villa Galbiati, peinte en diverses couleurs. Presque en ligne droite il gagne sur la rive droite Nesso et revient sur la rive gauche à Argegno d'où il remonte sur Sala, derrière la petite île de Comacina, la seule que renferme le lac de Côme. En face, sur l'autre bord, et la traversée est large en cet endroit et le lac très profond, est Lezzeno, d'où l'on gagne sur la rive opposée Lenno, après avoir doublé le petit cap de Lavedo dont la pointe extrême porte la belle villa Balbianello au comte Arconati.

Là, on approche de la plus belle contrée des bords du lac, de cette Tremezzina à laquelle la douceur exceptionnelle de la température, le nombre et le pittoresque des promenades, la multiplicité des palais ont fait une réputation particulière. On a débarqué à Tremezzo, on est bientôt à Cadenabbia, à moitié chemin entre Côme et Colico. La route est assez longue déjà pour qu'on s'y arrête un moment. On aura ainsi le temps de visiter la remarquable villa Carlotta qui se trouve à côté.

La villa Carlotta est sur la rive entre Tremezzo et Cadenabbia, plus près même du premier de ces deux bourgs que joignent d'ailleurs l'un et l'autre les admirables et vastes jardins de la villa plus connue sous son ancien nom de villa Sommariva. Elle devint villa Carlotta, on pourrait dire officiellement, car le vieux nom des Sommariva est resté usité, lorsque la princesse Albert de Prusse l'acheta vers 1843 ; la princesse lui donna le nom de sa fille Charlotte qui épousa plus tard le duc de Saxe-Meiningen, le propriétaire actuel. Si les jardins sont magnifiques et offrent au promeneur les points de vue les plus merveilleux, surtout celui ménagé dans la direction de Bellaggio, la villa, nous dirions en France le château, renferme une suite d'appartements fort beaux et dans quelques salles des œuvres d'art des plus intéressantes. La frise de la « salle de marbre » est notamment composée des célèbres bas-reliefs de Thorwaldsen représentant le *Triomphe d'Alexandre* que le comte Sommariva paya, assure-t-on, plus de 350,000 francs. Dans cette même salle se trouvent plusieurs œuvres de Canova, *Sainte Madeleine, Palamède, Vénus*, et la plus célèbre de ses sculptures, *l'Amour et Psyché*, ce gracieux morceau de sculpture, type de la jeunesse et de l'amour. On peut voir encore dans la salle de billard une frise de cheminée attribuée à Thorwaldsen, puis quelques tableaux, entre autres le *Roméo et Juliette* d'Hayez et un bas-relief en marbre de Lazzarini, représentant Bonaparte premier consul.

En face même, pour ainsi dire, de la villa Carlotta, sur cette rive de la Brianza qui égale par son charme la Tremezzina, se succèdent les villas Besana, Trotti, Poldi et enfin cette ravissante villa Melzi qui touche Bellaggio où le vapeur vous conduit directement en quittant Cadenabbia. De la pointe extrême du promontoire qui sépare le lac de Côme du lac de Lecco on a la vue la plus merveilleuse qui se puisse souhaiter; le lac s'étend au loin à perte de vue, et le pays semé d'orangers et de lauriers, tout en gardant la même grâce, le même charme, prend à l'ampleur des propriétés, à la masse plus sévère des montagnes avoisinantes, une sorte de grandeur que n'ont pas les parties plus proches de Côme qui font songer à un vaste jardin anglais. Bellaggio, Cadenabbia et Menaggio, un peu plus haut sur la rive gauche, sont les points les plus recherchés des voyageurs, les plus fréquentés par cette foule cosmopolite qu'attirent soit pour une visite de quelques heures, soit pour un séjour plus prolongé, les sites ravissants de cet adorable pays.

Les Anglais s'y voient en foule et ils s'y établissent, là comme ailleurs du reste, avec leur sans-gêne accoutumé et ce dédain absolu des gens qui les entourent et qu'ils se préoccupent peu de froisser. Je me rappellerai longtemps les deux vieilles filles auxquelles je me heurtai toute une journée dans cette merveilleuse villa Serbelloni, transformée en hôtel, qui, du haut de la colline où elle est située, domine tout le lac et d'où on a même une belle vue sur le bras de Lecco. Je ne pus m'approcher d'une fenêtre, me rendre sur la terrasse sans trouver la meilleure place prise par ces deux folles qui s'in-

BELLAGGIO. — Grotte de la villa Serbelloni.

stallaient de façon à intercepter tout passage. Et encore, si elles avaient contemplé cet admirable paysage! Mais non, l'une déchiffrait son guide, l'autre lisait un des petits volumes de la collection Tauchnitz. A table, elles vinrent s'asseoir en face de moi et j'appris, en les regardant, que le raisin devait se peler comme une poire. Elles se livraient gravement, méthodiquement à cette étrange besogne, agaçant tout le monde par leur manège. Que venaient-elles faire à Bellaggio qu'elles semblaient n'avoir même pas visité ?

Cependant une course, même rapide, dans le bourg est intéressante. Comme dans tous ces villages accrochés aux flancs de la colline les maisons sont étagées sur les pentes, sans grande régularité, et la plupart des rues sont à gradins formant de larges escaliers dont les dernières marches se perdent dans un bouquet de verdure. Les

BELLAGGIO. — Vue prise de Tremezzo.

femmes du pays gravissent ce chemin assez dur de leur pas ferme et souple, en faisant claquer sur les dalles les sandales qui leur servent de chaussures et qui ne couvrent que la pointe du pied ; un panier de fruits sur la tête, elles vont, frappant aux portes pour offrir leur récolte ; ou bien, assises sur les marches, elles dévident des cocons de soie en bavardant entre commères.

La villa Melzi est aux portes mêmes du bourg. Son nom est peut-être le plus connu entre ceux de toutes les villas du lac; toujours on le cite comme exemple et cela tient sans doute aux points de vue admirables qu'on y découvre, à ses merveilleux jardins où s'entremêlent et poussent avec une vigueur extraordinaire lauriers, camélias, magnolias, agaves gigantesques, pins de la Chine, toute une végétation qu'on ne voit ordinairement que dans les pays du sud. Quand on se promène dans cet enchantement, le spectacle de la nature est trop beau pour qu'on en cherche un autre et je crois bien que, si on ne vous y invitait, on ne songerait guère à visiter la chapelle et les monuments qu'elle contient, ni la villa elle-même dont les diverses salles, fort belles cependant, renferment quelques fresques, quelques sculptures remarquables comme la *Bacchante* de Canova, quelques peintures, le *Napoléon 1er* d'Appiani, l'*Eugène de Beauharnais* de Comolli, etc. Et on revient en hâte aux jardins, tout prêt à doubler le pourboire à celui

BELLAGGIO. — Villa Trotti.

qui vous guide s'il consent à vous laisser errer un instant encore dans ce paradis de fleurs et de verdure.

Payer encore, dira-t-on. Hélas ! il en est ainsi en Italie. Il faut payer, toujours payer: pour visiter un trésor, pour étudier une fresque ou quelque toile cachée derrière un rideau, pour s'introduire dans une sacristie où se trouve, vous dit-on, un chef-d'œuvre, pour admirer un point de vue, et il n'est pas rare, lorsque vous vous arrêtez dans la rue pour contempler une façade de monument, un édifice quelconque, une simple maison dont l'architecture vous a frappé, qu'un cicerone cherche à vous imposer ses explications stupides à seule fin de vous réclamer le prix de ce service insupportable. Il faut reconnaître cependant que le voyageur est, à ce point de vue, beaucoup moins molesté que jadis; on a réglementé cet abus autant qu'on a pu le faire. Il faut encore se considérer heureux de n'avoir plus à subir que les petites exactions légales dont tout guide bien informé vous indique le tarif établi. C'est devenu une exploitation tarifée. Là est le progrès.

Ce que je dis là n'a rien d'ailleurs qui s'applique plus particulièrement au lac de Côme et surtout à la villa Melzi, pas plus qu'à la villa Belmonte, sise encore à Bellaggio, un peu sur la hauteur.

De Bellaggio le vapeur remonte sur la rive gauche, à Menaggio, bourg moins à la mode parmi les touristes, mais qui a encore une grande importance. Menaggio doit surtout cette importance à ce qu'il est, sur le lac de Côme, le point final de la route venant de Porlezza, situé sur le lac de Lugano, cet autre lac si beau, si pittoresque, dont un des bras se trouve si étrangement coupé par la frontière et placé, pour sa plus grande partie, en Suisse sans qu'on comprenne bien la raison de cette division arbitraire. Porlezza est sur le territoire italien et c'est là que les vapeurs suisses venant de Lugano débarquent les voyageurs qui arrivent directement de Suisse par le Saint-Gothard ou qui, ayant commencé l'excursion des lacs par le lac Majeur, la terminent par le lac de Côme. A certaines époques de l'année le mouvement des voyageurs sur la route de Porlezza à Menaggio est très considérable; mais leur itinéraire, tracé d'avance, fait négliger à ces touristes le haut du lac et les ramène tous uniformément vers Côme.

Au point de vue touriste, le lac de Côme n'existe, il est vrai, qu'entre ces deux villes, et le mouvement de la villégiature ou des excursions s'arrête soit à Menaggio, soit à Varenna, sur le bord opposé. En remontant vers le nord, aux stations successives de Bellano, Rezzonico, Dervio, Dongo, Gravedona et enfin Colico, on n'aperçoit plus sur les rives d'aussi nombreuses villas; la villa Mylius, près de Menaggio, est une des dernières parmi celles qu'on cite communément, et les villages, plus espacés, n'ont plus l'aspect aussi riant, aussi riche que dans la partie sud. L'aspect du pays se modifie d'ailleurs peu à peu d'une façon très sensible; les montagnes s'élèvent, perdent leur apparence de collines; leurs pentes abruptes sont couvertes d'une verdure plus rare qui cesse presque complètement vers les sommets, coupée par les larges taches blanches de leurs pierres dénudées. Mais, là encore, on peut dire jusqu'à son point extrême, le Lario — comme certaines cartes dénomment le lac de Côme de son ancien nom de Lacus Larius — garde une partie de son aspect gracieux, si gai sous le soleil, de sa température douce et humide. Varenna est, par exemple, un site charmant, orné de beaux jardins qui s'avancent en pointe dans le lac. Au-dessus d'eux on aperçoit un peu en arrière les Torre di Vezio, vieilles ruines qui se détachent sur le ciel de la façon la plus pittoresque. A peu de distance est la cascade du Fiume di latte, qui lance dans le lac, d'une hauteur de 300 mètres, ses eaux blanches, réduites malheureusement dans les temps chauds à un mince filet d'écume. Plus loin, à Rezzonico, on voit les ruines d'une antique forteresse; plus loin encore, à Musso, sur des rochers qui surplombent à pic le fleuve, les restes des trois châteaux de Musso où un Médicis résida au xvie siècle et tint tête aux Sforza et à l'empereur d'Allemagne; puis, s'élevant au-dessus de Gravedona, les quatre tours de l'imposant palais del Pero, construit par le cardinal Gallio, ce fils de pêcheur de Cernobbio, arrivé à force de talent et d'audace à la pourpre romaine. Enfin on débarque à Colico où commencent les routes du Stelvio et du Splugen. Cette dernière va traverser ce beau, curieux et pittoresque pays de la Valteline qui vaudrait à lui seul un voyage spécial, et remonter jusqu'à Bormio la vallée de l'Adda.

En quelques heures, en cinq heures si on ne quitte pas le bateau, on a donc parcouru le lac dans toute sa longueur — onze lieues — et à ce simple coup d'œil rapide

BELLAGGIO.

on a pu non seulement se rendre compte combien est justifiée sa réputation de beauté, quelles ressources le climat, la nature, la végétation offrent à ceux qui l'exploitent pour leurs plaisirs et la satisfaction de leurs loisirs, mais encore établir la différence entre ce qu'on pourrait appeler ses différentes zones que marque la nature du pays et aussi la disposition des villages et la richesse des habitations. Jusqu'à Bellaggio c'est le pays du luxe et de l'oisiveté, et vers le nord on sent aussitôt que la vie devient plus rude, que le repos élégant n'est plus la règle commune; quelques cheminées d'usine perçues au loin, notamment à Menaggio et à Bellano, indiquent le travail qui s'impose de nouveau. Les populations riveraines sont très laborieuses et, tandis que les femmes préparent la soie, les hommes pêchent ou transportent en barque des marchandises, ou émigrent à l'étranger pour revenir plus tard à leur lac bien-aimé avec le pécule qui leur permettra de s'acheter une maison.

Mais aussi combien une traversée si prompte laisse de regrets si on ne peut séjourner quelques jours au moins soit à Bellaggio, soit à Cadenabbia, pour rayonner en courtes excursions dans ce beau jardin de la Tremezzina ou sur le promontoire de

Vallée de l'Adda. — Bormio.

Bellaggio ! Il faudrait consacrer à ce voyage quelques jours; quelques heures ne suffiraient pas. Il y a au moins à consacrer un jour à monter au-dessus de Cadenabbia, à la Madonna di San-Martino d'où on a une vue merveilleuse sur les deux rives du lac et même sur les premiers contreforts du mont Crocione. Si le courage ne vous manque pas, on jouira, si on a la force de gravir jusqu'au sommet du Crocione, on embrassera de ce point élevé l'admirable panorama des lacs et de tout le pays jusqu'au mont Rose, aux Alpes bernoises et au mont Blanc. Mais, sans rechercher d'aussi vastes panoramas, il suffit d'atteindre à quelque point supérieur du coteau et, abrité sous un bosquet de verdure, de laisser errer ses regards au loin pour être tenu sous le charme.

Si le temps ne vous presse pas, une façon nouvelle et charmante de revenir de Colico est de suivre la route du Stelvio, qui longe les bords du lac, passe sous les grandes galeries taillées dans le roc près de Varenna et encore près d'Olcio et qui aboutit à Lecco, la petite ville industrielle, riche en fabriques de soie, de coton et de fer, située à l'extrémité du lac auquel elle a donné son nom. Cette branche orientale du lac de Côme, d'où elle se sépare à Bellaggio, ne ressemble en rien au Lario. Loin

Lac de Côme. — Varenna.

d'avoir l'aspect d'un jardin de plaisance, ses rives en sont abruptes, surtout du côté oriental, et bien plus escarpées, moins couvertes de verdure même sur le bord opposé où la principale station est Malgrate.

Le lac de Lecco a donc son cachet bien particulier, fort beau encore, très riant vers Lecco, qu'un grand pont supporté par dix arches, élevé au-dessus de l'Adda, au point où le fleuve sort du lac, sépare de la Brianza.

Encore une longue excursion à faire, et non des moins jolies que celle de la Brianza. De Bellaggio une route magnifique peut ramener à Côme en passant par Erba, si même on ne veut prendre dans cette dernière petite ville le chemin de fer conduisant à Milan. Après avoir gravi la hauteur située derrière Bellaggio, on suit presque jusqu'à Magreglio la croupe ombragée de la montagne, d'où on a la plus belle vue, tantôt sur le lac de Lecco, tantôt et à la fois sur celui de Lecco et celui de Côme jusqu'à Cadenabbia. Ensuite on traverse l'Assina, cette jolie vallée où coule le Lambro entre deux coteaux boisés, et, laissant derrière soi Asso, puis Canzo, on se trouve rapidement à Erba, dans cette contrée fertile, admirablement cultivée et riche de la Brianza qu'on a surnommée le jardin de la Lombardie, mais un jardin où les villas, si belles et si nombreuses encore, se mêlent aux usines, surtout aux fabriques de soie qui sont une des richesses du pays.

C'est un curieux et joli coin de terre que cette contrée de la Brianza, où les touristes ne se rendent presque jamais, pressés qu'ils sont de courir aux lacs, et peu assurés en

VALLÉE VELLADDA. — Sondrio.

outre de trouver les facilités de séjour les plus indispensables. C'est un pays montueux avec de petites plaines et plusieurs petits lacs, pays qui n'a guère que quatre lieues de large sur deux de long, entre le Severo et l'Adda, mais qui dans cette courte étendue offre les plus ravissants sites qui se puissent imaginer. A Erba, entre les lacs d'Alserio et de Pusiano, on est presque au centre de la Brianza, et on peut en faire le point de départ d'agréables excursions vers la villa Amalia, vers la Rotonda, magnifique villa au parc merveilleux, située près d'Inverigo, vers la villa Crivelli, ou encore vers les lacs d'Annone, de Segrino ou de Montorfano. Tout ce pays a un air gai et prospère; les villages sont propres et coquets; les maisons de campagne, que des allées de peupliers joignent à la route, abondent; la végétation est entretenue florissante par une multitude de sources d'une eau fraîche et limpide; les champs, qui portent de hautes moissons, sont séparés par de longues lignes de mûriers auxquels s'accrochent les vignes, l'air est d'une pureté extraordinaire, la température égale et douce; la vie, non une vie oisive, y semble devoir être facile; on comprend son renom, on ne s'explique pas qu'il ne soit pas plus fréquenté.

Mais je parle seulement des touristes de passage, car les Milanais y séjournent au contraire en foule durant l'automne, et, du lac de Lecco au lac de Côme, en passant par la Brianza, ce ne sont que fêtes et réunions auxquelles servent de prétexte les moindres fêtes locales. On va moins peut-être à la grande foire, si pittoresque jadis, de Lecco qui se tenait tous les samedis d'octobre ; mais on accourt avec un empressement sans cesse croissant aux grandes régates qui ont lieu sur le lac de Côme, ou aux courses de chevaux qui pendant deux jours attirent à Varese, de Milan et de tout le pays environnant, une multitude avide de distractions. Quand les prétextes manquent, on en invente, les villas sont toujours en fête ; ici c'est une représentation théâtrale, là un concert, partout des dîners à la suite de grandes courses en voiture ou à cheval. Sur un espace de quelques lieues, c'est un mouvement sans pareil. Cette joie de la nature splendide qui vous entoure n'est-elle pas la première à mettre tout le monde en fête ?

IV. — DE COME A ARONA PAR VARESE.

MENAGGIO.

La route de Varese, qui permet d'atteindre au lac Majeur sans revenir à Milan, est charmante à suivre. C'est à peine si on constate une différence dans l'aspect du pays. La culture est la même : les vignes, les mûriers s'étagent encore sur les coteaux ou bordent les champs de blé et de maïs, la nature semble aussi gaie et chaude, et à chaque pas, sur la route, des villas de toute importance dénotent l'empressement mis par les classes aisées à venir se reposer dans ces belles campagnes.

Un peu avant d'arriver à Camerlata, qui est un bourg assez considérable, on contourne un mamelon qui porte les ruines du château Baradello, dont la haute tour délabrée pointe vers le ciel, semblant encore menacer le village qu'elle tint longtemps sous sa domination. Puis on traverse Rebbio, Lucino, Lurate-Abbate ; la route s'élève en montant jusqu'à Olgiate, se dirige par Binago vers Malnate, d'où elle descend par une pente assez rapide dans la vallée où coulent la Lanza et l'Olona qu'il lui faut traverser pour arriver à Varese. Ce trajet de sept à huit lieues à peu près est charmant à faire, égayé sans cesse par un mouvement constant de piétons et de voitures, même d'équipages, ceux des propriétaires des nombreuses villas qui entourent Varese. D'ailleurs, pendant la saison d'automne, surtout à l'époque des courses, la ville même de Varese se remplit d'une foule riche et élégante qui s'établit pendant quelques jours ou quelques semaines dans les divers hôtels de la ville, assez peu confortables cependant, et dont le plus important est situé en dehors de la ville dans une admirable position.

La facilité des excursions, dont quelques-unes sont magnifiques, expliquerait seule, si la mode ne s'en mêlait aussi, cette affluence.

On peut rayonner facilement soit vers Côme, soit vers Laveno sur le lac Majeur qui n'est distant que de cinq lieues, soit au Colle Campiglio, tout près de la ville, à San-Albino et au lac même de Varese qui est fort beau et bordé de villages et de villes, et que longe une route conduisant à Gavirate dont on peut visiter les carrières assez importantes de « marmo majolica ». Enfin la principale, la plus longue, mais aussi la plus belle et la plus intéressante de toutes les excursions du voisinage, est celle à la Madonna del Monte.

Le voyage est aisé ; une bonne route conduit en deux heures les voitures jusqu'à Fogliardi, et à partir de ce village seulement il faut gravir le mont soit à pied, soit à cheval. Mais on est bien récompensé de sa peine par la vue merveilleuse dont on jouit de ce point élevé. Le regard peut parcourir toute la plaine lombarde jusqu'à Milan que l'on distingue à l'horizon; puis, plus près, on détaille tout le pays voisin : la petite ville de Varese, sur la gauche le lac de Côme, à droite le lac Majeur, et, en revenant vers la plaine, les petits lacs de Monate et de Comabbio, et celui de Biandrone qu'une étroite langue de terre sépare seule du grand lac de Varese. C'est là un splendide panorama quand le soleil, tapant droit sur les eaux bleues des lacs, les fait miroiter dans le lointain comme d'immenses reliquaires d'or.

En outre, la Madonna est un lieu de pèlerinage très suivi, et son chemin de croix, qui mène à l'église et au couvent, est des plus curieux à étudier. Ce sont quatorze chapelles ornées de fresques et de groupes de stuc polychrome qui forment autant de stations obligatoires pour les pèlerins. Elles datent du XVIIe siècle.

V. — LE LAC MAJEUR.

De Varese on pourrait également se rendre en voiture à Sesto Calende, qui est située sur le Tessin plutôt que sur le lac Majeur, à l'endroit où le fleuve sort du lac; mais le plus simple est encore de prendre le chemin de fer et de rejoindre à Gallarate, la ville aux grandes manufactures de tissus, la ligne de Milan à Arona où se trouve l'embarcadère des bateaux à vapeur qui font le service du lac.

Le lac Majeur! autre splendeur, autre merveille de la nature. Mais quelle dissemblance avec le lac de Côme! C'est à peine si quelques lieues les séparent, et entre eux aucune comparaison ne peut s'établir. Et aussi quelle difficulté pour le décrire, tant il change rapidement d'aspect selon l'ardeur plus ou moins vive du soleil, selon la direction du vent! Tantôt le lac est clair et gai, presque tranquille, beau d'une majesté souriante; tantôt il s'assombrit; ses vagues fouettées par le vent écument, il devient sévère, dur en ses contours, terrible en sa colère. Qu'un nuage se forme, qu'une bourrasque éclate, c'est un lac tout autre que celui qu'on regardait auparavant; tandis que le lac de Côme, plus égal dans son uniformité gracieuse, perd difficilement la douceur de son allure.

Il faut d'abord considérer, pour ainsi dire, deux parties dans le lac Majeur. L'une, assez restreinte, comprenant la vaste baie qui s'arrondit de Baveno à Pallanza et renferme les îles Borromées, a la température chaude, parfois même brûlante, la végétation luxuriante et tropicale du lac de Côme.

Toute la côte même qui s'étend depuis Arona en passant par Belgirate et Stresa, chauffée par les ardents rayons du soleil qu'elle reçoit directement tout le jour, parti-

LAC MAJEUR. — Les îles Borromées.

cipe à la double nature des pays méridionaux et des contrées plus rapprochées du nord; mais le vent qui se précipite des hauts glaciers, la Tramontana, comme l'appellent les gens du pays, et qui s'engouffre dans la coupure du lac, atteint durement parfois ces stations encore privilégiées.

Au contraire, à partir de Baveno, que la pointe opposée de Pallanza abrite, c'est à peine si on sent une brise légère qui ride, sans le rendre dangereux, les eaux du lac restées bleues et tranquilles, alors que le bateau à vapeur passant à la même heure vers les îles Borromées peut à peine déposer ses voyageurs dans la barque venue pour les recevoir et qui accoste à grand'peine.

Le lac Majeur, par suite de ces conditions particulières, est moins fréquenté, moins garni de villas, quoiqu'on en trouve encore un nombre considérable, et de fort belles, sur ses bords, mais principalement sur la rive entre Arona et Pallanza.

La vie élégante y est par suite moins mouvementée; les promenades en barque, qui facilitent sur le Lario les visites, les rencontres, sont moins aisées et les flottilles des villas sont moins considérables. Les distances à parcourir sont d'ailleurs plus grandes et le temps, à certaines époques, subit de fréquentes et rapides variations.

A choisir cependant entre les deux lacs, il me semble bien que je préfère le lac

MEINA.
Vue sur Angera.

Majeur, un peu peut-être à cause de sa rudesse même et pour cette ampleur, pour cette majesté d'ensemble que lui donne son entourage de hautes montagnes.

Dans la partie même la plus douce, les coteaux, encore qu'ils soient chargés d'arbres et de vigne, couverts de maisons blanches dont les toits de tuile rouge percent à travers la verdure, restent plus abrupts, dressés plus droits vers le ciel, plus hauts surtout que les collines qui entourent le lac de Côme.

Malgré soi, on revient toujours à les comparer l'un à l'autre. Puis la rive opposée au bord sud, quoique moins élevée et s'abaissant insensiblement vers la plaine, a quelque chose de sauvage. Plus on avance vers le nord, plus les montagnes s'élèvent, encore vertes, mais d'une verdure plus sombre, presque noire, et leurs sommets arrondis comme ceux des anciens glaciers se dénudent peu à peu. Enfin il y a ce fond merveilleux des hauts glaciers neigeux dont la blancheur semble se refléchir dans l'eau, et dont l'admirable et gigantesque barrière complète comme décor la mâle beauté du lac lui-même.

Le grand mouvement du lac est entre Arona et Laveno, trajet que les bateaux à

Lac Majeur.
Isola Bella.

vapeur font en été six à sept fois par jour, tandis qu'ils ne remontent que trois fois de Laveno à Locarno. La distance à parcourir entre Locarno et Arona est, d'ailleurs, considérable; il faut, en vapeur, de cinq à six heures pour franchir les soixante kilomètres de longueur du lac, sans compter le détour fait autour des îles. Sur ce dernier point, les eaux sont bleues, d'un beau bleu foncé, d'une grande profondeur, près de six cents mètres à certaines places. Vers le nord, au contraire, où la profondeur atteint jusqu'à huit cents mètres, leur teinte constante est verte.

Le premier arrêt du bateau à vapeur, au sortir d'Arona, est Meina, puis Lesa et

Belgirate, dont on a peut-être exagéré le charme, bien d'autres stations du lac lui étant supérieures. De Belgirate on passe à Stresa, d'où on a, à mon avis, le plus beau point de vue de tout le lac, le plus remarquable en tout cas comme étendue.

A Stresa, le regard s'étend à l'infini, presque jusqu'à l'extrémité de cette vaste nappe d'eau, du lac, du moins jusqu'à la côte située en face de Canobbio, jusqu'à la frontière suisse, frontière de convention qui coupe le lac de Zenna à Valmara. C'est

LAC MAJEUR.
Isola Bella.

d'ailleurs à peu près la fin du lac, puisqu'on dénomme communément lac de Locarno la pointe extrême, un peu inclinée vers l'est, où débouchent la Maggia et le gros fleuve le Ticino ou Tessin, dont les eaux s'écoulent à l'autre extrémité, à Sesto Calende.

Je le répète donc, la vue de cette immensité d'eau encadrée de hautes montagnes, de cet horizon sur lequel se détachent lumineux les murs blancs des villages espacés sur ces bords enchanteurs; puis, sur la gauche, ce bouquet d'arbres des îles Borromées ressortant sur les collines de la baie, presque en face Pallanza, brillant sous le soleil, et, sur l'autre rive, Laveno, cachée dans la verdure qui garnit la gorge du torrent, tout cet ensemble forme le plus admirable coup d'œil qu'on puisse rêver, moitié riant, moitié sévère, mi-civilisé et mi-sauvage. C'est que, et voilà le grand mérite du lac Majeur, on sent que la nature est seule en question et que le travail de l'homme n'a pu lui enlever d'être elle-même, la contraindre à se façonner selon la mode ou à la guise d'un propriétaire.

Elle reste ce que Dieu l'a faite, tropicale ou glacée, et l'homme survenant ensuite n'a pu que profiter des ressources merveilleuses qui s'offraient à lui.

Cependant, pourrait-on dire, voyez les îles Borromées, ou du moins l'Isola Bella que l'on côtoie presque au sortir de Stresa. Eh bien, l'argument tournerait contre ceux qui en useraient. Oui, l'Isola Bella est une création entière d'un grand seigneur que ce

Lac Majeur. — Isola Bella et Isola Madre.

merveilleux avait séduit, et loin d'y aider la nature, il l'a annihilée. Il a fait là œuvre de pierre, il a accumulé les moellons et le marbre, les décorations, les sculptures de toute sorte; mais cette fantaisie, qui a eu pour théâtre un îlot aride où il fallut apporter jusqu'à la terre sur laquelle on devait élever palais et jardins, restera comme l'éternelle affirmation du ridicule que se donne l'homme quand il veut faire tout de lui-même.

L'Isola Bella m'a causé, je l'avoue, un cruel désenchantement. En face de cet amas de terrasses de marbre, où la multitude des statues remplace les plantes phénoménales de force, de grandeur que l'on rêve, on hésite, étonné d'abord, mécontent ensuite. On est tenté de traiter de crime cette atteinte portée au goût et au vrai, et il faut les jardins émaillés de fleurs merveilleuses et la vue de l'admirable pays qui vous entoure pour que vous excusiez ce barbarisme de construction.

Une seule chose a été remarquablement comprise au point de vue de l'agrément de ceux qui résideraient dans l'île et du plaisir qu'éprouvent à le regarder ceux qui se tiennent au large vers l'est de l'île : ce sont les vastes galeries qui forment sur la partie gauche le rez-de-chaussée des jardins et qui se répètent à la première terrasse. Si le gardien qui vous entraîne en hâte à travers ce vaste, trop vaste palais, et ces jardins rétrécis, vous permet de vous arrêter un instant sous ces larges arcades, on éprouve une sensation inouïe du beau telle que la nature seule peut la donner. De même lorsqu'on arrive en barque vers la pointe de l'île, on est saisi de cette succession d'arcades presque au niveau de l'eau, qui préparent en quelque sorte par leur note sombre la vue des terrasses garnies de verdure que flanquent deux pavillons arrondis. L'aspect général étonne plutôt qu'il ne réjouit. Ce qui revient à dire que pour apprécier l'Isola Bella il faut s'en approcher le moins possible.

Très sincèrement, comme effet d'œil bien entendu, je préfère de beaucoup les trois autres îles qui forment le groupe des îles Borromées.

L'Isola dei Pescatori qui touche l'Isola Bella, et qui est entièrement couverte de maisons habitées par des pêcheurs, au-dessus desquelles pointe le clocher d'une petite église, présente un cachet d'originalité bien plus grand. On sent la vie sourdre à toutes les fenêtres de ses masures, et lorsqu'on y passe aux heures chaudes, le silence même qui y règne, les filets suspendus aux quelques arbres plantés sur la petite place qui termine cette langue de terre, les barques qui reposent sur le rivage, couvertes de leur banne soutenue par des cerceaux, tout parle à l'esprit, raconte comment on vit, tandis qu'on reste froid devant un grand corps de statue qui vous tourne irrévérencieusement le dos.

Combien encore je préfère à ce joujou de l'Isola Bella, sa grande sœur, l'Isola Madre ! Là aussi, il est vrai, il existe des terrasses dont la plus élevée supporte un vieux château inhabité ; mais les citronniers et les orangers y poussent à l'aise, sans être trop gênés dans leur essor par le ciseau d'un sculpteur en verdure, et le petit parc qui occupe toute l'autre partie de l'île a quelque chose de fruste et de sauvage qui fait trouver ses ombrages plus frais.

Située juste au milieu de la baie, l'Isola Madre est en outre le centre de cet admirable panorama, de ce cercle de montagnes verdoyantes dont les plus hautes paraissent toutes blanches de neige dans l'échancrure au-dessus de Feriolo, dans le fond de la baie.

De l'Isola Bella, la seule île où on accoste, et encore grâce à une barque qui vient vous prendre à bord, non sans vous secouer durement, on se dirige vers Baveno, et de là, sans s'arrêter à tous les voyages ni à Feriolo, ni à Suna, on coupe vers Pallanza, à l'extrémité nord et à la pointe extrême de la baie. Tout ce coin de terre et d'eau abrité des gros vents, chauffé par un soleil constant, offre un séjour vraiment enchanteur auquel manque seulement le large espace. La végétation qui règne sur les coteaux est merveilleuse et des plus variées. On y voit presque confondus des châtaigniers aux troncs énormes, des mûriers, des vignes aux sarments noueux et aux longues branches surchargées de fruits, des figuiers, des orangers, des oliviers, toute la flore tropicale enfin dans son épanouissement le plus superbe, que coupent, vues d'une certaine distance, d'une tache d'un blanc éclatant, les carrières de granit qui surplombent au-dessus de Baveno. Il y a un tel contraste entre ces premières pentes des montagnes d'un vert si brillant et leurs sommets neigeux, qu'on garde de cet aspect une impression ineffaçable.

Aussi, je l'ai dit déjà, de nombreuses villas se sont élevées sur tout ce bord sud

Lac Majeur.
Pallanza.

et chaque jour on construit de nouvelles maisons de campagne et de nouveaux hôtels pour les voyageurs. Autour de Belgirate, on signale parmi les principales, les villas Fontana, Principessa Matilda, Pallavicini; puis vers Stresa, les villas Casanova, Callegno, Durazzo, et l'ancienne villa Bolongaro qui appartient à la duchesse de Gênes. Une nouvelle villa de style lombard a été bâtie dans ces dernières années, et du balcon de fer qui se trouve à l'étage supérieur habité par la princesse on jouit, sans que rien puisse gêner la vue, de ce magnifique effet que donne l'enfilé du lac entier et des montagnes.

De Pallanza, le coup d'œil est merveilleux. On embrasse toute la baie, les îles Borromées, dont la quatrième, la plus petite, l'Isola San Giovanni, touche presque au rivage; puis dans le fond se détachent sur la montagne verte, sous les longues traînées blanches des rochers, les maisons espacées sur le rivage de Baveno, puis de Feriolo, dans le fond à droite, au débouché de la Tosa qui a creusé son lit dans une échancrure de la chaîne des collines, et tout au-dessus, les Alpes dressant leurs sommets dénudés. La vue est courte peut-être, mais gracieuse et imposante tout à la fois.

Au delà, toujours sur la rive gauche, voici Oggebbio, Cannero, Canobbio, — quelques kilomètres avant la frontière suisse, — Ascona et enfin Locarno où on débarque après avoir fait un détour pour éviter les ensablements qui, chaque année, obstruent un peu plus l'embouchure de la Maggia.

Sur la rive orientale, les villages sont plus espacés ; cependant le trajet, assez long encore, jusqu'à Laveno, paraît trop court, tant il y a de joie pour les yeux à contempler le magnifique panorama qui se déroule devant vous, le panorama de la baie que l'on distingue entière depuis Stresa jusqu'à Feriolo, gaie, chaude, éclatante, embaumant l'air des parfums de sa merveilleuse végétation. Et de nouveau le vapeur vous fait suivre toute cette côte si belle de Belgirate dont on ne s'éloigne qu'un moment pour accoster à Angera. En face, s'étalent sur le rivage, Arona et Meina. Émergeant de la verdure, planant sur le pays entier, on aperçoit le colosse de bronze de saint Charles Borromée, cette lourde et laide statue qui mérite plus de curiosité que d'admiration.

Le parcours de ce lac superbe serait trop long à faire en un jour, en admettant même que les heures correspondantes des bateaux vous en rendissent l'exécution possible ; il faut, pour bien jouir de l'ensemble et plus encore des détails, avancer par escale, ne pas se contenter de voir la côte, et s'engager un peu dans la montagne, qui offre tant de magnifiques points d'excursion. Il faut au moins se rendre aux plus importants d'entre eux, et visiter notamment le massif montagneux qui sépare le lac Majeur du lac d'Orta, et de l'autre côté de ce dernier, pousser jusqu'à Varallo, d'où on peut du reste, si on veut éviter de revenir par la même route, rentrer à Milan par Novare.

VI. — LE LAC D'ORTA. — LE SACRO MONTE.

Il semble qu'après avoir admiré un aussi beau pays, on ne puisse plus trouver aucun site, aucun point de vue capable de réveiller l'attention, de frapper l'esprit assez fortement pour que cette région nouvelle ne souffre pas de la comparaison qu'on est toujours porté à établir entre ce qu'on a vu et ce qu'on voit.

On se trompe. C'est le propre de cette contrée unique, bien supérieure, selon moi, à certains lieux aussi vantés tout au moins, en Suisse, par exemple, d'offrir la plus belle et la plus grande succession de buts de voyage égaux entre eux comme beauté, et ne lassant jamais par suite de leur dissemblance.

L'excursion du Motterone et d'Orta, lorsqu'on vient du lac Majeur, exige, il est vrai, une assez grande résistance à la fatigue, car on doit la faire soit à pied, soit à âne, les voitures ne pouvant passer par les simples sentiers qui relient les deux lacs. La route ordinairement suivie part en face des îles Borromées, entre Stresa et Baveno, et il faut compter de neuf à dix heures de voyage pour atteindre Orta. En ne faisant pas le grand détour du mont, on peut gagner cette petite ville en cinq ou six heures seulement ;

mais l'ascension des pics dénudés du Motterone vaut bien ce surcroît de peine, tant est beau le panorama qui se déroule devant le voyageur assez peu soucieux de sa fatigue pour gravir jusqu'au sommet. Une ligne immense de montagnes, les Alpes aux sommets neigeux, borne l'horizon au nord. Successivement, on découvre les pics dentelés du mont Rose, les glaciers du monte Moro, du Pizzo di Bottarello, le Simplon, le monte Leone, et tout au fond le Saint-Gothard. Un peu plus sur la droite, se dresse le Stella, derrière Chiavenna, c'est-à-dire presque à la pointe du lac de Côme, où les glaciers du Bernina se prolongent à l'infini. Puis à ses pieds, pour ainsi dire, on fouille du regard

Isola Pescatori. — Vue prise d'Isola Bella.

une multitude de monts et de collines couverts de châtaigniers, de vallées avec leurs villages accrochés aux bords des torrents, et, dans les larges espaces vides, on a le spectacle unique de sept lacs qui, vus de cette hauteur, paraissent presque recevoir et se renvoyer le même rayon de lumière. C'est d'abord le lac d'Orta, seul sur le versant droit — je suppose qu'on regarde alors vers le sud, — et de l'autre côté, le lac Majeur, sur lequel les îles Borromées forment de grosses taches sombres ; le petit lac de Mengozzo, tout proche de la baie de Pallanza, puis ceux de Monate, de Canobbio, de Biandrone et de Varese, enfin Milan paraît à l'horizon, se découpant nettement sur la vaste plaine lombarde que continuent sur la droite, à perte de vue, les plaines du Piémont. L'opposition si tranchée de ces deux paysages ajoute à l'étrange beauté de cette vue si large, si profonde, si durement arrêtée d'un côté, si doucement estompée de l'autre par la brume dans laquelle se fond le lointain de la plaine. Il peut y avoir des vues plus grandioses, plus sévères, plus tourmentées : il n'en est pas de plus complète. L'ascension du Motterone permet en outre de concevoir presque instantanément la topographie de cette vaste contrée où l'enchevêtrement des montagnes, la nécessité des tours et des détours rend parfois la première orientation difficile.

On part, gardant dans les yeux une véritable magie de force et de richesse. On peut revenir à Stresa, on peut redescendre, si on le préfère, vers Orta, la pittoresque petite ville qui, de la hauteur où elle est assise, domine le lac auquel elle a donné son nom et qu'on a débaptisé pour l'appeler le lac Cusio. Orta est plus curieuse par sa situation de distance que par elle-même ; mais, à quelques minutes, est le pèlerinage du Sacro Monte dont les vingt chapelles formant stations sont intéressantes à visiter. Le Sacro Monte est une jolie montagne boisée dont on a presque fait un parc. Plusieurs hôtels de voyageurs y ont été construits. La route qui conduit au sommet, à travers les bois, passe, comme je viens de le dire, devant vingt chapelles dédiées à saint François d'Assise, et décorées de figures de grandeur naturelle, en terre cuite et peintes, appliquées sur un fond peint à fresque. Dans chaque chapelle le sujet est différent et représente un épisode de la vie du saint. Cette décoration, qui remonte au XVIe siècle, est d'un effet très original, et si on n'est pas séduit par la beauté des figures, du moins regarde-t-on avec curiosité et intérêt ces spécimens d'un genre religieux si particulier.

D'Orta, un bateau à vapeur vous fait parcourir en une heure et demie le lac entier qui compte, de Buccione à Omegna, douze kilomètres de longueur sur deux de large. On s'arrête un moment à l'Isola San Giulio dont le centre est occupé par l'église, maintes fois restaurée, que saint Jules fonda à la fin du IVe siècle : on débarque ensuite à Pella, située en face d'Orta, au milieu des vignes, des châtaigniers et des noyers qui ombragent le chemin conduisant à la Madonna del Sasso d'où on a une vue superbe sur le lac.

Mais pour que l'excursion entreprise, presque un voyage, soit complète, il faut se rendre à Varallo. De même qu'on a dû, de Stesa à Orta, franchir un massif montagneux important, de même il faut, de Pella à Varallo, traverser l'autre chaîne de montagnes qui contourne le lac à l'ouest, et franchir le col de Colma, entre le monte Pizzigone et le monte Ginistrella. Le sentier qui vous permet de gagner Varallo en cinq heures de marche vous fait passer par les vallées les plus fertiles, les plus fraîches, les plus verdoyantes qui se puissent voir. Dans les pentes basses, les vignes, les figuiers, les arbres fruitiers de toute sorte garnissent les champs ; puis, plus haut, les châtaigniers forment des bois touffus, coupés à de larges places, par des masses de rochers. Du col de Colma, qui est fort élevé, on retrouve une partie de cette vue superbe dont on a pu apprécier les beautés au monte Motterone, et la nature, plus aride en ces lieux où le roc est le principal maître, redevient verte et même fleurie dans le val Duggia, tout revêtu d'un gazon épais formant tapis aux noyers et aux châtaigniers qui garnissent le fond du vallon.

Varallo, où on arrive après un court trajet, se trouve dans la vallée de la Sesia. C'est une jolie ville, sans grande originalité, mais propre et bien assise au pied d'une colline, dénommée, comme à Orta, le Sacro Monte. Le pèlerinage qui s'y fait est même plus important que celui d'Orta, et les chapelles présentent un intérêt artistique plus considérable. De même encore qu'à Orta, ces oratoires sont décorés de figures en terre cuite de grandeur naturelle ; mais les murs d'un certain nombre de ces chapelles sont, en outre, ornés de fresques qui ont pour auteurs, Pelegrino Tibaldi et Gaudenzio Ferrari. Gaudenzio Ferrari, qui naquit dans les environs de Varallo, a laissé dans la ville même de nombreuses peintures, dans le chœur de Santa-Maria delle Grazie, à Santa-Maria di Loreto et à San-Marco, et au maitre-autel de l'église collégiale où est appendu un beau *Mariage de sainte Catherine*. Dans toute la contrée environnante on retrouve de ses œuvres, œuvres de jeunesse pour la plupart, mais qui témoignent déjà de son talent fin et précis, quoique toujours un peu sec.

Lac Majeur.
Angera.

Dans la sacristie de l'église Saint-Jules, dans l'Isola San Giulio, il y a une *Vierge* de lui; dans l'église della Pieta, à Canobbio, un *Jésus portant sa croix*: d'autres encore égarées en divers points; j'ai déjà parlé de celles de ses peintures, qui se trouvent dans la cathédrale de Côme.

Mais il n'est tel plaisir auquel on ne doive s'arracher, et quelque regret qu'on en ait, il faut s'éloigner de ce beau coin de terre où Dieu a jeté comme à profusion les fleurs, la verdure et l'eau, pour faire de ce pays montagneux un lieu de repos et de grâce qui élève le cœur en reposant l'esprit.

De quelque côté qu'on se dirige, une nouvelle excursion vous tente; vers quelque point des Alpes qu'on porte ses pas, on trouve de beaux et puissants paysages témoignant de la force d'une nature jamais épuisée, toujours vivifiée par l'eau des glaciers et maintenue fraîche par les infiltrations souterraines, peuplée d'une population saine et robuste, dure au travail, passionnée de ses montagnes et de ses vallées, qui représentent pour elle le sol natal, fût-il suisse ou italien, les délimitations politiques ne la préoccupant guère. Vraiment on ne se lasserait pas de décrire ces fortes contrées et pour ceux qui, dédaignant les chemins de fer, sont amoureux des voyages faits à l'ancienne mode, à petites journées, je ne connais pas d'entrée en Italie qui vaille celle du Simplon.

Le passage même du Simplon est fort beau. La route venant de Suisse quitte la vallée du Rhône à Brigue et s'élève jusqu'à une hauteur de plus de 2,000 mètres, à l'endroit où le grand hospice fondé par Napoléon Ier fut établi. Elle passe ensuite par l'imposante vallée de Gondo et débouche, après avoir franchi la frontière italienne à Iselle, dans la vallée de la Tosa, rivière que nous avons vue se jeter dans le lac Majeur, près de Feriolo. La voie ancienne longe dans toute sa longueur pour atteindre à Milan la vallée dite le val d'Ossola, où se trouve la petite ville de Domo-d'Ossola, par laquelle passent tous les voyageurs venant de Pallanza ou de Stresa. L'antique diligence, attelée de six chevaux, — on en met douze au retour pour gravir la montagne — s'arrête sur une place garnie d'arcades, aux piliers trapus, entourée de maisons dont les balcons et les toits forment saillie. L'ensemble est des plus pittoresques. Ensuite on traverse Vogogna, divers villages moins considérables, puis Ornavasso. Dans les environs sont les carrières de marbre appartenant au chapitre de la cathédrale de Milan, qui s'en est rendu propriétaire pour que la construction et les restaurations de cet édifice ne puissent jamais être retardées par un manque de matériaux dont il importait, d'ailleurs, d'assurer la parité. Plus loin, un peu avant d'atteindre Feriolo, la route rencontre encore d'autres carrières de marbre, d'un marbre plus fin, d'où furent extraites les colonnes, hautes de sept mètres, de la basilique de Saint-Paul-hors-les-murs à Rome, reconstruite depuis 1823. De Feriolo on connaît la route pour se rendre à Milan; elle passe par Baveno, Stresa, Arona, etc. Nul n'a débouché en sortant des montagnes sur le majestueux lac Majeur sans ressentir une forte impression de cet admirable commencement de voyage.

VII. — LE SAINT-GOTHARD. — LE LAC DE LUGANO.

Du reste, n'est-ce pas aussi une voie merveilleuse à suivre que celle du Saint-Gothard, dont la construction a occupé des années d'un travail non interrompu et coûté près de 240 millions fournis par l'Italie, la Suisse et l'Allemagne? On a accumulé sur les quelques lieues qui forment la traversée proprement dite du Saint-Gothard, les œuvres d'art les plus hardies. Il a fallu percer la montagne à maintes reprises, établir 56 tunnels successifs dont quelques-uns sont tournants, élever 32 ponts, 10 viaducs, contraindre enfin par la mine et le pic la nature à se laisser violer dans ses passes les plus difficiles. Le plus long tunnel de ce parcours grandiose, celui qui porte le nom de tunnel du Saint-Gothard, et qui se trouve entre Goschenen et Airolo, est situé

Lac d'Orta.
Ile San Giulio.
Vue prise d'Orta.

Ile San Giulio.

à 1,154 mètres d'altitude. Il a près de 15 kilomètres de longueur, 8 mètres de largeur et sa construction seule a englouti 57 millions qui se retrouveront, d'ailleurs, dans les bénéfices d'un transit de jour en jour plus considérable. On met 25 minutes à le parcourir, mais c'est à peine si on s'aperçoit de la durée de la traversée, tant on est encore dans l'admiration du chemin parcouru.

La descente commence et s'effectue rapidement à travers les gorges pittoresques du val Leventina. On franchit le Tessin, la vallée s'élargit, les villages s'étagent sur les terrasses formées par les divers plans du terrain, de nouveau on traverse des tunnels, on entre dans la gorge de Prato, le site le plus grandiose ; puis ce sont encore des tunnels et encore des tunnels qui vous laissent à peine voir la magnifique contrée, d'une végétation si riche, que l'on parcourt à partir de Faido. La pente s'accentue ; il

Lac d'Orta. — Chapelle sur le Sacro Monte.

faut encore traverser quatre tunnels, franchir deux viaducs pour atteindre le fond de la vallée, près de Giornico. Puis la voie ferrée continue par Bodio, Biasca et Bellinzona, le chef-lieu du canton du Tessin, si pittoresquement dominé par ses trois vieux châteaux qui appartenaient jadis chacun à un canton, celui d'Uri, celui de Schwitz et celui d'Unterwalden.

Tous ces villages, tous ces bourgs portent des noms italiens, la langue même qu'on y parle est italienne, et le caractère du pays, la forme des maisons, tout est italien ; cependant on se trouve sur le territoire suisse et on y restera longtemps encore.

A Giubiasco, la ligne se sépare. Un de ses embranchements, que nous avons vu suivre le lac Majeur, passe par Sesto Calende pour rejoindre à Novare la grande ligne de Turin à Milan. L'autre, après avoir dépassé le tunnel du mont Ceneri, se dirige vers Lugano, en côtoyant les bords du lac, franchit le lac à Melide, à quelques kilomètres au-dessous de Lugano, rencontre la frontière italienne à Chiasso, s'arrête à Côme et rejoint enfin Milan, par Monza.

Le lac de Lugano, dont je viens d'écrire le nom, est, on peut dire, presque entièrement suisse. Une partie de la côte de Ponte Tresa, de la baie qui joint cette ville à l'extrémité du lac vers Porlezza, appartient seule à l'Italie. Mais, en dépit de la division politique établie, le touriste s'imagine difficilement, les douanes seules le

LUGANO. — Panorama pris du monte San Salvatore.

lui apprennent, qu'il ait quitté un pays pour un autre. Pour lui, le lac de Lugano fait partie de son voyage en Italie, et son illusion s'explique d'autant mieux que ce lac, si beau et si divers dans ses proportions plus restreintes, présente les mêmes caractères, les mêmes oppositions de climat et d'aspect que ses deux voisins italiens, le lac Majeur et le lac de Côme.

Ce qu'on appelle le voyage des lacs comprend d'ailleurs naturellement, de par la position géographique, l'excursion au lac de Lugano qui est le trait d'union entre les deux grands lacs. Du lac Majeur on arrive à Lugano par la route de Luino, soit qu'on l'ait suivie dans son entier, soit qu'on ait pris le bateau de Ponte Tresa, et on gagne le lac de Côme à Menaggio en prenant la route de Porlezza, où vous a conduit de même le bateau à vapeur.

De Ponte Tresa à Lugano, la traversée, qui dure près de deux heures, est charmante. On contourne tout le mont San Salvatore en passant par Bruzin, par Porto Ceresio, Morcote, Melide, Bissone et Campione, et en une heure on se rend de Lugano à Porlezza par Gandria, Oria et Osteno, dont la grotte est une des principales curiosités du lac. Cette grotte se visite en barque, en suivant le petit ruisseau qui coule au fond d'une gorge étroite et sauvage formée de roches escarpées et déchirées, comme rompues violemment. Quelques minutes suffisent pour la parcourir, mais on conserve de cette rapide excursion un souvenir plein d'intérêt.

Tandis que tout le rivage méridional est couvert de vignes, de figuiers, d'oliviers, de noyers qui donnent aux collines dont les pentes descendent jusque dans le lac un aspect frais et gracieux, toujours vert, toujours riant à l'œil, la côte opposée, en remontant vers Porlezza, est aride et escarpée, et redescend, toujours escarpée, mais couverte alors de verdure, vers Bissone et le fond extrême du lac. Cette opposition, peut-être même à cause du peu d'espace qui sépare les deux rives, est plus frappante, paraît plus accentuée que sur les autres lacs. Ce contraste est des plus singuliers et il ajoute à l'effet profond que produit cette eau bleue, d'un bleu sombre, dans laquelle se réfléchissent la multitude de villas, de maisons blanches, coquettes et propres, de villages, de chapelles isolées qui garnissent toute la côte aux alentours de Lugano.

Quel lieu charmant pour y séjourner un temps assez long !

PAVIE. — Façade de l'église de la Chartreuse.

CHAPITRE V

1. — DE MILAN A VENISE PAR PAVIE, CRÉMONE, BRESCIA ET VÉRONE.   PAVIE.

On peut aller directement du lac de Côme au lac de Garde, ou plus exactement, de Lecco à Brescia, en prenant par Bergame, dont la vieille ville, bâtie sur les collines, renferme de curieuses maisons anciennes, tandis que la ville neuve, élevée dans la plaine, offre surtout un intérêt industriel par ses nombreuses fabriques de lainages et de soieries. Mais si on revient à Milan, on doit prendre la route de Pavie et de Crémone, qui, tout en étant beaucoup plus longue, vous fait traverser du moins une grande partie de la plaine lombarde.

Lorsque j'allai à Pavie, je fus loin de prendre la voie la plus rapide, au début du moins, car je me servis du tramway à vapeur qui longe le canal conduisant au Tessin.

La route, fort poussiéreuse, traverse une campagne fraîche et fertile, sinon jolie, sans horizon, les arbres qui bordent la route, ceux qui entourent les vastes champs, les rizières et les prairies interdisant toute vue étendue, tandis que, sur l'autre côté, le canal étend ses talus tantôt au ras du chemin, tantôt à deux ou trois mètres de hauteur. A la sortie de Milan, après avoir pris le tramway à la porta Ticinese, on traverse un important faubourg où s'élèvent de nombreuses fabriques et, loin encore dans la campagne, on dépasse de grandes usines placées au bord du canal, on traverse Binasco, le seul bourg important qui se trouve sur la route, et si on désire visiter la Chartreuse de Pavie, on descend à Torre del Mangano, d'où un omnibus vous conduit en cinq minutes au merveilleux édifice de la Renaissance. De loin, et plus on avance par la route qui s'allonge droite entre les rizières, on n'aperçoit que le fronton et les clochetons de la Chartreuse, le haut porche décoré de fresques, malheureusement dégradées, qui donne accès dans la cour vous cachant, même de cette distance, presque tout l'édifice. On franchit le porche, on se trouve dans une vaste cour longue de cent mètres, dont tout le côté droit est bordé par de hauts bâtiments qui se relient à l'église située au fond. Dès les premiers pas, en découvrant brusquement cette incroyable construction couverte d'une ornementation dont on ne peut imaginer la richesse, la profusion, on reste saisi de cet ensemble admirable dont la forme se dégage seule alors, sans que la surcharge de la décoration détourne l'œil de la contemplation de l'aspect général. La façade de la Chartreuse est l'œuvre d'ornementation la plus riche de l'Italie, peut-être du monde entier ; les bas-reliefs, les statues, les guirlandes, les ornements de toute sorte sont prodigués sur les murs, sur les colonnes, dans les entourages des portes et des fenêtres, et lorsqu'on s'est rapproché de ce bâtiment unique, on ne cesse de s'étonner de cette abondance, on pourrait même dire de cette exagération de décoration.

Cette remarquable façade, à laquelle travaillèrent plus de trente sculpteurs différents, ne fut élevée que longtemps après la fondation de la Chartreuse dont les travaux avançaient lentement, malgré les soins, les encouragements de Jean Galeas Visconti, qui, à sa mort, en 1402, affecta par testament une large part de ses revenus à l'achèvement de l'œuvre qu'il pouvait revendiquer comme sienne. Il l'avait entreprise en 1396, et dès 1398, le couvent, tout inachevé qu'il fût, pouvait recevoir vingt-cinq chartreux. L'église s'élevait peu à peu sous la direction de Bernardo de Venise, et non de Marco di Campione, comme on l'a cru longtemps. Elle est de style gothique, à trois nefs — celles des côtés divisées en quatorze chapelles qui toutes communiquent entre elles — et surmontée d'une haute coupole.

La façade ne fut commencée qu'en 1473 par Ambrogio da Fossano, Ambrogio Borgognone soutiennent encore quelques auteurs, et les travaux de la Chartreuse ne furent complètement terminés qu'en 1542, sept ans après la terrible bataille qui se livra dans les plaines voisines et où François Ier perdit la liberté. Ambrogio da Fossano trouva, selon toute vraisemblance, le plan général de la façade arrêté ; mais, en le modifiant dans ses détails, il en fit le cadre de la merveilleuse décoration qui a établi la renommée de la Chartreuse. Les lignes générales sont celles des églises romano-lombardes aux piliers saillants et aux galeries transversales. A chaque angle se dresse un petit campanile à angles aigus.

L'intérieur de l'église, qui a quatre-vingt-trois mètres de long sur cinquante-trois de large, est non moins riche, non moins décoré que la façade, mais avec une sobriété qui marque plus de goût. Il n'y a pas une grille de chapelle, un devant d'autel, une voûte, un des mille ornements qui les décorent, qui ne méritent l'attention et n'excitent souvent l'admiration.

PAVIE. — Porte de l'église San-Michele.

On y a accumulé les peintures, les marbres et les bronzes, et parmi tous les tableaux dispersés dans toutes les parties de l'édifice, on en trouve de Borgognone, de Macrino d'Alba, de Procaccini, du Pérugin, des Crespi, de Bianchi, de Montagna, de Giulio Campi, d'André Solario, de B. Luini, etc. Mais, à vrai dire, ce ne sont pas les peintures qu'il faut le plus admirer à la Chartreuse. Un magnifique jubé en fer et en bronze sépare le transept et le chœur de la nef, et dans le chœur on remarque des stalles sculptées remarquables, exécutées vers 1445 par Bart. da Pola, et quatre candélabres en bronze de Fontana qui sont de véritables merveilles. Dans les deux sacristies, dans la salle du lavabo, dans le réfectoire, partout enfin, de nouveaux morceaux de sculpture ou de peinture attirent le regard. On croit avoir tout vu, et il reste toujours quelque chose à admirer.

Le magnifique tombeau de Jean Galeas Visconti, commencé en 1490 par Pellegrini, continué jusqu'en 1562 par Ant. Amadeo, Jacques de la Porte et d'autres sculpteurs, se trouve dans le transept de droite. Dans une autre chapelle sont placés les tombeaux de Ludovic le More et de sa femme, Béatrice d'Este.

De là, le gardien en livrée royale des beaux-arts — car la Chartreuse est maintenant monument national; le couvent, fermé en 1782 sous l'empereur Joseph II, fut rendu en 1844 aux chartreux, qui l'ont quitté depuis la suppression des couvents — vous conduit dans les cloîtres, dont la visite est fort intéressante.

Il y avait le petit cloître, dont les portiques sont soutenus par des colonnes de marbre d'une finesse extrême, surmontées de chapiteaux aux ornements en terre cuite, puis le grand cloître ou cloître della Fontana, dont la décoration est semblable. Des jardins qui en occupent le centre, on embrasse le vaisseau entier de l'église et la grande coupole. Tout autour du grand cloître s'ouvrent les cellules, mieux vaut dire les maisonnettes des chartreux. Une petite porte au marteau de bronze ciselé donnait accès dans la pièce du bas, et de là dans le petit jardin qui attenait à chaque demeure. Un puits se trouvait dans un des angles du jardin. La pièce du bas servait de réfectoire au moine, à qui on passait ses aliments par un tour placé dans la porte. Il mangeait sur une table tenant au mur et qui, relevée, fermait l'armoire dans laquelle il rangeait les ustensiles dont il s'était servi. Au-dessus était la chambre où il dormait, et l'oratoire surmonté d'un petit clocheton où pendait la cloche qu'il devait faire sonner à certaines heures, avant de se mettre en prières. Quand on se tient au centre du cloître, ces vingt-quatre petits clochers — car il y avait vingt-quatre grandes cellules, — dépassant les toits d'une hauteur égale et à distance égale, présentent le plus curieux aspect.

Puis, on traverse de nouveau le réfectoire et l'église, et on se retrouve devant la grande façade, que l'on ne se lasse pas de regarder ; il faudrait y passer des heures entières en contemplation pour ne laisser échapper aucun des détails de cette ornementation extraordinaire.

De la Chartreuse jusqu'à Pavie, le trajet est environ d'une heure en voiture. La route longe le canal jusqu'à l'entrée de l'ancienne *Citta di Cento Torri*, de la ville aux cent tours, qui rivalisa un moment de puissance et de richesse avec Milan. Hélas ! il en est de son importance comme des tours dont elle était si fière : celles-ci sont presque toutes tombées ruinées par le temps, ou démolies lors des reconstructions des bâtiments qui les joignaient, et si Pavie n'avait conservé son Université, dont les étudiants donnent un peu d'animation l'hiver à ses rues étroites, elle pourrait passer pour une ville morte ensevelie dans ses souvenirs.

De la Chartreuse on arrive dans le haut du corso Vittorio Emmanuele qui descend presque en droite ligne au pont jeté sur le Tessin au XIVe siècle, un pont couvert fort curieux au milieu duquel s'élève une chapelle, et d'où l'on jouit d'une vue magnifique sur le fleuve et sur la ville qui s'étage devant vous en amphithéâtre. A la porta di Milano, après avoir laissé sur sa gauche le Castello, c'est un monument moderne qui vous accueille, une statue de Garibaldi ; mais un peu plus loin est l'Université, magnifique édifice plus large d'architecture, plus ample de dimensions que celui que nous verrons plus tard à Padoue, mais d'une originalité moins grande, d'un moindre caractère. Le

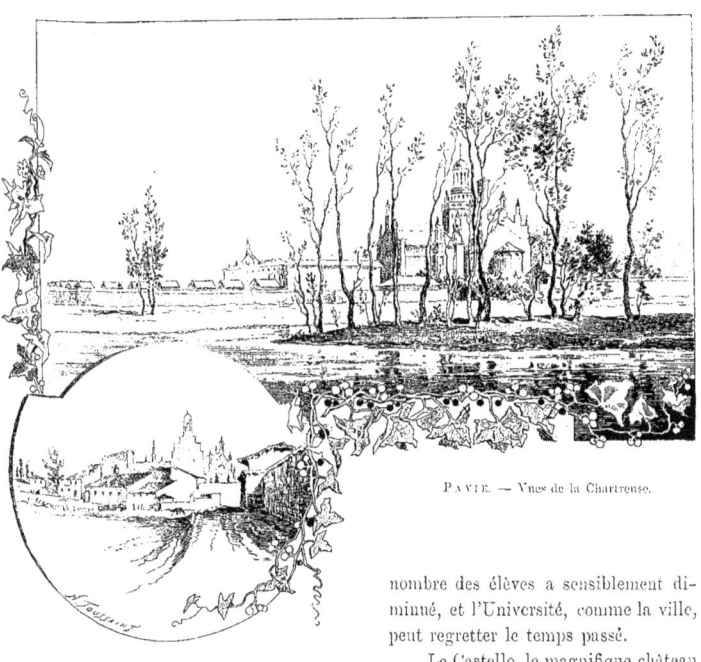

PAVIE. — Vues de la Chartreuse.

nombre des élèves a sensiblement diminué, et l'Université, comme la ville, peut regretter le temps passé.

Le Castello, le magnifique château reconstruit par Galeas II Visconti, de 1360 à 1365, et qui a été récemment réparé, fut pendant longtemps l'attraction la plus puissante que pouvait offrir Pavie. C'est que les Visconti et les Sforza s'étaient plu, dans leur pensée, à en faire le rival du Castello de Milan. Ils s'étaient attachés à orner ses bâtiments, à faire décorer ses magnifiques salles intérieures par tous les peintres lombards en renom, depuis Bernardino Rosso jusqu'à Vincenzo Foppa. Ceux-ci, dans leurs fresques, avaient raconté la vie entière des ducs de Milan, leurs hauts faits et leurs divertissements, et les portraits répandus sur les murs avaient conservé le souvenir de tous les hommes illustres du temps. En outre, ils avaient rassemblé une admirable bibliothèque dont Pétrarque fut un moment le directeur, un musée d'armes, une collection de reliques, etc., et de toutes parts les visiteurs, et les plus illustres, affluaient pour contempler une merveille que la renommée leur représentait comme unique au monde. Les manuscrits furent en partie transportés en France par Lautrec, après le pillage de Pavie, l'armée française se vengeant sur la ville dont elle était maîtresse de sa défaite et de la perte de son roi. Les peintures ont été peu à peu détériorées, emportées, détruites; les collections ont été dispersées, et les anciens mémoires permettent seuls maintenant de se figurer ce que dut être la demeure des Visconti.

Plusieurs églises intéressantes s'élèvent encore dans la ville. D'abord la Cathédrale, commencée en 1448, sur l'emplacement d'une vieille basilique, vaste édifice en forme de croix grecque, avec une grande rotonde sur les plans de Bramante. C'est à peine si elle est achevée. Puis il faut voir San-Michele, une vieille église de style lombard qui date de la fin du xie siècle. Dans une autre partie de la ville est San-Francesco dont la façade de style gothique est en briques, puis encore l'ancienne église des Jésuites et celle de Santa-Maria Incoronata di Canepanova.

Le Broletto, ou hôtel communal, est encore un édifice d'une véritable originalité; mais les habitants de Pavie, quelque fiers qu'ils puissent être de ces antiquités, leur préfèrent quelques constructions modernes qui, à les entendre, prouvent que leur ville sait à l'occasion reprendre la vie, l'animation qu'elle a perdues. On ne vous pardonnerait pas notamment de ne pas aller visiter la grande galerie vitrée qui a été construite ces dernières années entre le corso Vittorio Emmanuele et la piazza del Popolo sur le dessin réduit de la galerie de Milan.

II. — CRÉMONE.

La plaine qui s'étend entre Pavie et Crémone est une des plus fertiles de la Lombardie. L'Olona, le Lambro, l'Adda, venant du nord, la traversent pour se jeter dans le Pô, qui en baigne toute la partie inférieure; mais cette accumulation des eaux, si favorable aux grandes prairies où s'élève un nombreux bétail, rend assez malsains les alentours de Crémone, où elles ont moins d'écoulement. On pourrait appeler cette partie de la Lombardie le pays du fromage, car il n'y a pas un des villages, un des bourgs compris dans l'espèce de cercle formé par Pavie, Lodi, Crema, Crémone et Plaisance en dessous du Pô, où on ne fabrique des quantités considérables de fromages plus ou moins renommés.

Sur la route même de Pavie à Crémone, après Belgiojoso, où s'élève un beau château appartenant à la famille milanaise de ce nom, après Casalpusterlengo, gros bourg très commerçant, on passe à Codogna, le centre de la fabrication du *fromaggio di grana*, qui est célèbre sous le nom de parmesan. On traverse ensuite la petite ville de Pizzighettone, vieille place forte située sur l'Adda, dont le vieux château, maintes fois démantelé et reconstruit, est en partie détruit, et bientôt on est à Crémone.

Crémone n'a pas pour seul mérite d'avoir possédé comme citoyens les plus remarquables fabricants d'instruments à cordes, de luthiers des époques passées, les Amati, les deux Guarneri, Stradivarius : elle a une histoire artistique et guerrière fort glorieuse, et sa lutte avec Milan, avant qu'elle fût soumise enfin et réunie au duché de Milan par François Sforza, compta maintes épopées que relatent ses annales. Puis, lorsqu'elle ne combattit plus elle-même, elle eut à souffrir des batailles qui s'engagèrent souvent dans ses vastes plaines, et elle suivit jusqu'au siècle actuel la fortune de Milan.

Ces conditions mêmes s'opposèrent à son développement, auquel ne se prêtait guère d'ailleurs la nature du pays qui l'entoure; mais ses vieux monuments, ses palais imposants témoignent cependant du rôle important qu'elle a joué. Elle a conservé un caractère d'antiquité bien défini. Sa grande place, la place du Dôme, qui est entourée des principaux édifices de la ville, a particulièrement le cachet des anciens temps. Une tour immense la domine, une tour unique en Italie pour sa hauteur, s'il faut en croire le distique suivant conservé avec soin :

Unus Petrus est in Roma,
Una turris in Cremona.

PAVIE. — Porte de l'église de la Chartreuse.

Ce massif édifice est en effet extrêmement élevé puisqu'il faut gravir 498 marches pour arriver à son sommet; cette tour fut terminée en 1285 et reliée à cette époque, sans doute, par une suite de loggie, de galeries, si on préfère, au Dôme, un curieux édifice de style gothique du XIIe siècle. En face s'élève le Palais public, qui date de 1245 et à côté le Palais des Jurisconsultes, construit en 1292, et qui renferme maintenant une école municipale. Tout près de là est le Baptistère, encore de la même époque, car il a été élevé en 1167, et le Campo santo, orné de mosaïques très anciennes et qui sert actuellement à la garde des archives du Dôme.

La Cathédrale est un magnifique monument dont la façade de marbre blanc et rouge, à colonnes, des plus riches, est d'ailleurs du XVIe siècle. L'intérieur, qui est divisé en trois nefs avec un long transept également coupé en trois parties, est entièrement couvert de fresques auxquelles ont travaillé plusieurs peintres de l'école de Crémone, les Boccacini, les Campi, Melone, Bembo, Gatti, Cristof. Moretto Cremonese, Romanino, et le Pordenone qui a peint, au mur de la façade, un *Crucifiement* et la *Mise au tombeau*.

A l'époque de la Renaissance, d'autres monuments s'élevèrent encore. L'influence des Visconti et des Sforza développait dans toutes les villes sous leur dépendance le même mouvement artistique qu'ils entretenaient à Milan, et les églises, les palais construits au XVIe siècle, en sont le témoignage, aussi bien que la magnifique porte monumentale qui a été placée au musée du Louvre, il y a quelques années.

Autant Crémone est située dans un pays triste par sa monotonie, autant elle est contrainte de vivre, je dirais presque repliée sur elle-même; autant la situation géographique de Brescia au pied des Alpes, dans un pays gai et frais à l'œil, autant l'énergie de ses habitants, leur activité commerciale et industrielle donnent à cette dernière ville une allure différente. Lorsqu'on passe brusquement de l'une de ces villes dans l'autre, on reste presque étonné de trouver, à si peu de distance, un contraste si grand. Brescia a aussi son histoire, histoire également tourmentée où les guerres civiles et les invasions étrangères tiennent pendant des siècles la plus grande place, comme pour toutes ces villes de Lombardie, si convoitées par les uns ou les autres. Mais, tandis que Crémone tombe sous la domination de Milan, c'est Venise qui règne à Brescia, qui y envoie ses podestats pendant plus de deux siècles.

Cette tour de l'horloge, sous laquelle passe une rue, rappelle un peu celle de Venise, et de même ce sont deux hommes d'armes qui sonnent les heures. A côté encore, occupant une des extrémités de la place, est la Loggia, l'ancien palais communal, construit, en 1508, par Formentone de Brescia, sur les ruines d'un temple de Vulcain. C'est un magnifique édifice. La grande salle du rez-de-chaussée, soutenue par des colonnes et des piliers à demi-colonnes, a été conservée intacte et vraiment elle a grand caractère. Sur cette même piazza Vecchia, est un autre bel édifice, l'*Archivio e Camera notarile*, et tout près de là, une courte rue vous y conduit, s'élève le Broletto, construit en briques, achevé dans les premières années du XIIIe siècle, et qui était jadis couvert d'ornements en terre cuite dont il faut malheureusement juger l'importance sur les fragments trop rares que le temps n'a pas encore arrachés des murs. L'ancienne maison des magistrats sert maintenant de palais de justice et de prison.

Devant le vieil édifice s'étend une place dont le côté est occupé par la Bibliothèque Quirinienne, riche de 40,000 volumes, qui ont été légués à la ville, en 1750, par le cardinal Quirini. Quelques ouvrages extrêmement précieux y sont conservés.

En face le Broletto est la nouvelle cathédrale, le Duomo Nuovo, qui fut commencé en 1604 par Gambara, mais dont la coupole n'a été terminée qu'en 1828. Ce temple magnifique est tout en marbre, dans le plus pur style du XVIIe siècle. Un escalier de vingt-cinq marches permet de communiquer de l'ancienne cathédrale dans le nouveau Dôme. L'ancienne cathédrale, la Rotonda, grand édifice rond à coupole, est en effet un peu en contre-bas derrière l'église nouvelle. Elle date du IXe siècle et recouvre la basilique souterraine de San-Philastre, d'un siècle au moins plus ancienne et à laquelle on descend par un escalier pratiqué dans l'intérieur de la Rotonde.

Plusieurs mausolées se trouvent également dans le vieux Dôme, et quelques peintures fort intéressantes du Giorgione, une *Naissance du Christ,* d'Alessandro Bonvicino, dit Il Moretto (1498-1555), un peintre brescian de grand mérite, dont les œuvres décorent tous les monuments de sa ville natale. A l'église Saint-Clément où est

PAVIE. — Flanc de l'église de la Chartreuse.

le tombeau de cet artiste trop peu connu, il y a notamment de lui cinq peintures remarquables, d'un coloris très riche. Les peintures les plus complètes qu'il ait laissées se trouvent à Saint-Nazaire et Saint-Celse ou au musée Tosio : l'*Annonciation,* la *Descente du Saint-Esprit.* Toutes les églises de la ville sont d'ailleurs de véritables musées où sont accumulées non seulement les œuvres du Moretto et de son maître Ferramola, mais du Romanino, de Francia, de Titien, la *Femme adultère* à San-Afra, un autre à cinq compartiments au maître-autel de Saint-Nazaire et Saint-Celse, de Palma le Vieux, de Véronèse, du Tintoret, de Foppa et de bien d'autres. On retrouve des œuvres de la plupart d'entre eux à la Pinacothèque municipale, à laquelle on eût mieux fait, il semble, de laisser le nom de Museo Tosio, ne fût-ce que pour reconnaître le legs fait à la ville par le comte Tosio de son palais et de la collection qu'il contenait. On y voit un tableau vraiment fort beau du Moretto, les *Disciples d'Emmaüs*, des dessins et des gravures, et quelques sculptures modernes, un *Ganymède* de Thorwaldsen, un buste d'Éléonore d'Este par Canova, etc.

Mais, en dehors même de l'intérêt présenté par les œuvres d'art si nombreuses que renferment ses églises et ses musées, Brescia est par elle-même une jolie ville, aux vieilles maisons un peu noires, il est vrai, mais d'un aspect original.

Brescia, qui compte 35,000 habitants dans la ville même et 60,000 sur le territoire de la commune, est, je l'ai déjà dit, une ville commerçante et industrielle. La Mella, qui sort des gorges de la montagne au-dessus de la ville et qui va se jeter dans l'Oglio au-dessous de Robecco, fertilise toute cette partie de la plaine et fournit, ou mieux fournissait, à un grand nombre d'usines, la force motrice nécessaire.

Les filatures de laine, de toile et de soie, les fabriques de dentelle commune de la région étaient et sont encore renommées; mais la principale branche de son industrie était la fabrication des armes blanches et des armes à feu. Toute la vallée de la Mella porte le nom de la vallée du fer, car il n'est pas un village ou un bourg jusqu'à Gravedone qui n'ait sa population occupée à l'extraction du minerai de fer, à la fonte ou à la fabrication des armes. Mais cette industrie, jadis si florissante, est tombée en décadence. Au xve siècle, Brescia comptait, paraît-il, deux cents fabriques d'armes appréciées dans l'Europe entière, et au xvie siècle, celles-ci recevaient de toutes les parties de l'Italie d'importantes commandes d'arquebuses, dont la fabrication était devenue une spécialité locale. Cette industrie, loin de diminuer, ne fit que s'accroître aux siècles suivants, et de 1794 à 1797, on nota, entre autres commandes, celles faites par l'Espagne, et qui montèrent à 150,000 fusils. Elle se maintint florissante sous la vice-royauté du prince Eugène de Beauharnais et même sous la domination autrichienne; mais actuellement il semble que l'État italien, dans son désir de concentrer sur un même point la fabrication générale du matériel de guerre, ne donne plus à l'industrie brescíane l'appui dont elle a besoin. Cependant on continue à travailler activement d'un bout à l'autre de la « vallée du fer », à Gardone, à Cacina, à Inzino, à Magno, à Lumezzane, dont la population robuste et laborieuse ne comprend pas d'autre travail, et on espère que les ressources spéciales dont on dispose dans cette contrée lui rendront bientôt la prospérité dont elle jouissait jadis.

III. — LE LAC DE GARDE.

Sur toute la route de Brescia à Vérone la campagne est belle, bien cultivée; les champs, bordés de mûriers bas, remontent sur les collines où s'élèvent de nombreuses maisons de plaisance entourées d'arbres et de jardins. Puis, après avoir passé dans des tranchées profondes et sous un long tunnel, tout à coup, à Desenzano, l'horizon s'ouvre sur la gauche, et de la hauteur on aperçoit la nappe bleue du lac de Garde s'allongeant vers le nord, coupée vers la rive même que l'on côtoie par la presqu'île de Sermione. Ce premier coup d'œil, cette perspective lointaine, la couleur de l'eau, les tons chauds des rives de sable de la rive orientale, les voiles rouges et blanches des barques se perdant au loin, se jouant sous le soleil comme des oiseaux légers balancés par le vent, tout cet ensemble enfin, si le soleil frappe de ses rayons cette immense étendue, forme un admirable spectacle.

BRESCIA. — Palais municipal.

Le chemin de fer, qui ne comprend guère la poésie que renferme un beau paysage, s'occupe peu malheureusement de vous laisser contempler à l'aise ce vaste et clair panorama, et bientôt un monticule de terre vous cache cette belle vue avec brutalité. La toile est brusquement tombée sur le plus beau décor.

Mais il reste la ressource de descendre du train à Desenzano même, ou un peu plus loin à Peschiera, après être passé à San-Martino della Battaglia. Là quelque voyageur obligeant ne manque pas de vous rappeler la part que prit l'armée sarde dans ce village à la bataille de Solférino situé plus loin sur la droite. C'est en effet entre le lac de Garde et la route de Brescia à Mantoue que se livrèrent, en 1859, entre les Autrichiens et les Français alliés aux Italiens, les durs combats auxquels devait mettre fin la paix de Villafranca, ce vieux château situé sur la ligne de Vérone à Mantoue, où furent signés les préliminaires de paix.

Non loin de là se trouve Custozza où les Autrichiens avaient si cruellement battu par deux fois, en 1848 et en 1866, les Italiens livrés à leurs seules forces.

Le meilleur itinéraire pour parcourir le lac est de s'arrêter à Desenzano, d'où partent les bateaux qui se rendent à Riva. Le chemin est d'ailleurs plus facile, même un peu moins long peut-être pour atteindre la presqu'île de Sermione, qu'il faut suivre dans sa longueur avant toute excursion sur le lac, afin d'embrasser tout entière d'un seul coup d'œil la vaste nappe d'eau qui remonte vers le nord. La route est charmante, suivant le bord du lac jusqu'à Rivoltella et s'engageant ensuite dans la presqu'île en prenant le haut de la petite colline qui la traverse dans toute sa longueur. La campagne est superbe, couverte de vignes et d'oliviers, et près de la pointe extrême ces arbres forment presque une forêt qui enserre la route. On dépasse les ruines très pittoresques d'un vieux château bâti par les Scaliger, les princes régnants de Vérone, puis une petite église curieusement située ; déjà la vue s'étend au loin presque sans obstacle,

Cola.

on avance encore jusqu'à l'extrémité même de la presqu'île où se trouvent quelques restes de bains romains au-dessus de quelques ruines éparses au bord même du lac. On aime à supposer que ces ruines sont celles de la maison de Catulle, qui, dans ses vers, a chanté, comme Virgile, le beau et toujours frémissant lac de Garde.

Fluctibus et fremitu assurgens Benace marino,

écrivait Virgile, en comparant aux eaux de la mer celles de ce lac si limpide, si calme en apparence, et que des tempêtes soudaines secouent brusquement jusque dans ses profondeurs. Aucun des lacs de la contrée montagneuse n'a de ces sursauts brusques et terribles ; aucun autre ne vous attire avec une pareille traîtrise et ne vous fait courir de semblables dangers.

Pour qui vient de visiter les autres grands lacs du nord, le lac de Garde, le *lacus Benacus* des Romains, n'offre que bien peu de comparaisons possibles. Il diffère autant du lac de Côme, si doux, si gracieux à l'œil, que du lac Majeur, plus sévère et plus grandiose. A prendre sa superficie, il est plus grand que l'un et l'autre, puisqu'il recouvre près de 50,000 hectares de terrain, et dans sa partie sud il a trois fois au moins la largeur des parties les plus larges du lac Majeur; cet espace même suffit à lui donner un aspect tout différent. Et combien est jolie toute la suite de ses rives, j'allais écrire

LAC DE GARDE.
Punta di San-Vigilio.

de ses côtes, comme s'il se fût agi de la mer! Dans les deux sortes de golfes formés par la presqu'île de Sermione, les rives sont presque basses, et de la plage où clapote cette eau d'une limpidité extraordinaire, elles remontent en pentes douces couvertes d'oliviers, de citronniers et de mûriers, s'ondulant pour former les *colli Benaci*, ainsi s'appellent les collines de la côte méridionale, se reliant à la grande plaine sans sursauts qui les profilent durement sur le ciel. Dans un de ces fonds si frais et si chauds à l'œil, frais de la belle verdure un peu sombre des oliviers sur laquelle se détachent les mûriers et les pampres des vignes, chauds des sables de la rive, des maisons blanchissant crûment sous le soleil, Peschiera s'étale paresseuse sur les bords du Mincio, à la sortie du lac, et des villas à l'aspect gai et propre se dissimulent entre les arbres jusqu'à la presqu'île; de l'autre côté, les mêmes habitations de plaisance, les mêmes bosquets d'oliviers et d'orangers bordent la route qui conduit à Desenzano. Desenzano est presque une petite ville. Elle a 4,500 habitants à peine, mais un mouvement perpétuel règne dans ses rues étroites et sur son joli port. Sur la rive orientale, en remontant de Peschiera jusqu'à la pointe de San-Vigilio, les rives, presque plates d'abord, se font peu à peu plus montueuses, sans que les collines auxquelles s'accotent les villas et les villages deviennent jamais escarpées. Du bateau à vapeur, forcé de se tenir un peu au

LAC DE GARDE. — Salo.

large, faute de profondeur sur les bords, on peut compter les petits villages, les bourgs, comme Lazise, Bardolino, Garda, qui a donné son nom au lac. Derrière la petite bourgade qu'il protège contre le vent du nord ainsi que toute cette côte si riante et si fertile, se dresse le monte Baldo. La chaîne du Baldo s'étend au delà de Riva, suit le lac dans toute sa longueur, en maintenant sur son autre versant l'Adige qui, descendant des montagnes du Tyrol, coule vers Vérone.

La rive occidentale ou rive de Brescia, comme on la dénomme, est plus escarpée; les collines s'avancent jusqu'au lac, sans s'abaisser en pentes successives; elles forment plutôt des gradins, presque des terrasses qui remontent peu à peu jusqu'au sommet, mais il n'est pas une de ces larges marches de pierre qui ne soit couverte de la verdure la plus épaisse, qui ne soutienne quelque maisonnette gracieusement dissimulée dans ce nid d'arbres. Depuis Desenzano, où la hauteur des collines est moins grande, jusqu'à Salo, en passant devant Padenghe, Moniga, Manerba, on contemple une succession de véritables jardins qui, abrités du vent du nord, renferment des plantations d'une végétation admirable, végétation tout à fait méridionale de citronniers, d'orangers et d'oliviers, poussant et fleurissant sous les chauds rayons du soleil, et que l'on préserve l'hiver du froid et des grosses pluies en les recouvrant d'une légère toiture. Au premier abord, on se demande ce que signifient les hauts piliers de pierre blanche — ils sont

LAC DE GARDE.
Torri.

généralement en briques blanchies, — qui s'élèvent au-dessus des arbres, et bientôt on comprend qu'ils sont placés là pour recevoir les légères charpentes qui feront de ces champs autant de serres, d'abris pour ces arbres si délicats.

Un des points où s'étale la végétation la plus riche, la plus luxuriante, est le golfe de Salo, la première station importante du bateau à vapeur depuis Desenzano. On doit, pour y arriver, contourner l'Isola di Garda, si fraîche, si jolie, à la rive si gracieusement arrondie en forme de croissant. Salo, qui est une petite ville comptant plus de cinq mille habitants, élève au milieu de ce jardin embaumé ses habitations modernes et les restes de ses vieilles murailles et de son antique château, et son bel hôtel de ville d'une si curieuse architecture, ainsi que sa belle église, dont le clocher se détache blanc et fier sur cet admirable fond de verdure.

Ces mêmes plantations d'oliviers, de citronniers et de mûriers s'étagent sur les flancs des collines, autour des villages échelonnés sur la rive occidentale, en remontant vers le nord, autour de Gardone, de Maderno, — il y a à Maderno une véritable forêt d'oliviers couvrant la langue de terre avançant dans le lac, — autour de Toscolano, où se fait une grande fabrication de papier, puis de Cecina, de Bogliaco et encore de Gargnano, la deuxième station du bateau à vapeur à partir de Salo. Depuis Maderno, le lac s'est peu à peu resserré ; à peine s'il y a une lieue entre ce village et celui de Torri, sur la côte orientale, qui se prolonge dans la direction du nord, couverte de cultures et d'arbres grimpant sur les pentes du mont Baldo, dont les cimes dénudées pointent au-dessus de cette nature si riante. Au delà de Torri, la côte continue sur la droite, se relevant au fur et à mesure qu'on s'approche de Castelletto, de Malcesine et de Torbole, mais sans jamais devenir dure et escarpée comme l'autre rive. Après Gargnano, au contraire, les roches qui bordent, à gauche, le lac deviennent si hautes et si droites qu'elles semblent parfois surplomber les eaux, et c'est dans des creux, dans des abaissements de terrain, presque dans des fentes que s'accrochent les petits villages de Muslone, Piovere, Oldese. Tremosine est situé si haut, il est si bien caché dans les roches qu'on ne le voit même pas du lac ; puis, tout à coup, une petite baie se forme au fond de laquelle est assis Limone.

Bientôt on franchit la frontière autrichienne, car toute la petite partie nord du lac n'appartient pas à l'Italie, — n'est-il pas curieux que les quatre grands lacs italiens aient tous une partie de leurs eaux sur le territoire étranger ? — on passe devant la gorge où tombe la cascade du Ponal et on débarque à Riva.

Dans ce court trajet, on voit se succéder les paysages les plus divers, présentant les contrastes les plus extrêmes. Au nord, dans la partie resserrée du lac, autant la nature est sévère, grandiose, sombre, autant elle se montre fertile dans le sud.

VÉRONE. — Le vieux pont et le castello San-Pietro.

CHAPITRE VI

I. — VÉRONE.

La course rapide que je viens de fournir à travers la plaine lombarde ne m'a pas permis de définir exactement la limite des deux anciennes provinces voisines, la Lombardie et la Vénétie, qui furent d'ailleurs réunies un moment, au commencement du siècle, sous la classification officielle de royaume lombard-vénitien.

La limite des deux contrées est assez difficile à définir, tant il faudrait en modifier le tracé suivant les époques successives. Si on veut s'en tenir aux temps modernes et ne classer, sous le nom de Vénétie, que la région occupée par les Autrichiens jusqu'en 1866, l'Adige doit être considéré comme frontière de la province.

Vérone, où le chemin de fer vient de me conduire en une heure à peine, en quittant Peschiera, se trouve donc faire partie de la Vénétie.

Quelle chose étrange! un souvenir poétique peut faire plus pour établir le renom d'une ville, pour attirer sur elle l'attention du monde entier que l'histoire même de ses luttes et de ses monuments! N'est-ce pas vrai pour Vérone? A combien de gens son nom n'est-il pas appris par l'amoureuse aventure de Roméo et de Juliette? Vérone! mais la grande foule n'en connaît, j'en suis sûr, que les luttes de ses Montaigus et de ses Capulets, et le doux et sanglant épisode de ces guerres fratricides. La maison de Juliette eût-elle été détruite que, sans nul doute, on continuerait à montrer aux voyageurs l'antique logis où l'imprudente fille des Capulets attirait le plus téméraire des Montaigus. Je l'ai vue, cette maison. C'est même une des premières choses que j'aie vues. Le chemin de fer m'avait déposé à la porta Vescovile, et, après avoir franchi le ponte Navi, qui rejoint sur ce point les deux rives de l'Adige, je m'étais immédiatement trouvé dans les vieux quartiers, dans la vieille ville à l'aspect sombre et dur, terrible même, où tout parle de guerre et de lutte, où les palais publics ont l'air de forteresses, où les forteresses ont un aspect de puissance à écraser la ville entière.

VÉRONE. — Maison de Juliette.

Et là on s'est aimé, et depuis des siècles on chante les infortunés amants. On s'est aimé dans cette étroite et haute maison en briques, qui vous est montrée comme la demeure de Juliette, maison sale, dégradée, dont le balcon de pierre, placé au troisième étage, à moitié ruiné, semble menacer les passants d'une chute prochaine. C'est à peine si on retrouve aux fenêtres quelques sculptures assez fines, et, par la porte entr'ouverte, on aperçoit une petite cour noire où ne pénètrent ni l'air ni le soleil. Tybald eût dû demeurer dans un tel logis, mais Juliette !

Quelques pas plus loin s'ouvre la piazza delle Erbe, dont l'aspect est des plus pittoresques. Il y règne un mouvement continuel, et les vastes parapluies de couleur qui abritent les marchandes de fruits et de légumes donnent, à l'heure du marché, un éclat, une gaieté singulière à ce long carrefour. C'est le point le plus animé de la ville. Les palais anciens, les maisons plus modernes sont accotés les uns aux autres, les uns plus hauts, les autres plus basses, sans harmonie, comme jetés à la diable, et ce tout est curieux et vivant. Au fond, le palais Maffei, construit en 1668, élève sa façade surchargée d'ornements, agaçante par sa prétention ; mais à droite est la Casa Mazzanti, couverte de fresques assez abîmées d'ailleurs, qui a plus de caractère. Puis, au coin de la via Pellicini, voici la Casa dei Mercanti, un vieil édifice du XIVe siècle, un peu trop restauré peut-être, mais de belle allure. On y a établi le tribunal de commerce. En face est la vieille tour de l'Horloge, tour carrée de 94 mètres de haut, élevée par Can Signorio, et qui, avec son air brutal, semble surveiller la maison des marchands, leur commander le calme et la prudence, ainsi qu'à la foule qui s'assemblait sur la place, le forum de la république.

Du haut de la tribune de pierre soutenue par quatre colonnes, on proclamait les édits de la république, cela au temps de la domination de Venise, dont le lion symbolique plana jusqu'en 1797 au haut de la colonne de marbre que les Vénitiens élevèrent en 1529 à côté

VÉRONE. — Tombeau des Scaliger.

de la tribune, au milieu de la place. Un peu plus loin est une fontaine surmontée d'une statue de Vérone drapée à l'antique.

Une petite rue, à côté de la tour de l'Horloge, conduit à la piazza dei Signori en longeant le palazzo della Ragione, le palais de justice, construit en 1183, dont la cour, entourée de vieilles halles, servait d'emplacement au Mercato Vecchio. Un escalier extérieur conduit au premier étage. Les hauts murs de briques ont l'aspect antique et dur. Les bâtiments du tribunal qui leur font suite, ceux aussi de la préfecture, qui leur font face, n'ont pas un air moins sévère. Ils furent élevés par les Scaliger, mais les portes ont été refaites par Sammicheli, et leur ornementation enlève un peu de son caractère à leur façade. Dans un coin de la place s'élève le *Palazzo del Consiglio*, la *Loggia*, comme on le dénomme ordinairement. Il a été construit à la fin du xve siècle par fra Giocondo da Verona, qui a produit dans ce bel édifice une des plus magnifiques œuvres de la Renaissance.

Sur la place, devant le palais, on a érigé, en 1865, une statue du Dante, qui fut à diverses reprises l'hôte de Cane Grande. De l'autre côté est le palazzo dei Giureconsulti, qui date de 1263, mais qui a été reconstruit au xvie siècle. Des portes ferment toutes les rues qui aboutissent à la place, et c'est en passant sous l'une de ses portes, à laquelle le peuple donna dès lors le nom de *Volto barbaro*, que fut assassiné Mastaio, le premier des Scaliger.

Les tombeaux de ces puissants tyrans, les assassins à côté des victimes, sont à peu de distance, près de la vieille église de Santa-Maria Antica. N'est-ce pas étrange de trouver ainsi ces tombes de pierre au milieu de la ville, dans un court espace resserré entre les maisons? Elles sont là, sur cette petite place, entourées de la plus admirable grille en fer, un de ces ouvrages comme savaient en ouvrer ces admirables artisans du moyen âge qui travaillaient le fer et la pierre comme si un coup de leur puissant poignet devait suffire à faire naître ces merveilleux festons, ces guirlandes de feuillage, ces fers de lance élancés, ces mille ornements rêvés par l'imagination vagabonde. Quelques-unes de ces tombes sont frustes, presque grossières : de simples cuves de grès rouge aux bas-reliefs grossiers, qui marquent le dédain que ces hommes de sang devaient avoir pour la mort. Elles sont taillées à leur image, d'un seul bloc. Mais il en est deux autres où on trouve l'affirmation de l'orgueil, de la puissance et de l'art, deux mausolées qui sont, en leur genre, deux merveilles, des merveilles de cet art gothique que raffinait dans sa recherche le génie italien. Ce sont ceux de Mastino II et de Can Signorio. Tous les deux ils ont la même disposition : un sarcophage surmonté d'un baldaquin que termine une statue équestre; mais le second est de beaucoup le plus riche, le plus chargé d'ornements et de figures. Les colonnettes, les clochetons fleuronnés, les statuettes de guerriers couverts d'armures et d'anges implorant le Très-Haut, tout s'enchevêtre, se tord, s'évide, s'élance, se contourne encore, se découpe en fines dentelles, se déploie avec les formes les plus capricieuses et les plus fines. C'est encore plus étrange que beau. On croirait voir un fragment de la cathédrale de Milan. Mais toute la légèreté est absorbée par les ornements ; les figures et les corps sont d'une lourdeur étonnante.

On ne peut rendre la surprise, j'allais écrire la stupéfaction, que vous causent ces monuments, lorsque brusquement on les découvre en débouchant sur la place. Il en est un autre du même genre, plus bizarrement placé encore, s'il est possible, au-dessus d'une porte qui donne accès à l'Asile charitable pour l'enfance. Là, sur l'entablement, repose le sarcophage d'un comte Castelbarco, surmonté d'un baldaquin que supportent quatre légères colonnes. Le mausolée est en marbre, élégant de forme, mais noirci par le temps et un peu dégradé. Il faut presque le deviner, en équilibre sur le

VÉRONE.
Château vieux et pont sur l'Adige.

mur qui lui sert de base, dans l'ombre des deux églises qui s'élèvent de chaque côté. Santa-Anastasia et San-Pietro Martyre, dont les hauts murs montent noirs et sévères vers le ciel bleu. Santa-Anastasia est une belle et vieille église gothique, qui fut commencée en 1261, mais dont l'extérieur n'a jamais été terminé. La façade en briques devait être, en effet, revêtue de marbre ; mais, par un sort commun à bien des églises italiennes et des plus importantes, les travaux n'ont pas été continués, et le portail seul a reçu sa décoration de marbre.

Ainsi, dans ce court espace compris entre la piazza delle Erbe et Santa-Anastasia, on trouve rassemblée, concentrée toute la ville du moyen âge, les palais et les tombeaux de ses seigneurs, ses principaux édifices publics, les lieux de réunion du peuple et des marchands et une de ses plus anciennes églises. Vérone est là tout entière.

Plus tard, la Vérone du xve siècle, du xvie siècle, la Vérone de la Renaissance, fera craquer les vieilles murailles, englobera la porta Borsari et s'étendra jusqu'au Castel Vecchio, en couvrant d'habitations et de palais tout l'espace compris entre le fleuve et la place des Arènes. Sous la porta Borsari passe le corso Cavour qui, de l'église Santa-Anastasia, se prolonge presque en ligne droite jusqu'au Castel Vecchio. Le corso Cavour est la rue la plus large de Vérone, sa rue riche, élégante, la plus mouvementée, la plus passante à l'époque actuelle. C'est là que s'élèvent les plus beaux palais de Vérone, presque tous l'œuvre de Sammicheli, c'est-à-dire datant du xvie siècle. La Vérone de cette époque est la ville de Sammicheli, comme Vicence est la ville de Palladio.

Le Castel Vecchio nous ramène à une époque antérieure à celle des Scaliger dont la grande ombre plane sur la ville. Il datait d'un siècle au moins lorsque Can Grande le fit reconstruire en 1350 et le relia à l'autre rive de l'Adige par un pont crénelé qui est bien de l'effet le plus étrange. Pour bien se rendre compte de l'ensemble véritablement très curieux formé par la vieille forteresse, — qui sert maintenant d'arsenal, — et par le pont qui y est joint, il faut dépasser le Castel Vecchio, tourner à droite, en longeant le petit canal qui passe au pied même des bâtiments et traverse la ville pour rejoindre l'Adige presque en face le Champ de Mars. En se retournant, on peut alors embrasser d'un coup d'œil non seulement les vastes et massifs bâtiments de briques du Castel Vecchio, le vieux pont rougeâtre qui s'y accroche comme un pont-levis abaissé sur le fossé de défense, mais encore les maisons, les églises aux clochers carrés, toute cette masse de constructions des quartiers précédemment parcourus, et, remontant en amphithéâtre pour former le fond sombre nécessaire à ce curieux tableau, les collines qui viennent mourir dans le fleuve même. Le Castel Vecchio, demi-palais, demi-forteresse, pouvait protéger ceux qui s'y réfugiaient aussi bien contre les ennemis du dedans que contre les ennemis du dehors, tandis que le Castello San-Pietro, élevé sur la colline de l'autre côté de l'Adige, en face du beau ponte della Pietra, construit par fra Giocondo da Verona, était l'œuvre principale de la défense extérieure de la cité. Les hauts bâtiments du Castello San-Pietro dominent toute la ville, et de ses terrasses on a la vue la plus belle, la plus étendue sur le panorama de la cité et de la campagne ; mais nul ne reconnaîtrait dans ces bâtiments presque neufs le vieux château de Théodoric, reconstruit en 1393 par Galeas Visconti. Il fut, en effet, presque entièrement détruit par les Français en 1801 et reconstruit, fortifié à nouveau par les Autrichiens en 1849.

II. — LES RUES, LES CAFÉS, LES ARÈNES, LES ÉGLISES.

Il advint qu'ayant parcouru Vérone presque tout entière je n'avais pas encore visité une seule de ses cinquante églises. Errant au hasard, j'avais suivi les rues qui se présentaient devant moi, regardant l'extérieur des monuments, remettant toujours au lendemain pour y entrer.

Ce lendemain fut un dimanche. La foule, en habits de fête, se pressait dans les rues; déjà les soldats, leur capote grise bien brossée, les mains gantées de blanc, flânaient aux boutiques de la via Nuova, qui mène des Arènes à la piazza delle Erbe; les sergents de ville avaient endossé leur redingote la plus longue et coiffé leur chapeau haut de forme le plus neuf; leur longue canne elle-même semblait plus propre et plus luisante. Des femmes du peuple et de la petite bourgeoisie passaient, se rendant aux offices, la tête couverte du pittoresque voile de dentelle blanche ou noire dont elles se parent à toutes les solennités; les marchands ambulants d'allumettes mêlaient leurs cris à ceux des marchands de *paste* et entraient

VÉRONE. — Bénitier à Sainte-Anastasie.

librement, j'aurais dit effrontément si la chose n'était si bien admise, dans les cafés déjà pleins de monde et dans les boutiques de tout genre. Les crieurs de journaux — il se publie neuf journaux à Vérone — ajoutaient à tout ce bruit par leurs cris discordants. Vérone enfin semblait vivre.

J'entrai à Santa-Anastasia, parée alors comme toutes les églises italiennes les jours de fête. Les belles colonnes qui soutiennent sa voûte étaient tendues d'une étoffe de damas rouge garnie de franges d'or; des bannières avaient été accrochées dans le chœur; le dais empanaché, sous lequel on allait promener le Saint-Sacrement, obstruait l'entrée d'une chapelle; l'encens fumait, montait en légers nuages blancs jusqu'au faîte de la vieille basilique, et les chants roulaient en ondes sonores sur la

Vérone. — Crypte de San-Zeno.

foule agenouillée. Il m'eût été impossible de visiter l'église dans ces conditions; mais, arrêté près du bénitier qui se trouve accroché à la première colonne de gauche, bénitier supporté par un nain grotesque, œuvre du père de Paul Véronèse, je restai à contempler ce pittoresque spectacle, et il me semblait comprendre mieux que jamais le caractère éminemment religieux des édifices gothiques dont l'élancement intérieur si hardi est comme une aspiration vers le ciel.

Je pouvais, sinon voir l'église dans ses détails, du moins la contempler dans son ensemble, admirer les merveilleuses proportions de ses trois nefs que soutiennent douze colonnes, ces colonnes que je regrettais de voir habillées de rouge comme des

Suisses en faction pour maintenir l'ordre, tandis que, dans le chœur étincelant de lumières, les officiants se remuaient lentement, couverts de leurs chapes d'or, s'agitant comme dans une autre sphère que celle où vivait le reste des mortels perdus dans le demi-jour de la nef.

Plus tard, je revins visiter Santa-Anastasia, alors vide et froide, que peuplait seulement la foule des statues et des bas-reliefs.

En sortant de San-Anastasia, je me dirigeai vers les Arènes. Je pus visiter tout à mon aise ce désert de pierres, m'égarer sous les voûtes gigantesques qui supportaient cette masse écrasante, gravir les hauts gradins. L'arène, vue d'en haut, paraît toute petite, comme perdue dans cette immensité.

Les arènes s'élèvent sur la place Bra de son ancien nom, place Victor-Emmanuel de son nouveau nom officiel, vaste place irrégulière que bordent, d'un côté, le Municipio, l'ancienne Grand'-garde, un bâtiment moderne datant de 1836 ; de l'autre, la Gran-Guardia antica, bâtie en 1609, et qui sert maintenant de marché aux grains. A côté s'élève le

VÉRONE. — Les Arènes.

Portone, une vieille porte sous laquelle passe le corso Vittorio Emmanuele pour se rendre à la porta Nuova, bâtie par Sammicheli, et à la gare, et, sur tout le côté qui revient vers la via Nuova, des boutiques et des cafés garnissent le rez-de-chaussée des hautes maisons. Il faut voir la place vers la fin du jour ou le soir, lorsque joue la musique devant les deux cafés principaux de la ville ; alors la foule la peuple, l'anime ; ou mieux encore, il faut y revenir le soir, lorsque la lune éclaire les Arènes. On ne peut imaginer plus beau spectacle.

Un peu plus tard dans la journée, j'allai voir San-Zeno. C'est certainement un des édifices qui m'ont le plus frappé en Italie. Il en est beaucoup de plus beaux, il en est peu à mon sens d'aussi caractérisés, d'aussi typiques, si on me permet ce mot. Il faut dire en outre que si on rencontre à profusion les édifices de l'époque lombarde ou de la Renaissance, on a beaucoup moins d'occasions de voir un monument complet de l'époque romane. San-Zeno est, en effet, une basilique romane à trois nefs, d'une proportion admirable. Les bâtiments primitifs remontaient au IXe siècle; ils furent reconstruits à partir de 1139, et cette réédification fut assez longue, car le chœur ne date que du XIIIe siècle.

Il ne faut pas prendre cette basilique dans ses détails autrement que pour étudier la sculpture primitive, presque informe, qui la décore, pour saisir l'art à sa naissance, plutôt même à son enfantement, et comparer ces tâtonnements à l'éclosion merveilleuse que trois siècles vont préparer; il faut la regarder dans son ensemble pour être touché par sa simplicité rigide, froide sans doute, émouvante néanmoins; les lignes générales sont d'une netteté, d'une pureté extraordinaires.

Mais, dès le portail, on est frappé par l'incorrection surprenante de la décoration. Les bas-reliefs en bronze appliqués sur les battants de la porte sont des plus grossiers, les bas-reliefs de marbre qui ornent les bas côtés du portail sont non moins primitifs; cependant, le porche, en entier soutenu par des colonnes qui reposent sur des lions de marbre rouge détachés du sol, a une grande et simple allure.

Puis on entre. L'intérieur est en contre-bas; il faut descendre dix marches pour en atteindre le sol, et, de cette hauteur, on aperçoit au fond de l'église, et alors presque de niveau avec le porche, le chœur élevé sur la crypte. Deux escaliers conduisent au chœur, coudés droit avec ceux qui descendent à la crypte, et, une fois parvenu sur le terre-plein du chœur, on saisit mieux encore l'admirable proportion du rameau central de l'édifice. L'effet est d'une grandeur unique. Cette vue d'ensemble vaut ce que renferme l'église en objets d'art.

Une petite porte, ouverte dans un des bas côtés, me conduisit dans le cloître attenant à l'église, et je me promenai un moment sous la galerie que soutiennent des colonnes accouplées d'une finesse extrême. Tout le terrain entre l'église et le cloître était couvert d'une herbe drue et fraîche, émaillée de fleurs champêtres que s'amusaient à cueillir les petites filles de l'école avant de se rendre au Salut. Cette verdure si saine et si forte, les cris de joie des enfants, le mouvement de leurs courses folles dans cette prairie large comme la main, formaient avec la basilique un contraste étrange, tant celle-ci m'avait semblé sombre et sévère; puis, lorsque j'y rentrai, le portail était largement ouvert, le soleil entrait librement, se jouait dans l'immense coupe de porphyre antique placée près de l'entrée, et quand je me retournai, au moment de franchir le seuil, j'eus moins profonde la première impression de tristesse que j'avais ressentie.

Je revins en longeant l'Adige. Derrière moi s'élevait, droite, immuable, la vieille tour de San-Zeno : elle date de 1045. — Devant moi se dressait le Castel Vecchio, et bientôt, ayant tourné à droite par la rue du Théâtre-Philharmonique, je me trouvai sur la place Bra, devant les Arènes. Pour arriver à la piazza delle Erbe, je pris le chemin le plus long, je suivis la via San-Fermo Maggiore où s'élèvent tant de beaux palais, et, arrêté un instant sur le ponte delle Navi, par lequel j'avais pénétré dans Vérone, je regardai une fois encore la vue si pittoresque de l'Adige dans sa traversée de la ville.

Le lendemain, je visitai le Dôme, le vieux baptistère de San-Giovanni in Ponte,

VÉRONE. — Acqua Morta.

le cloître aux deux étages de colonnes en marbre rouge, et l'évêché, qui forment une masse continue de bâtiments s'étendant jusqu'au fleuve.

San-Giorgio in Braida est de l'autre côté de l'Adige, dans le quartier appelé Veronetta. En en sortant, j'entrai à San-Maria in Organo pour voir les merveilleuses marqueteries des stalles du chœur et de la sacristie que fra Giovanni di Veronna a exécutées au xve siècle. Il occupa, raconte l'histoire, cinquante années de sa vie à parfaire cet immense travail. Il y a représenté, entre autres sujets, si ma mémoire ne me trompe pas, les principales rues et les principaux édifices de la ville.

Tout à côté sont les fameux jardins Giusti, célèbres par leurs antiques cyprès, et, de ce côté encore du fleuve, se trouve le palais Pompei, construit par Sammicheli, vers 1530, et qui renferme le Musée municipal de peinture. La collection qu'il contient est intéressante en ce sens qu'elle est surtout composée

VÉRONE. — Mausolée Castelbarco.

d'œuvres de l'école véronaise, depuis les peintures primitives de Turone jusqu'aux œuvres si belles du Véronèse, en passant par Girolamo dai Libri, Morone, Carotto, Torbido il Moro, Cavazzuola, Giolfino et Badile, Battista del Moro, Farniato et Brusasorci. Vérone, qui vit naître et travailler ces artistes inégaux, mais d'une originalité assez forte pour former une œuvre continue, se tenant assez pour constituer ce qu'on appelle une école, aura eu, en outre, la gloire de donner naissance à trois grands architectes, Falconetto, fra Giocondo et Sammicheli.

Elle occupe, comme on voit, — en dehors même de l'époque où se produisit chez elle, avec tant de puissance, l'architecture lombarde, — une large part dans l'histoire de l'art.

Lorsque je quittai Vérone, je cherchai à résumer les impressions si diverses que j'y avais éprouvées. J'avais constaté sans peine ses efforts pour augmenter son importance, pour étendre son commerce — le commerce de grains surtout — et pour profiter des avantages que lui procure la ligne du Brenner, qui la met en

VÉRONE. — Villa Giusti.

communication directe avec l'Allemagne et qui en fait un lieu de transit presque forcé pour les marchandises et les voyageurs se rendant dans le nord. Cependant toujours restait dominant en moi ce sentiment d'une ville jadis prospère et puissante tombée peu à peu à un rang secondaire, vivant triste au milieu de la dégradation intérieure de ses monuments et de ses palais.

Je ne sais pourquoi me revenait sans cesse à l'esprit un passage du roman de Ouida, *Pascarel*, lorsque Nella décrit ainsi le logis où elle habitait avec sa vieille nourrice : « Nous occupions le second étage d'un vieux palais, un palais avec de superbes escaliers sales et enfumés, des cours dont chacune eût pu contenir un escadron armé et monté, mais qui étaient abandonnées en toute liberté aux lézards et aux mille-pieds; des murs bâtis des dessins de fra Giocondo, le long desquels la padrona mettait sécher ses hardes après les avoir lavées dans l'Adige... Notre palais était magnifique

VÉRONE.
Escalier du Mercato Vecchio.

comme un rêve, ajoutait-elle encore..., mais en même temps il était sombre, sale, triste, lugubre, incommode... » Et ces quelques mots appliqués à un palais de la vieille ville me frappaient de leur justesse un peu sévère, comme s'ils eussent dépeint la ville tout entière. Un palais, oui, mais lugubre et délabré comme celui où Mariuccia racontait son histoire à l'enfant qu'elle avait élevée, « assise, le soir, dans le grand escalier, occupée à écosser des haricots, au pied d'une statue mutilée, qui, disait-on, était l'œuvre de Donatello ».

III. — VENISE. — L'ARRIVÉE. — LE GRAND CANAL ET LES RUELLES. SAINT-MARC. — LE PALAIS DUCAL.

Lorsqu'on arrive à Venise, dans cette ville qui ressemble si peu à tout ce qu'on a vu, à tout ce qu'on doit voir, on a la mémoire pleine de mille récits qui disposent à une admiration sans limite, récits historiques racontant la longue et incroyable puissance de cette république et sa décadence si rapide, récits pittoresques auxquels une longue

VENISE. — Quai des Esclavons, vu du canal.

énumération de chefs-d'œuvre de l'art a donné une couleur et un intérêt particuliers, récits poétiques dans lesquels la gondole et la mandoline tiennent une place importante, récits terribles aussi, que rend palpitants la sanguinaire et discrète puissance des Dix. L'imagination la plus sage trouve, tout préparé, le plus merveilleux canevas pour broder à l'infini les histoires les plus joyeuses et les plus effrayantes. On ne s'en rend pas compte soi-même, et on peuple la vieille ville des Doges, telle qu'on la conçoit, d'une foule brillante, agitée, rêvant d'amour ou de conspiration, tant il est difficile, après avoir vécu par la pensée dans les temps anciens, d'admettre qu'une ville si extraordinaire n'ait pas pu échapper à la modernisation actuelle.

Il en résulte que bien peu de gens évitent une désillusion trop explicable, et peut-être faudrait-il souhaiter à tous les voyageurs débarquant à Venise une ignorance du passé qui leur laisserait plus vive et plus juste leur première impression.

Mais c'est demander l'impossible, et Venise, dût-elle parfois être victime de sa renommée, peut rester orgueilleuse de l'émoi que cause à tous le simple énoncé de son nom glorieux. Inconsciemment, lorsque j'allai pour la première fois à Venise, je cédai, comme les autres, à cette sorte d'accaparement de soi-même par les souvenirs du passé, et je voyais de loin la ville des Doges flottant, comme un immense navire, sur les eaux bleues de l'Adriatique. N'était-ce pas ainsi que prosateurs et poètes de tous les temps me la représentaient dans leur enthousiasme? Je me disais bien cependant que Venise avait dû subir de nombreuses transformations. Je me le répétais tout en me défendant d'y croire. En réalité, il n'est personne qui ne subisse la sorte d'attraction que cause son approche. Je me rappelle encore mon entrée à Venise. J'arrivais de Padoue, le matin, sans bagages, libre de mes mouvements, et j'avais à peine dépassé la station de Mestre, que, penché à la portière, les yeux plongeant à l'horizon, j'attendais anxieusement de voir la mer, car, la mer, il me semblait que c'était déjà Venise. L'aspect de la campagne ne tarda pas à se modifier. On arrivait aux lagunes. Des flaques d'eau de plus en plus larges mangeaient le sol, des sortes de canaux courant en tous sens se reliaient les uns aux autres, l'eau empiétait de plus en plus sur les terres noires, cassées en grosses mottes garnies d'un court gazon, enfin ce fut bientôt une seule masse d'eau coupée seulement par des remblais en terre, des touffes d'herbe, et ensuite dans l'espace, de l'eau, rien que de l'eau miroitant sous le soleil et clapotant autour de chaque arche du pont du chemin de fer.

Le train s'était engagé sur cet immense pont de pierre aux centaines d'arches qui relie Venise à la terre ferme. Une œuvre d'art d'une suprême puissance que ce pont! Nous roulions dès lors en pleine eau, une eau verte, un peu sombre, avec, par places, de larges reflets clairs dans les endroits moins profonds. De hauts pilotis, fichés en mer en une longue ligne qui se perdait au loin, indiquaient aux barques le chemin à suivre pour éviter les bas-fonds. On eût dit des sentinelles veillant à leur passage. Quelques barques aux deux extrémités recourbées, des gondoles larges et massives se dirigeaient vers la terre en quête d'un chargement ; d'autres, arrêtées, contenaient des pêcheurs ; enfin quelques voiles rouges, de ce rouge jaunâtre si particulier, se gonflaient au loin sous la brise venant du large. A droite, on voyait l'eau s'étendre presque à perte de vue. Sur la gauche, on distinguait des massifs d'arbres et une longue ligne verte bornant l'horizon. Tout près du chemin de fer, en arrière de nous déjà, une île verdoyante dissimulait, sous ses remblais gazonnés, un fort protégeant la côte.

Il a fallu un péril bien imminent pour pousser une masse d'hommes à se réfugier sur ces îles qui semblent à la merci de la mer. Il a fallu, en outre, des intérêts qui devaient par la suite les y maintenir, une crainte constante d'un danger sans cesse renaissant pour les amener à faire d'une occupation jugée sans doute temporaire, au premier moment, un établissement définitif. Ce furent d'abord des cabanes, des maisons isolées, construites sur les grandes îles et à quelque distance de l'eau. Des grandes îles on passe sur les flots qui deviennent forcément le centre de la colonie, parce que l'agglomération n'est séparée que par un étroit canal et non par une partie de lagune.

En outre, Malamocco, la première île occupée, est directement sur la mer; autour de Torcello, l'action de la marée n'est plus aussi puissante et ne contrarie pas les ensablements continus du Sile. Des marais se forment peu à peu et leurs exhalaisons chassent les habitants de l'île. Venise, au contraire, est en pleine eau, protégée contre le flot de la mer par les grandes îles qui forment pour son port la *barre* la plus belle qui se puisse souhaiter; la marée agit, d'autre part, assez vivement pour amener un mouvement des eaux de force à entraîner les éléments putrides, et à maintenir entre les bancs de sable un courant qui puisse dégager les passes. Alors les maisons se

Venise. — Le grand Canal, alla Ca d'oro.

multiplient, s'agrandissent; il leur faut des assises plus solides, et le peu d'espace disponible contraint à les établir jusque dans l'eau. Le sol est mouvant, on remédie à cet obstacle en établissant des pilotis dont le bois, se durcissant sous l'action de l'eau, devient une assise des plus solides. Dans toutes les parties où il semble que le terrain peut fléchir, les pilotis le consolident, forment pour ainsi dire une muraille sous-marine qui contient les terres et qui est assez puissante pour supporter sur sa charpente les édifices les plus lourds. On a pu voir au Palais ducal, si je ne me trompe, la constitution de cette muraille. Au-dessus des pilotis est un champ de poutres posées à plat qui supporte une épaisse couche de béton formant l'assise nécessaire aux fondations de moellons. La science de construction des Romains établis en Vénétie se retrouve entière dans cette substructure si hardie.

C'est ainsi que les quatre-vingts îles qui vont former Venise se couvrent peu à peu d'habitations. Les canaux sont les voies de communication naturelles de cette ville, de ce grand navire à la forme allongée qui nage au-dessus des flots; toutes les maisons ont leur issue principale sur l'eau ; puis, quand le reste de l'îlot se couvre de bâtiments, des petites rues intérieures les relient, coupent dans tous les sens le pâté de maisons qui se forme, et les habitations du bord de l'eau communiquent avec ces passages principaux par des cours et une infinité de passages tournants. L'espace est restreint, les rues se font étroites, sans plan conçu, au gré de celui qui bâtit, tournant sur elles-mêmes, car leur premier but est de desservir l'intérieur de chaque îlot. Plus tard, quand elles débouchent en face d'une rue correspondant dans un autre îlot, un pont sera jeté sur le canal et sa forme arquée permettra aux barques de passer au-dessous.

A peine laisse-t-on, à la rencontre de plusieurs rues, de ces *calli* étroites et sombres, dallées ou pavées en briques, ou au-devant des églises, un petit espace vide, sorte de puits d'air qui permet d'apercevoir un plus large morceau de ciel. On les appelle des *campi;* seul l'espace laissé libre devant Saint-Marc mérite la dénomination de *piazza*. Les places que nous voyons aujourd'hui, et dont quelques-unes sont relativement assez grandes, n'existaient pas primitivement ; elles occupent l'emplacement des cimetières établis autour de chaque église et supprimés lorsque fut créé le grand cimetière en dehors de la ville. On compte 127 places, comme on compte 2,480 voies intérieures qui se divisent en 1,245 rues, 849 passages et 386 impasses.

Les canaux sont au nombre de 150, ceux du moins à air libre, car il y a tout un système de canaux passant sous les rues et les places d'une longueur d'environ vingt-deux kilomètres. Les petits canaux sont appelés *rii*, tandis que la grande voie, si belle, si large, qui coupe Venise en deux parties inégales, s'appelle le *Canale*, le grand canal. Aussi large, — on compte soixante-dix mètres dans sa plus grande largeur, — aussi imposant, aussi clair que les autres sont étroits et sombres, il commence auprès de la station du chemin de fer et, se déroulant comme un long serpent qui ondule pour marcher, il aboutit à la Salute, pour ainsi dire à Saint-Marc, après un parcours de près de six kilomètres (5,750 mètres).

C'est par cette admirable voie qu'il faut entrer à Venise pour ne voir de la vieille cité que sa partie noble et majestueuse.

Sans doute il faudra côtoyer nombre de maisons étroites et noires. On constatera une étrange succession de palais et de maisons disparates. Mais on ne s'en inquiète pas alors. Dès la sortie de la gare, on est pris par cet aspect si nouveau, par le mouvement qui vous entoure. A peine sorti du wagon, on se trouve sur le large trottoir qui borde le grand Canal. A vos pieds grouillent les gondoles qui se choquent, se poussent afin d'approcher des escaliers de pierre. C'est une animation incroyable et toute nouvelle.

Gondoles particulières, gondoles de place — nos fiacres — se croisent, les unes avec deux rameurs en costumes de marins, blancs ou bleus, la large ceinture aux bouts pendants, le chapeau marin sur la tête; les autres au simple rameur plus ou moins sordidement vêtu. Des barques-omnibus, peintes blanc et rouge, conduites par six hommes, stationnent au même endroit, et un bateau-mouche, s'annonçant à grands coups de sifflet, passe dans cette multitude, ajoutant son mouvement à tout ce mouvement.

Sur le pont de fer qui traverse à cet endroit le canal, des curieux sont arrêtés.

C'est, en effet, un spectacle qui vaut qu'on le regarde. A gauche et à droite s'allonge la large nappe d'eau baignant le pied des maisons. A droite, au-dessus d'un long mur, des jardins paraissent, ceux du palais Papadapoli. A côté de vous se dresse le portique de l'église des Scalzi.

On a hâte de visiter cette ville qui s'annonce de façon si particulière. On s'éloigne. Autour de vous passent et repassent les gondoles fines et légères, les grandes barques lourdes et plates transportant des marchandises. A un coude du canal, on aperçoit le Rialto, flanqué de ses deux grands palais, les Tedeschi. On a dépassé déjà le Fondo dei Turchi et le palazzo Vendramin, on file sous le pont. Les riches et majestueux palais deviennent plus nombreux. A un nouveau détour enfin, on aperçoit l'horizon, un quai se prolongeant sur la gauche à l'infini, quelques silhouettes de grands navires, et, sur la droite, pointant vers le ciel, le dôme de la Salute, là, tout à l'extrémité du canal.

IV. — SAINT-MARC.

Un conseil. A peine débarqué, vous ferez comme moi, comme tout le monde : vous vous hâterez d'aller visiter Saint-Marc, la basilique qui résume, en son nom, Venise tout entière. Eh bien, choisissez la voie qui vous y conduira, si même vous ne choisissez l'heure à laquelle vous irez la visiter.

Ne prenez pas une gondole ; elle vous débarquerait sur la piazzetta. Arrivez sur la *piazza* par les ruelles qui aboutissent en face même de la basilique. Vous n'en êtes plus, je suppose, à croire que dans Venise on ne peut circuler autrement qu'en gondole. La vérité — quelque grande que puisse être votre désillusion, — c'est qu'on peut aller partout à pied, même mieux à pied qu'en gondole. Le tout est d'apprendre à se diriger dans ce dédale de rues, qui se ressemblent toutes, de couloirs et de cours si nombreux formés par les quinze mille maisons réunies sur cet étroit espace de terre et d'eau. Sachez que vous avez à votre disposition quatre cent cinquante ponts environ, qui mettent en communication les différents îlots formant l'agglomération de la ville.

Ainsi donc entrez sur la piazza, cela vous sera facile, par l'extrémité sud, et vous vous arrêterez saisi par le stupéfiant ensemble qui se présentera devant vous. D'un seul coup d'œil vous embrasserez cet ensemble unique au monde des hauts bâtiments sombres des Procuraties encadrant le carré long de la place, puis, tout au fond, Saint-Marc, un peu écrasé sous ses coupoles byzantines, scintillant sous le soleil, précédé du Campanile, cette énorme tour carrée, disgracieuse, que fait seule pardonner la Loggetta.

Vue à cette distance, la basilique se présente dans son ensemble. De là seulement on se rend bien compte de cet étrange mélange de clochetons aux fines colonnes de marbre et de coupoles dorées qui se détachent nettement sur le ciel, retenant sur leurs surfaces polies des éclats de lumière, faisant d'autre part, si le soleil donne, de brusques traînées d'ombre. Puis au-dessous, mosaïques et marbres de toutes couleurs bizarrement mélangés, dorures et bronzes donnent à l'œil une impression de toutes les couleurs réunies sur un même point, bizarrement confondues, et se mariant si bien qu'elles concourent à cet aspect pittoresque, surprenant plus peut-être que véritablement beau, unique certainement. Si l'on voulait raffiner son plaisir, il faudrait encore choisir l'heure de sa visite à Saint-Marc.

Le matin, en effet, la lumière est trop dure; elle fait trop vibrer les couleurs, elle enlève aux tons si variés, parfois si heurtés des marbres, cette harmonie admirable que le temps leur a donnée. L'œil, ébloui par le blanc cru de la place qui forme le premier plan, se fatigue rapidement, refuse de se fixer, hésite devant ce miroitement, se ferme involontairement devant ces traînées d'ombre d'un bleu noir tellement intense que l'effet général attendu, espéré, en est parfois détruit. Chaque clocheton, chaque sculpture, chaque entablement projette sur la surface blanche une découpure brutale, qui semble lutter avec l'ombre voisine plutôt qu'elle ne se confond en elle. Mille détails échappent sans que la vue d'ensemble donne une compensation suffisante.

Attendez seulement quelques heures, retournez devant Saint-Marc quand le soleil, inclinant vers l'horizon, sera près de disparaître derrière la Salute; vous verrez alors cette masse d'or et de couleurs se fondre dans une atmosphère dont chaque atome se dore, se nuance de mille tons adoucis. Vous aurez devant les yeux un immense nimbe doré sur lequel se détacheront les joyaux d'un reliquaire sans pareil; les fonds d'or des mosaïques sembleront rougir, se brunir tout en gardant leur éclat; les ombres elles-mêmes prendront un ton chaud, et à votre étonnement des premiers instants succédera une admiration sans réserve pour cette merveille d'étrangeté. Les dômes n'ont plus alors cette teinte d'un blanc rayonnant qui froisse la vue, l'immense vitrail qui garnit au premier étage la grande arcade du milieu étincelle, le soleil se joue sur chaque rondelle de vitre et lui donne des reflets inattendus, les quatre colonnes antiques qui soutiennent la verrière ressortent distinctes, et un large coup de lumière s'accroche aux parcelles d'or oubliées par le temps sur les chevaux du quadrige, les chevaux de Lysippe, dont l'airain renvoie des reflets d'une puissance incroyable. La délicate balustrade de marbre blanc qui court au-dessus des cinq arcades du rez-de-chaussée, les clochetons, les statuettes surmontant les pignons en ogive s'élancent fins, gracieux, avec des reflets rosés d'une extrême douceur. — Si, patient de sa nature, libre de son temps, amoureux de la contemplation, on reste arrêté devant ce chef-d'œuvre de la discordance architecturale, on verra peu à peu se modifier les premiers effets perçus, s'atténuer la brusquerie des ombres au fur et à mesure que la grande clarté du jour décroîtra. Dans cette chaude lumière qui donne des aspects de sang répandu aux colonnes de porphyre du premier étage, le symbolisme de Saint-Marc éclate plus palpitant que jamais, et l'incertitude redouble de savoir si on doit dénommer la basilique une église moresque ou une mosquée chrétienne, comme se l'est ingénieusement demandé Théophile Gautier. On se retire toujours doutant, ou, pour mieux dire, toujours admirant; car plus on regarde et moins on cherche à comprendre le comment de cette œuvre multiple. Il suffit de la voir.

VENISE. — FLANC DROIT DE LA BASILIQUE DE SAINT-MARC.

Du vestibule on entre dans l'église par trois portes marquetées en argent, dont l'une provient, dit-on, de Sainte-Sophie d'où elle fut enlevée en 1203. Au fond, s'élève le chœur séparé de la nef par un soubassement de marbre, surmonté de huit colonnes qui supportent un jubé orné de quatorze statues de marbre, représentant la sainte Vierge, saint Marc et les apôtres, œuvres du xive siècle, dues aux frères Jac. et P. Paolo dalle Massegne. De chaque côté du chœur, à l'entrée, se dressent deux chaires de marbre soutenues par des colonnes ; à côté de ces chaires sont deux petits autels d'un travail très délicat, attribués à P. Lombardo.

Sous le maître-autel que surmonte un baldaquin en vert antique, soutenu par quatre colonnes de marbre grec couvertes de bas-reliefs, reposent les reliques de saint Marc. Au-dessus de cet autel est la fameuse *pala d'oro*, splendide et curieux monument de l'art du Bas-Empire, icone byzantine peinte en émail sur lames d'argent et d'or, et ornée de perles et de pierres précieuses.

Tout est à voir, à regarder attentivement. Les mosaïques dont les dessins si extraordinairement variés dépassent toute imagination, les peintures murales, le pavé, les sculptures, qu'il s'agisse de statues, de simples chapiteaux de colonnes, de balustrades d'autels, d'orfèvreries aux fines ciselures, de pilastres, sont autant de documents qu'il faut étudier avec une attention dont ne souffre pas l'esprit, tant la diversité des sujets et des époques enlève toute aridité à une recherche qui, dans bien d'autres cas, fatiguerait à l'extrême. Voyez ces saints et ces saintes, ces prophètes, ces anges, tout ce peuple sacré qui garnit les voûtes ; les uns sont rigides et absolus comme un dogme, les autres ont la pose extatique des figures du moyen âge, et parfois ces primitifs coudoient presque, qu'on me pardonne le mot, les carnations puissantes de la Renaissance ou les bouffissures du baroque. Je le répète, tout est à voir et à comprendre dans ce pêle-mêle le plus fantastique qui se puisse imaginer.

Mais c'est à peine si on s'aperçoit de ces bizarreries lorsqu'on entre pour la première fois à Saint-Marc. Vous ne vous lasserez pas de regarder, d'admirer, de vous étonner, sans chercher encore d'explications aux impressions que vous ressentez. N'analysez rien, pénétrez-vous de l'ensemble, ne fouillez pas cette ombre aux reflets dorés pour y définir un détail entr'aperçu, laissez vos regards s'imprégner de ces tons chauds et doux que brisent de grands trous noirs sous les arcades, derrière ces immenses piliers qui sont une des originalités de la construction de Saint-Marc, dans des chapelles, au profond du chœur dont la balustrade paraît rayonner de couleurs vives. Encore les couleurs ne semblent-elles éclatantes que par le contraste, car il y a des heures où rien ne vibre en dehors de la gamme de tons générale. Balustres, chandeliers d'or, grandes lampes de cuivre, d'or ou d'argent, n'ont que des reflets diffus qui se perdent dans la lumière générale sans heurter l'œil par une note trop brutale. Vous sentirez au courant de cette contemplation descendre en vous un apaisement absolu; vous jouirez, en égoïste qui croit les posséder, de tous ces trésors qui vous entourent. Oui, sans doute, Saint-Marc a en elle quelque chose d'austère et de terrible, comme l'a écrit M. Charles Blanc, même de cruel, aurait-il pu ajouter ; cependant nulle part ailleurs on ne s'abandonne plus facilement à la méditation, au recueillement. Quelque jeu de lumière y aidant, on peut croire que ces corps d'ascètes et de saints prennent vie, on peut ressentir l'illusion de cette foule d'images se détachant de la muraille, s'agitant autour de vous, vous rappelant au néant de la chose humaine, vous menaçant de l'enfer ou vous promettant le paradis. C'est affaire d'imagination, dira-t-on. N'en faut-il pas toujours un peu lorsqu'on veut évoquer le passé et reconstituer ce qui n'est plus? Ce que personne, en tout cas, ne discute, c'est son admiration pour ce travail unique auquel tant de siècles ont collaboré. L'esprit n'a besoin d'aucun effort pour reconnaître cette extraordinaire harmonie de toutes les parties d'un édifice auquel manque cependant l'unité de formes et de cou-

VENISE. — Le grand Canal. — Santa-Maria della Salute.

leurs, où les dorures, les mosaïques, les marbres les plus divers, depuis le porphyre rouge, le porphyre noir, le vert antique, jusqu'au cipolin, au jaspe, à la serpentine, — et combien j'en oublie! — se fusionnent dans une même tonalité unifiée par le temps.

En visitant Saint-Marc un peu tard dans la journée, on aura avantage de trouver la basilique moins encombrée de visiteurs et débarrassée de tous les peintres, hommes ou femmes, qui font leur atelier de l'immense basilique. Il faut bien dire qu'en Italie les églises, par le fait même de la multitude de voyageurs, sont plutôt des lieux publics où chacun entre et sort avec bruit, où on parle haut sur l'exemple que vous donnent les guides ou le sacristain même du temple. On les visite enfin comme un musée, sans se préoccuper si quelqu'un prie à côté de vous. Je reconnais d'ailleurs, tant la chose est dans les mœurs, que ce quelqu'un ne songe pas à s'offusquer d'un tel sans-gêne : il ne paraît même pas s'en apercevoir. Et alors, pourquoi ne pas s'établir le crayon ou le pinceau à la main à la place qui vous convient et copier ces merveilles de l'art? Tout ce bruit, ce mouvement enlèvent évidemment à la majesté du lieu, et peut-être y est-on plus sensible à Saint-Marc qu'ailleurs; mais on s'y habitue peu à peu. Je me souviens avoir vu une jeune Anglaise installée au pied d'un pilier, son carton appuyé sur une chaise devant elle ; elle s'était interrompue dans son travail et, très tranquillement, elle déjeunait d'un pain et d'un fruit. Parfois aussi, ces peintres, si familiers dans leur attitude, vous procurent une jolie scène à observer. Un matin, la foule était assez nombreuse, femmes agenouillées au milieu de la nef, mendiants assis sur ces bancs circulaires qui entourent les piliers, j'entrai en flâneur toujours avide de revoir quelque coin nouveau. Mon regard fut attiré par une jeune fille agenouillée devant une lampe brûlant dans un coin sombre. Son attitude était gracieuse. La tête couverte de son châle qui retombait sur les épaules, elle témoignait par son immobilité de la ferveur avec laquelle elle priait. Je ne pus m'empêcher de penser : le joli tableau qu'il y aurait là à peindre ! Puis je passai. En revenant, un moment plus tard, je cherchai ma gracieuse dévote. Elle était toujours à la même place, toujours aussi immobile, et j'eus bientôt l'explication de cette prière prolongée, en voyant un peintre quitter sa toile et l'appeler. La pose était finie. Ma dévote n'était qu'un modèle qui, lasse de la contrainte qui lui avait été imposée, s'étirait maintenant les membres et essuyait ses genoux endoloris. Qu'importe, après tout ; je n'ai en vérité aucune intention de me scandaliser. Qu'on laisse les peintres en repos, et qu'on rappelle plutôt les guides au respect des passants, je me déclarerai satisfait. Mais obtiendra-t-on jamais, malgré tous les règlements édictés, que ces cicerone officieux ne vous pourchassent pas de leurs explications ridicules ?

Saint-Marc a dû naturellement être bien des fois déjà restaurée, et depuis une trentaine d'années surtout elle a eu à subir de grosses réparations devenues indispensables. J'ai écrit avec intention le mot subir, car, parmi les travaux auxquels a donné lieu la réfection de parties entières de l'édifice, il en est qui ont pleinement justifié les critiques fort dures qui les ont condamnés en Italie et à l'étranger. Une polémique des plus vives a duré pendant plusieurs années et, quoique moins violente, elle se continue encore, à propos des restaurations poursuivies. La campagne a été commencée par les Anglais qui, au nom de l'art, ont voulu faire des monuments de Venise une sorte de propriété internationale qu'ils ont conviée tous les critiques, tous les amateurs d'art étrangers à défendre. Il n'y a pas eu une pierre remplacée, une mosaïque reconstituée, qu'une discussion parfois fort aigre ne se soit élevée dans les journaux spéciaux. Il faut dire qu'une grande partie des reproches adressés à la direction des travaux étaient fort exagérés et que le gouvernement italien avait été le premier à condamner les restaurations opérées sous le gouvernement autrichien et à chercher les moyens de réparer le mal commis. Cependant il méritait, lui aussi, quelques critiques sévères, et l'ingérence étrangère, tout en lui paraissant inadmissible et en le froissant dans son amour-propre, n'en a pas moins eu ce bon résultat de lui faire modifier certaines décisions antérieures et de hâter une réfection plus intelligente de parties ridiculement réparées.

V. — LA PIAZZA. — LES PROCURATIES. — LE CAFÉ FLORIAN.

En sortant de Saint-Marc, l'œil, déjà fait à cette pénombre dans laquelle se noie la basilique entière, ne s'habitue que lentement à la grande lumière de la place. Vue du portail de l'église avec sa grande ligne de hauts bâtiments qui s'allongent de chaque côté, celle-ci paraît immense. Les larges dalles dont elle est pavée brillent et miroitent

VENISE. — Peintures du portail de Saint-Marc.

jusqu'à l'extrémité, jusque vers les bâtiments construits en 1810, sous Napoléon Ier, pour terminer l'enceinte.

Dans l'angle de gauche s'élève le Campanile. Sans la Loggetta on ne lui pardonnerait pas sa lourde masse gênante. Il sert au moins à jeter un coup d'œil d'ensemble sur la ville. De la plate-forme supérieure, sans même gravir jusqu'à la deuxième galerie, le regard peut embrasser un énorme espace sur l'Adriatique, les lagunes et jusqu'aux Alpes; mais le plus curieux est de regarder à ses pieds et de contempler de cette hauteur le méandre des canaux, de suivre la voie plus large du grand canal, de fouiller dans cette immense pâté de maisons noires d'où sortent des centaines de clochers de marbre, de suivre le développement de la cité jusqu'à l'Arsenal. La ville est si resserrée sur elle-même qu'on l'embrasse entière d'un coup d'œil et, en quittant le Campanile, on garde dans l'esprit le plan géographique exact de la vieille reine de l'Adriatique.

Redescendu sur la place, on a alors tout loisir pour s'arrêter devant la Loggetta et pour admirer cette gracieuse et fine conception du Sansovino. C'est un petit bâtiment carré, accolé sur la partie est de la tour, une vraie cassette finement ciselée. La Loggetta fut construite en 1540, par Sansovino, qui la revêtit entièrement de marbres, de bronzes et de statues. Deux portes de bronze, fondues en 1750, en ferment l'entrée. Sur la droite, s'élèvent les *Procurazie Vecchie,* qui se soudent, tout près même de Saint-Marc, à la Tour de l'Horloge, dont le rez-de-chaussée forme passage pour se rendre aux *Mercerie.* Depuis des siècles les deux Vulcains qui surmontent la plate-forme marquent les heures en frappant de leur lourd marteau sur une cloche dont le son se répercute au loin. Que d'événements ils ont sonnés ainsi!

De l'autre côté, les *Procurazie Nuove* ont été construites sur le même plan, sinon dans le même style, un siècle plus tard, en 1584, par Scamozzi, qui les raccorda aux bâtiments élevés sur la Piazzetta par Sansovino.

Enfin, en 1810, Napoléon Ier fit élever, en partie, sur l'emplacement de l'église San-Germiniano, l'aile neuve qui complète à l'ouest la ceinture d'édifices de la place. Pauvre église San-Germiniano, elle était vouée à une destruction certaine! Déjà, au XIIe siècle, on l'avait démolie et reportée à la place qu'elle occupa jusqu'en 1810, lorsqu'on combla un canal qui coupait la Piazza, vers le milieu et lorsqu'on fit disparaître un grand jardin appartenant aux religieuses de San-Zaccaria. La seconde fois elle fut simplement supprimée et on éleva sur son emplacement l'*Atrio* dont les arcades se relient à celles des deux Procuraties.

Les nouvelles Procuraties qui constituaient la *Libreria Vecchia* forment maintenant, avec l'aile nouvelle, le Palais royal, que la reine Marguerite ne manque pas chaque année de venir habiter pendant quelques semaines. La reine aime beaucoup Venise et le soir on peut la voir sortir à pied, accompagnée d'une dame d'honneur et d'un chambellan, et commencer une longue promenade à travers les *calli* de la ville. Lorsqu'elle rentre assez tard dans la soirée, elle est saluée discrètement, tant on sait combien elle fuit les ovations, par la foule réunie sur la Piazza.

Si les étages supérieurs des nouvelles Procuraties sont occupés par les appartements royaux, le rez-de-chaussée est abandonné à des boutiques de toute sorte. Vers le milieu de la galerie se trouve le fameux café Florian où, depuis tant d'années, se réunit chaque jour toute la société élégante de Venise. Nous nous imaginerions difficilement en France ce que le Florian, comme on dit, représente pour les Vénitiens. A-t-on un rendez-vous à donner, une lettre à se faire adresser, c'est au Florian. Quitte-t-on Venise, c'est au Florian qu'on va faire ses derniers adieux, comme on ira y distribuer ses premiers bonjours dès son retour. Le Florian est un centre où on se retrouve dans la journée et le soir pour prendre sa tasse de café ou déguster une glace, et plus encore pour récolter les nouvelles, causer de tout et de tous. Il n'est pas une personne de la société qui n'y soit connue, et bien des fois il m'est arrivé, voulant faire une visite, d'y demander une adresse que j'avais oubliée. Il est vrai que j'aurais pu aussi bien faire ma visite au Florian, la chose étant fort admise. On se rend compte de l'animation que donne à ce côté de la place cette réunion de monde élégant.

Les arcades de la Piazza ont plus d'un point de ressemblance avec celles de notre Palais-Royal, à cette différence près que les galeries des Procuraties sont restées le centre de tout le mouvement riche et commerçant de Venise. Des magasins de toute sorte occupent le pourtour de la Piazza. Les joailliers, les orfèvres, les marchands de dentelles en ont fait le point principal de leur vente. Veut-on un livre, une photographie de Venise, un bijou, un de ces mille souvenirs que l'étranger emporte de Venise, une gondole formant encrier, un collier de verroterie ou un bracelet d'argent noirci décoré d'un lion de Saint-Marc en or, c'est sous les arcades que vous allez le cher-

VENISE. — Le Rio Wanaxel.

cher et un peu aussi aux Merceries, dans la *Merceria*, la principale rue commerçante de Venise qui, de la place au premier canal qui la coupe, offre aux acheteurs les mêmes ressources variées.

Dix fois par jour on revient à la Piazza. Je ne parle pas des étrangers qui naturellement y sont ramenés par la vie même qu'ils doivent mener; n'ont-ils pas à visiter les monuments; après les monuments, les magasins? N'ont-ils pas à donner à manger aux pigeons, ces fameux pigeons de Saint-Marc d'un gris de fer brillant, qui viennent en tournoyant par bandes s'abattre à vos pieds et y chercher les graines qu'on leur jette? N'ont-ils pas à y entendre le concert et à s'y reposer? Dès le matin ils s'installent au Florian pour y prendre leur café et y lire les journaux français que leur offre un vendeur ambulant. Le second jour, celui-ci vous reconnaît, vous choisit le journal que vous avez acheté la veille et les garçons en habit noir — jamais ils ne portent le tablier blanc,— devenus rapidement familiers, vous proposent des cigarettes d'Alexandrie ou des cigares de la Havane, introduits de Suisse en contrebande. A midi, nouvelle station; à quatre heures encore bien souvent, et toujours le soir, si ce n'est en hiver.

Par contre, le Vénitien vient peu à la Piazza, le matin. Il n'est pas matinal par goût et surtout il n'aime pas sortir avant son déjeuner. Mais vers quatre heures la foule arrive. Les femmes vont aux magasins en longeant les galeries, les hommes s'assoient ou font les cent pas devant le Florian, profitant de l'ombre que les *Procurazie Nuove* projettent sur une partie de la place. Depuis peu d'années, on arrose la place pour éteindre l'effrayante chaleur qui, l'été, se dégage de ces dalles de marbre surchauffées, et cette innovation, bien longtemps réclamée, a été des mieux appréciées.

On va dîner de bonne heure, et vers huit heures on revient à la Piazza pour entendre la musique qui, dans la belle saison, joue presque tous les soirs, de huit heures à dix heures. L'hiver elle se fait entendre de deux à quatre heures. Les tables des cafés ont alors, le soir, envahi une partie de la place et une foule élégante s'y assoit, tandis qu'une masse de promeneurs remonte de Saint-Marc, ou pour mieux dire du Campanile, jusqu'à l'Atrio. Tandis que la musique placée au milieu de la Piazza joue une valse ou un air d'opéra, on se salue, on échange mille gais propos. Des officiers passent au milieu des groupes, on s'appelle et on s'invite. Il semblerait d'un vaste salon.

On ne peut imaginer rien de plus merveilleux qu'une promenade sur cette incomparable Piazza par un beau soir d'été. Le ciel est d'une pureté incroyable, les étoiles brillent, l'air encore chaud est un peu rafraîchi par le voisinage de la mer. Si la lune plane au-dessus de cet ensemble de bâtiments imposants et répand sa pâle et blanche lueur sur la basilique, on jouit du plus beau et on peut dire du plus curieux spectacle.

Ceux que la foule fatigue, qui veulent non pas s'isoler, mais être moins près de ce va-et-vient continu, qui aspirent surtout à jouir d'un air plus frais, contournent le Palais royal par la Piazzetta, vont s'asseoir au café établi dans les jardins ou, pour être plus exact, sur la terrasse qui borde la lagune, devant le jardin royal. On resterait, sans se lasser, accoudé plusieurs heures sur la balustrade de marbre qui longe la terrasse, à contempler par une belle nuit claire ce panorama unique.

Un peu au loin l'île Saint-Georges se détache toute noire sur l'eau; les gondoles se croisent à peine visibles, précédées de la traînée de lumière que donne la lanterne accrochée à la cabine; d'autres lumières immobiles paraissent de distance en distance, indiquant les pilotis ou les maisons et les bateaux rangés dans la Giudecca. Au fond, si la lune brille, une ligne plus sombre indique les jardins publics et le Lido.

VI. — LA PIAZZETTA. — LE PALAIS DUCAL.

La Piazza étonne par ses vastes dimensions, la Piazzetta séduit par ses proportions restreintes, par l'étrange contraste des bâtiments qui la bordent de leur architecture si dissemblable, par cette ravissante échappée sur la lagune et sur l'île Saint-Georges

VENISE. — Loggia du premier étage du Palais Ducal.

qui forme un si joli fond à ce clair tableau. Il semble en outre que si la première de ces places représente la vie publique de Venise en son entier, cette Piazzetta, si gaie à l'œil, vous fait penser en quelque sorte à la vie officielle de la république. D'un côté est la *Zecca*, cette magnifique construction que Sansovino éleva en 1536, un des plus beaux édifices du XVIe siècle qui se puisse voir. La Zecca ou la Bourse, la Monnaie pour donner la traduction exacte, rappelle que ce peuple vénitien fut avant tout un peuple marchand, dont toutes les conquêtes n'eurent pour but que d'assurer et d'étendre son commerce. Lui faisant vis-à-vis, s'élève le Palais ducal, qu'on devrait dénommer plus justement le Palais de la cité, car si le doge y habitait, presque prisonnier dans ses salles immenses, le

Grand Conseil et le Conseil des Dix y tenaient leurs assises et y régnaient en maîtres. Près de Saint-Marc, pour ainsi dire devant la porte du palais, les deux courtes colonnes rapportées de Ptolémaïs en 1256 demeurent comme d'éternels trophées qui rappellent les glorieuses victoires de la république. Un peu plus loin est la pierre d'où on proclamait les édits affichés ensuite à la porte *della Carta,* la *pietra del Bando;* et ceux qui n'obéissaient pas aux lois et aux décrets du terrible pouvoir qui gérait la cité, ses provinces, ses flottes et ses armées trouvaient leur châtiment au pied des deux hautes colonnes de granit placées à l'entrée du môle. Là se faisaient les exécutions capitales après proclamation de la sentence du haut de la loggia du palais, entre les deux colonnettes de marbre rouge. Si la tradition est exacte, les cadavres des criminels d'État furent accrochés par les pieds aux colonnes du môle pendant une période assez longue. Ces deux colonnes furent rapportées de Syrie par le doge Michiel en 1120 et érigées en 1180; l'une est surmontée de la statue de saint Théodore sur un crocodile, l'autre supporte le symbole même de Venise, le lion ailé de saint Marc. Enfin de ce môle où accostent seules maintenant les gondoles, les Vénitiens pouvaient contempler jadis les preuves de leur suprême puissance. C'était là que le doge s'embarquait sur le *Bucentaure* pour aller épouser la mer, c'était là que débarquaient les hôtes illustres de la république, les généraux revenant vainqueurs d'une guerre lointaine, et aussi les amiraux vaincus ou trahis par le sort. Dès leurs premiers pas à terre, ceux-ci se heurtaient à l'édifice où les jugerait un tribunal inexorable et à la prison où il leur faudrait subir la peine encourue pour ce défaut à la victoire.

La description du palais des Doges a été faite si souvent, et avec une compétence d'érudition si grande, qu'il n'y a vraiment pas à s'étendre sur la partie architecturale de ce curieux édifice qui, pour notre bonheur artistique, a été rétabli sur les anciens plans, dans son ancienne ordonnance, par Antonio da Ponte, après le terrible incendie de 1577. Palladio proposait, au contraire, de le rebâtir en entier sur des plans nouveaux. Quelque intéressant qu'eût été le monument élevé par lui, il faut se féliciter d'avoir conservé un spécimen d'architecture où le gothique se mélange si heureusement avec le style arabe.

Les restaurations si longtemps poursuivies, car depuis nombre d'années des échafaudages cachaient la façade, sont enfin terminées, et la façade se présente maintenant dans son ensemble. La partie la plus difficile à reconstruire a été l'angle qui donne sur la mer sur la Piazzetta, et ce fut notamment un travail énorme que de remplacer l'énorme masse de pierre qui soutient toute cette partie de l'édifice. Une fois le bloc de pierre trouvé, on le fit sculpter en suivant le modèle avec une fidélité scrupuleuse; puis de nouveaux efforts furent nécessaires pour le mettre en place. Aujourd'hui l'ensemble est complet. Sous les basses colonnes du rez-de-chaussée court le portique qui supporte à l'étage supérieur la légère loggia. Puis au-dessus s'élève la haute muraille revêtue de ses mosaïques de marbre blanc et rose si doux à l'œil, que coupe seule dans toute sa hauteur la grande et belle fenêtre qui fut percée en 1523. La loggia et le portique du rez-de-chaussée sont de style et d'époques différents. L'ornementation des colonnes, dont les chapiteaux sont couverts de feuillages entremêlés de figures humaines, le démontre suffisamment.

On entre par la porta della Carta, on passe sous une vaste arcade dont les deux montants sur la cour sont ornés des statues d'Adam et Ève de Rizzo. En face monte l'escalier des Géants, au haut duquel se dressent les deux statues colossales de Mars et de Neptune exécutées en 1554 par Sansovino. Le couronnement des doges avait lieu sur la plus haute marche, presque sur le palier de la grande galerie qui court tout le long du bâtiment de ce côté de la cour; sur cette même marche où il avait été proclamé doge, Marino Falieri eut la tête tranchée. Ce sont du moins les guides qui le racontent.

VENISE. — Palais Ducal. — Salle du Sénat.

En réalité, ce châtiment injuste fut appliqué avant l'érection des bâtiments et de l'escalier existant, par conséquent sur l'escalier primitif qui occupait un autre emplacement. Bientôt après avoir franchi la Scala d'oro, l'escalier d'or construit par Franco sous la direction du Sansovino qui donna le dessin de sa belle décoration, on pourra visiter la salle du Conseil des Dix, de ces juges terribles qui avaient préparé, machiné l'atroce complot destiné à faire disparaître ce Falieri à qui pesait l'autorité du Grand Conseil. Par la *porta fatale* que l'on voit encore, par cette ouverture basse dissimulée dans le mur entraient les coupables, on pourrait dire les condamnés, car nul ne sortait indemne de ces séances secrètes; ceux qui n'y perdaient pas la vie y laissaient tout au moins éternellement leur liberté. A côté est la salle de la Boussole, jadis l'antichambre de la salle où se tenaient les trois inquisiteurs d'État, auxquels les délateurs transmettaient leurs dénonciations par la Bocca di leone, cette boîte aux lettres terrible dont on voit encore l'ouverture pratiquée dans le mur, près de l'entrée. La Bocca di leone! c'était là tout le système politique de ces politiques sans cœur et sans conscience. Puis plus loin est la salle des Trois chefs du conseil et, de l'autre côté du vestibule carré où aboutit l'Escalier d'Or, se trouve la salle des Quatre portes qui précède la salle du Sénat, la salle du Collège et celle de l'Anti-Collège. A l'étage inférieur on vous fait encore visiter la salle du Grand Conseil et la salle du Scrutin, puis la bibliothèque de Saint-Marc, si riche en manuscrits, et le Musée archéologique.

Dans cette longue excursion au travers de ces salles si superbement décorées où tout peut passer pour souvenir historique, on refait en pensée l'histoire de cette longue suite de doges dont les portraits sont accrochés aux murs. On en compte soixante-seize, encastrés dans la frise de la salle du Grand Conseil par ordre de règne et, à l'endroit où aurait dû être Marino Falieri, on a mis avec une audace superbe un simple tableau noir avec l'inscription : *Hic est locus Marini Falethri, decapitati pro criminibus*. L'innocence de ce condamné illustre, innocence concernant le crime pour lequel il fut condamné, est reconnue depuis longtemps, et le tableau noir reste néanmoins pour perpétuer le souvenir de son indignité présumée. Dans la salle du Scrutin qui fait suite à la salle du Grand Conseil et qui est réunie maintenant à la bibliothèque, on trouve trente-neuf autres portraits de doges. La série commence par Obelerio, le neuvième doge, mort en 804 ; elle se termine par Louis Manin, qui quitta le pouvoir en 1797.

Mais si la plupart des noms de ces doges peuvent rappeler un fait historique, un grand événement de la république, bien d'autres peintures, si nombreuses que leur répétition en devient fastidieuse, proclament les hauts faits des braves condottieri qui conduisaient ses armées. C'est seulement dans la salle du Grand Conseil : *la Première conquête de Constantinople en 1203, par les Vénitiens et les Français*, due au pinceau de Palma le jeune, comme cette autre scène : *le Pape permettant à Othon d'aller auprès de l'Empereur son père*. Le Tintoretto a peint la *Seconde prise de Constantinople en 1204 ;* Aliense nous montre *le Doge Dandolo couronnant, à Constantinople, Baudouin, empereur d'Orient*, car la République faisait alors des rois. D'autre part, c'est le Véronèse qui peint le *Retour du doge Contarini après sa victoire à Chioggia sur les Génois en 1378*, tandis que Zuccaro représente *Barberousse aux genoux du Pape*, et que le Bassan montre *le Pape présentant le cierge au doge*. Enfin Véronèse a résumé en quelque sorte l'orgueilleuse histoire de la république dans son allégorie *la Gloire de Venise*. Puis, à droite en entrant, est le *Paradis* du Tintoret, cette toile immense qu'on dit la plus grande du monde entier, et qui recouvre de sa masse noire et confuse, mais belle encore malgré sa détérioration, la fresque primitive du Guariento.

Dans toutes les salles, on contemple une suite de victoires rendues par d'illustres pinceaux. Les trirèmes, les galères se choquent, se poursuivent, et dans cette mêlée continue, dans ces assauts de villes, dans ces batailles sanglantes, que ce soit à Tyr, à Jaffa ou à Lépante, toujours le pavillon de Venise se maintient haut et ferme et flotte victorieux. Le souvenir des victoires fait oublier les défaites. Dans la salle du

PANORAMA DE VENISE.

Scrutin est le *Jugement dernier* de Palma le jeune, cette étrange composition pleine de défauts, mais d'une réelle puissance de conception, l'assemblage le plus étonnant de damnés et de bienheureux. Et, au courant de toutes les autres salles, celles que j'ai citées et d'autres encore, continue la glorification de la république qui a engendré ainsi de vrais chefs-d'œuvre, quoique, il faut bien le dire, on trouve à ces peintures aux sujets commandés, moins de talent et de beauté véritable qu'on ne s'y attendait peut-être. Des sculptures nombreuses sont encore dispersées çà et là ; mais il semble que l'ornementation générale, très chargée, exagérée, nuise à ces points particuliers, écrase ces notes diverses ; ou plutôt ce qui gêne cet examen successif et qu'on voudrait méticuleux, c'est cette pensée même, persistante, de tous les faits historiques que ces salles ont vus se dérouler.

Mais ce qu'on ne se lasse pas de regarder de la salle du Grand Conseil, c'est la lagune. Du balcon de la fenêtre centrale on voit se déployer à droite et à gauche Venise et les îles qui en dépendent, baignant dans le flot bleu. C'est un spectacle qui vaut bien des peintures.

Des salles supérieures les guides vous mènent aux *Plombs,* petites cages de bois placées dans les vastes greniers du palais, directement sous le toit de plomb, cages dont quelques-unes étaient trop basses pour permettre à un homme de se tenir debout. Certes, ce devait être une dure captivité que celle qui vous retenait grelottant en hiver, suffoquant de chaleur l'été, et on comprend les plaintes de Casanova et celles de Silvio Pellico. Mais cette prison était-elle plus dure que celle du Spielberg ? et la république eût-elle été si terrible si elle n'eût employé d'autres châtiments ? Combien autrement cruelle devait être l'incarcération dans les *Puits,* dans ces cachots humides et sombres qui, pour n'être pas au-dessous du niveau des canaux, n'en faisaient pas moins subir aux malheureux enfermés dans ces véritables tombeaux la privation intolérable de l'air et de la lumière ; car on ne peut appeler ni air ni lumière ce point moins noir, cette lueur imperceptible, cet atome d'oxygène qui parvenaient aux prisonniers par le soupirail étroit débouchant au niveau du sol !

Les plaintes des malheureux ne pouvaient percer ces sombres murailles ; la salle de torture placée à l'entrée même des puits a pu entendre et garder bien des confessions involontaires ; à côté se trouvait la salle des exécutions secrètes, où passaient ceux à qui on avait arraché l'aveu voulu, et par une porte basse conduisant au canal, on pouvait transporter le corps des suppliciés dans la gondole qui devait aller le jeter au plus profond de la lagune.

Certes, ces cachots, ces engins de torture, cette justice silencieuse et expéditive nous inspirent de l'horreur, et à juste titre ; mais enfin, loin d'être une exception, les procédés sommaires et cruels étaient la règle commune en Europe à ces époques anciennes et quand on a visité les cachots que renfermaient les forteresses et les prisons de France, d'Allemagne, d'Espagne et d'Italie, on se demande pourquoi on a fait aux cachots de Venise un tel renom particulier de cruauté.

Du Palais ducal, le pont des Soupirs, jeté sur le canal, conduit aux magnifiques prisons construites par Ant. da Ponte, en 1589, pour recevoir les criminels ordinaires et servir de résidence, dans la partie donnant sur le quai des Esclavons, aux six magistrats chargés de rendre la justice, les *Signori di notte al criminal*. Que d'imaginations a fait travailler ce nom de Ponte dei Sospiri ! Là encore, on se figure les malheureux enchaînés traversant sans être vus de quiconque, puisque le pont forme une galerie couverte, le court espace qui les menait au supplice ; ici encore on a exagéré, car il devait y passer plus de délateurs et de complices secondaires des vrais criminels d'État, que ces derniers mêmes gardés dans les Pozzi ou sous les Piombi du Palais ducal. C'est

VENISE. — Cour du Palais ducal.

à croire que le ponte dei Sospiri fait pousser plus de soupirs à ceux qui le contemplent maintenant de loin, accoudés sur le parapet du ponte della Paglia, qu'il n'en a jamais été entendu pendant des siècles de domination. Le pont des Soupirs a ainsi apporté sa quote-part à cette étrange poésie qui se dégage de Venise, poésie de cruauté et de galanterie sans limites.

Comment, dans cette course rapide, ne pas évoquer le passé, et suivre en pensée toute cette histoire de Venise, où les tragédies sanglantes ont alterné depuis tant de siècles avec les épopées glorieuses ? Comment ne pas se souvenir de sa fondation, —

quelques Vénètes dispersés par les Huns abandonnent le littoral, se réfugient sur les îles dont la plus importante, Rivo Alto (Rialto), devient le centre de la nouvelle colonie, — puis des luttes contre les Musulmans, contre Constantinople ; de son organisation politique si forte et si terrible, qui livra peu à peu les plus hauts comme les plus humbles à la domination du Conseil des Dix ? Faut-il rappeler les luttes de Venise avec Gênes, son extension sur le continent, sa richesse et sa gloire, cette richesse qui devait amener sa perte non seulement par suite des convoitises excitées, mais par la décadence dans les caractères et dans les mœurs qui en fut la conséquence fatale ? Qui ne se souvient de son asservissement à l'Autriche à qui le traité de Campo-Formio allait l'adjuger en partage ? Le 16 mai 1797, trois mille Français détachés de l'armée de Bonaparte entraient à Venise. C'était la première fois que les soldats étrangers foulaient le pavé de Saint-Marc. En 1805, elle devait redevenir italienne et former le royaume lombard-vénitien, et en 1815 être de nouveau rétrocédée à l'Autriche, qui la détint jusqu'en 1866, époque où son annexion au royaume d'Italie lui rendit du moins sa nationalité.

C'est toute cette histoire que racontent les monuments de Venise et surtout ce Palais ducal, dont il n'est pas une salle qui ne rappelle des faits glorieux ou des exécutions sanglantes, aussi bien que leur merveilleuse décoration permet de juger les œuvres incomparables d'architectes comme Antonio Rizzo, Scarpagnino, Bergamasco, Antonio da Ponte, Sansovino et le Palladio ; de sculpteurs tels que les Bon, Leopardi, Campagna, Tommaso Lombardo ; de peintres comme Cima da Conegliano, les Bellini, le Giorgione, Titien, le Tintoret, Véronèse. Je n'en cite que quelques-uns.

En revenant vers la place Saint-Marc, en se retrouvant dans ce milieu doré, sous ces plafonds couverts des plus riches peintures, lorsqu'on débouche dans la galerie du haut, puis lorsqu'on descend lentement le grand escalier des Géants, l'esprit a comme une sorte de détente. On jette un dernier coup d'œil sur cette cour si pure de proportions, et on rend une fois encore hommage au génie et à la puissance qui ont élevé un semblable monument. L'ensemble, un peu sévère, est égayé à certaines heures par un va-et-vient continuel de femmes, d'enfants, qui se dirigent vers les puits élevés au milieu de la cour et qui, après avoir puisé l'eau, laissent reposer un moment leurs seaux sur les belles margelles en bronze datant de plus de trois siècles. Les rudes filles du Frioul, qui font à Venise le métier de porteuses d'eau, s'en vont se hâtant, claquant leurs pieds nus sur les dalles, tremblant sous le poids de leur lourde charge. On sort tout égayé par ce joli tableau, et là, sur la Piazzetta, une petite lampe votive, brûlant éternellement entre les deux colonnes de Saint-Jean d'Acre, vous rappelle encore une exécution, et une exécution injuste ou reconnue telle. La flamme vacillant au vent est un aveu, un remords, pour tout dire une expiation.

Puisqu'il est si aisé, d'après ce que je disais tout à l'heure, de parcourir Venise à pied, vous plaît-il d'errer un peu au hasard à travers ses ruelles et ses carrefours ? Le spectacle en vaut bien un autre, surtout dans la matinée. C'est un mouvement incessant de femmes allant aux provisions, la baüta sur les épaules, le panier à la main, de porteuses d'eau renouvelant la provision d'eau des maisons. Une compagnie s'est formée, il est vrai, qui fait parvenir l'eau de la Brenta jusqu'à Venise par de puissantes machines élévatoires, alors qu'autrefois des barques spéciales la transportaient chaque jour par le canal ou mieux par la passe qui va de Fusina à la Giudecca. Mais encore faut-il monter cette eau dans la plupart des maisons. Pieds et jambes nus, la jupe relevée pour marcher plus aisément, supportant sur l'épaule le long bâton recourbé qui enlève leurs seaux, les fortes paysannes du Frioul se chargent de ce pénible service. Qui ne les a remarquées pour leur costume particulier, surtout pour leur petit chapeau soit en paille, soit le plus souvent en feutre, orné d'une fleur des montagnes qu'elles portent droit sur la tête?

VENISE. — Porteuses d'eau au puits du Palais ducal.

Plus loin, vous vous heurterez à quelque marchand de courge bouillie établi à la descente d'un pont, comme jadis nos marchands de pommes de terre frites dans les quartiers populeux. Rien n'est moins plaisant à l'œil, moins désirable à manger que cette sorte de pâte jaunâtre aux reflets noirs que l'on découpe en tranches et que l'acheteur s'en va mangeant à votre nez comme le mets le plus délicieux. *Zucca baruca, oh che bona!* « Courge, oh! qu'elle est bonne! » entend-on crier au marchand en plein vent. *De bojo eh!* « Elle est bouillante! » ajoute-t-il pour allécher l'acheteur, en balançant la sorte de table qu'il promène suspendue à son cou par une courroie. D'autres s'établissent au coin d'une rue, étalent leur marchandise et toujours revient leur cri : *Zucca, oh che bona!* Avec eux rivalise d'appels bruyants le marchand de *frutti di mare*, non moins loquace, non moins braillard. Son établissement est encore plus sommaire. Celui-ci s'établit au milieu de la rue, à la descente d'un pont, ayant à ses pieds une vaste terrine pleine d'un liquide rougeâtre dans lequel nagent les poissons appelés *frutti di mare*, sortes d'étoiles de mer, poissons mucilagineux qui n'encouragent pas l'appétit. Souvent c'est le pêcheur même qui a récolté ces poissons qui les vend ainsi après les avoir fait cuire.

A leurs cris se mêlent encore ceux des marchands de légumes et de fruits qui passent dans les canaux avec leur barque pleine des provisions fraîches qu'ils ont été chercher vers la côte ou qu'ils ont achetées au grand débarcadère des barques. Ainsi à Paris on voit les marchandes des quatre saisons pousser leur charrette où s'étagent les carottes, les navets et l'oseille ou, en d'autres saisons, les cerises, les poires et le raisin.

Voilà l'alimentation de Venise assurée par ces bohèmes de la vente des rues, l'alimentation et presque la gourmandise. Les gourmands ont encore pour pourvoyeurs plus raffinés, mais plutôt dans les quartiers riches, à la Piazza, au quai des Esclavons, les marchands de fruits confits, répétant leur éternel : Caramels ! caramels ! Sur un éventaire souvent garni de cuivre jaune propre et brillant, ils font un étalage, fort appétissant celui-là, de fruits de toute sorte glacés au sucre et enfilés sur une paille dure. Figues, raisins, oranges forment des brochettes qui se vendent un sou, deux sous, ainsi que des caramels de tous goûts. A ceux-là on achèterait volontiers, et en réalité on achète beaucoup dans la classe moyenne qui se promène soit à la Piazza, soit aux Merceries. Leur succès est grand les soirs où la musique attire la foule.

Rien n'est curieux, si on veut se rendre compte de l'alimentation générale de la ville, une question toujours intéressante à étudier, comme de se rendre dans la matinée, lorsque le coup de canon qui ouvre le port a résonné sur le grand canal, à la sorte de halle qui est établie à côté du pont du Rialto. On vient d'y élever un grand marché en fer, entre le Rialto et le Fondaco des Turchi. Là, accostent les barques pleines de poissons, de ces délicats poissons de l'Adriatique, les thons, les rougets, les huîtres, les crabes, les coquillages, ou les bateaux chargés de légumes et de fruits, de tonneaux de vin de Dalmatie et autres marchandises. — On voit, selon la saison, des montagnes de citrouilles vertes, de pastèques, qui se débiteront ensuite par tranches dans les rues, de citrouilles, de pêches, de raisin, tandis que les grosses barques transportent le bois et le charbon. C'est un mouvement des plus pittoresques, une presse continuelle accompagnée des cris les plus discordants, des injures les plus virulentes et les plus pittoresques, dont la plus douce est « chien de la Madone ». Puis les barques — de grandes barques pontées sans mâts — se déchargent peu à peu et cèdent la place à bord du quai, tandis que toutes ces provisions s'entassent sous les arcades de fer où viendront les choisir les détaillants. Ne fût-ce l'odeur, on s'arrêterait longtemps à contempler cet intéressant tableau. On va, m'a-t-on dit, transporter ailleurs le marché au poisson. Ce ne seront ni les riverains ni les passants qui s'en plaindront, car toutes les prescriptions de l'administration municipale, toutes les observations des agents de police ne peuvent obtenir la propreté indispensable pour la salubrité publique. Dans tout Venise d'ailleurs, il y a à réagir vigoureusement contre des habitudes des plus nuisibles à la santé. Il est si facile, j'allais écrire si naturel, de déverser dans le canal qui passe à vos pieds les immondices de toute sorte qui vous gênent.

VII. — LES GONDOLES. — LES PALAIS ET LES ÉGLISES. — LA CA D'ORO ET I SCALSI. SAN GIORGIO ET I FRARI.

— Êtes-vous fatigué? Montons alors en gondole.

Je n'ai rien dit encore de ce véhicule étrange si doux, si captivant, où l'on peut rêver à l'aise, bercé par le mouvement régulier des rameurs et paresser tout à son envie en regardant défiler sous son œil tantôt surpris, tantôt charmé, cette succession de palais de masures et de scènes pittoresques qui composent Venise.

La gondole est une barque longue, étroite, aux deux pointes aussi effilées et aussi recourbées l'une que l'autre, pontée à ses deux extrémités, uniformément noire de la proue à la poupe. L'avant est garni d'une haute et lourde armature de fer poli, découpé en dents épaisses, donnant assez l'idée d'un cou de cigogne, qui assure par son poids l'équilibre de la barque et contrebalance surtout le rameur placé tout à fait à l'arrière. Au centre est le *felze,* cette boîte si lugubre d'aspect qui forme la cabine de la gondole. Le toit est cintré

VENISE. — Marchandes de citrouilles.

et s'infléchissant vers la poupe, recouvert d'un drap noir qui retombe en larges plis sur l'arrière de la barque. Sur le devant s'ouvre la porte à volets qui donne seule issue à cette caisse funèbre ; de chaque côté s'ouvre une petite fenêtre à volets, et à l'intérieur court une banquette circulaire plus large aux deux places du fond, les places d'honneur. Les plus pauvres comme les plus riches gondoles sont construites sur ce type unique, sans que ni les unes ni les autres puissent se soustraire à l'obligation de la couleur noire imposée par les anciennes lois somptuaires de la république, lois toujours en vigueur. C'est à peine si la gondole du riche a eu plus quelques ornements sculptés en plein bois aux montants des portes et sur les côtés, quelques anneaux de cuivre ; ses grosses lanternes en cuivre poli ou doré, surmontées de la couronne héraldique de leur noble propriétaire, la distinguent seules des barques plébéiennes. Une fois par an cependant les édits laissent fléchir leur rigueur. Ce jour-là, pour assister aux régates qui ont lieu sur le grand canal, chacun est libre de prendre sa gondole de fête, peinte généralement à la couleur de ses armes, de la garnir des étoffes les plus riches et de revêtir les gondoliers qui la dirigent d'une livrée de soie et de satin. Rien ne peut donner une idée du grand canal en ce jour de fête ; des milliers de barques parées le couvrent, se pressent, se poussent, se heurtent sans que jamais ou presque jamais, chose incroyable, on ait à noter un accident. Mais que de cris et que d'injures se croisent alors dans l'air ! Les gondoliers en possèdent un répertoire auquel ne saurait être comparé celui de nos cochers de fiacre. Bien souvent cette multitude de gondoles dont les couleurs miroitent sous le soleil envahissent l'espace réservé aux coureurs, et la police ne connaît pas d'autre moyen pour faire reculer les barques que d'arroser avec des pompes ceux qui les montent. Le procédé est bon. Le maréchal Lobau n'avait, on le voit, rien inventé.

Mais la tolérance accordée aux barques de couleur ne dure qu'un jour, et le lendemain, au souvenir de ce gai spectacle, le *felze* antique paraît plus noir que jamais. Certes, il dépare de sa forme si lourde la gondole si gracieuse dans sa courbe, et pourtant il semble que, sans lui, elle n'est plus elle-même. Le *felze* enlevé, elle perd, tout au moins pour l'œil, une partie de son originalité, mais non pas de son agrément, car si l'hiver on trouve sous le *felze* un abri excellent contre la pluie et le froid, l'été, lorsque le soleil donne sur cette cage noire, on y étouffe tout en laissant ouvertes la porte et les fenêtres. Aussi l'été se sert-on moins du *felze*, qui se place et déplace d'ailleurs avec autant de facilité que la capote d'un phaéton ou d'un landau, et, si le soleil brille, on le remplace par une tente de toile blanche ou rayée qui égaye toute la gondole et en change la physionomie. Mais quelle béatitude — c'est le mot véritable — on éprouve à s'asseoir sur la banquette du fond, les jambes étendues sur les bancs de côté, la tête abritée du soleil, à jouir de l'air frais qui vous frappe au visage et à avancer doucement, sans secousses trop rudes, le long du grand canal ou dans la lagune !

C'est un rude métier que celui de gondolier, un métier qui use vite les hommes minés en outre par la boisson. Mais peut-on leur reprocher de boire et même de boire plus que de mesure quand on les voit, malgré leur habitude, arriver haletants après une longue course, la sueur coulant sur leurs visages bronzés ? Le pied gauche un peu porté en arrière et soutenu, pour le gondolier qui se tient à la poupe de la gondole, par une sorte de cale qui corrige la déclivité du pont, le pied droit en avant, gardant sans cesse cet écart fatigant, mais qui permet seul aux bateliers de tenir leur équilibre et de rejeter le corps en arrière sans quitter leur place, ils appuient en cadence sur leur longue rame qu'ils manient avec une dextérité incroyable. Demandez aux amateurs que tente cet exercice : ils le croyaient des plus aisés et il n'en est pas qui ne payent leur apprentissage d'un bain dans le canal, tant il est difficile de se soutenir sur cette longue palette et de la faire entrer dans l'eau dans l'inclinaison voulue.

Les gondoliers de Venise rament ainsi pendant des heures, ralentissant ou augmentant leur train suivant que les canaux sont plus ou moins étroits et plus ou moins tortueux. Le gondolier de derrière est toujours le plus ancien des deux, le plus habile, puisque c'est lui qui dirige l'embarcation ; il suffirait, en effet, d'un coup de rame trop dur pour envoyer la barque se briser contre la pile d'un pont, pour défoncer la gondole qui vous croise. Leur habileté est si grande que jamais il n'arrive de malheurs bien sérieux, et cependant que de difficulté il y a pour se conduire dans ces *rii* étroits qui se mêlent, s'enchevêtrent, tournent brusquement sans qu'on puisse voir à dix pas

VENISE. — Gondoliers.

devant soi si quelque autre gondole, si même une grosse barque n'arrive pas à votre rencontre! De là le cri si connu des gondoliers, à l'intonation prolongée si expressive, qui prévient du danger d'un choc. *Stali eh!* crient-ils en faisant traîner longuement cette dernière syllabe, pour indiquer qu'il faut prendre à droite. *Premi eh!* « Incline à gauche », est le cri contraire, et *Sta di lungo!* « Va tout droit » complète ces indications auxquelles chacun se soumet au plus vite, quitte à invoquer la Madone et tous les saints contre le maladroit qui aura mal compris le signal. Puis un choc se produit-il ; frôle-t-on en faisant grincer le bois contre une autre gondole, on n'a même pas le temps d'éprouver un sentiment de crainte, déjà on est loin et l'habitude vous démontre vite l'absence de tout danger.

Rien ne vaut, je l'ai probablement dit déjà, une course en gondole sur le grand canal. Les bateaux-mouches qui circulent depuis quelques années du quai des Esclavons à la gare enlèvent bien, il est vrai, quelque charme à cette promenade ; ils dépoétisent par leur hélice moderne ces lieux au cachet antique ; mais on s'y habitue comme à toute chose et on est souvent bien heureux de les utiliser pour se rendre en vingt minutes de la Piazzetta à la station du chemin de fer. L'opposition la plus vive combattit la création de ce service en réalité fort utile ; on soutint notamment que le remous de l'eau causé par l'hélice ébranlerait rapidement les pilotis qui soutiennent les palais, on invoqua mille prétextes. Une compagnie, non pas la compagnie italienne qui avait présenté le premier projet, mais une compagnie en partie étrangère, put enfin se former, et il semble qu'elle a obtenu plein succès. Si quelques-unes des riches habitations qui bordent le grand canal ne présentent pas l'état de conservation qu'on voudrait leur voir, il ne faut pas en accuser les bateaux à vapeur dont il est question : le défaut d'entretien est la seule cause de dégradation.

Pour examiner à loisir le grand canal, c'est en gondole qu'il faut le parcourir. En partant de la Piazzetta, en remontant vers la gare, on voit successivement défiler à gauche la *Dogana di Mare,* dont la Fortune dorée, qui domine la mappemonde supportée par deux Atlas au haut de la tour, sert de girouette ; puis le grand séminaire et Santa-Maria della Salute, cette grande et belle église un peu froide, mais de style noble, élevée au XVIIe siècle par Longhena.

En face, après avoir dépassé le Palais royal, s'élève le palais Giustiniani dont les appartements — sort commun à beaucoup de ces vieux palais — ont été convertis en chambres de voyageurs. Le palais Giustiniani, signe des temps, est devenu l'Hôtel de l'Europe. Plus loin, voici le palais Emo-Treves, puis le palais Tiepolo-Zucchelli, converti également en hôtel comme les deux palais Contarini et Ferro qui forment un peu plus loin le Grand-Hôtel. Ensuite est le magnifique palais Corner, qui sert actuellement de préfecture et que construisit Sansovino en 1532. Voici encore le palais Barbaro, le palais Cavalli, d'un style ogival si pur, où résida le comte de Chambord. De l'autre côté sont le palais Dario-Angarani et les constructions restées inachevées depuis deux cents ans du palais Venier, et encore le palazzo da Mula auquel la Société des verreries et des mosaïques de Murano, qui en est propriétaire, a enlevé son caractère d'édifice du XVe siècle en appliquant sur sa façade une grande mosaïque qui lui sert de réclame.

Ce sont encore, toujours à gauche, les palais Zichy-Esterhazy, Manzoni-Angarani et, au delà du pont de fer qui, depuis 1854, traverse du Campo San Vitale au Campo della Carita, l'Académie des beaux-arts, le beau palais Contarini, qui comprend deux palais élevés l'un au XVe siècle, l'autre au XVIe siècle, le palais degli Ambasciatori, palais où la république logeait les envoyés extraordinaires qu'elle recevait, et encore le palais Rezzonico.

Plus loin, à la courbe que fait le canal, on trouve le palais Foscari. L'école supérieure de commerce est installée dans ce vaste bâtiment où habita le vieux doge qui régna si glorieusement pendant vingt-cinq ans au XVe siècle, où vécurent ses descendants dans une décadence qui s'accentua sans trêve. C'est une belle construction de style ogival à laquelle fait suite le palais Balbi, puis les palais Grimani, Persico, Tiepolo, Pisani, Barbarigo, où résida le Titien ; ce dernier palais contenait jadis une magnifique collection de tableaux qui furent achetés en 1850 par l'empereur de Russie. Un autre palais Grimani et le palais Tiepolo, d'une architecture élégante, complètent à gauche cette suite d'édifices jusqu'au pont du Rialto.

En reprenant à droite, à partir du pont de fer se succèdent de même de magnifiques et curieux palais, le palais Giustinan-Lolin qui fut la propriété de la duchesse de Parme, le palais Malipiero, le palais Grassi qui appartient au baron Sina, le palais

VENISE. — Grand Canal et Canareggio.

Moro-Lin, le palais Contarini delle Figure, les palais Mocenigo, Corner-Spinelli qu'occupa longtemps la Taglioni, le palais Cavalli et ce magnifique et imposant palais Grimani où est installée actuellement la cour d'appel, voisine ainsi de l'hôtel de ville qui occupe les bâtiments du vieux palais Farsetti, un des plus délicats spécimens du style vénitien du XIe siècle, où les détails d'architecture byzantine et orientale sont si étrangement mêlés. Viennent ensuite le palais Loredan, puis les palais Dandolo, du style gothique primitif, Bembo et Manin. Ce palais du dernier doge de Venise est occupé aujourd'hui par l'administration de la Banque nationale. Comme les trois précédents, il n'a pas une sortie directe sur le canal, mais sur un quai qui le borde, appelé Riva del Carbone.

Depuis le coude formé par le canal aux palais Foscari et Balbi, on aperçoit le pont du Rialto dont l'arche unique fut jusqu'à notre époque la seule voie de communication entre les deux rives du grand canal. On ne peut qu'admirer la hardiesse et la courbe si parfaite de cet arc énorme qui a près de 28 mètres d'ouverture sur 7^m,50 de haut, on doit sans restriction rendre hommage à l'architecte qui le construisit, — ce fut, si je ne me trompe, Ant. da Ponte qui en donna le dessin ; — on peut se rendre compte aisément de l'immense travail qu'il fallut exécuter pour asseoir solidement ses assises sur ce sol mouvant et on ne s'étonne pas quand on apprend qu'il fallut enfoncer 12,000 pilotis pour en poser les fondations ; mais, à être franc, on est souvent quelque peu désillusionné, tant on avait entendu vanter ce vieux pont de Venise, tant les deux rangées de boutiques qui sont élevées de chaque côté du passage principal écrasent cette construction qui eût paru gracieuse et élancée sans cette surcharge. Le mur droit, sans ouvertures, qui clôt les boutiques du côté du canal, empêche de bien juger l'élancement de la courbe de l'arche qui les supporte, si bien qu'en contemplant cette antique œuvre d'art on éprouve sincèrement plus d'étonnement que d'admiration.

Le pont du Rialto se trouve à la moitié du grand canal. En remontant vers la gare, on voit, toujours à gauche, d'abord le palais dei Camerlenghi, très bel édifice où étaient installés les trésoriers de la république, tout près des bureaux et des entrepôts placés dans les Fabbriche Vecchie et les Fabbriche Nuove construites en 1520 et en 1555, les premières par Scarpagnino, les secondes par Sansovino. Leur faisant suite, et comme en dépendant, viennent l'Erberia et la Pescheria, le marché aux fruits et aux légumes et le marché aux poissons; puis le palais Corner della Regina, occupé par le mont-de-piété, le palais Pesaro, l'église San-Staë, le palais Battagia, et enfin ce remarquable et curieux bâtiment du Fondaco dei Turchi, dont la longue façade byzantine se détache si nettement sur les édifices environnants. Construits au xe siècle, ces bâtiments furent achetés par la république au duc de Ferrare, en 1621, pour en faire une auberge ouverte aux marchands et aux marins turcs que leur commerce attirait en foule à Venise. Restauré depuis peu, il renferme maintenant les collections léguées à la ville par un noble vénitien et complétées depuis cette époque. Ce musée, le musée Correr, porte, en reconnaissance d'un aussi beau don, le nom de ce généreux donateur.

De même que les Turcs avaient leur auberge spéciale, des bâtiments particuliers étaient affectés comme résidence et comme entrepôt aux Allemands qui faisaient avec Venise un grand échange de marchandises. De là le nom de Fondaco dei Tedeschi donné à la vaste construction jadis garnie de tourelles, située de l'autre côté du canal, au débouché du pont du Rialto. Ces bâtiments étaient autrefois décorés extérieurement de peintures du Giorgione et du Titien, mais c'est à peine si on peut encore découvrir quelques traces des fresques qui les recouvraient. Le Fondaco dei Tedeschi est occupé maintenant par les bureaux de la douane. Au delà est la Ca da Mosto, puis les palais Mangilli-Valmarana, Michieli dalle Colonne, Sagredo et, à côté, cette élégante et fine construction ogivale, la Ca d'Oro, qui est certainement, parmi les constructions bordant le grand canal, une de celles qui présentent le plus de caractère.

La Ca d'Oro veut dire la maison d'or, tant était riche sa décoration. Elle vient d'être restaurée, et Dieu sait si cela était nécessaire, mais sans qu'on lui ait rendu tout son éclat. Elle n'en reste pas moins un ravissant spécimen de l'architecture de la fin du XIVe siècle.

A partir de la Ca d'Oro les palais se font rares, des maisons plus modestes et bien souvent ruinées ou délabrées garnissent seules les bords du canal; mais il reste encore au moins un palais à voir, et certainement un des plus beaux. Je parle du palais Ven-

VENISE. — Pont du Rialto.

dramin-Calergi qui rappelle tant de souvenirs. C'est là que la duchesse de Berry, et après elle le comte de Chambord ont vécu tant d'années. Aujourd'hui il est occupé par don Carlos. Bâti par P. Lombardo en 1481 pour And. Loredan, il présente une élégance et une pureté de style dans les proportions et dans la décoration qui en font un des plus remarquables palais de Venise. A l'intérieur, les appartements sont magnifiques et merveilleusement décorés. Dans le grand salon de réception notamment, tendu de cuir, est une frise de Palma le jeune, représentant le *Triomphe de César*, qui est une œuvre d'un haut intérêt artistique.

Cette simple et si rapide énumération ne suffit-elle pas à montrer tout l'intérêt que présente, au seul point de vue historique, cette course sur le grand canal? Mais, pour bien comprendre ce qu'elle a de particulièrement étrange et curieux pour l'œil, il faut se rendre compte de la diversité de style de tous ces édifices, des surprises que provoquent des rapprochements véritablement inattendus. N'est-il pas étonnant de voir, à côté d'une construction presque byzantine d'aspect, légère et fine, s'élever un haut et imposant bâtiment de la Renaissance, de sauter d'un bâtiment ogival à un autre bâtiment dû à un architecte de l'école des Lombardi? Dans tout Venise sont disséminés des palais aussi beaux et aussi dissemblables d'architecture comme les palais Labia et Manfrin dans le Canareggio, ou le palais Albrizi, ou le palais Capello et le palais Malipieri et cent autres perdus au fond des canaux, qui s'enfoncent dans l'intérieur de la ville ; mais ils ne sont pas accolés, comme sur le grand canal, à des édifices qui forment avec eux le plus puissant contraste ; si on ne les regarde pas avec plus d'attention, cela tient à l'étroitesse des canaux qui les bordent, et on peut ajouter à la noirceur humide de leurs murs et même à leur dégradation, car il en est bien peu qui soient sérieusement entretenus. Tandis que sur le grand canal il y a l'air, l'espace, le soleil, les taches que font les édifices dégradés s'effacent presque, noyées qu'elles sont dans cette atmosphère si chaude et d'une si belle couleur. Il faut dire d'ailleurs que des restaurations intelligentes ont beaucoup diminué cet aspect de désolation que Venise a eu un moment, même sur le grand canal.

Chaque fois que, sortant d'un de ces petits canaux noirs et sombres qui y aboutissent, on débouche dans le grand canal, on éprouve la même impression d'admiration. La plus stupéfiante peut-être, la plus belle sans contredit de toutes ces arrivées se trouve à l'un des coudes du canal, entre les palais Foscari et Balbi, vis-à-vis du palais Moro-Lin. Là aboutit un rio que les bateliers prennent souvent pour vous ramener de la gare. Le grand canal est à cet endroit fort large et en quelques coups de rame on se trouve dans l'axe de cette vaste nappe d'eau qui se prolonge jusqu'au fond de la lagune, Santa-Maria della Salute pointant à droite son dôme élevé. Ce spectacle est unique. Rien ne peut dépeindre cette course silencieuse sur des eaux dormantes, à travers ces palais si beaux encore malgré leur dégradation, devant leurs perrons de marbre que précèdent les hauts pilotis peints en couleurs qui forment débarcadère, sous leurs balcons si finement découpés et leurs fenêtres aux mille arabesques. Plus on avance et plus la masse d'eau s'élargit, repoussant les portiques et les colonnades auxquels le soleil donne ses tons chauds et doux. Que ne peut-on, à Venise, vivre toujours sur le grand canal !

Pour bien comprendre Venise, il faut surtout errer à l'aventure, parcourir les calli et les rii en flâneur et non en touriste pressé de tout voir ce qu'on lui a signalé comme intéressant. Ces promenades répétées à toute heure du jour, dans tous les quartiers, sans autre but que de s'imprégner en quelque sorte de cette atmosphère si particulière à Venise, peuvent seules donner le sens exact de cette ville étrange. Ceux qui ont été séduits dès l'abord verront redoubler le charme qui les subjugue. Ceux qui se sont montrés un peu rebelles à une admiration banale trouveront seulement dans cette observation continue ce je ne sais quoi qui leur permettra de modifier leur impression première.

A quoi bon, par exemple, engager le touriste, toujours pressé, toujours ménager de son temps, à visiter un nombre incalculable d'églises qui, pour la plupart, ne présentent aucune particularité bien frappante? On ne l'envoie pas, cela est vrai, dans les soixante églises existant encore sur les cent que renfermait autrefois Venise; mais on lui en indique néanmoins un trop grand nombre, car beaucoup d'entre elles ne méritent pas d'être visitées. Il n'en est pas ainsi des Gli Scalzi, de Santa-Maria Formosa, I Frari, I Gesuiti, Santa-Maria dell'Orto, Santa-Stefana, San-Giovanni Paolo, Santa-Maria dei Miracoli, même Santa-Maria della Salute et encore San-Giorgio Mag-

VENISE. — Rio dei Mendicanti. Église San-Giovanni e Paolo.

giore; mais cette dernière, par sa position même, appelle une mention à part. Ceci ne veut pas dire, car je tiens à être bien compris, que dans d'autres églises encore, il n'est rien qui ne puisse motiver une visite, soit un joli dessin de façade, comme à San-Giobbe ou au Redentore, soit de curieux détails d'ornementation, soit encore une belle sculpture ou un beau tableau dus aux maîtres anciens, comme le Tintoret de Santa-Maria Mater Domini, le Véronèse de San-Pantaleone, le Titien et les Véronèse de San-Sebastiano, le G. Bellini de Santa-Zaccaria et d'autres encore.

Mais pour étudier avec fruit les mausolées, les peintures que renferment ces églises, il faut les voir à loisir, à son temps et non à la hâte. C'est pourquoi si les heures vous sont comptées, mieux vaut s'attacher à ne visiter que quelques monuments principaux, fussent-ils même, dans un sens, inférieurs à ceux que l'on néglige, si les premiers présentent un caractère bien particulier, s'ils déterminent exactement dans leur ensemble l'époque à laquelle ils ont été élevés.

Ainsi on ne doit pas considérer les Scalzi pour la pureté de leur style et la sobriété de leur décoration. Les défauts contraires y dominent. Cette église de la fin du XVIIe siècle n'en est pas moins fort intéressante à étudier, malgré la profusion de marbres et de dorures qui en garnissent l'intérieur.

Si des Scalzi, située près de la station du chemin de fer, on se rend, près des Fondamenta Nuove, aux Gesuiti, on sera de même curieux évidemment de se rendre compte de l'étonnante construction de marbre de cette église, sans se croire tenu à une admiration qui serait faussement appliquée. Les Gesuiti ont été construits au commencement du XVIIIe siècle, dans le style baroque dont ils étalent tous les défauts. La nef est entièrement revêtue, on pourrait dire tendue en marbre antique blanc et vert foncé, car on s'est ingénié à donner au marbre sur certains points l'apparence de draperies. Ainsi au maître-autel, dont le baldaquin est un globe terrestre, avec Dieu le père et le fils, soutenu par dix colonnes torses magnifiques, les marches sont sculptées en plein marbre, de façon à donner l'illusion d'un tapis descendant de l'autel jusque vers la balustrade du chœur. La chaire, et c'est bien là un curieux travail, est également entourée d'une large draperie de marbre qui, tombant du haut, se déroule en plis épais sur l'entablement et sur les côtés jusqu'à terre.

Il y a dans cette profusion de marbre, malgré son uniformité de couleur, dans les dorures répandues de toutes parts, un étalage de mauvais goût qui fatigue et fait revenir bien vite sur la première impression assez favorable qu'on avait ressentie. Cependant on ne doit pas se retirer trop vite; dans une des chapelles se trouve une des plus importantes peintures du Titien, le *Martyre de saint Laurent*, qu'il faut regarder avec grand soin, ainsi que l'*Assomption* du Tintoret et les tombeaux d'Horace Farnèse, avec sa statue, et du doge Pascal Cicogna.

Mais non loin de là, en remontant vers les Fondamenta Nuove, près de la Sacca della Misericordia, se trouve l'église autrement belle et puissante d'effet de Santa-Maria dell' Orto dont la façade en style gothique, élevée en 1481 par P. Lombardo, est un des plus beaux spécimens qui se puissent voir des constructions de cette époque. Une tour, curieuse d'aspect, domine ses trois nefs que supportent, à l'intérieur, des colonnes en marbre grec veiné. Le Tintoret peignit pour cette église, dans laquelle il fut inhumé, de nombreuses peintures dont la meilleure est la *Présentation de la Vierge*; le *Jugement dernier* et l'*Adoration du Veau d'or*, placées dans le chœur, mettent trop en évidence ses défauts majeurs, la disproportion des lignes, l'irrégularité du dessin, le manque de mesure de la mise en scène, défauts que ne suffisent pas à racheter la vigueur et la hardiesse des figures et du coloris. Non loin de là sont deux toiles intéressantes de Cima da Conegliano et de Palma le vieux, et la chapelle funéraire de la famille Contarini.

Si l'on revient le long des Fondamenta Nuove, où stationnent les bateaux à

VENISE. — PALAIS WISMANN.

vapeur qui conduisent à Murano, et par le rio dei Mendicanti, on accoste, après avoir passé devant l'hôpital, sur la place qui précède l'église San-Giovanni e Paolo, une des plus belles de Venise et des plus intéressantes. En outre, à côté de l'église San-Zanipolo, selon le nom abrégé et composé que lui donne le peuple, et depuis près de quatre siècles, s'élève un magnifique monument, la statue équestre d'un des généraux de la république, Bart. Colleoni, statue qui fut la seconde érigée en Italie depuis la Renaissance. Ce Bergamasque, à qui la République avait si souvent dû la victoire, a été modelé par And. Verocchio. En reproduisant ce condottiere rude et à demi sauvage, Verocchio a fait une magnifique œuvre d'art. Aless. Leopardo la coula en bronze et éleva, en 1496, l'élégant piédestal à colonnes qui la supporte.

Presque en face, formant un des côtés de la place, est la riche et belle façade édifiée, en 1485, par les Lombardi à la Scuola di San-Marco (confrérie laïque de Saint-Marc), dont les vastes bâtiments servent, depuis 1815, d'hôpital civil. Et au milieu se dresse la magnifique façade de San-Giovanni e Paolo, un des meilleurs spécimens du style gothique italien; elle fut commencée en 1230 et achevée en 1430, du moins dans son gros œuvre, car sa façade en briques n'a jamais reçu notamment le revêtement en marbre qui devait la couvrir; la porte principale est seule terminée. Cette importante église, longue de 94 mètres et large de 40, est à trois nefs que supportent dix épaisses colonnes rondes, et elle est surmontée d'une coupole d'un beau dessin plein de hardiesse.

San-Giovanni e Paolo présente encore un autre intérêt que celui dû à son architecture et aux tableaux qu'elle renferme, et dont quelques-uns sont des plus beaux; au point de vue de l'histoire, elle est des plus curieuses à visiter puisqu'elle renferme un nombre considérable de monuments funéraires des doges dont elle était le lieu de sépulture officiel. On l'a appelé le Westminster de Venise, ce qui donne avec justesse l'idée de ce vaste monument funéraire dont la multitude des tombeaux célèbres qu'il contient a fait presque un musée. Sans les énumérer tous, il faut citer le monument du doge Pierre Mocenigo par les Lombardi, le tombeau de Marc-Antoine Bragadin, qui, après une défense opiniâtre de Famagoste, dans l'île de Chypre, fut pris par les Turcs et écorché vif, ainsi que le représente une statue d'un naturalisme extrême; le monument de Sylvestre et d'Élisabeth Valier, orné d'une quantité considérable de statues et de bas-reliefs; l'obélisque élevé en l'honneur du peintre Michel Lanza; le monument équestre du général Nicolas Orsini; dans le chœur, les monuments des doges Morosini, Léonard Lorédan, Marc Cornaro, Vendramin, ce dernier dû au ciseau de Leopardi, un des plus beaux qu'on puisse voir à Venise. C'est encore le monument du doge Antoine Venier et, non loin de là, celui de sa femme et de sa fille; puis la statue équestre de Léon. da Prato et le beau groupe de marbre qui représente sainte Hélène remettant le bâton de commandement au général Victor Capello; et, de côté et d'autre, les monuments du doge Pascal Malipiero, du doge Thomas Mocenigo, du doge Nic. Marcello, celui du marquis de Chasteler, — assez récent, puisque sa mort ne remonte qu'à 1828, — du doge Joseph Bembo, etc. J'en passe un grand nombre, ainsi que d'autres statues équestres et des bustes de toutes sortes, entre autres, celui du Titien.

Puis, dans les diverses chapelles, dans la sacristie, de toutes parts sur les murs sont accrochées des peintures remarquables, mais souvent dégradées, comme le *Saint Hyacinthe* de L. Bassan, le *Crucifiement* du Tintoret, la *Vierge* de Girolamo d'Udine, les peintures, fort noircies malheureusement, de la sacristie par J. Palma, L. Bassano, Marco Vecellio, Alv. Vivarini, etc. Mais la plus belle de toutes, la plus considérable au point de vue de l'art, celle qui pouvait faire le renom de San-Giovanni, où elle resta

VENISE. — Abbaye de San-Gregorio.

accrochée si longtemps, n'existe plus malheureusement. Je veux parler du *Martyre de saint Pierre dominicain,* assassiné dans un bois, près de Milan, en revenant d'un concile. Cette œuvre si intéressante était le chef-d'œuvre du Titien, et une récente restauration avait permis d'en apprécier les beautés, lorsqu'un incendie le détruisit en 1867. Cette magnifique peinture, qu'une ancienne copie donnée par le roi Victor-Emmanuel ne rappelle que faiblement, se trouvait, par suite de réparations exécutées dans l'église, dans la chapelle du Rosaire, érigée en souvenir de la victoire de Lépante. Un incendie terrible fit disparaître cette belle chapelle et tous les trésors qu'elle contenait. Il y a peu de temps, elle s'ouvrait encore béante sur l'église noircie par le feu, attendant une réédification toujours annoncée et toujours retardée.

En quittant cette église, dont les monuments intérieurs permettent d'étudier, à ses diverses époques et dans ses manifestations les plus opposées, l'art de la sculpture et de la statuaire à Venise, on peut se rendre à San-Maria dei Miracoli, petite église à une seule nef, du commencement de la Renaissance, revêtue de marbres précieux à l'intérieur et à l'extérieur. Le chœur carré, élevé de douze degrés, est surmonté d'une curieuse coupole et flanqué à droite et à gauche de jubés pour l'épître et l'évangile. Les dorures et les ornements de toutes sortes sont prodigués à l'intérieur. De là, on revient aisément à Santa-Maria Formosa, belle église en forme de croix surmontée de plusieurs coupoles, mais à laquelle des restaurations et des transformations successives ont enlevé beaucoup de son caractère primitif. Cependant on irait la visiter uniquement pour y admirer le magnifique tableau de Palma le vieux, *Sainte Barbe*, qui se trouve au-dessus du premier autel, à droite en entrant. C'est un merveilleux morceau de peinture, plein de force et de majesté, pris d'après nature, un type de femme telle que Palma en avait vu passer, mais ennoblie, épurée, une Vierge enfin dans le corps d'une barcarole. Plus loin se trouve S. Zaccaria, sur l'emplacement d'une des plus vieilles églises de Venise, détruite par un incendie en 1105 et dont il ne reste que la crypte. Martin Lombardo commença à élever, en 1457, une église qui ne fut terminée qu'en 1515, et il paraît probable que, durant ce long laps de temps, la tendance marquée par l'architecte à s'éloigner du gothique s'accentua et amena la juxtaposition aux parties gothiques de parties Renaissance. La façade, ornée de marbres, très tourmentée d'aspect, tient plutôt de ce dernier style, mais non encore épuré. L'intérieur est divisé en trois nefs avec une abside gothique et des arcades en plein cintre, dont la troisième à droite ouvre sur le chœur des religieuses qui avaient leur couvent joint à l'église. Dans le chœur de ce couvent il faut regarder les stalles, marquetées par Marco da Vicenza, en outre un Tintoret, la *Naissance de saint Jean-Baptiste*, et une *Madone*, malheureusement abîmée, mais très belle encore, de Giov. Bellini, qui la peignit à soixante-dix-neuf ans, dans la maturité d'un talent qui n'avait pas cessé de progresser. On retrouve un autre de ses ouvrages, une *Circoncision*, au-dessus du troisième autel du chœur. Le chœur renferme, en effet, quatre autels disposés en demi-cercle.

On se trouve tout près de Saint-Marc, tout près aussi du quai des Esclavons, et l'occasion est excellente pour traverser la lagune et se rendre à San-Giorgio Maggiore. Votre gondole a vite fait de vous y conduire et, pour un peu, vous croiriez vous rendre à un fort ou à une caserne et non à une église, si une imposante façade portant bien la marque du Palladio qui en a donné le dessin, et un haut clocher rouge ne se dressaient en face de vous. Les bâtiments de l'ancien couvent des Bénédictins auquel elle attenait ont été, en effet, transformés en caserne d'artillerie, comme en témoignent les barques pleines de soldats avec lesquels bien souvent on se croise; de loin même on aperçoit les sentinelles qui arpentent le môle du petit bassin créé pour abriter les barques militaires et les chaloupes à vapeur, et, en débarquant, on voit des pièces d'artillerie descendues de leurs affûts, rangées sur un côté du quai où se promènent des officiers attendant leur gondole. Sans l'animation, bien relative, que donnent ces uniformes, on se croirait dans un désert. L'herbe pousse entre les dalles du quai et parfois il faut frapper longtemps à la porte de l'église avant que quelqu'un réponde à votre appel. Une fois entré, en avançant sous cette haute voûte, en parcourant ses trois nefs, on subit malgré soi une terrible impression de solitude, on marche lentement jusqu'au chœur que garnissent quarante-huit stalles en bois ornées de bas-reliefs représentant l'histoire de saint Benoît par le Flamand Albert de Brule. Les peintures du Tintoret sont nombreuses; ce sont la *Cène* et la *Manne tombant du ciel* dans le chœur, une

VENISE. — La Giudecca.

Descente de croix dans la salle du chapitre, un *Saint Étienne* et le *Martyre de saint Côme, saint Damien et leurs compagnons*. Il faut encore voir le *Martyre de sainte Lucie* par Léandre Bassan, les beaux candélabres en bronze du chœur, le *Christ* en bois de Michelozzo, les monuments du doge Laurent Venier et du doge M. Memmo. Au-dessus de la porte, un portrait de Pie VII rappelle qu'il fut élu pape dans un concile tenu à San-Giorgio, le 14 mars 1800.

Un haut campanile domine l'église et, de sa galerie supérieure, on jouit d'une vue admirable sur Venise et les lagunes. Le vieux sacristain qui m'avait introduit ne se souciait guère de gravir le long escalier de bois en spirale, très facile à monter cependant qui conduit au sommet, et, me remettant la clef qui devait ouvrir la porte du haut, il me souhaita une bonne ascension. Je profitai de ma solitude pour rester longtemps le regard perdu dans l'espace, planant sur cet entassement de maisons et de canaux qu'on ne se lasse de contempler en s'étonnant sans cesse. La vue m'a toujours semblé plus belle du clocher de San-Giorgio que du clocher de Saint-Marc, ce qui s'explique aisément. Du campanile de Saint-Marc, on a, il est vrai, ce spectacle très bizarre de l'entre-croisement des rues; on peut suivre de l'œil le fourmillement de la foule dans les calli étroites et, sur les canaux, le mouvement des gondoles; on voit enfin Venise directement de haut. Mais cette situation même restreint la vue d'ensemble, tandis que, de San-Giorgio, Venise se présente à vous de flanc, dans son entier, précédée de sa lagune qui se développe devant vous en un demi-cercle, blanchissant sous la grande lumière du jour. Sur la gauche, on voit alors la Giudecca entière couverte de barques, et en face de soi la façade brillante, comme dorée, du palais ducal, les deux hautes colonnes qui s'élèvent sur la piazzetta, et filant en ligne douce la façade de Saint-Marc, dont les coupoles délimitent la position. Ce n'est plus la Venise grouillant à vos pieds qu'on aperçoit de là, c'est la Venise triomphante présentant son môle merveilleux aux voyageurs que la renommée a attirés. Que ne peut-on faire son entrée à Venise par ce chemin merveilleux! Déjà j'avais eu ce sentiment en revenant du Lido, le vrai chemin, le seul chemin qu'on devrait suivre pour comprendre, dès le premier moment, Venise dans sa grandeur, pour qu'elle s'impose à votre admiration par son extraordinaire majesté. Au loin, les maisons que dominent les hauts campaniles sortent peu à peu de la masse des eaux; à gauche s'étend la Giudecca, en face débouche le grand canal que termine d'un côté la petite coupole de la Dogana, tandis que l'autre rive, s'allongeant indéfiniment, s'étend comme un énorme arc de cercle terminé par les arbres verts des jardins publics. On dépasse les gros bateaux à l'ancre, on croise les barques qui sillonnent la lagune. Le jour, c'est un mouvement incessant, un perpétuel miroitement de couleurs crues sous l'ardent soleil qui fait palpiter l'âme de la cité. Le soir, le spectacle a quelque chose de fantastique. On ne perçoit que de grandes masses sombres et, pointant l'espace, les lumières brillant dans les petites chapelles accrochées sur les pilotis, les feux de couleurs des bâtiments à l'ancre, les becs de gaz du jardin royal et du quai. Il semble qu'on s'avance vers un énorme monstre endormi sur les eaux, à moins que la lune, se dégageant tout à coup, ne vienne éclairer de sa lumière glauque les grandes lignes de cet ensemble où les ombres prennent alors les tons les plus noirs. Voilà la Venise puissante, riche, belle et étrange tout à la fois! Combien doit être vive l'impression que ressentent ceux qui entrent pour la première fois à Venise par cette admirable voie!

On s'arrache difficilement au spectacle qu'on suit du haut du clocher de San-Giorgio, tant est puissante la rêverie à laquelle on s'abandonne. Quand j'en redescendis, — c'était la première visite que je faisais au vieux monastère, — le vieux sacristain, fatigué de m'attendre, s'était réfugié dans la sacristie où il dormait tranquillement. Je le réveillai pour lui rendre sa clef, et, avec un bon sourire, il me dit simplement : *E bello!* Il comprenait que je me fusse attardé dans la tour.

On peut revenir ensuite par Santa-Maria della Salute qui est une belle, mais froide église construite au xvii° siècle par un des élèves du Palladio, Longhena. C'est, sans contredit, un somptueux édifice et que j'apprécie surtout, je l'avoue, pour l'admirable perspective que forme la double coupole qui le surmonte, soit qu'on arrive du Lido, soit qu'on descende le grand canal. Si elle n'existait pas, on voudrait la voir construire à cet effet. D'ailleurs, quoiqu'un peu lourde de lignes, quoique son ensemble et ses détails dénotent bien l'époque de décadence à laquelle elle a été bâtie, elle n'est pas d'une architecture sans mérite. Elle fut élevée, paraît-il, en actions de grâces de la cessation de la peste du xvII^e siècle, et on prétend que, pour lui assurer une base solide, on dut enfoncer un million deux cent mille pilotis, cette énorme charpente pouvant seule soutenir le poids d'un tel monument. De l'église qui renferme des peintures du Titien, du Tintoret et de Palma, on peut passer dans le cloître, devenu le grand séminaire, — la chapelle contient un tableau de Sansovino — et on gagne assez rapidement I Frari qui se trouvent occuper en quelque sorte le milieu de la boucle formée par le grand canal. Santa-Maria Gloriosa dei Frari était l'église des Frères franciscains, dont le cloître s'étend à côté. Commencée au milieu du xIII^e siècle et achevée vers 1338 par Nic. Pisano, elle a, nettement accentué, le caractère ogival de cette époque, malgré les piliers ronds qui soutiennent la nef principale. De même qu'à San-Giovanni e Paolo, on trouve aux Frari un nombre considérable de monuments funéraires, de sépultures d'hommes illustres, de personnages célèbres à tous les titres; la visite de cette importante église, une des plus considérables de Venise, est aussi intéressante au point de vue de l'histoire que de l'art. Là s'élève le tombeau monumental que l'empereur Ferdinand Ier fit ériger au Titien en 1839, plus loin les tombeaux d'Almerico d'Este de Modène, de Jacques Marcello, de l'amiral Pesaro; dans le chœur, les mausolées du doge Franc. Foscari et du doge Nic. Tron; puis, dans le bas côté de gauche, celui du doge Jean Pesaro et l'immense mausolée de Canova, qui fut sculpté par ses élèves d'après le modèle qu'il avait dessiné pour un tombeau du Titien. Il y a tant de sarcophages, de mausolées, de statues, les uns de véritables œuvres de grand art, les autres dénotant surtout l'orgueil et le mauvais goût, qu'il est presque difficile de se retrouver dans cet entassement de sculptures; de lassitude, on revient tout heureux contempler à nouveau le merveilleux tableau du Titien, la *Vierge de la famille Pesaro*, puis, dans la sacristie, cette autre gracieuse et délicate composition de Giov. Bellini, la *Vierge et les saints*. Cette dernière œuvre est sans contredit une des principales de Bellini, comme la *Vierge des Pesaro* est une des œuvres où le Titien a le mieux affirmé son ampleur et la perfection de son incomparable talent.

Bien près de là, dans la Scuola di San Rocco, qu'une ruelle sépare seule de l'église, se trouve un autre Titien, bien remarquable également, quoique moins parfait, l'*Annonciation*, et un *Ecce Homo* qui est une des premières œuvres du maître de la peinture vénitienne au xvI^e siècle. En face de l'*Annonciation* est la *Visitation* du Tintoret, et dans une autre salle, à l'étage supérieur, le chef-d'œuvre de ce peintre de grand talent, le *Crucifiement*.

Des Frari, après avoir traversé le grand canal et en revenant vers Saint-Marc, on s'arrêtera encore à San-Stefano, dont la façade en briques avec ornements en terre cuite formant l'entourage des fenêtres est presque une rareté à Venise. C'est une belle église gothique du xIV^e siècle, à la nef très élancée et garnie d'une voûte en bois de construction très bizarre récemment rétablie dans sa forme primitive. Au-dessus de la porte principale est le monument équestre de Dom. Contarini ajouté au xvii® siècle, et à l'intérieur se trouvent plusieurs œuvres de Lombardi, entre autres un très beau tombeau du médecin Suriano, et devant le chœur deux magnifiques candélabres en bronze à piédestaux de marbre par Alex. Vittoria. Près de l'église est un beau cloître qui fut autrefois orné de fresques du Pordenone.

VIII. — LES MUSÉES ET LES COLLECTIONS PARTICULIÈRES. INDUSTRIE ET COMMERCE. — L'ARSENAL. — INSTRUCTION PUBLIQUE. BIBLIOTHÈQUES ET JOURNAUX.

A vrai dire, les véritables musées de Venise sont les églises, qui contiennent tant d'œuvres remarquables; puis le palais ducal. Dans la visite si rapide que nous avons faite à l'antique demeure des doges et aux Frari, comme à San-Giovanni e Paolo, nous avons pu voir et admirer plus de peintures et de sculptures que n'en renferment l'Académie des beaux-arts et le musée Correr. Je parle, bien entendu, au point de vue de l'intérêt qu'elles présentent. Mais on ne se lasse pas d'étudier, de regarder quand les sujets méritent l'attention ; or c'est le cas pour les deux grandes collections publiques de Venise, qui renferment une suite des plus curieuses des œuvres de la peinture vénitienne.

L'Académie des beaux-arts, établie sur la rive gauche du grand canal, en face le pont de fer, dans l'ancienne École de la charité élevée en 1552 par Palladio, est surtout, à proprement parler, un musée vénitien. Il date de 1807, et le comte Cicognara, qui fut chargé de le constituer, sut rassembler dès les premiers moments une remarquable collection d'œuvres ayant trait à l'histoire de Venise ou émanant des artistes principaux qui ont marqué dans la grande école vénitienne. Actuellement vingt-trois salles sont ouvertes au public, remplies d'œuvres presque exclusivement dues à des peintres vénitiens et remontant jusqu'au xive siècle. Ce sont les Vivarini, Bartolomeo et Alvise, Catena, Zoppo Basati, Lorenzo Veneziano, Fr. Binolo, je les cite au hasard ; puis, ces primitifs étudiés, s'ouvre la magnifique série de maîtres comme Rocco Marconi, Palma le vieux, Victor Carpaccio, Paris Bordone, le Pordenone, Bonifacio et le Padovanino, Cima da Conegliano, les Bassan, les Bellini, le Canaletto, enfin Paul Véronèse, le Tintoret, et, le premier de tous, le Titien.

On retrouve au musée Correr quelques œuvres des mêmes peintres, mais la collection de ce musée qui s'accroît chaque jour n'est pas spéciale à la peinture : on pourrait presque dire que ce sont les peintures, et surtout les peintures importantes, qu'on y trouve le moins. La plus grande partie des œuvres exposées provient de la galerie Correr, qui fut léguée à la ville par ce généreux amateur. Avant ce don princier le musée municipal existait à peine, et c'est bien justement qu'on donne à l'ensemble le nom de musée Correr, en souvenir de celui qui l'a formé presque entier. Au premier étage est une bibliothèque publique; au second sont répartis les collections artistiques, les peintures, les miniatures, les dessins, les estampes, dont quelques-unes bien curieuses, les objets relatifs à l'histoire moderne de la ville, les armes, les ivoires, les sculptures, les faïences, les verreries, les porcelaines, les drapeaux, les bijoux. Et ces salles si curieusement garnies seraient-elles moins remplies qu'on se rendrait encore au musée municipal uniquement pour admirer cet étrange et magnifique *Fondaco dei Turchi*, l'antique auberge élevée par la République pour les voyageurs turcs, qui a été entièrement et fort habilement restaurée.

A ceux qui ne se contentent pas de ces grandes collections publiques, de cette ex-

Venise. — Fondaco dei Turchi.

position permanente de chefs-d'œuvre dans toutes les églises de la cité, il reste à visiter, s'ils en obtiennent la permission, les galeries particulières fort nombreuses encore et dont quelques-unes ont une réelle importance, non pas tant à cause de la quantité de tableaux qu'elles renferment que pour les quelques peintures exceptionnelles qu'on peut y admirer. Jadis ces collections étaient plus nombreuses et plus belles; puis les unes ont été vendues en bloc, les autres se sont émiettées peu à peu au profit des collections étrangères, d'autres sont entrées par des dons dans les galeries publiques. Cependant celui qui voudrait visiter toutes celles qui existent encore devrait y consacrer bien des heures, et je parle des collections sérieuses et non de ces galeries où les *ciceroni* promènent volontiers les étrangers en les prévenant que le propriétaire consentirait peut-être à se dessaisir d'une partie de ses trésors. Il y a toujours quelques galeries de ce genre à vendre en bloc ou en détail, et l'acquéreur, s'il revenait le lendemain, serait bien étonné de la retrouver aussi nombreuse et aussi authentique. Les marchands de tableaux connaissent cette façon de procéder.

Mais ceci n'enlève rien au sérieux de collections comme celles des palais Giovanelli, Sardagna, l'ancien palais Manfrin situé sur le Canareggio, Morosini-Gatterburg, Giustiniani, Mocenigo, Rossi, Zanetti, Emo-Treves. Quelques-unes de ces galeries possèdent jusqu'à deux cents tableaux et leurs catalogues portent, souvent répétés, les noms de Bellini, du Titien, de Véronèse, du Giorgione, du Tintoret, etc. Au palais Treves, on voit, dans une salle du premier étage où on les a transportées par un véritable tour de force, les deux grandes et belles statues de Canova, Hector et Ajax, les dernières œuvres de ce puissant ciseau. Ce sont là les grandes collections, je dirais presque les collections classées, et bien d'autres chefs-d'œuvre encore, bien d'autres toiles intéressantes ou de curieux dessins sont en outre dispersés chez les nombreux amateurs que renferme Venise, et la plupart de ces œuvres appartiennent à l'école vénitienne, dont la fécondité de production a été véritablement surprenante.

Il ne faudrait pas croire que Venise vive uniquement de souvenirs. Son mouvement commercial est plus considérable qu'on ne le croit généralement, sans qu'il ait atteint cependant le développement espéré un moment, surtout après la percée du Saint-Gothard. Quelques efforts qui aient été tentés, le mouvement du port est encore dû presque exclusivement au commerce du cabotage ou d'escale dans l'Adriatique. De 499,000 tonnes en 1865, il était monté en 1876 à 1,143,500 tonnes et la progression est restée constante depuis lors. Il y a presque toujours maintenant un ou plusieurs gros navires à l'ancre du côté des Jardins publics, navires anglais, français, sans compter les gros trois-mâts qui sont amarrés à la Giudecca. Une grosse part de la marine marchande italienne a son point d'attache à Venise.

A certains moments aussi des navires de guerre sont à l'ancre dans la lagune, notamment lorsque le roi ou la reine se trouvent à Venise ; ils s'arrêtent alors en face du palais royal. Puis l'arsenal, le vieil arsenal de Venise, commencé en 1304, a repris une partie de son activité, activité suffisante pour que ses immenses bassins, ses chantiers couverts ne paraissent pas déserts, mais non pour les peupler et leur rendre l'animation qu'ils ont dû avoir autrefois. Là travaillaient sans relâche 16,000 ouvriers, dans les temps florissants de la République ; actuellement on en occupe 2,000 au plus. Il faut tenir compte, il est vrai, de la transformation de l'outillage. De nouveaux bassins ayant une sortie directe sur la lagune ont dû être creusés pour contenir des vaisseaux de grand tonnage. De l'arsenal de Venise on a fait un important dépôt maritime auquel est annexée une école pour les machinistes. Si on ne peut plus équiper et armer en un jour un navire de guerre comme on le faisait, dit-on, jadis pour une galère, tout n'en est pas moins disposé afin de construire et d'équiper rapidement, avec les seules ressources de l'arsenal, des navires d'un tonnage important.

Le visiteur s'occupe surtout des bâtiments de l'arsenal et des collections qu'ils renferment. C'est d'ailleurs tout ce qu'on lui laisse voir. Le premier bâtiment, ou plutôt l'entrée même de l'arsenal, est un curieux et intéressant édifice ; les collections ne présentent qu'un intérêt secondaire. Deux hautes tours de briques rouges crénelées gardent le canal, qui donne accès de l'arsenal dans la lagune. A côté est la porte d'entrée, datant de l'an 1460, flanquée des quatre lions antiques rapportés en trophée d'Athènes en 1687. Derrière eux s'élève un portique décoré de statues qui se détachent toutes blanches sur le fond rouge du mur, et au fronton de la porte le vieux lion de Saint-Marc semble garder l'arsenal et en interdire l'accès. Jadis les ouvriers de l'arsenal jouissaient de prérogatives importantes, ils formaient une sorte de corporation à laquelle on avait concédé des avantages considérables et dont ils se montraient très jaloux. Eux seuls avaient le droit de porter sur leurs épaules la chaise sur laquelle on

Le Grand Canal vu de Santa-Maria della Salute.

promenait le doge autour de la place Saint-Marc le jour de son élection ; eux seuls pouvaient former l'équipage du *Bucentaure,* de la vieille et lourde galère qui portait le doge dans les occasions solennelles. A l'intérieur, au milieu de différents modèles de vaisseaux, on trouve celui du *Bucentaure* et quelques restes insignifiants de cette galère d'apparat que les dessins du Bellini et du Canaletto font mieux connaître que ces débris dégradés. On pense alors au symbolique mariage de la République et de l'Adriatique, le doge venant chaque année jeter dans les flots l'anneau nuptial qui devait les lier et affirmer la puissance de la République. Dans les salles d'exposition il y a encore des armures anciennes, quelques trophées historiques, des étendards provenant de la bataille de Lépante ; mais la simple vue de la grande porte d'entrée en dit plus sur la puissance abattue de Venise que toutes les pièces rassemblées dans les galeries.

Il n'est plus, le temps où les flottes sortaient tout équipées de cette enceinte de hautes murailles et, se répandant sur l'Adriatique, dans l'Archipel ou la Méditerranée, allaient porter au loin la victoire et assurer le respect de cette république qui se dit longtemps la dominatrice des mers, dont le commerce faisait pénétrer les échanges jusqu'au plus profond de l'Asie. Mais, je le répète, son trafic est encore considérable. En 1869, la valeur des échanges par terre et par mer fut de 514 millions, il est maintenant de près du double. Des maisons de banque importantes et des sociétés de crédit se sont fondées. Jadis — qu'il est loin, ce jadis ! — existait seule la fameuse banque *del Giro*, peut-être la première banque d'escompte qui ait existé. Le commerce principal est maintenant, pour Venise même, celui de la bijouterie, des dentelles, des verreries, des verroteries, que votre guide, si vous vous êtes embarrassé de cet individu, vous mène voir fabriquer dans quelque maison de la Merceria. Venise a encore la spécialité de ces chaînes d'or d'une finesse extrême, légères comme un cheveu, qui sont fort estimées pour la délicatesse de leur travail. On les trouve chez tous les orfèvres des Procuraties ou de la Fezzeria.

Je parlerai, en allant à Burano et à Murano, de la fabrication des dentelles et des verreries ; mais je veux signaler dès maintenant l'importante usine qui a été établie pour la fabrication des wagons dans l'île de San Elena.

IX. — LES BIBLIOTHÈQUES. — LES ARCHIVES. — LES JOURNAUX.

Le développement de Venise est d'ailleurs général, il s'applique à toutes les branches de l'activité intelligente. Depuis quelques années surtout, l'antique cité devient un centre assez important d'études littéraires ou scientifiques et surtout historiques. Venise a produit des littérateurs remarquables, dont les œuvres, soit qu'elles aient été écrites dans le dialecte vénitien, si doux, si chantant à l'oreille, soit qu'elles n'en aient pris que les formes adoucies, ont acquis une renommée européenne. Il est presque superflu de parler de Gozzi et de Goldoni qu'on appelle souvent le Molière italien et à qui Venise vient d'élever une statue sur le Campo San Bartholommeo. Les études historiques y sont très développées, comme je le disais, et Venise a été une des premières villes à se distinguer dans le grand mouvement qui amena la formation dans chaque province et dans chaque ville de sociétés historiques régionales. La Deputazione veneta di storia patria, qui est composée d'hommes éminents par leur savoir, poursuit depuis des années la publication si intéressante des pièces les plus importantes contenues dans les archives. On lui doit, par exemple, de connaître les *Diarii* de Marino Sanuto qui vécut à Venise de 1466 à 1536 et qui nota, jour par jour, tous les événements remarquables qui se succédèrent non seulement à Venise et dans les diverses provinces de la République, mais encore en Italie et dans le monde entier. Ce recueil si important ne comprend pas moins de 58 volumes dont 12 ont été déjà imprimés. Bien d'autres documents ont été publiés par les soins de la députation. Mais aussi que de richesses offrent aux chercheurs les archives et les bibliothèques ! La bibliothèque de Saint-Marc renferme près de 300,000 volumes catalogués, dont quelques-uns, remontant à la fondation de l'imprimerie, sont des plus rares ; l'Archivio di Stato a 4,300 volumes et 1,200 brochures. Au musée Correr, il y a plus de 60,000 volumes dont 30,000 environ provenant de la bibliothèque du comte Cicogna traitent de sujets spéciaux à Venise. La bibliothèque du couvent de Saint-Michel comprend encore 30,000 volumes, celle des Méchioaristes arméniens

VENISE. — La Lagune.

dans l'île San Lazzaro 3,000 volumes seulement, presque tous de langue orientale, et au grand séminaire la bibliothèque ne comporte pas moins de 60,000 volumes. Les Frari renferment les archives de la République. Quatorze millions de cahiers ou de documents remplissent trois cents chambres et sont répartis en quatre grandes divisions. On se rend compte de l'importance que présentent ces pièces historiques dont quelques-unes remontent à l'année 883. A partir du XIIIe siècle, l'importance et le nombre des documents augmentent sans interruption de siècle en siècle, et dans la section diplomatique on trouve les autographes les plus précieux des souverains de l'Europe et de tous les hommes d'État des XVIe, XVIIe et XVIIIe siècles.

En résumé, il y a, je crois, quinze bibliothèques ouvertes au public à Venise.

D'autre part, un grand nombre de nobles vénitiens ont conservé des bibliothèques très importantes par le nombre et la valeur des ouvrages qu'elles renferment ; on cite celle des Papadapoli 10,000 volumes, Morosini 9,000 volumes, Michiel 10,000 volumes, Marcello 20,000 volumes, Sardagna 10,000 volumes et 5,000 brochures, Grumini 6,000 volumes, Stefani 12,000 volumes et une importante collection d'estampes. J'en oublie un grand nombre, fermées, il est vrai, au public, mais non pas inaccessibles aux savants et aux curieux. Toute autre est la bibliothèque Querini-Stampilia qui contient 40,000 volumes. C'est une donation aussi généreuse qu'intelligente faite par le dernier des Querini, mort il y a peu d'années. Il laissa à la ville son palais, sa bibliothèque, ses tableaux et sa fortune, montant environ à 40,000 ou 50,000 francs de revenu pour favoriser le progrès des études. On a fait du palais une bibliothèque publique avec salles de lecture, ouvertes même le soir, dans lesquelles on trouve non seulement des livres, mais encore les journaux et les principales revues italiennes et étrangères.

C'est à Venise, puisque je parle des journaux, qu'a paru la première publication périodique, le premier journal quotidien de l'Italie. La *Gazzetta di Venezia* fut fondée en 1740 sous le titre de *Gazzetta Veneta*, titre qu'elle garda jusqu'en 1765, époque où elle devint le *Diario veneto*. De 1787 à 1798, elle s'appela *Gazzetta urbana veneta;* de 1807 à 1812, *Giornale del dipartimento adriatico;* enfin, le 18 avril 1814, elle prit la dénomination de *Gazzetta di Venezia* qu'elle porte encore aujourd'hui. Pendant bien longtemps, ce fut le seul journal de Venise et même de la Vénétie et ceux qui se fondèrent par la suite n'eurent presque tous qu'une durée éphémère. Je relève, parmi les plus anciens : *Il Tempo*, politique, littéraire et commercial, qui date de 1861 ; *Il veneto cattolico*, politique et religieux créé en 1867 ; la *Venezia*, politique, qui est de 1876, ainsi que l'*Adriatico*, puis l'*Osservatore veneto*, créé en 1878. Ce sont là des journaux quotidiens ; quelques autres, littéraires ou artistiques, la *Scena*, la *Fenice*, l'*Italia artistica*, ne paraissent qu'une ou deux fois par semaine. Mais ce ne sont pas là les seules publications périodiques ; plusieurs des revues qui s'impriment à Venise ont une réelle importance, comme les *Memorie del reale instituto veneto di scienze, lettere ed arti*, qui datent de 1843 ; les *Raccolta veneta*, recueil de documents historiques, archéologiques, fondé en 1866 ; l'*Ateneo veneto* — 1864, — et l'*Archivio veneto*, créé en 1871, gros fascicule de 200 pages qui paraît tous les trimestres.

Ce sont là tout au moins les principaux journaux et revues qui se sont maintenus, car, de 1866 à 1880, on a compté la fondation de 172 journaux dont 38 seulement subsistent, 33 à Venise même, 2 dans la province, et 3 transportés dans une autre ville.

Pour peu qu'on se soit promené une heure à Venise, on a vite appris les titres de ces périodiques que hurlent les crieurs ambulants. A Venise, plus peut-être que dans toute autre ville d'Italie, ils pénètrent partout avec un sans-gêne absolu et vous offrent au café, à l'hôtel, au théâtre, toutes les feuilles parues.

Le mouvement de librairie est cependant assez peu important et presque entièrement circonscrit dans les mains de l'éditeur Ongania, à qui on doit quelques belles publications, notamment celle concernant la basilique de Saint-Marc.

X. — LE BLOND VÉNITIEN. — LES THÉATRES ET LES DIVERTISSEMENTS. LES ANCIENS VOYAGEURS.

Il semble qu'après avoir parcouru églises et musées, on éprouve un plus vif désir de passer quelques heures à flâner dans les calli et les rii. On voudrait retrouver les types si vigoureusement accentués reproduits par les vieux maîtres, et volontiers, au cours de sa promenade, on revêt quelque belle fille à l'allure dégagée, quelque robuste barcarol de ces vêtements de pourpre et d'or dont fourmillent les tableaux anciens. Puis, avant tout, on cherche la blonde légendaire, la blonde du Titien, la rousse aux reflets fauves dont la chevelure éclatante encadre la figure en lui donnant une certaine sauvagerie d'aspect. Aller à Venise sans découvrir ce type étrange, qui le voudrait? Et les uns le déclarent introuvable, disparu, tandis que les autres affirment presque n'en avoir pas rencontré d'autre. Pour un peu, si on écoutait ces derniers, toutes les femmes auraient la chevelure de la Joconde. Il n'en est rien et cela s'explique aisément quand on se souvient que les patriciennes ne devaient la couleur dorée de leurs cheveux qu'à des lavages fréquents, à des pratiques de toilette dont les anciennes estampes nous donnent un fidèle rapport. C'était un art que cette façon de teindre les cheveux, l'*arte biondeggiante*, et une gravure de Pietro Bertelli, datée de 1594, représente une femme vénitienne immobile sur son balcon, faisant sécher ses cheveux qui sortent du fond de la *solana*, chapeau sans coiffe, sorte de visière circulaire protégeant le visage et le cou des ardents rayons du soleil. « Voyez-les plantées et prenant racine sur leur balcon tant que rayonne le soleil! Elles se peignent, elles se mirent, et puis elles se tiennent là trois heures à se sécher la tête. » Ainsi parle une plaquette de la fin du xve siècle, *le Malitie delle donne*.

Donc il faut bien croire que, pour la généralité des femmes, un artifice habile leur donnait seul cette chevelure dorée dont on parle toujours. En fait, quelque soin qu'on mette à les chercher maintenant, on aurait peine à retrouver beaucoup de femmes ayant naturelle cette couleur de cheveux. On en voit, et je dirai, comme partout; mais le type général est plutôt blond, d'un blond châtain, ou noir, avec des yeux noirs sous des sourcils bien arqués. La figure est fine plutôt que régulière et a quelque chose de piquant sous la *baüta*, le châle noir dont les femmes se couvrent la tête et les épaules. C'est le matin surtout qu'on peut contempler à l'aise ces types si marqués de la femme de Venise, de la femme du peuple, à l'heure où les ouvrières dévalent des quartiers lointains, où les servantes et les ménagères vont chercher leurs provisions, s'arrêtant devant les fritureries ou les herberies des carrefours. Un jupon assez court les habille, et l'éternel châle, ou *zenda*, enveloppe le buste, laissant la tête nue, le cou dégagé, ou remontant aussi parfois en baüta, sur la tête, surtout si la femme n'est plus jeune. Elles vont ainsi en faisant claquer sur les dalles des rues et des ponts leurs sandales à talons de bois, avec cette allure moitié vive, moitié alanguie qui les distingue, offrant à ceux qui les observent les plus jolis tableaux qui se puissent voir. Rien n'est gracieux, se détachant dans un rayon de soleil sur le mur verdissant d'une maison bordant le canal, comme cette *moretta*, cette brune piquante, ou cette blonde nonchalante qui doit désormais, pour rester dans la vérité, remplacer les fauves héroïnes du Giorgione et du Titien. Un tour au Giardinetto ou à la Piazza vous convaincra vite de cette réalité.

Les hommes sont généralement beaucoup plus bruns de peau, et de type moins régulier, moins beau que les femmes qui ont gardé sans partage une grâce provocante pleine de charme.

Le dimanche, la foule se presse sur la Piazza, sur le quai des Esclavons et aux Jardins publics, cette pointe de verdure et de fraîcheur qui termine Venise vers le Lido, la Punta della Motta, le lieu favori de rendez-vous des gens du peuple, où, à leur grande gêne, on éleva en 1887 l'Exposition des beaux-arts.

On avait tout fait alors pour attirer les voyageurs en grand nombre; mais, en vérité, ce n'est pas Venise qu'ils ont vue ainsi; la vraie Venise, on la leur a gâtée en y attirant trop de foule, en l'empanachant outre mesure.

Il leur faudra donc revenir et la visiter dans son silence habituel avec son animation très réelle, mais contenue, sans cette exagération de mouvement que lui donnait une masse considérable d'étrangers se portant naturellement tous et toujours vers le même point. On doit voir Venise au printemps, même au commencement de l'été, avant que les grandes chaleurs n'aient chassé trop de monde. La foule est nombreuse, animée, mais non encombrante. Les gondoles circulent sans cesse, les bateaux à vapeur répètent sans relâche leur course vers le Lido où se pressent les baigneurs. La Piazza a un mouvement continu et on s'étouffe dans la Merceria; puis, le soir, les concerts appellent les promeneurs et les retiennent assis sous la blanche clarté d'un ciel étoilé jusqu'à une heure assez avancée de la nuit.

J'ai aussi entendu vanter Venise pendant l'hiver. Ceux qui parlaient ainsi trouvaient à la vieille cité des Doges une poésie particulière lorsque les nuages gris, courant au ciel, donnaient à ses monuments la teinte sombre qu'on retrouve dans certains tableaux du Canaletto; lorsque la mer, d'un vert superbe, fouettée par le vent, refluait dans les canaux jusqu'à envahir parfois la place Saint-Marc. Sans doute c'est encore un beau et curieux spectacle, et Venise a cette unique chance qu'on peut, en effet, lui trouver un charme singulier dans quelque saison que ce soit, quelque temps qu'il fasse. Nul ne peut être accusé de paradoxe et mille détails expliquent tous les enthousiasmes.

Ainsi, l'hiver, et j'entends par là la fin de l'hiver, les mois de février, de mars, d'avril, alors que la *felze* reste à demeure sur la gondole, il y a parfois d'étranges sensations à noter. Rien n'est plus curieux, par exemple, que la sortie d'un théâtre ou d'une réception du monde. La façade éclairée du théâtre renvoie les plus bizarres reflets sur les noires maisons qui lui font face; dans le vestibule tout brillant de lumières se presse la foule élégante des femmes en toilettes claires, tandis que sur le canal les gondoles se serrent, se heurtent pour approcher du perron. Une jupe blanche se glisse vite dans la cabine et la noire gondole s'enfonce dans l'ombre et le silence. On ne peut rendre ce curieux spectacle un soir de représentation à la Fenice, et l'étranger qui se trouve subitement jeté dans ces mœurs si particulières ne peut qu'en être frappé. Mais l'hiver, les théâtres, quelques *veglioni,* ces soirées masquées qui se donnent après la représentation, quelques réceptions sont les seules distractions possibles, tandis que l'été, ou l'automne même, tout est distraction et divertissement sous le soleil éclatant ou dans la nuit claire. Dans le jour, on va au Lido ou sur la piazza; le soir, on se laisse bercer sur le grand canal en suivant les gondoles chargées de chanteurs et de musiciens qui s'arrêtent devant les grands hôtels, devant un palais dont les fenêtres brillent dans la nuit. Parfois on loue un piano ou quelques violons, on les met dans une gon-

VENISE. — L'arsenal.

dole avec des chanteurs et on part en flottille, tandis que du fond des canaux, des *barcaroli* arrêtés près d'un pont renvoient au loin les notes aiguës de quelque romance populaire. Les lumières brillent aux fenêtres, sur les balcons on distingue la silhouette des femmes assises, qui recherchent la fraîcheur; de vagues éclats de musique partent de côté et d'autre.

C'est là la véritable Venise, la véritable poésie de Venise, et rien n'est comparable, en effet, à cette vie du soir où tout semble combiné pour la paresse et la satisfaction des sens extérieurs.

Cela ne vaut-il pas mieux qu'une soirée passée dans le plus beau théâtre du monde? Oui, pour moi, pour vous sans doute, pour tous ceux qui passent, et peut-être même nous en fatiguerions-nous, car de tout on se lasse. Puis l'hiver, allez donc courir les canaux en gondole! Alors on se rend à la *Fenice* ou au théâtre Goldoni, ou encore au théâtre Rossini, ou même au Malibran, théâtre populaire, excellent endroit pour voir des types de spectateurs, sinon pour entendre ce qu'on y joue. Le public y manifeste son enthousiasme des plus bruyamment et les acteurs, s'arrêtant au milieu d'une tirade, prodiguent les saluts en plaçant la main sur leur cœur! Les chanteurs n'y mettent d'ailleurs pas beaucoup plus de façon, comme je l'ai vu à la *Fenice*. Cette dernière salle est un magnifique théâtre où se joue l'opéra, où se donnent des ballets, de Noël à Pâques. Elle peut contenir 3,000 spectateurs et comporte quatre rangs de loges. Elle date de l'année 1789 et a été reconstruite en 1838, après un violent incendie. Elle appartient à une société comprenant environ 130 propriétaires de loges; les statuts de cette société ont été renouvelés en 1876. C'est, en vérité, une très belle salle, bien décorée, et lorsque ses loges, dans une grande représentation, sont garnies de femmes en grande toilette, l'effet est superbe. Que de beaux bals masqués il s'est aussi donné dans ce magnifique théâtre! Au théâtre Goldoni on joue la comédie. C'est l'ancien théâtre San-Lucca, où Goldoni jouait, dirigeait l'exécution des pièces qu'il composait. M. Dino Mantovani a publié, il y a deux ou trois ans, la correspondance de Goldoni avec le propriétaire du théâtre de San-Lucca, correspondance retrouvée dans les archives du théâtre, et on y lit le récit le plus navrant des déceptions de ce grand artiste, des difficultés auxquelles il se heurta, des chagrins qu'il eut à supporter. Il est mort à la peine et son nom est plus célèbre qu'il ne fut jamais; on en a décoré le fronton du théâtre, et non loin de là est sa statue, ce qui n'empêche pas les troupes ambulantes qui se succèdent au Goldoni d'y jouer plus de mauvaises traductions françaises que de pièces originales. Quand j'y entrai, il y a trois ou quatre ans, on y donnait *Maria Giovanna overo la famiglia del Beoni, dramma popolare in 4 atti di d'Ennery e Souvestre*. C'était piteux à voir.

Mais le retour en gondole par les sombres canaux, ou à pied par les ruelles étroites fait vite oublier ce mauvais moment. Rien n'est étrange comme de circuler la nuit dans ce grand silence à travers ce labyrinthe de rues qu'un bec de gaz éclaire un moment de temps à autre, sans que sa lumière puisse s'étendre bien au loin, tant les tours et détours sont fréquents. Les maisons noires semblent se toucher au-dessus de vos têtes, dans les angles, à la rencontre de deux calli, des ombres énormes font craindre un gouffre effrayant, et lorsqu'on traverse un pont, deux grands trous sombres semblent de chaque côté vous attirer, prêts à vous engloutir. C'est l'étrange dans toute sa force avec quelque chose de sinistre; cependant, votre étonnement ne connaît pas la crainte; la dalle sonore résonne si bien sous vos pieds, on se laisse si vite absorber par ce spectacle curieux, par cette symphonie du noir et du silence qu'on ne songe même pas avec quelle facilité on peut s'égarer dans ce dédale de ruelles. Du reste, à quelque heure de la soirée qu'on parcoure les rues, on y rencontre des effets imprévus. Il m'est arrivé bien des fois d'aller flâner le soir dans la Merceria, à l'heure où toutes les boutiques allumées projetaient leur clarté dans la largeur entière de la rue, ce qui n'est pas beaucoup dire, puis, continuant au hasard par la première rue venue, de m'enfoncer peu à peu dans l'ombre, une ombre relative d'où émergeaient les plus pittoresques tableaux. Les boutiques basses, enfumées, éclairées par une mauvaise lampe à pétrole ne sont, pour ainsi dire, visibles que quand on les touche. Derrière les rideaux rouges d'une osteria on aperçoit de grandes ombres se mouvoir; plus loin, un quinquet fumeux donne d'étranges reflets à l'amoncellement de fruits et de légumes d'une fruiterie. Plus loin encore brille la lueur rougeâtre d'une friterie en plein vent, ou scintille à l'angle d'un pont la lueur vacillante de la veilleuse placée

Venise. — Quai des Esclavons.

devant une madone. Bientôt les lumières s'éteignent aux étages des hautes maisons dont la silhouette se découpe plus noire, plus dentelée sur le pauvre petit coin de ciel qu'on devine entre les hauts pignons; les cheminées si bizarres à la gueule en forme de fez renversé prennent les aspects les plus fantastiques, et on va toujours rêvant de quelque drame mystérieux ou amoureux, car à Venise on rêve toujours, ou, pour s'exprimer plus exactement, l'imagination travaille sans relâche, qu'on soit en gondole sur le grand canal ou à pied dans une calle perdue.

Et, c'est bien là l'effet produit par Venise. Plus on en parle, plus on voudrait en parler. Il y a tant à voir et tant à raconter! La plume court d'elle-même, tant on se répète volontiers; j'ai bien peur qu'on en juge ainsi. Je l'ai dit cependant, je ne suis pas un fanatique de Venise; néanmoins, je ne sais pas me mesurer. Puis, autre effet bien particulier, on est toujours curieux, quoi qu'on fasse, de savoir ce que les autres voyageurs ont dit, ce qu'ils ont pensé de Venise. On n'y songe pas autant dans les autres villes. Peu m'importe ce qui a été raconté de Milan, de Florence, et un grand désir me tient de lire ce qui a été écrit sur Venise. Les voyageurs anciens n'ont pas été tous aussi charmés que nous pourrions le croire. Montaigne déclara « l'avoir trouvée autre qu'il ne l'avait imaginée et un peu moins admirable ». Il se montrait moins séduit que ne le fut, un siècle plus tard, le sieur de Saint-Didier, qui résolut d'écrire la relation de son séjour à Venise touchant la ville, le gouvernement et les manières de vivre des Vénitiens : « Toutes ces choses ensemble lui ayant paru si rares et si singulières qu'il ne les croit pas moins différentes de tout ce qu'on voit dans le reste de l'Europe, que la Chine est de la France. » Le président de Brosses, qui y séjourna deux mois au XVIIIe siècle, se montra d'une sévérité excessive pour Venise et ses monuments, et cependant il écrivait à la fin de son voyage : « Aussi bien cette ville est si singulière par sa disposition, ses façons, ses manières de vivre à faire crever de rire, la liberté qui y règne et la tranquillité qu'on y goûte, que je n'hésite pas à la regarder comme la seconde ville de l'Europe. »

Puis tous parlaient de la licence qui régnait dans les mœurs, des divertissements, des plaisirs sans cesse renouvelés qui faisaient de Venise la ville du plaisir, à la grande indignation du voyageur anglais Misson, qui jugeait assez maussadement Venise, tout en reconnaissant que « cette ville est à tous égards une source de choses rares et singulières ».

Tous consacrent quelques lignes au moins à ses courtisanes, comme ils racontent presque tous les joies de son carnaval qui attirait chaque année à Venise des milliers de visiteurs prêts à largement payer leurs amusements. Or le carnaval durait six semaines, et pendant ce temps les rues et les places étaient envahies par les masques et les théâtres. Je ne résiste pas au plaisir de citer cette jolie, vive et piquante description faite par le président de Brosses, de la place Saint-Marc : « Les robes de palais, les manteaux, les robes de chambre, les Turcs, les Grecs, les Dalmates, les Levantins de toute espèce, hommes et femmes, les tréteaux de vendeurs d'orviétan, de bateleurs, de moines qui prêchent et de marionnettes, tout cela, qui y est tout ensemble, à toute heure, la rendent la plus belle et la plus curieuse place du monde, surtout par le retour d'équerre qu'elle fait auprès de Saint-Marc, ce que l'on appelle *Broglio;* c'est une autre place plus petite que la première, formée par le palais Saint-Marc et le retour du bâtiment des Procuraties neuves. La mer, large en cet endroit, la termine. C'est de là qu'on voit le mélange de terre, de mer, de gondoles, de boutiques, de vaisseaux et d'églises, de gens qui partent et qui arrivent à chaque instant. J'y vais au moins quatre fois le jour pour me régaler la vue. »

Les modernes ont été beaucoup plus enthousiastes et cependant ils ont trouvé Venise entourée de ruines, triste et silencieuse, quand on songe à son mouvement passé ; mais ils n'allaient pas la visiter pour ses courtisanes, ses *ridotti*, où l'on passait les nuits à jouer à la bassette en ces mascarades. Ils voulaient connaître les chefs-d'œuvre de l'art qu'elle contient, ils voulaient se rendre compte de la vie étrange qu'on y mène, et peut-être que ce silence même, ce calme, devaient, dans un tel milieu, les

VENISE. — VUE PRISE PRÈS DU QUAI DES ESCLAVONS.

charmer plus que la fièvre du plaisir. Tout le monde a lu les admirables strophes dans lesquelles Byron a chanté Venise. Qui ne connaît les *Lettres d'un étranger* de George Sand, et les pages charmantes dans lesquelles Théophile Gautier décrivait ses enthousiasmes, ses joies d'artiste, ses regrets de s'arracher à cette vie de contemplation ? « A mesure que l'instant du départ s'approchait, a-t-il écrit, elle nous devenait plus chère. » Il avait étudié Venise dans ses grandes lignes, il l'avait observée dans ses détails, et ce n'étaient pas les joies d'un carnaval à jamais disparu qui lui avaient rendu ce séjour si cher.

On en parle encore, du carnaval, mais pour mémoire ; on s'efforce de lui rendre un peu de vie, mais sans y réussir. Quelques bals masqués à la Fenice, quelques cortèges parcourant les rues et les canaux, c'est tout ce qu'il en reste à l'époque actuelle. Cependant, il y a encore dans les derniers jours une grande animation sur la place Saint-Marc qu'envahissent les boutiques de toute sorte ; mais on ne reverra plus jamais Venise entière masquée, courant pendant des semaines entières à la recherche du plaisir, comme entraînée dans une ronde effrénée. On illumine entièrement la place, et la foule y forme des danses ; mais le peuple seul y prend part. Maintenant, Venise, au point de vue des mœurs et des habitudes, ressemble à toutes les autres villes : les hommes ne s'y amusent pas plus qu'ailleurs ; les femmes, qui ne connaissent plus le sigisbé, n'y ont ni plus ni moins d'amants qu'ailleurs, et la vie s'y fait de plus en plus agréable. Les vieilles familles vénitiennes qui jouissent d'une grande considération se montrent maintenant moins fermées aux étrangers qui viennent s'installer en grand nombre à Venise, pendant le printemps surtout ; les réceptions sont plus nombreuses et les fêtes ne manquent pas dans ces grandes galeries où la mode entasse les meubles, auxquelles enfin elle donne un air vivant. On n'habite souvent qu'un étage de son palais ; mais on sait en faire un nid riche et coquet, où se pressent volontiers des gens intelligents, instruits, qui donnent un charme réel à ces réunions. Les relations sociales deviennent un charme nouveau à Venise.

XI. — LA LAGUNE. — LES ILES. — LE LIDO. — CHIOGGIA. - MALAMOCCO. TORCELLO. — BURANO. — MURANO.

L'immense bas-fond, long de 40 kilomètres et large de 15 kilomètres, qui s'étend entre la terre ferme et les *lidi* ou dunes, dont le rempart le protège contre l'envahissement de la mer, forme ce qu'on appelle la lagune. Cette vaste étendue d'eau se divise elle-même en lagune morte — la plus rapprochée des terres — et lagune vive, vers les lidi, où la marée amène des changements de niveau qui atteignent et dépassent même parfois un mètre. Venise est entièrement située dans la lagune vive.

En montant au campanile de Saint-Marc ou à celui de Saint-Georges Majeur, on peut, en suivant à l'horizon la ligne des terres, se former une idée assez exacte de l'ensemble des lagunes. Du côté de la mer, les *lidi* se continuent presque tout droit comme la corde de l'arc formé de l'autre côté par la terre ferme qui rejoint les îles d'une part à Chioggia au sud, de l'autre, vers le port du Lido, au nord. Quatre passages naturels ouverts dans les *lidi* relient la mer à la lagune et laissent pénétrer le flot poussé par la marée. De grands canaux naturels, mais dont il est souvent nécessaire d'entretenir la profondeur, délimités par ces longues rangées de pilotis dont on voit les têtes émerger des flots, servent à la navigation et serpentent

VENISE. — Une rue, vue du pont du Cannareggio.

entre les différentes petites îles éparses dans la lagune vive. Les principaux de ces canaux aboutissent à la passe de Malamocco ou à la passe du Lido, seules capables de porter les navires de fort tonnage.

Si, pour dire quelques mots de chacune de ces îles, je devais suivre l'ordre géographique, il faudrait m'occuper d'abord de la plus éloignée des grandes îles de la lagune, de Chioggia, située à 25 kilomètres au sud. Mais la foule m'entraîne au Lido, à la plage chère aux Vénitiens qui, pendant deux ou trois mois chaque année dans la saison d'été, de juin en août, est le but quotidien vers lequel chacun navigue en hâte, afin d'aller prendre un bain dans l'eau bleue de l'Adriatique, aspirer l'air vif qui vous frappe au visage, et un peu aussi sans doute pour suivre la foule, puisque la mode a consacré le Lido.

En vérité, on irait au Lido uniquement pour faire le voyage, pour se mêler à tout ce monde élégant, un peu bruyant, mais vif et gai, qui, vers trois heures de l'après-midi surtout, envahit les bateaux à vapeur faisant toutes les demi-heures le service régulier entre Venise et le Lido. On pourrait aisément s'y rendre en barque, mais le voyage serait plus long. Votre gondole vous dépose le plus souvent au Ponte della Paglia, près duquel stationnent les bateaux à vapeur. On prend son billet à la petite guérite placée près de l'embarcadère, le vapeur accoste, et en un instant son pont est couvert d'une foule agitée, pressée de partir, pressée d'arriver, n'ayant qu'une pensée, celle de débarquer vite, car seuls les premiers à terre seront sûrs, peut-être, de trouver des cabines libres à l'établissement de bains. Les femmes habillées de couleurs claires, de robes blanches, coiffées de chapeaux de paille, forment des groupes, rient et causent, elles causent même bruyamment; mais, en Italie, personne ne parle, tout le monde crie, et encore le dialecte de Venise est-il le plus doux de toute l'Italie.

Le tableau est des plus jolis, et cette note moderne dans ce décor si brillant, si éclatant plutôt sous le dur soleil de juillet, a quelque chose de particulier, d'étrange, qui fait réfléchir celui qui regarde un moment cette animation sans se mêler au mouvement général. En quelques minutes, on a dépassé les bateaux ancrés devant la Rive des Esclavons, puis les Jardins publics; on touche à la grande langue de terre dont la ligne se prolonge des deux côtés, et on débarque non loin de la petite église du Lido.

Le tramway est là qui vous attend. Une, deux, trois voitures se remplissent aussitôt, et par une longue avenue bordée d'arbres, vous font traverser l'île dans toute sa largeur et vous déposent à la porte de l'établissement. Les uns, parmi les arrivants, s'arrêtent à écouter la musique qui joue au milieu du rond-point; les autres se dirigent vers les bains: c'est un bruissement continu, un mouvement sans interruption dans lequel les enfants, livrés à eux-mêmes, mêlent leurs cris et leurs ébats. Et tout ce bruit a, comme note basse, le murmure de la mer, de la vraie mer, car ce n'est plus de ce côté la nappe calme, unie, de la lagune, mais la mer moutonneuse, large à l'infini, déployant jusqu'à l'horizon ses eaux aux tons changeants. Le contraste est saisissant. Mais combien y en a-t-il, parmi ces élégants baigneurs, qui s'en aperçoivent? On prend son bain, on vient se reposer sur la terrasse, en regardant au loin les barques de pêche se grouper, se disperser selon les sautes du vent ; et, si la marée est basse, on va se promener sur la plage en faisant crier sous son pied le sable fin humecté par les vagues, en cherchant les étoiles de mer, les chevaux marins, les petits poissons fins comme un fil, tapis dans le sable; parfois on reste dîner au Casino ou on revient vite vers Venise.

On y rentre par le soleil couchant qui éclaire, de sa belle lumière jaune un peu pâlissante, les églises et les palais, et nul ne peut imaginer l'admirable ton que prennent sous les rayons du soir les murs rosés du palais ducal. Que c'est beau cette arrivée à Venise !

Le Lido n'est plus la plage déserte où lord Byron pouvait galoper, solitaire, de la passe de Malamocco au fort du Lido qui défend à l'autre pointe de l'île l'entrée de Venise. Des maisons se sont élevées, des chalets ont été construits près de l'établissement de bains, et quelques familles viennent s'y installer l'été et s'isoler... au milieu de la foule qui bat tout le jour les murs de leurs jardins. Un théâtre a aussi été construit, théâtre en plein vent bien entendu, pour être vrai, un café-concert, mais où on joue des opérettes; de son fauteuil en fer, on peut écouter le ténor s'égosiller et contempler sur la droite la mer éclairée par le doux éclat de la lune. Autant aller s'asseoir sur la plage et regarder dans l'infini, béatement, sans songer, en se laissant enivrer de cette poésie des nuits d'été sous un ciel pur, d'une limpidité si grande que les étoiles en perdent de leur éclat.

VENISE. — Le Grand Canal, vu du pont de l'Académie.

Longtemps avant que l'établissement de bains du Lido ne fût créé et n'attirât la foule élégante, il était de mode, à Venise, mais plutôt dans la classe bourgeoise, d'aller passer la journée au Lido et de se promener dans la campagne après avoir fait ses dévotions à San-Nicolo del Lido, la vieille église construite, au XIe siècle, par le doge Contarini. San-Nicolo est l'église des marins. A côté est un puits artésien où les navires et les barques viennent faire leur provision d'eau. Les bâtiments du cloître joint à l'église sont maintenant occupés par une compagnie de discipline.

L'été fini, le Lido retombe dans sa solitude. Il ne reste plus pour l'habiter que les paysans du petit village qui entoure l'église. Ceux-ci cultivent la partie des terres couvertes de maïs et de plantes potagères, les jardins palissadés de nattes de paille, remplis d'arbres fruitiers un peu maigres que couche le vent venant de la haute mer. Mais je ne parle là, bien entendu, que de la partie connue sous le nom de Lido, celle qui fait directement face à Venise, car l'île elle-même, ou pour mieux dire la digue qui protège Venise contre les flots, porte quelques hameaux, quelques fortins, près de Poveglia les bâtiments du Lazaret, et le bourg de Malamocco, bien réduit de son ancienne importance. Malamocco a été, en effet, la première capitale des peuplades vénètes, et avant que Venise la dépossédât de ce rang, elle était la résidence du conseil de toutes les communes réparties dans les lagunes. Pendant longtemps, elle resta le centre de l'élément démocratique des villes de la lagune. Malamocco a eu des fastes presque célèbres, et l'histoire rapporte notamment la résistance qu'elle opposa pendant six mois à Pépin, résistance qui le força à se retirer à Milan où il mourut. Les maisons sont anciennes, et par une bizarrerie véritable, presque tous les marteaux de porte représentent un dauphin en cuivre d'un très joli modèle. Maintenant, Malamocco, devenue moins ambitieuse, se contente de faire pousser les magnifiques et excellentes asperges que l'on vous sert à Venise.

Un peu plus loin, est la passe qui porte le nom de l'antique petite cité, la seule passe par laquelle peuvent pénétrer les grands navires, et dont la profondeur a dû être sauvegardée par d'importants travaux d'art. Une digue en pierre de taille, longue de 2,122 mètres, a été construite en 1806, sur l'ordre de Napoléon Ier, par les ingénieurs Prony et Sganzin pour prévenir les ensablements. S'avançant droit dans la mer, elle donne au flux et au reflux une direction immuable, et la mer, par son va-et-vient incessant, creuse elle-même la passe ou empêche du moins les sables de s'amonceler à l'embouchure du canal. Les travaux de la digue ne furent achevés qu'en 1840, et de nouvelles constructions, fort considérables encore, ont complété l'œuvre première et ont assuré le salut de Venise, car la suppression de son mouvement commercial serait sa mort.

Venise est, du reste, depuis des siècles, à l'état de défense contre la mer, qui aurait certainement envahi les lagunes et étendu tout au moins les marais qui l'entourent sans les travaux poursuivis sans interruption depuis plus d'un siècle. Ainsi la digue, qui reprend au delà de la passe de Malamocco et qui se prolonge jusqu'à Chioggia, n'a dû sa conservation qu'aux fameux *murazzi* élevés par l'architecte vénitien Bernardino Zendrini de 1744 à 1782. Ce fut là un travail immense qui absorba plus de vingt millions. Pour éviter que la dune ne fût entièrement désagrégée par la mer, on la protégea par ces massives murailles en pierre d'Istrie, cimentées avec de la pouzzolane, pierres larges à leur base de treize à quatorze mètres qui reposent sur des pilotis enfoncés dans la mer à une grande profondeur.

La petite ville de Chioggia, qui est située à peu de distance, à l'extrémité même des lagunes et qui est reliée au continent, à la plage de Brondolo, par un pont de quarante-trois arches, n'a pas une grande importance par elle-même; mais elle est le centre, le chef-lieu de quatre communes habitées par une population très belle, très rude, au type très caractérisé, qui a conservé sa langue particulière et ses mœurs. Les Chioggiotes, qui sont un peuple de pêcheurs, toujours en mer sur leurs grandes barques aux voiles rouges, passent pour ne pas aimer les étrangers, et dans ce vocable il faut presque comprendre les Italiens, surtout les Vénitiens. Fort peu hospitaliers, les

Chioggiotes ne goûtent guère qu'on aille les visiter chez eux ; on ne peut pas dire qu'ils vous reçoivent mal, mais plutôt qu'ils ne vous reçoivent pas. Ils n'ont pas oublié que Venise, la rivale de Chioggia, fondée par elle à la même époque, leur a imposé sa domination, et ils lui ont gardé rancune de cette vieille défaite. Malgré l'accueil peu bienveillant que je viens de signaler, il faut aller à Chioggia, car cette petite ville — qui se compose d'une seule grande rue, la traversant par le milieu, à laquelle aboutissent d'autres rues moins grandes, cette sorte de grand poisson couché sur le sol, et dont les rues simulent les arêtes — a gardé un aspect des plus curieux, un cachet d'immuable, si je peux me servir de cette expression. On sent que le peuple qui l'habite vit dans ses traditions en se mêlant le moins possible, même encore à notre époque, aux populations qui l'entourent et auxquelles il ne demande que d'acheter le produit de sa pêche. Les maisons, l'allure des gens, un peu même les costumes, tout a son aspect bien défini. Si on veut bien juger cette population étrange, il faut aller à Chioggia le dimanche, voir la petite ville animée, en fête. La semaine, tout semble mort. On ne rencontre

Pêcheur de Chioggia.

dans les rues — et encore restent-elles souvent dans leur logis — que les femmes et les enfants. Les hommes sont à la pêche, et le soir seulement la rentrée des barques apporte quelque mouvement.

Chioggia, dont les habitants ont si souvent servi de modèles aux peintres, a donné naissance à un peintre de talent, une femme, Rosalba Carrera dont les pastels eurent à une époque une si grande renommée. Un collectionneur de goût, M. Vianelli, en a réuni un certain nombre dans sa maison de Chioggia et il en fait volontiers les honneurs aux étrangers.

Mais, quelque intéressante que soit une excursion à Chioggia, elle ne vaut pas, à bien des points de vue, celle qui conduit dans la partie nord des lagunes, aux îles de Torcello, Mazzorbo, Burano et enfin de Murano, car on ne saurait mieux terminer ce petit voyage de quelques heures qu'en s'arrêtant à la vieille île du verre. Lorsque je visitai cette île, je n'eus même pas à me demander si je voulais, ou non, débarquer à Murano, on ne me demanda pas mon avis et le service de santé intima l'ordre à mes bateliers de me descendre à la douane où nous fûmes tous fumigués d'importance. Le choléra était un peu partout en Italie et les municipalités, plutôt pour rassurer les populations effrayées que par réelle mesure de précaution, faisaient supporter aux malheureux voyageurs cette espèce de supplice de la fumigation. Je commençais, il est vrai, à y être habitué ; j'avais été déjà phéniqué, soufré, fumigué de toutes les façons une vingtaine de fois, au cours de mon voyage, et je n'attachais plus d'importance à ce petit ennui. Il n'était pas suffisant d'ailleurs pour amoindrir le charme de la ravissante promenade que je venais de faire et à laquelle on ne songe pas assez souvent quand on se trouve à Venise. Ne fût-ce d'ailleurs que le plaisir de voyager toute la journée en gondole au milieu de la lagune et déjà on se sentirait heureux, car rien, en vérité, n'est comparable à ce délicieux mode de transport, si doux, si berçant, si propre à la rêverie.

Deux rameurs vigoureux faisaient glisser la barque sur les eaux calmes de la lagune, un air frais vous fouettait au visage, un beau soleil dissipait peu à peu les brouillards qui rasaient les marais, et promettait pour la journée, qui commençait à peine, un temps merveilleux. Paresseusement étendu sur les coussins de la gondole, je regardais au loin une minuscule rangée d'arbres qui, par un effet d'optique assez curieux, semblait suspendue en l'air, une grande ligne blanche les coupant au pied et les séparant de terre. Des pêcheurs descendus de leurs barques marchaient sur les bancs de sable, ayant de l'eau jusqu'aux genoux, occupés à ramasser leurs filets ; des barques chargées de fruits et de légumes nous croisaient, poussées par une brise légère qui gonflait leur voile en faisant craquer leur grand mât ; à une certaine distance encore, on entendait roulant sur les eaux le refrain de la chanson chantée par un des bateliers. Plus loin, ce fut une barque uniquement chargée de grosses citrouilles jaunes, de monstrueux potirons, et on ne peut imaginer le curieux effet de cette montagne dorée s'avançant doucement sur les eaux. Plus loin encore, quelques soldats de service sur une petite île au môle délabré lavaient leur linge dans la lagune, et chemises et pantalons séchaient étalés au soleil sur de vieux parapets en briques rouges du ton le plus merveilleux.

Et la barque avançait toujours, poussée par ce même mouvement rythmé des bateliers que rien n'interrompait, rien ne distrayait de cette dure besogne qu'ils semblaient d'ailleurs accomplir sans aucune fatigue. Bientôt, fut dépassée l'île de Mazzorbo, à côté de Burano qui a établi son cimetière sur ses terres peu habitées. Une tour en briques, abandonnée, désespérément penchée, au toit crevé, semblait se lamenter de voir son île perdre chaque jour un peu de son mouvement, car on n'y constate un peu d'animation que lorsque quelque cortège accompagne un mort au cimetière. Je voulais aller d'abord au point le plus extrême de mon excursion, c'est-à-dire à Torcello; je continuai ma route après avoir jeté un dernier coup d'œil sur cette ruine dont l'aspect désolé faisait un si violent contraste avec ce clair soleil et cette nature pleine d'éclat et de gaieté. Ce n'était plus la grande lagune, la large étendue d'eau. De chaque

Quinto sul Sile.

côté, des canaux qui se faisaient de moins en moins larges, de grands marais s'étendaient couverts d'ajoncs.

L'hiver, on y fait, paraît-il, de magnifiques chasses au canard sauvage. Quelques restes de murs effondrés, des pans de maisons ruinées, paraissaient çà et là au-dessus des herbes, et cette verdure grise, uniforme, était coupée seulement par les éclats de l'eau des mares stagnantes que l'on apercevait en se soulevant dans la barque. Jadis, c'étaient des îles où la terre, élevée au-dessus de l'eau, était ferme et solide et pouvait être habitée. Mais peu à peu les canaux se remplirent des terres apportées par le Sile, le petit fleuve aux bouches nombreuses qui accourt des montagnes, entraînant dans sa course torrentueuse les pierres et le limon ; le niveau des eaux se releva insensiblement, les travaux de défense furent abandonnés, et les terres habitées et cultivées devinrent des marais. Torcello, l'île même qui porte ce nom, plus haute au-dessus des eaux, a échappé à ce désastre; une petite partie tout au moins peut être livrée à la culture et, de l'étroit canal où la barque venait d'entrer, je voyais alors nettement la vieille tour rouge de Santa-Maria, orgueilleusement dressée vers le ciel, le bâtiment allongé du dôme, quelques maisons éparses, des arbres poussant au milieu des champs, mais des champs où les herbes folles et les fleurs sauvages semblaient croître en toute liberté au détriment des quelques pieds de maïs et des grands choux verts qui poussaient en d'autres endroits mieux soignés. Un petit pont en pierre était jeté d'une rive à l'autre, vieux, délabré, aboutissant près de trois ou quatre masures misérables, plantées au bord du canal. Ce fut un peu plus loin encore que la barque accosta. De loin elle avait été signalée, et une dizaine de gamins aux jambes nues étaient là pour nous recevoir, en nous assourdissant de leurs cris joyeux. L'arrivée d'un étranger ne signifie-t-elle pas pour eux l'aubaine de quelques sous arrachés par leur importunité?

Qui pourrait se figurer en constatant cette solitude, cet abandon, que Torcello eut, à un moment, près de quarante mille habitants! Au ve siècle, elle servit, paraît-il, de refuge, comme toutes les îles de la lagune du reste, aux habitants de la terre ferme fuyant l'invasion des barbares; sa population s'accrut encore lors des incursions d'Attila et devint considérable lorsqu'en l'an 640, Paul, évêque d'Altinum, s'y réfugia à son tour, emportant avec lui les reliques que possédait son église cathédrale, pour ne pas obéir au roi lombard qui voulait lui imposer le culte arien. La petite bourgade devint alors rapidement une ville importante, dont les bâtiments grandioses et les riches édifices bordèrent les canaux, comme l'attestent les ruines qui ont été retrouvées. Torcello acquit rapidement une véritable puissance et elle affirma sa suprématie sur les petites îles voisines. Elle eut son tribunal, ses magistrats, son conseil de gouvernement, ses statuts communaux particuliers; puis les débordements du Sile, contre lesquels on ne sut pas la défendre, amenèrent rapidement sa ruine, comme je le disais il y a un instant. Le mélange des eaux douces et des eaux salées, leur manque d'écoulement formèrent des marais pestilentiels, et les habitants émigrèrent en foule vers Venise, dont la puissance les attirait. En 1569, l'évêque lui-même abandonna l'île où ne demeuraient plus alors que quelques centaines d'habitants, et Torcello, ruinée, devint une commune dépendante de Burano.

Que reste-t-il de toute cette grandeur passée? quelques ponts à moitié détruits, des maisons misérables, construites avec les débris des anciens palais, des restes de fondations de constructions anciennes, une partie de l'ancien palais du conseil communal, dans lequel on a établi un musée dont les pièces principales ont été recueillies par le comte Torelli, et dont il a fait don, en 1879, à la province, à condition de l'entretenir et de le compléter, et deux basiliques heureusement bien conservées pour l'étude de l'art. N'est-il pas triste d'avoir à constater la ruine si complète d'une ville qui dut être si florissante?

Je venais pour visiter les deux basiliques, si belles encore dans leur abandon, et suivant un sentier courant à travers les ronces, j'arrivai en quelques pas sur la petite place couverte d'herbe qui les précède. Au milieu de la prairie, se dresse une chaise curule en pierre, adossée à un tronçon de colonne : la chaise où s'assit Attila, me dit le gardien du musée qui était venu se mettre à ma disposition; la chaise, me dit-on ensuite, où s'asseyaient les préteurs romains lorsqu'ils venaient percevoir l'impôt et faisaient comparaître devant eux les pêcheurs de la lagune : la seconde supposition, la seconde légende, si on préfère, est la plus vraisemblable. Tout à côté, sur un des côtés de la petite place, s'étendaient les arcades qui entourent Santa-Fosca et qui rejoignaient presque sur la gauche l'antique cathédrale de Santa-Maria, élevée, dit-on, au VII° siècle, avec les matériaux provenant des ruines d'Altinum.

Le dôme, Santa-Maria, est certainement, au point de vue archéologique, un édifice des plus curieux. C'est un vaste bâtiment de style roman, à trois nefs, soutenues par des colonnes de marbre grec, dont les chapiteaux sont de dessins différents. Le sanctuaire est séparé de la nef par une sorte de jubé peint, et derrière le maître-autel, par une disposition des plus originales, des stalles disposées en gradins et en hémicycle garnissent le fond de l'abside. Au centre est placée la *cathedra*, le siège de l'évêque.

Vers la porte est un vieux bénitier de forme primitive; puis, à côté de la chaire en marbre, un porte-évangile en pierre grise est soutenu par une colonnette en marbre

Torcello. — Mosaïque de Santa-Maria.

rouge, presque rose, d'une finesse extrême. On entre par une porte de côté et tout de suite les curieuses mosaïques qui garnissent la chapelle terminant la nef de droite vous frappent les yeux, mais ce n'est rien encore en comparaison de celles qui garnissent tout le mur intérieur de la façade. Lorsque, parvenu dans la nef du milieu, on se retourne vers l'ancienne entrée, on reste stupéfait, saisi par l'immense figure du Christ qui occupe tout le centre du panneau. C'est d'un surprenant et puissant effet. Le dessin est sec, raide, durci encore par les lignes de mosaïque noire qui marquent les traits, et malgré cette rudesse, malgré le primitif de l'œuvre, celle-ci vous tient plus attentif que charmé, mais vous retient enfin détaillant cette énorme composition qui doit dater du XII° siècle et qui représente la mort de Jésus-Christ, sa résurrection et le jugement dernier.

L'homme qui me faisait visiter l'église me conduisit ensuite dans la crypte située sous le sanctuaire ou, pour être plus exact, il me fit descendre plusieurs marches et suivre un couloir tournant passant sous les stalles de l'abside, et remonter de l'autre côté du chœur. Cela n'avait rien de bien curieux et je gagnai seulement à cette promenade de me mouiller horriblement les pieds, l'eau suintant à travers les pierres du mur en contre-bas des terrains voisins; cela indique suffisamment l'humidité générale des terres.

Je ressortis, je fis le tour de l'église, regardant les curieux volets qui ferment les fenêtres et qui se composent d'une immense dalle de pierre tournant sur des gonds de fer scellés dans le mur. A côté se dresse l'immense tour en briques que j'avais aperçue de loin dans la lagune. Elle est superbe de conservation, de force, et on peut dire de légèreté dans sa masse. Elle était plus haute jadis, à ce que l'on m'a assuré. C'est-à-dire qu'elle avait sans doute, à la place du petit toit en tuiles presque plat qui la recouvre, une partie plus étroite renfermant les cloches.

Je revins ensuite vers Santa-Fosca en traversant l'ancien cimetière envahi par les hautes herbes. Santa-Fosca, qui date du XIe et du XIIe siècle, car il paraît assez difficile d'établir une date précise, présente cette étrangeté qu'à l'extérieur elle est octogone, entourée sur cinq de ses côtés d'arcades supportées par des colonnes très fines et quelques massifs piliers. Une haute coupole devait certainement s'élever autrefois au centre de l'église, mais elle a été détruite et un toit en tuiles dont une petite croix surmonte la pointe recouvre seul maintenant ses bâtiments.

La lourde porte se referma sur moi, une clef énorme qui doit dater de je ne sais combien de siècles fit jouer les verrous de la serrure et, revenu alors sur la petite place, je regardai avec plus de soin encore cet intéressant édifice dont les proportions et les lignes sont d'une harmonie admirable. On dit que Sansovino faisait le plus grand cas de ce petit temple d'un style si pur et qu'il en étudia longtemps l'architecture originale, on dit même qu'il s'en inspira dans quelques-uns de ses travaux, on ne doit pas s'en étonner après l'avoir contemplé avec soin.

Un sentier me conduisit à travers un champ à moitié cultivé vers le musée et, tout en marchant, je questionnais le gardien de ces antiquités, plus pêcheur et chasseur assurément qu'archéologue, sur l'île où il habite. « Combien reste-t-il d'habitants? lui demandais-je. — Soixante-dix, et la population diminue tous les jours », me répondit-il. Mais alors qu'est-ce qu'il en restera bientôt?

Mes deux gondoliers m'attendaient couchés au fond de la gondole; je les réveillai et je fis conduire la barque près du petit pont sous lequel nous étions passés en arrivant. Cette promenade au grand air m'avait donné grand appétit et je me disposai, à l'ombre d'un petit arbre poussé sur le bord du canal, à faire honneur aux provisions que j'avais apportées de Venise. C'est là une précaution indispensable, car les pauvres habitants de Torcello seraient bien en peine de vous donner autre chose à manger qu'un dur morceau de polenta. Cependant un de mes gondoliers courut chercher quelques fruits et il me rapporta les figues les plus grosses, les plus sucrées que j'aie jamais mangées. J'ai fait là dans ce désert, sur cette eau tranquille miroitant sous le soleil, le repas le meilleur et auquel se fût volontiers invité, j'en suis sûr, Attila dont on me montrait tout à l'heure le prétendu trône beaucoup moins confortable que la simple banquette de ma gondole.

De Torcello à Burano le trajet se fit rapidement et je débarquai bientôt sur la place principale de la petite ville, place assez grande, car on a comblé un canal qui la traversait; elle se joint à l'ancienne place où est située l'église. Je visitai aussitôt la cathédrale en attendant que les ouvrières de l'école de dentelles fussent de retour de leur repas de midi. C'était la visite de cette fabrique qui m'attirait à Burano où on s'efforce de réveiller depuis quelques années une vieille industrie du pays jadis des plus florissantes.

Il est superflu de dire de quelle vogue a joui dans les anciens temps ce qu'on appelait le point de Venise, et avec quelle ardeur les collectionneurs et les riches élégantes recherchent aujourd'hui des pièces de l'ancienne fabrication, au sujet de laquelle a été écrit en 1878, par M. Urbani de Gheltof, un traité historique technique très curieux. Du reste, de nombreux ouvrages anciens, dont une réédition a paru chez l'éditeur vénitien Ongania, prouvent les soins que dans toutes les classes on apportait, vers le XVIᵉ siècle princi-

TORCELLO. — Église Santa-Fosca.

palement, à la confection du célèbre point de Venise. Mais l'industrie en était peu à peu presque complètement tombée, et si on continuait à faire de la dentelle à Burano comme dans les autres îles de la lagune, c'était seulement de la dentelle commune. Il fallut les efforts intelligents de la comtesse Marcello et du député Fambri pour que la fabrication de la dentelle de luxe ne soit pas tout à fait perdue maintenant. On trouva à Burano une vieille pêcheuse qui avait conservé le secret de cette fabrication, on lui donna des élèves, et on forma ainsi des maîtresses qui dirigent maintenant l'école ouverte à Burano, une école qui est en même temps un atelier, puisque tous les travaux exécutés sont livrés à la vente. Une des maîtresses me fit un peu plus tard parcourir les quelques pièces où travaillent à la main ou au carreau les ouvrières formées dans l'école même, et on me montra des spécimens merveilleux de cet art si délicat de la dentelle.

En 1878, l'école de Burano exposa à l'Exposition universelle de Paris et vendit des quantités considérables de dentelles, non pas seulement de point de Venise et de point de Burano, mais d'autres dentelles encore qui y sont confectionnées, comme le point d'Alençon, le point de Bruxelles, le point d'Argentan. Toutes ces dentelles sont exécutées sur des modèles anciens, dont l'un, une merveilleuse dentelle vénitienne, a été donné, paraît-il, à l'école par Sa Sainteté Pie IX. Le fil dont on se sert est très fin, mais très résistant et ne coûte pas moins de 1,000 francs le kilogramme; ce qui explique un peu les prix véritablement très élevés auxquels sont cotés les ouvrages exécutés dans l'école. D'après le prospectus même que j'ai gardé, la dentelle la moins chère est de 30 francs le mètre; mais les prix les plus ordinaires sont de 60 francs, 80 francs et 100 francs, et ils montent parfois à 2,000 francs le mètre.

C'est en réalité la véritable, pour ne pas dire la seule curiosité de Burano où on retrouve l'aspect commun à tous les bourgs de la lagune. Sa population, qui est considérable, puisqu'elle a près de 8,000 habitants, est en grande partie composée de pêcheurs et de petits caboteurs; elle est assez pauvre et de caractère peu sociable.

Murano, où je revins ensuite en suivant la route que j'avais parcourue le matin, est beaucoup moins peuplée — elle compte, je crois, 4,000 habitants; — mais elle a eu et elle a encore une toute autre importance, comme l'explique du reste aisément sa proximité de Venise. C'est à peine si le petit bateau à vapeur qui fait le service régulier entre Venise et Murano met une demi-heure pour accomplir son trajet et accoster non loin de la fabrique de verrerie. Mais moi, j'arrivais par le côté opposé, par le large canal qui débouche dans la lagune vers le nord, et où est établie la douane dont une pièce servait, comme je l'ai raconté, de pièce aux fumigations. De vieux palais, de hautes maisons, les églises dont j'apercevais au loin les clochers, me montraient assez que Murano a dû être, à une époque, une ville riche et très peuplée, comme aussi les réparations faites aux anciens édifices, les maisons nouvellement bâties témoignent de l'activité plus grande qui règne depuis quelques années dans la vieille cité. J'allai visiter sa vieille cathédrale, San-Donnato, qui est un magnifique spécimen de l'architecture du style roman le plus fin. Les voûtes du berceau qui règnent sur toute la longueur de l'édifice sont soutenues par des colonnes de marbre grec d'une grande hardiesse et le transept repose sur de massifs piliers. Le sol est entièrement pavé d'une vieille mosaïque du XIIe siècle et une magnifique mosaïque à fond d'or, représentant l'Assomption garnit une partie de l'abside, au-dessus de fresques assez curieuses du XVe siècle. Cette église, qui est par elle-même une œuvre superbe, renferme quelques objets d'art assez intéressants, entre autres un bas-relief en bois peint représentant saint Donat, du XIVe siècle, et, en outre des peintures que j'ai citées, une *Vierge* de Laz. Sebastiani. Je ne pus revoir, à cette excursion, la *Vierge* de Giovanni Bellini et l'*Assomption* de Basaiti qui se trouvent dans la vieille basilique de Saint-Pierre Martyr, ni l'*Invention du corps de saint Marc* du Tintoret que possède l'église de Sainte-Marie des Anges; le temps me pressait et je voulais entrer un moment à la verrerie de Murano. Déjà à Venise on avait fabriqué devant moi ces perles de verre dont Venise fait un si grand commerce; mais cela n'avait pu me donner en aucune façon l'idée de cette autre fabrication de ces mille objets de verre qui composent la délicate verrerie de Venise aux tons irisés si doux, aux formes si gracieuses et si fines. Un ouvrier fit fondre devant moi sur sa palette de fer une certaine quantité de verre; d'un souffle dans son tuyau de fer, il la gonfla, l'arrondit, l'évasant ou la resserrant à l'endroit voulu avec les grosses pinces qu'il tenait de la main droite et qu'il maniait avec une dextérité incroyable. En quelques minutes ce bloc de verre était transformé en un petit vase irisé, une sorte de burette gracieuse de forme, aux anses arrondies, supportant une tête de chimère d'un rouge vif. C'était fin et charmant. Mais ce que j'avais admiré, c'était le tour de main

VENISE. — Via Santa Margarita.

incomparable de cet ouvrier faisant ce qu'il voulait de cette masse en fusion, sans même avoir l'air de suivre de l'œil son travail et donnant une finesse incroyable aux détails mêmes de l'ouvrage avec le pesant outil dont il se servait.

D'un autre côté, on était en train d'achever un de ces jolis petits lustres aux fleurs multicolores qui, suspendus au plafond, font un si charmant effet; partout dans cette vaste salle éclairée par les feux des fourneaux, régnait un mouvement qui ajoutait au curieux de ce spectacle.

L'industrie du verre, si florissante aux époques passées, a été, elle aussi, en grande décadence; mais elle a pris depuis un certain nombre d'années un nouvel essor. La

Société verrière de Murano, Salviati, le grand manufacturier ont rendu à cette fabrication si négligée un moment une partie de son importance, et non seulement pour la verrerie de luxe, pour les objets d'exportation, que l'on trouve, entre parenthèses, au même prix à Paris sans avoir l'ennui de les y transporter, mais pour les verres qui servent à composer les grandes mosaïques. Je crois que c'est la Société de Murano qui a exécuté les mosaïques de la façade de Saint-Marc.

En revenant à Venise on longe les murs du cimetière de la grande ville placé dans l'île de San-Michele. C'est là que l'on enterre, comme l'on sait, tous les morts de Venise, « dans le sable amer qui doit être doux aux os d'un Vénitien », selon le mot de Théophile Gautier. A vrai dire, c'est un sable quelque peu boueux. A côté, est l'église de San-Michele, bâtie par Moro Lombardo et, dépendant du cimetière, la chapelle Emiliana, un gracieux édifice hexagone de Bergamasco. Le cimetière est assez mal tenu; les Italiens n'ont pas ce culte des morts si général en France ; pour eux et pour les Vénitiens, cette race d'épicuriens, plus peut-être que pour tous les autres, la mort est un terme final après lequel votre dépouille ne représente plus rien ; que l'on vous enterre la nuit, comme il est d'usage dans nombre de villes encore, que l'on vous enterre le jour, la foule regarde passer avec indifférence le cortège du pauvre ou du riche, et si un chapeau se soulève, si une femme se signe, c'est la croix précédant le corps que l'on salue et non le mort qui s'en va à sa dernière demeure.

Cependant le jour de la Toussaint, on semble se souvenir que quelques-uns des siens reposent là-bas sous le sable de la lagune. A la porte des églises une large pancarte noire sur laquelle se détachent des lettres blanches et autour de laquelle court une guirlande de feuilles de laurier, nattées de rubans blancs et noirs, invite tous les bons chrétiens à prier pour les trépassés ; l'église des Gesuati reste même illuminée toute la nuit qui précède la Toussaint, en souvenir de ce qu'elle avait seule autrefois le droit de fournir les torches pour les enterrements. Dans la journée, les gondoles se croisent sur la route de San-Michele, conduisant au cimetière les parents des morts qui portent sur les tombes des guirlandes de fleurs naturelles ou des guirlandes de perles de Venise rouges et bleues pour les femmes, ce sont les couleurs de la madone, ou blanches et noires pour les hommes.

Je connaissais San-Michele et j'avais eu garde de ne pas assombrir, en visitant ce lieu de deuil, lugubre dans sa désolation, la belle journée que je venais de passer. Je revins en faisant le grand tour, en passant entre le faubourg de San-Pietro et la petite île de Santa-Elena, jadis si fraîche, si verdoyante et où on a établi de vastes usines, des chantiers énormes de construction de wagons et de machines, dont les hautes cheminées lancent dans les airs une épaisse fumée qui obscurcit le ciel bleu. Puis, après avoir dépassé la Punta di Quintavalle, un canal transversal me ramena près des jardins publics et de là, par la lagune, au môle de la piazzetta. Je quittais Venise le soir et j'avais voulu une dernière fois contempler dans son merveilleux ensemble, aux lueurs du soleil couchant, la vieille reine de l'Adriatique.

FRIOUL.
Serravalle. — Le Meschio.

CHAPITRE VII

I. — LE NORD DE LA VÉNÉTIE.

La hâte avec laquelle on parcourt généralement l'Italie, en suivant le plus souvent un itinéraire arrêté d'avance et qui se restreint aux villes les plus célèbres, prive la plupart des touristes du plaisir que leur procureraient certaines excursions, car on ne peut appeler cela des voyages, dans des régions moins fréquentées et quelquefois cependant des plus curieuses à visiter. Le nord de la Vénétie mérite notamment qu'on lui consacre quelques jours, et les trop rares voyageurs qui remontent peu à peu les premiers échelons des Alpes et visitent cette contrée si sauvage dans sa proximité des hautes montagnes, si pittoresque encore dans son voisinage de la plaine, ne regrettent jamais ce voyage doublement intéressant.

Déjà j'avais visité, et non sans plaisir, certains points du Frioul, principalement la partie extrême confinant à l'Autriche. Une fois notamment j'avais pénétré en Italie par Pontebba, après avoir suivi cette admirable voie ferrée de l'Arlberg, construite en 1879, qui se relie à la ligne de Vienne. J'avais pu me rendre compte, malgré la rapidité de la course, de la merveilleuse succession de sites sauvages, tantôt durs et désolés, tantôt couverts d'une végétation puissante, presque noire de ton, qui encadrent la voie ferrée dans sa descente continue des hauteurs des Alpes illyriques. De Pontebba à Resiutta, le chemin de fer suit la gorge sauvage de la Fella, qu'il traverse à plusieurs reprises, franchissant sur de hardis viaducs son cours d'eau écumeux, traversant la montagne sous des tunnels répétés, parcourant ainsi le paysage le plus sauvage jusqu'à la vallée plus large du Tagliamento. Au sortir de ces gorges, de ces passes profondes, on croirait presque, tant le contraste est grand, se trouver dans une vaste plaine, et le pays est, en effet, en cet endroit complètement plat, si plat que le Tagliamento, réduit l'été à un gros filet d'eau, peut rouler ses eaux, lorsque survient la fonte des neiges, sur un espace de plusieurs centaines de mètres. Il a fallu, par suite des crues terribles qui se produisent, construire pour franchir son lit de cailloux, de sable et de rochers, un pont, ou, pour mieux dire, un viaduc long de 780 mètres, dont les arches semblent, de leurs pas de géants, mesurer cette partie basse de la plaine.

Bientôt on est à Udine, l'ancienne capitale du Frioul, encore peuplée et puissante, pleine de caractère, riche en souvenirs des temps les plus anciens, ville moderne et ville ancienne tout à la fois, ayant sa partie centrale encore entourée de murailles et de fossés pleins d'eau, comme encastrée dans la ville neuve qui l'enserre et la conserve comme un musée, comme une pièce archéologique digne de l'attention des érudits. Un vieux château, qui sert maintenant de caserne, la domine, et sur sa place principale subsiste, élégant et puissant de formes, son vieux palais municipal à arcades, construit en 1457 dans le style du palais des Doges, et restauré tout récemment, presque réédifié après l'incendie qui le détruisit en 1876. Au haut de deux hautes colonnes placées devant le municipio, sont restées les emblèmes de Venise. Le lion de Saint-Marc semble toujours tenir sous sa domination ce beau pays dont la république s'était emparée en 1445, et qui jadis avait été la possession des patriarches d'Aquilée. A côté est la cathédrale, vieil édifice d'architecture romane, qui date du XIVe siècle, plus loin le palais archiépiscopal, et encore le palais Bartolini, qui renferme maintenant le musée municipal et la bibliothèque riche en manuscrits précieux, en ouvrages sur le Frioul.

De grands artistes ont laissé dans les monuments de la vieille ville des marques de leur talent, Jean d'Udine d'abord, puis Tiepolo, Palma le jeune, etc. Les témoignages de la domination vénitienne abondent; on les retrouve dans les mille détails de l'architecture, dans des écussons accolés aux murs, dans les portraits des gouverneurs, des podestats, conservés au palais municipal, dans cet ensemble enfin de constructions qui se sont inspirées des édifices de Venise la suzeraine. Et c'est tout à côté, à Campo-Formio, que fut signé, le 17 octobre 1797, le traité célèbre qui cédait la Vénétie à l'Autriche. Maintenant Udine est redevenue italienne, son développement se continue, sa population augmente sans trêve — elle est de près de 35,000 habitants — et son commerce, qu'alimentent surtout le lin et le chanvre, s'étend chaque jour. Udine mérite bien qu'on lui consacre quelques heures.

A Udine s'embranche la ligne de Trieste. On est tout proche de la frontière autrichienne que l'on gagne en quelques minutes par un pays d'une végétation superbe, où les vignes couvrent les pentes basses des collines qui s'élèvent peu à peu, chargées de bois et de forêts. On se trouve là dans le fond même de l'Adriatique, abrité des vents froids du Nord, et toute cette côte renommée pour sa chaude température s'étend verte et rayonnante sur tout le pourtour du golfe jusqu'à Trieste, où vous amène le chemin de fer en passant par Goritz, cette terre d'exil où reposent les dépouilles mortelles de nobles princes de la maison royale de France.

D'Udine, la ligne de Pontebba continue jusqu'à Venise, en traversant la longue et riche plaine qui s'étend au delà de Trévise jusqu'à Vicence, entre la mer et les derniers contreforts des Alpes.

Mais l'excursion dans le Frioul dont je veux parler est plus sur la gauche, et je tiens à la raconter jour par jour.

Ma première étape — je partais de Padoue — fut Castelfranco, d'où je comptais me rendre en voiture à Maser et à Fanzolo. Mais, entre deux trains, à la bifurcation de Cittadella, j'avais eu le temps d'aller faire un tour rapide dans cette dernière ville, dont j'avais vu de loin se profiler à l'horizon les vieilles fortifications. Ses antiques murailles de briques, que flanquent de nombreuses tours également espacées, ont un grand caractère. La ville a un aspect gai. De nombreux jardins plantés d'arbres, ce qui est une rareté, sont joints aux maisons. A la cathédrale est une *Cène* assez belle, de Jacopo da Ponte, le Bassan, et je note une assez curieuse disposition intérieure : chaque autel est séparé de la nef par de petites colonnes de marbre rouge dont la succession produit une étrange et intéressante décoration.

Castelfranco est d'aspect moins gai, moins plaisant. La ville est petite, à l'allure mi-campagnarde, mi-urbaine de tout gros bourg, sans aucun intérêt en dehors de sa vieille enceinte de remparts crénelés, coupés de distance en distance par de hautes tours carrées. La ville moderne, si tant est qu'on puisse employer ce qualificatif pour ses maisons déjà bien anciennes, s'étend presque tout autour de ces hautes murailles qui renfermaient le château fort, la cathédrale et tout un bloc de masures aussi noires, aussi sombres que les murailles qui les protégeaient et dans lesquelles se massait la population du bourg primitif. Ces vieilles ruines ont un vrai caractère. Du château, il ne reste rien ou à peu près et, en bien des endroits, les murs sont démantelés, s'effondrent en de larges brèches dans les vieux fossés, transformés en promenades; mais un épais rideau de lierre jette sur cette désolation son manteau de velours sombre et contribue au pittoresque de l'ensemble. La haute tour carrée devant laquelle se dressait jadis le pont-levis donne accès dans la ville fortifiée. On traverse son porche bas, massif, noir et enfumé, que domine le Lion de Saint-Marc, et on suit la rue étroite qui traversait dans sa largeur la forteresse. C'est toute une évocation du passé. Vers l'extrémité de cette rue, fort courte du reste, précédée d'une petite place qui lui donne un peu d'air et de lumière, se dresse la cathédrale, vieil édifice en briques, qui ne fut jamais achevé. Elle est, pour ainsi dire, encastrée dans la muraille même du fort, et sa massive architecture ne jure pas avec les hauts et lourds remparts.

Quelque curieux que soit l'aspect de ces vieilles fortifications, elles ne suffiraient pas à motiver un voyage spécial, si la cathédrale même ne renfermait une des œuvres les plus belles du Giorgione, qui naquit à Castelfranco. Cette peinture remarquable se trouve derrière le maître-autel, dans un jour assez mauvais, et malgré tout on ne se lasse pas de contempler et d'admirer l'adorable figure de la Vierge, qui sort lumineuse du fond un peu sombre du tableau. A côté de la Vierge, se tiennent saint François et saint Libéral. Dans aucune des œuvres trop rares qui sont restées du Giorgione, on ne trouve plus de charme poétique, plus de finesse et de grâce que dans la Vierge de Castelfranco. Son coloris a gardé une vivacité extrême; la disposition des personnages, leur attitude, l'expression des figures concourent à un ensemble parfait; mais ce qui séduit et retient, c'est avant tout l'idéale figure de la Vierge, si douce et si pure.

Tandis qu'on attelait la voiture qui devait me conduire à Fanzolo, je fis le tour des anciens fossés, ombragés de hauts arbres. Une troupe foraine venait d'arriver, et déjà l'on affichait une représentation au Teatro delle Varieta. Je ne me laissai pas arrêter par l'affiche attrayante qu'on placardait sur un pan des vieux remparts, et sans m'attarder à contempler la statue, assez médiocre, élevée au Giorgione par les habitants de Castelfranco, je partis pour Vedelago, qui est la commune d'où dépend Fanzolo, la villa appartenant à l'ancienne famille vénitienne des Emo di Capodilista.

Le ciel était sombre, des nuages gris pleins de pluie couraient sur la campagne et assombrissaient cette vaste plaine, riche et verdoyante de toutes les rangées d'arbres qui coupent chaque champ, mais monotone d'aspect.

Fanzolo est bien le type de la villa italienne, type uniforme dans toutes les parties de l'Italie et qui ne subit quelques variantes que dans le nord de la Lombardie. C'est une maison de plaisance accolée à une ferme, quand la ferme même n'occupe pas la plus grande partie des bâtiments. Le jardin n'existe pas, du moins ce que nous appelons un jardin, car notre ancien parterre à la française lui-même, qui a servi de type avec ses lignes droites et ses carrés de verdure, réserve au moins un espace plus ou moins grand aux fleurs. Dans la villa italienne, la disposition générale est immuable. Une large allée, presque une avenue, conduit de la porte de la propriété au pavillon central. Elle est garnie de chaque côté de plantes vertes faisant bordure, ornée de statues ou de vases qui se répètent sur les pilastres de la grille. Le marbre ou le plâtre tiennent la place des arbres absents. Dans le jardin quelques rares fleurs sont dispersées dans un champ de vignes, au milieu des maïs ou autres plantes. Les riches seuls, et encore n'est-ce qu'une mode nouvelle, se donnent le plaisir d'un jardin fleuri, où cependant les arbres font encore défaut.

Fanzolo est une villa d'importance, une fort belle propriété ; sa disposition même marque la richesse de ses premiers propriétaires, la grandeur de leur maison. Elle comprend un rez-de-chaussée et un premier étage, auquel conduit un haut et large escalier de pierre, large comme l'avenue du milieu. Par ses nombreux gradins on accède aux appartements—le rez-de-chaussée ne comprend que les pièces de service,—à la salle, moitié vestibule, moitié salle de réception, qui occupe le centre de l'habitation, puis aux salons et aux chambres, que Véronèse et son élève Zelotti ont couverts de leurs fresques. Un long portique, que relie à la ferme un berceau de vigne formant un interminable couloir vert, court tout le long du rez-de-chaussée de la villa en passant sous le large perron. Le bâtiment s'étend droit et uniforme dans toute sa largeur, coupé seulement au milieu par le perron. Le toit qui le surmonte est bas, mais à plan incliné, non à terrasse, et sa ligne plus sombre délimite durement l'arête de la construction. Des vignes l'entourent. Plus loin s'étendent de vastes champs qui se noient dans la plaine immense que ferme seulement à l'horizon la ligne bleue des montagnes.

Je voulais voir les fresques dont Véronèse a orné la villa, l'amabilité extrême du comte Emo me permit de les examiner en détail. Sans avoir l'importance des fresques de Maser, elles présentent un réel intérêt et témoignent avant tout de l'art avec lequel Véronèse savait peupler les habitations des grands seigneurs vénitiens de

ASOLO.

ses conceptions grandioses et multiplier sur les murs, dans les frises, au-dessus des portes, ces compositions imagées, pleines de verve et de force, d'un dessin si hardi, mais toujours ferme et noble, qu'il se plaisait à répandre à profusion, en s'abandonnant à son génie inventif. Le plan général de la décoration de la villa est certainement de Véronèse, mais il est permis de croire que l'exécution en fut remise par lui, pour la plupart des sujets, non seulement à Zelotti, son principal élève, qui signa ses fresques, mais à d'autres de ses élèves dont il contrôla ensuite les travaux. Il est, il faut bien le dire, assez difficile de juger ces fresques autrement que dans leur ensemble, car quelques-unes d'entre elles ont été assez mal réparées, et d'autres attendaient encore, quand je les vis, des restaurations nécessaires et qu'il faut souhaiter intelligentes.

Dans la grande salle du centre, il y a six vastes panneaux de Véronèse et de Zelotti, d'un très puissant effet; d'autres encore, notamment une vigoureuse *Cérès*, sous le péristyle du premier étage; dans l'une des chambres, diverses figures allégoriques, la *Peinture*, la *Sculpture*, la *Géométrie*, la *Poésie;* dans une autre, l'histoire d'*Hercule;* dans une autre encore *Vénus et Junon* et, au-dessus de la porte — le rapprochement a lieu de surprendre — un *Christ* couronné d'épines, qui rappelle, par l'expression et la couleur, *le Christ et les larrons* que possède le Louvre. Ce sont là, tout au moins, les principales peintures; mais on comprend que je n'ai pas l'intention d'en dresser ici le catalogue complet, car il faudrait alors consacrer à la villa Fanzolo une étude beaucoup plus importante et telle du reste qu'elle la mérite véritablement.

Maser, où je comptais me rendre le lendemain, est beaucoup plus connue, grâce à notre compatriote M. Charles Yriarte, qui l'a décrite avec son érudition ordinaire dans son histoire des Barbaro. L'œuvre de Véronèse y est d'ailleurs plus complète, plus importante et plus parfaite. Les fresques que je venais de voir devaient me faciliter, par la comparaison facile à établir, l'étude des peintures qui décorent la villa des Barbaro, bien plus considérable, plus seigneuriale dans sa simplicité même, bien mieux située que celle de Fanzolo.

II. — MASER.

Quelques lieues séparent Castelfranco de Maser, le village d'où dépend la villa, et la route qui y conduit, en passant par Asolo, traverse une plaine des plus riantes et des plus fertiles qui s'ondule peu à peu en approchant des montagnes dont on voit les pentes paraître plus distinctes à chaque tour de roue de la carriole qui vous porte. J'avais, pour me traîner, un cheval sec, maigre, devrais-je dire, comme s'il n'eût jamais mangé d'avoine et qui, pourtant, dévalait sur la route sans un moment de repos, sans ralentir ni jamais presser son allure. J'étais parti, dès le matin, par un temps merveilleux. La terre, mouillée de la pluie qui était tombée dans la nuit, exhalait de fortes et fraîches senteurs d'herbe coupée, de terre récemment labourée. Une brume légère se dissipait peu à peu, découvrant l'horizon. Aux pampres de la vigne qui couraient d'arbre en arbre, aux feuilles des mûriers, aux haies qui bordaient le chemin, pendaient et fondaient les larges gouttes de rosée, de cette abondante rosée d'automne qui vaut à elle seule une pluie bienfaisante; dans ce lever général de la nature, j'étais, esprit et corps, disposé à jouir des beaux spectacles, de ceux que donne la nature, de ceux aussi que l'art procure.

La villa construite par le Palladio, vers 1560, est adossée à des collines, dont les courbes molles forment le vert rideau sur lequel elle se détache blanche et nette encore telle que le patricien Barbaro la fit élever. Un large pavillon central, faisant face à l'avenue garnie de statues, prédomine le portique à arcades qui s'étend de chaque côté jusqu'aux pavillons d'angle. Le centre affecte la forme d'un temple avec balcon monumental à la fenêtre du milieu, au premier étage, et fronton décoré de l'écusson des Barbaro, soutenu par deux figures agenouillées. L'effet général est simple et noble, digne du grand architecte qui a conçu le plan et des artistes qui l'ont secondé.

Au centre est la grande galerie, la salle d'apparat que je signalais déjà à Fanzolo, mais dans des proportions moindres. A Fanzolo, par contre, elle est décorée de fresques, tandis qu'à Maser elle est restée nue et blanche avec sa décoration de hautes colonnes, parée seulement de huit *suonatrice* peintes en camaïeu dans de fausses niches. Véronèse a largement usé du trompe-l'œil dont on allait abuser après lui, et dans plusieurs autres pièces de la villa, on retrouve de ces mêmes peintures à effets voulus. Dans le reste de la villa, Véronèse a prodigué les décorations dont il s'est montré si

CONEGLIANO.

sobre dans la grande galerie. La coupole qui forme le centre même des bâtiments, les six chambres qui l'entourent et la joignent, les quatre petites pièces qui sont aux extrémités de la galerie, sont merveilleusement décorées, et M. Yriarte avait raison d'écrire que, pour bien connaître ce grand peintre, il importe d'étudier les fresques de Maser, qui donnent « une idée supérieure à celle qu'on se fait de lui, même après l'avoir admiré à Venise, où son nom rayonne ». Les principales compositions, réparties dans les diverses salles, sont *la Naissance de l'Amour, la Vertu bâillonnant le Vice, la Force s'appuyant sur la Vertu, l'Envie désarmant l'Abondance*, puis *Venise et l'Abondance*, l'*Olympe*, plafond central de la villa, *Bacchus dans l'Olympe*, le *Tribunal de l'Olympe, la Mère des Amours*.

Maser fut élevée, je l'ai dit déjà, par les Barbaro, ces opulents et puissants patriciens de Venise qui vivaient au XVIe siècle; elle a été, près de deux siècles après, habitée par le dernier doge de Venise, d'où on l'appela souvent la villa Manin; elle appartenait enfin, quand je la visitai, à M. Giacomelli qui, retenu loin de cette demeure qu'il avait entretenue et restaurée avec un goût parfait, songeait alors à la vendre. A-t-il réalisé ce projet? La villa lui appartient-elle encore, comme il est permis de le souhaiter? Je ne saurais le dire.

En quittant Maser, je ne revins pas à Castelfranco, je me fis conduire à Trévise qui est une fort curieuse petite ville que je tenais à visiter et où on m'avait signalé des fresques tout nouvellement découvertes lors de la démolition d'une église, la Chiesa Santa-Margherita. On en parlait comme d'une œuvre merveilleuse, miraculeusement sauvée de la destruction. Les plus belles de ces fresques, les plus curieuses, trouvées dans une chapelle latérale du chœur, comprennent onze tableaux qui représentent la légende de sainte Ursule. Elles datent certainement du XIVe siècle.

Trévise est d'ailleurs une fort jolie petite ville, propre et coquette, traversée par le Sile, d'une importance ancienne très considérable, puisqu'elle était le chef-lieu de la Marche Trevisana, une des plus riches provinces de terre ferme de Venise. Aujourd'hui, elle compte 30,000 habitants, elle cherche à développer son industrie, entretient un important commerce de laine et de soie et est l'entrepôt naturel des produits des fertiles campagnes qui l'entourent. Son territoire n'était-il pas appelé jadis le « Jardin des États de Venise »! Ses larges rues, ses beaux palais, ses églises, témoignent du rang important qu'elle occupait, de la richesse de ses habitants, et la visite de ses monuments est intéressante.

En me rendant au musée municipal, j'avais remarqué des restes assez bien conservés encore de fresques sur les maisons. A la Porta Altina, notamment, via Bressa, on me montra des peintures attribuées au Pordenone, décorant les façades de vieilles maisons, et certains fragments restés intacts permettaient de juger du beau mouvement des corps et de se rendre compte de l'ensemble de la décoration. Malheureusement le temps a fait son œuvre de destruction, souvent aidé par des restaurations maladroites, lors même qu'un propriétaire, peu amoureux des arts, ne traite pas le mur ainsi couvert de fresques, comme s'il était simplement recrépi à la chaux et n'ouvre une fenêtre ou une porte au beau milieu d'un panneau couvert de personnages.

Dans toute la Vénétie du nord on trouve d'ailleurs de nombreuses fresques sur les maisons.

La cathédrale, un très bel édifice, très noble de style, mais malheureusement inachevé, renferme, entre autres œuvres, une *Annonciation* du Titien, une *Adoration des Bergers*, qui est peut-être l'œuvre capitale de Pâris Bordone, né à Trévise en 1500, une *Sainte Euphémie* de Franc. Bissolo, une *Vierge* de Girolamo da Treviso et de curieuses fresques du Pordenone qui couvrent toute la chapelle où se trouve le tableau du Titien. Le tourbillon des anges garnissant la coupole et qui semblent se précipiter sur la terre a un mouvement d'une force incroyable. La base de la coupole représente une galerie peinte en trompe-l'œil; l'artiste s'est amusé à placer dans une sorte de niche formant fenêtre le buste en bois ou en plâtre peint d'un prêtre revêtu d'un costume rouge et qui semble regarder dans la chapelle. Cette fantaisie fait le plus étrange effet quand, levant les yeux, le regard surpris se heurte à ce personnage qui vous contemple dans son immobilité éternelle. Dans le chœur, il faut encore voir un beau tombeau élevé par Tullio Lombardo, celui de l'évêque Zanetti.

A San-Niccolo, qui est une vieille église gothique datant de l'an 1300, Fra Marco Pensabeu a peint une fort belle *Adoration de la Vierge* qui a été attribuée pendant longtemps à Sébastien del Piombo, et dans le chœur se trouve le tombeau du sénateur Vonigo dont le fond fut peint par J. Bellini. C'est assez étrange comme effet. Je voulais encore voir au Mont-de-Piété une fresque attribuée à Bonifazio et surtout une *Mise au tombeau* que les uns m'avaient indiquée comme étant de Giorgione, les autres du Pordenone; mais cette peinture a dû subir de telles réparations, elle a souffert de si profondes dégradations, qu'il est devenu bien difficile de définir d'une façon certaine son auteur. Il semble cependant qu'elle doit être attribuée au Giorgione et il faut alors regretter d'autant plus que sa conservation n'ait pas été plus parfaite.

J'avais ainsi parcouru la ville entière, regardé au passage son hôtel de ville et son théâtre, qui sont de jolis édifices, et donné un coup d'œil à quelques beaux types d'hommes de la campagne qui accompagnaient leurs chars chargés de paille, à quelques fortes filles du Frioul qui venaient remplir à la fontaine leurs grandes cruches de cuivre bien poli. De retour à l'hôtel, je fis honneur au déjeuner qui m'était servi, je n'étais pas alors blasé sur l'éternel *vitello con fungi* — le veau aux champignons — qu'à chaque étape de cette excursion dans le nord j'allais retrouver sur toutes les tables d'auberge. Au bout de quelques jours, je connaissais si bien ce menu immuable, qu'avant même de laisser parler le garçon qui venait me demander mes ordres, je lui disais en l'interrogeant : *Vitello con fungi?* n'est-ce pas? Et quand il ne me répondait pas oui, c'est qu'il me présentait son veau sous le titre ambitieux de *vitello finanziera*. En conscience je serais bien embarrassé de dire en quoi consiste la différence.

III. — CONEGLIANO. — SON ÉCOLE DE VITICULTURE. — SAN-SALVATORE.

Le chemin de fer me conduisit rapidement à Conegliano ; à peine faut-il une demi-heure, en longeant le pied des collines qui précèdent la haute chaîne des monts du Frioul qui se dressent à l'horizon, après avoir traversé la Piave dont le lit large est rocailleux comme celui de toutes ces rivières qu'il serait plus juste d'appeler des torrents. Les champs étaient d'un beau vert tendre, jaunissant vers la plaine, plus foncé sur les collines, dont quelques-unes portaient des maisons isolées, des débris de muraille. Un peu avant Conegliano se dressait au sommet de l'une d'elles le château de San-Salvatore, qui m'avait été indiqué comme un des points curieux à voir dans la région.

L'arrivée à Conegliano est assez curieuse. La gare est sur un terrain bas, au pied d'une colline que couvre la ville dont les maisons se prolongent jusqu'au faîte. Par la large rue qui débouche devant la station du chemin de fer, et à laquelle fait brusquement suite un vaste escalier, on se rend compte aussitôt de la façon dont la ville est construite. Un large boulevard, bordé de maisons dont les jardins remontent en terrasses, décrit une vaste courbe aux pieds de la vieille ville, car ce sont là évidemment d'anciens fossés qui ont été comblés, et l'autre côté de ce boulevard est bordé de maisons à portiques dont les cours et les jardins sont eux-mêmes en contre-bas. Cette rue ou ce boulevard, comme on voudra, est d'aspect fort riant. Tous les jardins qui y aboutissent sont entourés de murs bas avec leurs grilles encastrées dans de hauts pilastres dont quelques-uns supportent des statues ; à une extrémité, dans un carrefour, est une grande fontaine représentant Neptune, assis sur une vasque portée par des chevaux marins ; c'est gai, frais à l'œil, très original d'aspect. Montez-vous l'escalier qui se trouve en face de la gare, vous vous trouvez sur un nouveau terre-plein, une place bordée, si je ne me trompe, du Palais de Justice et de l'Hôtel de Ville, que traverse une autre rue également circulaire et sur laquelle ouvrent les maisons dont on admire plus bas les jardins. Toute la ville est ainsi une succession d'étages que domine, au sommet de la colline, une vieille forteresse, un antique château où se trouvent des fresques qui, à en croire la légende, seraient de Mantegna. De ce point élevé, la vue s'étend sans obstacle sur une grande étendue de pays, aimablement diversifiée par des vallées et des collines, de l'eau et des arbres qui forment tous les plans de cet horizon immense.

Sur bien des points, des escaliers étroits et ardus, se faufilant entre les maisons, gagnent par un raccourci l'étage supérieur, et je me rappelle encore celui que je pris en sortant de la cathédrale pour remonter au château, sa population grouillante d'enfants dévalant sur la pente, les nippes de toutes couleurs suspendues aux fenêtres, ses passages sous de sombres arcades, le long des murs, couverts d'une mousse épaisse, de l'antique église. Je m'étais rendu à la cathédrale pour voir un tableau d'autel de Cima da Conegliano ; mais, séduit par l'aspect extérieur de la vieille église, je m'étais arrêté longtemps devant son lourd et large portique couvert de fresques que la rue longe en contre-bas. Elles sont bien vieilles, bien effacées, ces fresques. Je n'ai pu en connaître l'auteur ; mais, malgré leurs larges écaillures, leur ton passé, elles forment à ce portique sombre la plus étonnante décoration qui se puisse souhaiter. Elles représentent l'histoire de David, les prophètes, et dans un angle une Vierge tenant sur ses genoux l'enfant Jésus. L'intérieur de la cathédrale n'offre rien de particulièrement remarquable et à vrai dire, le tableau de Cima n'est pas un des plus beaux qu'il ait laissés.

On a vite fait de parcourir la ville, quoique ce ne soit pas sans fatigue, de longer ses vieilles maisons dont quelques-unes portent la trace de grandes peintures murales ; puis j'avais hâte d'aller à San-Salvatore, qu'un voyageur visite seulement de temps à autre. Il faut moins d'une heure en voiture par une route superbe, très large, que bordent des champs de blé et de vigne depuis les murs mêmes de la ville, au sortir d'une jolie promenade publique : un quinconce d'arbres magnifiques orné de statues. Mais je m'arrêtai dans ma course bien avant d'atteindre le but que je m'étais fixé, car je voulus visiter d'abord l'école royale de viticulture qui est installée dans une des dernières villas situées hors de la ville, et où se poursuivaient alors de très intéressantes expériences pour combattre l'invasion du mildew par l'hydrate de chaux. Le succès de ce traitement dont MM. Bellusi frères, des viticulteurs de Tezze, près de Conegliano, ont en l'initiative, a été complet, paraît-il, et reconnu tel au Congrès international qui s'est tenu en 1886 à Conegliano pour se prononcer sur le mode et les instruments de traitement les plus favorables. Bien entendu, je cite le fait sans me prononcer sur l'efficacité du traitement en question.

A l'école de Conegliano, on fait aussi des expériences continues sur la coupe et la disposition de la vigne, et il m'a semblé qu'on cherchait à réagir contre ce que j'appelle la culture libre, c'est-à-dire la culture sur les arbres, qui est naturellement moins productive.

Après une courte visite je quittai l'école, et, suivant le coteau couvert de vignes dans toute sa longueur, j'arrivai bientôt à Suzegana et au delà du village, à une petite chapelle bâtie au bas de la côte très ardue, au haut de laquelle s'élève le château de San-Salvatore. Au fur et à mesure que je m'élevais, suivant la route qui grimpe entre les vignes et les arbres fruitiers, un magnifique panorama se dégageait de l'horizon et s'étala à l'aise devant moi, lorsque j'eus gagné la plate-forme qui précède la poterne d'entrée.

San-Salvatore, qui appartient au comte Collalto, est un vieux château fort datant au moins du XIII° siècle, avec des parties moins anciennes, d'autres même plus modernes, mais toujours comprises dans l'enceinte primitive. Ce n'est même pas assez dire que de parler d'une enceinte, car il y en a trois successives avec tours et ponts-levis, et la disposition même des bâtiments est curieuse à examiner. En réalité, il ne doit rester des bâtiments primitifs que les portes d'enceinte et la chapelle qui occupe tout un des côtés de la cour centrale. Les autres bâtiments sont d'époque plus récente, c'est-à-dire du XV° et du XVI° siècle, et enfin la partie qui comprend les bâtiments d'exploitation, car ce château fort est une magnifique propriété de rapport, a été tellement réparée et modifiée qu'elle est presque moderne.

On trouve ces derniers dans la première enceinte qu'on franchit par un chemin tournant, de là on contourne une haute construction pour arriver à une seconde muraille, et enfin une vieille tour surplombant le pont-levis donne accès dans une vaste cour que garnissent de trois côtés des bâtiments très élevés à murs droits, et du quatrième l'antique chapelle au perron couvert de mousse. Ces bâtiments donnent de leur autre face sur la plaine et forment terrasse avec le mur d'enceinte. Or toute cette partie de l'édifice est, ou pour être plus exact, était couverte d'immenses fresques attribuées au Pordenone et dont malheureusement certaines parties sont fort abîmées et même détruites. Ce sont d'immenses personnages plus grands que nature, traités avec une fougue de dessin et une vivacité de couleur incroyable. Malgré la pluie et le soleil qui depuis des siècles ont dû les frapper, en admettant même que des réparations aient été faites, elles ont conservé leur caractère primitif, la noblesse des attitudes, la hardiesse des lignes et le ton si vigoureux des peintures du Pordenone, à qui on peut fort bien attribuer ces œuvres extrêmement curieuses d'aspect.

Ce ne sont pas les plus belles d'ailleurs que renferme le château. Il faut, pour voir le chef-d'œuvre qu'il contient, entrer dans sa sombre et humide chapelle, dont la décoration sur un des côtés appartient à Giotto, tandis que le Pordenone a peint l'autre face. Est-elle bien de Giotto, cette histoire de sainte Ursule malheureusement si dégradée par l'humidité, que certains épisodes, certaines parties en ont été rongés par la moisissure ? La tradition le dit et l'examen de ces fresques curieuses semble confirmer la légende. C'est une merveilleuse suite de scènes naïvement senties et vigoureusement exprimées, telles que savait les traduire Giotto et ce n'est pas, je crois, lui faire injure, fussent-elles même d'un de ses élèves, que de les lui attribuer, quoiqu'elles dénoncent certaines défaillances. Mais, je le répète, ces fresques sont tellement dégradées qu'il est bien difficile de les juger d'une façon certaine. Celles du Pordenone — la principale représente la fuite en Égypte — sont mieux conservées et cela s'explique non pas tant par la différence d'époque que par leur situation dans la chapelle, car elles couvrent le mur qui donne sur la cour, tandis que celles du Giotto sont adossées à des parties de terrains et à des bâtiments qui ont dû entretenir l'humidité. Le fond de la chapelle est garni de mosaïques, représentant dans des médaillons distincts les douze prophètes.

Il est vraiment regrettable, et cela s'explique par leur absence continuelle, que les propriétaires de ces belles œuvres n'aient pas su les garantir d'une destruction inévitable si on ne remédie pas à un tel état de choses.

Une magnifique exploitation rurale est jointe au château. Celui qui me conduisait à travers les cours, les appartements et les jardins me montrait avec orgueil du haut de la terrasse les vignes et les champs qui couvrent les collines voisines, et il me disait que toutes ces plantations si riches remontaient à peine à une vingtaine d'années : La plaine seule auparavant était soigneusement cultivée.

Tout cela dépend du domaine, ajouta-t-il, et du geste il embrassait un énorme espace jusqu'à la Piave dont on apercevait au loin le lit de pierres, s'étalant en une grosse ligne blanche dans le vert sombre des bois. De ce point élevé, la vue est véritablement merveilleuse, d'une étendue extrême, pointant d'un côté dans la direction de Trévise, de l'autre vers Conegliano, dont on peut apercevoir quelques maisons blanches en suivant la ligne des collines.

Je quittai à regret ce château si curieux où tant de générations ont passé en laissant leur empreinte, et je redescendis lentement la colline pour revenir dans le verger fleuri qui forme la plaine. Quelques instants plus tard je partis pour Vittorio. Un court embranchement de chemin de fer vous y conduit en moins d'une demi-heure, en s'engageant dans la montagne qu'il lui faut, à partir de Soffrata, traverser sous plusieurs tunnels. Le chemin est assez pittoresque ; la nature, tout en devenant plus sauvage, garde encore une belle verdure. Les champs sont bien cultivés; un petit château perché sur une éminence domine la voie ; près de Soffrata, en face, est un calvaire dont le grand christ blanchissait sous les derniers rayons du soleil. La montagne se resserre et, après un dernier tunnel, on s'arrête officiellement à Vittorio, mais en réalité à Ceneda, car Vittorio est un composé de deux villes, Ceneda et Serravalle, la première presque moderne, la seconde des plus anciennes, qui se touchent, dont les maisons se confondent chaque jour davantage et que l'on cherche à fusionner. C'est chose faite déjà au point de vue administratif.

Ceneda, avec ses maisons blanches et toutes neuves, avec son grand jardin public qui semble un désert, n'offre aucun intérêt ; mais il en est tout autrement de Serravalle qui, toute petite, toute resserrée, encaissée dans la montagne, a gardé intact son caractère des temps anciens, sa physionomie de ville moyen âge, l'empreinte que lui ont donnée ses maîtres vénitiens. C'était pour eux le poste avancé au débouché de la montagne, la clef des passages conduisant au haut Frioul où ils s'étaient établis fortement. La rue étroite qui la traverse est bordée de hautes maisons, presque de palais dont les murs pour la plupart devaient être recouverts de fresques, à en juger par les fragments de peintures qui se découvrent par places. A l'une de ces maisons deux figures restent encore bien distinctes à l'étage supérieur ; les corps sont effacés, les têtes sortent seules

Vittorio. — Ceneda.

de la blancheur du mur et font vraiment, ainsi isolées, un étrange effet. Cette maison est d'ailleurs une des plus belles ; elle a gardé des fenêtres à ogives et de vieux balcons forgés qui ont un réel caractère artistique. D'autres maisons sont à portiques, de ces portiques bas qui semblent devoir vous écraser au passage. La grande rue, la rue, devrait-on dire, a à peine 500 mètres de long ; le théâtre est la seule construction neuve qu'on y voie. Elle débouche sur une petite place qui descend en pente légère jusqu'au torrent dont les eaux coulent en chantant. Deux de ses côtés sont garnis de maisons à arcades, et sur sa troisième face, dominant l'espace libre, s'élève le Municipio, la vieille maison des podestats vénitiens couverte d'inscriptions et d'écussons, et jadis entièrement peinte à fresques.

Veut-on connaître quelques inscriptions? Les unes rappellent seulement un nom : *Laurentio Pisano, pretori*, 1630. *Angelo Lauredano*, 1632. D'autres sont en forme d'épitaphes comme celle-ci :

Vidistis, videtis
Videbitis
Joanne Baptista
Valerio prætore
Zachariæ filio
M. D. I. XXXV

ou cette autre encore :

Zacharias Justinianus
prætor
homo hominibus
non omnibus
M. D. I. C.

Une troisième comporte ces deux lignes :

Joanne Petro Fisi prætore Seravalli
qui intravit die XXIII octobris M. D. II.

Le monument sur lequel on a gravé ces inscriptions est accolé à une haute cour carrée garnie d'une large horloge. Une grande porte à laquelle on accède par quelques marches s'ouvre au rez-de-chaussée et conduit, en passant par la tour, à un vaste portique fermé sur la rue par une grille et des colonnettes formant balustrade. De grandes fresques garnissent l'intérieur du portique; mais le temps a détruit, effacé les couleurs et c'est à grand'peine que dans l'une d'elles on perçoit la Vierge assise sur un trône, tenant l'enfant Jésus, entourée de personnages dont l'un, à droite, porte une croix. De l'autre côté est le Lion de Saint-Marc, qui, tout mutilé qu'il soit, se devine aussi au haut de la tour; dans un autre angle du portique se distingue, relativement bien conservé, un personnage en robe rouge, avec mantelet noir, qui tient d'une main l'épée, signe de la souveraineté et de l'autre une balance. Était-ce donc sous ce portique que les préteurs vénitiens rendaient la justice ?

Passant devant le Municipe, une rue grimpe au flanc de la montagne ; une autre se dirige vers le torrent en passant sous la haute porte qui dut fermer un moment la ville de ce côté ; il semble qu'on va se heurter à la haute muraille que dresse devant vous la montagne, sur l'autre bord du torrent. Elle s'élève toute droite avec de larges trous blancs, de hauts gradins formés par la chute de roches que font sauter les trous de mine dont on entend les détonations répétées. C'est la pâture que réclame une fabrique de ciment établie sur le torrent dont l'eau rapide met en mouvement les larges roues.

Je n'avais pu, en arrivant, jeter qu'un coup d'œil sur cet ensemble si original ; le jour finissait et l'ombre tombant brusquement comme dans tous les pays de montagne prêtait à cette masse de maisons, à ces portiques éclairés par la lueur des lampes allumées dans les boutiques, un caractère étrange et saisissant pour moi qui n'avais pu m'orienter entièrement à la lumière du jour.

Mais à l'hôtel Giraffa — la dénomination d'hôtel est peut-être un peu trop pompeuse — toutes les fenêtres s'éclairaient; on entendait chanter et rire, la salle à manger se remplissait de bruit et de mouvement et, résigné d'avance à mon sort, je me préparai à aller manger le *vitello con fungi* obligatoire. Je ne me trompais pas, mais peu m'importait, car, tout en dînant, je regardais les hôtes de l'hôtel Giraffa, deux ou trois voyageurs qui arrivaient en voiture particulière de Trente par les défilés du Tyrol, des familles italiennes venues s'installer une quinzaine à Serravalle pour respirer l'air pur et faire des excursions dans la montagne, et enfin une troupe dramatique en tournée à Vittorio : c'était à qui, de la duègne, de l'ingénue, du jeune premier et du père noble, ferait le plus de bruit. Quatre ou cinq marmots dont je ne peux définir le rôle ajoutaient au mouvement en bousculant les chaises, en chantant, en pleurant. C'était à ne pas s'entendre, pourtant les naturels du pays paraissaient fort heureux de cette distraction et ne perdaient pas un geste des acteurs qu'ils se proposaient d'aller entendre déclamer un moment après sur la scène municipale.

VITTORIO. — Serravalle.

Ma foi ! je fis comme eux, je louai un fauteuil d'orchestre et j'allai passer une partie de ma soirée dans une fort jolie salle de spectacle, fraîche et bien décorée, garnie de plusieurs rangs de loges où se pressait un public nombreux qui comprenait toute la société élégante de Vittorio. Pourquoi n'y eût-il pas eu une société élégante dans cette petite ville qui renferme, en somme, une douzaine de mille d'habitants dans sa double localité? On jouait *Ludro e la sua giornata*, comédie bouffe fort plaisante et qui fut fort bien enlevée par la *drammatica compania veneziana* Z... B... Si j'avais prolongé mon séjour, j'aurais sans nul doute assisté à la *Serata a beneficio della prima attrice giovane E...* qui devait avoir lieu deux jours après. On s'arrachait les billets, paraît-il ; mais j'aurais sans doute réussi à en trouver encore un de libre, en m'adressant, conformément au programme qui m'avait été distribué, *presso il parrucchiere Luigi Saccomani, piazza Flaminio*.

Le lendemain, je pus voir la ville en détail, m'arrêter à loisir devant ses vieilles maisons et visiter ses églises en compagnie d'un représentant d'une des plus vieilles et des plus nobles familles de Serravalle — il y en a plusieurs — qui, retiré dans sa ville natale, met une extrême bonne grâce à en faire les honneurs. Il me conduisit aussitôt à la cathédrale, qui est, je crois, sous le vocable de Sainte-Justine, pour me faire admirer un Titien placé au-dessus de l'autel. Le Titien, qui avait une fille mariée à Serravalle, vint y passer plusieurs mois dans les dernières années de sa vie, en 1560, — il avait alors quatre-vingt-quatre ans — et il y peignit cette belle œuvre pour laquelle il reçut la somme de 60 ducats, ainsi qu'en fait foi une pièce authentique conservée dans les archives de la ville. Le tableau qui, sans être une des grandes œuvres du Titien, en présente les admirables qualités de dessin et de couleur, reproduit la Vierge et l'enfant Jésus entourés d'anges planant dans les nuages. Au premier plan, dans une admirable pose de religieuse adoration, sont saint Pierre et saint Jean. Dans le chœur on voit encore deux belles peintures de Francesco da Milano, dont la principale, à gauche, est une *Annonciation*. La tête de la Vierge est d'une très belle expression. A un autre autel est un couronnement de la Vierge assez beau dont je n'ai pu savoir l'auteur.

Une autre église, située en dehors de la ville et presque abandonnée, a des fresques très curieuses, mais en partie détruites malheureusement qui portent la signature et la date : *Antonellus — pinxit —* 1480, et qu'on attribue, d'après ce nom, avec plus ou moins de certitude, à Antonello da Messina qui vivait, en effet, à Venise à cette époque.

Mais l'église la plus curieuse peut-être au point de vue de la décoration générale est celle de San-Giovanni qui contient d'immenses panneaux de peintures fort anciennes, mais dont on ne peut déterminer le ou les auteurs. Dans le fond du chœur est un *Baptême du Christ* et les deux côtés du chœur sont remplis par d'immenses toiles contenues dans de grands cadres en bois sculpté, cintrés comme la voûte contre laquelle ils s'appuient et qui représentent l'une le *Jugement dernier*, l'autre une scène assez difficile à définir. Des personnages, hommes et femmes, sont assis à une table; d'autres sont étendus par terre, confondus avec des animaux et des ustensiles de toute sorte. Au ciel est une apparition. On ne peut imaginer semblable dévergondage de peinture et il n'y a pas trop à regretter la dégradation que ces toiles ont subie. D'autre part, la tribune de l'orgue est décorée des portraits des prophètes et l'orgue même a ses panneaux couverts par deux personnages d'une taille énorme; au-dessus de la porte est une adoration des mages. A tous les autels sont suspendus d'autres tableaux, mais un seul attira véritablement mon attention : c'était une *Vierge allaitant l'enfant Jésus*, ayant un charme naïf extrême et sur lequel je parvins à déchiffrer cette ligne : *hoc opus ab Jacopo Valentiano* (ou *Valentimo*), *pictore,* 1502.

Serravalle m'avait complètement séduit par son caractère si original, si bien conservé, et j'y serais resté un jour de plus si je n'avais pas eu mon temps mesuré. On n'est pas libre d'ailleurs, lorsqu'on veut remonter vers le nord, de choisir le moment de son départ et je dus me tenir prêt pour l'heure fixée par le courrier qui fait avec la diligence le service de Belluno et de Pieve di Cadore.

IV. — DE VITTORIO A BELLUNO.

Donc, aussitôt après le déjeuner, je grimpai sur la banquette à capote, décorée du nom de coupé, de la diligence, et nos trois chevaux nous entraînèrent sur la route de Belluno à une allure assez vive qui me fit tout d'abord bien augurer de la rapidité du voyage. Mais nous n'avions pas fait un kilomètre que nous nous écartions du torrent ; la route s'engageant dans la montagne, nous prenions le pas, un pas lent et traînant, le seul possible d'ailleurs dans cette ascension continuelle. Au débouché de la petite vallée verte qui s'étend derrière Serravalle, après avoir passé sous le porche du vieil *Albergo alla Sega*, dont les bâtiments s'étendent au-dessus du chemin, la route commença à monter et, laissant de côté un petit lac aux eaux vertes, s'éleva toujours de plus en plus, au milieu d'un paysage plus rétréci à chaque pas, plus sévère, plus accidenté, mais encore frais et charmant de tons. De jolis effets séduisaient l'œil, amusaient la pensée comme ce petit ruisseau descendant de la montagne et faisant de son eau écumeuse tourner un petit moulin juché on ne sait comment entre deux roches. Un instant après, on s'arrêtait à une halte : les chevaux soufflaient, tandis que les hommes allaient boire ; puis on repartait, s'enfonçant de plus en plus dans la montagne par une route toujours plus ardue.

Ah ! le joli lac que l'on rencontre peu après ! Quelle eau admirable de couleur et de pureté ! Jamais je n'ai vu ce ton de bleu lapis à ce même degré d'intensité. C'est le *Lago morto*, me dit-on, et en vérité cette eau merveilleuse semblait le miroir le plus uni qu'on puisse imaginer. Pas une ride ne faisait trembler sa surface et, de la route qui la contournait en montant toujours et en la dominant de plus en plus, je ne pouvais me lasser de regarder cette nappe d'eau immobile au fond de l'entonnoir formé par les montagnes. Une des montagnes surtout s'élevait droite et à pic jusqu'au ciel, et la roche dénudée à cet endroit formait de longues traînées blanches, d'un blanc de craie, presque aveuglant, qui se réfléchissaient dans le lac et semblaient, tant l'eau était pure, continuer la montagne à une profondeur infinie. Puis, dans un petit creux, quelques maisons blanches se baignaient dans le lac qui renvoyait leur image au ciel. Cet ensemble avait une poésie sauvage, étrange. Cette eau d'un bleu, j'allais écrire d'un bleu inconnu, avait une attraction incroyable : je ne pouvais en détacher les yeux comme si j'eusse voulu emporter avec moi une parcelle de cette couleur que je n'ai retrouvée nulle part.

Une heure plus tard nous devions côtoyer un autre lac, le lac de Santa-Croce, mais celui-là très vaste, s'étendant presque à perte de vue, pittoresquement entouré de hauts rochers, ayant sur ses bords deux ou trois villages au moins dont on apercevait les maisons et les clochers percer à travers les ajoncs. Son eau, fouettée par le vent, battait grise et terne les bords de la route, et je regrettais plus encore, en la contemplant, la vision bleue du Lago Morto.

A Santa-Croce un relais de chevaux était préparé, et toute la marmaille du village, profitant de cet arrêt forcé, vint mendier en hurlant quelques centimes ou quelques sous. Pendant qu'on attelait, je faisais les cent pas dans la rue du village pour secouer l'engourdissement qui me saisissait, et je regardais ces masures primitives, solidement, mais grossièrement bâties en larges moellons, sans qu'un trou soit même percé en guise de cheminée. Je constatai dans d'autres villages encore de cette contrée cette disposition si primitive : la cheminée semble une superfluité, et de chaque porte ouverte, au chambranle noirci, sort la fumée que produit le feu de tourbe sans cesse allumé au milieu de la pièce. Je voulus pénétrer dans une de ces chaumières : la fumée m'aveugla aussitôt et je me demande encore comment on peut tenir dans une atmosphère semblable, surtout l'hiver, alors que la neige couvre le sol et force à tenir la porte fermée. « On a plus chaud que si l'air vous tombait de la cheminée », me répondit le conducteur de la diligence, que j'interrogeai à ce sujet. N'importe, quelque misérable que soit l'aspect de ces maisons, — les gens de cette contrée sont fort pauvres, cela est vrai, — on ne comprend pas une telle incurie.

A Cadola, où nous passâmes au bout de quelque temps, on ajouta un quatrième cheval à la voiture pour gravir une énorme et longue montée. La nuit approchait rapidement, l'humidité du soir transperçait les vêtements. Il faisait malheureusement un peu sombre lorsque nous parvînmes à Capo di Monte, mais je pus me rendre compte néanmoins de la magnifique position occupée par ce bourg, et de l'aspect sauvage du site. La Piave, qui descend des montagnes entre deux sortes de hautes falaises nues et déchiquetées, tourne brusquement presque à angle droit, et poursuit vers Belluno son cours profondément encaissé. Capo di Monte se trouve perché sur l'espèce de promontoire que forme le coude de la rivière, et, lorsque nous traversâmes le pont jeté sur cet immense fossé, nous entendîmes au fond, dans le noir du gouffre, l'eau qui mugissait sur les roches.

A Capo di Monte la route se divise. D'une part, suivant le cours de la Piave, elle remonte par Longarone et Perarolo jusqu'à Pieve di Cadore, dans un admirable pays habité par une forte et splendide population qui présente de merveilleux types de femmes. C'est un des passages conduisant au Tyrol autrichien du côté d'Ampezzo. Pieve di Cadore est la patrie du Titien, et on montre encore la maison où il naquit et dont les pièces sont tendues en cuir de Cordoue. Il existe toujours, paraît-il, à Pieve des descendants du vieux maître vénitien, dont quelques-unes des premières œuvres sont conservées dans l'église du village.

L'autre branche de la route conduit à Belluno, en inclinant sur la gauche dans la direction de la Piave. La diligence s'engagea dans un large chemin plat bordé d'arbres et, par une pente insensible qui nous reposait de nos dures montées, nous arrivâmes rapidement à Belluno. En dînant, me trouvant déjà remis de cette longue course, je repassais dans ma mémoire tout le pays que je venais de parcourir, jouissant de nouveau du pittoresque de cette route charmante ; puis j'allai fumer mon cigare sur l'immense place qui occupe le centre de la ville. Un cirque forain y avait dressé sa haute tente de toile. Une écuyère faisait des ronds de jambe sur un cheval poussif, et Tony, c'est le nom que porte en Italie notre Auguste, ce clown encombrant qui s'agite tant pour ne rien faire, faisait rire quelques officiers de la garnison et de rares bourgeois réunis sous cette tente à peine éclairée par des quinquets fumeux.

On a vite fait de visiter Belluno, je m'en aperçus le lendemain, car il n'y a guère à voir que la cathédrale bâtie par le Palladio, pittoresquement située sur le bord du ravin qui surplombe la Piave. C'est un bel édifice, un peu froid, mais savamment et gracieusement conçu, comme tous les ouvrages du Palladio. Le clocher, fait assez rare dans ses œuvres, est distinct de l'église et s'élève, suivant la vieille mode italienne, à quelques mètres du corps de l'édifice. Il est surmonté d'une statue de saint d'un assez curieux effet. On peut voir encore, faute d'autre monument, l'arc de triomphe élevé hors de la ville, le palais de la préfecture et surtout l'hôtel de ville, ancien édifice orné d'écussons et qui a un certain caractère. Mais Belluno est surtout intéressant par sa situation, car, du point élevé où il est placé, on domine toute la contrée environnante, toute la plaine coupée de hautes collines et de torrents qu'il faut traverser pour se rendre à Feltre.

BELLUNO. — Porta Feltre.

Ah! ces torrents! j'en garderai longtemps le souvenir. Le chemin de fer n'allait pas encore de Trévise à Belluno, ni même à Feltre. Les travaux d'installation seuls avaient été commencés. Or il pleuvait à flots, d'une pluie qui nous força à entrer dix dans un omnibus construit pour recevoir six voyageurs au plus. Puis à Bribano on nous prévint que le pont traversant le Cordevole était rompu depuis huit jours, et on nous engagea à passer de notre mieux sur l'autre rive.

Mais comment passer? Un pauvre vieux curé, mon compagnon de route, la soutane relevée, à la main un paquet enveloppé dans un mouchoir rouge, se refusait énergiquement à traverser cet espace de 200 mètres qui nous semblait couvert d'eau. On s'y résigna cependant, et on parvint enfin sur l'autre bord, non sans se mouiller les pieds, en sautant d'un banc de sable à un autre, en traversant sur une planche les endroits les plus profonds.

Et là ce devint plus drôle encore. On avait envoyé, pour nous recueillir, une vieille berline dans laquelle il nous fallut tous trouver place. On s'empila comme on put. Les bagages furent accrochés je ne sais où, et on quitta Santa-Giustinia en riant de cette situation grotesque.

Le vénérable véhicule qui portait tant de fortunes diverses se lança sur la grande route à travers la plaine qui s'élargissait peu à peu et se peuplait, en approchant de Feltre, de fermes et de villas.

On s'arrêta à l'auberge portant le nom pompeux d'*Al Vapore*, bâtie évidemment sur les fossés de la vieille ville, devenus une large et belle route. En face de moi s'ouvrait la porte de l'ancienne cité, encastrée dans des maisons élevées à notre époque à la place des remparts.

Feltre, qui est une ville de 6,000 à 7,000 habitants, a conservé son cachet de vieille cité ; mais ses rues étroites, ses maisons sans relief ne présentent en réalité aucun intérêt. Le mouvement y est peu considérable et si la ville est un centre commercial notamment pour les échanges agricoles d'une partie de cette région, cette contrée elle-même dispose relativement de si peu de ressources que son transit ne peut pas atteindre à une réelle importance. Tout ce pays de montagnes est pauvre ; la terre y est cependant fertile, mais les communications y sont encore difficiles et la population, trouvant à grand'peine à se nourrir sur le sol natal, émigre dans des provinces plus fortunées, hors d'Italie même, pour ramasser le petit pécule qui lui permettra de revenir ensemencer son champ de maïs et nourrir quelques chèvres. Le chemin de fer, en pénétrant dans ce pays montagneux, modifiera certainement cet état de choses ; mais la rudesse même du climat et les conditions de division de la terre s'opposeront longtemps encore à ce que l'état général progresse d'une façon sensible.

En attendant le chemin de fer, non construit encore, il me fallait me contenter de la diligence, — ce qui ne me souriait guère après mon voyage précédent, — ou prendre une voiture qui me conduirait par Pederoba et Possagno jusqu'à Bassano. Cette route d'ailleurs me convenait mieux, et je m'applaudis ensuite d'avoir ainsi suivi un itinéraire qui m'a fait traverser le pays le plus accidenté, le plus divers, le plus beau qui se puisse voir.

V. — DE FELTRE A BASSANO. — POSSAGNO ET LE TEMPLE DE CANOVA. — CRESPANO.

Bien assis dans une petite voiture du pays, voiture à deux sièges égaux dont le dernier est garni d'une capote, ayant mes aises, ne craignant pas, en remuant les pieds, de heurter les jambes de mes voisins comme dans la vieille berline dont je garderai le souvenir, je pouvais contempler la pittoresque vallée que je suivais. En longeant la petite rivière de la Colmeda, courant entre deux bandes de collines et de roches, la voiture atteignit rapidement la Piave, qui roulait toujours grondante et plus profonde dans cette longue tranchée coupée par elle dans la montagne depuis Pieve di Cadore. La vallée était très étroite. C'est à peine si, en certains endroits, il y avait entre le fleuve et les parois de la montagne la largeur de la route, et les ingénieurs du chemin de fer en construction avaient cependant trouvé le moyen, en empiétant tantôt sur le lit du fleuve, tantôt sur la route même, d'établir parallèlement avec le chemin et au même niveau la voie ferrée.

Peu à peu la vallée s'élargit sur l'autre bord de la rivière, et, du côté que je suivais, la route grimpe sur la hauteur jusqu'à Giorosi, où se forme une sorte de plaine garnie de plusieurs villages; de là on redescend dans la vallée de la Piave. La rivière a, dans cette partie, trois ou quatre cents mètres de large, et sur l'autre rive les montagnes s'écartent peu à peu de ses bords. Les villages, curieusement perchés sur des assises de la montagne, les seuls que j'avais aperçus jusqu'alors, avaient désormais toute facilité pour s'étendre, pour espacer leurs maisons dont j'apercevais au loin les

CAVASO.

façades blanches se détachant sur le ton gris des roches, et vers Valdobiadenne, qui est presque une petite ville, une ville d'eaux, paraît-il, bien abritée dans le demi-cercle des monts, la vallée, gagnant toujours en largeur, se faisait plaine, et plaine verte et touffue, couverte de bosquets et de haies dont les lignes se perdaient au loin hors de la portée du regard.

Je jetai un dernier coup d'œil sur cette belle vallée. La route que j'allais suivre tournait brusquement à droite et remontait, par une pente assez rude, vers Pederoba. Je fis quelques centaines de mètres à pied, suivant une petite troupe de femmes d'Albarete qui se rendaient dans la plaine. C'est un type fort curieux et fort beau dans sa force, et j'en avais vu quelques-unes déjà sans pouvoir obtenir le renseignement que je cherchais. D'une vigueur incroyable, rompues aux plus durs travaux, elles quittent leurs montagnes une ou deux fois par année et descendent dans les pays bas pour vendre les ustensiles de bois ou d'osier, les marchandises de diverses sortes qu'elles ont fabriqués. Les hommes, pendant ce temps, restent au logis et gardent les enfants. Elles s'en vont en bandes, par trois ou quatre, par dix ou quinze quelquefois, traînant ou poussant la petite charrette à bras qui porte leurs marchandises. Toutes marchent ordinairement les pieds nus, les jambes couvertes d'une jambière de laine, la tête nue et sur les épaules un large fichu bleu à pois blancs. Je les regardais marchant légèrement malgré la lourde charge qu'elles traînaient. L'encolure est puissante, les membres épaissis par le travail quotidien; cependant les attaches sont fines. Une chevelure épaisse, noire, encadrait des visages brunis par le hâle, pleins de jeunesse et de santé. Elles semblaient exercer leur pénible tâche avec une telle facilité qu'on ne songeait plus à les plaindre et qu'on admirait seulement leur belle allure souple et forte, leur démarche assurée. On eût dit des filles du Véronèse descendues de leur cadre. *E bella ragazza!* me dit mon cocher quand je regagnai ma voiture. Et c'étaient en effet de belles créatures, dans toute leur beauté primitive, qui s'harmonisaient admirablement avec la nature un peu sauvage du site où je les contemplais.

Bientôt je traversai Pederoba et, comme pour me ramener au terre à terre des faits de ce monde, je pouvais lire sur tous les murs des appels aux électeurs nécessités par un vote récent. *Votate per Coletti Isidoro,* répétaient à l'envi de grandes affiches collées sur les portes, sur les volets des maisons du village. Avait-on voté pour Coletti? Je ne m'en occupais guère et je préférais de beaucoup contempler, dans la direction de la Piave, la vue merveilleuse dont on jouit de la villa du comte Lonigo, située au débouché du village.

Nous descendions alors peu à peu, ayant sur la droite des collines couvertes d'arbres fruitiers et de vignes, tandis que, sur la gauche, l'horizon se développait à l'infini par-dessus les collines couvertes de bois, séparées par des vallées, dont la ligne sombre coupait les ondulations. Bientôt, du haut de la côte qui domine Cavaso et qui plonge en ligne droite dans le vallon, je distinguai des villages plus serrés les uns contre les autres et se détachant au loin, sous le soleil qui baissait à l'horizon, un large point blanc, une sorte de dôme, qui allait peu à peu grandissant et que mon cocher m'indiqua aussitôt comme le temple de Canova, le temple de Possagno.

Cavaso étageait devant moi les tuiles rouges de ses toits entremêlés que dépassait de toute sa hauteur le campanile carré de l'église ; de vastes bâtiments se distinguaient sur la droite, accotés à la montagne qui fuyait en pentes douces et superposées jusqu'à la chaîne principale dont le sommet apparaissait seul, découpant sa tête aride sur le ciel. La route descendait toujours entre deux murs d'une pierre rougeâtre particulière au pays. Bientôt je m'arrêtai pour changer le cheval qui m'avait amené à Cavaso, grand village, propre et coquet, à l'apparence riche. Par les portes et les fenêtres ouvertes je voyais, dans presque toutes les maisons, les femmes occupées à tisser au métier ; on entendait leurs chants qui accompagnaient en cadence leur travail machinal. Tout cet ensemble présentait un air de bien-être qui séduisait.

VI. — POSSAGNO.

En effet, toute cette contrée est d'une fertilité extrême, les terres sont entretenues sans de trop grands efforts, la vigne et les fruits eux-mêmes y poussent et y mûrissent sans peine. Des ruisseaux descendant des montagnes, courant en gazouillant sous

POSSAGNO.

les haies, à travers les champs, répandent partout la fertilité ; le sol, facile à travailler, porte une végétation magnifique, et un air pur, soufflant de la plaine de Vénétie qui s'étend au loin et rafraîchi par le voisinage de la montagne, donne aux habitants la force et la santé.

J'ai contemplé ce merveilleux spectacle en descendant à Cavaso, en me rendant à Possagno et, mieux encore peut-être, de la terrasse précédant le temple de Canova, qui s'élève dans la plus admirable position qui se puisse rêver. Des premiers gradins de la montagne où il est bâti, l'œil embrasse comme un immense amphithéâtre de vertes collines, au premier plan, ayant comme fond la plaine de Vénétie. On peut distinguer jusqu'à Venise, jusqu'à Padoue, sautant par-dessus les villes et les villages cachés dans les replis des collines, et rarement je n'ai aussi bien senti, comme de ce berceau de verdure, la poésie des espaces lointains.

Tout se prête à former le plus admirable tableau. L'œil peut se perdre sans fatigue à l'horizon, remonter vers les montagnes qui enserrent ce cirque si vaste, plonger entre les arbres de la vallée, courir encore à l'horizon et revenir s'amuser au pittoresque fouillis de maisons blanches semées sur les collines. Rien ne le heurte, ni des éclats de lumière trop brusques, ni les duretés des ombres, et l'air est si clair, si limpide, que chaque ligne se détache, chaque détail se perçoit ou se perd à volonté dans un rayonnement immense.

Ce grand spectacle de la nature fait tort à l'édifice élevé par Canova, et pourtant avec sa coupole si pure de forme et sa colonnade, ce monument s'harmonise bien avec l'ensemble de cette nature mi-sauvage, mi-adoucie où la main de l'homme n'a eu qu'à se poser pour en faire un merveilleux jardin.

Le temple s'élève au haut d'une large avenue pierrée qui monte en pente raide depuis le village. Il est assis, solide et imposant sur une vaste plate-forme où il étale à l'aise son dôme et sa colonnade. Canova en donna le plan lui-même. C'est une réduction du Panthéon de Rome. Derrière un portique supporté par huit colonnes doriques, s'élève une vaste coupole qui est à elle seule le temple même, et qu'éclaire une ouverture percée dans la voûte. Tout l'édifice est construit en marbre du pays, un marbre d'une blancheur un peu dure. Le dessin est sévère, et la décoration intérieure, conçue dans cette même ligne froide, est d'ailleurs restée incomplète, Canova n'ayant pu exécuter les douze statues d'apôtres dont il voulait garnir à l'intérieur la coupole qui est décorée seulement des grandes fresques de Demin représentant les Prophètes.

Au maître-autel est un tableau de Canova, une *Descente de croix* qu'il est suffisant de signaler. Le grand sculpteur se croyait un peintre habile; il était fier des quelques œuvres qu'il avait demandées à son pinceau, et il est plus respectueux pour sa gloire de ne pas s'étendre sur ces productions insuffisantes où font défaut la grâce et la couleur. Mais à côté, à l'autel voisin, est le dernier ouvrage de sculpture (1882) que produisit Canova, et malgré les défaillances que marque ce travail, on peut admirer encore le remarquable bas-relief de la *Déposition de croix,* qui a été fondu en bronze en 1889, par Ferrari. D'autres bas-reliefs dont il avait laissé les modèles, mais qui furent exécutés après sa mort, sont placés de distance en distance.

Le tombeau de Canova, un sarcophage très simple, est à côté; il renferme ses restes et ceux de son frère, l'évêque de Mindo. Auprès on a placé son buste, par lui-même, et celui de son frère. Aux autres autels sont des tableaux qui appartenaient au maître, et qu'il avait légués au temple qu'il était en train de faire construire ; un Palma le vieux, la *Descente de croix;* un Luca da Giordano, *Saint François de Paul;* un Andrea del Sarto, un Pordenone, dont l'envers est une toile de Medesimo Tela : une *Adoration de la Vierge.* Le tableau tourne sur un pivot pour qu'on puisse le contempler sur les deux faces. Ce temple a certainement un air de grandeur extrême, mais il laisse froid, il n'émeut pas, et on en sort avec le sentiment de l'inutile et de l'exagéré.

Il ne semble pas cependant que Canova ait voulu faire là un acte d'orgueil personnel. Dans son amour pour le lieu de sa naissance, il chercha à élever un monument qui fit connaître le nom de son village natal et qui, en y attirant la foule, lui procurât renommée et fortune. Dans le même esprit, il arrêta le plan du musée qui devait être élevé pour contenir tous les modèles de ses œuvres, supposant que les voyageurs et les touristes du monde entier se rendraient à Possagno pour le visiter. On y vient, en effet, et depuis sa fondation des milliers de voyageurs ont inscrit leurs noms sur les registres de la glyptothèque; mais la foule, ce qu'on appelle la foule, ignorante de ce qu'elle pourrait voir, manque au rendez-vous que lui avait donné le grand sculpteur.

Sa pensée bienfaisante n'a donc pas été réalisée, mais le nom de Canova n'en restera pas moins béni par les habitants d'une contrée qu'il a comblée de ses dons. Un million a été dépensé de 1819 à 1830, pour élever le temple; d'autre part, une somme considérable était destinée à élever le pont d'une seule arche de trente-six mètres, qui traverse la rivière près de Crespano, et un autre legs important permettait de construire et d'entretenir une école, un gymnase, où est donnée aux enfants du district l'instruction de second degré qui leur permet d'arriver aux études supérieures des universités, des écoles normales ou des séminaires.

Au bas de l'avenue qui mène au temple, au bord de la route, — elle est même en contre-bas — s'élève la maison de Canova, celle pour ainsi dire qu'il tenait de sa famille, et qu'il avait simplement fait agrandir en lui laissant son aspect de simplicité. On en a fait un second temple où on peut vivre de la vie de Canova, voir le fauteuil où il s'asseyait, la bibliothèque où il enfermait ses livres. Puis sur le jardin, et tenant à la maison, on a élevé les salles du musée. C'est là, je le répète, que sont conservés les plâtres et toutes les maquettes de ses œuvres, sur lesquelles on peut encore suivre le pointillé des points de repère pris par le praticien pour exécuter en marbre l'œuvre du maître.

Deux kilomètres plus loin, en passant par une jolie route qui court entre des haies épaisses, on arrive à Crespano, et on continue vers Bassano. Plus on avance et plus la vue s'étend; la plaine entière de Vénétie se découvre à vous, et tout d'un coup, vers San-Vito, à un dernier détour de la route qui descend alors rapidement en serpentant, on aperçoit à ses pieds Bassano, pittoresquement enserrée dans ses vieux bastions qui s'appuient sur la montagne et baignent de l'autre côté dans la Brenta, dont les eaux blanches se distinguent jusque dans la direction de Valstagna.

VII. — BASSANO.

Située comme elle l'est au débouché des gorges du val Sugana, commandant la route qui conduit au Tyrol, et qui doit se faufiler, pour ainsi dire, entre le torrent et la montagne, Bassano était autrefois une des portes principales de l'Italie; son importance, au point de vue militaire, était extrême. Sa valeur stratégique est maintenant bien diminuée, et les simples voyageurs, tout comme les commerçants, préfèrent venir par Vérone, plutôt que de suivre la route, cependant si belle, qui pourrait les amener de Trente dans cette partie de la Vénétie.

Vue de la rivière, la ville a véritablement un aspect original, pittoresque et fort. De hautes maisons s'étagent depuis la rive de la Brenta jusque sur le mamelon qui est le dernier échelon de la montagne, et en haut s'élèvent, un peu sur la gauche, au-dessus des arbres verts qui dominent eux-mêmes les maisons basses, l'ancien château fort et la cathédrale encastrée dans ses bâtiments. Puis sur la rivière, dont les eaux basses laissent à certaines époques une partie du fleuve découvert, traverse le curieux pont couvert, le pont de bois qui fut construit par Casarotti, pour remplacer celui élevé par Ferracina, sur l'emplacement du pont bâti par le Palladio et détruit en 1751. Que de luttes, que de combats ont eu lieu sur les bords de la Brenta, aux abords mêmes de ce pont dont les piles gardent, encastrés dans leurs moellons, des boulets français! Toutes les campagnes de l'armée française en Vénétie ont eu leur épisode à Bassano, autour de cette place fortifiée dont il fallait toujours se rendre maître pour assurer son passage ou défendre sa retraite. Lorsque, quittant le pont de bois, on remonte dans la ville en inclinant aussitôt à gauche, on arrive au terre-plein qui précédait la forteresse, la piazza del Terraglio, et, appuyé sur le parapet qui le borde, à la place même où Bonaparte, premier consul, arrêta, dit-on, un plan de bataille, on juge de la forte position de cette place si souvent disputée par les armées ennemies. Au-dessous, court le bastion qui fait le tour de la ville. Non loin, près du pont, s'élève la maison qui fut habitée, dit-on, par les Bassan, dont les œuvres ont illustré leur ville natale. Cette famille des da Ponte qui, pendant plus d'un siècle, père, fils, petits-fils, neveux, s'est illustrée dans la peinture, a laissé sa marque sur la ville, dans ses œuvres répandues dans ses musées, dans ses fresques peintes sur les maisons et dont il reste encore des parties bien conservées.

Autour de la cathédrale, dans le vieux quartier qui la joint, on trouve encore d'anciens palais et des maisons décorées à l'extérieur de peintures dont quelques-unes restent presque entières. Dans plusieurs rues, sur un des côtés de la place Victor-Emmanuel, de lourds portiques courent au rez-de-chaussée des maisons, abritant les boutiques, les cafés, et la ville même étend, à l'opposé, du côté du jardin botanique, ses rues plus larges et ses maisons plus blanches.

La cathédrale renferme une *Adoration de l'enfant Jésus*, par Jacopo da Ponte, et deux tableaux de Leandro da Ponte, un *Saint Stefano*, et une toile nommée *Il Rosario*; mais ces œuvres ont été ou réparées ou complétées, et on ne peut les compter parmi les meilleures de ces deux Bassan. Au musée, par contre, qui possède des uns et des autres une très belle collection, on peut se faire une idée exacte des grandes qualités de ces artistes de mérite, de la force, de la solidité de coloris de Jacopo, qui fut, en réalité, le chef de cette famille, dont le premier peintre fut cependant son père Francesco da Ponte ou François Bassan, comme il est d'usage de le nommer. Mais le Bassan, celui que chacun connaît sous ce nom, c'est Jacopo, dont le musée garde, entre autres belles peintures, la *Suzanne au bain*, le *Saint Jean-Baptiste*, le *Christ en croix*, la *Nativité*, la *Déposition de croix*. Léandro Bassano, son fils, qui eut une réputation presque égale, a laissé une *Adoration* remarquable, le portrait d'un Capello, podestat de Bassano, et de ses fils, qui est un superbe morceau de peinture, et bien d'autres toiles dignes d'un examen attentif.

Le musée de Bassano contient encore d'autres salles intéressantes où, sans doute, bien des noms ont été attribués un peu à la légère à des peintures souvent fort contestables, mais au catalogue sont cependant inscrits, à juste titre, Tiepolo et Véronèse. Ce qui est plus curieux encore à examiner, c'est la collection de gravures, — il y en a plus de 8,000, — conservée dans le musée et dans la bibliothèque qui est adjointe à la pinacothèque. Le catalogue en marque 620 dans la classe des artistes français. Enfin, dans une salle spéciale qui a reçu son nom, on a placé la belle et précieuse collection de dessins originaux, de croquis, de modèles, de reproductions d'ouvrages de Canova, conservés dans des armoires spéciales, ainsi que les écrits qu'il a laissés et les lettres qu'il a reçues. Quelle mine de souvenirs ! Que de documents de toute sorte on découvrirait si on avait le loisir de feuilleter et de noter ces volumes si curieux !

Toutes ces richesses artistiques ont été transportées au commencement du siècle dans les bâtiments de l'ancien couvent de Saint-François où elles

BASSANO.

se trouvent toujours, et où me les fit admirer le professeur Brentari dont l'histoire du musée et de la bibliothèque contient d'utiles et sûrs renseignements.

Après avoir regardé et admiré à loisir ces œuvres ou si belles ou si intéressantes, pour en bien graver le souvenir dans mon esprit, je revins une fois encore longer les vieux murs de la ville et leurs hautes tours sombres, et jeter un dernier coup d'œil sur la vallée si jolie, si fraîche qui s'allongeait vers les montagnes entre ses gracieuses collines boisées, sur la Brenta en ce moment si paisible et dont les eaux roulent parfois tumultueuses, sur son vieux pont au delà duquel se continue le faubourg d'Angarone. Dans le lointain, de l'autre côté de la Brenta, on me montrait la direction des Sept-Communes, le Sette Communi, cette étrangeté de quelques milliers d'individus vivant depuis des siècles sur le même territoire sans se mêler aux populations qui les joignent, comme cela existe auprès de Vérone dans le district des Treize-Communes.

Les Sept-Communes forment un important district, dont le chef-lieu est Asiago, et qui couvre un vaste plateau situé à une grande élévation, entre l'Astico et la Brenta. Les habitants de cette région élevée, où ils se sont réfugiés comme dans un fort, seraient, à en croire les savants dont l'esprit de divination a été fortement mis à l'épreuve par ces curieux étrangers, les descendants d'Allemands de la Souabe venus dans le Tyrol aux XI° et XII° siècles. Cantonnés sur cette terre qu'ils s'étaient mis à coloniser, ils sont restés pendant des siècles presque sans communications avec le pays voisin, gardant leurs mœurs, leurs coutumes et leur langage, qu'on a reconnu depuis fort peu de temps seulement être le dialecte anciennement parlé dans la Souabe, et c'est à peine si maintenant ils commencent à subir les effets du voisinage que les communications plus faciles, les routes ouvertes ont rendu inévitable. Si les jeunes gens parlent maintenant italien, leurs pères, c'est-à-dire la génération précédente, ne comprenaient encore que l'allemand et refusaient de s'exprimer dans une autre langue. N'est-ce pas étrange de voir ainsi ces milliers d'individus rester, à notre époque, aussi fidèles à leur antiquité et s'isoler presque volontairement de ceux qui les entourent ! C'est une excursion curieuse à faire que celle de leurs montagnes, et en somme assez facile, soit en passant par Schio, soit en venant de Bassano. La route, de ce côté, est plus pittoresque.

Une excursion très intéressante à faire — mais il faut, pour la suivre entière dans tous ses détails, l'ardeur et les jambes d'un alpiniste — est de remonter la Brenta jusqu'à Valstagna, et de gagner Buso par les sentiers si sauvages, si pittoresquement beaux du val Prenzena, dont les rochers à pic se rapprochent tellement vers leur sommet qu'ils semblent cacher le ciel et recouvrir la route qui court presque dans le lit du torrent. Le val Ghiaia, plus large, frais et cultivé, conduit par Ronchi à Asiago. Le retour peut s'effectuer par Breganze ou par Marostica. Par Breganze, on suit le val Canaglia, on côtoie le Resegoul en admirant les beaux paysages de la vallée où coule l'Astico et la grande et grasse plaine de Thiene. On traverse Caltrano, dont le pont à double étage, achevé en 1854 — le pont inférieur est en pierre, le pont supérieur en fer, — est curieux à examiner; on passe par Lonedo, où se trouvent deux beaux palais appartenant au comte Piovene ; l'un, le palazzo Godi, a été élevé en 1542 par Palladio et décoré par Zelotti; l'autre, le palazzo Provena, bâti également sur les dessins de Palladio, en 1547, est célèbre pour ses grottes et ses jardins. Bientôt on est à Fara, puis à Breganze, d'où une belle route redescend aisément à Bassano.

La seconde route vous ramène par des sites frais et coupés d'arbres, par de belles prairies où paissent des troupeaux, avec des échappées de vue merveilleuse sur la plaine de Vicence, en passant par Conco, joli et riant village, dont tous les habitants ont pour industrie le tressage de la paille. Les femmes assises sur les portes ou revenant des champs, les enfants ramenant les troupeaux, tout ce monde a toujours et sans cesse à la main sa bottelette de paille et travaille sans perdre un instant. De Conco, on arrive à Crosara et ensuite à Marostica dont l'aspect moyen âge vous reporte de plu-

VICENCE.
Cour du palais de l'Archevêché.

sieurs siècles en arrière. Cette petite ville, qui date du XIII° siècle, est encore complètement entourée de ses vieilles murailles, et à l'intérieur se dresse, toujours puissant d'aspect, l'ancien château fort qui rappelle, mais en plus petit, par la disposition de ses pavillons et de ses bâtiments, le château de Ferrare. Le pays qui l'environne est admirablement cultivé. La vigne et le maïs y atteignent des développements énormes, et le vin de Marostica a une réputation méritée parmi les vins de la Vénétie.

VIII. — THIENE. — SCHIO. — LA FILATURE ROSSI. — VICENCE.

La même route qui de Bassano vous amène à Marostica, et de là à Breganze, vous conduit à Thiene, d'où le chemin de fer vous porte à Vicence. C'est le chemin que je suivis en quittant Bassano, m'éloignant presque à regret de cette ville si fraîche, si jolie, souriant en me rappelant cet adieu touchant qu'on m'avait cité pour avoir été lu sur les murs de la ville entre mille autres messages d'amour :

<blockquote>
Addio, addio, Bassano;
Addio, mia bella, e mille baccie.
</blockquote>

En suivant cette route nouvelle, j'évitais de passer de nouveau par une voie que j'avais déjà parcourue, tout au moins jusqu'à Cittadella; j'étais sûr, en outre, de pouvoir visiter de cette façon le beau château de Thiene qui appartient au comte Colleoni et qui renferme d'importantes fresques de Véronèse; j'espérais enfin, en allant à Schio, — Thiene est sur la ligne du chemin de fer qui va de Vicence à Schio — réussir à pénétrer dans l'immense et si curieuse manufacture de M. le sénateur Rossi, la filature la plus considérable de toute l'Italie.

Schio est dans la montagne, sur l'ancienne route de Vicence à Roveredo, d'où les malles-poste vous conduisaient à Inspruck; c'est là un des nombreux passages qui joignent l'Italie à l'Autriche et dont Trente est comme le carrefour. Que de belles excursions on peut faire dans tous ces défilés, dans tout ce groupe de monts et de vallées, soit du côté des Sept-Communes, soit dans la vallée du Leogra, soit aux bains de Recoaro, très fréquentés l'été pour leurs eaux ferrugineuses et qui, s'ils n'offrent pas un séjour bien gai, servent du moins de point de départ à des promenades charmantes!

A Schio, on ne s'y rend, en réalité, qu'attiré par ses affaires, ou pour visiter la filature Rossi, et le plus généralement, on doit retourner à Vicence sans avoir réussi à la visiter. Il est cependant des plus intéressants de connaître quelle est l'organisation de cette immense société formée de plusieurs usines réunies où tout a été disposé pour procurer aux ouvriers et aux employés la plus forte somme de confort et de bénéfice possible. Un peu hors de la ville, la société a construit une sorte de cité ouvrière dans le genre des cités de Mulhouse dont les maisons peuvent devenir la propriété des ouvriers en payant une somme et un intérêt fixe retenus sur leur salaire pendant dix ou quinze ans. Le prix des maisons est de 2,000 francs à 10,000 francs.

Du reste, tous ceux qui travaillent à la filature, du plus haut au dernier ouvrier, profitent indirectement des bénéfices et jouissent des immenses avantages réservés à la masse active de la filature. Quand le travail leur devient impossible par suite de l'âge ou des infirmités, des pensions sont servies à ces vieux serviteurs à qui l'on procure encore des logements. Des sociétés coopératives fournissent à des prix minimes toutes les denrées, et les plus grandes facilités sont données à ceux qui veulent augmenter leur situation. Ces soins si parfaits prennent l'enfant, on peut dire à sa naissance, car tout enfant qui naît d'un ouvrier ou d'un employé est presque immédiatement emmené à la maison nourrice, comme on l'appelle, un grand bâtiment situé au milieu d'un jardin, et où se trouvent toujours des nourrices pour élever les bébés, un médecin pour les soigner, et un vestiaire pour les habiller. L'enfant est gardé jusqu'à 4 ou 5 ans à la nursery, la crèche, pendant les heures que sa mère passe à la filature; de 5 à 7 ans, il joue à la crèche, et à partir de 7 ans jusqu'à ce qu'il soit assez âgé pour entrer à l'usine, il va à l'école annexée à la filature, et là, en dehors de ses études primaires, on lui fait faire son apprentissage de tisseur.

Les distractions ne sont pas oubliées; non seulement des médecins sont à la disposition des ouvriers, des bains ont été construits, mais on a élevé une salle de spectacle et une salle de danse; un orphéon a été formé avec les employés de l'usine, et il donne de nombreux concerts dans les jardins réservés aux ouvriers et qui ont été plantés pour leur permettre de se promener sans s'éloigner de l'usine. Plus de 5,000 personnes trouvent à la filature de l'occupation ou du travail.

La ville a naturellement profité du développement de ce centre industriel si considérable; on peut dire que c'est la manufacture seule qui fait vivre la ville, et M. le sénateur Rossi s'est montré aussi généreux pour elle que pour ses ouvriers. C'est lui qui a réparé l'ancienne cathédrale, ouvert une vaste place, construit une seconde église et des écoles. Sa grande intelligence des affaires, sa science économique — il est partisan des théories protectionnistes — lui ont donné du reste une importance qui est due à son mérite et qui lui assure une universelle considération en Italie.

C'est là un résumé bien succinct de ce qu'on peut voir, si on obtient la permission d'entrer tout au moins dans les dépendances de la manufacture, car il est des plus rares qu'on vous laisse pénétrer dans les ateliers de travail qui sont situés au milieu de jardins occupant le centre de cette vaste cité industrielle.

On revient rapidement à Vicence; il faut un peu plus d'une heure en chemin de fer et de la cité moderne, de la cité en travail, on se trouve transporté parmi les beaux palais et les monuments de l'art ancien.

Vicence, c'est la ville de Palladio. L'habile architecte, qui y naquit en 1518, l'a si bien ornée, décorée, que son nom revient à chaque pas dans ces rues garnies de palais somptueux et d'édifices imposants, bâtis par lui ou dans le style dont il avait laissé la tradition. D'une part, c'est le palazzo della Ragione, dont la réfection fut une merveille de science et de goût, puis le palais de la Commune; d'autre part, ce sont des habitations particulières comme les palais Thiene, Valmarana, Barbarono, Colleoni, Chiericati, comme cet embryon de palais appelé la Ca del Diavolo, ou encore comme la Loggia des jardins Salvi. Dans chacune de ces constructions, le Palladio a laissé, à défaut d'une originalité créatrice bien distincte, la marque d'un goût élevé, le témoignage d'une science extrême qui lui faisait varier à l'infini, sans jamais se départir d'une correction savante, la combinaison des divers ordres d'architecture qu'il employait.

Enfin, quoique d'autres architectes que lui, et parmi eux Scamozzi, qui était né également à Vicence, aient laissé des monuments dignes d'attention, c'est toujours le nom de Palladio qui revient à la mémoire lorsqu'on recherche l'auteur des principaux édifices de la vieille cité vicentine.

Vicence est assez joliment située au pied des monts Berici, qui forment vers le sud le fond sur lequel la ville se détache, au confluent du Bacchiglione et du Retrone; mais le terrain assez plat de toute la région lui enlève toute vue étendue. Lorsqu'on descend du chemin de fer, le vaste espace du Champ de Mars, les grandes avenues plantées de hauts arbres, qui s'étendent entre la station et la ville, en la dissimulant presque derrière leurs frondaisons, font supposer qu'on va trouver l'air et l'espace dans la ville même; mais bientôt se dresse devant vous la Porta del Castello qui forme à la ville une majestueuse entrée. Là commence le long et étroit corso Principe Umberto. C'est cependant une des rues les plus larges de Vicence, et encore est-elle assez large à cet endroit, devant le magnifique palais Bonin; mais un peu plus loin, elle se rétrécit. En réalité, la ville est assez mal bâtie, resserrée, sans air, et si elle n'avait pas les magnifiques palais dont je parlais il y a quelques instants, mais qui, chose assez étrange dans une région où il y a de nombreuses carrières de marbre, sont le plus souvent en pierres revêtues de stuc, elle n'aurait rien qui la distinguât de bien d'autres villes du nord de l'Italie, et elle serait même très inférieure comme aspect original et pittoresque à beaucoup d'entre elles.

Mais il lui suffit, pour sortir de cet effacement, d'une dizaine de palais remarquables et d'un magnifique et curieux monument comme le palazzo della Ragione, ou la Basilica, comme on l'appelle encore, son vieil hôtel de ville du moyen âge, que Palladio sut préserver de la ruine, reconstituer, en suivant si habilement son ordonnance primitive, et en en conservant les parties principales, qu'il serait presque difficile de définir exactement à quelles époques telles ou telles parties ont été adjointes à l'ancien bâtiment.

Sur le côté de la Basilique, s'élève la haute tour rouge, dite tour de l'Horloge, — l'horloge fut installée en 1378 — et le palais communal lui fait suite. Il a une façade sur la piazza dei Signori, l'autre sur la piazza delle Biade (place au blé). En face est la Loggia del Delegato ou palazzo Prefettizio, qui fut construit par Palladio, sans que celui-ci ait pu achever l'œuvre très curieuse, d'ordonnance corinthienne, qu'il avait commencée. Ce palais a de même deux façades, l'une sur la piazza dei Signori, l'autre sur la piazza del Monte di Pieta. A côté, en effet, se trouvent les bâtiments du Mont-de-Piété élevés et raccordés à des époques diverses, et jadis couverts de fresques de Zelotti que le temps a presque entièrement effacées.

Enfin deux colonnes isolées, l'une portant le Lion de Saint-Marc, élevée en 1464, l'autre placée seulement en 1640, et dite la colonne del Redentore, rappellent, à une des extrémités de la place, l'antique domination de Venise, la dépendance dans laquelle Vicence resta vis-à-vis de la République, du commencement du xve siècle à la fin du xviiie siècle.

Telle est dans son ensemble cette piazza dei Signori, si curieuse, si caractéristique dans ses proportions réduites. Elle a gardé entier son caractère moyen âge, et il semble que la vie des anciens temps a dû s'y perpétuer immuable, tant elle forme un tout qui donne une idée précise de ce qu'elle fut toujours. L'œuvre de Palladio y est considérable, et l'emplacement a été bien choisi pour élever la statue du grand architecte vicentin, que sculpta en 1858 un sculpteur de talent, Vincenzo Gaiassi. C'est le point central de la cité, et c'est là que se porte tout le mouvement, ainsi que dans le corso Principe Umberto qui traverse la ville dans toute sa longueur, de la piazza Castello à la piazza Vittorio Emmanuele. Sur cette dernière place se trouve le musée municipal que l'on a installé dans l'ancien palais Chieregati, une des œuvres les plus parfaites de Palladio, avec le théâtre Olympique qui est tout à côté, dans un des angles de la place.

VICENCE. — Palais Bonin.

Au musée municipal, il y a quelques tableaux intéressants, quelques belles œuvres de Tiepolo, de Jacques Bassan, une *Vierge* remarquable, de Cima da Conegliano, de Montagna, également une *Vierge* avec des saints, qui est un intéressant travail, de Véronèse, de Buonconsiglio, de Maganza; mais la partie la plus intéressante peut-être, c'est la collection d'estampes et de dessins de Palladio et d'autres artistes vicentins qui remplit plusieurs salles.

Toujours Palladio ! Et chose assez étonnante, lui qui a laissé tant de palais élevés à Vicence sur ses dessins, qui, à Venise, a construit plusieurs églises, n'a élevé aucun monument religieux dans sa ville natale. Les églises assez nombreuses, réparties dans divers quartiers, portent presque toutes une date antérieure, et aucune d'elles, en réalité, ne présente une originalité assez grande pour qu'il faille s'y arrêter. Ni le Dôme, ni l'église de San-Felice et Fortunato, ni San-Vincenzo, ni San-Valentino, ni Santa-Corona, ni les autres encore n'appellent l'attention par la pureté de leur style architectural, ni par quelques-unes de ces particularités

— fussent-elles dues à leur ancienneté seule — qui expliquent un examen approfondi. Une des plus belles, la plus belle peut-être de ces églises, est Santa-Maria della Misericordia, qui fut construite en 1589 par Sammicheli, et qui renferme de belles peintures du Zoppo, du Bassan et de Maganza dont une des œuvres les plus remarquables, *l'Adoration des Mages,* est conservée dans une des salles de l'orphelinat contigu à l'église.

Dans les autres églises se trouvent encore disséminées quelques peintures remarquables comme *la Vierge* de Palma le vieux, qui est à San-Stefano, comme les fresques de Maganza à San-Domenico, comme le tableau du maître-autel de San-Valentino par Maganza, représentant le patron de cette église, comme le *Saint Laurent et Saint Vincent* de Montagna qui est à San-Lorenzo. Les peintres de ce qu'on a appelé un peu ambitieusement l'école de Vicence, Montagna, Giovanni Speranza, Maganza, Buonconsiglio, Fogolino, Fasolo ont donc laissé, comme on voit, des témoignages encore bien conservés de leur talent; mais à l'exception de deux ou trois œuvres, et celles-ci sont dues à des peintres étrangers, il n'est rien à inscrire au premier rang.

Je ne pus, comme j'en avais l'intention, aller visiter la Biblioteca Bertoliana qui compte plus de quatre-vingt mille volumes et un grand nombre d'ouvrages, de manuscrits de grand prix; j'avais passé trop de temps à suivre les rues étroites de la ville, allant de palais en palais, dont j'étudiais et comparais les façades.

Avant tout il me fallait me rendre à la Madonna del Monte où déjà, en suivant le chemin qui contourne la ville de la porta Monte à la porta Lupia, j'avais pu voir, en face même de la première de ces portes, un arc dans le style de Palladio qui donne accès au haut escalier de deux cents marches conduisant à un point élevé de la colline, sur le chemin qui rejoint, à son milieu, la ligne des portiques menant à la Madonna. Mais j'avais voulu prendre le chemin à son point de départ, et j'avais dû passer derrière cette belle villa Karolyi, qu'on aperçoit de la gare, dès en arrivant à Vicence. Et alors suivant ces longs portiques, — leur construction fut commencée en 1746 — dont les cent arcades répondent au nombre de prières qu'il faut réciter en gravissant le mont, je parvins à l'église élevée en 1668, à la place du temple construit, un peu moins d'un siècle auparavant, par Palladio, qui avait conservé la petite église gothique, primitivement bâtie en 1428, et dont il avait fait le bras gauche de la croix formée par le nouvel édifice.

Le sanctuaire n'a rien de particulièrement remarquable, mais Montagna y a laissé une belle œuvre et, dans l'ancien réfectoire du couvent qui joignait l'église, Véronèse avait peint le *Repas de Grégoire le Grand.* Cette magnifique toile s'y trouve encore, réparée avec une habileté extrême, sauvée d'une destruction totale à laquelle semblait l'avoir condamnée le vandalisme des soldats autrichiens qui s'étaient emparés du couvent en 1848, refaite avec tous les morceaux criblés de coups de baïonnette qui avaient pu être réunis; mais peut-on dire que ce soit le vrai Véronèse peint par le grand artiste? Ce qui est magnifique, c'est la vue dont on jouit de ce plateau du Mont Berico sur la ville et toute la plaine vers Bassano et Padoue.

Au lieu de redescendre aussitôt vers Vicence, je tournai à droite, à mi-côte et, suivant la route qui court au flanc de la colline de San-Sebastiano, j'allai directement jusqu'à la *Rotonda,* cette adorable construction élevée dans le plus merveilleux site par Palladio en 1570, pour le comte Almerigo, qui a appartenu ensuite aux marquis de Capra, et qui, je crois, est actuellement la propriété du Dr Albertini. Je m'étais réservé de visiter, en revenant, la villa Valmarana qui renferme des peintures trop peu connues de Tiepolo. Palladio ne put achever la construction de la Rotonde, mais Scamozzi, qui la termina, suivit exactement le plan très original qu'il avait laissé. C'est un édifice d'un carré parfait, ayant sur ses quatre faces un péristyle ionique à fronton. Tout

VICENCE. — Palais du Conseil.

le centre du bâtiment est occupé par une magnifique salle ronde, qui a quatre vastes ouvertures correspondant aux quatre portiques et par lesquelles la vue peut s'étendre dans toutes les directions. C'est là, je le répète, un très curieux édifice, un spécimen très remarquable de l'architecture italienne de cette époque, conçu dans le style froid, mais noble et correct de Palladio, et qu'il est heureux de voir restauré avec le soin que les derniers propriétaires y ont mis. Je revins à la villa San-Sebastiano, la villa Valmarana, comme on la dénomme plus souvent, qui se compose, à vraiment parler, de plusieurs bâtiments, le petit palais, puis la Foresteria, le logis réservé aux étrangers, auxquels une troisième villa également détachée fut encore ajoutée en 1812 par le comte Valmarana. Il n'y eut d'abord que le petit palais, une délicieuse retraite champêtre construite en 1669 par le comte Bertolo, qui devait former, avec les livres rares qu'il possédait et qu'il légua à la ville, la bibliothèque de Vicence. Il s'élevait sur une terrasse que des escaliers faisaient communiquer avec des jardins aux frais ombrages et garnis de jets d'eau. La Foresteria, élevée ensuite, était un peu plus loin. Les comtes Valmarana, qui en devinrent possesseurs en 1725, la firent restaurer et en confièrent la décoration à Tiepolo qui y vint en 1737, avec son fils et avec Mingozzi Colonna. Ils y exécutèrent des peintures d'un admirable effet et qui se sont conservées dans tout l'éclat de leurs vives couleurs. L'œuvre principale, peinte par Tiepolo, est peut-être celle que l'on voit dans la salle à droite de l'entrée principale, le *Sacrifice d'Iphigénie*, une merveilleuse composition, d'un sens dramatique puissant et plus mesuré que n'en témoigne parfois le grand artiste. Dans la salle de gauche est *la Flotte en Aulide* et dans les autres salles des sujets tirés de l'*Iliade* et de l'*Énéide*, de *la Jérusalem délivrée* et de l'*Orlando furioso*.

A la Foresteria, Tiepolo a donné libre cours à son imagination si puissante, à sa fantaisie si pleine de verve et dans les chambres de cette villa il a accumulé les sujets les plus divers et les plus opposés, peignant tantôt un Saturne ailé, tantôt des personnages chinois, des enfants nus cavalcadant sur un bâton, ou encore un Mars et une Vénus emportés sur une nuée. On ne peut imaginer une plus grande variété, un plus étrange mélange, et ces peintures, si elles étaient les seules fresques qu'eût laissées Tiepolo, suffiraient à prouver à quel degré il possédait le génie décoratif, l'entente des grandes lignes et la puissance de conception.

Ce fut sur le souvenir de ces belles fresques que je quittai Vicence, la ville aux palais somptueux et aux rues sombres, où la Renaissance le dispute au moyen âge.

Vicence était la dernière étape de cette excursion dans le Frioul que j'avais eu tant de plaisir à accomplir. Parti de Padoue, j'y revenais quelques jours après, rapportant mille souvenirs, mille impressions charmantes, mille enseignements aussi sur des époques bien différentes, sur des artistes que je croyais connaître et dont les œuvres principales m'étaient inconnues, sur un pays tour à tour d'une rudesse et d'un charme pénétrant et avec ce sentiment de plaisir particulier d'avoir vu ce que peu de gens ont vu ou voient encore. Ces contrées si peu visitées sont assez rares en Italie pour qu'on ait double contentement à les étudier.

IX. — PADOUE.

Soit qu'on prenne le chemin de fer, soit qu'on suive la belle route qui conduit en droite ligne de Vicence à Padoue, on est frappé de la fertilité, de l'aspect vert et riant de la vaste plaine que l'on traverse et qu'arrosent de nombreux canaux et ruisseaux la coupant en tout sens. De nombreux villages, des villas blanches et roses s'échelonnent sur le chemin pendant les quelques lieues qui séparent Vicence de Padoue, et le président de Brosses, lorsqu'il suivit cette route en quittant Vicence qui lui avait semblé

« une ville peu plaisante », déclarait par contre que le « terrain entre Vicence et Padoue vaut peut-être seul le voyage d'Italie ». C'était montrer beaucoup d'enthousiasme, mais l'aspect de toute cette contrée au point de vue des cultures est certainement fort beau.

Le président de Brosses fut beaucoup moins séduit par Padoue qui lui sembla pauvre, triste et dépeuplée, sans rien ressentir de cette poésie très réelle que dégage précisément cette ville si confite dans son aspect ancien. Padoue garde au contraire, pour moi, un caractère très marqué, si spécial, si triste peut-être, mais si fort que jamais je ne me suis lassé de parcourir ses vieilles rues bordées d'arcades. Cependant le pavé pointu qui garnit la chaussée est bien la chose la plus désagréable du monde. Il est vrai que cet inconvénient n'est aucunement particulier à Padoue et qu'il n'est pas une des villes du nord où la marche ne vous soit également pénible. Je ne sais pourquoi cet enchevêtrement de rues étroites m'a plu dès le premier séjour que j'ai fait à Padoue, quoique j'aie risqué vingt fois de me perdre dans ces *contrade* qui toutes se ressemblent. Elles ont, ce n'est pas niable, un cachet bien particulier. Quand on traverse certains quartiers, on se croirait dans un cloître immense dont les longues galeries se déroulent à l'infini et forment le plus étrange des labyrinthes. Chaque maison, dans ces rues anciennes, est soutenue par une suite de gros piliers et, sous les arcades, courent les trottoirs dallés en larges plaques de marbre blanc. Mais chacune de ces maisons a ses piliers d'une forme différente ; les uns sont carrés, les autres sont ronds, quelques-uns en marbre se reliant au corps de bâtiment par un arceau massif qui se trouve à cinq mètres du sol, tandis que celui de la maison voisine est à six, quand il n'est pas à quatre mètres, les architectes s'étant peu préoccupés d'établir des galeries symétriques, et les réparations modernes ayant montré peu de scrupule à enfouir sous le plâtre la colonne sculptée qui devait primitivement servir seule de support. On se prend à souhaiter un clair de lune perpétuel prêtant à cet ensemble bizarre sa blancheur mate et ses fortes ombres. Jadis la plus grande partie de la ville était ainsi construite; mais au fur et à mesure que les progrès de l'édilité moderne s'accentuent, les portiques disparaissent, car on exige de regagner en largeur l'espace au moins du portique, et parfois, sans cette explication, on serait étonné de voir tout un côté de rue à arcades, tandis que l'autre est garni de maisons recevant directement la lumière jusqu'à leur rez-de-chaussée.

Mais suivez, par exemple, la rue qui de la Piazza delle Erbe conduit au Ponte Corbo et dites-moi si cette longue suite d'arcades, à peine interrompue par quelque vieux bâtiment qui s'avance plus avant sur la rue, ou par quelque maison plus moderne mise à l'alignement, ne vous laisse pas dans l'œil une impression profonde. Je cite cette rue, bien d'autres lui ressemblent. Dites-moi encore si les portiques qui courent autour de la place du Santo, et le long de la rue qui rejoint la via San-Corbo, n'ajoutent pas à l'aspect original et grandiose de la vieille église de Saint-Antoine et ne fournissent pas la note exacte, presque sévère, presque sombre, qui est nécessaire à l'encadrement de cette basilique. En tout cas, combien on les bénit lorsque le soleil tombant dur et brûlant sur ces places, sur ces rues, on peut se réfugier à leur ombre et poursuivre sa route sous leurs voûtes fraîches en jetant un regard curieux par les fenêtres qui s'ouvrent presque au niveau de la rue !

Padoue avait, je pourrais presque dire, a encore deux sujets de renommée. D'abord son université. Il ne faut pas oublier que Padoue fut un des premiers et des principaux foyers de la science en Italie. Les professeurs les plus illustres, ne seraient-ce que Galilée et André Vésale, y réunirent autour de leurs chaires un nombre énorme d'élèves. Venise, qui avait donné à l'Université de Padoue un développement considérable, avait décidé que le diplôme d'enseignement délivré à la fin des études serait seul valable pour obtenir les hauts emplois de la république.

Dans ces mêmes salles où se distribuèrent de si hautes leçons se continuent des cours qui maintiennent très haut la réputation de l'antique université. Elle comprend encore quatre facultés, une faculté de droit, une faculté de médecine, une faculté des lettres et une faculté de mathématiques, dont les chaires sont occupées par plus de cinquante professeurs, — trente-trois professeurs ordinaires et vingt et un professeurs extraordinaires. De même que dans les temps anciens les élèves, en se rendant à leurs leçons, doivent franchir la porte de l'ancienne façade et traverser la cour d'une architecture si simple et si belle qui forme le centre des bâtiments. Une belle colonnade dorique formant portique l'entoure sur ses quatre côtés et se répète en une galerie spacieuse au premier étage à laquelle conduisent deux larges escaliers. On en doit, paraît-il, le dessin, à Sansovino. Voilà pour la beauté architecturale. Ce qui ajoute une originalité particulière à cet ensemble, c'est l'amoncellement de blasons sculptés ou peints, qui couvrent les murs et les voûtes des portiques des deux étages. Ces blasons représentent les armoiries des recteurs et des professeurs de l'université, dont plusieurs ont en outre leurs portraits en buste, et des plus illustres élèves de cette école qui produisit des hommes si remarquables dans les lettres et les sciences. Actuellement, plusieurs centaines d'élèves s'inscrivent encore chaque année à ses cours.

VICENCE. — Église San-Lorenzo.

Tandis que l'université faisait la gloire de Padoue et répandait au loin son nom, la vieille cité trouvait une autre source de renom, un renom tout différent, mais non moins grand, dans sa célèbre basilique de Saint-Antoine, son *Santo*, où les fidèles affluaient de toutes parts.

Je ne chercherai pas à savoir exactement si cette vaste construction a été commencée en 1231, selon les uns, sur les plans de Nicolas Pisano et cela tout de suite après la mort de saint Antoine, ou en 1256, selon les autres, car elle est l'œuvre de tant de siècles, elle dénote tant de styles différents, elle accumule tant de genres d'architecture disparates que quelques années de plus ou de moins importent peu pour définir comment elle dut être conçue. Cela, d'ailleurs, est impossible à reconnaître dans ce mélange de gothique italien, de byzantin et de roman qui forme le plus étrange assemblage sans que l'œil en soit choqué, ni au premier aspect, ni à un examen plus attentif.

La façade en briques épaisse et massive, qui rappelle celle des basiliques romanes, est composée de quatre arcs en ogive espacés de chaque côté d'un portail couronné d'une statue de saint Antoine et contenant dans le tympan une fresque de Mantegna, représentant la Vierge avec saint Bernardin et saint Antoine. Au-dessus des arcs, court une galerie à ogives et à colonnes qui fait songer à certains monuments vénitiens;

PADOUE. — Abside de la Basilique.

elle supporte un haut fronton triangulaire, coupé au centre par une large rosace, et au-dessus duquel s'élève, un peu en arrière, une tourelle surmontée d'un pignon pointu. Sur les côtés, au-dessus des bras de la croix, se répète, en plusieurs exemplaires, le même fronton triangulaire. Puis au-dessus, dominant le corps de l'église à une grande élévation, se succèdent les coupoles byzantines, les dômes ronds et les clochers aigus. On compte sept coupoles et deux clochers en briques roses, d'un style moresque délicat. La coupole du chœur date de 1424, celle de la chapelle des reliques ne remonte pas au-delà du XVIIIe siècle. Le mieux est de ne pas chercher à se reconnaître dans cette complication de styles si dissemblables et d'en considérer uniquement l'étrangeté et l'harmonie relative que n'ont pu rompre les travaux de plusieurs siècles inspirés par les genres usités en divers pays. Il y a dans cet ensemble des détails charmants, des parties d'une légèreté incroyable accrochées à des masses d'une lourdeur extrême, et tout ce disparate s'efface et se fond sous la grande lumière qui tombe pure et claire du ciel en réfléchissant ses rayons sur les dômes d'un blanc cru des coupoles.

A l'intérieur, la basilique a cent quinze mètres de long sur cinquante-cinq de large et, de même qu'à l'extérieur on constate des styles différents, à l'intérieur, on trouve accumulés, dans les trois nefs qui la composent, les échantillons de l'art de toutes les époques.

On y rencontre malheureusement de trop nombreuses fautes de goût ; c'est ainsi que dans la chapelle de Saint-Antoine qui est du XVIe siècle, on est fort tenté de regretter l'amoncellement des bas-reliefs et des statues, des sculptures de toute sorte. Cependant, à la regarder avec soin, on ne peut pas ne pas admirer sa façade de marbre, ses colonnes si fines, supportant des arcades rondes, du dessin le plus franc. Il fallut près d'un siècle pour en terminer la décoration et un nombre considérable d'artistes y travaillèrent : Briosco, Sansovino, Falconetto, Pironi, Allio, Tullio Lombardo. Tous les murs sont couverts de bas-reliefs représentant les principaux miracles de saint Antoine, et au milieu de la chapelle s'élève l'autel en marbre construit en 1593 par Tiziano Aspetti pour contenir le corps du saint.

Là se presse sans interruption une foule pieuse qui gravit en longues files les marches de la chapelle, et qui, faisant le tour du sarcophage, va s'agenouiller derrière le tombeau et réciter une invocation au saint en tenant religieusement la main appuyée sur la plaque de marbre noir encastrée dans la paroi de l'autel. Le marbre a pris, à ces attouchements continus, un brillant inusité.

Je passe, sans m'y arrêter, devant les autres autels répartis tout autour de l'église ; il est plus intéressant de voir quelques-uns des innombrables tombeaux sculptés dans le mur sur toute l'étendue de la basilique. Là encore, nous trouverons tous les siècles représentés par les œuvres du style le plus dissemblable, alternant avec quelques belles fresques, malheureusement trop restaurées pour la plupart, avec quelques bons tableaux. D'un côté, c'est le triomphal mausolée de l'amiral vénitien Cornaro, composition colossale où les femmes nues, les captifs enchaînés et les tritons se mêlent avec les attributs guerriers. On est surpris de l'étrangeté de ces personnages dans un temple où la prière doit réclamer plus de sérieux, mais l'ensemble est encore de noble allure. Ce n'est plus cependant la simplicité si noble, si vraie du tombeau du cardinal Bembo, mais ce n'est pas encore le dévergondage d'imagination et de procédés du mausolée en marbre noir et blanc élevé un peu plus loin, que domine un squelette ailé sonnant de la trompette.

La nef du milieu est supportée par douze hauts piliers et autour du chœur règne une longue galerie élevée, sur laquelle prennent place les chantres pendant les cérémonies.

Mais ce que le Santo possède à un degré, on pourrait dire exceptionnel, ce sont les œuvres de bronze. Il y a, répartis dans toute la basilique, une profusion de bas-reliefs, de balustrades, de candélabres, de statuettes en bronze du plus beau travail. Le chœur est, pourrait-on dire, un immense travail de bronze. Donatello a sculpté un grand nombre de bas-reliefs, notamment ceux du grand autel, et Riccio également. A ce véritable artiste est dû encore le grand candélabre, haut de près de quatre mètres, qui se trouve dans le chœur à gauche de l'autel. Le luxe de son ornementation, la fécondité d'imagination qui y a été déployée frappent l'esprit d'admiration. On dit que Riccio travailla pendant dix ans à cette œuvre merveilleuse et on n'en est pas étonné en voyant la quantité des personnages répandus dans les diverses scènes que portent les quatre faces du candélabre.

Je me rappelle qu'à une première visite au Santo, j'étais entré par la porte qui s'ouvre dans le transept gauche et ce ne fut qu'après avoir visité en détail le tour de l'église, après être entré dans la sacristie dont les grandes armoires marquetées sont si belles, et dans la salle du chapitre décorée de fresques qu'un épais badigeon de chaux recouvrait jusqu'à ces dernières années, que je fis face au chœur, arrêté devant le grand portail, pour contempler l'ensemble de la basilique. Tous ces mille détails se fondirent dans l'aspect imposant de cette haute nef; je restai un moment à songer au travail accumulé sous ces voûtes par des siècles de piété, puis je sortis par le grand portail sur la place que rendait brûlante un ardent soleil se réfléchissant sur les dalles de marbre. Près de moi, se dressait la belle statue équestre de Gattamelata, dont l'ombre s'étendait presque jusqu'à mes pieds. Cette statue de bronze est la première de cette dimension qui ait été fondue en Italie (1443), et Donatello a fait de ce condottiere, solidement campé sur son cheval, la tête nue et le bâton de commandement à la main, une œuvre merveilleuse, pleine de force, une œuvre vivante représentant, dans toute sa réalité un peu brutale, le hardi aventurier qui avait mené à la victoire, contre Sforza, les troupes de la république vénitienne.

De la basilique à laquelle ils sont contigus dépendent la Scuola del Santo, la Capella San-Giorgio, le tombeau de Piazzola et le couvent qui se divise lui-même en plusieurs constructions formant des cloîtres différents, le cloître du noviciat, le cloître du paradis et le plus important de tous, le cloître du chapitre. La Scuola, l'édifice destiné aux réunions de la confrérie de Saint-Antoine, se trouve à gauche de la basilique dans l'angle même de l'esplanade dont elle forme un des côtés.

On vient à Padoue attiré par le Santo et aussi, surtout peut-être, par la chapelle du Giotto, je veux dire cette curieuse petite chapelle de la Madonna dell'Arena si bizarrement cachée dans une enceinte de murailles, et dont Giotto a couvert les murs des fresques les plus remarquables. Personne, si on ne la lui indiquait, ne la découvrirait enfouie dans son jardin, dissimulée par de hauts murs; personne ne songerait à aller frapper à cette lourde porte donnant accès dans l'enceinte de forme elliptique, qui fut celle d'un amphithéâtre romain, où a été élevé cet oratoire si célèbre. La chapelle, dont l'architecture est du style toscan de cette époque, fut fondée en 1300 sur un terrain donné trois siècles avant à l'église Sainte-Marie, et entouré, par la suite, de murs à créneaux ainsi que le terrain de l'Arène. Un palais élevé à côté fut converti en monastère lorsque la chapelle fut construite. Il y a quelques années seulement, la ville acheta la vieille chapelle et le terrain qui l'entoure; mais la propriété en fut difficile à établir et, par suite des procès qui s'ensuivirent, on dut toujours ajourner des réparations pourtant fort nécessaires.

C'est sur les murs de cette chapelle, à l'exception du chœur, que Giotto exécuta l'œuvre merveilleuse où il devait affirmer une étonnante puissance d'invention et d'expression, marquer l'essor de l'art, et ouvrir la voie aux grandes écoles de la Renaissance. Giotto avait vingt-huit ans lorsqu'il peignit les trente-sept grandes fresques dans lesquelles il a représenté l'histoire du Christ et de la Vierge, et cette série de sujets, les uns d'une douceur et d'un charme extrêmes, les autres dramatiques et même violents, répartis sur les murs latéraux en quatre rangées superposées, se termine par un Jugement dernier, très dégradé, placé au-dessus de la porte d'entrée. Sur un fond bleu azur que Giotto a substitué le premier aux fonds d'or des vieux maîtres, se détachent et se suivent dans une incroyable unité d'ensemble les diverses scènes où ce novateur a pu déployer ce puissant sentiment de grâce et de simplicité, de grandeur et de calme qu'il puisait dans un génie naturel, auquel manquait seule la science, cette science anatomique indispensable pour exécuter un chef-d'œuvre absolu.

D'autres monuments sont encore à citer, *I. Eremitani,* la vieille église des Augustins, à une seule nef, construite dans la seconde partie du XIV° siècle, et *Sainte-Justine* dont les constructions actuelles ont remplacé au XIII° siècle un édifice du XII° siècle. Aux Eremitani, il faut surtout voir les fresques de Mantegna qui sont des œuvres remarquables, et dans la même chapelle dont elles couvrent les murs, un admirable bas-relief en terre cuite d'un élève de Donatello, Giovanni da Pisa, qui sert de devant d'autel. A Sainte-Justine, on trouve un beau Véronèse, le *Martyre de sainte Justine,* placé sur le maître-autel et de magnifiques stalles sculptées au XVI° siècle, et d'autres œuvres importantes de Luca Giordano, de Palma le jeune, de Maganza, de Balestra, etc. L'église en elle-même est, d'ailleurs, des plus intéressantes à visiter. A l'intérieur, elle est à trois nefs et son pavé de larges dalles de marbre noir, jaune et rouge, est du plus étrange effet. A l'extérieur, sa haute façade de briques, sans revêtement, qui n'a jamais été terminée, est précédée d'un escalier de douze marches s'étendant sur toute sa largeur. Deux lions, ou plutôt deux griffons énormes, reposent devant le portail, gardiens fidèles de l'église qu'ils ont vu reconstruire, car ils devaient faire partie des bâtiments primitifs. Au-dessus des nefs s'élèvent huit coupoles qui rappellent celles de Saint-Antoine, mais ici elles sont surmontées d'un petit dôme supportant ou une croix ou une statue. Sainte-Justine, quoique élevée au XVI° siècle, est en effet une construction de style byzantin, et ses vastes proportions, ses lignes amples et fortes, laissant pénétrer librement l'air et la lumière, en font un des monuments les plus décoratifs qui se puissent voir.

Je pourrais encore parler du Dôme, la vieille cathédrale de Padoue, et du Baptistère qui lui est contigu, de l'église des Carmini et de la Scuola del Carmine; mais je m'en tiens aux principaux monuments et on a vu que Padoue en possède un certain nombre qui sont de premier ordre. N'y a-t-il pas dans toute cette œuvre si puissante des siècles passés de quoi occuper et je dirai presque passionner le visiteur étranger ? Cependant il arrive souvent qu'on passe par Padoue sans s'arrêter, tant le voisinage de Venise lui est funeste. En allant, on a hâte d'arriver à Venise; il semble ridicule de s'arrêter presqu'à ses portes et on continue sa route. Au retour, bien souvent le temps manque même pour un court séjour à Padoue, et cette fois encore on ne descend pas de wagon.

PADOUE. — Église Saint-Antoine.

X. — A TRAVERS LA VILLE.

Le centre de la ville se trouve vers la Piazza dei Signori, sur la Piazza delle Erbe, dans la via dei Servi, autour du café Pedrocchi. Il y a, de ces côtés, un mouvement continu. Les jours de marché, l'aspect de la Piazza delle Erbe est fort original. Au pied du *Salone* immense s'étalent rangées les boutiques, les tentes des marchands ; c'est un va-et-vient incessant de paysans et de gens de la ville. Qu'est-ce que le Salone? Le bâtiment primitif, qui datait du XIIe siècle, comptait plusieurs salles; puis on dut, un siècle plus tard, changer la toiture. On supprima alors les séparations des salles, et l'architecte fra Giovanni degli Eremitani ajouta au palais les deux galeries latérales. Un incendie réduisit le tout en cendres en 1420, un ouragan le renversa en 1720, et lorsqu'à cette dernière époque l'architecte Ferracina — le même qui avait reconstruit le pont de bois de Bassano — en entreprit la réfection, il supprima tous les supports intérieurs et établit la voute à arc aigu d'une hardiesse extrême qui le recouvre actuellement. Lorsqu'on entre par la porte du fond, on voit le Salone dans toute sa longueur qui n'est pas moindre de quatre-vingt un mètres, et cette étendue, malgré une largeur de vingt-sept mètres et une hauteur de vingt-six mètres à l'arête du toit, donne à cette salle une apparence d'écrasement peu plaisante. Des fresques la garnissent entièrement, divisées en plus de quatre cents compartiments ; elles représentent les douze signes du Zodiaque avec interposition des sept planètes et expliquent l'influence des astres et des saisons sur les hommes. Dans la salle on montre comme curiosité un énorme cheval de bois, qui fut, dit-on, exécuté par Donatello et qui passe pour avoir servi de cheval de Troie dans une réjouissance de carnaval; mais d'autres personnes y voient, avec plus de raison peut-être, le modèle du cheval de la statue de Gattamelata. Enfin, dans la salle, on montre plusieurs cénotaphes, entre autres celui de Tite-Live, qui naquit à vingt kilomètres de Padoue et qui y vécut longtemps dans une maison qui existe encore dans une rue près de la bibliothèque de l'Université.

Il y a quatre bibliothèques importantes à Padoue : celle de l'Université, qui contient plus de 100,000 volumes dont 2,088 manuscrits tous postérieurs au XIIe siècle et 1,127 volumes en éditions du XVe siècle; celle du séminaire, qui renferme au moins 40,000 volumes, 800 manuscrits et 300 éditions des premiers temps de l'imprimerie, et en plus près d'un millier de belles gravures dues aux plus célèbres artistes anciens et modernes, et une collection de 3,500 médailles romaines. La bibliothèque du chapitre, ou de la cathédrale, est encore riche de 10,000 volumes dont 300 manuscrits et 450 éditions du XVe siècle, et enfin la bibliothèque municipale, annexée au musée, contient un grand nombre de manuscrits ayant trait à l'histoire de Padoue et environ 100,000 volumes de toutes sortes. Ces richesses littéraires, historiques et scientifiques, sont du reste fort naturelles dans une ville universitaire comme celle-ci, où les lettres ont toujours été en grand honneur. Je n'ai pas besoin de rappeler qu'à Padoue existe depuis 1599 l'académie célèbre des Ricovrati dont plusieurs Français firent partie. J'ai relevé entre autres noms, sur la liste générale, ceux de Mlle de Scudéry, Mme Deshoulières, Sophie Chéron, Mme Dacier. Il me semble avoir lu dans le *Mercure galant,* qu'un diplôme d'académicien fut offert à Dangeau en 1694; mais je ne sais s'il accepta cet honneur. L'académie de Padoue qui a depuis 1779 le nom d'Académie des sciences, des lettres et des arts, existe d'ailleurs toujours, et quelques Français en font encore partie. Elle est installée dans la chapelle du palais des princes de Carrare. Mais combien elle est déchue de son ancienne importance !

Le musée municipal dont je viens de prononcer le nom a été installé sur la place de Saint-Antoine dans une partie des bâtiments occupés autrefois par le couvent du Santo; mais, en réalité, même en faisant un choix dans les deux collections léguées par le comte Emo Capodilista et par le chevalier Bottaciu et dans les 600 ou 700 tableaux qui composent la galerie, il est bien peu de toiles qui méritent un examen sérieux.

Il est vrai, pour se consoler, qu'il n'est pas une église où ou ne trouve de belles peintures, et des peintures d'artistes faisant partie de ce qu'on a appelé l'école de Padoue. On en voit à Sainte-Justine, à San-Antonio.

Combien de fois je suis retourné à San-Antonio toujours séduit par ses hautes voûtes

PADOUE. — Salone.

et sa riche décoration! Les jours de marché, c'est un spectacle intéressant de s'y rendre et de voir la piété des gens de la campagne agenouillés devant l'autel du saint, implorant le grand patron de la ville. On dit que saint Antoine de Padoue a la vertu de vous faire retrouver les objets perdus; je pense qu'il lui est adressé bien d'autres requêtes par cette foule qui se renouvelle sans cesse et qu'il est si curieux de voir prier la main toujours appuyée sur l'autel qui renferme le corps du saint en qui ils ont tant de confiance.

Un jour, un dimanche, j'entrais au Santo au moment de la grand'messe. Une foule énorme était rassemblée dans la nef principale, dans les bas côtés, entrant et sortant sans bruit en soulevant l'épais rideau qui ferme les portes. Tout le monde était debout ou à genoux, car on ne voit jamais de chaises dans le milieu des églises italiennes, écoutant les chants religieux. Une sorte de bedeau qui nous avait vus entrer découvrit cependant une mauvaise chaise de paille qu'il nous apporta en sollicitant une « bonne main »; il croyait sans doute que nous venions comme au concert, pour entendre la musique, fort belle du reste, exécutée par l'orchestre de la maîtrise. Je refusai, j'avançai jusqu'au milieu de la nef, me laissant prendre, il faut bien le dire, par le spectacle que j'avais sous les yeux. La foule bizarrement groupée dans l'église était à elle seule curieuse à examiner; puis, tandis qu'à l'autel étincelant de lumières les prêtres officiaient, les chantres faisaient entendre les mélodies sacrées. Hélas! non, ce n'étaient pas des mélodies sacrées, mais des airs d'opéra joués par un véritable orchestre placé dans la galerie qui contourne le chœur. Tous les artistes, violons et violoncelles, bassons et hautbois, étaient revêtus de surplis blancs ainsi que le chef d'orchestre qui, du bout de la galerie à droite, battait la mesure au-dessus de tous ces fidèles agenouillés et conduisait son orchestre sans penser certainement à la cérémonie sainte qui s'accomplissait. Rien n'était étrange comme de les voir manier ainsi leurs instruments, faisant à chaque mouvement remuer leurs surplis aux larges ailes. Le chef d'orchestre, la figure ornée d'une superbe barbe noire, était le plus agité de tous. Comment ne se fût-on pas laissé aller à suivre ce spectacle fait pour les yeux? Non seulement j'en étais frappé, moi que nos cérémonies religieuses n'ont pas habitué à cette sorte de pompe théâtrale, mais les braves paysans assemblés dans l'église regardaient aussi de tous leurs yeux, écoutaient de toutes leurs oreilles sans paraître aucunement choqués, du reste, de ce mélange de religieux et de profane; ils n'en oubliaient pas pour cela d'aller saluer, avant de se retirer, l'autel de Saint-Antoine, et nombre d'entre eux achetaient quelque chapelet bénit, quelque pseudo-relique aux marchands assemblés devant le porche et qui poursuivaient chaque passant de leurs offres sans vergogne.

Chaque pays n'a-t-il pas ainsi ses mœurs, ses coutumes? L'étranger remarque naturellement ce qu'il appelle leur étrangeté sans songer à la surprise que doivent également causer ses habitudes. Que dirions-nous ici si nous voyions un enterrement défiler dans nos rues, comme celui que je regardais un jour se déployant sur le Prato della Valle? Non seulement il avait son escorte obligée de pénitents noirs et blancs, la tête recouverte de la cagoule, mais une bande de musique faisait partie du cortège et précédait les bannières en jouant des airs qui ne ressemblaient en rien à des airs funèbres. Le clergé psalmodiait, la musique jouait et la longue file des assistants suivait, tandis que les bannières de plusieurs sociétés flottaient au vent. C'était très beau comme coup d'œil, mais en réalité la cérémonie n'avait rien de triste, ni de religieux, et sur cette vaste place éclairée par le soleil, ce cortège funèbre avait un air de pompe qui faisait songer à une toute autre cérémonie. Une autre fois, il est vrai, j'ai vu un enterrement plus modeste, un court cortège passer dans une des vieilles rues bordées d'arcades, et là j'ai eu le cœur saisi par ce spectacle presque lugubre. C'est que le décor et l'action s'harmonisaient complètement, et à voir ces cagoules sinistres emportant sur leurs épaules cette bière recouverte d'un drap noir à travers la rue étroite en longeant ces massifs portiques, je revenais à cette pensée d'un immense couvent et je voyais dans le cadavre quelque moine arraché par la mort de sa cellule et porté par ses compagnons à sa demeure dernière.

J'ai vu aussi, au Prato della Valle, d'autres spectacles plus riants, car c'est le lieu des grandes réjouissances publiques, des fêtes qui ont lieu notamment pendant la foire annuelle du Santo, au mois de juin. L'emplacement est superbe, du reste.

Cette place énorme, dont la superficie dépasse, je crois, huit hectares, est une ancienne prairie transformée depuis un temps très reculé en place publique. Sous les Romains, on dit qu'il y avait au centre un vaste théâtre; maintenant tout l'espace du milieu est occupé par un énorme bosquet d'arbres magnifiques, ayant comme enceinte un large fossé dont les deux rives de marbre servent de support à des statues qui représentent les hommes les plus célèbres de la ville, ou les étrangers qui ont contribué à son illustration. Si les statues ne méritent aucune attention, tant elles sont d'une exécution insuffisante, l'idée n'en était pas moins heureuse, et, au point de vue décoratif, l'effet est excellent. La place, garnie de maisons sur presque tous ses côtés, a la forme elliptique, ce qui lui donne l'aspect d'un vaste cirque ; c'est dans un des angles que s'élève la belle église de Santa-Giustinia, qui en est le plus beau morceau décoratif. La partie du Prato livrée au passage a, de la sorte, l'aspect absolu d'une large piste de champ de course tournant autour du bosquet central, et là, en effet, ont lieu chaque année des courses, non pas les courses ordinaires d'un jockey galopant sur un cheval; à Padoue, on prise trop les souvenirs antiques pour ne pas chercher ses modèles dans les anciens temps. Les courses les plus fréquentes et les plus appréciées sont celles de chars romains (*bighe*), quelquefois aussi, mais plus rarement, de chars à quatre roues (*biraccini*). J'y ai vu aussi, spectacle beaucoup moins plaisant, des luttes de bossus, qui n'ont comme excuse que l'ancienneté de la coutume. Les spectateurs, les jours de courses de chars, se massent au pied des maisons dont toutes les fenêtres, décorées de draperies, sont occupées par la société élégante, tandis que les autorités, les fonctionnaires prennent place dans la Loggia, bâtie en marbre rouge et jaune, au centre d'un des côtés de la place, dans le style des monuments municipaux du XIVe siècle, dont elle est une assez médiocre imitation. En 1865, on a placé, sous deux arcades de la Loggia, deux statues de Vela, le Dante et Giotto, réunissant ainsi ces deux génies qui, pendant tant d'années, vécurent côte à côte à Padoue.

Après une journée de fête comme celle-là, on ne peut autrement faire que d'aller prendre une glace à Pedrocchi. Le tramway, car il y a un tramway dans l'intérieur de la ville depuis quelques années, y conduit rapidement et je réparerai, en en disant quelques mots, une faute impardonnable, car j'ai parlé des lieux célèbres de Padoue et je crois n'avoir pas encore prononcé le nom de Pedrocchi.

Je le dis, du reste, sans aucune moquerie, car c'est un café magnifique, un lieu de réunion très suivi, et où les glaces sont excellentes. Ici nous payons un sorbet 75 centimes ou 1 franc; à Pedrocchi, où il est meilleur, on le paye 30 centimes. N'est-ce pas tout profit? Pedrocchi, car on dit Pedrocchi tout court, comme Florian à Venise, a presque une histoire. Cette construction monumentale, à colonnes de marbre, située en face de l'Université, et maintenant près de la poste dont les bâtiments ont été transférés via Pedrocchi, a été élevée en 1831. Les salles sont immenses, garnies, elles aussi, de colonnes, et sur les murs sont peintes de grandes cartes géographiques, représentant toutes les parties du monde. C'est là une décoration au moins originale. Dans une des salles on montre la trace de balles qui sont venues s'incruster dans une des contrées d'Europe ou d'Asie, je ne sais trop, lors des luttes qui éclatèrent en 1848. Dans ces salles du rez-de-chaussée, il y a foule avant le dîner, foule encore le soir; on vient, comme but de promenade, déguster une glace sur la terrasse ou à l'intérieur, selon que le commande la saison. Au premier, diverses salles sont occupées par le cercle, le Casino Pedrocchi, d'autres encore servent à donner des fêtes et des grands bals. Il semble que si on enlevait Pedrocchi, quelque chose manquerait à Padoue.

Presque en face du café, de l'autre côté d'une sorte de petite place qui met les bâtiments en retrait de la rue, est le théâtre Garibaldi, non le plus brillant ni le plus élégant de Padoue, mais celui qui a les représentations les plus fréquentes et où l'on va sans faire de toilette, au sortir du dîner si l'envie vous en prend soudain. On y joue surtout la comédie, et les traductions de pièces françaises y sont en grand honneur.

XI. — LES ENVIRONS DE PADOUE. — STRA, CATTAJO, ABANO, ARQUA.

Le pays situé autour de Padoue offre de jolies promenades dans un pays malheureusement trop plat et trop exposé l'été aux rayons du soleil, et surtout du côté des monts Euganéens, dont la ligne de collines bleuâtres coupe le ciel vers le sud, il y a d'intéressantes promenades à faire, de jolis points de vue à visiter. De l'autre côté, tout le pays entre Padoue et les lagunes, les rives de la Brenta jusqu'à Fusina, sont égayés par des villas nombreuses, par des villages importants.

Sur les rives de cette rivière, assez dangereuse lors de ses crues subites, dont les bords en mai et en juin sont garnis de fleurs de toutes sortes, les Vénitiens avaient bâti des maisons de plaisance où ils se réfugiaient l'été pour fuir la chaude température de la ville et s'arracher peut-être aussi à cette vie de représentation continuelle qu'ils étaient appelés à mener. Il n'est pas un village entre Padoue et la lagune qui n'ait quelque vieille habitation seigneuriale plus ou moins importante, ayant appartenu soit à un Vénitien, soit à un Padouan illustre de l'ancien temps.

Jadis c'était, en outre, la route la plus fréquentée pour se rendre de la terre ferme à Venise, la route postale suivie par tous les voyageurs venant de l'intérieur de l'Italie, qui traversaient successivement, à partir de Padoue les villages de Dolo et de la Mira, avant de prendre à Fusina la *Barca corriera,* ou la gondole particulière qui devait leur faire parcourir les cinq milles d'eau — à peu près une lieue un quart ou une lieue et demie — qui séparent Fusina de Venise. Comme l'écrivait lady Morgan, qui fit le voyage d'Italie de 1819 à 1820 : « C'est une délicieuse chose de rouler le long des rives de la Brenta, de Padoue à Fusina, pendant une belle et brillante matinée du dimanche. Pas un nuage sur le ciel, pas une image de tristesse, rien n'obscurcit le brillant paysage, rien ne refroidit la gaieté de l'esprit. Le canal à droite coule à travers une campagne aimable, riante et fertile où les champs de blé, les vignes déploient leurs trésors en dépit de tous les despotes de l'univers. A gauche, les élégantes villas de marbre, avec leurs façades palladiennes, leurs jalousies vertes, leurs parterres et leurs orangeries, semblent encore habitées par les Foscarini ou les Bembi des grands et libres jours de la République vénitienne... »

Ce tableau, si joliment tracé, est encore à peu près exact; mais il y manque l'animation que lui donnait le passage continuel des voitures, des barques, car on allait assez souvent directement en barque de Venise à Padoue, malgré la longueur du chemin. Seuls, des bateaux chargés de marchandises donnent encore une apparence de mouvement au canal. Le chemin de fer a naturellement enlevé à ces localités leur activité principale, et elles se trouvaient même si dépourvues de moyens rapides de communication il y a peu de temps encore, qu'on vient d'établir un tramway à vapeur, passant par Dolo et aboutissant à Fusina, où il correspond avec un bateau à vapeur faisant la traversée de la lagune. C'est donc l'ancien voyage qui est redevenu facile à faire, et cela sans perte de temps, le trajet pouvant s'accomplir en tramway et en bateau aussi vite qu'en chemin de fer.

Fusina a dû se réjouir particulièrement de ce nouveau service de voyageurs, mais il est peu probable cependant qu'elle retrouve même une faible partie de l'importance qu'elle eut jadis et surtout qu'elle assiste de nouveau à des pompes, à des fêtes comme celles qui eurent lieu quand Henri II vint s'y embarquer en quittant

PADOUE. — Prato della Valle et église Sainte-Justine.

Venise. C'était un village considérable où étaient entretenus avec soin les puits dans lesquels se puisait l'eau qui servait à l'alimentation de Venise, et les lourdes barques, spécialement aménagées à cet effet, y venaient charger chaque jour cette eau qu'on allait ensuite déverser dans les citernes de la ville. La provision d'eau qui s'y puise est maintenant beaucoup moins importante, et le fameux *Carro*, la machine qui, à force de cordes et de poulies, faisait franchir aux barques la barre qui fermait l'embouchure de la rivière, n'existe plus depuis longtemps. A partir de Dolo, la Brenta, en effet, n'est plus qu'un cours d'eau extrêmement réduit, car on sait que, dès le XVe siècle, on détourna son cours, on construisit le canal qui conduit ses eaux jusqu'à Chioggia, à l'extrémité de la lagune. On voulut échapper ainsi au danger des ensablements qui se produisaient. Les terres, chassées plus en avant chaque jour par les crues de la Brenta, comblaient peu à peu la lagune et il fût arrivé un moment où toutes les passes fussent devenues un vaste marais. C'est un peu du reste ce qui est arrivé à Fusina même, depuis que la vie s'en est retirée, et que, la population ayant diminué, l'entretien des bords du fleuve a cessé. Il n'y avait plus, il y a quatre ans à peine, qu'une misérable auberge à côté du bâtiment de la douane; c'était tout ce qu'il restait de l'ancien village, mais on ne pouvait rien imaginer de joli comme cette sorte d'îlot de terre pris entre la mer et les marais et les canaux qui les traversent, avec sa végétation d'herbes et de fleurs toujours vertes, ses mares couvertes de roseaux, de nénuphars et de lis d'eau. C'était sauvage et gracieux tout à la fois.

XII. — STRA.

Une des plus belles villas anciennes qu'il soit donné de voir, non seulement dans ce pays si riche cependant en belles habitations, mais dans d'autres régions plus éloignées, est la villa royale de Stra, sur les bords du canal de la Brenta. Je tiens à la décrire rapidement, — et je suis étonné qu'on n'en ait pas déjà écrit l'histoire, — parce qu'elle donne une juste et complète idée des demeures seigneuriales des temps passés, et parce que sa disposition intérieure peut servir de type, d'exemple, des habitations italiennes de cette époque.

Une route charmante à suivre y conduit depuis Padoue. Presque tout le long des trois lieues qu'il faut parcourir, une double rangée de hauts platanes jette sur la route une ombre fraîche et douce. Le paysage est vert, riant, un peu borné par les arbres qui entourent chaque champ de maïs ou de blé. La vigne grimpe aux troncs, s'enlace aux branches, gagne de l'une à l'autre en ployant ses longues tiges flexibles comme un hamac que balance le vent. De-ci de-là, on aperçoit quelque toit de métairie, le pan de mur rose ou jaune de quelque maison de campagne. Sous le grand soleil, avec cet encadrement de verdure presque sombre, ce badigeon aux tons criards n'a rien de choquant pour l'œil qui s'habitue rapidement à ces oppositions de couleurs.

On traverse le village de Ponte di Brenta, puis la Brenta elle-même, le fleuve aux eaux limoneuses, aux crues dangereuses. Bientôt, après être entré dans la province de Venise, on arrive aux premières maisons de Stra, commune importante, dont la partie principale se trouve de l'autre côté du canal.

Les premières maisons du village dépassées, on contourne le mur d'un parc dont on voit de loin les hautes futaies, on jette un coup d'œil sur une immense porte en fer forgé, bizarrement accompagnée de chaque côté d'une forte colonne en pierres, autour de laquelle s'élève en spirale un léger escalier de fer conduisant à une plate-forme minuscule; quelques pas encore et, brusquement, apparaît la large et imposante façade du palais de Stra. Ce monument grandiose, actuellement villa royale, a été construit, il y a plus de deux cent cinquante ans, par un Pisani, doge de Venise, dont la statue décore toujours le fronton du côté du parc.

En quelques mots, voici l'histoire de ce palais. Vers le milieu du XVIIIe siècle, — de 1735 à 1740, selon toutes les probabilités, — les deux frères Almoro et Alvise Pisani, fils du patricien de Venise François Pisani, conçurent le dessein de remplacer par un palais magnifique la simple maison de campagne qu'ils possédaient à Stra. Ils s'adressèrent à l'architecte Francesco-Maria Preti, dont les plans furent acceptés sans modifications importantes, et qui, rapidement, se mit à l'œuvre commandée. Les gros travaux furent terminés en 1735. Alvise Pisani, qui avait été ambassadeur en France, où Louis XIV fut parrain de son fils Almoro III, ayant été élu doge cette année même, en 1735, ne put veiller à l'achèvement complet du palais que ses neveux embellirent et agrandirent, notamment par l'adjonction des serres et des écuries. Ces nouveaux bâtiments furent élevés sur les plans de l'architecte padouan, Girolamo Prigimelica. Le 8 juin 1807, le palais de Stra fut vendu, pour la somme de 973,048 livres italiennes, à l'empereur Napoléon Ier, qui en fit don à Eugène de Beauharnais, alors vice-roi d'Italie. Stra prit alors le nom de villa Eugenia. Après la chute de l'empereur, celle-ci devint, par héritage, propriété de la maison d'Autriche, qui l'entretint avec soin.

Elle fut successivement et fréquemment habitée par le roi François Ier, par

PADOUE. — Casa Valmarana.

l'archiduc Régnier et par l'impératrice Marie-Anne, femme de Ferdinand Ier, pour laquelle elle fut un séjour de prédilection. Lorsque la Vénétie fut réunie à l'Italie,

Victor-Emmanuel se rendit souvent, en 1866, de Padoue à Stra, où il habita même quelque temps.

A l'époque actuelle, Stra ne peut plus guère être compté que comme monument historique, monument d'un entretien fort coûteux et dont le gouvernement a cherché à se défaire à plusieurs reprises sans trouver un acquéreur, tenu par une clause du contrat de vente à conserver dans son intégrité cet immense palais que la présence seule de plusieurs familles pourrait réussir à animer. Et combien demandait-on pour cette magnifique propriété? Deux cent mille francs, dont on eût pu se couvrir à un moment par la vente seule des meubles précieux que renfermait le palais et qui ont été enlevés depuis et transportés en partie à Monza. La mise à prix a été baissée plusieurs fois et Stra appartient toujours à l'État.

Le palais de Stra a été construit, comme nous l'avons dit, vers 1735. Cette date qu'indique Fontana dans cette phrase : « I Pisani di San Stefano edificavano dal 1735 al 1740 la magione cospicua in questa villa di Stra », paraît la plus certaine. Ses magnifiques bâtiments, la belle ordonnance de sa décoration intérieure et extérieure, l'ampleur de ses constructions en firent, à l'époque, un objet d'admiration générale et il en fut assez longuement parlé dans les mémoires du temps. C'est bien au palais de Stra que semblent s'appliquer les vers suivants de Gasparo Grozzi, datés de 1775 :

> Che Giova ad innalzar palagio eccelso
> Apprestar di modello elette forme
> Foudamenti gittar, chiamar da lunge
> Ingegni e destre d'architetti i fabbri,
> Dispendio immenso, se frattato siede,
> Sott' altro tetto dormigliose, o al gioca
> Da lontano il signor? Tu vedi allora
> Dall' inerzia di lui, dal proprio sonno
> Gravati gli operai : cresce l'albergo
> Lento qual quercia, si che a passa un giorno
> Dara ricetto a' piu tardi Nipoti.

Il est vrai qu'on a également vu dans ces vers, qui font partie d'un « sermone sulla Prudenza, dedicato al nobili uomo Pietro Vittore Pisani, neo procuratore, l'anno 1775 », une allusion au palais de San Stefano commencé à Venise au XVIe siècle, et qui fut terminé au siècle suivant par Frigimelica. Quoi qu'il en soit, ils répondent assez bien, l'emphase du style mise à part, à l'importance de Stra.

La façade du palais comprend cinq parties, soit un grand pavillon central à trois étages, surmonté d'un fronton triangulaire accoté de deux bâtiments à deux étages qui se terminent par deux pavillons symétriques, également à fronton triangulaire, formant les extrémités du palais. L'architecture générale est d'ordre composite; le corps principal du palais, par exemple, est de deux ordres. Le rez-de-chaussée ainsi que celui des deux parties attenantes est de style rustique. Huit grandes colonnes rondes à base attique et à chapiteaux corinthiens, d'une hauteur de deux étages, soutiennent l'entablement orné de festons de fleurs et de fruits, au-dessus duquel s'élève le fronton. De chaque côté de la porte d'entrée, sous la colonnade, deux grandes cariatides supportent le balcon du premier étage et les autres panneaux sont remplis par des trophées. Les parties de droite et de gauche ont huit pilastres à base attique et à chapiteaux ioniques; les pavillons des extrémités ont également sur leurs façades quatre pilastres semblables, mais qui descendent jusqu'au rez-de-chaussée. Aux sommets et aux angles de chaque fronton se dressent des figures allégoriques soutenues par des acrotères, et d'autres statues et des vases garnissent l'attique des bâtiments intermédiaires. Les hautes fenêtres qui s'ouvrent sur la façade sont alternativement surmontées d'un fronton triangulaire ou circulaire.

Cet ensemble grandiose est un spécimen très exact de l'architecture vénitienne du

STRA. — Le Palais.

XVIIIe siècle, architecture décadente, mais encore puissante. Ici le manque d'unité est habilement corrigé par la sobriété des lignes générales. Le défaut le plus saillant est la lourdeur des entablements supérieurs.

L'intérieur du palais répond par ses vastes dimensions à l'aspect extérieur. On entre dans un large vestibule se prolongeant jusqu'à l'autre façade du château, en passant sous l'immense salle qui occupe tout le centre des constructions. Vingt colonnes massives supportent cette partie du bâtiment et laissent passer entre elles la lumière qui vient des deux cours intérieures sur lesquelles prend jour la salle elle-même. Dans ces cours, on a peint en camaïeu, dans des niches simulées, des personnages de l'histoire romaine, Romulus, Numa Pompilius, Vitellius, Galba, Sylla, etc. Je signale seulement ces fresques qui méritent à peine cette mention.

On monte un bel et large escalier, on arrive à l'immense salle que je disais occuper tout le centre du palais et que ferment à ses deux extrémités de magnifiques grilles en cuivre repoussé. C'est la salle d'apparat, salle de bal ou simplement de réception que l'on retrouve dans toutes les habitations italiennes de cette époque. Mais ici elle est conçue dans les plus vastes et on doit dire dans les plus nobles proportions, sa décoration seule en gâte l'effet par les nombreuses fautes de goût qui s'y remarquent. Elle a trente mètres de long sur vingt de large et s'élève comme un dôme énorme. Tout autour, à la hauteur du second étage, court une galerie au balcon en bois sculpté et doré, due à deux sculpteurs padouans, Pietro Danieletti et Giuseppe Cesa, et au plafond, d'où pendent de merveilleux lustres en verre de Venise, Tiepolo, le grand artiste dont j'ai déjà rappelé les beaux travaux à Vicence, a peint en 1750 une magnifique apothéose à laquelle une intelligente restauration rendrait facilement tout son éclat.

Je reviendrai sur ces peintures, mais je veux indiquer d'abord la disposition des appartements qui comprennent, au premier étage seulement, 198 pièces se suivant en enfilade avec vue sur l'esplanade ou sur les jardins. Cette longue suite de chambres tendues les unes en perse ancienne, les autres en satin broché, les autres encore couvertes de fresques, sont desservies par une multitude d'escaliers intérieurs, de galeries et de couloirs qui sont éclairés par les cours où Romulus et Numa veillent depuis plus d'un siècle à la garde du palais. La longue promenade qu'on est obligé de faire à travers ces pièces est des plus intéressantes; elle l'était surtout, car, à l'époque où je les visitai pour la première fois, elles étaient encore garnies de tableaux et surtout de meubles merveilleux de style Louis XV et Louis XVI principalement, dont la plus grande partie a été transportée depuis lors, comme je l'ai dit, à Monza où ils décorent le château royal.

Après la nomenclature que j'ai faite des propriétaires successifs de ce beau palais, et encore n'ai-je pas noté tous ceux qu'on indique y avoir habité comme invités, notamment l'empereur de Russie, Alexandre Ier, le roi de Naples et le malheureux Maximilien, peu de temps avant son départ pour le Mexique; on pense bien que plusieurs chambres ont leur dénomination spéciale, mais ces souvenirs historiques, plus ou moins certains d'ailleurs, ne sont pas ce qui importe le plus. Ce qu'il faut considérer à Stra, c'est le bâtiment en lui-même et l'idée qu'il porte avec lui des dernières splendeurs de la grandeur vénitienne, une grandeur qui exagérait l'éclat extérieur, la pompe et le luxe, comme si elle eût voulu se dissimuler les germes de ruine qu'elle renfermait en elle-même. On sent, et c'est là l'impression que vous laisse Stra, la décadence sourdre dans cet étalage de puissance, de vanité et de richesse.

Des peintures qui garnissaient ces 198 pièces il n'en reste qu'un petit nombre et la plupart assez médiocres. Les meilleures ont été enlevées comme les meubles; mais il y a encore de belles choses à voir, ne fût-ce que cet admirable buste en bronze qui se trouve dans une pièce assez curieusement décorée de petites statuettes également en bronze placées tout autour de la pièce. Le buste est le portrait de la nourrice du Pisani qui fit élever le château, la tradition l'affirme du moins, et j'ai rarement vu quelque chose d'aussi beau que ce masque de vieille femme, de vieille paysanne, au petit chignon de cheveux serré derrière la tête, aux traits accentués, aux pommettes saillantes sous la peau flétrie par l'âge. C'est en vain que j'ai cherché le nom du sculpteur, et je le regrette, car, inconnu ou célèbre, c'est une œuvre qui lui fait honneur. Dans la chapelle est un autel en marbre dont le dessus, m'a-t-on dit, est de Sansovino ; il est simple et d'un beau modelé, mais on ne peut rien en dire de plus.

Il n'en est pas de même des peintures de Tiepolo, d'un grand effet, d'une ampleur merveilleuse, plus modérées peut-être que beaucoup de ses autres œuvres où il donnait parfois libre carrière à la fougue de son pinceau. Mais là encore cependant, il a peint une de ces compositions un peu compliquées où il aimait à faire entrer les personnages les plus divers, à rapprocher les sujets les plus opposés et à jeter dans un coin un effet d'une brutalité cherchée, comme s'il voulait que ces raccourcis exagérés et ces durs

PADOUE. — Il Bacchiglione.

effets d'ombre se retrouvassent toujours en guise de signature de son talent indompté. Je vais essayer de décrire cet immense plafond. Ce n'est pas chose facile, tant les personnages y sont accumulés.

Le personnage principal est une femme qui représente peut-être l'Italie, mais plus probablement Venise, la tête couverte d'une couronne crénelée, ayant en main un sceptre qui a la croix pour cimier. Elle s'avance vers les Pisani, assis sur des nuées, entourés des génies des arts et des sciences et de la paix portant un rameau d'olivier. Au-dessous d'eux, deux jeunes gens, la guitare en main, semblent chanter l'amour ; ils sont près d'une table servie sous laquelle a roulé un autre personnage entraîné par l'ivresse. Ils personnifient tous les trois le plaisir.

Ces différents groupes occupent une des extrémités du plafond. Vers le milieu, au haut du ciel, plane la Vierge, couronnée d'étoiles, ayant à ses pieds la Foi, l'Espérance, la Charité et la Patience, et, plus haut encore, la Renommée vole dans l'espace, soufflant dans sa trompette dont la sonnerie se fait entendre à toutes les parties du monde, groupées à l'autre partie du plafond et représentées : l'Europe par une jeune femme assise sur un taureau, l'Afrique par un crocodile, l'Amérique par un sauvage coiffé de plumes, l'Asie par des étoffes aux couleurs éclatantes. Au-dessous, vers la frise, un soldat européen va percer de son épée un sauvage armé d'une lance, et des symboles de guerre les entourent. Et alors, vers le centre, d'autres figures symboliques montrent les effets de cet ensemble de pensées : l'Abondance, résultat de la paix, des arts et des sciences; la Peste et la Famine, funestes produits de la guerre; la Honte et la Perdition, où conduisent les plaisirs immodérés. D'un côté, c'est donc la vertu récompensée; de l'autre, le mal terrassé. Telle est la morale que Tiepolo a voulu faire ressortir dans cette vaste composition conçue à la gloire des Pisani.

Il faut surtout admirer dans cet ensemble la science du groupement, la noblesse et la sincérité des attitudes, l'admirable sentiment décoratif qui a présidé à l'agencement général, et on reconnaîtra tout le mérite de cette belle composition, dans laquelle se dénotent les grandes qualités d'un maître dont on a peut-être trop vu les défauts, sans vouloir rendre assez justice au réel et puissant talent dont il a laissé tant de preuves dans ses œuvres innombrables. Le coloris de cette belle fresque est encore magnifique; les ciels ont seuls été dégradés par le temps, et encore le mal n'est-il pas si grand qu'on ne puisse le réparer aisément. — On ne m'en voudra pas de m'être autant étendu sur cette belle œuvre, qui, on peut le dire, est presque inconnue.

Derrière le palais s'étend un vaste jardin et un parc aux épais ombrages, — chose toujours rare en Italie. Des statues et des vases de marbre garnissent les parterres et les bosquets; tous les dieux et déesses de la mythologie païenne y sont représentés. Dans les charmilles de droite, un immense labyrinthe, terminé par un belvédère, contourne ses sentiers, entremêle ses voies enserrées entre des haies épaisses, et on se représente les Vénitiens du temps passé, les belles patriciennes quittant un moment leur gravité d'apparat pour se perdre dans ces chemins entrecroisés, en se cherchant, en s'appelant, aux éclats de rire et aux lazzis de ceux qui, plus adroits, avaient trouvé leur route. C'était là un des passe-temps favoris de nos pères, et il n'était pas un des vieux jardins de cette joyeuse époque du XVIIIe siècle où ne se trouvât un labyrinthe si favorable pour s'égarer et se retrouver au moment voulu.

De l'autre côté de la vaste pelouse qui déploie son tapis de verdure au bas du perron, et comme décor formant le fond, s'élèvent les écuries, un adorable bâtiment construit en arc de cercle, dont le centre est formé par une vaste rotonde au toit en forme de dôme. Des statues les décorent et les mêmes emblèmes se répètent à l'intérieur, où cinquante chevaux pouvaient tenir à l'aise devant leurs auges de marbre. Un peu plus loin, sur la droite, sont les serres où on enfermait, l'hiver, les lauriers et les orangers.

Ces vastes et belles dépendances complètent cette splendide demeure. Je l'ai visitée à plusieurs reprises, et la dernière fois avec l'aimable commandeur Barozzi, le directeur du musée Correr, qui, en sa qualité de directeur des monuments royaux dans la province de Venise, a la surveillance du palais de Stra. Je pus ainsi obtenir une grande partie de ces renseignements. En sortant, il me montra l'inscription qui venait d'être placée sur une plaque de marbre, près des grandes cariatides de l'entrée. Elle rappelle l'histoire entière du palais, et c'est à ce titre que je la transcris :

I. PISANI
PATRIZII VENETI
questa villa cressero
nei primi anni del secolo XVIII
FRANCESCO MARIA PRETI
GIROLAMO FRIGIMELICA
archittetti.

—

ACQUISTATA
nel M DCCC VII
da
NAPOLEONE PRIMO

ABITATA
DA SOVRANI E DA PRINCIPI
M DCCC XV — M DCCC LXV

—

VITTORIO EMMANUELE
vi dimorava
nel M DCCC LXVI

—

MONUMENTO NAZIONALE
M DCCC LXXXII

XIII. — CATTAJO. — ABANO. ARQUA.

De l'autre côté de Padoue, sur la route d'Este, est un château non moins intéressant, plus curieux peut-être à visiter, quoique ce soit chose moins facile, car le public n'y pénètre pas librement. Je veux parler de Cattajo, qui n'est guère connu que des baigneurs de Battaglia et d'Abano qui vont, en se promenant, regarder la masse imposante de ce vieux domaine datant de la féodalité italienne. Il fut construit au XV° siècle par un des membres de l'ancienne famille des Obizzi, une puissante famille vénitienne, on ne peut dire sur les plans, car il serait difficile de découvrir un plan dans cet assemblage de bâtiments et de terrasses, mais tout au moins sur les récits de Marco Polo lorsqu'il revint de son second voyage en Asie. C'est du moins la tradition qui raconte que le marquis Pio degli Obizzi, séduit par la description que lui fit Marco Polo d'un château nommé Cattaj, qu'il avait vu en Tartarie, voulut se donner le luxe d'un palais qui rappelât cette construction tartare. Il lui en donna même le nom et l'appela Cattajo. Que le récit soit vrai ou qu'il ait été imaginé par la suite, il est certain que l'architecture de Cattajo ne rappelle en rien celle des constructions italiennes, ni dans l'un ni dans l'autre des trois ou quatre châteaux réunis les uns aux autres, pas plus, du reste, qu'elle ne fait songer à ce que nous supposons être l'architecture tartare. Mais ces Obizzi semblent avoir toujours eu quelque originalité dans l'esprit; le marquis Pio le prouve, comme le prouva aussi le dernier rejeton de cette race illustre lorsqu'il légua, sans raison particulière, son beau domaine au dernier duc de Modène et d'Este, François V.

Dans le palais on montre aussi une dalle de marbre ensanglantée qui rappelle un sombre drame, car, ainsi que le rapporte l'inscription gravée sur ce marbre, une Lucrezia Obizzo y fut égorgée pour avoir résisté à son séducteur. Ce n'est pas, cependant, qu'on le croie bien, l'héroïque vertu de cette Lucrezia qui me fait parler d'originalité, et je vais raconter l'histoire de cette noble dame, inscrite dans tous les mémoires du temps, comme document des mœurs de ces époques lointaines. Un jour, en 1654, Lucrezia Dondi Orologio — une illustre famille padouane — quitta Venise en compagnie de son jeune fils et du plus intime ami de son mari Pio Enea degli Obizzi, celui-là même qui fit construire Cattajo; avant d'aller rejoindre ce dernier qui l'attendait à Finale, elle s'arrêta à Padoue, dans son palais aujourd'hui détruit, pour y passer la nuit. Attilio Pavanello, l'ami du mari, crut l'occasion excellente pour satisfaire une passion longtemps contenue et aucunement partagée, à ce qu'il semble, puisque Lucrezia se débattit et jeta des cris si perçants que ses gens accoururent; mais ils ne devaient plus trouver que le cadavre de leur maîtresse; Pavanello, ne pouvant vaincre sa résistance, l'avait tuée, pour éviter d'être dénoncé par sa victime.

Le lendemain, le meurtrier réussit à détourner les soupçons; mais, quelques mois après, il fut arrêté, enfermé à Venise dans les Plombs, soumis à la torture. Cependant il n'avoua pas son forfait et le Conseil des Dix, qui pourtant n'avait pas toujours autant de scrupules, se refusa à le condamner sans preuves absolues. Acquitté par les Dix, mis en liberté, il n'en restait pas moins, pour les Obizzi, le meurtrier de Lucrezia, et Ferdinand degli Obizzi, le fils même de Lucrezia, cinq ans après, en 1662, au premier voyage que Pavanello s'était risqué à faire à Padoue, l'attendit, avec quelques-uns de ses amis, à la sortie de l'église Saint-Antoine, où il avait été entendre la messe, et ils le tuèrent à coups d'arquebuse. Ferdinand, s'approchant ensuite du cadavre, lui trancha la tête.

Cattajo, dont Lucrezia — il y a des noms prédestinés — avait vu s'élever les constructions, est bâti à mi-côte du versant est des monts Euganéens, et plus de vingt terrasses superposées s'étagent sur le flanc de la montagne. Au milieu d'elles et à leur sommet s'élève la masse des châteaux, masse irrégulière, mais imposante par son ampleur, entourée d'un côté par de beaux jardins à la française, de l'autre par un parc magnifique qui s'étend dans la direction de Battaglia. Au pied même du château coule le canal de la Brenta, que longe sur l'autre bord la route d'Este, et pour pénétrer dans le domaine il faut franchir un large pont de pierre jeté sur le canal.

Dans la cour d'honneur est une fontaine monumentale. Un éléphant en bronze doré, entouré de tritons et de satyres, lance l'eau par sa trompe, par ses défenses, dans une immense vasque de marbre. On contourne la fontaine, on gravit un escalier à deux rampes qui conduit à la première terrasse et on gagne l'ancien château, dont les salles prin-

ARQUA. — Maison de Pétrarque.

cipales sont décorées de vingt et une fresques de Zelotti, — elles ont même été attribuées à Véronèse, — racontant les hauts faits des Obizzi. Dans deux galeries qui n'ont pas moins, chacune, de 70 mètres de long, sont exposées deux belles collections d'antiquités et d'objets d'art. Dans la salle des Chevaliers sont encore conservées des armes anciennes, épées, lances, coulevrines, et des armures magnifiques; mais les pièces principales de cette magnifique collection ont été transportées à Vienne par l'archiduc Ferdinand d'Autriche-Este, lorsqu'il hérita du château à la mort du duc de Modène, en 1875. Dans ce vieux château, auquel il avait fait ajouter de nouveaux corps de logis d'une distribution plus moderne, vécut pendant de longues années le duc François V, et ce fut là, à ce qu'il m'a été dit, qu'Henri de France vint lui demander s'il consentait à ce que sa fille devînt la comtesse de Chambord.

Nous repasserons tout à l'heure par Battaglia, en allant à Este; mais je voudrais auparavant indiquer, dans les environs de Padoue, les jolies excursions qu'offre tout le groupe des monts Euganéens, ce groupe volcanique qui s'élève isolé au milieu de la plaine dont il domine les riches cultures, les nombreux canaux, les routes magnifiques qui étendent leur réseau jusqu'à Venise d'une part, jusqu'à Mantoue de l'autre. De tous les côtés, dans la plaine et sur les coteaux de la montagne qui, dans certains endroits, se couvrent maintenant de vignes, apparaissent des villages et de belles villas. A Rua est une vieille église du XVIe siècle, un reste du vieux couvent des Camaldules, qui, à une époque, fut très célèbre, et si l'on monte jusqu'au sommet du mont Venda, on y trouve de belles ruines intéressantes. Un peu plus sur la droite, sur la route de Teolo, où naquit Tite-Live, assure-t-on, est Praglia, un ancien monastère fondé vers le milieu du XIe siècle, et dont les Bénédictins qui l'occupaient firent reconstruire l'église par Tullio Lombardo, en 1524. Le cloître mérite une visite, et la situation qu'il occupe au pied du mont est des plus agrestes. Lorsqu'on est à Praglia, il faut poursuivre sa route jusqu'à Teolo, continuer en montant jusqu'au delà du village, pour aller prendre un bain d'air et de lumière dans ses ruines du château de Pagano, si pittoresquement accroché à la Pendice, la roche qui forme la cime de cette haute colline. De ce lieu élevé on jouit de la vue la plus étendue et la plus belle qui se puisse souhaiter.

Dans le lointain, au delà de la plaine immense, les Alpes dressent leurs cimes neigeuses et, dans une autre direction, l'Adriatique brille au loin. Venise se détache sur la lagune, Padoue pointe vers le ciel ses dômes et ses tours; il y a dans cette étendue infinie une diversité de vues, un éclat de lumière, une succession de lignes qui font qu'on ne se lasse pas, abrité derrière les vieilles murailles, de laisser ses regards errer dans l'espace.

A l'autre extrémité des monts Euganéens, au pied du monte Ricco, est Arqua, le village où vécut, où mourut Pétrarque. C'est dans ce maigre village, aux maisons rares et sales, sur la croupe brûlée par le soleil de cette montagne, que le chantre de Laure passa les dernières années de sa vie. On montre, au haut du village, la maison qu'il habita et que la municipalité conserve dans son aspect primitif. C'est un bâtiment bien simple, avec son escalier extérieur; mais du premier étage on a une vue magnifique, et le poète aimait sans doute à rêver assis à cette fenêtre, d'où il embrassait toute la contrée jusqu'au delà de Monselice. La chaise et l'écritoire dont il est censé s'être servi ne sont pas dignes d'intéresser; il serait plus curieux de feuilleter le registre où s'inscrivent les visiteurs étrangers. Quel mélange de noms illustres et inconnus on pourrait y relever! Le tombeau de Pétrarque, que lui fit élever son gendre, Francesco da Brossano, est au pied de la montagne, au milieu d'une petite place, devant l'église. Il se compose d'un sarcophage en marbre rouge de Vérone, supporté par quatre courtes colonnes en marbre semblable, et porte une inscription à la mémoire de celui dont les ossements reposent depuis cinq siècles déjà dans cette tombe de pierre.

Toute cette région des monts Euganéens, en dehors de la beauté du pays et des sites variés qu'on y découvre, possède de nombreuses sources d'eaux thermales connues et utilisées depuis la plus haute antiquité. Les sources principales de ces eaux chaudes se trouvent à Abano et à Battaglia. La plus ancienne de ces deux stations thermales est Abano. On voit encore des restes de bains romains autour des sources, sur un petit

FERRARE. — Palais des Négociants.

monticule situé à quelque distance de l'établissement actuel où se donnent des bains d'eau et de boue chaudes. Les malades en traitement y sont assez nombreux et la promenade y étant agréable, les visiteurs s'y rendent assez fréquemment de Padoue ou des environs. On s'amuse à aller faire cuire des œufs en les jetant dans les bassins revêtus de briques où sortent, en bouillonnant, les eaux des sources, ce qui est un divertissement comme un autre, et on revient se promener sous les hautes futaies qui entourent l'établissement. A Battaglia, l'établissement dépend du petit, mais gracieux château de Santa Elena, qui appartient au comte Wimpfen et qui est situé sur la colline dominant le village. Une grotte naturelle dans le flanc de la colline, et où coulent plusieurs sources chaudes, sert de salle d'inhalation, et un parc bien ombragé procure aux baigneurs d'agréables promenades.

L'établissement est situé dans le village même de Battaglia, sur les bords du canal de la Brenta qui coupe en deux parties le village. La route qui conduit à Este longe le canal depuis Padoue, on en est à près de 18 kilomètres, et continue, en passant devant Cattajo, dont je parlais tout à l'heure, vers Monselice, un joli petit bourg bien situé sur un rocher assez escarpé, que domine encore une tour romaine, et où on voit des restes de vieilles fortifications qui furent élevées, à ce que raconte l'histoire, par Ezzelino, le tyran de Padoue. Il y avait fait construire en même temps un château, vaste édifice carré dont la plus grande partie existe encore. Mais le plus curieux à voir à Monselice, c'est la suite de six chapelles bâties au xviie siècle, sur la route qui menait à l'église élevée aux flancs de ce qu'on appelle le château neuf. La réunion de ces sept églises constitue, pour Monselice, une sorte de renommée; elles attirent un grand nombre de visiteurs par leur position pittoresque, on ne peut plus dire par leurs peintures, car les fresques de Palma le jeune, qui les décoraient jadis, sont tellement dégradées qu'il est impossible de les juger. Un haut et raide escalier conduit jusqu'au bois qui entoure la partie supérieure de la colline, et ceux que n'effraye pas cette dure ascension peuvent jouir, de cette hauteur, d'une vue magnifique.

La route continue vers Este, où conduit également le chemin de fer qui, venant de Padoue, passe par Abano, Battaglia, et se prolonge vers Rovigo. Mais j'avais préféré faire ce petit voyage en voiture, car, au lieu de me diriger sur Rovigo, je voulais gagner Mantoue en coupant à travers les longues plaines traversées par l'Adige, pour me rendre compte de la culture des rizières que je savais pouvoir examiner en détail.

Este, dont l'origine remonte à l'époque étrusque, est une ville petite, mais bien située au pied des monts Euganéens, à l'aspect un peu triste, un peu abandonné, avec un caractère ancien très bien conservé. Les rues principales, la grande place, sont bordées, comme à Padoue, de galeries d'un modèle également irrégulier. Une chose à signaler et qui avait d'ailleurs également attiré mon attention à Padoue, mais moins fréquemment, ce sont les étranges judas dissimulés dans une tête d'animal grossièrement sculptée, dont la gueule s'ouvre au centre de la voûte qui forme la galerie devant la porte d'entrée. Dès que le lourd marteau, placé sur la porte, signalait la venue d'un étranger, le judas s'ouvrait au-dessus de sa tête et le gardien de la maison pouvait, sans être deviné, reconnaître celui qui se présentait. Au besoin même, l'ouverture était assez grande pour qu'il fût possible de lancer à l'importun ou à l'ennemi, sans que celui-ci pût s'en défendre, un pot d'eau bouillante ou une balle de mousquet. Quant au château des ducs d'Este, celui qui fut reconstruit en 1243 par Ubertino Carrara, car le manoir féodal des premiers ducs avait été détruit à la prise d'Este par les Padouans en 1213, il n'en reste que quelques tours à mi-côte du mont sur lequel s'appuie la ville. De toutes les églises d'Este, la cathédrale, qui renferme de beaux autels de marbre, et Saint-Martin, avec sa tour penchée, sont à peu près les seules à visiter. Cependant il y a une assez curieuse *Vierge* de Cima da Conegliano à Santa-Maria delle Consolazioni.

D'Este, dont on laisse derrière soi la Porta Vecchia, que surmonte une tour massive, on gagne Montagnana, à travers un pays qui se fait de plus en plus plat. Les plaines s'agrandissent, les grandes cultures s'étendent; il semble cependant que la nature du terrain soit plus sablonneuse, moins riche que de l'autre côté d'Este. De loin on aperçoit la masse des maisons de Montagnana, mais on ne distingue pas nettement, avant d'y atteindre, la large ceinture de murailles de briques, qui fait l'originalité de ce gros bourg, de cette petite ville, on pourrait dire, car elle compte près de 10,000 habitants, dont un grand nombre ont la spécialité de se louer l'été en troupes, pour aller faire la récolte dans la plaine entre Legnago et Mantoue.

Ses fortifications, étonnamment conservées, sont flanquées de tours situées à une égale et courte distance l'une de l'autre, sur un glacis qui descend dans un large fossé et qui entoure la petite cité dans un circuit de deux kilomètres. La muraille a deux entrées principales qui à elles seules sont un objet de curiosité. On passe d'abord sous une tour épaisse, occupant un des bords du fossé et reliée par des arcades à la seconde tour, si large, si massive qu'elle forme presque à elle seule, sur l'autre bord, un grand corps de bâtiments; la voûte est basse, le chemin très sombre, tant la masse des constructions est large. L'origine de ces fortifications remonte à l'époque la plus reculée, et les vieilles chroniques citent, parmi les assauts qu'elles durent subir, une attaque formidable des Vénitiens en 1110; on reste stupéfait de voir combien elles se sont conservées intactes, sans aucune brèche, et on ne trouverait nulle part en Italie, et peut-être dans un autre pays, un monument aussi complet de l'art guerrier ancien. Lorsqu'on sort de la ville, lorsqu'on jette un dernier regard sur cette masse imposante de murailles, l'effet que vous produisent ces hauts murs rouges, ces tours et ces créneaux est tellement surprenant, qu'on se retourne plusieurs fois pour les contempler encore, et ce spectacle vous reste gravé dans l'esprit.

Dans la ville même, dont la rue principale est bordée d'arcades, il n'y a presque rien à voir, sauf, dans la cathédrale, une *Transfiguration* de Véronèse, assez abîmée et dont il ne faudrait pas certifier l'authenticité. Ce qui me frappa le plus, au passage, dans les rues de ce gros bourg, ce fut le grand commerce de chouettes qu'on y fait. Est-ce dans les vieilles murailles où elles font leur nid qu'on les attrape? Je ne sais. Mais sur toute la longueur de la grande rue, j'ai vu une quantité de ces malheureuses bêtes juchées sur de hauts bâtons fichés en terre devant les maisons, et, surpris d'une semblable exposition, je demandai ce qu'elle signifiait. On me répondit qu'on faisait un assez grand commerce de ces chouettes, qui servaient d'appeau pour la chasse aux petits oiseaux. On les attache dans les champs, et les moineaux de toute espèce se précipitent sur elles pour les tuer.

Après Montagnana, la route continue presque droite, dans un pays de plus en plus plat. Je ne vois guère à signaler, avant d'atteindre Legnago, que le vieux château de Bevilacqua, une antique construction de style vénitien, qui appartient encore à la famille de ce nom. Il est entouré de fossés que franchissent quatre ponts-levis. Les jardins sont surélevés d'un côté à la hauteur d'un premier étage et, dans la grande cour, est un puits en marbre rose garni de montants en fer forgé du plus joli travail. Legnago, que l'Adige partage en deux tronçons, est une des quatre places fortes que les Autrichiens avaient entourées, après 1814, de fortifications considérables, et elle formait avec Peschiera, Mantoue et Vérone, le fameux quadrilatère sur lequel s'appuyait la domination autrichienne en Italie. Le gouvernement royal italien, sans lui conserver la même importance, a maintenu cependant ses solides remparts que défend une garnison assez considérable. La partie la plus importante de la ville, qui comprend près de 15,000 habitants, est de l'autre côté de l'Adige, sur la rive droite, et, pour arriver au pont qui franchit le fleuve, on doit gravir la pente raide et élevée formée par les digues immenses entre lesquelles court le fleuve. Ces digues se prolongent bien loin au dehors de la ville et, malgré leur solidité, malgré la résistance qu'elles offrent aux eaux, les crues de l'Adige, comme celles de toutes ces rivières si rapprochées des pays montagneux, rendent souvent insuffisantes les mesures de précaution prises en vue de catastrophes trop fréquentes encore.

Le niveau des terres est très bas, je le répète, et il va s'abaissant toujours jusque vers Mantoue. A Legnago, on entre dans cette vaste région, jadis en grande partie marécageuse, mais qu'on a considérablement assainie, desséchée, en créant de larges canaux d'irrigation qui donnent aux eaux un conduit d'écoulement; mais tout en réglant, dans une certaine mesure, cet épuisement des eaux, on a dû utiliser cette disposition naturelle du sol pour des cultures spéciales. La principale est celle du riz dont on voit les champs immenses s'étendre à perte de vue dans toute cette région.

J'ai passé à plusieurs reprises quelques jours, à deux lieues environ de Legnago, dans une des propriétés les plus importantes de ce pays, et je vais transcrire les notes que j'ai recueillies à la Rosta et à la Bragadina, les deux fermes qui composent la terre dont je parle. Dans toute cette contrée, les fermes sont d'une superficie considérable, la Rosta et la Bragadina comportent près de 2,000 hectares d'un seul tenant ; il ne peut en être autrement, comme on va le voir, par suite de la nature du sol et à cause des cultures qui exigent des mises de fonds énormes. Les terres qui n'appartiennent pas aux grands propriétaires ne sont même pas la propriété des paysans, qui n'ont guère à eux que des lopins de champ ; elles forment les biens communaux, biens fort étendus aussi parfois et qui se cultivent par la corvée, ou qui, le plus souvent, se donnent en location.

L'aspect du pays est presque uniforme. La plaine est divisée comme un vaste échiquier par des canaux répartis entre des champs d'une étendue à peu près égale, auxquels aboutissent d'autres canaux plus étroits. L'eau qui s'y répand provient d'un canal plus important, placé à une des extrémités de la propriété. Les canaux dont j'ai parlé en premier ont une largeur suffisante pour donner passage à une barque chargée, car c'est en barque, comme je vais le dire, que se font la récolte du riz et tous les transports. A côté d'eux court généralement une digue qui sert de chemin et qui porte une double rangée d'arbres. Sans cette ligne de verdure, qui coupe l'horizon et délimite le vaste échiquier que je signalais, on aurait devant soi des plaines s'étendant à l'infini.

La culture principale est le riz qui pousse littéralement dans l'eau, puis le froment, le maïs et, depuis quelques années, le ricin. Pour éviter d'épuiser la terre, on alterne autant que possible les semences, et on ferme alors les canaux qui aboutissent à la partie de la plaine que l'on veut planter en froment ou en maïs, afin de chasser les eaux courantes sur un autre point. Mais il y a des champs où il est impossible de faire ces changements de culture, et on doit alors les laisser en herbages où viennent paître de grands troupeaux de beaux bœufs blancs, qui servent pour les charrois, et de chevaux dont on fait, surtout à la Rosta, un important élevage. La préparation de la terre n'est pas aisée dans de telles conditions ; lorsqu'on a réussi à dessécher le terrain, il faut le retourner avec de fortes charrues qu'on attelle de six ou huit bœufs ; dans les parties trop mouillées, on est obligé de remuer le sol avec de grandes bêches, en forme de fer de lance, emmanchées au bout d'un long bâton de frêne. Il y a nombre de rizières, surtout en avançant vers Mantoue, où le véritable labourage est impossible.

Une fois le riz semé, l'eau recouvre les terres jusqu'à l'époque de la récolte, dont les diverses phases sont véritablement pour les étrangers, pour les profanes, la partie intéressante de cette culture si particulière.

FERRARE. — Castelli dei Estenti.

Les eaux étant détournées depuis un temps assez long pour que le sol devienne plus solide, on embauche un nombre considérable d'ouvriers qui, la plupart du temps, les hommes du moins, viennent d'un pays voisin et se louent à forfait sous la direction du chef qui les a engagés et qui répond de leur travail. En dehors de leur gain, on ne leur fournit que le logement dans une partie de la ferme, et le feu.

Voyons-les à l'œuvre, et, si vous voulez les suivre dans leur travail, chaussez-vous de fortes bottes, armez-vous d'une perche solide qui vous permettra de franchir d'un bond les fossés d'irrigation, et prenez votre fusil, car vous aurez de nombreuses occasions d'abattre des oiseaux de riz, sortes de grosses perdrix qui courent dans les champs et ne se lèvent qu'au dernier moment, lorsque la faucille du moissonneur les touche presque. C'est une chasse fort amusante, un peu dangereuse, par exemple, pour les travailleurs, je devrais dire pour les travailleuses, car ce sont des femmes qui font la coupe des gerbes, les hommes résistant plus difficilement à cette pénible besogne qui les tient courbés en deux. Quatre-vingts ou cent femmes, réparties en escouades, sont rangées en ligne, la faucille en main, fauchant les épis dont elles font des bottelées. Les jambes nues, et des jambes solidement bâties, je vous assure, la jupe relevée au-dessus du genou ou attachée même entre les jambes, de façon à figurer un pantalon, elles travaillent sous la direction de riziers responsables de la récolte et qui sont intéressés à son rendu par une quote-part plus ou moins forte. Lorsque le champ est fauché, elles passent au suivant, et deux ou trois compagnies travaillent ainsi simultanément sur des points différents. Pendant ce temps les hommes ramassent les gerbes, en forment des bottes qu'ils jettent avec une longue fourche sur les barques qui sont venues par les grands canaux se ranger à l'extrémité des champs. Dix, quinze ou vingt barques reçoivent ainsi leur chargement et se dirigent ensuite vers la ferme, poussées par les bateliers. Du fond des champs on se rend compte du moment où elles arrivent à la ferme, en entendant le long mugissement plaintif tiré d'une corne de bœuf, par un des bateliers, pour prévenir les hommes occupés dans les bâtiments. Tout ce mouvement, les jupes de couleur des femmes, les chapeaux de paille dont elles se coiffent, les tons différents de la terre dépouillée de sa récolte ou des gerbes encore debout forment un fort joli tableau plein de couleur, de vie et de lumière.

La ferme où on a transporté les gerbes de riz mouillé est généralement établie dans de très grandes proportions. En Italie, les bâtiments d'exploitation sont d'ailleurs toujours très vastes; il semble qu'on aime ce déploiement de la pierre dont en France nous sommes peut-être un peu trop avares. En Italie, c'est l'excès contraire, et la plus petite ferme a un grand hangar ouvert sur le devant, et des greniers considérables. Dans une propriété de l'importance de la Rosta, les bâtiments ont forcément un grand développement, ils se déploient sur plus de 200 mètres d'étendue ; mais ce qui donne à ces grandes fermes leur caractère particulier, c'est l'aire immense qui s'étend en un énorme carré devant les bâtiments. Cette cour énorme est entièrement pavée en briques que l'on recouvre souvent d'une couche de goudron liquide. Elle est entourée à la Rosta, sur trois de ses côtés, par le large canal auquel aboutissent tous les canaux de la propriété. Les barques, que nous avons vues quitter les champs, abordent donc près des bâtiments, à l'endroit même où est installée la machine qui va, en séparant l'épi de la paille, faire subir au riz la première des dix opérations successives nécessaires pour le mettre en état d'être vendu. Une fois séparé de la paille, le riz devra passer ensuite par une succession de rouleaux qui épointent le grain et le rejettent dans des ventilateurs qui le nettoient. On s'occupe ensuite de le sécher, et là apparaît la nécessité de la vaste cour que j'ai signalée, car c'est sur cette aire si étendue qu'on répand le riz de façon à éviter le plus possible qu'il forme plusieurs couches. Là il sèche au soleil, rassemblé vers le soir ou si la pluie menace, à l'aide d'énormes râteaux de bois que traînent des chevaux ou des ânes, et ce n'est qu'après un séchage complet qu'on le porte au moulin. Aucune des machines inventées pour obtenir un séchage artificiel n'a pu encore donner un résultat aussi bon.

Au moulin, le riz passe successivement par une machine à décortiquer, par un ventilateur, par une autre machine qui fait le triage des mauvais grains. Il tombe enfin dans des mortiers, rangés tout autour d'une pièce énorme, et de lourds pilons d'acier en forme de cône arrondi, retombant en cadence pendant de longues heures sur le grain, lui enlèvent sa pelure, l'usent pour ainsi dire sans le briser. Rien n'est étrange comme l'aspect de cette salle, et je ne trouve, pour la dépeindre, d'autre comparaison et encore bien approximative, que celle d'un intérieur de piano où on voit manœuvrer irrégulièrement les marteaux qui frappent sur les cordes, lorsqu'on a enlevé le devant de la boîte. Le riz, ainsi travaillé, acquiert plus ou moins de blancheur et de transparence, selon le temps plus ou moins long pendant lequel on le laisse dans les mortiers. Enfin une autre machine lui fait subir un dernier nettoyage et il descend ensuite par des conduits spéciaux dans le magasin où il est gardé jusqu'à la mise en sac, c'est-à-dire jusqu'à la vente. Dans ces opérations successives il a perdu de 35 à 40 pour 100 de sa valeur; je n'ai pas besoin de faire remarquer combien ce déchet est considérable.

Cette énumération, que j'ai faite aussi succincte que possible, des diverses phases de la culture du riz n'explique que très insuffisamment le travail considérable nécessaire. J'ai trouvé cependant intéressant d'entrer dans ces détails même réduits et que ne soupçonnent guère ceux qui emploient ce petit grain blanc, si précieux pour l'alimentation. La Rosta m'offrait un champ d'étude des meilleurs pour suivre les diverses péripéties de cette récolte intéressante ; c'est, en effet, une des principales propriétés rizières, et une des mieux agencées de la région, mais l'organisation plus ou moins parfaite des fermes ne change rien aux opérations nécessaires à cette culture, que modifie surtout la nature du terrain.

En voyant ces belles moissons, ces magnifiques troupeaux pâturant dans les prés, en constatant l'entretien parfait de ces terres grasses et riches, il semble que le rapport d'un travail si beau en son apparence doive apporter la richesse aux ouvriers du sol aussi bien qu'aux grands propriétaires terriens. Il n'en est malheureusement, ni pour les uns, ni pour les autres. Le rendement moyen, par hectare, est à peu près de 400 francs, et les frais de culture de 200 francs dont plus de 100 francs pour les seuls frais d'irrigation. Les propriétaires ne trouvent pas dans leurs terres un revenu suffisant pour couvrir les dépenses auxquelles ils sont tenus. Parmi les ouvriers, les hommes gagnent à la journée dans les champs une moyenne de 1 fr. 25 et les femmes 0 fr. 70 ou 0 fr. 80; elles arrivent à gagner 1 franc ou 1 fr. 10 à l'époque de la récolte, en revenant le soir éplucher les maïs. A les voir et à les entendre, on ne se douterait guère qu'elles ont dû retourner, pour la plupart, jusqu'au village, afin de préparer la polenta dont se nourrit le ménage. Assises en rond, devant un tas énorme d'épis de maïs, elles chantent des chœurs sur un rythme presque toujours le même mais assez original. C'est une sorte de mélopée conduite par le soprano de la bande qui pousse les notes à l'aigu, de toute la force de ses poumons, pour se distinguer toujours du chœur ; sans doute pour elle il y a là un point d'honneur. C'est un peu bien criard, entendu de près; mais, à une certaine distance, la justesse des voix, le sentiment de la mesure donnent à ces chœurs rustiques un charme étrange indéniable. Lorsque la lune tape claire et brillante sur cette vaste cour où résonnent ces chants pleins d'originalité, on se laisse volontiers prendre à cet ensemble d'une véritable puissance.

De Legnago, on peut revenir sur la gauche, par le chemin de fer, vers Rovigo et Adria ou continuer droit devant soi à travers la plaine, vers Mantoue, en attendant que l'embranchement du chemin de fer projeté facilite le voyage. J'ai suivi les deux routes, et sans donner de longs détails sur la plaine qui s'étend jusqu'à l'Adriatique, je tiens à en dire au moins quelques mots avant de parler de Mantoue, d'où je compte revenir à Bologne, en passant par Modène.

Rovigo n'offre au visiteur que bien peu de choses à examiner. L'aspect de la ville est seulement frais et coquet; on sent à voir ses maisons blanches et ses rues propres que le pays est riche, et que la ville même doit être un centre où afflue, à certains moments, toute la production du pays. Cela est vrai, car la foire de Rovigo est une des plus importantes de toute la région.

Quant à Adria, elle est véritablement sans importance, quoiqu'elle compte encore plus de 10,000 habitants, et le chemin de fer qui doit la joindre à Chioggia, où l'on pourra ainsi se rendre directement de Bologne, en passant par Ferrare et Rovigo, ne parviendra pas à lui donner un développement auquel s'oppose la nature marécageuse du pays qui l'entoure.

Quand on pense que l'ancienne cité étrusque d'Adria, dont la ville actuelle occupe l'emplacement, était sur les bords de la mer et formait un port assez considérable pour avoir donné son nom à la nappe d'eau qui baignait ses murailles, la mer Adriatique ! Et maintenant elle se trouve à plus de vingt kilomètres de la mer que l'ensablement continu du delta du Pô rejette de plus en plus loin.

Mais si les villes sont peu intéressantes, par contre, l'aspect du pays devient des plus curieux. Au fur et à mesure qu'on approche de la mer, on ne marche plus que sur des digues ; toutes les routes sont sur des chaussées qui dominent la plaine comprise entre l'Adige et le Pô, et tous les villages sont de même bâtis aussi haut que possible au-dessus du niveau général du sol. Loin de s'atténuer, cette situation dangereuse ne peut que s'aggraver par suite de l'exhaussement continu des grands fleuves, exhaussement qui nécessite un relèvement toujours nouveau des digues qui les enserrent. J'ai dit la hauteur des rives de l'Adige à Legnago ; elles continuent toujours aussi hautes dans la campagne, laissant tout le pays en contre-bas, et on est même obligé de construire les canaux plus haut que la plaine.

La quantité énorme de sable et de limon que charrient les fleuves rend des plus rapides sur l'Adriatique l'empiétement du rivage. J'ai déjà dit combien les lacs supérieurs avaient vu diminuer depuis des siècles leur superficie ; mais les dépôts que laissent dans leur profondeur les fleuves qui les traversent sont renouvelés dans leur parcours par les sables que les rivières tributaires jettent dans leurs eaux. L'Italie septentrionale porte presque toutes ses eaux à l'Adriatique ; les cours d'eau qui descendent des Apennins, les fleuves et les torrents qui descendent des Alpes ont un trajet assez restreint et ne peuvent donc pas perdre en route une quantité suffisante des terres qu'ils charrient, et cela d'autant moins que la façon torrentueuse dont ils les transportent les roule jusqu'à leur extrémité. Dans le fond du golfe Adriatique, c'est le

Tagliamento qui déverse ses eaux chargées de sable. Le Bacchiglione, la Brenta, la Piave tombent dans les lagunes; enfin au-dessous débouche, pour ainsi dire sur un même point de la côte, l'Adige, qui prend sa source dans les montagnes du Tyrol, et le Pô dans lequel se déversent, dans son cours de 160 lieues, à droite, le Tanaro, gonflé de la Stura et de la Bormida, la Trebbia, le Taro, la Parma, la Secchia, le Reno; à gauche, le Chlusone, la Doria Riparia et la Dora Baltea, la Sesia, le Tessin, qui, après avoir traversé le lac Majeur, se jette à Pavie dant le Pô, l'Olona, le Lambro, l'Adda qui

FERRARE. — Escalier du palais municipal.

traverse le lac de Côme, l'Ogio, le Mincio qui sort du lac de Garde et tombe dans le Pô, un peu après avoir dépassé Mantoue.

L'énorme masse d'eau du Pô se déverse dans l'Adriatique, par ce qu'on a appelé le delta du Pô, en se divisant en vingt petits fleuves qui se sont ouvert un chemin dans ces terrains marécageux. Sa bouche principale sort à la Punta di Maestra. L'Adige aboutit elle-même, on peut presque dire dans ce delta, quelques lieues plus haut. Qu'on joigne à cela une quantité considérable de canaux dont un grand nombre débouchent directement dans le delta et on se rendra compte de la sorte de nappe d'eau qui tombe dans la mer, sur cet espace de quelques lieues; on comprendra aussi quel effrayant amoncellement de terre, de sable, de vase, doit en résulter. C'est ce qu'indique très nettement, maintenant, la configuration géographique du pays. Or ce transport des terres à la mer devient chaque jour plus considérable par la raison suivante. Les digues élevées depuis des siècles pour sauvegarder des inondations les plaines basses traversées par ces divers fleuves ont produit ce double résultat d'accroître la vitesse des cours d'eau et de rendre ainsi plus considérable la masse de terre qu'ils entraînent jusqu'au bout de leurs cours, et de déposer dans le lit seul du fleuve des limons qu'ils auraient dû répandre sur la plaine. Ce limon, exhaussant le niveau des fleuves, nécessite un exhaussement des digues et cela d'une façon incessante sans qu'on puisse découvrir le moyen de remédier à un état de choses des plus dangereux, par suite duquel les fleuves s'élèvent chaque jour davantage au-dessus des plaines, les dominent, dominent même les villages et les villes qui y sont construites, — la surface du Pô n'est-elle pas plus haute que le toit des maisons de Ferrare, — et on songe avec terreur à l'effroyable désastre qui suivrait la rupture générale des digues dans cette contrée.

Il ne faut donc pas s'étonner qu'Adria, jadis sur la mer, en soit maintenant à vingt kilomètres, que toute cette côte gagne peu à peu sur les eaux, que Ravenne, située plus au sud, au-dessus des vallées de Comacchio, se trouve également à dix kilomètres de la mer et que depuis le Nord jusqu'au-dessous de Ravenne, il y ait un exhaussement lent, mais continu du sol, un enfouissement sans trêve des villes, ainsi qu'il n'est que trop facile de le constater à Ravenne et à Venise. J'ajouterai que la profondeur même de l'Adriatique est très peu considérable. On ne compte entre la Dalmatie et les bouches du Pô que vingt-deux brasses de fond et douze brasses seulement en face de Venise.

Un embranchement de chemin de fer depuis longtemps projeté va, comme je l'ai dit, mettre en contact direct Chioggia et Adria, et éviter le détour par Padoue et Rovigo. Jadis, pour se rendre de Venise à Ferrare ou à Ravenne, on suivait quelquefois la route postale qui longeait l'Adriatique; mais le trajet était long et difficile, rendu plus long encore parfois par les inondations; il nécessitait de toutes façons un parcours en bateau sur les canaux. De Chioggia on s'avançait par Brandollo et Cavanella, et par les canaux di Valle et di Loreo, jusqu'à Taglio del Pô, ce qui demandait huit heures; on passait ensuite à Mesola, qui fut pendant longtemps la ville frontière des États pontificaux. De là une voiture vous conduisait par les dunes juqu'à Pomposa, d'où on gagnait Magnavacca, Primaro et enfin Ravenne, après avoir traversé la Pineta, l'antique forêt de pins qui s'étend le long de l'Adriatique.

Ce voyage de quatre-vingts kilomètres, dont une partie en barque, permettait, il est vrai, de visiter les curieuses vallées de Comacchio, que sépare seule de la mer la dune s'étendant entre Magnavacca et Primaro.

Les vallées de Comacchio, pour prendre le nom qui leur est donné, sont un immense étang ou, pour mieux dire, une succession de marais ou de bassins endigués, alimentés par les cent petits canaux qui dérivent du canal Palotta. Dans ce vieux canal creusé de 1631 à 1634, et que la navigation n'utilise plus, pénètre l'eau de l'Adriatique par le trou de Magnavacca, et cette eau salée est répandue par un ingénieux système de vannes et d'écluses dans toutes les parties de la vallée. C'est que les vallées de Comacchio sont devenues, depuis un temps bien reculé déjà, d'immenses bassins d'élevage pour le poisson qui y pénètre par le canal Palotta, qui y fraye et s'y développe avec une abondance incroyable. Cette succession d'étangs forme donc la plus admirable pêcherie qui se puisse imaginer, et les soins apportés à leur entretien en assurent la prospérité. Lorsque la saison arrive de procéder à la récolte, c'est par milliers de livres qu'on ramasse le poisson dans les filets, tout en ménageant une quantité de poisson suffisante pour la reproduction.

XIV. — FERRARE.

FERRARE. — Porte des Lions.

Ferrare n'est qu'à quelques lieues des vallées, sans grande communication, il est vrai, avec cette pointe avancée de pays, et lorsque je visitai cette vieille ville morte, ce fut en allant à Bologne par la ligne ferrée de Rovigo. Ferrare ! je l'ai vue cependant par un beau soleil qui dorait les briques de son vaste château, et je ne peux rendre l'impression d'ennui que j'y ai ressentie. A peine arrivé dans ses longues rues désertes, je n'avais qu'un désir, un désir qui me talonnait, celui de continuer ma route au plus vite. Ce n'est pas de la tristesse qu'on y ressent, cette tristesse que cause la vue des ruines, de l'effondrement progressif d'une antique puissance, mais l'ennui que laisse l'arrêt subit d'une vie qu'on juge avoir été glorieuse et magnifique. Il semble que tout soit figé dans la grandeur passée, et qu'une fois le jeu des acteurs arrêté, il ne reste plus des grandes pièces jouées sur cette scène si vaste que le décor, la toile de fond devant laquelle s'agitaient les personnages de la comédie ou mieux de la tragédie qui dut s'y dérouler. Ce sentiment est si vif qu'on en arrive même à être injuste pour cette ville si grandiose, si propre, si remplie de palais et de monuments ; on se dit que Ferrare a encore près de 30,000 habitants, on cherche à se réchauffer l'esprit au souvenir de ses épopées, et ce souvenir même ne fait qu'accroître l'indéfinissable lassitude qu'on éprouve. Oui, il y a encore 30,000 habitants, mais ceux-ci se trouvent comme noyés dans sa vaste enceinte, perdus dans ses immenses bâtiments ; ils semblent errer dans les rues, sur les vastes places où rien ne palpite. C'est une ville morte, et de cette mort là on ne ressuscite pas plus que de l'autre, de la vraie, qui a mis dans la tombe la suite de ducs et de princes d'Este, si célèbres un moment, qui l'ont tenue sous leur domination.

On n'a que le souvenir pour peupler cette immense solitude, et, dans ce cadre qui s'y prête si bien, on fait de la glorieuse cité une ville de revenants.

Le château se dresse toujours haut et superbe dans sa beauté féodale, flanqué à ses angles de quatre grandes tours carrées, entouré de ses fossés pleins d'eau qui passent sous les ponts reliant la masse du château aux poternes, et, à l'entrée principale, sous un avant-corps entier de bâtiment. Ce grand pavillon, ajouté évidemment à une époque très postérieure à la construction de l'édifice, livre passage sous sa voûte un peu sombre pour se rendre dans la grande cour qui s'élève au centre des bâtiments. Dans ces bâtiments mêmes, on a installé divers services administratifs et la préfecture qui occupe la partie la mieux conservée du château. On l'a restaurée il y a une quarantaine d'années. La concierge, une petite vieille assez alerte, me fit visiter elle-même les salles intérieures, la salle du Conseil, la salla di Napoli, la salle de l'Aurore, puis une partie des anciens appartements privés du château. Elle était intarissable de détails, ce guide en jupons. Dans cette salle garnie de glaces, je ne sais quelle duchesse de Ferrare avait son cabinet de toilette, dans telle autre salle on avait assassiné quelque personnage, et lorsque nous fûmes arrivés sur la terrasse, elle m'affirma, je crois, que c'était là que se rencontraient Parisina Malatesta et son beau-fils et séducteur Hugues, que leur mari et père, Nicolas III, fit décapiter le 21 mai 1425. Un moment plus tard, on devait me montrer le cachot où eut lieu cette double exécution, au pied de la Tour des Lions. Je n'ai pas besoin d'ajouter que je laisse à mon guide la responsabilité de ses récits. Pendant qu'elle se livrait à son bavardage, je regardais les grandes fresques de Dosso Dossi, assez abîmées, qui se trouvent dans les salles du premier étage ; mais rien dans l'intérieur de l'édifice ne répondait à ce que je m'étais figuré en contemplant l'aspect extérieur véritablement grand et pittoresque.

Je revins, en suivant les portiques du palazzo del Municipio, vers la cathédrale San-Giorgio, dont la façade grandiose, curieuse surtout par ses détails, se dresse sur la Piazza municipale. En face du Municipio, dont la cour porte, sur une de ses faces, un escalier extérieur assez original, est l'archevêché qui s'étend sur un des côtés du dôme, tandis que de l'autre côté se trouve le palazzo della Ragione, vieil édifice gothique en briques du xive siècle qui a été restauré en 1840. Mais une place assez vaste l'en sépare, une place qui, à certains jours, est envahie par les petits marchands de fruits et de légumes que de vastes parasols ou des bannes supportées par des piquets protègent du soleil.

La façade du dôme est très grandiose, très belle d'ensemble, très intéressante à examiner avec soin. Elle est divisée en trois parties également surmontées de trois frontons pyramidaux de même hauteur, et séparées par des contreforts plutôt que des tourelles, couronnés de pinacles. Une suite d'arcades ogivales s'étend sur toute la largeur de l'édifice au-dessous des frontons, et au-dessus d'une galerie formée également d'arcades ogivales plus étroites; celle-ci se répètent encore à l'étage inférieur au-dessus de la partie pleine qui forme le mur bas de l'église. La partie inférieure de la façade principale et les façades latérales sont de 1135, et le haut du XIII° siècle. Enfin, un portail en saillie, dont le fronton aigu orné de sculptures remonte jusqu'aux arcades supérieures, occupe presque toute la façade centrale; deux chimères couchées, écrasées, tenant deux lions dans leurs griffes, supportent les colonnes sur lesquelles repose le portail. De nombreuses sculptures ornent la façade.

FERRARE. — La cathédrale.

Les côtés de l'église, auxquels on a accolé des espèces d'auvents formant portiques, ont deux étages de galeries aux colonnettes doubles très fines, et les pignons qui s'élèvent au-dessus, et qui ont été rajoutés je ne sais à quelle époque, prouvent que le dôme n'a jamais dû être terminé. L'intérieur, qui comprend trois nefs et deux transepts, et dont les dimensions sont belles, a été pour ainsi dire entièrement refait à l'époque moderne et orné de peintures. Pour voir quelques vieilles peintures, il faut aller dans le second transept de droite, où se trouvent un *Saint Pierre et Saint Paul* du Garofalo, un *Martyre de saint Laurent* du Guerchin, des bronzes de Baroncelli; dans le chœur où il y a deux Cosimo Tura, une *Annonciation* et un *Saint Georges*; et dans une chapelle à gauche, où on voit une *Vierge* du Garofalo.

A l'angle sud de la cathédrale s'élève un haut campanile carré à quatre étages bâti sous Hercule II.

Il est encore d'autres églises à visiter, San-Benedetto, Santa-Maria in Vado, San-Domenico, et surtout San-Francesco, qui est un magnifique édifice à trois nefs et à deux rangées de chapelles latérales entièrement voûtées en coupole. Cette église renferme les tombeaux de la famille d'Este.

Santa-Maria in Vado, San-Francesco se trouvent dans la partie est de la ville, dans les plus vieux quartiers qui s'étendaient vers la Porta Romana, tandis que toute la partie nord fut construite au XIVe siècle par Hercule Ier. De ce côté s'élèvent les plus beaux palais, bordant les grandes rues larges et droites qui se croisent entre le Castello et la Porta degli Angeli. L'espace ne manquait pas. On pouvait prendre à l'aise sur les vastes terrains vides que contenait l'enceinte de murailles, et toutes les constructions élevées à cette époque et depuis ce temps n'ont jamais réussi à atteindre l'enceinte au nord et à l'est. Les habitations ne touchent aux murailles qu'au sud et un peu à l'ouest. Si bien que, lorsqu'on indique le Castello comme placé au centre de la ville, on a raison par rapport aux murailles; mais si on ne considère que l'espace bâti, il se trouve presque vers un des angles de la masse des maisons.

Du Castello part la plus large des rues de Ferrare, la Strada della Giovecca et dans l'autre sens, vers la Porta degli Angeli, l'ancienne Strada dei Piopponi, actuellement corso Vittorio Emmanuele, que coupe en son milieu le corso di Porta Pô, qui va de la gare à la Porta Mare, en se continuant sous le nom de corso di Porta Mare. C'est au carrefour de ces différentes voies que s'élèvent quatre magnifiques palais dont les deux plus importants sont le palazzo de'Leoni et le fameux palazzo de'Diamanti. La porte du palais de'Leoni est une magnifique chose. Quant au palais de'Diamanti, je serais des plus mal venus, après tout ce qui en a été dit, tout ce qui en a établi la renommée, car il attire les étrangers à Ferrare plus peut-être que le palais ducal, je serais des plus mal venus à ne pas m'enthousiasmer avec tout le monde. J'avoue cependant avoir été un peu déçu dans mon espoir. La masse du bâtiment est certainement très imposante, mais un peu lourde, la décoration en est fine et délicate; mais les marbres à facettes dont il est revêtu et qui lui ont valu son nom sont plutôt une œuvre d'une grande originalité que d'une grande élégance. Il y a, par exemple, des détails de sculpture charmants. Les colonnes plates qui garnissent les angles ont une ornementation d'une délicatesse et d'un goût exquis, les balcons d'angles sont d'une légèreté parfaite. Malgré tout, malgré la pureté des grandes lignes, la belle ordonnance des façades, on souffre, en la regardant, d'une sorte d'écrasement.

Le palazzo de'Diamanti fut construit en 1493 par Biagio Rossetti, pour Sigismond d'Este; mais il ne fut achevé qu'en 1567. Ses vastes salles ont été appropriées pour recevoir la galerie de peintures de la ville où on retrouve assez nombreuses les œuvres des artistes de si haute valeur qui s'illustrèrent à la cour de Ferrare et lui donnèrent un si grand lustre artistique: le Garofalo, dont l'*Adoration des Mages* et la *Résurrection de saint Lazare* sont si belles; Dosso Dossi, qui a là un magnifique *Saint Ambroise* et *Saint Georges;* puis Carlo Bonone, Cosimo Tura, Lorenzo Costa, et encore le Guerchin, le Carpaccio, et Panetti, le maître du Garofalo, et bien d'autres dont les œuvres ont été enlevées des églises détruites.

Non loin de là, en remontant un peu vers la gare, à droite du corso di Porta Pô, dans une rue à laquelle on a donné son nom, est la maison que se fit construire l'Arioste et où il mourut. « Petite, mais faite pour moi, mais libre de charges, mais proprette, ma propriété, et payée de mes deniers », telle est l'inscription latine que le poète avait composée et fait graver sur la frise, au-dessus du rez-de-chaussée. C'était en effet une demeure simple et modeste, mais où le poète pouvait au moins respirer à l'aise plus que dans celle qu'il habitait au cœur de la ville, alors qu'il étudiait le droit.

Mais ce qu'il faut voir encore à Ferrare pour les magnifiques fresques qu'il renferme, c'est, à l'autre extrémité de la ville, le palazzo Schifanoja, aujourd'hui institution des sourds-muets, ancien château de plaisance de la famille d'Este, qui fut commencé par Albert d'Este en 1391 et achevé en 1469 par Borso dont la licorne, qui était le support de ses armes, se voit encore au-dessus de la porte d'entrée. En 1840, on a découvert, sous un badigeon qui recouvrait les murs de la grande salle, de magnifiques fresques représentant les douze mois de l'année. C'est l'œuvre la plus complète, la plus intéressante au point de vue de la connaissance des mœurs, de la vie de cette époque. Dans cette représentation des douze mois de l'année, marqués par les signes du zodiaque, rappelés par les divinités païennes qui présidaient à chaque mois, l'artiste, ou plutôt les artistes qui ont exécuté cette grande œuvre ont encore réussi à retracer les actes les plus saillants de la vie de Borso d'Este et à faire connaître la vie de la campagne avec ses multiples travaux. C'est plein de pittoresque et d'observation, et il est profondément regrettable que ces œuvres si curieuses aient subi une telle détérioration. S'il est difficile de déterminer tous les artistes qui ont collaboré à cet ensemble de travaux, on peut du moins en attribuer une part des plus importantes, sinon la plus importante, à Cosimo Tura et à Lorenzo Costa.

Que de trésors ne trouve-t-on pas dans toutes ces villes jadis si puissantes ! Et pourquoi faut-il que l'impression de solitude, d'ennui qu'on y ressent vous en chasse au plus vite ? On y perd, sans aucun doute, de ne pas suivre dans leur développement entier les époques de leur grandeur, époques si riches en souvenirs et si fécondes en enseignements.

XV. — MANTOUE.

Ce fut à un autre voyage que je visitai Mantoue. J'y arrivai en voiture, comme je l'ai déjà dit, par la route de Legnago, à travers cette campagne marécageuse et verte qui s'étend dans toute cette plaine et se continue vers Crémone. La route de Legnago aboutit à la Porta San Giorgio, c'est-à-dire entre le Lago di Mezzo et le Lago inferiore, et dès ce premier coup d'œil sur la ville, dont tout un côté vous apparaît baigné par les eaux, on se rend compte de quelle puissance doit être cette place de guerre regardée à bon droit comme une des plus fortes de l'Europe. Non seulement le pays d'alentour ne se prête pas aux grands déploiements de troupes et rend difficile la position à prendre par les assiégeants, mais la vaste ceinture d'eau d'où Mantoue peut s'entourer comme une île la protège contre toute attaque directe. Les digues élevées au xiie siècle vers la partie nord ont, en effet, élargi le lit du Mincio qui la contourne du nord au sud-est, de façon à former un véritable lac très large dans sa première partie surtout. Il prend le nom de Lago superiore jusqu'au Ponte dei Mulini, qui se continue en une longue digue jusqu'à la citadelle. Du Ponte dei Mulini au Ponte San Giorgio s'étend le lago di Mezzo, et à partir de ce point il se dénomme Lago inferiore jusqu'au coude fait par le Mincio pour se diriger vers le Pô. Enfin tout le sud de la ville, entre les deux lacs, est formé d'une plaine marécageuse qu'on peut noyer instantanément pour clore cette défense de la ville que complètent des fortifications considérables. Les Autrichiens en avaient fait, on sait, la tête du quadrilatère.

Mantoue est encore une ville comme Ferrare qui vit sur ses souvenirs, les plus brillants souvenirs, il est vrai, ceux de la cour des Gonzague, ces amateurs d'art si éclairés qui donnèrent une impulsion extraordinaire au mouvement de la Renaissance. Mais on est étonné, précisément à cause de ces souvenirs, du petit nombre des monuments que renferme cette vieille cité, du peu d'ampleur de son aspect intérieur, du peu de curiosités qu'elle présente. On lui a enlevé les magnifiques collections réunies par les Gonzague; il reste, il est vrai, à étudier les fresques de Jules Romain. Les rues sont larges et longues, régulières, bordées de hautes maisons bâties en briques pour la plupart; mais elles sont vides, presque inanimées; seule, la rue principale, la Contrada Croce Verde, située au centre, voit le mouvement se maintenir sous les arcades qui courent au rez-de-chaussée de ses constructions. Mantoue, qui compta 60,000 habitants, en a 29,000 à peine à l'époque actuelle.

Dès mes premiers pas dans Mantoue, je m'étais trouvé devant le Castello di Corte qui commande le Ponte San Giorgio, et, quelques pas plus loin, devant le vieux palais des Gonzague, appelé Corte reale. Du Castello, bâti sous François IV de Gonzague, de 1393 à 1406, il n'y a malheureusement presque plus rien à dire, car les fresques de Mantegna, qui en étaient le principal intérêt, sont détruites dans leur majeure partie. Celles-là même qui subsistent encore dans la Camera dei Sposi, enclavée dans la partie du château où on conserve les archives des Gonzague, ont subi bien des dégradations. Il manque même des fragments à ces grandes compositions qu'il eût été si intéressant d'examiner en leur entier. D'un côté, c'est Barbe de Brandebourg, la femme de Louis, assise au milieu de sa nombreuse famille; de l'autre — et c'est la fresque la mieux conservée — le marquis Louis se rencontre avec son fils, le cardinal François; un groupe de piqueurs tenant en main des chevaux et des molosses est de l'autre côté de la porte au-dessus de laquelle un cartouche, soutenu par des génies nus, porte une inscription en l'honneur de Louis. Enfin, au plafond, des femmes et des génies semblent accoudés à une galerie peinte en trompe-l'œil.

Malgré l'état de dégradation de ces peintures, on peut se rendre compte de leur puissance grandiose.

En traversant la Piazza della Piera, que borde à droite le Teatro Regio, on arrive, par un passage voûté, à la Piazza San Pietro, dont tout un côté est occupé par la masse irrégulière de la Corte Reale. L'édifice primitif date de 1302, mais les anciens bâtiments ont été en grande partie absorbés ou remplacés par les constructions successives élevées petit à petit par chacun des ducs régnants, et dont le plan est des plus compliqués. Sa principale transformation est due à Jules Romain, qui le reconstruisit en partie et le décora de fresques que l'on retrouve notamment dans l'Uffizio della Schalcheria, où il a peint la *Diane*

MANTOUE. — Portique du palais ducal.

qui se trouve au-dessus de la cheminée, laissant à ses élèves le soin de compléter la décoration de cette salle. La salle du Zodiaque a été peinte également par lui, ainsi que l'*appartamento e la sala di Troja,* ainsi nommés à cause des fresques représentant des sujets de la guerre de Troie. Elles font suite à une série de pièces dont les principales étaient la Saletta dei Marmi et la Camera di Giove.

Jules Romain a laissé dans ces peintures la marque de son étrange talent, déréglé, d'une hardiesse incroyable, où la puissance, pour mieux dire la brutalité du coloris, ne rachète pas le lâché du dessin. La multitude de salles, de petites pièces et de galeries dans lesquelles on vous promène sont assurément belles; mais le véritable intérêt de cette visite, c'est qu'on peut se complaire à faire revivre dans ce palais ces inspirateurs des lettres et des arts, ces princes de la maison de Gonzague qui firent de Mantoue, pendant plus d'un siècle, le foyer le plus ardent et le plus pur du mouvement intellectuel et artistique de ce temps.

Mais la longue période de guerres et de désastres qui suivit ces époques brillantes mit au pouvoir de l'étranger les trésors artistiques accumulés, et ces admirables collections ainsi dispersées allèrent prouver au dehors combien avait été brillante la cour de ces princes qui avaient su s'attacher et encourager successivement de grands artistes comme Mantegna, Jules Romain, le Primatice, Rinaldo, Fermo Guisoni, le Titien, le Corrège, l'Albane, le Tintoret, etc.

C'est au palais du Té qu'il faut aller considérer l'œuvre capitale de Jules Romain. De la piazza San Pietro on s'y rend rapidement en passant par la piazza delle Erbe, d'où on gagne, en traversant toute la ville, la Porta Pusterla en dehors de laquelle s'élèvent les constructions du Palais au milieu de jardins enserrés de tous côtés par des marais.

D'où vient ce nom de palais du Té? Est-il dû à la disposition en forme de T des avenues? ou n'est-ce pas plutôt l'abréviation de Tagetto, le nom de la petite localité sur laquelle il fut élevé? Cela importe peu. Jules Romain, je l'ai dit déjà, en fut l'architecte et le grand décorateur.

Le fougueux élève de Raphaël a prodigué les compositions dans les diverses salles de ce palais, *le Soleil et la Lune* dans l'antichambre, l'*Histoire de Psyché et Bacchus* dans la deuxième salle, le *Zodiaque* et la *Chute de Phaéton* dans la troisième et la quatrième salle, enfin, dans la salle des Géants, l'*Assaut de l'Olympe par les géants*. Dans d'autres salles, dans les pièces qui y sont attenantes, les élèves de Jules Romain et des artistes comme Rinaldo, le Primatice ont couvert les murs de leurs œuvres que le temps, hélas! a dégradées. La plus célèbre des compositions de Jules Romain au palais du Té est la chute des Géants, celle où il a le mieux manifesté sa fougue étonnante, où ses défauts et ses grandes qualités se sont le mieux affirmés.

Bien d'autres monuments de ce puissant talent se trouvent à Mantoue où il éleva des palais, des églises, où il se prodigua si bien que le duc François II disait en plaisantant : « Mantoue n'est pas ma ville, mais celle de Jules Romain. » Il est de fait que son souvenir s'y impose.

Un autre souvenir encore plane sur Mantoue, celui de Virgile, qui naquit sinon à Mantoue, tout au moins, s'il faut en croire la tradition, à Pietole, un petit village situé à deux lieues à peine, sur le Mincio. Et pourtant, je le note parce que je suis en Italie, Mantoue, qui garde dans son musée quelques souvenirs plus ou moins authentiques du grand poète latin, qui a appelé son Académie des beaux-arts « Accademia Virgiliana », qui a, au nord de Saint-André, sa piazza Virgiliana, grande place sablonneuse plantée d'arbres qui confine au Lago Mezzo, son Teatro Virgiliano, une arène assez jolie de forme où on joue dans la journée, n'a élevé sur aucune de ses places la plus petite statue de Virgile, à moins qu'on ne compte pour tel le monument qui lui fut érigé au commencement du xve siècle. En 1497, la marquise Isabelle chargea Mantegna de donner le modèle d'une statue représentant Virgile, — nous en avons le dessin au Louvre, — mais celle-ci ne fut pas exécutée. Par contre, Dante, qui fut le compagnon de Virgile dans sa promenade aux Enfers, a sa statue devant la Chambre de commerce, près de la piazza delle Erbe.

Mais il reste un autre monument qu'il importe de visiter avant de quitter Mantoue, c'est l'église de Saint-André, sur la piazza delle Erbe, une œuvre remarquable d'Alberti qui en donna le dessin en 1469. Trois ans après, on en commença la construction. L'intérieur, à une seule nef longue de 103 mètres, avec une puissante voûte en plein cintre et à caissons, renferme des fresques importantes de Mantegna et de ses élèves, et de Jules Romain et des tombeaux célèbres, ceux de l'évêque Andréasi, par Clémenti, un élève de Michel-Ange, de Pierre Strozzi et du comte Andréasi, ces deux derniers sur le dessin de Jules Romain, enfin le tombeau de Mantegna que surmonte son buste en bronze. La coupole fut ajoutée au xviiie siècle par Juvara. La façade est revêtue de

Campi. — Palais communal.

marbre blanc. A côté s'élève un clocher en briques, surmonté d'une élégante lanterne octogone et d'une flèche gothique.

Mais toutes ces belles choses une fois vues, rien ne vous retient plus à Mantoue dont l'aspect triste, un peu désolé, vous pousse au contraire au départ.

De Mantoue, je me rendis par Modène à Bologne. Je ne fis que traverser Modène, l'ancienne capitale du duché qui appartint si longtemps à la maison d'Este dont le dernier descendant direct fut Hercule III qui mourut en 1803. A peine s'il me fut permis de me promener une heure à travers ses rues bordées d'arcades, de jeter un coup d'œil sur son imposante et vieille cathédrale, un édifice de style roman du xie siècle, sur son ancien palais ducal, qui sert maintenant d'école militaire, de parcourir à la hâte l'Albergo-Arti où l'on a transporté depuis quelques années la bibliothèque d'Este et la galerie de peintures qui était auparavant au palais ducal. Cette galerie contient quelques œuvres remarquables des peintres de l'École de Modène, entre autres de Nicolo dell'-

Abate, un beau *Ganymède* du Corrège, qui appartient par la naissance au duché de Modène, mais dont l'œuvre se trouve presque entière à Parme. J'eus le regret très vif de ne pouvoir remonter jusqu'à l'ancienne capitale du duché de Parme, dont la sœur du comte de Chambord fut la dernière souveraine, j'aurais voulu visiter sa vieille cathédrale romane, son beau baptistère octogone et les riches collections conservées dans le palazzo della Pilotta, sa magnifique bibliothèque qui compte plus de 200,000 volumes et 5,000 manuscrits, et le convento di San-Paolo où le Corrège a exécuté des fresques pleines d'un charme si puissant. Le temps me manqua pour cette visite si intéressante, et de Modène je gagnai directement Bologne, le chef-lieu de l'ancienne Émilie.

XVI. — BOLOGNE.

La plaine au milieu de laquelle s'élève Bologne est riche et fertile; c'est un pays de grande culture, très bien entretenu, coupé de longues rangées d'arbres, bien arrosé par de nombreux cours d'eau, entre autres par le Reno, dont un canal dérivé traverse la partie nord de la ville, par l'Aposa et la Savena. Des mamelons couverts d'une végétation puissante, peuplés de maisons de campagne, souvent couronnés d'édifices, coupent la monotonie de la plaine et se relient vers le sud, aux contreforts des Apennins, dont ils sont en quelque sorte les dernières convulsions. Les habitants sont très beaux, de taille élevée, d'allure décidée, de caractère honnête, mais très vindicatifs, fort audacieux et peu scrupuleux.

A Bologne, les maisons sont presque partout à portiques, de hauts portiques d'une élévation uniforme qui donnent un air assez imposant à la ville, mais en même temps un aspect froid et dur. C'est bien là l'impression, du reste, que celle-ci vous cause, la sécheresse, la dureté, la grandeur sans grâce aucune, une ville de savants, et même une ville de pédants, comme j'allais l'écrire, où les femmes professaient à l'Université et trouvaient des élèves pour entendre leurs divagations sur la part de culpabilité qui incombe à Ève ou à Adam, où les plus grands artistes mêmes, ceux qu'on considère comme les chefs de l'école bolonaise, les Carrache, ont dans leur pinceau si habile plus de dureté que de sentiment. D'autre part, si je cherche dans l'aspect de la ville le caractère de son peuple, je trouve que l'aspect massif de ses monuments répond assez bien au génie un peu lourd, à l'esprit entier de ses habitants.

Bologne n'est pas, comme les villes dont je viens de parler, une ville de monuments et de souvenirs, ou du moins ceux-ci ne l'écrasent pas de façon à lui rendre difficile toute vie nouvelle; puis sa situation géographique concourt à lui donner un développement des plus logiques, car elle se trouve le centre inévitable de toutes les lignes de chemin de fer descendant des Alpes et des Apennins, le point de transit forcé d'un commerce considérable.

De Turin et de Milan, la voie ferrée qui gagne Ancône et Brindisi passe par

Bologne. Si l'on descend vers Florence, Rome et Naples, le point de jonction est à Bologne, et une nouvelle voie la mettra bientôt, en évitant le circuit par Modène, en communication directe avec Vérone, c'est-à-dire avec l'Allemagne, par le Brenner. Son commerce local, encore plus agricole qu'industriel, quoique de nombreuses fabriques de drap, de soieries et de velours se soient établies dans ces dernières années dans la contrée, trouve dans cette position centrale des débouchés utiles, et elle devient forcément le centre de transactions importantes intéressant la péninsule entière. Aussi n'est-elle

BOLOGNE. — Palais du podestat.

plus triste et morne comme par le passé, et si le mouvement ne se répand pas encore actif jusqu'aux extrémités, du moins le centre présente-t-il une animation de bon augure pour son avenir. Bologne, toutes les fois que je m'y suis arrêté, m'a fait l'effet d'une ville endormie pendant longtemps, qui se réveille et cherche à se moderniser, j'entends par là qui s'efforce au point de vue des modes, au point de vue de la vie extérieure, des divertissements, de faire comme les grandes villes voisines. Un moment, il me semble, du moins, l'avoir entendu dire, on avait songé à en faire la capitale du nouveau royaume d'Italie parce qu'elle était plus centrale que Florence, et si elle en a ressenti un peu d'orgueil, elle a surtout reçu de ce projet d'un moment une émulation profitable. Saura-t-elle retirer des nouvelles conditions dans lesquelles elle se trouve tout ce que celles-ci peuvent donner à son avantage? Je ne sais trop et j'ai peur que non; les Bolonais sont énergiques, comme je le disais, mais ils sont aussi profondément défiants et ce gros défaut leur sera très nuisible.

Tout le mouvement se concentre dans la longue voie, je ne dis pas la large voie, car elle est très étroite d'un bout à l'autre, qui s'étend à droite des deux tours penchées jusqu'à la piazza Malpighi, sous les noms de via Rizzoli et via Ugo Bassi, et dans la place Victor-Emmanuel et les alentours de San-Petronio, la via d'Azeglion, d'un côté, de l'autre, la via Archiginnasio. La via Galiera, qui conduit à la gare, aboutit, en outre, à la via Ugo Bassi à l'angle du Palazzo Pubblico. Par extraordinaire, la via Bassi et la via Rizzoli, garnies d'un bout à l'autre de boutiques, n'ont pas d'arcades, sauf dans la partie neuve qui s'étend en face du Palazzo Pubblico; mais la via Archiginnasio, qui prend à la via Rizzoli, longe la place Victor-Emmanuel, l'église San-Petronio, la place Galvani, est garnie de hauts portiques où se trouvent les magasins élégants. Ses arcades forment le Corso, la promenade à la mode où l'on fait les cent pas après s'être arrêté chez le confiseur placé sous la galerie.

De même sur la piazza Vittorio Emmanuele, c'est un va-et-vient incessant de gens de la ville ou de la campagne, de voitures, de tramways, dont toutes les lignes aboutissent à ce point central. Ceux-ci stationnent devant le palais du Podestat, dont les hauts portiques servent de refuge aux crieurs de journaux, aux marchands d'allumettes, à toute une fourmilière d'enfants qui grouillent entre les jambes des chevaux et embarrassent ceux qui attendent les voitures dans lesquelles ils veulent monter. En face, sur les marches de San-Petronio, des paysans contemplent tranquillement assis, se reposant, le mouvement qui se continue autour de la fontaine de Jean de Bologne sur la petite piazza Nettuno, qui s'étend par un coude brusque entre le palais du Podestat et le palais public jusqu'à la via Rizzoli.

Il est vrai que le mouvement s'atténue assez vite dès qu'on s'éloigne du centre, mais il est beaucoup de villes, en Italie, qui ne pourraient en offrir autant. Qu'on ne croie pas cependant, sur cette première description, que Bologne m'ait inspiré de l'enthousiasme; ce serait trop dire assurément, mais, malgré son air provincial, elle est loin de m'avoir déplu, parce que je l'ai regardée tout de suite au point de vue moderne sans lui demander ce qu'elle n'a pas, c'est-à-dire des monuments anciens qui absorbent l'attention et s'imposent à l'admiration. Je m'explique aussitôt. Elle possède plusieurs vieux édifices et surtout un grand nombre de palais du XVIIe et du XVIIIe siècle, mais ces édifices ne sont pas complets ou n'ont jamais été complétés, et pour la plupart d'entre eux, leur lourde masse gêne au point d'empêcher de découvrir les admirables détails de sculpture qu'ils portent sur certains points de leurs façades.

Les deux tours penchées, dont le pied est enchâssé dans de vieilles masures, la Torre dei Asinelli et la Torre Garisenda, sont simplement, on me le concédera bien, deux curiosités; mais ni au point de vue de l'art, ni même au point de vue de l'histoire, elles ne sont remarquables. Vues de loin, du dehors de la ville, de quelque hauteur, je l'accorde, elles offrent une vue très pittoresque et, perdues ainsi sur le ciel, elles font comprendre le mot du Dante comparant le géant Antée se penchant vers lui à la tour Garisenda « lorsqu'un nuage passe au-dessus ». De près, elles vous effrayent tout simplement, car il semblerait que leur lourde masse de briques va tomber et vous écraser. Par exemple, ce qui est charmant, tout à côté, c'est le Foro dei Mercanti et le tribunal de commerce, un charmant édifice gothique, construit en 1294 et restauré en 1429.

Mais revenons vite à la piazza Vittorio Emmanuele. Sur le côté sud, s'élève le palais du Podestat dont la façade, construite par Fioravanti en 1485, est puissante, d'une belle ordonnance. Son auteur acquit cependant plus de renommée en transportant d'un point à un autre, sans la démolir, une haute tour massive. En face, est San-Petronio, grande église de style gothique, qui déploie sur toute la largeur de la place son immense et triste façade de briques inachevée. Les Bolonais avaient voulu faire tellement grand, lorsqu'ils décidèrent, en 1390, d'élever une église au saint patron de leur ville, que l'édifice ne put jamais dépasser et ne dépassera sans doute jamais le transept. Mais dans cette façade, s'ouvrent trois portes dont le dessin et les sculptures sont célèbres à juste titre. La porte centrale est une des plus belles œuvres de Jacopo della Quercia. De puissantes sculptures représentant des sujets bibliques, Adam et Ève, l'entourent de leur fouillis de pierre.

La même décoration, coupée de bustes de prophètes, s'étend sur toute la portion inférieure de l'église, la seule terminée jusqu'aux portes latérales qui ont été sculptées, entre autres artistes, par Nic. Tribolo. Celles-ci sont de 1525. La porte centrale est de 1425. C'est une partie d'une grande beauté, mais noyée pour ainsi dire dans la masse de briques. La statue en bronze de Jules II, que Michel-Ange avait modelée, resta trois ans à peine au-dessus du portail. Placée en 1508, elle fut brisée par le peuple en 1511, et ses morceaux furent vendus au duc de Ferrare, qui en fit couler un canon auquel on donna le nom de Giulano. Jules II

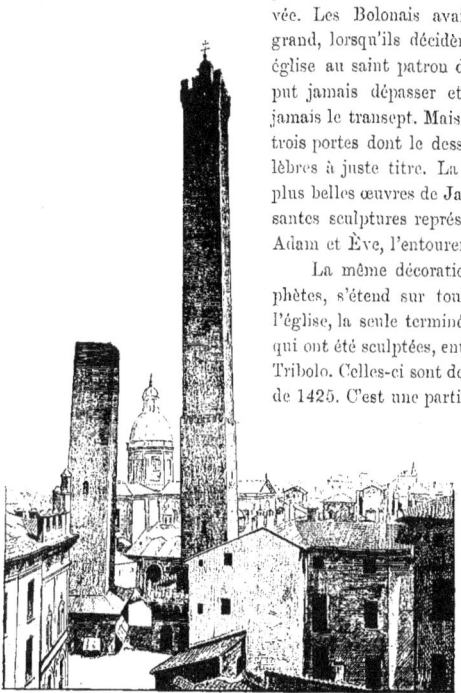

BOLOGNE. — Tours Asinelli et Garisenda.

ne devait pas oublier cette offense. L'intérieur renferme des peintures, des sculptures intéressantes, mais on les voit mal; le jour pénètre à peine par les petites fenêtres à plein cintre chargées d'éclairer cette énorme nef flanquée de deux bas côtés et de douze chapelles. La nef devait atteindre 197 mètres de long et avoir un transept de 142 mètres de long, avec un dôme octogone flanqué de quatre tours. On s'arrêta au transept dont la partie commencée vient presque barrer la via Archiginnasio; la longueur est déjà de 117 mètres.

Sur la partie droite de la place est construit le Palazzo Pubblico. La haute tour de l'horloge, élevée au xv⁰ siècle, se dresse au coin de la via de Caprara, et les bâtiments se continuent semblables à ceux d'une forteresse le long de la piazza Nettuno jusqu'à la via Ugo Bassi.

Ici encore, on sent une œuvre incomplète, plusieurs fois remaniée et jamais terminée. Une madone en terre cuite dorée, sculptée par Niccolo dell' Arca, est comme accrochée à la façade avec laquelle elle ne se raccorde pas, non loin de la porte d'entrée que surmonte, au-dessus du balcon du premier étage, la statue en bronze du pape Grégoire XIII, par Menganti. On en a fait, en 1796, un saint Pétrone. La transformation est assez étrange. Un escalier, construit par Bramante, conduit, à l'intérieur, aux salles du premier étage, dont quelques-unes seules sont restées visibles. L'ancien palais du gouvernement a vu utiliser en effet ses bâtiments pour des services publics, notamment pour la poste et le télégraphe.

Le Palazzo Pubblico fut commencé au xiii⁰ siècle, et depuis cette époque, il servit de siège aux nombreux gouvernements qui tinrent Bologne sous leur domination, car l'existence politique de la vieille cité émilienne a été des plus tourmentées sans qu'elle trouvât, comme plusieurs de ses voisines, une compensation à son asservissement dans une direction soit politique, soit littéraire, soit artistique qui l'eût amenée certainement à jouer le rôle le plus glorieux.

C'est dans le Palazzo Pubblico, souvent dénommé aussi palazzo del Governo, que résidaient, je le répète, les pouvoirs publics, et des fenêtres de leur palais les légats du pape pouvaient contempler les travaux de San-Petronio, restés interrompus depuis 1659, et sous leurs yeux mêmes la belle fontaine que surmonte le Neptune sculpté par Jean Bologne, le grand artiste français qui, n'en déplaise son nom, était né près de Donai. Neptune, calme et fort comme un dieu antique, domine de son torse nu et puissant quatre femmes nues à jambes de poissons, qui pressent voluptueusement leurs mamelles pour en faire jaillir l'eau, tandis que, aux quatre coins du bassin, des enfants retiennent des dauphins prêts à leur échapper. Le dessin général est de Lauretti.

Je ne veux pas m'attarder à parler des nombreuses églises répandues dans la ville comme San-Giovanni in Monte, San-Vitale et Agricola, peut-être les deux plus anciens édifices religieux de Bologne, comme San-Pietro, la cathédrale, comme San-Benedetto, Santa-Maria dei Servi, Corpus Domini, Santa-Cristina, San-Giacomo Maggiore, San-Rocco, un oratoire converti en chambre mortuaire, et bien d'autres; mais je veux signaler plus longuement San-Domenico et San-Stefano. Si San-Domenico a été presque entièrement reconstruite vers le milieu du xviii⁰ siècle, elle a conservé sa forme ancienne, celle de l'église romane à trois nefs et à transept avec une coupole datant du xii⁰ siècle; elle a surtout précieusement gardé les objets d'art et les monuments dont elle était pleine, et son magnifique tombeau de saint Dominique, une œuvre capitale de Nicolas de Pise. Ce sont, du reste, ces monuments qu'il faut regarder plus que l'église elle-même, celui du roi Enzio, celui de Taddeo Pepoli, en 1337, le tombeau du Guide, 1642, dans la chapelle du Rosaire, et à côté celui d'Élisabeth Sirani, à qui son grand talent de peinture fit des ennemis si acharnés qu'ils l'empoisonnèrent, dit-on, en 1665. Elle avait à peine vingt-six ans. Il y a encore le tombeau du jurisconsulte

Tartagni, sculpté en 1477, par Fr. di Simone, et, en face, celui de la famille Volta ; puis il faut regarder les magnifiques stalles en marqueterie du chœur exécutées de 1528 à 1551, par Fra Damiano da Bergamo, les nombreux tableaux placés dans les diverses chapelles. Mais ce qu'il faut examiner surtout, c'est la chapelle de Saint-Dominique, ou plutôt le sarcophage qui renferme les restes du saint, et dont Nicolas de Pise a exécuté les bas-reliefs en 1231. Les sujets de ces bas-reliefs sont tirés de la vie du saint. En 1469, Nicolo di Bari, qui prit dès lors le nom sous lequel il est

BOLOGNE. — Palais communal et Casa dei Notari.

connu de Nicolo dell' Arca, fit le chapiteau et les statuettes des saints du tombeau qu'on venait d'agrandir, et l'ange agenouillé de gauche, faussement attribué à Michel-Ange qui a sculpté celui de droite. L'œuvre est certes des plus intéressantes à étudier, doublement intéressante même pour le rapprochement des artistes qui y ont travaillé à ces deux époques différentes. Dans la chapelle, on peut voir encore, dans la demi-coupole au-dessus du tombeau, une *Transfiguration de saint Dominique*, par le Guide, deux autres *Saint Dominique*, de Tiarini et de Spada, et une *Vierge* entourée de saints, de Filippino Lippi.

L'intérêt que présente San-Stefano est tout autre. C'est l'agglomération des sept églises réunies sous cette dénomination qui est curieuse à voir, et comme on ne trouvait pas que ce fût assez de sept églises agglomérées dans cet espace restreint, on a, pour compléter cette cacophonie d'époques, découvert que l'emplacement avait été occupé autrefois par un temple d'Isis. C'est un vrai dédale de galeries et de corridors, d'escaliers conduisant à la crypte, d'escaliers ramenant dans le cloître des Célestins, qui est joint aux églises et qui est bien la partie la plus remarquable de cette agglomération. De la première église, qui date de 1637 et qui est des plus ordinaires, on entre par une chapelle latérale dans la deuxième église, primitivement le baptistère. Celle-ci est du xe siècle, et elle est véritablement intéressante par son aspect fruste, presque barbare. Sept colonnes soutiennent les bas côtés, et la vieille chaire en pierre a beaucoup de caractère. Au xiie siècle, on y plaça le tombeau de saint Pétrone. La troisième église, San-Pietro et Paolo, renferme les reliques de saint Vital, martyr, et le sarcophage de saint Agricola, martyr. Dans la quatrième, l'Atrio di Pilato, on conserve des fonts baptismaux qui, à en croire une inscription, auraient servi à Luitprand, roi des Lombards ; la cinquième est la crypte ; la sixième est l'église della Consolazione ; la septième enfin, della Trinita, est soutenue au milieu par une rangée de colonnes à chapiteaux corinthiens. En réalité, rien de tout cela n'est bien beau; mais c'est vraiment fort curieux à visiter. En outre, on y trouve un des très rares spécimens, je ne peux appeler cela de l'art, mais des constructions chrétiennes primitives ; or, à ce point de vue seul, on devrait visiter San-Stefano. Quant à expliquer la bizarre réunion de ces sept églises, je ne m'en charge pas, et je crois que personne n'a su en donner encore la raison exacte.

Pour me remettre de cette visite sépulcrale, je pris le tramway qui passait au coin de la via Farini, et j'allai respirer un peu d'air pur, en dehors des murailles, aux Giardini Margherita, une promenade nouvellement tracée à l'anglaise que les promeneurs seraient heureux de trouver plus ombragée. Sur ce vaste espace qui s'étend de la porte San-Stefano à la porte Castiglione, il y avait bien en tout dix personnes en me comptant, quelques bonnes avec des enfants, et un jeune officier qui avait toutes les peines du monde à maintenir son cheval sur le trottoir sablé, pompeusement décoré du nom d'allée des cavaliers. Une colline couverte de villas, et au haut de laquelle on voit une église, domine les nouveaux jardins. C'est San-Michele in Bosco, un vieux cloître fondé en 1437, et qui est devenu successivement château royal et institut orthopédique. Plus loin, en longeant les fortifications, vers la porta di Azeglio, dans le petit bourg de Mezzaratta, l'homme d'État éminent, Marco Minghetti, à qui l'Italie a fait, en décembre 1886, des funérailles nationales, possédait une villa, une partie d'un ancien couvent transformé en habitation, admirablement situé sur une hauteur où s'étage le jardin en terrasses, et d'où on a une vue magnifique sur la ville et les environs.

Je revins à pied par la via San-Stefano, par la via Farini qui rencontre la via Archiginnasio, après une montée assez rude que gravissent au galop, à côté de moi, les chevaux efflanqués, mais nerveux du tramway, des bêtes du pays, me dit-on. C'étaient, en tout cas, des bêtes croisées d'arabe, et que j'aurais cru plutôt provenir de la basse Toscane ou de la plaine de Rome.

Le soir, j'assistai à une représentation d'*Excelsior* — je l'ai certainement vu danser trois ou quatre fois cette année-là en Italie — au Teatro Communale. La salle est belle et, chose assez rare, les places étaient fort chères. On me dit que c'était à cause du ballet en vogue. Cependant, le Teatro Communale est subventionné, assez largement même, par la ville, car la subvention annuelle a été portée, je crois, à 40,000 francs depuis deux ou trois ans. La troupe était bonne — c'était toujours la même — les décors étaient beaux — c'étaient toujours les mêmes, — on les a promenés dans toute l'Italie, et la salle était admirablement garnie et éclairée. La veille, j'étais allé au théâtre Brunetti entendre je ne sais plus quelle traduction française, et un vaudeville italien. Je me rappelle encore l'étrange figure du marchand de *Zuccherose*, de fruits confits dans le

BOLOGNE. — Cour de l'église San-Domenico.

sucre, qui débitait sa marchandise à la porte. L'homme était âgé et le masque de la figure présentait les lignes les plus pures, mais flétries, presque abêties. Je fus frappé précisément par cette déformation d'un merveilleux modèle.

Le matin est toujours le moment le plus propice pour s'égarer dans les vieilles rues d'une ville, pour flâner dans les quartiers populeux où s'agite la population en quête des besoins du jour. Dans une ville comme Bologne, aussi bien située au point de vue agricole, l'afflux des gens de la campagne est naturellement considérable; on peut donc observer des types divers, se rendre compte des habitudes de la population. A cette heure, je pus voir dans les faubourgs une véritable activité, un mouvement considérable de femmes, de jeunes filles se rendant dans les fabriques, à la grande manufacture de tabacs, se répandant dans les marchés. La vie n'est pas devenue chère; dans cette contrée grasse et fertile, les denrées sont restées d'un prix peu élevé, et le peuple même se nourrit assez bien. Le Bolonais passe d'ailleurs pour aimer la bonne chère ; c'est sans doute à cause des facilités d'alimentation qu'il rencontre ; la viande est bonne, le vin très bon, et la charcuterie excellente. Ne croyez pas cependant qu'on mange à Bologne plus de mortadelle qu'ailleurs, car la majeure partie de cette fabrication est destinée à l'exportation. Puisque je parle de commerce, il me faut signaler deux industries locales, dont l'une au moins est originale. Bologne est célèbre pour sa chaudronnerie, on y fabrique les ustensiles en cuivre les plus résistants, les meilleurs; mais aussi pour ses perruquiers. Est-ce à dire qu'on se fasse la barbe ici plus que dans les autres contrées? Non, et les gens de la campagne forment même, au point de vue du rasoir, le fond de la clientèle des perruquiers de la ville; mais le commerce des cheveux y est très développé. Ce sont encore les campagnes qui fournissent le plus fort appoint. Les femmes de la ville — assez coquettes, il m'a semblé, — se contentent de se couper les cheveux sur le front, en franges, c'est du reste une mode générale en Italie; mais elles ne sacrifient pas toute leur chevelure. Les paysannes sont moins scrupuleuses, et le commerce bolonais sait d'ailleurs s'adresser en dehors même de la région aux habitants des contrées pauvres où quelques *lire* remplacent avantageusement les nattes les plus épaisses.

Je fis ainsi, ce matin-là, une assez longue excursion. Dans la journée je devais aller visiter la Madone de Saint-Luc et, comme nous étions nombreux, on nous avait assuré qu'il nous fallait quatre chevaux à notre voiture, tant la montée est difficile. En réalité, la route qu'on nous fit suivre pour aller fut plus longue que pénible, ce fut la route contournant, par de nombreux circuits, le Monte della Guardia, au haut duquel se trouve le pèlerinage célèbre de la Madone. Nous fîmes en tout cas une promenade charmante, sous un air chaud et léger, entre les haies vives et les arbres en fleurs, découvrant à chaque contour nouveau une plus vaste étendue de pays, des vallons boisés et verdoyants, des coins de plaine, une succession de collines couvertes d'arbres, et dans le fond, Bologne étendant sa vaste circonférence de murailles, au milieu desquelles pointent les dômes et les clochers et ses deux tours célèbres. Du sanctuaire de la Madone et du long portique qui y conduit les piétons, je n'avais pu rien voir encore, car nous étions sortis de la ville par une autre porte que celle suivie ordinairement, et c'est seulement en arrivant sur la plate-forme qui précède l'église que je m'aperçus être au terme de l'excursion. Je regardai d'abord la vue extrêmement étendue, extrêmement belle qui se déroule devant vous sur toute cette partie de la chaîne des Apennins, sur la plaine jusqu'à l'Adriatique, ou pour mieux dire, dans la direction de l'Adriatique, sur la vallée enfin, aboutissant à la ville, et dans laquelle je voyais s'allonger mince et ténue, la ligne du chemin de fer courant près d'une petite rivière, dont le soleil faisait briller les eaux entre les prairies.

Pour arriver au portail de l'édifice, sous la colonnade qui garnit la façade, on monte un assez grand nombre de marches, puis on pénètre dans le bel édifice construit en 1731 par Dotti, sur l'emplacement de l'ancienne église, élevée au lieu même où, d'après la légende, saint Luc aurait apporté la vieille peinture byzantine, objet de la vénération des fidèles, qui présente les figures noires de la Vierge et de l'enfant Jésus se détachant seules sur un fond d'or. L'édifice consiste presque entier en une haute coupole d'un jet très hardi, soutenu par de massifs piliers qui, à l'occasion de quelque fête, se trouvaient alors revêtus de leur tenture de brocart rouge. Ces longues lignes de couleur vive, se détachant sur l'ensemble de l'édifice largement éclairé d'en haut, produisaient même un très bel effet. En dehors du monument lui-même et du tableau de la Vierge, il n'y a rien à voir, mais les détours que nous avions suivis pour atteindre le haut du mont nous avaient fait perdre la partie la plus curieuse du pèlerinage, c'est-à-dire ses longs portiques qui descendent à pic sur le flanc de la colline et vont rejoindre la route qui aboutit à la porta

BOLOGNE. — Église San-Luca.

Saragozza. Je les descendis à pied, tandis que nos quatre chevaux, devenus bien inutiles, se faisaient pousser par la voiture dans cette pente extrêmement raide. Les portiques ont une demi-lieue de long et comptent 635 arcades et un grand nombre de chapelles, dont quelques-unes portent des inscriptions ou sont ornées de fresques, fort dégradées, il est vrai. Chacune de ces chapelles a été construite par une des grandes familles de Bologne et porte son nom. A la moitié du chemin, les arcades changent de côté et laissent passer la route sous un portique plus large. On a mis près d'un siècle à élever ce monument de la piété italienne. Commencé en 1676, il n'a été terminé qu'en 1739, en même temps que l'église actuelle.

Pour bien juger de l'effet, vraiment très étrange, de cette longue suite de portiques, c'est de loin, de la plaine qu'il faut la regarder, afin de voir se dérouler sur le coteau, dans toute sa longueur, ce ruban de pierre. L'église qui, à cette distance, paraît une grosse tour ronde, surmontée d'une seconde tour plus mince s'effilant au sommet, semble alors la tête, dressée dans le ciel, de ce long serpent.

Au point même où les portiques débouchent sur la route Saragozza on se trouve derrière la Certosa, la vieille Chartreuse construite en 1335, et qui a été transformée en cimetière en 1801. Pour se rendre à la porte d'entrée qui donne sur une autre route, il faut, de ce point, longer tout le mur extérieur du Campo Santo, ce qui est encore fort long, et quoique la nuit approchât, je voulus profiter de l'occasion pour visiter le cimetière. La voiture retourna à la ville et je me mis à suivre le chemin. Un coup de pistolet tiré tout près de moi me fit, à un moment, croire à une de ces attaques de voleurs assez fréquentes dont on m'avait parlé; ce n'était, je le vis au bout de quelques pas, qu'un malheureux qui venait de se suicider dans ce lieu isolé. On en avait compté deux autres déjà dans la même semaine. Le cimetière était fermé; j'obtins cependant de le visiter, de parcourir les cloîtres, où on a réuni de vieux mausolées provenant d'églises supprimées, et ensuite les galeries modernes qui renferment de très beaux monuments. Dans une rotonde, est celui de Lætitia Murat-Pepoli, pour lequel le sculpteur Vela a taillé une belle statue du roi Murat. Le Campo Santo de Bologne est un des plus beaux que j'aie vus en Italie, et dès qu'on admet cette façon d'emmurer ses morts, on ne peut qu'admirer la façon dont il a été disposé, et sa décoration générale.

Je rentrai à Bologne par le tramway à vapeur qui stationne piazza Malpighi, une place longue et étroite, que longent les portiques à fresques de San-Francesco, et au milieu de laquelle se dresse au haut d'une colonne de marbre la statue du saint.

XVII. — L'UNIVERSITÉ ET L'ACADÉMIE DES BEAUX-ARTS.

En dehors de ses souvenirs historiques, Bologne en a d'autres plus glorieux, ses souvenirs universitaires et ses souvenirs artistiques. L'Université actuelle, fort importante encore, est depuis 1803 dans l'ancien palais Cellesi, dans la via Zamboni; mais de 1562 à cette époque, elle occupait les beaux bâtiments de l'Archiginnasio antico, situés dans la rue de ce nom, devant la place où a été érigée une statue de Galvani en 1873. L'Université est des plus anciennes, car sa période la plus florissante se constate au XIIIe siècle. Elle fut fondée en 1119 et, dès ses débuts, elle attira un nombre considérable d'élèves d'Italie et des pays étrangers. Elle compta jusqu'à 5,000 étudiants à la fin du XIIe siècle, et 10,000 en 1262. On y poursuivit d'abord l'étude des lois romaines, introduite par Irnerius; puis, plus tard, on lui adjoignit les facultés de médecine et de philosophie, et enfin, sous Innocent IV, une chaire de théologie. L'Université de Bologne, n'eût-elle que ce titre, restera célèbre par les leçons qu'y professa Galvani, par les premières études d'anatomie qui se firent dans son amphithéâtre. Pour la première fois dans le monde, Mondini y disséqua un corps humain en 1449.

En parcourant les salles de ses vastes bâtiments construits par Terribilia, en 1562, et dont une partie est occupée actuellement par le musée municipal, l'autre partie par la bibliothèque communale, les nombreux bustes répandus dans les galeries, les écussons qui garnissent toutes les salles, rappellent les noms célèbres des professeurs qui ont illustré les chaires de l'Université et aussi les noms d'élèves qui ont acquis, par la suite, une grande renommée. Des femmes y ont professé : Novella d'Andrea, au XIVe siècle, qui, pendant ses leçons, cachait sa beauté derrière un rideau pour éviter toute distraction à ses élèves; Dorothea Bacchi, Laura Bassi, qui y enseigna plus tard, au XVIIIe siècle, les mathématiques et la physique ; Manzolina qui professa l'anatomie ; Gaetana Agnesi, qui soutint à Milan, devant le président de Brosses, à la grande admiration du voyageur, une thèse dans toutes les langues, — elle avait, paraît-il, à neuf ans, défendu en latin le droit des femmes à l'éducation supérieure, — puis Clotilda Ambroni, qui y occupa, jusqu'en 1798, une chaire de langue grecque. L'Université de Bologne eût été certainement célèbre sans

BOLOGNE. — Salicate de San-Francisco.

ce professorat féminin, mais elle n'en excita que plus vivement la curiosité ; c'était comme une tradition, et il y a quelques années encore, à défaut de femmes professeurs, il y avait du moins des femmes élèves, suivant les cours de médecine, de science et de philosophie.

L'Université compte maintenant, comme toutes les universités italiennes, quatre facultés qui sont suivies par une moyenne de 500 élèves. Les bâtiments de l'Archiginnasio sont fort beaux ; un monsieur en chapeau haut de forme, ganté avec soin, ayant je ne sais plus quel titre de sous-conservateur que je pus lire sur la carte qu'il me remit, me fit visiter les galeries, les colonnades, les escaliers remplis de bustes, couverts d'inscriptions gravées sur plaques de marbre, et d'écussons. Dans toutes les universités anciennes vous trouvez ces hommages rendus aux professeurs éminents qui y ont tenu des chaires, et vraiment on ne saurait assez louer cet usage que l'on néglige un peu trop chez nous. Mon élégant cicerone ne manqua pas aussi de me conduire dans la salle où se donnaient autrefois les cours d'anatomie, une salle entièrement garnie, les lambris et le plafond, d'un bois odorant, délicatement sculpté. Des bustes de marbre placés à l'entour rappellent les anciens professeurs. La visite fut assez longue et, au départ, j'étais assez embarrassé pour témoigner à mon guide ma reconnaissance pour ses utiles renseignements. Son chapeau, sa redingote et ses gants m'intimidaient. A la grâce avec laquelle il me remercia de la façon dont je lui tendis la main, je compris que j'avais eu tort d'être si scrupuleux et qu'un bel habit n'empêche pas d'apprécier la... « bonne main ».

La Pinacothèque de Bologne est sans contredit une des plus importantes d'Italie, non par le nombre, mais par le choix de ses tableaux, qui permettent de suivre, dans tout son développement, la grande école bolonaise. Si celle-ci n'a pas compté de grands sculpteurs, elle a eu du moins des peintres de grand mérite qui, tous, à des titres divers, depuis Francia jusqu'à l'Albane, ont assuré son renom.

Le musée de Bologne possède des Carrache un nombre considérable de toiles, entre autres une *Nativité de saint Jean-Baptiste* et une *Transfiguration sur le mont Thabor*, de Louis, une *Communion de saint Jérôme*, l'*Assomption*, d'Augustin, la *Vierge*, entourée de saint Louis, saint Alexis, saint Jean-Baptiste ; une autre *Vierge* avec l'enfant Jésus ; une *Annonciation*, d'Annibal. J'en oublie beaucoup, quelques-unes volontairement. Leur enseignement devait produire des élèves émérites : Guido Reni, connu sous le nom du Guide, le Dominiquin (Domenico Zampieri), qui surpassa ses maîtres dans quelques-unes de ses conceptions ; le Guerchin, l'Albane, et leur influence se prolongea longtemps encore parmi les peintres secondaires qui leur succédèrent. Chacun d'eux est représenté à la Pinacothèque par plusieurs toiles ; le Guide, par sa *Madonna della Pieta* et par son *Crucifiement;* le Dominiquin, par la *Mort de saint Pierre de Vérone*, par la *Vierge au Rosaire*, par son *Martyre de sainte Agnès;* le Guerchin, par son *Saint Bruno;* l'Albane, par son *Baptême de Jésus-Christ*, un des rares tableaux religieux qu'il ait peints.

Mais, au-dessus de tous, les écrasant de toute la supériorité de son génie, Raphaël vous attire, vous retient auprès de sa *Sainte Cécile*, cette merveilleuse composition, dont il priait son ami Francia de « retoucher les défauts » lorsqu'il l'envoya à Bologne. Ai-je besoin de répéter, après tant d'autres, les éloges que mérite cette admirable peinture si simple, si noble, dont M. Taine a si bien écrit : « Tout le mérite est dans l'espèce et la qualité des personnages ; couleur, draperie, gestes, le reste est là comme un accompagnement grave et sobre qui ne fait que soutenir la solidité du corps et la noblesse du type. »

Florence. — Ponte Vecchio.

CHAPITRE VIII

I. — FLORENCE. — DE BOLOGNE A FLORENCE.

Quatre ou cinq heures de route qu'il faut se garder de faire par les trains de nuit. Quelque vite que le chemin de fer vous entraîne au travers de cette contrée magnifique, des gorges sauvages des Apennins, le long des torrents et des précipices, on a le temps encore de jeter un coup d'œil sur cette belle nature dont les aspects sauvages et les amples horizons vous saisissent d'autant plus que pendant des heures, quelquefois pendant bien des jours, on n'a eu sous les yeux qu'une plaine monotone, répétant sur un parcours considérable l'uniforme verdure de ses champs et de ses prés.

Cette traversée des Apennins devrait se faire en voiture, comme une excursion, au pas des chevaux gravissant lentement les côtes ardues, en s'arrêtant dans chacun des gros bourgs semés sur la route. En outre, on pourrait ainsi choisir l'heure de son arrivée à Florence et, du premier regard, contempler la reine toscane dans toute sa splendeur. De combien d'impressions profondes nous prive le chemin de fer! Que de compensations, il est vrai, il nous offre d'autre part! Toute cette contrée devient, d'ailleurs, de plus en plus fréquentée ; les excursionnistes parcourent chaque année davantage les merveilleux paysages de la vallée de la Setta, du val de Savena ; ils vont visiter Sasso, surtout Vergato, qui a de curieux monuments, s'installent même l'été à Porretta, sous prétexte de prendre des bains à ses sources d'eaux sulfureuses, et ils en profitent pour parcourir la pittoresque vallée du Reno. Les plus hardis remontent même plus haut dans la montagne et passent quelques jours à San-Marcello, à Boscolungo, si merveilleusement situé au milieu d'une magnifique forêt. C'est le point de départ obligé de toutes les excursions vers les pics les plus élevés de la montagne.

A Boscolungo, on est à 1,350 mètres d'altitude. Le chemin de fer ne monte pas plus haut que Pracchia, qui a 618 mètres d'élévation, ce qui est déjà suffisant. A partir du Reno, qu'il traverse un peu après avoir quitté Bologne, il s'engage dans des vallées, sur des pentes qui deviennent, à chaque tour de roue, plus arides, plus dénudées de la maigre verdure roussâtre qui les recouvrait ; il côtoie des torrents qui roulent avec bruit les galets amoncelés dans leur lit ; bientôt il pénètre dans le bloc même de la montagne, qui semble se fendre, écarter ses murailles brûlées et à pic pour lui livrer passage. De tunnel en tunnel, de vallée en vallée, on gagne la vallée du Reno ; les gorges de la montagne sont moins désolées ; les cascades, dont on aperçoit les tombées d'écume, y entretiennent un peu de verdure, et un long tunnel, long de près de 3 kilomètres, vous fait enfin franchir le sommet des Apennins, vous conduit dans la vallée de l'Ombrone, sur cet admirable versant toscan où la végétation se continue, riche et belle, presque jusqu'au sommet, pour que cette bienheureuse région de l'Ombrie puisse donner, sur toute son étendue, les facilités de la vie à ses habitants. Le changement d'aspect de la contrée est instantané. Autant le versant émilien était désolé, autant le versant toscan respire la vie et l'aisance. Sous les bosquets épais s'étend un vert gazon que paissent les troupeaux ; des jardins plantés d'arbres fruitiers entourent les maisons blanches, forment un nid de verdure aux villages adossés aux coteaux ; des voitures passent sur les routes, des marchandises attendent sur le quai des gares le train qui les emportera. La route descend toujours, plus verte et plus ombragée, les pentes des collines jusqu'à cette admirable vallée de l'Arno où Florence repose dans un nid de fleurs et de verdure.

Un grand soleil éclairait toute la campagne lorsque j'arrivai à Florence et de loin, de bien loin déjà, j'étais encore presque à Sesto, du haut de la colline où serpentait le chemin de fer descendant de gradins en gradins, j'aperçus, dans le fond de la vallée, les dômes et les clochers de Florence brillant sous l'éclatante lumière du jour. Quelques collines bleuâtres estompaient l'horizon, délimitaient le cirque dans lequel s'élève la grande ville, que je voyais peu à peu étalant ses palais, ses maisons, ses faubourgs fleuris au milieu de la petite plaine creusée par l'Arno au pied des Apennins. J'admirais sans me lasser cette masse de villas et de villages répandus dans la plaine, au milieu des champs et des vignes qui forment à la cité florentine comme une ceinture verte et odorante.

J'avais hâte de me sentir dans Florence, dans Florence dont j'avais tant rêvé comme tout le monde ; j'aurais voulu pouvoir tout regarder à la fois, parcourir la ville entière en quelques minutes, la connaître dans son ensemble dès mes premiers pas ;

car je ne sais si cette impression m'est particulière, mais pour moi Florence n'était ni le Dôme, ni le Castello, ni la Loggia ; elle n'était pas un point spécial, un monument défini, elle était et elle est encore un tout, un ensemble où la vie, les édifices, le pays se confondent pour vous envelopper du charme le plus puissant comme d'un filet dont, une fois pris, on ne fait plus aucun effort pour rompre les mailles.

En une heure, je crois, je parvins à traverser les principaux quartiers, pour embrasser l'ensemble d'un coup d'œil. Je ne visitai rien et je vis tout. Je passai devant le Dôme et devant Santa-Croce, je traversai la piazza della Signoria et, par les Uffizi, j'arrivai à l'Arno que je suivis jusqu'aux Cascine: puis, plus lentement, je revins vers le centre, au hasard, et me retrouvai devant le Dôme après être passé devant Santa-Maria Novella. Déjà j'avais pu côtoyer ainsi ses plus grandes églises aux façades de marbre blanc et noir, son dur et sévère Castello, les palais, semblables à des forteresses, de ses vieux quartiers, les palais plus riants et encore majestueux de ses quartiers neufs; j'avais suivi les rues étroites de la vieille ville, les voies plus larges de la ville neuve et la plus admirable de ses promenades, les quais de l'Arno ; j'avais perçu les collines qui l'entourent, chargées d'arbres, de jardins et de maisons et, comme pour reprendre haleine, au milieu de la piazza della Signoria, où je me retrouvais sans presque savoir comment, je restai immobile à contempler la Loggia et à suivre de l'œil la vie de la place, les passants coupant en biais pour se rendre des Uffizi à la via Calzajoli, les omnibus arrivant et repartant sans cesse, les marchands d'*aqua fresca,* les vendeurs de journaux, tout ce monde qui s'agitait autour de moi, actif, mais sans hâte, comme des gens pour qui chaque jour suffit à sa tâche.

Deux ou trois heures plus tard, je me retrouvai arpentant encore la via Calzajoli, alors éclairée par les lumières des magasins, pleine de la foule qui s'y porte à cette heure et qui va et vient du Dôme à la Signoria. J'avais dîné dans une *trattoria ;* à ma boutonnière s'étalait un bel œillet blanc qui embaumait et qu'une bouquetière m'avait lancé au passage sur ma table. L'église San-Michele, noire et sombre, formait comme un trou d'ombre dans la voie lumineuse ; les cris, les rires ajoutaient leur animation à ce mouvement, qui semblait se perdre sur la Piazza, où les lueurs des réverbères tremblotaient devant la masse haute et noire du Castello. Une fois encore je retournai sur les quais de l'Arno et, à la lueur d'un ciel étoilé, je contemplai la longue file des palais qui les bordent. Je rentrai enfin, étourdi, étonné peut-être, mais heureux des quelques heures que je venais de vivre.

A Florence, on ne devrait jamais, à moins d'être pressé par le temps, se donner un itinéraire et courir d'un palais à une église, d'un musée à quelque autre monument. Il est bien certain que tout le monde ira voir aussitôt le Dôme et le Baptistère, le Castello et la Loggia ; mais une fois cette sorte de devoir accompli, il faudrait marcher sans plan fixe, ne visiter les édifices, les merveilleuses curiosités répandues dans la ville entière qu'au moment seul où le hasard vous met face à face avec ces monuments. Nulle part la flânerie n'est plus instructive, plus remplie de surprises ; nulle part elle n'est aussi féconde en étonnements, en admirations, en découvertes inattendues que le contraste des objets vus précédemment rend plus piquantes, plus intéressantes. Ce serait le vrai, peut-être le seul moyen de bien voir cet étrange mélange, si particulier à

Florence, de la vie moderne et de la vie ancienne; de comprendre le charme des élégances et des facilités de l'une et les beautés historiques et artistiques de l'autre. Seule la ville des Médicis supporte de tels rapprochements et fournit à la foule oisive, comme à l'artiste et à l'érudit, le milieu dans lequel chacun peut se complaire.

Les uns et les autres, les derniers surtout, trouvent un vaste champ de réflexions dans la piazza della Signoria, le centre de la vieille Florence, restée, ou peu s'en faut, le centre de la Florence des temps actuels. Quel caractère cette place présente dans sa forme irrégulière, forme voulue, dit-on, parce que l'emplacement qu'occupait au xive siècle le palais des Uberti, rasé après leur défaite, devait rester vide à jamais, en signe de flétrissure! Il ne faut jamais aller trop au fond des légendes; mieux vaut les accepter comme on vous les transmet, ne fût-ce que pour leur poésie singulière.

Ce nom des Uberti nous reporte déjà à une des époques les plus agitées de l'histoire de Florence, à l'époque où la Piazza était le forum de la république, où les chefs du peuple se réunissaient pour traiter, au vu de tous, les affaires du gouvernement, dans la Loggia, que venait de construire Orcagna. Mais, sans être une ville antique, Florence datait déjà de quatre siècles au moins. Son importance politique remontait à plus de deux siècles, et, depuis près de quatre-vingts ans, le castel Vecchio offrait aux chefs du peuple l'abri de ses murs massifs et sombres comme ceux d'une forteresse.

L'enfantement d'un peuple, d'une ville appelle les luttes sanglantes, les guerres intestines, les trahisons, les spoliations et les tortures. A Florence ce fut la vie de deux siècles. Guerres contre les villes voisines, jalouses de son développement; luttes entre les Guelfes et les Gibelins, représentés par les deux familles des Buondelmonti et des Uberti; dissensions intérieures sans trêve d'où sort, en 1282, la constitution démocratique qui sera le plus haut degré de développement des institutions démocratiques de la république. La lutte recommence plus ardente entre les blancs, le parti auquel appartient Dante, et les noirs; les Ricci et les Albizzi se combattent à leur tour, et de ce choc des partis se dégage déjà l'importance d'une famille plébéienne enrichie et ambitieuse, les Médicis. Le premier qui arrivera au pouvoir sera Jean de Médicis, élu gonfalonier en 1421. Le dernier régnant de cette famille, Jean-Gaston, mourra sans postérité en 1737, et la Toscane passera aux mains des princes de la maison d'Autriche.

Le palazzo Vecchio est, à cette époque, construit depuis de longues années. Il a été élevé, en 1298, par Arnolfo di Lapo. Ce château fort est bien le palais municipal d'une telle cité. C'est un carré de pierre énorme, où de rares fenêtres ogivales éclairent les salles intérieures, et que domine une haute tour plus ancienne où a souvent résonné la cloche appelant les citoyens au combat. Taddeo Gaddi ajoutera plus tard les créneaux en saillie et la galerie qui forment la crête de cette lourde construction. Le couronnement de la tour est du xve siècle. A côté, Orcagna a construit, ou plutôt a donné le dessin de la Loggia qui sera élevée en 1376, ce vaste portique destiné à servir de tribune pour les actes solennels qui devaient s'accomplir devant le peuple. On l'appelle d'abord Loggia dei Signori; elle ne deviendra la Loggia dei Lanzi que plus tard, lorsque Cosme Ier en fera un corps de garde pour ses lansquenets.

Cosme Ier, voulant établir sa résidence au palazzo Vecchio, en fit remanier et décorer tout l'intérieur. Déjà, sur l'idée émise par Savonarole, en 1494, Cronaca avait construit l'immense salle qui occupe toute une partie du palais. Vasari en éleva plus tard le plafond et il le décora de médiocres peintures, dont on retrouve d'autres spécimens encore dans un grand nombre de salles. Il construisit aussi, en 1540, toute la

FLORENCE. — Palais vieux.

façade qui donne sur la via del Leone, et où on disposa les appartements du grand-duc. Des fresques de Vasari y ont été découvertes, en 1884, en faisant des réparations qui ont mis à jour ces peintures, plus curieuses, du reste, par leur ancienneté que par leur mérite. La cour intérieure, qui est l'œuvre de Michelozzo (1534), est bien plus remarquable. Elle est entourée de portiques dont les colonnes et le plafond sont surchargés d'arabesques, exécutées, un siècle plus tard seulement, par Marco da Faenza, et au milieu s'élève une fontaine, une simple coupe de porphyre, que surmonte une statue d'enfant tenant un poisson, sculptée par Verocchio pour une villa de Laurent le Magnifique. On ne peut imaginer contraste plus frappant entre cette cour sombre, à l'ornementation si chargée, et la haute façade de l'extérieur.

Le *David* de Michel-Ange n'est plus devant la façade, sur le piédestal où on l'avait élevé en 1504, et ce n'est pas le groupe d'*Hercule et Cacus*, de Baccio Bandinelli, qui le fera oublier. Longtemps on reste à regarder la masse énorme de ce château à l'aspect féodal. Cherchant l'ombre, j'étais allé m'asseoir sur le soubassement de la balustrade qui ferme la Loggia dei Lanzi, et, de là, je contemplais, la Piazza, dont les larges dalles qui la pavent, comme toutes les rues de Florence, renvoyaient les rayons brûlants du soleil. La partie en retrait semblait comme coupée du reste de la place par la statue équestre de Cosme Ier, sculptée par Jean de Bologne, et la grande fontaine de Neptune et des Tritons, élevée par Ammanato, sur l'ordre de Cosme, sur l'emplacement même où s'était dressé le bûcher de Savonarole.

En me retournant, je vis que j'étais adossé au socle qui supporte la *Sabine enlevée* de Jean de Bologne. Bien d'autres que moi avaient dû, devaient encore s'accoter à la même place ; le marbre, usé, limé par ces frottements continus, ne l'indiquait que trop, et je m'étonnai à part moi de l'incurie avec laquelle on laissait cette œuvre superbe ainsi menacée de dégradation. Il y a si longtemps que cela dure, se dit-on, sans doute. Je devais par la suite constater bien d'autres preuves de la négligence municipale, et j'arrivai bientôt à ne plus m'étonner de rien à ce sujet.

Un escalier de marbre de quelques marches, défendu par deux lions de marbre, donne accès dans la Loggia, qui abrite quelques statues antiques, puis la *Judith et Holopherne*, en bronze, de Donatello ; l'*Hercule terrassant Nessus*, de Jean de Bologne ; son *Enlèvement des Sabines*, que je venais de si peu respecter, et le *Persée tenant la tête de la Méduse*, le merveilleux bronze de Benvenuto Cellini, dont le piédestal, encastré dans la balustrade, comme celui des *Sabines*, est orné de magnifiques bas-reliefs rappelant l'histoire d'Andromède.

Ces groupes si remarquables qui font de la Loggia un véritable musée se détachent à merveille sous les arcades des portiques. Il faut s'éloigner de quelques pas pour les apprécier dans ce cadre dans toute leur beauté, puis reculer encore pour bien saisir l'ensemble de la Loggia, je ne dis pas au point de vue de son architecture, mais pour son ensemble, pour l'effet gracieux qu'elle donne à côté de la lourde masse du Castello Vecchio. Je ne sais comment décrire l'impression complexe que l'on ressent dans la contemplation de ces deux monuments, de cette place qui vous plaît par son irrégularité même. Il en est beaucoup de plus belles, j'en connais peu qui aient un caractère plus tranché.

II. — LES UFFIZI. – LE PALAIS PITTI. — SAN-LORENZO. – LA CHAPELLE DES MÉDICIS.

J'allais parler immédiatement du Dôme, mais le souvenir des Médicis, que je viens d'évoquer, me porte à dire aussitôt quelques mots sur les Uffizi, le palais Pitti, San-Lorenzo et la chapelle des Médicis. Je les réunis à dessein sans avoir besoin d'expliquer autrement ma pensée. Je serai bref d'ailleurs, car pour raconter les quatre monuments et les chefs-d'œuvre qu'ils contiennent, il faut être ou très court ou très long. Je ne vois pas comment on garderait la moyenne.

Cosme Ier, qui venait de transporter sa résidence de son palais de la via Larga dans les bâtiments du castello Vecchio agrandis par Vasari, confia quelques années plus tard à cet artiste de talent la construction d'une galerie grandiose qui devait mettre le castello Vecchio en communication avec le palais Pitti dont venait d'hériter

FLORENCE. — Cour du palais vieux.

la grande-duchesse Éléonore. Vasari donna le plan du portico degli Uffizi, qui fut élevé de 1560 à 1574. Ces doubles portiques, qui soutiennent les deux vastes galeries parallèles où sont réunies tant de richesses artistiques, encadrent de leurs bâtiments imposants une sorte de large rue conduisant de la piazza della Signoria à l'Arno en passant sous une troisième galerie transversale qui relie les deux premières, et se continue le long du fleuve presque jusqu'au ponte Vecchio. La construction achevée, on plaça dans les galeries les magnifiques collections que Cosme Ier possédait, et que complétèrent d'une si admirable façon Ferdinand Ier et Cosme II. Ces deux souverains en augmentèrent l'importance de telle sorte que, par la suite, on dut joindre aux deux galeries plusieurs salles prises sur les maisons voisines.

Au second étage, dont une des salles fut réservée à l'Académie della Crusca, se trouve maintenant installée la Bibliothèque nationale, formée depuis 1860 de la réunion de la Bibliothèque palatine et de la Bibliothèque Magliabecchi, mise à la disposition du public en 1747. A côté se trouve l'important dépôt des archives de la Toscane. Au premier étage sont les galeries et les salles, dont chacune porte un nom fameux, qui renferment les trésors artistiques réunis depuis des siècles, trésors qui en font un musée merveilleux, non pas seulement pour l'importance exceptionnelle des quelques œuvres hors pair qu'elles contiennent, ce serait en comprendre mal la valeur, mais parce qu'on y trouve une sorte de résumé de l'art à toutes les époques et dans toutes ses manifestations. Peintures de tous les temps et de toutes les écoles, bronzes, statues, terres cuites, dessins originaux, pierres gravées, monnaies et médailles, pierres précieuses, ivoires et camées, musée étrusque, tout se trouve aux Uffizi ; on peut tout voir, tout étudier, suivre la transformation de l'art, ses tâtonnements, son apogée et sa décadence, et quand, après maintes visites, on s'est imprégné de cet esprit de l'art, on peut s'arrêter et revenir devant quelques toiles et quelques sculptures admirables qu'on n'a jamais assez regardées.

Quel est le nombre des peintures accrochées dans les galeries et les salles ? Treize cents, je crois ; mais là n'est pas le principal. Comme œuvres de sculpture, il y en a également quelques centaines, mais est-ce au nombre qu'on peut mesurer l'importance d'un musée comme celui des Uffizi ? Est-ce là ce qui ajoutera tant soit peu d'intérêt aux œuvres particulièrement remarquables que renferme la *tribune*, la salle octogone que construisit Buontalenti ? Cette salle unique peut-être au monde par les œuvres qui y sont renfermées se trouve dans la galerie de gauche après la salle des maîtres anciens et de l'école toscane ; puis viennent les salles de l'école italienne, de l'école hollandaise, de l'école allemande et flamande, de l'école française. Le corridor de l'aile du bâtiment donnant sur l'Arno ramène à l'autre galerie des Uffizi, où se trouvent les bronzes antiques, la salle de la Niobé, la salle du Baroccio, celle de l'Hermaphrodite, des camées, des portraits de peintres, de la sculpture moderne, de l'école vénitienne. Dans la galerie qui aboutit à cette extrémité, la galerie qui conduit au palais Pitti, on a réuni les gravures, une collection de portraits des Médicis et de portraits d'hommes illustres.

La salle de la Tribune est petite, assez mal éclairée, trop chargée d'ornements dans sa coupole ; mais l'intérêt se porte sur les œuvres qui y sont renfermées. Cinq statues, cinq statues antiques, en occupent le centre : la *Vénus de Médicis*, l'*Apollino*, le *Rémouleur*, les *Lutteurs*, le *Faune dansant*, dont Michel-Ange a refait la tête et les bras. Aux murs, je ne peux citer tous les tableaux, *Vénus et l'Amour*, du Titien ; la *Sainte Famille*, de Michel-Ange ; la *Madone entre saint François et saint Jean l'Évangéliste*, d'Andrea del Sarto ; la *Circoncision*, de Mantegna ; la *Vierge adorant l'enfant Jésus*, du Corrège ; un portrait de Francia ; le *Jules II*, de Raphaël ; la *Vénus*, et la *Vénus d'Urbin*, du Titien ; l'*Adoration des mages*, d'Albert Dürer ; l'*Hérodiade*, de Luini ; et de Raphaël un portrait de femme, *Saint Jean adolescent* et la célèbre *Vierge au chardonneret*.

Mantegna, Ghirlandajo, le Sodoma, Léonard de Vinci, Filippo Lippi, Botticelli, Luca Signorelli, Fra Angelico, les Carrache, le Guide, Giovanni Bellini, Paris Bordone, le Giorgione, les Palma, Gentile da Fabriano, puis Rubens, Van Dyck, Rembrandt, Ruisdaël, Claude Lorrain, Téniers, je cite quelques noms seulement au hasard, tels qu'ils me reviennent à la mémoire, ont leurs œuvres aux Uffizi. C'est là que se trouve la célèbre *Flora* du Titien. Une simple promenade, je ne dis pas une visite minutieuse, une visite d'étude, vous procure la plus délicate, la plus absolue jouissance.

Au palais Pitti, même amoncellement de chefs-d'œuvre et de belles œuvres, même

Florence. — Loggia dei Lanzi.

embarras pour en nommer quelques-unes sans en oublier quelques autres, et l'énumération des grands artistes qui composent ce second musée ramènerait les mêmes noms, la désignation des mêmes écoles. Que dis-je même embarras? mais l'hésitation est bien plus grande encore, car il faudrait presque rappeler quatre cents toiles sur cinq cents qui se trouvent dans cette collection unique au monde.

Filippo Lippi y compte une superbe *Vierge avec des saints*. Le Pérugin y est représenté par un chef-d'œuvre, la *Pietà*, Fra Bartolommeo par une *Pietà* d'une profondeur de sentiment incroyable, Andrea del Sarto par une suite de peintures magnifiques. Il y a douze toiles au moins de Raphaël et parmi elles l'adorable *Vierge au grand-duc* et la *Vierge à la chaise*, encore la *Vierge au baldaquin*, et des portraits, celui de Jules II, celui de Léon X, et sa *Vision d'Ézéchiel* d'un très grand caractère. Le Titien est représenté par les portraits d'Hippolyte de Médicis et de l'Arétin, par la *Bella* et la *Sainte Madeleine*, Rubens a les quatre portraits de la *Guerre;* Van Dyck, le cardinal Bentivoglio et le *Repos en Égypte;* Rembrandt, deux portraits, et Vélasquez le portrait équestre de Philippe IV.

Une seule chose m'a gâté le palais Pitti, je le dis très nettement : c'est l'abus des pourboires. Alors que dans toute l'Italie, — et le fait est assez nouveau pour qu'on le note — on s'efforce dans toutes les galeries, dans tous les monuments publics de réagir contre cet abus des « bonne main » qui est la vraie plaie de l'Italie, on vous fait payer au palais Pitti non seulement pour visiter la galerie, mais pour le cabinet de l'argenterie, pour la chapelle, pour les appartements, pour ceci, pour cela, en dehors du tarif officiel, j'en suis persuadé, et le quémandeur eût-il la livrée royale, on n'en est que plus choqué de ces petites exactions si souvent répétées.

La collection qu'il contient ne doit pas faire oublier le palais Pitti. Ses bâtiments occupent un énorme espace au haut de la rue Guicciardini, sur une place en pente délimitée par des terrasses. On ne peut imaginer rien de plus monumental; mais, malgré la magnifique proportion des étages, malgré la savante ordonnance des lignes, malgré l'équilibre de l'ensemble — je ne sais si je traduis bien l'impression que je veux définir, — je n'ai été aucunement séduit. Il est incontestable que la première sensation est celle de la lourdeur, presque de l'écrasement. Cela provient en très grande partie du style général, ce style à bossages, qui entassait les pierres brutes, taillées seulement aux arêtes; cela provient aussi de l'étendue de sa masse, car le palais Strozzi ne produit pas cette impression. Aucun ornement ne vient rompre cette rude monotonie, mais la gradation est des plus savantes dans cette masse de rocs superposés. Sans quoi on ne pourrait en supporter la vue. Les terrasses sont formées de blocs énormes, de quartiers de rocs entiers, rugueux, noirâtres, et sur cette base brute et massive s'élève le palais, qui, par comparaison seulement, ne semble pas écrasant.

De l'autre côté du palais s'étendent en pente, en une pente coupée par des bosquets, des tapis verts et des cascades, les jardins Boboli, décorés d'urnes et de statues. Dans ces allées, sur ces quinconces, dans son amphithéâtre disposé pour des représentations, toute la cour des Médicis a promené ses intrigues et ses vastes conceptions. Courtisans couverts de robes de velours et d'or, artistes, littérateurs et savants ont reçu un accueil, un encouragement intelligent et prodigue. Le palais Pitti ne fut pas construit par les Médicis, mais bien par un de leurs ennemis les plus acharnés. Cependant il leur appartient en entier; ils en ont fait leur œuvre en en complétant les bâtiments, en en faisant terminer la décoration, en y réunissant enfin l'admirable galerie si justement célèbre qu'il contient.

A un autre bout de la ville, de l'autre côté de l'Arno s'élève San-Lorenzo que Brunelleschi reconstruisit en 1425. C'est là encore un monument de la munificence et de la grandeur des Médicis, car ils contribuèrent pour la plus grande partie à la réédification, à la transformation dont Brunelleschi avait donné les plans. L'ancienne église venait d'être détruite par un incendie, le grand architecte en renouvela la forme et il y ajouta sur les côtés des chapelles en forme de niche. Michel-Ange donna plus tard le dessin de la façade intérieure, mais son plan ne fut jamais exécuté.

C'est dans ce beau monument, sous le chœur, que reposent les restes du premier des Médicis, de Cosme l'ancien. Celui que la seigneurie honorait du nom de Père de la Patrie avait exigé d'être inhumé sans pompe, sans éclat; il ne voulait même pas qu'un mausolée marquât la place de sa tombe; il fut inhumé dans le chœur et personne ne connaîtrait la place que son tombeau occupe si une simple inscription dans le pavé de l'église ne venait renseigner le passant.

A gauche du chœur s'ouvre la vieille sacristie élevée par Brunelleschi. Brunelleschi en a dessiné la coupole, Donatello a sculpté les bas-reliefs, les statues des quatre évangélistes qui se trouvent placés sous cette coupole même, puis les belles portes en bronze de l'entrée, et encore le tombeau en marbre des parents de Cosme l'ancien, Jean Everard de Médicis et Piccarda Bueri, qui s'élève au milieu de la sacristie. A gauche de l'entrée

FLORENCE. — Fenêtre du Musée national.

est le beau monument de Pierre de Médicis, le père de Laurent le Magnifique, où son frère Jean-Laurent devait lui-même être inhumé plus tard.

Mais ceci ne représente qu'une époque de la vie des Médicis, et San-Lorenzo, qui est le Saint-Denis de leur dynastie, renferme d'autres monuments encore de leur gloire et de leur orgueil. L'un est la « nouvelle sacristie » bâtie par Michel-Ange sur les ordres du pape Clément VII (Jules de Médicis) comme mausolée de la famille des Médicis, de 1523 à 1529. L'autre est la chapelle des Princes, sépulture de tous les grands-ducs de la maison de Médicis, élevée en 1604 par Matteo Nigetti sur les plans de Jean de Médicis. On suit, pour ainsi dire, dans leur construction, dans leur décoration la décadence de ceux qui les ont fait ériger.

La nouvelle sacristie est l'œuvre entière de Michel-Ange, œuvre sévère et froide, mais conçue dans des proportions admirables, qui ne fut jamais terminée, au point de vue mausolée, et qui renferme les deux tombeaux grandioses de Julien de Médicis et de Laurent de Médicis. Ce furent les seuls qu'il exécuta. L'ensemble de cette simple construction carrée, surmontée d'une coupole, est déjà d'une grande beauté, et il n'est personne qui ne connaisse le modèle des incomparables statues ornant les deux tombeaux qu'elle recouvre.

Dans l'un, Julien de Médicis, le bâton de commandement sur ses genoux, semble prêt à s'élancer au combat. Au-dessus de lui, sur le sarcophage, sont les deux figures du Jour et de la Nuit, deux symboles auxquels on a donné bien des interprétations.

Vis-à-vis est le tombeau de Laurent II de Médicis, *Il Pensiero*. Au-dessous le sarcophage porte les statues du Crépuscule et de l'Aurore, qui complètent celles de l'autre tombeau.

Puis à côté est la chapelle des Princes. Ici plus rien de ce style noble et sévère qui donne tant de puissance à la nouvelle sacristie. Cette construction octogone, surmontée d'une coupole, devient presque choquante par la profusion de ses marbres et de ses mosaïques. On dit que les Médicis ont dépensé vingt-deux millions dans la construction et la décoration de cette chapelle. Ceux qui l'ont fait élever ont oublié, en tout cas, le goût si sûr, si fin de leurs ancêtres. Ils n'en ont gardé que leurs traditions de magnificence et ils en ont fait de la prodigalité.

Ce sont là des œuvres inférieures et inutiles. Il ne faut pas quitter les Médicis sur ce souvenir, mais plutôt sur celui que laisse un dernier édifice, une grande et belle institution. Je veux parler de la bibliothèque Saint-Laurent, de la Laurenziana qui tient au beau cloître élevé à côté de San-Lorenzo. Cosme l'ancien l'a fondée et ce fut encore Michel-Ange qui en donna les plans.

III. — LE DÔME.

Il semble qu'on ne puisse mieux commencer toute description du dôme, qu'en rappelant les termes nobles, fiers et pleins d'un orgueil confiant du décret par lequel les Florentins décidèrent, en 1294, d'élever un temple qui surpassât en grandeur et en splendeur tous les édifices religieux existant alors en Italie.

« Attendu qu'il est de la souveraine sagesse d'un peuple de grande origine, de procéder en ses affaires, de telle façon que, par ses œuvres extérieures, on puisse reconnaître non moins la sagesse que la magnanimité de sa conduite, il est ordonné à Arnolfo, premier architecte de notre commune, de faire les modèles ou dessins pour la rénovation de Santa-Maria Reparata, avec une si haute et si prodige magnificence, que l'industrie et la puissance des hommes ne soient jamais capables de rien inventer de plus vaste et de plus beau; selon ce que les citoyens les plus sages ont dit et délibéré en séance publique et en comité secret, les affaires de la commune ne devant être

FLORENCE. — Portique des offices.

entreprises que si on a le projet de les exécuter, de telle façon qu'elles répondent à une seule âme qui devient la plus grande, parce qu'elle se compose des âmes de tous les citoyens unis dans une même volonté. » ... *Corrispondenti ad un cuore che vien fatto grandissimo perche composto dall' animo di piu cittadini uniti insieme in un sol volere,* dit la grandiose et pompeuse phrase italienne.

Mais l'ampleur même que rêvaient les Florentins pour leur cathédrale devait les condamner à voir se perpétuer pendant des siècles l'accomplissement de l'œuvre dans laquelle ils mettaient leur gloire et leur orgueil et qui est à peine terminée aujourd'hui. Arnolfo del Cambio commença aussitôt, en 1298, les travaux qui lui étaient confiés, et qui, interrompus à sa mort, en 1310, furent repris, continués par Giotto, de 1334 à 1336. Déjà on trouvait insuffisant le plan primitif; on rêvait de faire plus grand encore; la conception première fut agrandie par Franc. Talenti qui, à partir de 1357, éleva la nef majeure et l'abside. Enfin, en 1418, on mit au concours le modèle de la coupole qui devait dominer la masse des constructions, et Filippo Brunelleschi fut chargé d'exécuter les dessins qu'il avait soumis aux Florentins. On travailla quatorze années, de 1420 à 1434, à élever la coupole, et la lanterne qui la surmontait ne fut même achevée qu'en 1462. Il y avait cent soixante ans qu'était commencé ce travail gigantesque. L'église avait été consacrée le 25 mars 1436, et les parties libres avaient été livrées au culte, tandis que se poursuivaient les travaux qui, du début à cette époque, avaient été successivement conduits par Arnolfo del Cambio, Giotto, Taddeo Gaddi, Orcagna, Lor. di Philippo et Brunelleschi.

Un siècle et demi plus tard, en 1588, la façade dont Giotto avait donné le dessin, et qui était à moitié construite déjà, fut démolie. On projetait de la remplacer par une façade d'un dessin plus en rapport avec les idées architecturales du temps, mais l'exécution de ce plan malheureux fut à peine ébauchée, et le simple mur de clôture, il ne méritait guère un autre nom, qui fut élevé resta nu, désolé, attendant ou une réfection entière ou une décoration quelconque. En 1688, on essaya d'y placer des peintures dont l'effet fut jugé déplorable, et pendant près d'un siècle on s'en tint à des projets dont l'exécution ne fut même pas tentée. A notre époque enfin, on résolut de compléter par une vaste façade, s'harmonisant avec le reste de l'édifice, l'œuvre décrétée par le conseil communal qui siégeait en 1294, et le modèle présenté par l'architecte de Fabris fut accepté. Quelques années se passèrent encore avant son exécution. Victor-Emmanuel, comme s'il voulait remercier Florence de son vote en faveur de l'annexion, s'était empressé, dès 1860, de venir poser la première pierre de la façade nouvelle; mais on ne travailla véritablement à la mise en place qu'à partir de 1875, et le professeur de Fabris n'a pu voir l'achèvement de son projet. A sa mort, il a été remplacé par son élève, son aide dans cette œuvre considérable, le professeur Luigi del Moro, qui aura eu cette joie immense d'avoir mené à bien le difficile travail entrepris malgré les attaques, malgré les critiques de toute sorte, d'avoir pu enfin faire disparaître de la façade de Santa-Maria les tristes échafaudages qui l'ont cachée aux yeux de tous pendant une si longue période d'années. Le dôme déploie maintenant, sans entraves, la majesté de ses constructions. Reste encore à compléter la décoration, à placer dans les niches toutes les statues qu'elles doivent contenir. Lors d'une de ses dernières visites à Florence, en 1886, le roi Humbert s'engagea pour une somme de cent mille francs, destinée à parfaire l'exécution des portes du dôme. Que de millions auront été absorbés par cet immense travail! quel effort de l'esprit humain il a fallu pour en achever la réalisation!

Lorsqu'on fait, pour la première fois, le tour de cet incomparable édifice, lorsqu'on examine cette œuvre, une des plus imposantes qui se puissent voir, on est tellement saisi par son ensemble, par la force, la puissance réelle qui se dégage de la masse de ses murs pleins qui ne prennent qu'en eux-mêmes leur soutien, qu'on ne cherche pas à analyser le pourquoi de cet effet puissant auquel concourt, pour lui donner son admirable proportion, le dôme immense qui plane au-dessus de l'édifice sans l'écraser. Ce n'est que peu à peu que l'on descend aux détails de cette architecture si étrangement mélangée, de cette décoration de panneaux de marbre jaune et noir dont

FLORENCE. — Façade postérieure du palais Pitti.

la surface polie donne comme une sorte de glacis à la construction entière. On en fait le tour à pas lents, car il faut la contempler sous toutes ses faces, s'arrêter longtemps devant le campanile dont les quatre parois, revêtues de marbre blanc, rouge et noir, présentent de si élégants profils. On le dirait construit d'hier. Il paraît aussi neuf, aussi solidement assis que la façade nouvelle. Avant d'entrer dans l'église, il faut encore regarder les bas-reliefs des portes qui s'ouvrent dans chaque bas côté.

L'intérieur vous saisit par la grandeur de ses proportions. Il a 169 mètres comme longueur totale et 104 mètres de large au transept. La coupole, sous laquelle s'élève le chœur, a 91 mètres de haut et 107 avec la lanterne. Le vaisseau de la basilique est si vaste qu'elle paraît nue. La décoration en est, d'ailleurs, très sobre et les statues, les monuments qu'elle renferme sont incapables de la remplir, de l'animer. Il lui manque en outre une lumière vive, entrant largement, éclairant l'édifice dans toutes ses parties dont quelques-unes restent, au contraire, dans une ombre peu favorable à l'aspect général. Cependant il est nécessaire de voir la clôture de marbre du chœur, un *Christ au tombeau* inachevé, de Michel-Ange, puis, derrière le maître autel, les bas-reliefs en terre cuite de della Robbia, au-dessus des portes des sacristies, comme curiosité, le portrait de Dante peint sur bois en 1465, par Domenico di Michelino, la statue de Bracciolini, par Donatello, quelques sculptures encore dispersées dans cette immensité; mais le reste ne vaut pas qu'on s'arrête plus longtemps; mieux vaut ressortir et contempler une fois encore l'imposant monument dans lequel les ouvriers successifs de cette œuvre grandiose ont réalisé le programme qui était dicté en 1294, au premier d'entre eux, dans cette recommandation de travailler « avec une si haute et si prodigue magnificence que l'industrie et la puissance des hommes ne soient jamais capables de rien inventer de plus vaste et de plus beau... »

Je me refusai ce jour-là à entrer au baptistère, cette merveille que je devais visiter si souvent ensuite; mais je préférais reprendre ma course au travers de la ville et ne revenir vers le temple que Dante appelait « mio bel San-Giovanni », qu'après m'être reposé les yeux qui papillotaient encore de cette curieuse mosaïque de marbre sur laquelle la lumière se brisait en brillants éclats.

IV. — LES CASCINES.

Je pris un fiacre — ils sont propres et bien attelés — et j'allai aux Cascines. Je rejoignis le Lungarno au ponte alla Carraja et, par le beau quai neuf, je parvins à ce parc si joliment situé sur le bord du fleuve, à ces jardins célèbres où la société élégante se retrouve chaque jour et fait de son vaste rond-point, du *piazzone,* un véritable salon ensoleillé, animé par la foule des équipages et des cavaliers, bruissant du murmure des conversations. On s'y salue, on s'y rend des visites, les hommes, du moins, qui vont de voiture en voiture et causent un moment à la portière; on règle l'emploi de sa soirée sur un mot échangé; on se demande quelques nouvelles, quelques renseignements sur les nouveaux arrivés de la colonie étrangère toujours si nombreuse; puis tout ce monde cosmopolite, où les Anglaises tiennent une large place, remonte lentement vers la ville, va grignoter un gâteau ou manger une glace chez Doney et rentre pour recommencer le lendemain sa même promenade favorite, sans même songer qu'il y ait dans les Cascines une autre avenue que celle qui conduit au rond-point, de jolis chemins courant sous une épaisse futaie ou longeant le fleuve avec, d'un côté, une épaisse charmille qui vous sépare des bois, de l'autre l'espace, la vue des collines qui s'étagent sur le bord opposé du fleuve, et au bout une large échancrure de montagnes, où dans le lointain s'enfonce l'Arno dont on distingue longtemps le cours sinueux entre les prés verts. Les Cascines sont assez étroites, mais longues de trois ou quatre kilomètres, bien protégées, l'hiver, du vent du nord par la masse de ses arbres. En revenant

FLORENCE. — LA CATHÉDRALE. — LE BAPTISTÈRE.

vers le *piazzone,* je trouvai la foule à peu près dispersée. Je me dirigeai aussi vers la ville, mais en coupant à travers champs, de façon à rejoindre la route qui passe devant le palais de San-Donato, l'ancien palais où le prince Demidoff avait rassemblé de si magnifiques collections qu'il vendit lorsque la fantaisie lui prit d'aller s'installer à Pratolino.

J'aperçus, en passant derrière les murs du parc, les vastes bâtiments, la petite coupole qui domine le pavillon central; cela me parut un peu désert, mais fort beau, entouré de jardins magnifiques un peu humides peut-être; puis au delà du pont jeté sur le Terzolle, ma voiture s'engagea dans une rue assez large, une rue ouvrière, gaie, animée, peuplée, qui me ramena à la porta al Prato. Des jardins se devinaient derrière les maisons, quelques-uns même arrivaient jusqu'à la rue et les branches des arbres enjambaient sur le mur et laissaient pencher leurs grappes de verdure. Au bruit de ma voiture, des têtes curieuses se montraient aux fenêtres, des têtes de femmes un peu larges, mais éclairées par un œil noir et vif, les enfants couraient derrière moi. Dans ce quartier pauvre, il n'y avait pas apparence de misère, mais plutôt de vie heureuse et facile.

A la porta al Prato, je croisai un grand nombre d'ouvriers de fabriques qui, leur journée finie, rentraient dans leurs demeures situées hors de la ville, celles-là mêmes devant lesquelles j'étais passé, et leur aspect ne changea pas ma première impression.

Mais plus tard je vis d'autres quartiers éloignés du centre et dans quelques-uns d'entre eux comme dans le centre même, hélas! j'eus à constater de moins gais spectacles, des maisons à moitié effondrées où s'entasse une population sale et misérable, de vieux bâtiments — cela dans le centre — suintant la misère et le vice. Certes il est fâcheux, au point de vue de l'art et du pittoresque, qu'on fasse disparaître le Mercato Vecchio, mais il le faut tout au moins pour la salubrité de la ville. Dieu sait s'il était temps qu'on mît la pioche et la pelle dans l'agglomération de vieilles maisons et de ruelles sombres où s'élevait le Mercato, et bien près de là le Ghetto.

V. — LES VIEUX QUARTIERS.

On pourrait presque aller à Florence et y passer quelques jours sans même soupçonner la vieille ville, tant elle se trouve former un îlot bien circonscrit, entre les trois ou quatre voies que l'on suit le plus ordinairement et qui sont les voies les plus passantes et même les voies élégantes. La masse de maisons dont je parle se trouve, en effet, limitée d'un côté par la via Tornabuoni, qui va de la piazza Antinori, près de la via de Cerretani, au ponte Santa-Trinita, et où se trouvent les magasins élégants, de l'autre, par la via Calzajoli, toujours si fréquentée, et dans l'autre sens de la via Porta Rossa jusque derrière l'archevêché. Dans cette partie qui était le véritable cœur de l'ancienne ville, le centre géographique exact, comme le marque la colonne qui supporte une statue de l'Abondance de Poggini, les palais et les masures, les restes de vieilles tours, de portiques, d'antiques oratoires étaient agglomérés, entassés le long de ruelles étroites et sombres contournant une maison, revenant dans un autre sens passant sous une arcarde, se heurtant à un escalier extérieur, et dans les démolitions qui se poursuivent, on aura plus d'une surprise comme celle causée par la mise

FLORENCE. — Portique de la chapelle Pazzi.

à jour de la façade de l'Oratorio di Santa-Maria della Tromba. Celle-ci avait disparu sous la devanture d'un marchand de vin ou de fromage qui cachait sous ses planches d'adorables colonnes torses soutenant un arc d'une grande finesse et le portail de la petite église.

Elle s'élevait à l'angle du Mercato Vecchio, à côté de l'ancien palais Caponsacchi. Sur un autre côté de la place était la Loggia delle Pesce, et au coin de la via

Ferravecchi la petite église San-Pierino; plus loin encore, au coin de la via dei Vecchietti, un petit Diable en bronze, modelé par Jean de Bologne, qui a laissé sur cette terre florentine tant d'œuvres remarquables. Je dis que cela y « était », car, au moment même où je quittais Florence, on commençait les démolitions qui devaient transformer ce quartier et en faire — telle était l'intention du moins — un des plus riches de la ville. Déjà depuis 1881, le marché de la viande, des légumes et du poisson avait été fermé et la vieille place, si tumultueusement animée jadis, avait un peu perdu de son aspect antique.

Mais, hélas! elle restait sale et noire, et malgré tout, le pittoresque de ce vieux quartier, et du Ghetto lui-même qui était sordide, délabré outre mesure, attirait par la marque si profondément imprimée qu'il portait des anciens temps.

Tout cela était sombre, hideux, repoussant et en réalité cela ne doit pas inspirer plus de regrets que toute autre cour des Miracles.

Mais tout ce que je souhaite, c'est qu'on ne touche en rien à l'église d'Or San-Michele, et j'entends par là, non seulement à l'église elle-même dont la façade ouvre sur la via Calzajoli, mais à ses alentours directs qui correspondent à la via Calimara.

C'est un petit édifice remarquable, d'un caractère très fin, un bijou précieux qu'il faut pieusement conserver avec son aspect sombre et sale, disons le mot, avec son encadrement de maisons qui l'enserrent de leurs murs également noirs. Rien n'est plus curieux que cette construction, une ancienne halle surmontée d'un grenier et dont Taddeo Gaddi fit, en 1336, un oratoire divisé en deux nefs, au-dessus duquel est une halle aux grains. Puis rendez-vous compte de sa remarquable décoration. Chaque corporation de la ville s'étant chargée de faire construire un pilier et de placer dans une des niches disposées à cet effet la statue de son patron, on voit successivement sur chacune de ses façades : un *saint Luc*, par Jean de Bologne, représentant les juges et les notaires ; le très beau groupe du *Christ et de saint Thomas*, par Verocchio, pour les commerçants ; le *saint Jean-Baptiste* de Ghiberti, pour les marchands de drap ; *saint Jean l'Évangéliste*, de Baccio de Montelupo, don des tisseurs de soie ; le magnifique *saint Georges*, patron des armuriers, de Donatello, qui remplace *la Vierge*, don des médecins et pharmaciens, de Mino da Fiesole, transportée à l'intérieur de l'église ; le *saint Jacques* de Nanni di Banco, commandé par les pelletiers ; le beau *saint Marc* de Donatello, don des menuisiers, et encore *saint Éloi* pour les maréchaux ferrants, par Nanni di Banco ; un remarquable *saint Étienne*, patron des drapiers, par Ghiberti; *saint Mathieu* pour les changeurs, par Ghiberti et Michelozzo ; et au-dessus une *Annonciation* de Nicolas d'Arezzo ; un autre *saint Georges*, en bas-relief, de Donatello ; quatre *saints* représentant les maçons, charpentiers, forgerons et tailleurs de pierre, par Nanni di Banco, qui, à côté, a encore exécuté pour les cordonniers un *saint Philippe*, et enfin *saint Pierre*, représentant les bouchers, par Donatello. Au-dessus de chacune de ces statues un médaillon en terre cuite, dont plusieurs sont l'œuvre de Luca della Robbia, fait ressortir de sa note claire et luisante les armoiries de ces différentes corporations.

J'ai vu peu de monuments qui fussent en un sens plus intéressants, je dirai même plus instructifs, car il porte avec lui non seulement l'histoire communale de la ville, mais l'histoire d'un siècle d'art présenté à tous par ses principaux représentants. La plus ancienne de ces statues est de Nicol. d'Arezzo, elle date de 1400. La dernière exécutée est le *saint Luc* de Jean de Bologne, daté de 1562. L'intérieur a des souvenirs plus anciens encore, puisque son magnifique maître-autel en marbre orné de pierres fines, décoré de bas-reliefs, a été achevé par Orcagna en 1359, et sur l'autel même est une gracieuse *Vierge de Bern. Daddi*, sculptée en 1347. La *Sainte Famille*, placée à l'autel qui se trouve sous l'orgue, est de Francesco da Sangallo.

Je pense qu'après une telle énumération on comprendra la prédilection que je disais avoir gardée pour Or San-Michele et, je le répète, si j'avais un vœu à formuler, ce serait de la voir subsister toujours dans son cadre de vieilles maisons, dont l'une derrière l'église — elle y est reliée par un énorme arc-boutant — est la « maison des cardeurs de laine », ainsi que l'indique l'agneau porté sur les armoiries qui décorent la façade.

La via Calzajoli, qui passe devant la façade de l'église et qui touche, comme je l'ai dit, d'un

FLORENCE. — Mercato-Vecchio.

bout à la piazza della Signora, de l'autre à la piazza del Duomo, montre bien, par l'allure de ses maisons, qu'elle dépendait des anciens quartiers. Les boutiques ouvertes au ras de la rue, les grands magasins décorés à la moderne avec leurs devantures brillantes, leurs inscriptions en lettres d'or en changent évidemment la physionomie ; mais son peu de largeur et les ruelles qui y débouchent suffiraient à marquer l'époque de sa construction qui est la même pour tout le quartier, s'étendant jusqu'à la via Tornabuoni, et remontant en suivant l'Arno jusqu'au ponte alle Grazie. C'est encore de ce côté qu'il faut aller se promener mainte fois, et après avoir passé les Uffizi, s'engager du côté de la loggia del Grano, dans une des rues aboutissant au quai, pour gagner l'église de San-Firenze, en face de laquelle s'élève le palais Gondi, et ensuite le Bargello, auquel fait vis-à-vis la Badia. Là, dans cette via Librai, dans la via del Proconsolo, dans la via Borgo d'Albizzi, qui la coupe à angle droit et qui est bordée de superbes palais : palazzo Copparello, palazzo Nonfinito, palazzo Pezzi, palazzo Altoviti, palazzo Albizzi, là, vous êtes dans la vraie, dans l'ancienne Florence, dans la Florence du XVe et du XVIe siècle. Combien d'autres superbes demeures renferme ce vieux quartier, qui venait ainsi aboutir à l'extrémité de la place du Dôme, et d'autre part vers Santa-Croce, le Panthéon florentin !

VI. — LE BARGELLO.

Mais on ne passe pas devant les sombres murailles du Bargello, sans vouloir le visiter, et je me hâte d'autant plus volontiers d'en parler que la vieille demeure écussonnée des podestats est pour moi un des édifices les plus intéressants de Florence, en dehors même des pièces curieuses et même très rares du musée qu'on y a installé.

A l'extérieur, il a un peu, avec moins de largeur peut-être, et sans galerie supérieure, l'aspect du Castello. Ce sont de hauts murs de pierre coupés de fenêtres ogivales, des murs épais, rébarbatifs, contre lesquels ont dû se heurter bien des fois les émeutes populaires, dans les luttes qui ensanglantèrent si longtemps la cité, aux XIIe et XIIIe siècles.

De la fin du XVIe siècle à 1859, le Bargello a servi de prison, et maintenant ses salles ont été disposées pour recevoir des collections appartenant soit à l'État, soit à des particuliers, entre autres, les bronzes et les marbres de la Renaissance qui se trouvaient aux Uffizi et au castello Vecchio, et une magnifique réunion de terres cuites, des della Robbia.

Mais entrez, traversez le vaste vestibule, la galerie du rez-de-chaussée, où l'on a placé une magnifique collection d'armes, et une fois dans la cour intérieure, admirez le pittoresque du lieu. Rien n'est comparable à cette cour du Bargello, pour son grand et sombre caractère que datent les armoiries encastrées dans les murailles, sur les arcades de la galerie. Un portique aux puissantes arcades occupe un des côtés de la cour, soutenant une loggia à laquelle on accède par un escalier de pierre accolé au mur de droite. Au début de la rampe de pierre se dresse une courte colonne supportant un lion, et à peu près au milieu de la montée s'étend un étroit palier sur lequel s'ouvre une porte grillée. Un baldaquin de pierre chargé d'écussons le recouvre, sorte d'arc de triomphe surmonté de deux lions accroupis, qui y fut placé en 1502.. L'effet est original et puissant. Au-dessus de la loggia est une rangée de fenêtres gothiques qui éclairent le second étage. Puis, sur les piliers des arcades, sur ces arcades mêmes, et comme jetées au hasard sur les murs, s'étalent les armoiries de Florence, dont le grand lis en fer de lance se trouve répété de côté et d'autre, les armoiries des divers quartiers de la ville

FLORENCE. — Église San-Michel.

et les écussous de plus de 200 podestats. Au milieu de cette cour qui dut voir tant d'exécutions sanglantes, sort un vieux puits de forme octogone. Cet ensemble, qui parle à l'imagination d'une façon extraordinaire, offre le plus curieux, le plus intéressant spécimen de l'architecture du XIVe siècle.

A l'intérieur, on a réuni dans les sept salles du premier étage, dans les six salles du second, dont quelques-unes sont garnies de fresques de Giotto, des sculptures, des meubles anciens, des verreries d'une finesse extrême, de magnifiques faïences d'Urbino, de Gubbio, de Faenza, des pièces d'orfèvrerie, des ivoires, des bronzes, des vêtements, des ornements d'autel, des terres cuites, des émaux, des tapisseries, dont un certain nombre des Gobelins, des vitraux, des monnaies, des sceaux et des marbres de toute sorte. Tout est à voir, mais certaines des pièces de cette remarquable collection sont des œuvres hors pair, comme le *David,* de Donatello ; la *Victoire,* un groupe inachevé de Michel-Ange ; le célèbre *Mercure,* de Jean de Bologne, cette hardie, belle et légère figure de dieu s'élançant à travers le monde chassé par le souffle de quelque génie des vents ; le *David,* de Verocchio, et encore des bustes remarquables, celui de Michel-Ange, celui de Nicolas da Uzzano, par Donatello ; celui de Rinaldo della Luna, par Mino da Fiesole, puis une autre statue inachevée de Michel-Ange, un *Apollon* de lui encore, un bas-relief ; la *Vierge et l'Enfant Jésus,* et le *Brutus,* celui-là volontairement inachevé pour protester contre l'oppression dont souffrait Florence. A côté se trouve une belle *Vierge* de Verocchio, et maintes autres pièces importantes. Puis il y a, et c'est un vrai bonheur pour ceux qui, comme moi, aiment tant les terres cuites émaillées, une merveilleuse collection des della Robbia, d'abord dix bas-reliefs de Lucca, composés pour orner l'orgue du Dôme et représentant des jeunes garçons et des filles d'une adorable naïveté d'expression et de mouvement, qui dansent et qui chantent ; puis des bas-reliefs d'André, blancs sur fond bleu, entre autres deux *Vierges* exquises de finesse, une *Adoration de l'Enfant Jésus,* signée de Jean, et datée de 1521, un autre bas-relief tout blanc, d'un blanc laiteux, *Jésus et Madeleine;* d'autres encore, des médaillons de feuillages, de simples têtes délicates, charmantes. Je ne me lassais pas de regarder ces belles choses.

VII. — LE BAPTISTÈRE. — SANTA-MARIA NOVELLA. — SANTA-CROCE.

Je m'étais promis de voir le Baptistère un matin, avant toute autre chose, par la pleine lumière si nécessaire pour définir l'intérieur sombre de cette énorme coupole, et le hasard m'y fit entrer pour la première fois le soir, tant il est présomptueux en voyage de décider par avance de quelque dessein !

Je venais de dîner au restaurant Cornelio dont le jardin se cache entre les murs du quartier vieux, via del Buoni. J'avais dîné lentement, en voyageur fatigué d'une journée d'excursion, prolongeant même mon dîner pour regarder autour de moi, observer les habitudes. Un marchand d'huîtres était entré, son panier sous le bras, et m'avait ouvert là, devant ma table une douzaine d'huîtres. Les bouquetières fort bien mises, en robes élégantes, en chapeaux à plumes, étaient passées à plusieurs reprises, déposant sur ma table sans rien dire, sans rien demander, une fleur qu'elles reprenaient, leur tour achevé, si elles voyaient qu'on n'y avait pas touché. Les vendeurs de journaux leur avaient succédé, remettant à leurs clients habituels la feuille qu'ils avaient l'habitude de lire. Tout ce monde étranger au café allait, venait, selon une coutume admise par tous, mais qui ne laisse pas de surprendre les étrangers. Il en est ainsi dans tous les cafés, je pourrais dire dans tous les établissements publics, dans toute l'Italie, mais plus encore à Venise et à Florence, et bien des fois on a à se défendre contre les sollicitations importunes de ces marchands de prétendues curiosités, où les albums de vues pittoresques, les lorgnettes et les vieux morceaux d'albâtre, quelquefois les bijoux, composent le fond de l'assortiment qu'on étale devant vous. Les gens du pays ne s'en plaignent pas trop, et cela par la bonne raison que ces marchands ne s'adressent pas à eux, sachant l'accueil qui leur est réservé.

Donc, en sortant du Cornelio, je m'étais mis à suivre les ruelles et j'arrivais machinalement à la piazza San-Giovanni.

FLORENCE. — Le Bargello.

Le spectacle était fort curieux. Des marchands ambulants avaient rangé, entre le Bigallo et le Baptistère qu'ils entouraient d'un côté, leurs petites charrettes à bras chargées de marchandises de toute sorte, depuis des ustensiles de ménage en fer-blanc jusqu'à des pots de pommade, des miroirs et des foulards. Ce véritable bazar était vivement éclairé par les lampes à pétrole fixées aux charrettes; la lueur se répandait sur les maisons de la place et sur le Baptistère. Les marchands hurlaient pour engager la foule de petit peuple qui se pressait autour de leurs éventaires à acheter ces objets si séduisants; les cris des uns, les exclamations des autres, les grands jeux d'ombre et de lumière que produisait cette foule en mouvement, tout cela formait, je le répète, un spectacle très original, très particulier et que j'eus l'occasion du reste de revoir plusieurs fois, car cette foire ambulante se tient là presque tous les soirs.

Ayant regardé le Baptistère, je vis trembloter quelques lumières aux vitraux supérieurs et l'idée me vint d'entrer et de voir quelle était la cérémonie qui se préparait. Je franchis la porte du sud, celle de Pisano, et je tombai brusquement dans l'ombre épaisse de cette immense construction octogone, qui s'élève droite, sans piliers, jusqu'au dôme. Quelques cierges seulement étaient allumés; un sacristain se promenait deci delà, faisant à chaque minute briller une lumière nouvelle. Presque au milieu, devant l'autel qui bouche la porte de l'ouest, se dressait un catafalque recouvert d'un grand drap de velours violet, couvert de lourdes broderies d'or; on allait procéder à un enterrement et l'église s'illuminait peu à peu. Mais, sous ces lueurs tremblotantes se projetant sur le catafalque et qui arrivaient à peine sensibles aux mosaïques de la voûte, il y avait quelque chose de réellement fantastique dans cet aspect lugubre, dans ces portées d'ombre d'un noir si profond. Malgré toutes ces lumières allumées, ce vaste monument n'était pas éclairé, et les grandes mosaïques semblaient grimacer dans le noir.

L'enterrement arriva bientôt. En tête s'avançait la croix, qui surmontait une longue bannière de velours noir frangé d'or. La bière suivait, portée sur les épaules de Frères de la Miséricorde, escortée d'une vingtaine de prêtres, qui se rangèrent autour du cercueil, car il n'y avait même pas présent un seul membre de la famille. L'office fut court, et le cortège, se reformant, se lança à grands pas dans les rues qui conduisent vers San-Lorenzo. Je le suivis un moment, tant était curieusement étrange ce cortège éclairé par les torches que portaient les Frères de la Miséricorde, marchant en file de chaque côté, la cagoule noire sur le visage, le grand chapeau rond battant dans le dos à chaque pas. Peu à peu cette masse noire et rouge disparut dans le fond de la rue étroite où, semblait-il, venait d'éclater un incendie subit. Les passants s'arrêtaient, regardaient cette envolée de personnages sombres, se retournaient pour suivre le funèbre cortège du regard, et pas un homme ne portait la main à son chapeau, pas une femme n'esquissait un signe de croix; le spectacle seul les retenait attentifs un moment, mais la pensée de la mort, du respect qu'on lui doit, ne naissait même pas dans leur esprit. Les mœurs sont là-bas toutes dissemblables des nôtres. Il semble qu'une fois mort, votre dépouille ne soit plus rien. Il faut s'en débarrasser, et on l'abandonne, pour ce soin, aux pénitents qui vous portent au cimetière. Le plus souvent la famille ne suit pas le cortège. On n'expose pas les corps, et à la porte de la maison, aucune tenture. De même à la porte de l'église, où on se contente de suspendre — et encore pas toujours — une sorte d'écriteau noir à lettres blanches indiquant le nom du défunt et le recommandant aux prières des fidèles. La cérémonie a lieu sans recueillement, à la hâte. Les porteurs, les prêtres marchent le plus vite possible, pour terminer au plus tôt cette besogne désagréable. Je l'ai vu dix fois ainsi à Florence, pour les riches comme pour les pauvres, presque toujours le soir. On commence, paraît-il, à se servir de corbillards; j'en ai vu dans d'autres villes, mais non en Toscane, où la vieille coutume subsiste plus entière. Bien entendu, dans les enterrements d'apparat, ceux de

FLORENCE. — Cour du palais du podestat.

quelque personnage, on y met plus de formes; mais la manifestation, pour être plus solennelle, n'en est pas pour cela plus respectueuse.

Quelques jours après, je rencontrai un autre enterrement qui dévalait de même, coupant la via dei Cerretani. Cette fois, les porteurs à cagoule étaient en blanc, le cercueil était blanc, couvert de couronnes de perles blanches, et le cortège filait toujours de ce même pas allongé, les porteurs secouant leurs torches. Je demandai par la suite ce qui amenait la différence des costumes ; il paraît que les porteurs blancs sont des porteurs de paroisses ; les noirs des Frères de la Miséricorde, les membres de cette belle institution particulière à la Toscane, qui réunit dans le même élan de charité, de dévouement anonyme, des hommes de toutes les castes, de toutes les situations.

Le Baptistère, que j'avais vu de si étrange façon, que je revis le lendemain à loisir, est un édifice octogone bâti, pense-t-on, vers le VIIe siècle, sur l'emplacement et avec les matériaux d'un ancien temple païen, et, jusqu'à la fin du XIIIe siècle, il fut entouré de larges fossés. C'était primitivement la cathédrale de Florence sous le vocable de San-Giovanni Battista, vers 1293, à l'époque même où était décrétée la reconstruction de Santa-Maria Reparata, on chargeait Arnolfo di Cambio de restaurer le Baptistère et de le revêtir de marbre. L'habile architecte lui donna alors sa riche décoration polychrome, qui monte jusqu'aux fines corniches sur lesquelles s'appuie la coupole. Le haut de la voûte resta ouvert jusqu'en 1550, et la lanterne qui ferma cette ouverture eut malheureusement pour effet d'enlever au Baptistère la lumière nécessaire pour admirer sa belle et curieuse décoration intérieure. La coupole, qui est du dessin le plus hardi et dont Brunelleschi semble s'être inspiré pour le Dôme, est en effet revêtue de mosaïques d'Andrea Tafi, d'Apollonio Greco, de Ghirlandajo, de Taddeo et d'Agnolo Gaddi ; Baldovinetti les restaura en 1495. Mais qu'on a de peine à les distinguer ! Les mosaïques du chœur sont de Fra Jacopo. A droite du chœur est le monument que Cosme de Médicis fit élever au pape Jean XXIII, dont la statue en bronze a été modelée par Donatello ; celle de la Foi est de Michelozzo. Vu de l'extérieur, le Baptistère a l'aspect un peu écrasé ; mais à l'intérieur, au contraire, ce temple, qui semble n'être qu'une énorme coupole coupée seulement par la galerie élevée à la hauteur des fenêtres, a une ampleur, une hardiesse extrêmes. On entre dans cette église si belle par trois portes dont les battants ont été sculptés, l'une par André Pisano, les deux autres par Ghiberti, et celles-ci sont tellement célèbres, elles ont été si souvent décrites, elles ont soulevé tant d'exclamations d'admiration par leurs merveilleux panneaux de bronze qu'on n'ose plus revenir sur un chapitre si souvent et si bien traité. Il faut presque des heures pour détailler les différents sujets qui les couvrent et comprendre, non seulement leur belle ordonnance générale, mais l'admirable composition de chacun d'eux. Il y a quelques-unes des figures contenues dans ces panneaux qui sont des chefs-d'œuvre d'expression et du travail le plus délicat, le plus exquis.

La porte du nord comprend vingt-huit sujets tirés de la vie de Jésus-Christ ; celle de l'est, vis-à-vis le Dôme, porte dix scènes bibliques, et ces tableaux de bronze, dont l'encadrement, également sculpté par Ghiberti, est de toute beauté, sont un des plus beaux morceaux d'art connus. Si le mot de Michel-Ange, disant que cette porte était digne de fermer le paradis, témoigne de quelque exagération de langage, celui qui le lui a prêté a bien rendu en tout cas le sentiment d'admiration qu'elle inspire.

Mais le Baptistère et le Dôme sont loin d'être les seules églises dont Florence puisse être fière; j'en ai visité de toute sorte, des grandes et des petites, les unes aux nefs immenses, les autres de simples oratoires, et partout quelque sculpture, un beau tableau, un détail d'architecture, m'a retenu attentif. Mais puis-je les citer toutes, et cette minutieuse description ne deviendrait-elle pas fastidieuse? Il faut néanmoins nommer San-Ambrozio, Santa-Annunziata, dont le portique renferme de belles fresques d'Andrea del Sarto et de Raffaello da Montelupo, ainsi que le cloître qui y est joint. La célèbre Madonna del Sacco, d'Andrea del Sarto, qui est sur la porte menant du cloître à l'église, est un chef-d'œuvre. Il faut encore citer San-Marco, cet ancien couvent des dominicains, qui renferme de si belles œuvres de Fra Angelico, puis Santa-Maria-Maddalena dei Pazzi, San-Remizio, San-Simone, où Lucca della Robbia a placé un si beau tabernacle, Santa-Trinita où, récemment encore, lors de réparations dans la chapelle Bartolini, on a mis à jour des fresques très précieuses du camaldule Lorenzo Monaco; puis encore San-Spirito, de l'autre côté de l'Arno, et Santa-Maria Nuova, dont la façade et le portique en marbre blanc et noir furent ajoutés, en 1612, par Buontalenti, et cette

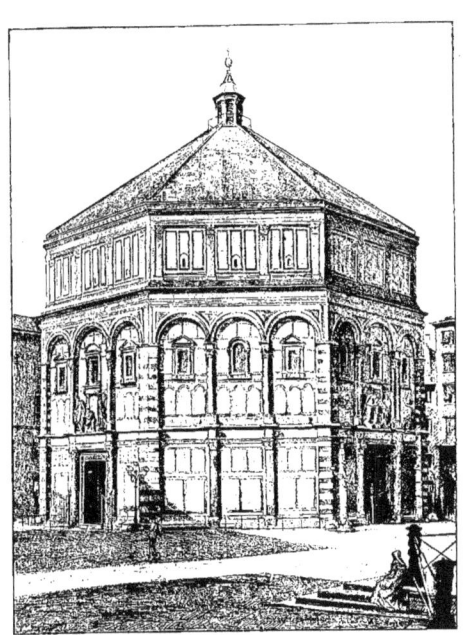

FLORENCE. — Le Baptistére.

merveilleuse construction de Santa-Maria Novella, puis Santa-Maria del Carmine et sa chapelle Brancacci, San-Lorenzo et Santa-Croce. J'en omets bien d'autres.

Santa-Maria Novella et ses nombreuses chapelles, ses deux cloîtres et la chapelle degli Spagnuoli, sa pharmacie même, présentent l'intérêt le plus grand, non seulement par leurs vastes constructions, mais encore par les peintures qu'elles renferment et qui marquent l'essor pris par les arts à cette fin du moyen âge, qui n'est pas encore la Renaissance.

Michel-Ange, raconte la tradition, appelait Santa-Maria Novella sa fiancée, pour marquer l'admiration que lui causait cet édifice, qui est bien en effet le spécimen le plus pur du style ogival toscan. Elle fut commencée en 1278.

De l'église, par une galerie voûtée et ouverte, couverte de fresques, on passe dans le vieux cloître, le Chiostro verde, où Orcagna et Paolo Uccelli ont peint des fresques considérables. C'est dans l'ancienne salle du chapitre, généralement dénommée capella degli Spagnuoli, que l'on trouve l'œuvre énorme de l'école de Giotto, que les uns attribuent à Taddeo Gaddi et Simone di Martino, dont les autres regardent comme auteurs Andrea da Firenze et Antonio Veneziano.

Puis, contigu au Chiostro verde, s'étend le plus grand cloître de Florence, le Chiostro grande, où Cigoli, Allori, Santi di Tito, Poccetti ont représenté les actes des principaux saints de l'ordre des dominicains. L'ampleur des bâtiments, l'harmonie des galeries vous charment plus encore. Enfin, dans une des salles de la Spezeria, à côté des laboratoires où on préparait, où on prépare encore, je crois, des parfums et l'alkermès, la liqueur florentine, dans cette salle, dis-je, qui a servi de chapelle, Spinello Aretino a peint la Passion.

On ne peut, en quelques mots si rapides, ni donner une idée des peintures qu'on cite, ni plus encore de ces magnifiques bâtiments. Comment rendre aussi brièvement, par exemple, l'impression que vous causent les fresques de Masaccio, dans la chapelle Brancacci de Santa-Maria del Carmine, fresques auxquelles ce grand artiste travailla pendant cinq ans et qu'acheva Filippino Lippi, après sa mort survenue en 1428, en pleine œuvre? Ces magnifiques peintures, d'une grandeur de style incomparable, ont été en quelque sorte les initiatrices de toute la génération d'artistes qui suivit, car le Pérugin, Raphaël, Léonard de Vinci, Michel-Ange y vinrent tour à tour étudier et apprendre, à cette école sobre et sévère, les traditions les plus pures de l'art.

Par un bonheur extrême, la chapelle Brancacci échappa, et presque seule, au terrible incendie qui détruisit, en 1771, la vieille église de Santa-Maria del Carmine, construite au commencement du xv° siècle. Elle fut reconstruite en 1780.

Il me faut être non moins bref en parlant de Santa-Croce, la grande église à la façade de marbre blanc et noir, qui semble, avec ses couleurs de deuil, pleurer les morts illustres à qui elle a offert un dernier asile.

Sur la vaste place qui la précède, et où on voit, sur les côtés, le palazzo Serristori et le palazzo dell'Antella à la façade décorée de fresques, on a élevé, en 1865, une statue de Dante, à l'occasion du six centième anniversaire de la naissance du grand poète. Le lieu a été bien choisi; c'était bien au seuil du panthéon florentin que devait s'élever la statue de celui qui a chanté la *Divine Comédie*.

Mais Santa-Croce, si célèbre par les monuments funéraires qu'elle contient, offre un autre intérêt encore à celui qui la visite, celui des fresques de Giotto et de son école, et les œuvres architecturales de son vaste cloître. La façade est toute récente. Elle a été élevée il y a quelques années, — la première pierre en fut posée par le pape Pie IX, le 22 août 1857, — par Matas, qui s'inspira des dessins laissés par Cronaca. L'église elle-même, commencée en 1294, par Arnolfo di Cambio pour les Franciscains, ne fut terminée qu'en 1442. Elle est à trois nefs, longues de 149 mètres, hautes de 16 mètres, au-dessus desquelles s'étend la charpente du toit, supportée par quatorze piliers octogones très espacés. L'aspect en est grandiose. Un long transept, que modifia profondément Vasari, forme le fond même de l'église, par une disposition des plus curieuses, mais non des plus heureuses, et que l'on songe à modifier. Giotto, comme je le disais, en a décoré certaines parties, et il a laissé notamment dans la chapelle Peruzzi et dans la chapelle Bardi des peintures d'une importance, d'une valeur extrêmes. La *Nativité de saint Jean*, la *Danse d'Hérodiade*, les *Funérailles de saint François d'Assise*, sont les principaux de ces tableaux, qui restent comme un des témoignages les plus éclatants de ce grand génie artistique.

FLORENCE. — Musée de San-Marco.

Les mausolées, les monuments, les belles œuvres se comptent par centaines et forment à cette grandiose église la plus splendide des décorations. Il y en a de toutes les époques; les uns remontent au XVᵉ siècle, d'autres ont été élevés hier, et demain d'autres encore s'ajouteront à ceux déjà existants, celui de Rossini, par exemple, dont le corps a été transporté, il y a deux ans, à Santa-Croce. Là reposent Michel-Ange, Galilée, Machiavel, Alfieri à côté de la magnifique chaire de marbre de Benedetto da Majano, l'Arétin, Cherubini, le célèbre architecte Alberti, etc., etc.

Puis, à côté, s'étend le premier cloître construit par Arnolfo di Cambio, où se trouvent des monuments anciens des familles Alamanni, Pazzi, et l'admirable chapelle des Pazzi, élevée par Brunelleschi, puis le second cloître, un des plus beaux édifices de ce genre de cette période de la Renaissance, si féconde en beaux monuments.

De Santa-Croce, un long détour à travers les vieilles rues me ramena à la place du Dôme, pour voir l'*Opera del Duomo*, qui se trouve derrière le chœur de la cathédrale, puis, à côté, le beau palais Riccardi, qui fait l'angle de la via dell'Oriolo, et ensuite, sur le flanc de l'église, la « maison des chanoines », l'oratoire de la Miséricorde, et à l'autre coin de la via Calzajoli, le Bigallo, cette ravissante, élégante et forte loggia gothique, construite de 1352 à 1358 pour les « capitani di Santa-Maria della Misericordia ». Plus tard, elle fut occupée par une confrérie du même genre, celle des « capitani del Bigallo ». Le soir, lorsque je causais de toutes les belles choses, de toutes les choses curieuses que je venais de voir, on me demanda si je m'étais arrêté près de la « pierre du Dante », *il sasso di Dante*. J'étais passé à côté, sans me douter même que la plaque de marbre encadrée dans le mur de la maison située sur la place, à côté de la maison des Chanoines, marquait le lieu où, paraît-il, Dante venait méditer et se reposer. C'était une sorte de pèlerinage qu'on m'indiquait à faire.

On m'emmena sur la Piazza, et tandis que le Dôme étincelait sous la clarté de la lune, on m'expliqua, on me fit comprendre quelle corrélation intime existait entre le grand génie et le merveilleux édifice. Celui qui me parlait ainsi, qui me rappelait les termes du décret si orgueilleusement beau ordonnant la restauration de Santa-Maria, soutenait qu'il avait dû être rédigé par Dante lui-même, peut-être alors conseiller de la commune. Il me disait aussi que la *Divina Commedia* avait été conçue en même temps que l'édification du temple de Santa-Maria del Fiore; il me montrait ces deux œuvres immortelles grandissant côte à côte, et le poème divin lu et commenté pour moraliser le peuple deux siècles plus tard dans l'édifice religieux dont la première pierre se posait en même temps que Dante écrivait son premier vers.

Et à mon tour je me rappelais le portrait de Dante placé dans l'église, et l'hommage rendu par les administrateurs du Dôme à l'immortel auteur de la *Divine Comédie*, dont on chargeait, en 1465, Domenico di Michelinio de représenter diverses scènes. Tout ce qui venait de m'être dit n'était-il donc pas vraisemblable, sinon vrai ? Et je compris, après cette conversation de quelques minutes, l'amour des Florentins pour leur poète et pour leur édifice sacré. Il me semblait que cette vaste place se peuplait de la foule des anciens temps et acclamait celui qui les a faits si grands.

VIII. — UN PEU DE VIE ACTUELLE. — LA FLORENCE MODERNE
LES QUARTIERS NEUFS. — LE LUNG'ARNO.

Il semblerait, je m'en aperçois en relisant ce que je viens d'écrire, que Florence n'existe pas en dehors de l'espace compris entre le Dôme et l'Arno, Santa-Maria Novella et Santa-Croce. Rien n'est plus inexact, alors même qu'on ne voudrait s'occuper que de l'ancienne ville. Florence a pris d'ailleurs depuis vingt ans un accroissement incroyable.

De magnifiques boulevards, élevés sur les anciennes murailles, aboutissent aux deux ponts suspendus formant le bois de l'arc dont l'Arno se trouve être la corde. En faisant le tour de la cité, on se rend compte des agrandissements de la ville moderne qui peu à peu a couvert tout l'espace s'étendant autour de la piazza d'Azeglio, autour du beau et vaste jardin attenant au palazzo Gherardesca, et, vers l'ouest, du côté de la place de l'Indépendance et du fort San-Giovanni dont les bastions s'élèvent presque le long de la voie du chemin de fer, et surtout l'espace borné par les Cascines et par l'Arno.

FLORENCE. — Le Cloître Vert de Sainte-Marie Nouvelle.

Ce quartier de l'Arno et des Cascines s'est surtout élevé avec une incroyable rapidité, et on peut dire que toute la partie comprise entre le fleuve et la via del Prato n'est couverte que de palais ou de belles et hautes maisons, fort luxueusement bâties.

En un sens, Florence n'a point trop à se louer de ce développement si subit. Elle paye, et elle paye même fort cher, son règne éphémère de capitale du royaume, car les dettes contractées par sa municipalité sont énormes, hors de proportion avec ses revenus, l'accroissement de sa population s'étant trouvé subitement arrêté lorsque la capitale fut transportée à Rome en 1871. La consommation générale diminua, les revenus décrurent en proportion, et l'activité commerciale fut durement atteinte. Comment, dans ces conditions, songer à augmenter les impôts ? Le temps seul amènera un relèvement naturel, ce qui vaut mieux pour Florence, qui a tout intérêt à maintenir assez bas les prix de consommation. N'est-ce pas à cette vie à bon marché qu'elle doit l'affluence des étrangers ?

J'ai l'air de dire que Florence vit sur les étrangers. C'est un peu vrai, et ceux-ci, d'ailleurs, seraient mal venus à s'en plaindre. Ce n'est pas un fait nouveau, croyez-le bien. La Toscane, et Florence en particulier naturellement, a pris depuis longtemps cette douce habitude qui concorde si bien avec sa nonchalance. Que demande-t-on ? Est-ce une vie fiévreuse, agitée, une ville de grande capitale ? Non. Et je crois bien que les Florentins le comprirent assez vite. Ce qu'ils aiment, c'est de pouvoir vivre sans faire de trop grandes dépenses, en gardant une apparence de fortune et de rang dont ils ne sauraient déchoir, en trouvant réunis autour d'eux les plaisirs, les divertissements dont ils sont friands. En réalité, les étrangers leur donnent tout cela. Ceux-ci font vivre le commerce, et le commerce paye la plus forte partie des impôts de la ville ; cette dernière, pour ménager des hôtes si utiles, s'efforce de maintenir la consommation à des prix assez peu élevés, et si les étrangers en profitent, on reconnaîtra que Florence et ses habitants ne sont pas des derniers à jouir des facilités inhérentes à cet état de choses.

Qu'ils ont raison du reste ! Et que l'on comprend bien ce laisser-vivre qui forme le fond de leur caractère, cette insouciance indolente dont ils ne se cachent même pas, cette facilité un peu méprisante avec laquelle ils acceptent toute chose ! Sous ce beau ciel, avec cette aisance en tout, on excuserait même la paresse absolue. Servi par un esprit fin, subtil même, porté à l'ironie, qui se contient aisément, naturellement ouvert aux choses de l'art et de l'intelligence, habile dans ce qu'il fait, tant sa compréhension est prompte et sa main légère, le Florentin ne voit pas pourquoi il se donnerait une peine si grande afin d'embellir une vie dont il est satisfait. Sa part est belle, et, je le répète, qu'il a raison de s'en contenter !

La sollicitude pour les étrangers va même parfois un peu loin. C'est ainsi que pour complaire à la pudibonderie des Anglais, à leurs effarouchements ridicules, on ne craint pas de salir les admirables statues anciennes de feuilles de vigne en tôle noircie. Dieux et déesses en sont tous affublés. Les touristes d'outre-Manche ayant réclamé la feuille de vigne pour les corps de marbre, on s'est empressé de leur obéir ; tout le monde s'en moque, tout le monde s'en plaint et, la feuille de vigne, plus indécente cent fois que la nudité complète, continue, je le crains du moins, à salir de sa tache noire ces chefs-d'œuvre de l'art.

J'ai déjà dit de quelle incurie la municipalité faisait preuve à l'égard des œuvres d'art exposées sur les places, dans les rues, aux façades des monuments. A la Loggia, la foule de mendiants et de fainéants qui passent leur journée assis ou couchés sur le banc placé au pied de la balustrade et sur la balustrade elle-même usent chaque jour davantage les ravissants bas-reliefs du piédestal du Persée, s'y accrochent de leurs mains sales, au risque de les briser, et parfois vous empêchent de vous approcher pour les regarder à l'aise. En outre, à certains jours de la semaine, il y a sous la Loggia et au pied de l'escalier, sur la place, une sorte de bourse où affluent les hommes de la campagne pour discuter les prix des denrées. Le coup d'œil est même fort pittoresque, mais ces gens pourraient tout aussi bien se réunir un peu plus loin, au lieu d'aller s'accoter contre les colonnes et les statues, dont ils ne connaissent certainement pas la valeur.

Je m'étonnais un jour de voir que, depuis mon arrivée à Florence, on laissait aux pieds du Christ et de saint Thomas, le beau groupe d'Or San-Michele, un morceau de courge qui pourrissait à côté d'un chapeau de paille déchiré. Oh ! cela y restera longtemps, me répondit-on ; sans un article de la *Nazione*, on n'aurait pas enlevé encore une fiasque et un panier qui se trouvaient au même endroit depuis plus d'un an!

Je cite ces faits comme exemples ; il en est bien d'autres du même genre ; de même sans réclamer des grattages, des nettoyages qui sont le plus souvent la perte des monuments ou des œuvres auxquels on les applique, on serait heureux de voir certaines façades débarrassées des plantes, des mousses parasites qui les abîment.

Cela se fera petit à petit, vous répond-on tranquillement, et il en est toujours de même.

L'hiver, la promenade favorite est le Lung'Arno. La température de Florence a été trop vantée ; elle subit assez fréquemment de brusques variations ;

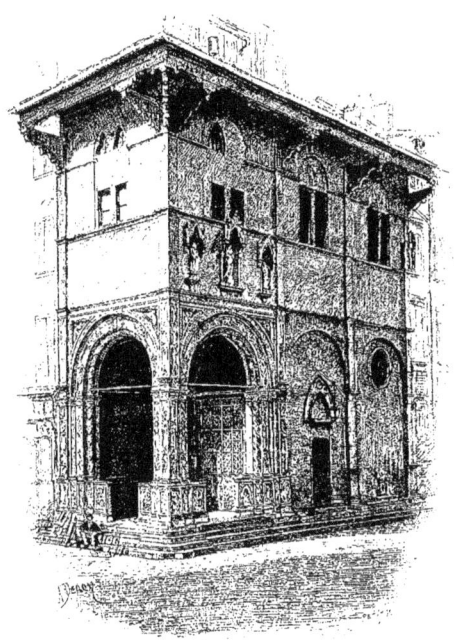

FLORENCE. — Loggia dei Bigallo.

l'hiver, le thermomètre descend encore assez souvent à zéro et même au-dessous, quand souffle la tramontane; l'été, il y fait excessivement chaud. Au printemps seul, on jouit du temps le plus doux, le plus charmant qu'on puisse souhaiter. L'hiver donc, on abandonne un peu les Cascines, on se contente de remonter et de redescendre indéfiniment le Lung'Arno, depuis le ponte alla Carraja jusqu'à la piazza degli Znavi, en tournant par le corso Vittorio Emmanuele. Le vent du nord n'y souffle pas ; le soleil, dont les rayons sont reçus et renvoyés par ces quais de marbre et ces hauts palais de pierre, chauffe comme dans une serre ces promeneurs frileux qui continuent au Lung'Arno les réceptions en plein air qu'ils tiennent l'été sur le Piazzone.

C'est vraiment une belle promenade. D'un côté s'élèvent de magnifiques palais ; sur l'autre rive, les quais se prolongent bordés de maisons ; puis, du côté des Cascines, l'horizon s'allonge dans la brume qui voile les montagnes, une brume aux tons bleus, violacés vers le soir, lorsque le soleil tombe vers le couchant. A l'autre bout de Florence, au delà du ponte Vecchio, dont la haute galerie qui le recouvre se détache sur la colline, on aperçoit les coteaux de San-Miniato, et l'Arno coule entre les larges quais, presque à sec l'été, tout prêt à déborder à l'époque de la fonte des neiges.

L'hiver, lorsque le soleil luit, on ne peut imaginer l'animation, le bruit de ce Lung'Arno, célèbre et justement célèbre ; les quais sont étroits, les voitures avancent lentement, et la foule des piétons se presse sur le trottoir qui longe le parapet du quai. Pendant deux heures, tout Florence, le tout Florence, vit sur le Lung'Arno.

Au coin de la via Tornabuoni, ou de la piazza Santa-Trinita, si on préfère, s'élève l'ancien palais communal, dont le rez-de-chaussée est occupé maintenant par la librairie Vieusseux, une célébrité de Florence, tandis qu'au premier s'ouvrent les salles du Cercle philologique. Un peu plus loin, sont la Casa dei nobili, le palazzo Maretti, le palazzo Lamporecchi, et l'immense et magnifique palazzo Corsini, qui a fait donner à cette partie du quai, entre les ponts Santa-Trinita et alla Carraja, le nom de corso Corsini. C'est une splendide demeure, construite en 1656, dont les deux pavillons latéraux reviennent jusqu'au quai entourant la cour que borde au nord le pavillon central. Il ressort de l'autre côté sur la via di Parione, et s'élève sur cette rue en de hauts murs sombres. Le prince Corsini qui l'habite et qui, je crois, est le dernier descendant de cette branche des Corsini, car le syndic actuel de Florence descend d'un autre rameau, vit seul au rez-de-chaussée de cet immense palais, qui, dans des jours plus heureux, a vu tant de fêtes, tant de merveilleuses réceptions se déployer dans ses riches appartements. L'entretien du palais, les impositions à payer, absorbent au moins une trentaine de mille francs chaque année. Le Lung'Arno Nuovo, qui prend au ponte alla Carraja, date dans son point extrême vers les Cascines de trente ans au plus, et l'architecture, assez peu plaisante d'ailleurs, adoptée pour toutes les constructions neuves, l'indique suffisamment. Je trouve fort laid, je l'avoue, ces grandes lignes grises qui marquent sur le fond blanc du bâtiment toute la partie des grosses pierres, les assises, les angles, les lignes de soutien de chaque étage, les corniches, l'entourage des portes et des fenêtres. C'est une sorte de ciment de la couleur la moins plaisante à l'œil. Or toutes les maisons neuves sont construites de la même façon, la mode le commande, paraît-il, et d'anciens palais ont été restaurés de cette sorte, comme le témoignent les grands hôtels qui bordent le Lung'Arno. Dans cette partie extrême, on me montra, au delà de la piazza Manin, le palazzo Fanzoli, qui fut construit par la Ristori à qui il coûta plus de 500,000 francs, un peu plus loin, le palais occupé par le marquis de Talleyrand-Périgord, plus petit, mais assez coquet, avec sa véranda vitrée qui, l'hiver, forme une serre charmante.

Les grands hôtels, les maisons meublées ont naturellement envahi toute cette partie de Florence ; dans ces quartiers, la société étrangère règle et commande, vit en souveraine, et personne ne songe à lui disputer un empire d'où chacun peut retirer quelques avantages.

N'est-ce pas d'ailleurs, en Toscane, une tradition de bien accueillir les étrangers, d'être affable pour tout le monde? Les hommes apportent dans les relations du monde leur grâce un peu hautaine, les femmes leur vivacité charmante, et ce sont certainement les médisants qui leur reprochent de ne pas garder un peu plus de retenue, je ne dis pas de morgue. Elles restent vertueuses, n'en doutez pas; mais elles aiment le plaisir, les *veglioni*, les parties de théâtre, les soupers improvisés; elles sont dans le mouvement enfin, et si quelques vieilles familles se montrent plus réservées, resserrent leur cercle intime, ne prodiguent leurs invitations que dans les grandes réceptions, la généralité se montre plus facile dans son accueil.

Gendarme à cheval et soldat d'infanterie.

Où les mœurs sont assez relâchées, c'est dans le peuple. La bourgeoisie est au contraire vertueuse. Les jeunes filles de la classe bourgeoise, demi-bourgeoise, ont, il est vrai, chacune leur *damo*; mais c'est en tout bien tout honneur, ces fiancés... à longue échéance étant tous fidèles et respectueux, on l'assure du moins; et lorsque le soir, vous verrez quelque brune piquante causer avec un jeune homme qui vient de l'accoster et qui l'accompagne même souvent vers son logis, gardez-vous de penser à mal, c'est son *damo*; vous gâteriez sa joie en l'accusant à tort de légèreté. Dans le peuple on y met moins de façons, et si un accident arrive, une insouciance naturelle et générale permet de ne pas y attacher trop d'importance.

Un peu de statistique municipale. Elle est fort curieuse à consulter, car les chiffres qu'on trouve ainsi réunis contiennent toujours des indications précieuses. J'y vois d'abord que Florence compte 27 paroisses catholiques dans la ville même et 28 paroisses suburbaines, plus 17 temples appartenant à d'autres cultes. J'y remarque encore qu'on y compte 22 musées publics et 12 grandes galeries particulières, plus 10 bibliothèques publiques, 5 dépôts d'archives, 7 observatoires, 14 théâtres, en y comprenant le jeu de ballon, un jeu des plus populaires, qui a comme président de sa société un prince Corsini, et dont les séances sont très courues. Les différents théâtres sont d'abord la Pergola, l'Alfieri, l'Arena Goldoni, l'Arena nazionale, le Goldoni, le Teatro Nuovo, le Niccolini, le Pagliano, le Politeama, le Fiorentino, le Vittorio Emmanuele, le Rossini, le Salvini, le Re Umberto. Je dirai plus tard ce qu'ils sont et ce qu'on y joue, et je continue ma nomenclature.

On compte quatre salles de concert, où peuvent se faire entendre tour à tour les huit sociétés philharmoniques existant dans la ville, et auxquelles il faut adjoindre le corps de musique que l'on rencontre souvent dans les rues escortant quelque manifestation. Mais il y a bien d'autres sociétés, et de toute sorte, sociétés élégantes, sociétés savantes, etc. Je vois indiqués 16 clubs, 2 sociétés de tir, 20 académies, sociétés littéraires et scientifiques, 4 sociétés scientifiques agricoles, 50 libraires, 14 institutions de bienfaisance et 34 sociétés philanthropiques spéciales, parmi lesquelles je note la Société française de bienfaisance, 8 sociétés d'éducation, 42 sociétés de secours mutuels, etc., etc. Enfin, pour terminer cet exposé en forme de guide, Florence possède 12 hôpitaux, 5 prisons civiles et 1 militaire, 1 asile mortuaire et 10 cimetières.

Je m'excuserais presque de cette liste si sèche, si les renseignements utiles qu'elle renferme n'expliquaient certains côtés de la vie de Florence.

Même en relisant cette énumération, je vois que j'ai oublié un des numéros de cette longue liste, les antiquaires, et ils sont quatre-vingt-dix-sept antiquaires, marchands de tableaux et de curiosités, et je pense bien qu'on n'a inscrit que les principaux, car il n'y a pas de rue où, à quelque vitrine, on ne trouve exposées des antiquités plus ou moins authentiques. Généralement, je ne sais si c'est pour inspirer confiance, les boutiques sont fort laides et fort sales. Il s'en trouve plusieurs, notamment sur le ponte Vecchio, dans les boutiques qui s'élèvent de chaque côté du tablier du pont, et dont les larges auvents recouvrent les petits trottoirs où les passants se garent des voitures. Le pont est donc assez sombre, surtout à ses extrémités, les arcades du milieu du pont étant seules sans boutiques. Il est vrai que du côté gauche court au-dessus des magasins la longue galerie qui met en communication les Uffizi et le palazzo Pitti. Du côté de la rivière, les vieilles maisons du pont sont fort irrégulières de façade, leurs habitants ayant insensiblement empiété sur le fleuve pour agrandir les pièces où ils demeurent; sur le pont seul, elles ouvrent à l'alignement leurs échoppes sombres, dont la plus grande partie sont occupées par des bijoutiers, puis par quelques antiquaires, comme je le disais. On trouve encore parfois dans ces boutiques quelques jolis ivoires, quelques vieux plats, des morceaux d'étoffes anciennes; mais les prix ont fort exhaussé, en même temps que diminuait la qualité des objets mis en vente. Comme me le disait un amateur de bibelots fort au courant de ce commerce, on ne trouve plus, comme il y a quelques années encore, de ces occasions qui font la joie des chercheurs, et pour avoir une belle pièce ancienne, il faut y mettre un prix élevé. Dans ces conditions, on n'est pas en peine de se procurer ce que l'on désire. Là, comme partout, et là surtout, où devaient abonder les curiosités répandues dans ce pays si riche et si artiste, on a exploité cette mine qui paraissait inépuisable de si forte façon qu'on en a presque tari les filons.

Ce ponte Vecchio, que de sujets d'observation il offre au promeneur, en dehors même de son aspect pittoresque! Il est la grande voie de communication entre les vieux et populeux quartiers qui entourent San-Spirito et s'étendent jusqu'au palais Pitti, et le centre même de la ville. Le matin, le soir encore, il y a comme un flot de peuple, d'ouvriers, de commis qui descend vers la ville ou remonte vers le faubourg. Si on veut voir de beaux types d'hommes, de ces types charmants de grisette florentine, on n'a qu'à se porter au coin du ponte Vecchio à l'une des heures que je viens de dire, et on trouvera maintes occasions de se réjouir l'œil par quelque joli tableau.

FLORENCE. — Pont vieux et Portique des offices.

La circulation ne cesse jamais, du reste, d'y être très active, car le Borgo San-Spirito — on lui donne souvent encore ce nom — et le Borgo San-Frediano qui s'étend au delà du ponte alla Carraja, sont des plus populeux, et le dernier même ne jouit pas d'une excellente réputation, la population qui l'habite, principalement du côté des abattoirs, passant pour être peu scrupuleuse et surtout fort batailleuse. Sauf la via Maggio, où est l'ancien palais de Bianca Capello, et qui aboutit au ponte Santa-Trinita, et la via dei Seragli, conduisant au ponte alla Carraja, — cette dernière est principalement bordée de palais et de belles maisons, — les rues sont fort sombres, fort étroites et, on peut bien ajouter, fort sales, sans en excepter la via Guicciardini, qui mène par une pente assez raide au palais Pitti, et où on vous montre, en outre du palais du grand historien Guicciardini, la maison de Machiavel, la casa Campigli. Mais que dire alors de la via del Borgo Jacopo, qui passe derrière l'église de ce nom, église dont les vieux murs descendent jusque dans l'Arno, que dire surtout du Fondaccio San-Spirito? Cependant, là encore, s'élèvent de beaux hôtels, des maisons anciennes à la noble architecture, et, en ouvrant bien les yeux, on découvrira de fort curieux restes, de beaux morceaux de sculpture, des grilles forgées par de véritables artistes protégeant malheureusement des maisons terriblement noires, si noires que cela nuit un peu trop au pittoresque du lieu.

La rue que je viens de citer, la via dei Seragli, et la via Guicciardini, que continue la via Roma, dans laquelle tombe aussi la via Maggio, conduisent toutes les trois à la porta Romana et s'y réunissent, enserrant ainsi tout le quartier dans une sorte de grand triangle. A la porta Romana aboutissent les deux pointes du Giardino Boboli et du Giardino Torrigiani, et au delà s'étend un faubourg industriel assez important.

J'y allai un jour visiter la fabrique Cantagalli, une fabrique de poteries émaillées qui, sans avoir la valeur de la manufacture Ginori, produit de fort jolies choses. Je voulais surtout me rendre compte de la façon dont le travail s'y opère. Il est intéressant de voir comment M. Cantagalli, ayant voulu étendre la fabrique qu'il possédait et où on ne produisait que de la poterie commune, est parvenu à former ses ouvriers lui-même. Il établit tout d'abord une école de dessin qu'il munit de bons modèles en plâtre, et, en même temps qu'il faisait façonner à ses apprentis les plats, les vases, il les forçait à dessiner un certain nombre d'heures par semaine. Les plus habiles, les mieux doués suivaient, en outre, les cours de la grande école d'art industriel de Florence. D'excellents ouvriers ont été ainsi formés rapidement, avec une rapidité que je note, parce qu'elle montre combien dans ce milieu italien, surtout dans ce milieu toscan, le don naturel de l'art existe à un haut degré. Bien souvent ces apprentis ont été pris au hasard, et de tous, on peut dire, on a pu faire des ouvriers habiles. Ils ont l'œil et la main d'une légèreté naturelle, d'une précision étonnante; ils ont surtout le sentiment de la couleur à un haut degré; seul le bon goût, le goût correct leur manque, ce qui est même assez étrange. Mais le fait ressort des mille preuves que fournit la fabrication d'art industriel italienne, généralement trop chargée d'ornements. Leur exubérance native leur interdit cette sobriété de haut goût si nécessaire. Dans les meubles, dans les verreries, dans l'orfèvrerie, le même défaut éclate. Mais, je le répète, au point de vue de l'habileté de main, ils sont incomparables.

A Florence, on fait encore — c'est une spécialité — des mosaïques en marbre et non en verre, comme à Venise. Quelques-unes même sont des merveilles d'exécution et forment de charmants tableaux, parmi lesquels je préfère les reproductions de fleurs. Une autre spécialité, ce sont les cadres en bois doré, cadres ajourés dont le motif principal est la courbure de la feuille supérieure qui s'enroule gracieusement à la pointe et forme coquille; je note encore comme spécialité les sculptures d'albâtre.

Les autres industries principales sont le tissage de soie et le cardage de laine. Tout à l'heure, en passant à Ponte à Signa, je dirai quelques mots de la fabrication, fort déchue, des chapeaux de paille formés avec ces tresses faites par les paysannes, tout en marchant, en se rendant au marché, en débattant le prix de leur marchandise.

Un mot sur les palais de Florence. J'en ai cité quelques-uns au fur et à mesure que le hasard m'amenait devant eux, il en est cent autres dont je n'ai pu parler et qui sont tout aussi beaux, tout aussi curieux, mais je ne veux pas faire ici un catalogue des palais. Cependant il était dans mon intention de dire quelques mots du palais Strozzi et je transcris, à son sujet, et au moment même, une réflexion qui me vient à l'esprit. Elle m'est suggérée par un mot de Théophile Gautier. Quelque charmé qu'il eût été par son court séjour à Florence, par les œuvres d'art et les monuments entrevus un peu hâtivement, il déclarait avoir trouvé que l'aspect général de Florence était triste, et, jugeant sur les rues étroites et sombres qu'il avait traversées, il voyait à la ville entière la physionomie maussade et rechignée. Puis, il ajoutait : « Ses palais ressemblent à des prisons ou à des forteresses ; chaque maison a l'air de se retrancher ou de se défendre contre la rue ; l'architecture massive, sérieuse, solide, sobre d'ouvertures, a conservé toutes les défiances du moyen âge et semble toujours s'attendre à quelque coup de main des Pazzi et des Strozzi. » Que Florence eût, à l'époque de son voyage, la physionomie maussade et rechignée, je n'en sais rien, et à noter simplement les transformations qu'elle a subies depuis trente ans, je crois, en effet, volontiers que son aspect général a

FLORENCE. — Ponte-Vecchio.

dû beaucoup se modifier. Mais pour les palais il n'en est pas de même, et j'avoue même que je fus surpris, après tout ce que j'avais lu, de ne pas rencontrer plus de palais particuliers à l'apparence de forteresse. Sans doute c'est un peu l'impression que vous cause le palais Strozzi — c'est lui qui doit être rendu responsable de l'opinion répandue — mais encore ne se rend-on pas assez compte de ce qui est imputable dans son air sombre à l'étroitesse des rues qui le bordent, à la hauteur des maisons qui l'enserrent, enfin au peu de lumière qui relativement l'éclaire. Je suis persuadé que lorsqu'il sera dégagé par l'ouverture des nouvelles voies que fait percer la municipalité dans le vieux quartier, il perdra beaucoup de l'aspect si maussade qu'on lui reproche. Il restera, cela est incontestable, massif, imposant, presque brutal dans sa grandeur; mais à la grande lumière, à l'espace, il gagnera en beauté, en ampleur, ce qu'il perdra en rigidité. Notez bien, d'ailleurs, que sa disposition générale est exceptionnelle; non seulement il est formé, du rez-de-chaussée à la magnifique corniche dessinée par le Cronaca, d'énormes blocs de pierre renflés qui ont un air de rudesse extrême, non seulement ses fenêtres, au rez-de-chaussée du moins, sont garnies de grilles forgées, mais ces fenêtres mêmes ont leur baie coupée dans la hauteur par un épais montant de pierre qui diminue d'autant la largeur de l'ouverture. Or cette dernière disposition est, je crois, unique parmi les palais de Florence. Jusqu'aux magnifiques lanternes des coins, sculptées par Caparra, jusqu'aux porte-flambeaux et aux grands anneaux de fer scellés dans le mur, tout concourt à assombrir ces solides façades dont les admirables proportions font du palais, commencé en 1489 par Benedetto da Majano, pour le célèbre Philippe Strozzi, le type le plus remarquable sinon le plus beau des palais florentins.

Le petit palais Strozzino placé derrière le Strozzi était de ce même style rustique, mais voyez les autres palais et dites-moi si le palais Rucellai de la via Vigna Nuova — et la rue n'est pas large cependant — a autant l'air d'une prison. Il est pourtant encore de style rustique, mais avec pilastres. Alberti, qui le construisit vers 1460, essayait pour la première fois d'unir ces deux genres d'architecture. Le grand et beau palais Riccardi, dans la via Cavour, que Michelozzi éleva pour Cosme l'ancien, n'a pas davantage l'aspect bien sombre. Le rez-de-chaussée est d'ordre rustique à bossages, mais ce même style ne se continue pas, dans les deux étages successifs qu'éclairent des fenêtres cintrées.

Revenons via Tornabuoni et regardons le palais Corsi, le palais Tornabuoni, élevé par Michelozzo, le palais Larderel, bâti par Dosio, le palais Antinori dont la façade est attribuée par les uns à Giuliano da Sangallo, par les autres à Michel-Ange, même le palais Feroni, au coin du Lung'Arno, ils n'ont aucunement l'aspect sombre et rébarbatif. Je le répète, cette apparence de défense contre un ennemi toujours prêt à l'attaque n'est juste, selon moi, que pour un très petit nombre de palais et de maisons situés uniquement dans le centre primitif, dans la Florence ancienne, dont une partie disparaît chaque jour.

Puisque je parle des palais, je veux en profiter pour donner les noms de ceux qui méritent qu'on aille examiner leurs façades : le palais Ginori, le palais Pandolfini, les palais Capponi, Torrigiani, Guadagni, Fenzi, Guigni, Martelli, Mozzi, etc. Je m'arrête, la liste serait trop longue.

Un matin, je me promenais dans le vieux quartier sans même chercher quelles étaient les rues que je suivais, regardant seulement de droite et de gauche, guettant de l'œil un pignon sculpté, une curieuse façade ou simplement un de ces mille aspects de la rue toujours intéressants à observer, et tout à coup je me trouvai devant une toute petite place dont une église occupait un des côtés. C'était la Piazza del Limbo.

L'église était la vieille basilique toscane des SS. Apostoli. J'entrai, et après avoir admiré dans le bas-côté voûté de gauche un magnifique ciborium d'André della Robbia et les tombeaux des Altoviti, l'un de Benedetto da Rovezzano, l'autre d'Ammanati, j'allais sortir, lorsque mon regard fut attiré par une plaque de marbre encastrée dans le mur. Il me semblait avoir lu un nom français. Je déchiffrai l'inscription suivante :

ICI REPOSE

Pierre-Marie-Justin baron BIGOT DE LA TOUANNE,
OFFICIER FRANÇAIS DES CHASSEURS A CHEVAL DE L'ARIÈGE, NÉ
En France à Orléans.
Mort le 1er avril 1822, à 21 ans,
De la poitrine qu'il a cru rétablir eu la belle Italie.
Vrai chrétien, preux chevalier en un âge bien tendre,
Modeste, chérissant sa famille, cœur excellent, spirituel,
Aimable, tout le faisait citer, ses amis pleurent.
Son père, en cette terre hospitalière, eut le cruel
Bonheur de recevoir ses derniers soupirs, sa digne mère,
Qu'il affectionnait vivement n'a pas été si heureuse,
Tout deux sont à jamais inconsolables avec leurs enfans.

DE PROFONDIS!

Si j'ai copié cette inscription, si je la cite textuellement comme forme et comme orthographe, ce n'est pas pour sa rédaction un peu naïve et qui n'est certainement pas due à une plume française, c'est en souvenir de l'émotion qu'elle me causa. Je souris d'abord à ce style ridicule, puis en pensant à ce compatriote venant chercher la santé « en la belle Italie » et n'y trouvant que la mort; en voyant sa tombe marquée dans un coin sombre de cette église étrangère où personne ne vient prier sur lui, j'eus le cœur serré. C'est bête peut-être, car il n'est pas le seul, hélas ! dont les os reposent sur une terre étrangère. Je ne m'en défends pas, je dis simplement le fait tel qu'il a eu lieu.

IX. — PANORAMA DE FLORENCE.
SAN-MINIATO. — BELLO SGUARDO. — MONTE OLIVETO.

De trois points différents sur les jolies collines qui s'étendent au sud de Florence le long de l'Arno, on a sur la ville et sur la plaine la vue la plus étendue et la plus ravissante. Mais d'où est-elle sinon la plus vaste, du moins la plus précise, la mieux encadrée ? Est-ce de San-Miniato ? Est-ce au contraire de Bello Sguardo ou du monte Oliveto ? J'ai entendu poser maintes fois cette question à laquelle je serais bien embarrassé de répondre, et que personne ne tranchait du reste péremptoirement. On en arrivait toujours à cette même conclusion : que l'on soit ici ou là, il serait difficile d'imaginer rien de plus beau.

Et c'est la vérité. La position du soleil est d'ailleurs pour beaucoup dans l'impression que l'on ressent, et il est évident que pour Bello Sguardo par exemple, l'aspect de Florence lorsque le soleil est à son déclin ne peut se comparer à ce qu'il eût été deux heures plus tôt. De Bello Sguardo on a la ville entière à ses pieds, depuis la porta Romana jusqu'au fond de la plaine, avec le palais Pitti comme premier plan, et ses jardins remontant à droite sur la colline jusqu'à San-Miniato. Au fond de ce cirque immense, les montagnes depuis Fiesole jusqu'à Prato forment le fond sombre sur lequel se détachent le dôme de Sainte-Marie-des-Fleurs, le campanile de Giotto, le Castello-Vecchio, San-Lorenzo. Lorsque le soleil, un peu bas à l'horizon, vient frapper ces beaux édifices et la masse entière des maisons, comme s'il rasait leurs toitures étincelantes, chaque point, chaque détail se détache dans cette immensité ; on pourrait noter, je crois, chacune des petites maisons blanches que le soleil fait ressortir comme une tache éclatante sur la verdure des coteaux où elles sont bâties.

Du monte Oliveto la vue est admirable, plus belle au point de vue du paysage et de l'étendue, moins complète en ce qui touche la ville. Le regard prend la cité un peu de flanc, non de face comme à Bello Sguardo, mais d'autre part, sautant par-dessus le bois des Cascines, on aperçoit la plaine entière, où les villas ressortent claires sur le sombre des prairies, où de village en village, de bourg en bourg, on suit les longues routes qui sillonnent cette admirable nappe de verdure jusqu'à Prato, même jusqu'à Pistoja. Puis au-dessus des montagnes qui s'élèvent au delà de ces deux petites villes, apparaît une des cimes des montagnes de marbre de Carrare ; sur la droite toujours, les montagnes de Fiesole, et derrière San-Miniato on distingue les sommets dénudés des monts qui enserrent le Casentino.

De San-Miniato, enfin, de la terrasse qui précède la vieille église et mieux encore peut-être de la piazza Michelangelo, où s'élève une copie du *David* de Michel-Ange, le même panorama s'étend devant vous, mais modifié, amoindri en un sens, plus saisissant peut-être. Les montagnes de Fiesole sont plus rapprochées et se posent devant vous par plus grandes masses. Sur la droite, l'œil peut remonter le cours de l'Arno jusqu'aux montagnes qui barrent à l'horizon la vallée vers Compiobbi, le suivre, en redescendant, dans sa traversée au milieu de la ville et se perdre dans la brume qui voile la plaine et les Apennins du côté de Prato. En outre, de cette hauteur moins grande, les maisons, les jardins, les monuments de toute la ville se détachent plus nettement, on en comprend mieux la topographie pour ainsi dire, et de Santa-Croce à Santa-Maria Novella on peut de même compter, reconnaître chaque édifice. La cathédrale se présente à vous par son chevet ; chacune des petites coupoles qui forment de ce côté comme une ceinture à l'immense dôme fait plus ressortir encore sa masse énorme, tandis que le campanile blanc, éclatant, de Sainte-Marie-des-Fleurs semble lutter de hauteur et narguer la tour plus sombre du Castello. En bas, entre les quais profonds, l'Arno roule ses eaux claires, et, par-dessus les cyprès qui garnissent la colline, on a la perspective d'une partie du Lung'Arno et des ponts jetés sur le fleuve.

C'est bien beau aussi de ce point, moins grandiose peut-être, plus pittoresque je le crois bien. En tout cas c'est à San-Miniato qu'on se rend le plus souvent depuis que le *Viale dei Colli*, la nouvelle route construite à grands frais — elle a coûté deux millions

FLORENCE. — PANORAMA PRIS DE SAN-MINIATO.

à établir — sur les collines, vous rend facile une des plus belles promenades qui existent.

Si on va chercher à la barrière San-Niccolo, comme je le fis, cette magnifique voie élevée par l'ingénieur Poggio, on monte assez rapidement à San-Miniato, dont on a maintes fois déjà contemplé de loin la façade de marbre au haut de la colline. Mais il faut d'abord s'arrêter à San-Salvatore del Monte, la belle église construite en 1504 par le Cronaca. Ensuite seulement vous irez frapper à la porte des vieilles fortifications que Michel-Ange construisit en 1529 et qu'il défendit contre les Impériaux, et vous pénétrerez sur la plate-forme où s'élève San-Miniato. La façade où des incrustations noires forment des dessins réguliers est du XIIe siècle. A l'intérieur, les trois nefs de la basilique ont de belles proportions ; elles sont soutenues par douze colonnes de marbre blanc et trois piliers en marbre gris-vert ; le chœur et l'abside sont surélevés et recouvrent une vaste crypte où l'on descend par plusieurs marches. Vingt-huit colonnes d'une grande finesse en soutiennent la voûte.

Le pavé en mosaïque de marbre blanc et noir, qui date de 1207, est fort beau, mais une des choses qui frappent le plus, c'est la fermeture des cinq fenêtres de l'abside, des plaques de marbre transparent qui prennent sous un rayon de soleil des tons orangés d'une douceur extrême. Une porte à droite conduit dans la sacristie ; il faut y aller voir les curieuses fresques de Spinello Aretino.

Puis on sort. Au bas des marches on se heurte, en quelque sorte, aux tombes du cimetière. Étrange cimetière où la terre disparaît complètement sous le marbre des tombes jointes les unes aux autres. A peine si quelques allées ont été ménagées, et pour se rendre à un grand nombre de tombes, il faut marcher sur les dalles voisines qui vous bouchent le chemin. Le cimetière contourne presque l'église, et lorsqu'on se trouve derrière l'abside on a la vue des collines qui s'échelonnent dans la direction de Vallombrosa. Du côté de Florence des terrasses couvertes de tombes forment comme un second, un troisième cimetière.

Le Viale dei Colli continue à courir aux flancs de la colline qu'il descend en une pente douce, diminuée par des circuits nombreux pour aboutir à la porta Romana. De belles habitations, entourées de jardins, de parcs merveilleux bordent ce magnifique chemin. Mais il faut prolonger cette promenade charmante, et si on ne peut aller au delà de Galluzzo, jusqu'à la hauteur couverte d'oliviers et de cyprès où s'élève la belle Chartreuse d'Ema, du moins doit-on passer à la torre del Gallo, où Galilée fit ses principales découvertes astronomiques, d'où on embrasse un merveilleux panorama, et revenir par la villa de Poggio imperiale. On ne peut la visiter, il est vrai, elle est occupée par un pensionnat, mais la grande avenue de chênes et de mélèzes qui y conduit est si jolie, la vue sur tout son parcours est si fraîche et si charmante, qu'on ne regrette pas le détour que l'on s'est imposé.

X. — AUX ENVIRONS. — FIESOLE.

Vous souvient-il de cette adorable description de la campagne toscane au printemps, qui se trouve dans *Pascarel?* « C'était le plus beau moment du printemps. Partout, au pied des vignes, le blé nouveau pointait, avec cette couleur d'un vert si vif et si tendre que l'on ne revoit jamais deux fois dans la même année. Entre les sillons,

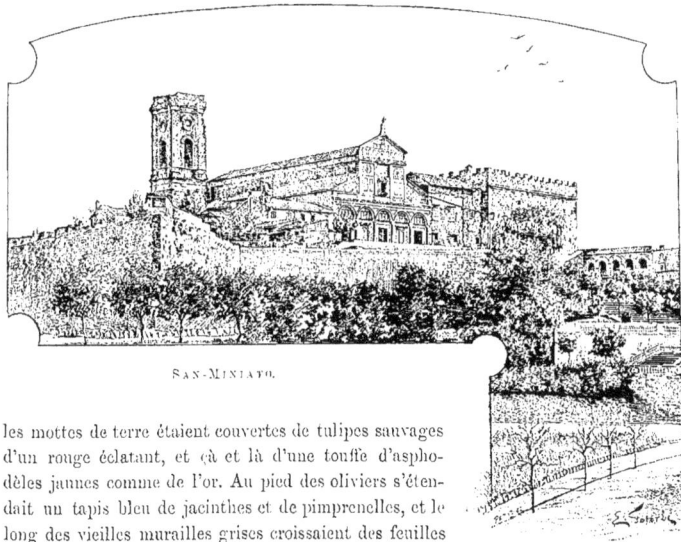

SAN-MINIATO.

les mottes de terre étaient couvertes de tulipes sauvages d'un rouge éclatant, et çà et là d'une touffe d'asphodèles jaunes comme de l'or. Au pied des oliviers s'étendait un tapis bleu de jacinthes et de pimprenelles, et le long des vieilles murailles grises croissaient des feuilles d'arums.

« Les arbres fruitiers étaient en pleine fleur. Les buffles avaient des fleurs au frontail; les paysannes, derrière l'oreille ou à la ceinture. Des femmes assises au bord du chemin chantaient en tressant la paille. Des enfants, comme une troupe de jeunes lapins, jouaient sous les érables en bourgeon; sur le vert paysage les premiers pommiers en fleurs faisaient de grandes taches aussi blanches que la neige; çà et là, au milieu du gris pâle des oliviers, un amandier montrait ses fleurs roses, à chaque pas on enfonçait jusqu'à la cheville dans les violettes... »

Le tableau est charmant, et il est aussi vrai que charmant; la poésie même, sourdant au cœur de celle qui l'a dépeint, et qui lui a fait fleurir de toutes les fleurs du pays le champ où se promenaient les héros de son roman, n'a pu beaucoup embellir une nature où les tons les plus variés, les nuances les plus délicates se juxtaposent comme d'eux-mêmes afin de présenter aux yeux l'ensemble le plus frais, le plus riant, le plus adouci, et d'éveiller l'imagination séduite pour l'entraîner aux plus doux rêves. La plaine, les vallées sont pleines de coins charmants, d'adorables coulées de verdure et de fleurs qui se prolongent sur les coteaux en s'élargissant sous la bienfaisante chaleur du soleil, et sur les côtes plus abruptes, pour être plus sévère, la nature n'en est pas moins fleurie, moins plaisante au regard.

Ah ! que Florence est bien dénommée la ville des fleurs! quel ravissant parterre l'entoure ! Il semble que jusqu'aux villages et aux fermes, à ces *podere* toscans à toits de tuile rouge, tout donne la note voulue pour se fondre dans les couleurs voisines, dans cette sorte de brume violacée qui flotte légère dans l'air et estompe toutes les duretés. Il est des pays plus larges, aux horizons plus vastes, aux sites plus caractérisés, il n'en est pas où tout se trouve juste au point voulu pour former ce merveilleux accord présenté par le pays de Florence, par les environs de cette grande ville que peuplent des centaines de villas, entourées de jardins et d'arbres. Dans ces alentours on retrouve cachés dans les bosquets tous les vieux écussons de Florence, entrevus déjà sur les murs de ses palais. Les Médicis, les grands-ducs qui leur ont succédé, ont élevé sur chacune de ces collines quelque palais superbe, quelque villa magnifique, Careggi, Melzi, Pratolino, la Petraja, Poggio a Cajano, sur une éminence, au bord de l'Ombrone; d'autres encore, Poggio imperiale notamment, au pied de laquelle on passe en revenant de San-Miniato, et vingt pages ne me suffiraient pas s'il me fallait énumérer toutes les belles demeures de plaisance qui ont été construites par les vieux patriciens de Florence.

Je disais tout à l'heure quel beau panorama on avait de la ville du haut de la colline de San-Miniato, de ce beau coteau si véridiquement nommé la promenade de Bello Sguardo, et encore du monte Oliveto. De ces trois points espacés sur le cours du fleuve on peut embrasser la ville, soit de l'est, soit du sud, soit de l'ouest, et diversifier ainsi l'aspect qu'on lui demande. Mais de ce côté, ce sont de simples collines aux pentes adoucies, vers le nord c'est la montagne montant par gradin jusqu'à son sommet et sur chaque gradin s'étale une villa, un village, un gros bourg. Tout se tient, car toutes les pentes étant couvertes de maisons, on se demande où commence, où finit le village. N'est-ce pas vrai notamment pour Fiesole, cette vieille ville si pittoresquement accrochée à la montagne au nord de Florence ? Jusqu'au plateau où elle dresse ses restes de murailles étrusques démantelées, à moitié ruinées, ce ne sont que maisons de plaisance enfouies dans les bois d'oliviers et dans les vignes, s'étageant sur les premiers escarpements du monte Cecioli. Et Dieu sait, cependant, si les montées sont rudes ! On se demande parfois où peuvent reposer les assises de ces villas. Un tramway qui sort de Florence par la porta San-Gallo — car si Florence n'a pas de tramways à l'intérieur de la ville, il en est, soit à traction de chevaux, soit à vapeur, qui rayonnent dans tous les alentours — conduit le long du Mugnone, jusqu'à San-Domenico, un village où s'élèvent une église et un ancien couvent de dominicains, et une sorte de tapissière traînée par quatre chevaux vous fait ensuite gravir le rude escarpement au-dessus duquel s'élève Fiesole. La route inclinant à droite, descendant à un moment pour remonter plus dure encore, forme, à cet endroit, une sorte de terrasse d'où la vue s'étend déjà sur toute la largeur de la vallée de l'Arno. Mais le panorama est plus beau, plus vaste vu de la Badia ou de Fiesole même. Pauvre Fiesole! combien elle est déchue depuis l'époque où elle était ville étrusque, fort puissante en son temps, comme en témoignent ses murailles et son théâtre antique, à seize rangs de sièges construits en pierre de taille, que des fouilles récentes ont mis à jour.

C'est à peine si elle contient maintenant 3,000 habitants. Ce n'est plus une ville,

FLORENCE. — Musée national.

mais un village, quoiqu'elle reste le siège d'un évêché. Ses vieux monuments si imposants la font paraître plus abandonnée encore : sa vieille cathédrale, qui fut commencée en 1028 par l'évêque Bavaro, son palais archiépiscopal, son palazzo Pretorio, construit au XIIIe siècle, et qui est couvert des armoiries de ses anciens podestats. La basilique, qui va être restaurée, contient de belles sculptures de Mino da Fiesole, et un superbe *Saint Romulus*, de Luca della Robbia, qui a exécuté aussi le tabernacle de l'église plus ancienne encore de Santa-Maria Primarena. Non loin de là est l'ancienne église Saint-Alexandre, dont la voûte est supportée par des colonnes de cipolin antiques; et de l'esplanade qui la précède, le regard peut s'étendre à l'infini des montagnes du Casentino au mont Albano, sur la vallée verte de l'Arno où Florence semble noyée, perdue. Seul, le dôme de Brunelleschi domine toujours, attestant la durée de la Reine des fleurs.

A peu de distance de Fiesole où a vécu jusqu'à sa mort le père Beckx, le supérieur général des jésuites, s'élève la Badia di Fiesole dont, en gravissant la montagne, on aperçoit, donnant sur les jardins, l'élégante loggia. Ce couvent, fondé en 1028, fut reconstruit, en 1462, par Brunelleschi, sur l'ordre de Cosme l'ancien. Son église à façade de marbres blanc et noir alternés renferme quelques tableaux, et dans le réfectoire de ce couvent célèbre, occupé maintenant par une ferme, on voit encore une fresque plus étrange que belle de Giovanni da San-Giovanni.

Au-dessus de Fiesole la montagne se couvre de bois, et c'est au milieu de la forêt de Macioli que se trouvait la villa de Pratolino, que le grand-duc François Ier avait fait construire pour Bianca Capello, par Buontalenti en 1568. Dans ce lieu, dont on voulait faire un lieu de délices, on avait accumulé les beaux bâtiments, les marbres et les dorures, les parterres les plus luxuriants, les grottes, les labyrinthes, les jeux d'eau les plus extraordinaires, et Jean de Bologne avait fait exécuter par ses élèves une statue colossale, haute de vingt mètres, qui, réparée récemment, domine encore de sa masse de pierre les jardins de la villa nouvelle construite par le prince Demidoff. Les anciens bâtiments avaient été presque entièrement détruits, le prince Paul Demidoff en fit élever de nouveaux et chercha à rendre à ces jardins célèbres leur ancienne splendeur, lorsqu'il se décida à vendre San-Donato. Il y avait transporté les quelques pièces rares qui lui restaient de sa collection, et déjà, lorsqu'il mourut il y a trois ou quatre ans, il s'occupait à en composer une nouvelle qu'il rêvait plus belle encore.

La situation de Pratolino est magnifique. Le pays est quelque peu sauvage, mais si la route qui y conduit de Florence est rude et difficile, d'autre part, elle offre sur tout son parcours les plus merveilleux et les plus pittoresques points de vue sur toute la vallée.

XI. — PONTE A SIGNA.

Voici un tout autre côté de Florence. Presque en plaine et encore pittoresque, plaisant surtout par ses paysages ensoleillés; curieux, en outre, par l'industrie de ses habitants. A Ponte a Signa se trouvent les principales fabriques de chapeaux de paille, dont Florence fait encore un grand commerce. La Doccia, c'est la fabrique de faïences artistiques du marquis Ginori.

De Florence à Signa, la route longe le pied de la colline, laissant à sa droite l'Arno et la plaine au delà de champs fertiles couverts de fleurs et de fruits. Un tramway à vapeur qui part de la piazza di Castello, sur la rive gauche du fleuve, tout près du ponte alla Carraja, vous fait franchir la distance en deux heures, et vous permet ainsi de jeter un plus long regard sur le pays si riche et si frais à l'œil, tandis que le chemin de fer, qui traverse directement la plaine, ne vous laisse apercevoir aucun détail. Mieux vaut donc user de ces wagonnets qui courent sur la route côte à côte avec les charrettes chargées de grains ou revenant des champs, presque cachées par leur charge de tiges de maïs ou de foin coupé, croisant les paysans à la démarche un peu lourde qui se dirigent vers la ville, les paysannes accortes qui marchent d'un pas cadencé, un panier de fruits sur la tête. A chaque village, un temps d'arrêt pendant lequel les gamins viennent se suspendre aux chaînes du tramway; l'un demande un paquet qu'il avait donné mission de lui rapporter, une forte commère se plaint d'un oubli, le forgeron, quittant sa haute cheminée, s'approche, le tablier de cuir battant sur les genoux, pour serrer la main du chauffeur de la machine, et, assises sur le pas de leurs portes, les femmes dévisagent curieusement les voyageurs.

BORGUNTO.

On repart, et, une fois sortis de la rue du village, on retrouve les champs dorés par le soleil, les moissons qui mûrissent, les haies dans lesquelles court le liseron passant sa fleur si fine entre deux branches épineuses. Les vignes s'enroulent au tronc des mûriers, les maïs dressent leurs tiges d'où sort comme un panache de fils blancs, on dirait un haut fuseau tout prêt à être dévidé; autour de vous, tout rit et chante. Ah! le joli voyage au pied de ces coteaux où les villas montrent, sur la hauteur, leurs murs blancs coupés par les volets verts! On passe ainsi cinq, six, sept villages. A la moitié de la route, on change de machine dans un gros bourg, San-Quirico ou Ponte a Grene, je ne sais plus lequel, mais je me souviens du raisin exquis que j'achetai sous un des portiques de la grande place, et on arrive à Ponte a Signa, à l'endroit où se ferme presque la vallée, l'Arno coulant alors entre deux collines plus hautes sur lesquelles Signa d'un côté, Lastra de l'autre, ont bâti leurs maisons blanches. Les vieilles murailles crénelées, flanquées de tours, de Signa ne manquent pas de pittoresque. Déjà, sur toute ma route, j'avais remarqué les femmes tressant la paille, d'un mouvement machinal, sans interrompre leur marche. Dans le village, elles étaient toutes occupées à ce travail, soit assises à leur porte, soit réunies en groupe dans l'une des maisons.

On faisait les vendanges au moment où j'allai à Signa, et l'allée et venue des chars chargés d'un beau raisin noir dont le parfum enivrant imprégnait l'air donnait une animation inaccoutumée aux rues étroites et montueuses. Sur la colline s'élève une belle villa où un aimable compatriote, le marquis D..., m'avait offert l'hospitalité, et de la terrasse, sur laquelle s'ouvrait le salon, je voyais sur la gauche se prolonger la gorge dans laquelle s'enfonçait l'Arno, puis à nos pieds, le village, les vieux bâtiments d'une antique ferme, presque un monument historique, car Charles VIII y aurait, dit-on, dormi une nuit et y aurait reçu les clefs de Florence, que lui apportaient les défenseurs de la ville vaincue. Cela reporte, comme on voit, au XIVe siècle. Puis sur la droite s'allongeait indéfiniment la plaine un peu voilée par la brume de laquelle pointaient cependant le dôme et la tour du Castello, et presque en face de moi, à l'horizon, se déroulait le cercle des montagnes vers lesquelles j'allais me diriger pour visiter la Doccia.

Mais auparavant je demandai quelques détails sur la curieuse industrie de la paille tressée qui est encore la seule industrie des femmes des environs de Florence, et mon aimable amphitryon me fournit les renseignements les plus précis sur la fabrication et le commerce de la paille. Saviez-vous d'abord qu'il faut, pour ce travail, une paille spéciale qui n'est obtenue qu'avec trois semences dont décide surtout la nature du terrain, le *Semone* ou grosse semence, le *Santa fiore* ou sainte fleur, le *Marzuolo* ou semence de mars? La paille s'arrache avant la formation complète du grain, quand l'épi commence à se former; on la fait sécher au soleil en la laissant la nuit exposée à la rosée, et lorsqu'elle est blanchie on détache la partie supérieure et on la partage en autant de grosseurs qu'il en est reconnu dans l'industrie de la paille. Il y a, je crois, douze grosseurs.

Et alors les femmes prennent des bottelées de paille préparée, rendue humide pour qu'elle se plie aux mouvements des doigts, et apprêtent avec une rapidité incroyable ces tresses si fines qui, cousues ensemble, forment le chapeau. La tresse se fait à onze brins pour les chapeaux les plus fins, ceux appelés tout particulièrement chapeaux de paille d'Italie, ou à sept brins. Ensuite on coud les tresses, car on ne fait presque plus de chapeaux sans couture, et les fabriques établies à Signa même s'emparent de ces cornets de paille qu'on voit sécher dans les cours des maisons sous le beau soleil qui les blanchit; elles les façonnent, leur donnent la forme exigée par la mode, après leur avoir fait subir la pression nécessaire, et les expédient en Angleterre ou en Amérique; c'est avec ces deux pays que se fait la principale exportation. Souvent aussi l'expédition se fait en tresses et le chapeau se confectionne dans le pays même.

Cette industrie si productive pour le pays toscan, qui a occupé, dans les années florissantes, jusqu'à 35,000 personnes, qui a connu une exportation de 14 à 15 millions de francs, a perdu beaucoup de son antique prospérité, et les causes de cette décadence sont multiples. On se plaint d'abord que le soufrage des pailles les rend moins fines et moins souples, mais c'est surtout la mode qui a changé. Jadis on voulait des pailles extrêmement fines, on se plaît maintenant à porter des chapeaux faits avec de grosses pailles, des chapeaux-paillassons, comme on les appelle, je crois, et les pailles anglaises de toutes les grosseurs, les pailles japonaises font, par leur bon marché, une concurrence redoutable aux belles pailles d'Italie. Celles-ci se vendent cependant encore dans des proportions considérables, car, d'après une statistique assez récente qui m'est fournie sur les importations de paille à Marseille — Marseille est le principal marché des chapeaux de paille en Europe — sur 80,000 kilogrammes, qui sont à peu près la moyenne de cette importation, l'Italie fournissait 22,000 kilogrammes et la Chine 40,000 kilogrammes de ce produit. La Cochinchine, les Indes anglaises, le Japon, l'Algérie, fournissaient le reste du contingent.

Gendarme à pied.

Mais il faut être dans le pays même, assister à ce travail continu des femmes, travail qui leur rapporte de 40 à 50 centimes par jour, pour se faire une idée de l'importance que cette industrie a pour le pays, et de la ruine qui s'ensuivrait si elle venait à cesser complètement. Heureusement pour lui, le paysan toscan est sobre, il vit beaucoup de châtaignes, il se contente, pour boisson, d'une sorte de piquette qu'il fabrique en jetant de l'eau sur le marc de raisin, et mange encore peu de viande. Cependant, il est loin d'avoir l'apparence faible et misérable, et, en m'en allant vers Sesto, je pus constater l'aspect propre des maisons, l'air sain et vigoureux de leurs habitants.

XII. — LA DOCCIA.

J'avais pris à Lastra une voiture qui me conduisit à Sesto en coupant directement la plaine, en suivant de charmants chemins de traverse le long d'un canal bordé de peupliers, au milieu de vignes dont les ceps noueux portaient encore de grosses grappes noires d'un raisin prêt à cueillir. Sautant ici un autre canal, là la route qui mène de Poggio à Cajano, j'allais rapidement et de loin j'apercevais les villages étagés sur les coteaux vers lesquels je m'avançais, le petit bourg de Sesto, au-dessus l'agglomération de maisons qui forme la Doccia, puis la manufacture elle-même et la villa du marquis Ginori, avec sa grande allée de pins qui remonte en ligne droite au sommet de la colline. On eût dit, de cette distance, une immense échelle noire, accolée à la montagne. Aux portes mêmes de la manufacture, dans la plus magnifique position qui se puisse souhaiter, j'eus immédiatement la preuve de l'intelligente sollicitude portée à leurs ouvriers par les marquis Ginori. Une série de petites maisons de modèle uniforme étaient évidemment les demeures des ouvriers de la fabrique, mais elles n'avaient pas la morne disposition des cités ouvrières du Nord, elles n'étaient pas alignées avec la même régularité et la même mitoyenneté désespérantes; leur type seul montrait l'unité de direction dans leur construction, puis devant elles s'étendait l'espace; l'air, le soleil, pénétraient largement par leurs fenêtres ouvertes. Quelques-unes de ces maisons, plus grandes, mieux meublées, habitées évidemment non par de simples ouvriers, mais par des artisans qui sont presque des artistes, avaient un aspect de confortable presque luxueux.

Mais arrivé à la manufacture, j'eus une déception. Quoique ce ne fût pas jour de visite publique, quoique je ne me fusse pas muni à Florence d'une carte d'entrée, j'obtins d'être reçu, mais seulement dans le musée joint à la fabrique et dans une des cours. On me laissa voir les murs extérieurs, et on me refusa, comme à tout le monde, du reste, de visiter les salles de travail. La consigne est impitoyable. C'est bien sévère en réalité, car il ne semble pas qu'on ait à Doccia, plus qu'ailleurs, des secrets de fabrication inconnus à tous. Mais, on se le rappelle peut-être, je m'étais heurté une fois déjà à la même consigne, à la grande filature Rossi.

J'aurais été curieux cependant de me rendre compte de l'importante fabrication de la Doccia, qui a pris un si grand développement depuis sa fondation. Elle date de 1741, et elle est due au marquis Carlo Ginori, esprit entreprenant, caractère actif, qui, après de nombreux voyages à l'étranger, résolut de doter son pays d'une source considérable de profits en réveillant une vieille industrie presque abandonnée à cette époque. Il fit faire dans le pays même des recherches pour trouver les terres nécessaires à la fabrication de la porcelaine, et réussit peu à peu à donner un certain développement à la manufacture qu'il avait établie dans son parc de la Doccia. Son fils continua l'œuvre entreprise, l'accrut d'une façon considérable, et le marquis Ginori actuel, qui est député au parlement italien, suivant ces traditions, a donné à la fabrication de sa manufacture une grande extension, en même temps qu'il complétait, qu'il augmentait les institutions propres à assurer le bien-être de ses ouvriers. Des écoles gratuites ont été établies dans la manufacture, un théâtre y existe, qui a pour acteurs les ouvriers eux-mêmes; d'autre part, ceux-ci ont formé un orphéon qui donne de fréquents concerts les dimanches d'été, et auxquels assistent non seulement les ouvriers actuels, mais encore les anciens ouvriers à qui une caisse de retraite garantit jusqu'à leur mort une existence paisible.

La fabrication artistique surtout a été très étendue depuis une vingtaine d'années, et à toutes les grandes expositions on a pu voir les imitations de porcelaines et de faïences anciennes qui sortent de la manufacture en même temps que les pièces d'usage courant. Il y en a vraiment de fort belles, qui rivalisent avec les anciens Gubbio. Le grand fourneau de la manufacture est construit à quatre étages, le premier étage pour la porcelaine, le second pour la terre de Wedgwood, le troisième pour la poterie commune, le quatrième pour la première cuite du biscuit. Ce fourneau peut contenir 20,000 pièces.

J'aurais voulu joindre à ces quelques détails des renseignements techniques, mais, je le répète, je n'ai pu obtenir d'entrer dans les salles de travail de la manufacture.

La villa habitée par le marquis Ginori s'élève au-dessus de la fabrique, dans une

Villa Petraja.

admirable situation. C'est une des plus anciennes habitations de ces coteaux où abondent cependant les vieilles maisons de plaisance, comme la villa Corsi, si célèbre par ses belles fleurs, qui se trouve sur la route de Sesto. Je revins par le tramway, qui stationne à Florence devant la gare. Sur ces premiers contreforts des Apennins, on me montrait tour à tour les plus célèbres de ces villas, dissimulées par les arbres qui couvrent les pentes du mont.

On passe ainsi devant la Petraja, un vieux domaine qui eut pour premiers propriétaires les Brunelleschi, et qui devint, en 1575, la propriété du cardinal Ferdinand de Médicis; celui-ci la fit reconstruire par Buontalenti, et Victor-Emmanuel, qui se plaisait dans cette jolie résidence, admirablement entourée de jardins et d'arbres formant un petit parc, en confia la restauration à des artistes de talent qui lui ont rendu tout son éclat.

Non loin de là est la villa Quarto, qui appartenait aussi aux Médicis, et plus près de la route une ancienne villa royale, Careggi, qui devint, en 1780, la propriété de la famille Orsi. C'est là que Cosme l'ancien mourut, en 1464, ainsi que son petit-fils, Laurent le Magnifique, en 1492. La villa, bâtie par Michelozzo, renferme quelques fresques de Pontormo et de Bronzino.

Puis, sur la droite, la plaine s'étend vaste et belle, et au fond toujours apparaissent les grandes silhouettes du Dôme et de la tour du Castello. A Ponte a Rifredi, on franchit le Terzolle, un petit torrent qui, au printemps, roule des eaux impétueuses vers l'Arno; de là on aperçoit les bastions du fort de San-Giovanni, et par les nouveaux quartiers, on rentre dans Florence, près de cette belle église de Santa-Maria Novella, qu'on ne se lasse pas de revoir.

XIII. — LE PAYS DU DANTE. — VALLOMBROSA. — LES CAMALDULES.

Cette fois, l'excursion est plus longue; il faudrait y consacrer plusieurs jours; il est difficile, tout au moins, de la terminer autrement qu'en trois journées. Si j'appelle le pays du Dante cette succession de vallées et de montagnes que l'on peut suivre jusqu'à Arezzo, c'est qu'il n'est pas un de ces villages, un de ces monastères enfouis dans une gorge profonde, pas une de ces montagnes dont l'immortel poète n'ait cité le nom dans sa *Divine Comédie*, alors que, d'une des hauteurs, il regardait Florence et jetait à la ville chérie qui lui fermait ses portes l'imprécation d'une douleur qui prenait les formes de la haine. Là, il s'était battu ; là, près des Camaldules, il avait vaincu les Gibelins, ses ennemis, puis, vaincu à son tour dans la contrée même qui l'avait vu victorieux, il avait voulu consacrer dans ses vers immortels ce pays désormais maudit, flétrir ce fleuve de l'Arno qui passait dans ces lieux abhorrés, et, le suivant depuis sa source, il avait voué au malheur les porcs de Casentino, les chiens d'Arezzo, les loups de Florence et les renards de Pise.

Et lui-même, cependant, il lui fallut rendre hommage à cette merveilleuse contrée, si pittoresque, si verdoyante et si sauvage. Sa haine pour ses habitants ne put lui interdire de louer ce merveilleux pays. Qui n'admirerait Vallombrosa et ses alentours; qui ne visiterait avec bonheur la belle vallée du Casentino, où Poppi garde intacts ses vieux édifices; qui ne serait saisi à l'aspect de cette région où les Camaldoli et la Verna dressent leurs antiques bâtiments ? Cent pages ne suffiraient pas à décrire cette excursion, car chaque point de la route, chaque ruisseau, chaque rocher voudrait une mention spéciale.

C'est de Pontassieve, où peut vous conduire le chemin de fer, qu'on entre dans la montagne dont les sommets s'aperçoivent nus et désolés au-dessus des champs et des bois qui garnissent de leur verdure la vallée et les coteaux. Par une route qui gravit doucement le flanc du monte Pratomagno, on atteint Vallombrosa, l'ancienne abbaye transformée en école forestière. On traverse de larges prairies émaillées de fleurs, arrosées par des ruisseaux courant en murmurant doucement sous l'herbe drue et serrée. Plus loin, voilà de la vigne; plus loin encore, des prairies, des champs admirablement cultivés, entourés de haies qui font à la route un conduit frais et fleuri. Ici un village, Paterno; des champs encore, et là une ancienne métairie du couvent, dont on a fait un institut agricole; bientôt, un torrent, et les quelques

Poppi. — Escalier du palais Guidi.

maisons de Tosi au milieu de prés et de châtaigniers que dominent des bois de sapins couchés sur la pente de la montagne et vous offrant le repos de leur grande ombre noire. On a monté, descendu, puis remonté encore, car les côtes sont coupées de petites vallées fraîches formées par les torrents. On arrive à Vallombrosa, mais ses bâtiments, construits en 1637 pour remplacer les vieilles constructions élevées au XIe siècle par saint Jean Gualbert, ne présentent que peu d'intérêt. Ils ont perdu leurs anciens trésors, puis il semble que sur cette hauteur les bâtiments vous étouffent; on veut monter plus haut encore, au delà des grands bois de sapins qui abritent l'abbaye, gagner le petit couvent, le *Paradisino*, juché sur un rocher, plus haut toujours, et lorsqu'on s'arrête, un peu plus loin, sans monter même jusqu'au sommet du monte Pratomagno, la vue la plus merveilleuse se déploie devant vous, l'œil descend de ces hauteurs que l'on vient de gravir, plonge dans ces vallées, et, découvrant l'Arno qui brille au loin, le suit dans sa course furieuse jusqu'à Florence dont la masse se détache comme un point blanc sur la ligne noire des Apennins. L'œil peut percevoir dans l'infini la ligne blanche de la mer à travers les échancrures de la montagne.

Mais c'est là une bien petite partie — partie déjà longue — de l'excursion à poursuivre. Il faut maintenant revenir par cette fraîche vallée du Casentino, ce val Casentino si frais, si humide, grâce à ses mille ruisseaux descendant de la montagne, que décrit Dante :

> Li ruscelletti, che de' verdi colli
> Del Casentin discendon giuso in Arno,
> Facendo i lor canali e freddi e molli.
>
> (Inf. XXX.)

La vallée commence au col de la Consuma, s'étend au loin, suivant le cours de l'Arno qui prend sa source au pied du Falterona, occupant le fond de ce vaste amphithéâtre formé par les hautes montagnes aux sommets arides, peuplé de villages et de bourgs aux anciennes murailles crénelées, aux hautes tours qui se dégradent, s'effritent pierre à pierre. C'est Romena, Pratovecchio, puis Stia, San-Niccolo et son vieux château, Bibbiena, Poppi, dont le château fort, construit en 1274, est si curieux à visiter. On se croirait au Bargello de Florence à voir ces hauts murs sombres, cette cour intérieure avec sa galerie, son escalier de pierre et ses armoiries accolées aux murs. Dante a chanté la Buona Gualdrada, dont on vous montre la chambre.

D'autres villages encore sont cachés dans ces gorges verdoyantes, et c'est dans cette plaine fertile, couverte de vignes et de moissons, près de Campaldino, que Dante se battit contre la cavalerie arétine, comme il le racontait lui-même dans une lettre dont on n'a pu conserver que quelques lignes : « A la bataille de Campaldino, le parti gibelin fut presque entièrement mort et défait. Je m'y trouvais novice dans les armes ; j'y eus grande crainte, et, sur la fin, grande allégresse, à cause des diverses chances de la bataille. » C'est qu'en effet les Florentins avaient vu leur infanterie décimée par la cavalerie ennemie, et un moment ils purent croire que la bataille était perdue pour eux.

On ne peut décrire cette adorable vallée. A chaque pas son aspect se modifie. Les champs de blé, les vignes et les prés alternent avec les bois de chênes et de hêtres, où des arbres séculaires étendent leurs vastes ramures. Des peupliers bordent les ruisseaux, les arbres fruitiers entourent les maisons blanches des villages, puis la nature se fait plus sauvage pour redevenir plus verdoyante encore.

Ensuite d'un côté s'ouvre la vallée supérieure garnie d'épaisses forêts de chênes et de sapins, au milieu desquelles la vieille abbaye des Camaldoli abrite ses vastes bâtiments. Saint Romuald la fonda vers l'an 1000 sur les terres du comte Maldolus, d'où elle prit son nom (campus Maldoli), et cet ordre célèbre par son savoir et la rigidité de sa règle se répandit bientôt dans l'Italie entière. Un second couvent, le *Sacro Eremo*, s'élève sur une pointe escarpée de la montagne, où prend naissance le torrent

LA TOSCANE.

l'Archiano « Che sovra l'Ermo nasce in Apennino », a dit Dante, et, des crêtes dénudées qui couronnent le Prato al Saglio, un panorama immense se déroule depuis Ravenne, sur l'Adriatique, jusqu'à Pise et Livourne, sur la mer Tyrrhénienne. Les vallées et les montagnes se succèdent, roulant à vos pieds leurs vagues de pierre et de verdure qui viennent, semble-t-il, se briser contre ce haut rempart.

La Verna est à quelques heures de distance, sur un autre contrefort de l'Apennin,

ROMENA. — Château.

contrefort aux gorges plus sauvages, plus escarpées encore quoique moins hautes, qui sépare l'Arno des sources du Tibre. C'est là, dans ces lieux désolés, que saint François d'Assises établit sa retraite en 1218.

> Nel crudo sasso, intra Evere ad Arus,
> Da Cristo prese l'ultimo sigillo
> Che le sue membra dei' anni portarno.

Longtemps le saint habita une caverne dans ces rochers, les *Luoghi Santi*, à 1,200 mètres d'altitude. L'église principale fut élevée en 1264, puis reconstruite, après un incendie qui détruisit le couvent presque tout entier, en 1472. Elle contient des œuvres assez importantes de Luca della Robbia, mais c'est surtout pour la chapelle de la Stigmata que cet incomparable artiste a exécuté un travail remarquable, un *Cru-*

cifiement, avec la sainte Vierge, saint Jean, saint Jérôme et saint François se tenant au pied de la croix, entourés d'anges. D'autres chapelles occupent divers emplacements. Et que de légendes a fait naître la vie du grand saint François d'Assises ! Voilà la pierre où le diable a essayé d'enlever saint François, mais la pierre est devenue liquide et a englouti l'ange du Mal. Ici c'est la pierre de l'autel où le Christ descendait pour s'entretenir avec le grand saint. Tous ces lieux respirent le mysticisme le plus ardent. Dans la contemplation de ces sites grandioses, de cet espace infini, l'âme devait s'élever, se dégager de la terre, et converser facilement avec Dieu.

De la hauteur on aperçoit, s'étendant au loin, la plaine d'Arezzo et de Pérouse. Comme le chantait Dante : « Entre Tupino et la rivière qui s'écoule de la colline, choisie par le bienheureux Ubaldo, descend d'une haute montagne une côte fertile, à l'endroit d'où Pérouse reçoit le froid et le chaud par la porte du Soleil, et sur l'autre revers pleurent, sous un joug pesant, Nocera et Gualdo. »

Le val di Chiana conduit, à partir de Giovi, à Arezzo, et on peut finir cette belle excursion en allant prendre le chemin de fer qui vous ramène à Pérouse, dans la patrie de Mécène, de Gui d'Arezzo ou l'Arétin, de Pétrarque, de Pierre l'Arétin, de Spinello Aretino, de Vasari. La petite ville contient de beaux monuments, une cathédrale de style gothique italien remarquable. Mais après cette longue promenade dans la montagne, on éprouve comme une lassitude du travail des hommes, et les édifices les plus beaux vous laissent sans enchantement.

XIV. — PRATO. — PISTOJA. — LUCQUES.

De quelque côté qu'on tourne ses pas, ce ne sont que beaux paysages, contrées pittoresques, villages gracieux ou villes célèbres. Ici c'est la campagne et les fleurs, là les rochers sauvages et les grands arbres sombres, d'autre part les coteaux escarpés mais encore couverts d'une verdure riante et coupés par de larges plateaux qui disparaissent sous la végétation la plus fertile.

Tout à l'heure nous étions dans les gorges sauvages de la Verna, dans le sud de Florence, maintenant remontons vers le nord, vers Prato et Pistoja, d'où nous gagnerons Lucques, dont on aperçoit les anciennes murailles au fond de la plaine fertile qui s'étend jusqu'à la mer.

Le chemin de fer conduit rapidement à Prato; mais je préfère le tramway à vapeur, aussi prompt et qui vous laisse mieux voir le pays. On passe entre Poggio à Cajano et Sesto dont j'ai déjà maintes fois parlé, on dépasse de nombreux villages, on traverse toute la plaine qui s'étend luxuriante jusqu'au pied des Apennins, au pied de la montagne sur les bords du Bisenzio, qui descend des hauteurs du monte Sasso, on voit s'élever gaie et propre la petite ville dont les fabriques qui l'entourent, sans trop s'inquiéter de ses vieilles murailles, montrent l'importance industrielle. On y fabrique beaucoup d'ouvrages en paille, on y fait d'excellents biscuits, — j'indique cela pour les voyageurs gourmands, — on y travaille le cuivre, et ses fabriques de drap commun ont un débit considérable. Prato ne compte pas moins de 14,000 habitants, employés en majeure partie dans les manufactures, et, à côté de l'intérêt industriel qu'elle peut présenter, la ville offre un intérêt artistique très réel, puisqu'elle possède des édifices que Donatello, Michelozzo, Filippo Lippi, Botticelli, Fra Diamante, ont décorés de leurs sculptures et de leurs peintures. Le dôme est un édifice de style gothique toscan, commencé au XIIe siècle, achevé par Jean Pisano au XIVe siècle, et ce qui lui donne une véritable originalité, c'est la chaire extérieure placée à l'angle de la façade. Michelozzo et Donatello ont sculpté les bas-reliefs de marbre qui garnissent la chaire d'où on

CASENTINO. — Monastère des Camaldules.

montre au peuple la *sacra Cintola*, la ceinture de la Vierge, que conserve la cathédrale, et ils ont exécuté une œuvre merveilleuse. La chapelle où est gardée la *sacra Cintola* est décorée de belles fresques d'Agnolo Gaddi, d'autres peintures sont de Carlo Dolci, de Girlandajo, de Filippo Lippi; dans le chœur, Mino da Fiesole a sculpté les bas-reliefs de la chaire intérieure; Bruno di Ser Lapo a donné les dessins de la balustrade en bronze qui ferme le

VERNA. — Le mont Sacré.

chœur où Tocca a placé, au maître autel, un crucifix en bronze d'une grande beauté. Et j'ai omis encore le magnifique bas-relief en terre cuite de Luca della Robbia, au-dessus de la porte d'entrée, sur la façade. Un haut clocher carré, à lignes alternées de marbre vert — verde di prato — et de pierre blanche, comme la façade, s'élève au chevet de l'église.

D'autres édifices encore appellent l'attention : Santa-Maria delle Carceri, une élégante église en croix latine, avec des voûtes en plein cintre et une coupole décorée d'une belle frise en terre cuite et de médaillons des évangélistes. Elle eut pour architecte Giuliano di Sangallo; le palais communal, le palazzo Pretorio, qui date du xiii° siècle, et encore la petite église San-Lodovico, qui possède un beau bas-relief d'André della Robbia.

En voilà plus qu'il ne serait nécessaire pour motiver le voyage, car ces œuvres diverses montrent quelle grande place cette petite ville a occupée dans le développement de l'art toscan au commencement de la Renaissance. En outre, de Prato on peut faire des excursions ravissantes dans le val de Bisenzio, si riche, si industriel et si pittoresque du côté de Cajano, plus sauvage et plus pittoresque encore dans la vallée de la Piccimonta, vers San-Quirico de Vernio. On peut encore aller visiter les carrières de marbre serpentin, de « verde di Prato », qui se trouve entre Monteferrato et Figline, et monter à partir de Figline au haut du monte Javello d'où on redescend par Migliana, Pistoja, où vous conduit rapidement le chemin de fer, ou encore la route passant auprès de la somptueuse villa des Médicis. Poggio à Cajano offre plus d'intérêt encore, au point de vue de l'art. Pistoja qui a le même nombre d'habitants que Prato, à quelques centaines près, est bien plus étendue et témoigne d'une véritable puissance, bien effacée il est vrai, mais qui n'en a pas moins été considérable aux temps anciens. Les rues droites et très larges sont bordées de beaux palais, je devrais dire même de palais à l'apparence somptueuse; on voit que la ville était autrefois forte et riche, qu'elle a été un centre d'activité politique et artistique des plus considérables, et lorsqu'on consulte son histoire, on y voit en effet marqué le rôle important et néfaste qu'elle a joué dans la longue et terrible lutte des Guelfes et des Gibelins. De Pistoja éclataient toujours, comme d'un foyer mal éteint, les conspirations, les révoltes, les attaques qui renouvelaient sans cesse cette lutte sanglante, et c'est dans ses murs que se formèrent les deux partis des Cancellieri et des Panciatichi, des noirs et des blancs, qui allaient renouveler à Florence les divisions intestines que devait faire disparaître, il le semblait du moins, la défaite des Gibelins. Pistoja devait d'ailleurs être victime des discordes qu'elle fomentait, c'était orgueil démesuré que de se mesurer avec Florence, et les revers qu'elle subit lui firent perdre peu à peu, à partir du xiv° siècle, la force nécessaire pour garder une indépendance réelle. Elle résista longtemps, soutenue par les richesses de son sol si fertile, de cette plaine si belle, arrosée par l'Ombrone, et qui forme un haut et large plateau au pied même des Apennins, soutenue aussi par son industrie alors très florissante et encore considérable à l'époque actuelle. Parmi les nombreuses usines qu'elle renferme, il existe des manufactures d'armes qui firent autrefois sa célébrité ; on dit que le pistolet y fut inventé. Une autre branche assez importante de l'industrie locale est la fabrication des orgues.

A Pistoja, l'art a eu sa vie propre pendant trois siècles, je veux dire que la petite ville, déchirée cependant par les factions, avait formé un centre artistique suffisant pour qu'elle pût demander à ses artistes seuls la construction, l'ornementation de ses curieux monuments. Ce ne fut que plus tard, lorsque son importance politique diminua, qu'elle sentit l'épuisement causé par une production trop grande et qu'elle devint tributaire de Florence, même pour les productions de l'art. Lorsqu'on visite ces petites villes toscanes, on est étonné de ce qu'elles ont fourni au développement artistique, combien grande a été leur influence, et on se rend compte que, pour pleinement juger l'histoire artistique de ce pays, il n'est pas une bourgade qui ne devrait être visitée, car il n'en est pas une où il n'y ait à étudier, à admirer quelque manifestation du génie artistique de ce peuple si bien doué.

PRATO. — Palazzo Pretorio.

A ce titre, Pistoja a une importance toute particulière. Sa cathédrale construite au XIIe siècle, sauf l'abside qui fut ajoutée par Jacopo Lafri, en 1599, renferme des œuvres d'art des plus intéressantes, précisément à ce point de vue de l'histoire de l'art, les fresques malheureusement dégradées de Giovanni Cristiani da Pistoja, le monument de Cino da Pistoja, le jurisconsulte et poète contemporain du Dante, par Cellino di Nese, la peinture si belle de Lorenzo Credi, sa *Vierge avec saint Jean* et *saint Zenon*, la *Résurrection* inachevée de Bronzino, des terres cuites des della Robbia, des bustes de Verocchio et de Rossellino, et deux autels en argent, dont l'un, celui de San-Jacopo, le patron de la cathédrale, retint occupés à sculpter ses admirables bas-reliefs et ses statuettes des artistes comme Simone di Ser Memmo, Andrea di Jacopo d'Ognabene, Piero da Firenze, Leonardo di Ser Giovanni et d'autres encore. Cette œuvre d'art, qui contient, dit-on, 223 kilogrammes d'argent, ne fut terminée qu'à la fin du xv° siècle, et dans la succession de ses plaques d'argent si finement ciselées, on peut suivre la marche du sentiment artistique au long de cette grande période.

Le baptistère est une grande construction octogone, du commencement du xiv° siècle, avec une chaire en dehors. L'église San-Giovanni Fuoricivitas est bien plus curieuse avec sa façade décorée de galeries à colonnettes, son grand et beau bénitier que Jean Pisano a orné sur les bords de quatre figures représentant les Vertus; les très beaux bas-reliefs de la chaire, dus à Fra Guglielmo, et son groupe de grandeur nature en terre cuite, si simple et si plein d'expression, *la Visitation de la Vierge*, par André della Robbia.

Toutes les autres églises de Pistoja, et elles sont nombreuses, San-Andrea, une vieille basilique du xii° siècle, San-Francesco al Prato, San-Domenico, Santa-Maria dell' Umilta renferment des œuvres de grande valeur. Dans la première, c'est une belle chaire hexagone décorée de bas-reliefs de Jean Pisano; dans la dernière, il y a des peintures d'un grand intérêt, une *Vierge* de Fra Paolino da Pistoja, un *Miracle de saint Charles Borromée*, par Jacopo da Empoli; dans la chapelle Rospigliosi et dans le cloître, des peintures de Sebastiano Veronese. Santa-Maria est surtout curieuse par la forme octogone de son vaisseau principal.

Plusieurs des palais qui subsistent encore mériteraient également d'être examinés avec soin, et plus encore le palazzo Pretorio, l'ancien palais des podestats, dont les armoiries sont peintes sous les lourds portiques formés d'une seule arcade à plein cintre sur chaque côté de la cour, et le palazzo del Commune, construit de 1294 à 1385, qui sert actuellement d'hôtel de ville. C'est un haut et massif bâtiment, aux rares fenêtres ogivales, soutenu par des portiques écrasés. Sur la place, on a élevé, il y a vingt ans, une statue du cardinal Forteguerra qui légua à sa ville natale la bibliothèque qu'il avait formée. Et je n'oublie pas l'Ospedale del Ceppo, construit en 1277, dont la frise est un étonnant travail en terre cuite, des bas-reliefs représentant les *Sept Œuvres de la Charité*, la *Vierge sur un trône et quatre Vertus*, et au-dessous, des médaillons, *l'Annonciation*, la *Vierge entourée d'une gloire*, la *Visitation*, exécutés de 1525 à 1535, par Giovanni, Luca et Girolamo della Robbia.

La petite ville offre, comme on le voit, maints sujets d'observation et d'étude, son caractère ancien est resté des plus prononcés. En face de son palazzo Pretorio, ou de son palazzo del Commune on comprend, à voir leurs murailles rébarbatives, les sombres drames qui devaient agiter ces vieilles cités, et il vous revient à la mémoire l'histoire de ce Cancellieri qui, pour prix des excuses qu'il portait aux Vassi, dont il avait blessé un des membres, eut la main droite coupée par eux et fut ainsi renvoyé mutilé à son père. De là vint la sanglante querelle des Blancs et des Noirs. Pistoja a eu sa mutilation d'un Cancellieri comme principe de ses pires discordes, comme Florence avait eu le meurtre de Buondelmonte comme origine de sa longue lutte gibeline.

Quelle sauvagerie dans les mœurs! Comment au milieu de cette belle nature, sous ce doux climat, a-t-il pu naître et se conserver tant de haine au cœur des hommes? Maintes fois on se le demande en parcourant ces beaux pays. Car rien n'est ravissant comme ce véritable jardin qui s'étend de Pistoja jusque vers Serravalle, et de l'autre côté des hauts coteaux qui séparaient le territoire de Pistoja de celui de Lucques, rien n'est aussi frais et fertile que cette jolie vallée du Nievole, rien n'est plus pittoresque et doux à l'œil encore que les environs de Pescia, et rien enfin n'est plus large et plus riant à la fois que la belle plaine fertile dont Lucques occupe à peu près le centre. La nature est dans cette région d'une richesse incroyable, riche pour les produits extérieurs du sol, riche pour les ressources qu'elle offre à l'industrie, par les minerais qui se trouvent dans ses montagnes. Sur le monte Cattini, des sources

PISTOJA. — Palais communal.

thermales sont exploitées depuis des temps anciens. Des hôtels ont été construits — il n'y a même pour ainsi dire que des hôtels — avec quelques maisons qui en dépendent, et la foule s'y porte chaque année plus nombreuse. Il faut reconnaître que c'est, au point de vue de la situation, une des plus jolies stations thermales qu'on puisse voir. Des fabriques de soie, des papeteries sont établies dans toute la région, surtout du côté de Pescia; la culture et l'industrie se réunissent donc pour faire de cette plaine et de ces vallées une région prospère. Un peu avant Lucques, enfin, on contourne la pointe du petit lac de Bientina, et l'ancienne capitale du duché de Lucques déploie, non loin des bords du Serchio, ses antiques murailles transformées en boulevards plantés de beaux arbres.

Son origine est antique; la *Luca* des Romains avait, dès ces temps reculés, la réputation d'un séjour doux et charmant, et les restes de monuments romains qui se trouvent dans la ville et aux environs, son amphithéâtre, l'aqueduc et les bains de Néron situés à quelque distance, attestent l'importance qu'elle avait acquise. Au moyen âge elle fut tour à tour duché ou république, affaiblie, ruinée par cette terrible lutte guelfe et gibeline à laquelle n'échappait aucune des cités italiennes, passant du joug d'Uguccione della Fagginola au joug de Castruccio Castracani, qui releva sa puissance, mais sans lui donner d'assises durables. Martino della Scala la tint un moment en son pouvoir, Pise l'assujettit ensuite, et, en 1369 enfin, elle racheta de Charles IV sa liberté. Elle devait la conserver jusqu'en 1799. En 1805, la république de Lucques forma le duché que Napoléon Ier donna à sa sœur, Élisa Bacciochi, et ce duché échut, en 1814, à l'impératrice Marie-Louise qui le gouverna jusqu'en 1847, époque où elle se retira en prenant possession du duché de Parme. Mais, de 1369 à 1799, que de luttes encore, que de divisions intestines entre le parti du peuple et le parti aristocratique! Ce dernier ne réussit qu'en 1628 à établir la constitution qui devait exister jusqu'à la fin de la république.

Lucques est fière, et à bon droit, de sa situation dans une belle plaine, entre la mer et les montagnes; de l'étendue et de la propreté de sa ville, de ses rues dallées, de ses beaux monuments. Elle possède, en effet, quelques édifices plus curieux encore que remarquables, qui marquent une transition entre l'art gothique et l'art latin, sans que l'influence de Pise, très évidente au XIIIe siècle, parvînt cependant à enlever à ses constructions une certaine originalité. Au point de vue de la peinture et de la sculpture, elle a vu naître quelques artistes de grand talent, dont l'un d'eux, Matteo Civitali, n'a même jamais rien produit en dehors de Lucques et de Gênes, et, à l'époque actuelle, elle ouvre aux amateurs de belles peintures les salles d'un musée peu considérable, il est vrai, quant au nombre des œuvres qu'il contient, mais utile à visiter pour leur choix. Celui-ci renferme, entre autres peintures, une *Madone* de fra Bartolomeo, qui est une œuvre remarquable; une autre du même peintre, *Dieu le Père*, avec sainte Marie-Madeleine et sainte Catherine de Sienne, qui est plus belle encore; puis des œuvres du Guide, du Sodoma, d'André del Sarto, du Dominiquin, etc. Cette galerie de peintures, qui fût devenue réellement importante si on eût pu conserver les tableaux anciens accrochés dans les diverses salles du palais, a été placée dans l'ancien palais ducal, devenu le palais public, qui fut commencé, en 1578, sur les dessins d'Ammanati, modifiés longtemps après par Juvara; mais jamais il ne fut achevé. Ce qu'on en voit est d'ailleurs sans grande valeur artistique. En réalité, les trois monuments importants de Lucques sont : la cathédrale, San-Martino, et les deux églises de San-Michele et de San-Frediano. Il est d'autres églises encore, dans lesquelles on trouve de ravissants morceaux d'architecture et de sculpture, comme San-Giusto, dont la porte principale a, dans son tympan, derrière un grillage, une belle *Nativité*, de Masacci; mais aucune d'elles n'offre un ensemble presque complet, comme les trois œuvres que j'ai citées en premier.

San-Martino, qui a une façade très riche, à trois galeries à arcades superposées, de Guidetto, est une magnifique église de style gothique roman, mais très altéré par les additions qui lui furent faites au XIIIe siècle. Le porche principal est antérieur, par exemple, à l'abside, et, dans la façade, une partie des sculptures devaient exister avant sa réfection entière. Il faut regarder avec soin une *Descente de croix*, qui serait un des premiers ouvrages de Nicolas de Pise. Elle est datée de 1233. Matteo Civitali a laissé, à l'intérieur, un grand nombre de ses œuvres : d'abord la petite chapelle octogone « il tempietto », qui renferme le *Volto Santo di Lucca*, un vieux crucifix en bois de cèdre, attribué à saint Nicodème, et qui aurait été miraculeusement transporté à Lucques en 782 ; puis un *Saint Sébastien*, quelques sculptures dans la chapelle dite « del Santuario », le monument en marbre de Pietro a Noceto, le secrétaire du pape Nicolas V, et encore la chaire, qui est fort belle. Jacopo della Quercia y a sculpté aussi le fameux sarcophage d'Ilaria del Caretto, qui se trouve dans le bras gauche du transept. A San-Michele, qui fut fondée en 764, à laquelle on ajouta, en 1288, la riche façade actuelle, imitation de celle du Dôme de Pise, et, en 1377, la galerie à colonnettes du côté sud, on voit une belle *Vierge* de Filippino Lippi. Mais c'est l'ensemble du bâtiment qu'il faut surtout considérer, de même qu'à San-Frediano. Cette dernière église est une basilique à trois nefs, fondée

LUCQUES.
La Cathédrale San-Martino.

au VIIe siècle. La nef du milieu est supportée par vingt-deux colonnes de marbres divers, soutenant des arcades en plein cintre, et au-dessus de hauts murs nus sur lesquels, d'après certains vestiges découverts sous le badigeon, auraient existé jadis quelques peintures. La façade actuelle fut construite au XIIe siècle, mais à l'opposé de l'ancien porche, par suite de la reconstruction des murailles de la ville, dans lesquelles se trouvait prise la vieille église.

D'autres édifices sont encore à regarder, comme le palazzo Pretorio. Mais Lucques, je le répète, séduit surtout par son aspect général. Elle est propre, bien pourvue d'eau, grâce à l'aqueduc que Marie-Louise fit construire en 1832, — un monument lui a été élevé sur la grande place en 1843, — assez animée, quoique sa population ne comprenne que vingt-deux mille habitants, mais elle est chef-lieu de province, ce qui lui apporte un mouvement constant, et elle reçoit un grand nombre de voyageurs. Pour bien se rendre compte de son étendue et de sa disposition, il faut aller se promener sur les remparts, d'où on embrasse un magnifique panorama, non seulement sur la masse des constructions de la ville, d'où sortent, puissants dans leur carrure massive, les hauts clochers des églises, mais encore sur la plaine environnante, sur les montagnes qui bordent l'horizon, sur la vallée du Serchio, vers la belle villa di Marlia, qu'entoure un parc magnifique où on a prodigué les fontaines et les cascades.

Dans toutes les directions, on trouve de jolies excursions à faire : aux Bagni di San-Giuliano, situés au pied des monts San-Giuliano, la pointe des monts Pisans; aux Bains de Néron, du côté de Viareggio; à Viareggio même, où, comme je l'ai dit déjà, on va en foule prendre les bains de mer; vers Porretta et Boscolungo, qui est relié par une bonne route aux bains de Lucques. Si le séjour est agréable aux bains de Lucques, dans la fraîche et jolie vallée de la Lima, le voyage seul est des plus attrayants, le long du Serchio jusqu'à Fornoli; on s'en éloigne alors pour remonter jusqu'à Ponte Serraglio, le village, ou, pour mieux dire, l'agglomération de villages comprise sous ce nom. Ce sont plusieurs localités que joignent de magnifiques allées ombragées, de véritables allées de parc. Un peu plus haut est Villa, qui possède également des sources; plus loin sont les sources chaudes. — Tout ce charmant et pittoresque pays, dont la réputation, au point de vue de ses eaux sulfureuses, date du moyen âge, croît tous les ans en importance, tant est grande l'affluence des baigneurs et des simples visiteurs. De nombreux hôtels, des maisons particulières, des casinos ont été construits dans la vallée, sur les pentes de la montagne. L'été, du mois de juin au mois de septembre, il y a un mouvement incroyable dans toute cette région.

Puis, vers le sud de Lucques, il y a la mer, cette grande mer bleue qui vient battre les côtes de son flot amolli. Malheureusement, ces côtes sont basses, marécageuses, inhabitables, de Viareggio à Pise, et même à Livourne, et les Lucquois se trouvent ainsi forcés de se rejeter vers la montagne. Qui songerait à les en plaindre?

FLORENCE. — Les Cascines.

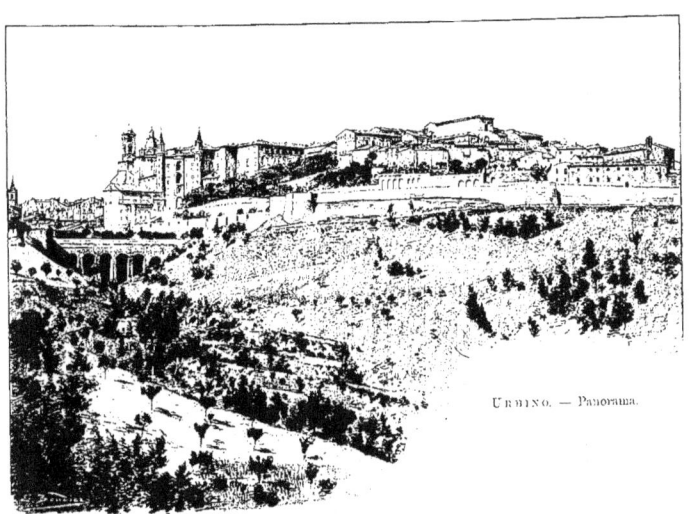

Urbino. — Panorama.

CHAPITRE IX

I. — DE BOLOGNE A ANCÔNE. — RAVENNE. — FAENZA. — FORLI.

S'IL ne s'agissait que de se rendre directement de Bologne à Ancône, le trajet serait en vérité des plus faciles et des plus agréables, au milieu des belles campagnes qui s'étendent entre Bologne et Rimini, puis sur le bord de la mer jusqu'à Ancône. C'est à peine si cinq heures sont nécessaires pour faire le parcours en train express. Mais si on veut visiter Ravenne, c'est-à-dire remonter vers les marais de Comacchio, si on tient à se rendre compte par soi-même de l'importance, si réelle au point de vue de l'art et de l'histoire de la Renaissance, de toutes les petites villes célèbres qui sont répandues sur le versant oriental des Apennins, les difficultés s'accumulent, les chemins de fer ne sont encore que projetés et, de toutes façons, il faut aller, revenir sur ses pas, retourner en arrière pour redescendre vers la mer ou s'engager à l'intérieur des terres, et ces embarras prévus d'un voyage dont on craint de s'illusionner le charme amènent le plus souvent l'ajournement d'une excursion fort intéressante cependant. Or, en voyage, ajourner, c'est le plus souvent renoncer. On le regrettera plus tard, mais le mal est fait. Il faut bien dire aussi que toutes les villes de la côte de l'Adriatique n'offrent aucun intérêt en dehors des deux ou trois magnifiques monuments qu'elles renferment, et quand on a bien admiré pendant deux ou trois heures la façade du château d'Urbino et la place où a *dû* s'élever la maison de Françoise de Rimini, on se sent quelque peu ennuyé d'avoir à attendre au lendemain pour repartir, ou même de reprendre immédiatement sa route sans s'accorder aucun repos. Toute cette contrée n'est faite que de souvenirs, et s'il est facile de les évoquer, il est malheureusement plus difficile de réveiller de leur torpeur séculaire les villes qui les rappellent.

De Bologne à Ravenne la plaine est vaste, bien cultivée, coupée de canaux et de rivières, mais sans caractère précis; les métairies semblent nombreuses, ce qui indique les cultures à demi-part, surtout vers Imola. La petite ville a pour elle son ancienneté, mais ses alentours valent mieux que son intérieur. On traverse encore d'autres rivières, le Santerno notamment, et à Castel Bolognese on prend l'embranchement qui conduit à Ravenne.

La plaine s'étend toute plate, un peu brumeuse sous le soleil, coupée d'arbres supportant les longs sarments de vigne; puis peu à peu le paysage se modifie légèrement, les champs s'étendent, la verdure prend des tons de marécage, des tons gris coupés parfois de longues bandes de sable jaunâtre.

Bientôt paraît Ravenne, un reste de ville morte dans un pays mort, un sarcophage byzantin à moitié ensablé, une « épave que Byzance en se retirant a laissée sur la côte », selon l'expression imagée de M. Taine. A parler franc, je suis revenu de Ravenne tout déconcerté. On a si bien cette mauvaise habitude de qualifier beau ce qui est surtout extraordinaire, étrange, que je m'attendais à quelque chose non de plus curieux, mais de plus artistique. Si c'est là l'art byzantin, je rends volontiers hommage à son étrangeté, à sa somptuosité, mais non à sa beauté.

Je suis, je l'avoue, fort embarrassé de déterminer exactement l'impression que j'ai ressentie.

Un peu avant d'arriver à la gare, on aperçoit sur la gauche la massive rotonde de Théodoric, et une fois hors du wagon, on suit une rue droite qui conduit à la grande place de la ville, la piazza Vittorio-Emmanuele. Une autre rue inclinant vers la gauche mène de la place au dôme. Place Victor-Emmanuel, ce ne sont que colonnes ; colonnes de granit supportant un portique, celles-ci antiques ; colonnes de granit soutenant les statues de saint Apollinaire et de saint Vital, élevées par les Vénitiens en 1483, et, derrière le portique, encore une colonne de granit surmontée d'un aigle, érigée en 1609.

Mais ce n'est pas là ce qu'on cherche à Ravenne, et ce qu'on cherche ce n'est pas le dôme qui vous le montrera. La cathédrale a remplacé au XVIIIe siècle une ancienne basilique de l'an 400, et elle est sans véritable caractère. Mais le baptistère, une des anciennes chapelles de la cathédrale dont une rue le sépare maintenant, déploie à l'intérieur de sa coupole une partie de ce que vous souhaitez voir, de grandes mosaïques du Ve siècle, les plus anciennes de toutes celles que possède Ravenne, fort belles et d'un style bien supérieur à celles de San-Vitale.

Cependant on est venu surtout pour San-Vitale, pour San-Nazaro et Celso, et pour

San-Apollinare in classe. Au fond on a raison, puisqu'en venant à Ravenne on veut surtout se donner une idée de Byzance.

Faisons donc comme tout le monde, allons à San-Vitale, mais auparavant je voudrais donner une sorte de topographie de la ville, de cette ville anciennement si puissante, réduite maintenant au rang d'une sous-préfecture et qui compte à peine 12,000 habitants. Elle est située à 10 kilomètres de la mer qui baignait jadis ses murailles. Son port avait été fondé par Auguste, qui y avait établi la station de la

RAVENNE. — Extérieur de San-Vitale.

flotte de l'Adriatique et qui l'avait reliée au Pô par un large canal. Son commerce étant devenu important, un nouveau quartier avait été créé entre la ville et le port, et cette partie de la cité, nommée Césarée, se trouvait presque entièrement bâtie sur pilotis. Puis les ensablements du Pô, qu'on ne sut prévenir, rendirent peu à peu son port impraticable; le port se combla, les flottes s'éloignèrent, et Ravenne devint une ville de terre ferme — terre ferme c'est beaucoup dire — entourée de sables et de marais dans lesquels disparurent une partie de ses constructions.

Mais pendant de longs siècles, pendant six siècles au moins, elle garda une importance assez grande pour que ses monuments restassent comme des spécimens extraordinaires de ce bizarre mélange de l'art romain et de l'art byzantin. Et alors je reviens à

San-Vitale, où nous trouvons une imitation de Sainte-Sophie de Constantinople. Cette ancienne basilique s'élève sous le règne de Justinien, à l'endroit où saint Vital avait subi le martyre. Saint Maximien la consacre en 547. Elle est de forme octogone, et vers l'est s'y rattache une abside ronde à l'intérieur; elle est circulaire, entourée de huit gros piliers et d'un pourtour. Entre les piliers se trouvent deux à deux des colonnes supportant des arcades, et au-dessous du pourtour une galerie, également avec colonnes entre les piliers. Au centre s'élève une coupole, construite en vases de terre emboîtés les uns dans les autres. Le revêtement des piliers est en marbre précieux d'Afrique. Il faut descendre pour y pénétrer, car le sol extérieur s'est élevé peu à peu, et la rue se trouve à 2 mètres plus haut que le niveau de l'église.

Dans l'abside se voient de grandes mosaïques, le Christ entouré d'anges, trônant sur le globe, puis saint Vital, et saint Excellius. En bas, l'empereur Justinien accompagné de saint Maximien et de sa cour; de l'autre côté, l'impératrice Théodora et sa suite. Au-dessus du chœur, Jérusalem et Bethléem; dans le haut, les quatre évangélistes, puis diverses scènes de la Bible, Moïse et Abraham. A l'intérieur de l'arcade, le Christ, les apôtres et les saints Gervais et Protais. Je passe sur les bas-reliefs anciens qui se trouvent à l'entrée de l'abside et dans le vestibule de la sacristie.

Non loin de là est le mausolée de Galla Placidia, fondé en 440 par cette impératrice, fille de Théodose le Grand. C'est une chapelle en forme de croix latine de 15 mètres de long et 13 mètres de large, surmontée d'une coupole. L'intérieur est orné de belles mosaïques du ve siècle, sur fond bleu foncé; puis, derrière l'autel en albâtre transparent qui était autrefois à San-Vitale, se trouve le grand sarcophage en marbre de Galla Placidia, autrefois revêtu de plaques d'argent. A droite est un autre sarcophage en marbre, qui contient les restes de l'empereur Honorius, frère de Placidia; à gauche, le sarcophage de Constance III, son second époux, père de Valentinien III; et enfin deux sarcophages plus petits, placés des deux côtés de l'entrée, contiennent les restes des tuteurs de Valentinien et de sa sœur Honoria.

C'est grand, c'est imposant même si l'on veut; mais ce monument de l'orgueil n'a véritablement rien de beau, et il n'a même pas le mérite de pouvoir être considéré comme un document de l'art.

San-Apollinare Nuovo, la vieille basilique construite par Théodoric pour le culte arien vers l'an 500, consacrée soixante-dix ans plus tard au culte catholique par saint Agnello, est autrement intéressante. Elle porte ce nom depuis le ixe siècle, époque où on y transporta de Classe les reliques de saint Apollinaire. L'aspect en est grandiose, et la nef majeure, qui a été conservée intacte, présente un beau spécimen de décoration intérieure des premiers temps du christianisme. Les mosaïques y ont été prodiguées. Les parois de la nef principale en sont couvertes, et rien n'est plus étrange comme effet que cette longue suite de saints, de prophètes, de docteurs, se dressant dans leur raideur de cadavres au-dessus des colonnes en marbre, apportées de Constantinople, qui soutiennent les arcades des bas-côtés. Entre les fenêtres sont encore les silhouettes de docteurs de l'Église, et tout à fait dans le haut, treize compositions, tirées du Nouveau Testament, complètent la décoration de la nef. Dans la dernière chapelle à gauche se trouve le portrait en mosaïque de Justinien.

Mais peut-on citer toutes les églises que renferme Ravenne : San-Giovanni Evangelista, sans grand intérêt d'ailleurs ; Santa-Maria in Cosmedin, édifice octogone dont la coupole fut décorée de mosaïques au vi^e siècle ; San-Spirito, San-Giovanni-Battista, San-Romualdo, Santa-Agata, San-Francesco, Santa-Maria in Porto ? Il en est deux autres qui méritent mieux qu'une simple citation, d'abord Santa-Maria in Porto Fuori, à 4 kilomètres environ en dehors de la ville, et San-Apollinare in Classe, située

RAVENNE. — Intérieur de San-Vitale.

également en dehors de la ville, un kilomètre plus loin, au delà de marécages qui entourent la vieille basilique. Santa-Maria in Porto Fuori est une basilique à piliers qui fut construite en 1096, sur l'emplacement, croit-on, de l'ancien port.

San-Apollinare, bien plus intéressante, est la plus belle, la plus grandiose des basiliques de Ravenne. Elle fut élevée en 334 sur l'emplacement d'un temple d'Apollon et consacrée en 549. Elle a été restaurée en 1779. L'intérieur à trois nefs est supporté par vingt-quatre colonnes en marbre cipolin à chapiteaux corinthiens, et sur ses parois sont peints les portraits des évêques et archevêques de Ravenne depuis le successeur de saint Apollinare qui fut martyrisé sous Vespasien, l'an 74, jusqu'à l'archevêque actuel, le cent vingt-neuvième.

Au milieu de la nef s'élève un autel de marbre ; derrière cet autel, un large escalier conduit à l'abside où s'élève le maître-autel, dont le baldaquin est supporté par quatre colonnes en marbre d'Orient noir et blanc. La demi-coupole de l'abside est recouverte de mosaïques qui représentent, de chaque côté d'une grande croix, sur fond bleu étoilé, Moïse et Elie, et au-dessus saint Apollinaire prêchant au milieu de son troupeau. En bas, à droite, sont les sacrifices d'Abel et de Melchissédec ; à gauche, Constantin et d'autres empereurs romains ; entre eux, quatre archevêques, Ursicinus, saint Ours, saint Sévère et Ecclésius. D'autres mosaïques recouvrent encore l'arcade du chœur.

Cette basilique est un magnifique monument, je le répète.

Mais pour y arriver, quel triste paysage, quelle contrée désolée ! C'est la solitude, la mort absolue, le peu de verdure qu'on voit a elle-même des tons morts. Seule la Pineta, la grande forêt de pins poussée dans les sables de la grève, tranche sur ces teintes neutres par sa ligne noire et dure.

Revenu à Ravenne, il est encore un monument qu'il faut visiter, le mausolée du Dante, qui s'élève près de San-Francesco, en face de l'emplacement occupé jadis par le palais du protecteur de Dante, de Guido da Polenta, le père de Francesca da Rimini. Dante mourut à Ravenne, à cinquante-six ans, le 14 septembre 1321, et il fut enterré d'abord à San-Francesco, puis en 1482, le père du célèbre cardinal Bembo, podestat vénitien à Ravenne, fit élever le mausolée que l'on voit maintenant. C'est une construction carrée, avec une coupole ornée des portraits des maîtres et des protecteurs de Dante, Virgile, Brunetto Latini, Can Grande della Scala et Guido da Polenta. Vis-à-vis de l'entrée est un bas-relief, le buste du Dante, et au-dessous le sarcophage qui renferme dans une urne en marbre les restes de l'immortel poète.

Il porte une épitaphe en latin, composée, dit-on, par Dante lui-même ; je ne sais si je ne lui préfère pas les trois vers tirés du *Purgatoire* et que le pape Pie IX inscrivit en 1857 dans le livre des étrangers conservé à la bibliothèque de la ville :

> Non e il mondan rumore altro che un fiato
> Di vento, ch'or va quinci ed or quindi,
> E muta nome, perche muta bato.

« Le bruit du monde n'est autre chose qu'un souffle du vent qui vient maintenant d'ici, maintenant de là et qui change de nom parce qu'il change de côté. »

N'est-ce pas là l'épitaphe que devrait porter également inscrite sur son fronton, le tombeau qui se nomme Ravenne.

Il faut, en quittant Ravenne, revenir jusqu'à Castel Bolognese, car le chemin est impossible à suivre au bord de la mer. J'avais songé un moment à continuer par la côte et, traversant la Pineta, la magnifique forêt de pins qui seule anime ce paysage si morne, atteindre Cervia et de là gagner Rimini. Mais le chemin eût été fort long, et devant la difficulté de trouver une voiture, je renonçai à ce projet. Je n'aurais pas vu, il est vrai, de cette façon ni Faenza, ni Forli, ni Cesena ; mais en vérité je n'aurais pas beaucoup perdu, quoique cette campagne de Faenza et de Forli soit des plus plaisantes au regard. De magnifiques champs, où on cultive le blé, le chanvre et le lin, bordent la route alternant avec des vignobles considérables. Des fermes apparaissent entre les arbres, leurs toits rouges brillant sous le soleil. C'est un beau pays, moins riche assurément que sur l'autre versant des Apennins, mais où le sol est aussi fertile peut-être, moins travaillé sans doute. Cependant cette race de la population des Romagnes est belle et non paresseuse, mais au caractère violent, indépendant et inconstant. Qui donc la qualifiait ainsi : une race de héros ou d'assassins? Et il n'y a pas beaucoup d'années encore, avant que l'annexion ne vînt établir une administration plus régulière, et surtout une justice plus sévère, les assassinats, les vengeances sanglantes étaient des plus fréquents.

Faenza, qui compte 22,000 habitants, a su donner cependant une assez grande extension à son commerce et à son industrie. Elle a dans ses vieilles murailles, sous la protection de sa citadelle, de nombreuses papeteries et filatures de soie, et enfin son antique fabrication de poteries continue, quoique bien dégénérée. Ce fut là sa réputation ancienne. De Faenza vient, dit-on, le mot français de faïence, mais je donne l'étymologie sans la certifier autrement. Quoi qu'il en soit, ses produits, les premiers de ce genre, eurent une réputation universelle, mais qui ne pouvait pas durer alors que la fabrication s'étendait dans les autres pays, car ces faïences si célèbres étaient fort grossières et n'eurent jamais un degré d'art suffisant pour leur conserver une suprématie. Aucune comparaison n'est possible entre elles et celles de Gubbio, d'Urbino et de Capo di Monte. Située sur le Lamone relié au Pô de Primaro qui met ainsi Faenza en communication avec l'Adriatique par un canal navigable

FORLI. — Église San-Mercuriale.

ouvert en 1782 par le comte Zanelli, elle est dans les conditions les meilleures pour progresser, et, je viens de le dire, son développement est constant. Quant à offrir aux touristes des monuments intéressants, je crois bien qu'elle n'y a pas songé. Ce qu'elle a de plus curieux, c'est sa forme carrée, sa division, formée par quatre rues qui se coupent à angle égal en se réunissant à la grande place. Celle-ci, entourée de portiques, ornée au centre d'une fontaine de marbre, est bordée par la cathédrale, un ancien couvent des Servites, par le palais public, le théâtre et la tour de l'horloge.

Forli a un tout autre aspect, un aspect gai, riant, qu'elle doit non seulement à ses rues assez larges et propres, à l'activité de ses habitants, mais encore à ses environs verts d'une belle verdure épaisse, aux collines qui s'élèvent d'un côté comme les gradins d'un amphithéâtre. De belles promenades couvertes d'arbres, de beaux jardins y ont été disposés; les Apennins élèvent en arrière leur masse plus sombre; cet ensemble est d'un charme doux, plaisant, qui dispose en faveur de la jolie petite ville. Elle n'a pas l'aspect antique, quoiqu'elle date de l'époque romaine, elle n'a même pas l'allure des villes italiennes anciennes malgré les quelques beaux édifices qu'elle renferme : elle est elle-même, et le compliment en vaut bien un autre. Sa grande place est des plus vastes, et parmi ses monuments, le palais des Magistrats, le mont-de-piété, les palais Albizzi, Guerini et quelques autres retiennent l'attention. Sa *Peschiera*, son marché aux poissons, une cour à portiques qui n'a été construite qu'en 1830, est curieuse aussi; mais ses trois églises, San-Mercuriale, San-Filippo Neri et la cathédrale sont véritablement intéressantes. San-Mercuriale, une église romane du XIIe siècle, a un haut campanile carré d'un très beau modèle, à côté de sa vieille façade, conservée intacte lors de la restauration faite en 1786. Elle renferme quelques peintures ainsi que San-Filippo Neri qui garde une belle *Annonciation* du Guerchin, et la cathédrale enfin possède dans une des chapelles latérales à coupole qui lui servent de transept, — un reste de la vieille église, — une magnifique *Vierge* de Cignani, la Madona del Fuoco, à laquelle cet artiste travailla, dit-on, vingt années.

Quelques lieues plus loin est Cesena, traversée par une rue bordée de portiques, bien située au pied de la montagne sur laquelle s'élève à une certaine hauteur la magnifique église de Santa-Maria del Monte, attribuée à Bramante.

Et maintenant passons le Rubicon. Oui, mais à laquelle des rivières qui coulent entre Forli, Savignano et Rimini doit-on appliquer cette ancienne dénomination? Est-ce au Pisciatello ou au Fiumicino, avant Savignano, ou n'est-ce pas plutôt à l'Uso, que l'on traverse après ce petit bourg ? La seule chose certaine, c'est que la frontière entre la Gaule cisalpine et l'Italie proprement dite passait dans ces parages. L'Uso, à qui les paysans ont conservé le nom de Rubicone, parait avoir droit à ce nom plus que les deux autres cours d'eau.

II. — RIMINI. — SAINT-MARIN.

Autant Forli est animé, autant Rimini, où on arrive rapidement, semble morte et déserte. Cette vieille ville ombrienne que Jules César et Auguste ornèrent de plusieurs monuments considérables, qui bénéficia pendant des siècles d'un port important, n'a plus ni ressort ni vie. La mer, en se retirant peu à peu, a réduit son port à l'état de ruine, c'est à peine s'il en reste des traces, car les marbres en ont été employés à la construction de la cathédrale, et maintenant les bateaux de pêcheurs viennent seuls chercher un abri à l'embouchure de la Marecchia, la rivière qui cotoie Rimini, dont les maisons s'étalent sur la droite dans une plaine très fertile, il est vrai, mais à quelque distance de la mer.

C'est là que régna pendant plus de trois siècles la dynastie des Malatesta, cette race de condottiere, de despotes astucieux et sanguinaires, dont l'un, Sigismond Malatesta, fit à un moment de Rimini un des centres littéraires et artistiques les plus brillants de l'Italie. A sa cour, il sut réunir les savants et les littérateurs les plus illustres, il fut l'ami de Philelphe, et appela, retint auprès de lui des artistes comme Vittore Pisano, Leone Battista Alberti, Matteo del Parti, Pietro della Francesca, dont il réclame les œuvres, le travail pour cette immense et belle église de San-Francesco dont Alberti avait donné les plans.

RIMINI.
Intérieur de la cathédrale.

San-Francesco, comme l'a écrit M. Muntz, est un monument absolument unique, parce qu'il montre l'erreur volontaire commise par Sigismond Malatesta en se refusant à admettre le sentiment artistique qui allait former la Renaissance, et en voulant créer une civilisation absolument artificielle, calquée sur celle des anciens. Malatesta sacrifiait systématiquement les traditions du moyen âge aux souvenirs tout abstraits de l'antiquité classique, et les artistes éminents à qui il imposait ses volontés n'ayant plus pour les inspirer ni la foi religieuse, ni le patriotisme, ni l'amour de la justice, vieilles croyances des générations passées que rejetait bien loin Malatesta, leur œuvre reste froide et ne peut communiquer une émotion que n'avaient pas ressentie ceux qui la produisaient.

San-Francesco n'en est pas moins, bien entendu, un monument d'un haut intérêt pour l'histoire de l'art, d'un intérêt d'autant plus grand même qu'elle montre à une époque où la Renaissance allait prendre son épanouissement, l'inanité des tentatives qui devaient en arrêter plus tard l'essor. La façade ne fut jamais terminée. Autour de l'église règnent des portiques d'une pureté de forme et de proportions admirables, garnis sous chaque arcade de sarcophages dans le goût antique d'un grand effet. A l'intérieur, s'élèvent un grand nombre de monuments funéraires des Malatesta, dont un des principaux, vers l'entrée, est celui d'Isotta, la femme de Sigismond, portant les emblèmes des Malatesta, la rose et l'éléphant, et les chiffres unis de Sigismond et d'Isotta. Agostino di Duccio, Simone Ferrucci ont laissé des sculptures importantes, et Pietro della Francesca une belle fresque dans la chapelle des Reliques.

Le palazzo del Commune, la pescheria entourée d'arcades, l'église San-Giuliano, qui possède un martyre du saint attribué à Paul Véronèse, sont ensuite les principaux monuments à voir.

Au centre de la grande place encore, s'élève une fontaine assez élégante de dessin, et la statue en bronze du pape Paul V. Puis il reste quelques monuments, le magnifique pont d'Auguste qui traverse la Marecchia, que commença Auguste et que fit achever Tibère. Il a cinq arches. Il est tout en pierre blanche d'Istrie, comme l'arc de triomphe qui s'élève à l'autre extrémité de Rimini, à la porta Romana. Sur la place du marché enfin est le piedestallo di Cesare, une tribune d'où César, d'après la tradition, aurait harangué ses troupes après le passage du Rubicon.

Mais ne dirai-je pas un mot de Francesca de Rimini, que le poète eut dû appeler Francesca de Ravenne puisqu'elle était fille de Guido da Polenta, de Ravenne? Ce fut, il est vrai à Rimini qu'elle mourut, assassinée par son mari qu'elle avait trahi, dans un palais dont l'emplacement, vous dit-on, est occupé par le palais Ruffi. Encore un nom de femme qui a rendu le nom d'une ville familier à tous. Dante a chanté sa mort, commentant, excusant la passion fatale qui l'avait entraînée, et Francesca de Rimini reste immortalisée par les vers du grand poète.

Étant à Rimini, il serait fâcheux vraiment de ne pas aller faire une excursion dans la république de Saint-Marin, dont le petit territoire montagneux présente les sites les plus abruptes, les plus sauvages et les plus pittoresques, et les points de vue les plus merveilleux. Étrange république, bien étrange gouvernement, où la constitution s'est maintenue immuable, dure depuis quatorze siècles, où le budget se solde par des excédents de recettes sur les dépenses! Le territoire de la république embrasse une superficie de 62 kilomètres carrés. Sa population est de 8,000 âmes. Son organisation politique comprend un conseil souverain composé de soixante membres, qui sont élus par le peuple. Chaque habitant, parvenu à sa majorité, fait en effet partie de droit de l'assemblée électorale. Dans le conseil des soixante, composé un tiers de nobles, un tiers de petits bourgeois, un tiers de petits propriétaires, on choisit un conseil suprême de douze membres qui a des attributions spéciales. Le suffrage universel nomme encore le pouvoir exécutif, deux capitaines régents, l'un de la ville, l'autre de la campagne, qui sont choisis dans le conseil et qui remplissent leurs fonctions pendant six mois. L'administration de la justice est entre les mains d'un jurisconsulte étranger, choisi pour trois ans et qui peut être renommé. Enfin, Saint-Marin a une armée, une armée de quarante hommes, qui a la garde de la forteresse. Sur ces quarante hommes, vingt forment le corps de musique. C'est l'armée active, que complètent la milice et la garde noble. L'instruction est développée à Saint-Marin, les écoles élémentaires et primaires y sont nombreuses, et il y a une université. Saint-Marin peut donc se suffire à elle-même; c'est sans doute ce qui a fait sa force, et c'est peut-être le seul lieu du monde où la formule *Libertas*, qui est sa devise, ne se trouve pas être absolument un vain mot.

SAINT-MARIN. — La Petite-Roche.

Depuis quinze siècles au moins, ce peuple vit ainsi réfugié sur ces montagnes inaccessibles où un maçon de Dalmatie, nommé Marino, après avoir, au IIIe siècle, travaillé pendant trente ans au port de Rimini, vint établir sa retraite. Sa réputation de sainteté, sans doute aussi les persécutions des empereurs contre les chrétiens, lui attirèrent des disciples et des compagnons; une petite société se forma, obtint la libre possession de la montagne. La république de Saint-Marin était fondée. Et pendant ce long laps de temps, protégée par son peu d'importance même, elle a échappé à toutes les compétitions, compétitions intérieures et extérieures. Elle n'a pas connu parmi les siens d'ambitieux qui aient voulu l'asservir, elle n'a pas été ambitieuse elle-même, car elle refusa à Bonaparte, en 1797, l'extension de territoire qu'il lui offrait ; du haut de sa roche escarpée, elle a vu rouler dans la plaine le flot des invasions étrangères, elle a assisté impassible, indifférente plutôt, aux batailles de nation à nation, de ville à ville, et le seul agresseur venu du dehors, le cardinal Alberoni, a vu son orgueil indomptable se heurter, se briser à la roche noire de Saint-Marin. A bien prendre, elle ne manque pas de grandeur la vie calme et paisible de ce petit peuple.

La ville de San-Marino, la capitale, — elle compte 1,500 habitants, — s'élève sur un plateau granitique au haut du mont Titan, une des cimes les plus élevées des Apennins, et au sommet des rochers à pic qui font face à l'Adriatique. Sur ces remparts naturels, infranchissables, dominant la ville abritée par une dernière muraille de rochers, s'élève une forteresse, le fort de la Rocca, qui commande tout le territoire et les défilés qui y conduisent. Deux autres forts moins importants garnissent à quelque distance deux autres cimes des monts que la neige couvre pendant plusieurs mois de l'année.

III. — URBINO. — FANO. — ANCONE.

Redescendu à Rimini, on n'aurait plus qu'à suivre la côte jusqu'à Ancône, si l'on ne devait faire un assez long crochet pour passer par Urbino. Le mieux alors est de s'arrêter à Pesaro, de gagner Urbino en voiture et de revenir à Fano. Toute cette côte, surtout aux environs de Pesaro, après la Cattolica, le bourg ainsi nommé pour avoir donné asile aux prélats orthodoxes qui, pendant le concile de Rimini, se séparèrent des évêques ariens, après avoir traversé la rivière de la Foglia, présente les sites les plus beaux, les plus doux à l'œil. On avance sur cette route toujours chauffée par le soleil, sous un ciel d'une pureté incomparable, entre la mer et des collines aux pentes adoucies, chargées d'arbres, d'oliviers, de figuiers et de champs cultivés. Le paysage est d'une réelle beauté. Par contre, la ville de Pesaro est sans intérêt ; elle est propre et gaie d'aspect, ses rues mêmes sont assez larges, mais elle sont banale d'allure, et l'ancien palais des ducs d'Urbin laisse indifférents, tant on est étonné de le trouver d'une architecture aussi insuffisante, en se rappelant combien fut brillante la cour que les ducs y tinrent au XVIe siècle. San-Francesco, une des nombreuses églises que renferme la petite ville, — elle compte, je crois, 15,000 habitants, — a cependant de beaux morceaux d'architecture, et son grand portail est d'un grand caractère. On peut y voir un intéressant *Couronnement de la Vierge* de Giovani Bellini. On sait que c'est à Pesaro que naquit Rossini, qui se laissait volontiers appeler le Cygne de Pesaro.

On se trouve sur le territoire de l'ancien duché d'Urbin, ce petit morceau de terre et de montagnes dont ses souverains firent au XVe siècle l'illustration par leur goût éclairé et leur amour des arts, l'éclat de leur cour, l'impulsion donnée aux sciences et aux lettres. L'illustre famille des Montefeltri régna d'abord sur ce duché dont elle avait fait l'égal en renommée des plus grands duchés, puis les della Rovere leur succédèrent.

Le premier duc d'Urbin, le premier de ces Mécènes, fut Federigo di Montefeltro, qui se rendit célèbre comme homme de guerre, comme habile politique et comme protecteur des lettres et des arts. Son fils, Guid'Ubaldo 1er, le mari de la célèbre Élisabeth de Gonzague, célèbre par sa beauté et la culture de son esprit, ajouta encore, malgré les guerres qui divisaient alors la péninsule, à l'éclat d'une cour déjà des plus brillantes et des plus éclairées. Un moment, César Borgia s'empara du duché d'Urbin, puis Guid'Ubaldo en redevint possesseur, et le duché passa à sa mort — il mourut sans

FANO. — L'Arc d'Auguste.

enfant — à un neveu de Jules II, Francesco Maria della Rovere, qui était en même temps neveu du dernier duc. Laurent de Médicis le posséda un moment, mais Francesco Maria le reconquit et le laissa à son fils, Guid'Ubaldo II. Le dernier duc d'Urbin fut Francesco Maria II, et ses états revinrent ensuite à l'Église.

Il semblait naturel qu'on rêvât la cour brillante des premiers ducs d'Urbin dans un pays riche et fertile, d'accès facile, ouvert à tous. Il n'en est rien. Urbino se trouve au contraire dans une région aux tons gris et tristes, pauvre, impossible à cultiver, bâtie sur deux collines assez escarpées et dans le petit vallon qui les sépare; les rues en sont en pente et étroites, et on n'imaginerait jamais qu'on ait pu goûter dans ces lieux désolés des plaisirs aussi raffinés. Mais on revient sur cette impression attristante en visitant le magnifique palais que Federigo di Montefeltro fit élever sur la moins haute des deux collines par Luciano da Laurana, et que contribuèrent à orner Francesco di Giorgio Martini, Baccio Pontelli, Ambrogio Baroccio, Fra Carnevale, l'urbinate Giovanni Santi, le père de Raphaël Sanzio; et encore Pietro della Francesca, Melozzo da Forli, et sous Guid'Ulbaldo, Timoteo Viti, Signorelli, Cristoforo Romano, et d'autres encore.

A l'extérieur, ses hautes constructions de briques et de pierre de Césène sont flanquées de deux tours percées de petites fenêtres et garnies de créneaux au-dessus desquels s'élève une lanterne, un clocheton élégant et fort. Le milieu de la façade est coupé par trois étages de loggia, qui enlèvent au bâtiment l'apparence de forteresse que lui auraient donné les tours. A l'intérieur, une cour entourée de portiques occupe le milieu des bâtiments, et un escalier monumental conduit aux salles magnifiques et immenses, salles vides, hélas, dépouillées en partie maintenant de leurs trésors artistiques. L'ornementation de ce palais avait été merveilleuse; les peintures, les sculptures les plus belles y avaient été rassemblées. La fameuse cheminée de marbre d'Ambrogio Baroccio est célèbre. Combien on visite de palais et de villes qui ne peuvent présenter un tel assemblage de splendeurs et se vanter d'avoir donné naissance à un Federigo di Montefeltro, à un Raphaël et à un Bramante, car ce grand architecte est né aussi aux environs d'Urbino.

Urbino vaudrait donc, à elle seule, le voyage de la côte d'Adriatique, mais la petite ville de Fano, est, comme ville, bien plus curieuse encore. On redescend des montagnes par une route assez sauvage, en laissant sur sa droite la fameuse passe de Furlo où la voie flaminienne, l'ancienne voie romaine, franchit la montagne au moyen d'un tunnel creusé dans le roc au-dessus des précipices, — c'est un des plus étonnants travaux qu'aient laissés les Romains, — et, passant par Fossombrone, on arrive à l'embouchure du Metauro dans une contrée ravissante qui console des tristes paysages du haut de la montagne. Fano, quoiqu'elle ait perdu un certain nombre de ses vieux édifices tombés en ruines, a conservé de la façon la plus étonnante un caractère ancien, je ne dis pas antique, — en fait d'antiquités elle n'a qu'un arc de triomphe, l'arco Augusto, — mais elle est restée la vieille ville italienne avec son palazzo della Ragione d'un caractère si net, avec ses maisons un peu sombres à loggia. Puis il n'est pas une de ses églises qui ne possède des peintures dont quelques-unes sont de grande beauté. Au Dôme, il y a des *fresques* du Dominiquin, presque détruites malheureusement, une *Madone* de L. Carrache; à Santo-Agostino, un *Ange gardien* du Guerchin; à Santa-Croce, une *Madone* du père de Raphaël, Giovanni Santi; à Santa-Maria Nuova, une *Madone* et une *Annonciation* du Pérugin, une autre *Madone* de Sassoferrato; à San-Paterniano, un *Spozalizio* du Guerchin; à San-Pietro, une *Annonciation* du Guide; à Santa-Teresa, un tableau d'autel de l'Albane. Allez encore au collège Folfi, et là, vous verrez, vous admirerez, car c'est une œuvre magnifique et bien célèbre d'ailleurs, le *David portant la tête de Goliath*, du Dominiquin.

Eh bien! Fano est loin d'avoir, malgré tout l'intérêt qu'il présente pour les amateurs de l'art, le renom qu'elle mérite et, pour beaucoup de ceux qui s'y rendent, c'est certainement une véritable surprise qu'ils éprouvent.

La route, au delà du Metauro, continue le long de la mer, plus sauvage, mais non moins belle; les collines vertes descendent jusqu'au chemin, et vous accompagnent jusqu'à Sinigaglia, la patrie de Pie IX, petite ville de 15,000 habitants, gaie et propre, aux rues larges, connue, presque célèbre, non par les chefs-d'œuvre de l'art, mais par l'activité de son commerce, par son importante foire de Sainte-Marie-Madeleine qui, du 20 juillet au 8 août de chaque année, attire de toute la province une foule énorme. Son port petit, mais sûr, à l'embouchure de la Misa, a un mouvement commercial presque considérable en blé, en chanvre, en soie. Au-dessus de la ville est un château appartenant aux Ruspoli.

ANCONE. — Panorama.

Bientôt, en longeant toujours les collines et les belles eaux bleues de l'Adriatique, on arrive à Ancône dont les maisons s'étagent sur une colline à pente douce, formant une pointe assez avancée, et s'étendant jusqu'au bord de la mer. Ancône est une ville ancienne, on ne le voit que trop à ses rues irrégulières, étroites et sombres, indignes d'un centre qui prend chaque jour plus d'importance, et qui a toujours eu un mouvement commercial assez considérable. Son port, protégé par deux môles, dont l'un fut commencé par le Pape Clément XII, est fort beau, très sûr, et toujours très fréquenté.

Les monuments romains qui existent encore dans la ville, prouvent qu'à l'époque de la domination romaine elle était déjà considérée pour son commerce et même peut-être pour sa situation militaire sur l'Adriatique. Ville libre au XIIe siècle, elle tomba sous la domination de la papauté au XVI° siècle. Prise et longtemps occupée par les Français pendant les guerres de la Révolution, elle redevint possession papale en 1814. Occupée de nouveau par les troupes françaises de 1832 à 1838, elle eut à subir en 1849, de la part des Autrichiens, un siège terrible. Sa citadelle, bâtie après la soumission de la ville au Saint-Siège, commande la ville et le port où s'élèvent en outre des forts dont l'un a été bâti par Clément VII.

Je parlais de ses antiquités romaines. La principale est le magnifique arc de triomphe érigé en l'honneur de Trajan qui venait de faire agrandir le port. C'est un très beau monument, élevé sur la jetée. Il est en marbre blanc et décoré de colonnes corinthiennes ; il était orné en outre de trophées et de statues que les barbares firent disparaître lorsqu'ils saccagèrent la ville. Puis Ancône renferme d'autres édifices d'une époque postérieure : sa très curieuse cathédrale dédiée à Saint-Cyriaque, qui a conservé des colonnes du temple de Vénus sur l'emplacement duquel on l'a construite au x° siècle, à la pointe du cap. La façade au large portail que semblent garder deux lions de marbre, est un beau monument du XIII° siècle, dû à Margaritone d'Arezzo, et au-dessus du transept s'élève une coupole octogone remarquable pour la hardiesse de son dessin; on la considère comme une des plus anciennes de l'Italie. Sa crypte renferme les sarcophages de saint Cyriaque et de deux saints, et à l'intérieur on a conservé quelques peintures de Pietro della Francesca, de Filippino Lippi et du Guerchin. — Une autre église, San-Domenico, renferme un *Christ sur la croix*, du Titien, dont une autre œuvre, une *Vierge*, se trouve à San-Francesco, avec une *Annonciation* du Guide.

La disposition intérieure de la ville est si défectueuse, qu'on ne peut malheureusement se rendre compte avec soin des quelques monuments qu'elle possède. Ainsi c'est à peine si on peut voir dans tout son développement la façade gothique, très intéressante, de la loggia dei Mercanti, où Tibaldi di Pellegrini, a exécuté à l'intérieur des fresques estimées. Le palazzo del Governo, le palazzo Ferretti sont encore de beaux morceaux d'architecture.

Ancône, où la beauté des femmes est renommée, a vu s'accroître sa population d'une façon considérable depuis quelques années. Elle compte 35,000 habitants, et le mouvement de son port, le principal point de relâche de l'Adriatique, en relations directes et constantes avec Venise et Trieste, augmente d'une façon continue. Elle deviendra bientôt un des trois ou quatre principaux ports de commerce de l'Italie.

Pise. — Panorama.

CHAPITRE X

I. — Pise.

La plus grosse erreur que l'on puisse commettre, c'est d'aller à Pise immédiatement en quittant Florence. Le contraste est trop grand entre le mouvement de l'une et l'aspect mort de l'autre. Pise paraît un désert, et sa tour célèbre pleure évidemment sur sa splendeur à jamais passée. Cependant, j'y arrivai un dimanche matin, à l'heure où la population sortait des églises, après la messe, et dans la via Vittorio-Emmanuele, qui de la gare mène à l'Arno, sur le Ponte di Mezzo, de l'autre côté, sur la piazza di Ponte et au début de la via del Borgo, sur le quai de l'Arno, il y avait foule, une foule de gens endimanchés, paysans ou petits bourgeois, petites bourgeoises surtout, dans les toilettes les plus insensées au point de vue du goût. Tout ce monde s'agitait, se hâtait, avec des appels sonores, vers le logis où attendait le déjeuner, vers les cabarets, et ce spectacle si animé me faisait douter de la vérité du renom de Pisa morta.

Puis, le voyage m'avait charmé. J'avais quitté Florence par un temps admirable, sous un beau soleil clair et chaud, qui dorait tout ce qu'il touchait. La gare était envahie de gens se rendant dans les environs, les bouquetières promenaient sur le quai du départ leurs grands paniers pleins de fleurs et vous lançaient des bouquets jusque dans les wagons ; il y avait un air de fête général qui vous charmait les yeux. En dehors de la ville, j'avais parcouru du regard cette belle plaine, humide de rosée, sur laquelle flottait encore, légère, vaporeuse, la buée de l'eau, pompée par le soleil ; puis, au delà des Cascins, au delà de San-Donnino, au delà de Signa, après avoir passé l'Ombrone, la vallée s'était resserrée, présentant ouvertes dans le bas ses vastes carrières de *pietra serena*, dans les hauteurs, des bois de sapins sombres, dont le voile noir, prêt à s'étendre, semblait repoussé par le soleil. Le défilé pittoresque de la Gonfolina, la jolie situation de Montelupo, au haut château fortifié, l'aspect curieux de la villa Ambrogiana, couronnée de tours et de créneaux, sur une hauteur, près de Posa, la fertilité de la contrée qui entoure Empoli, cette petite ville où les Gibelins, voulant détruire Florence, pensèrent un jour à transporter le gouvernement, m'avaient tour à tour intéressé, émerveillé, séduit. Plus j'avançais, plus j'admirais ce beau pays, cette belle plaine arrosée par l'Arno, si fertile, si verte de ses grasses prairies au fur et à mesure qu'on approchait de Pise, tandis qu'à l'horizon se dressaient, encore estompés du brouillard matinal, les monts Pisans, cette chaîne de hautes montagnes qui forment tout un groupe détaché des Apennins. Ainsi disposé par ce joli parcours, je devais, plus facilement encore, trouver l'air riant à cette curieuse ville de Pise, dont les trois grands monuments célèbres apparaissaient à l'extrémité, dans un coin de la masse de ses constructions.

Mais, deux heures plus tard, j'étais sur l'énorme place du Dôme ; c'est à peine si j'avais rencontré vingt personnes dans les larges rues qu'il m'avait fallu suivre pour y arriver, et, malgré le repos du dimanche, trois ou quatre enfants étaient seuls à animer cette immense étendue de sable et d'herbe, avec un vieillard qui dormait sur un banc de pierre, au coin de la via dell' Ospedale. Au cours de ma visite aux quatre monuments admirables que la place renferme dans son enceinte, cette solitude se peupla de quelques groupes de femmes, d'ouvriers qui étaient venus s'allonger sur l'herbe et détendre leurs membres lassés par le dur labeur de la semaine, aux doux rayons du soleil. Je sais, on me le dira aussitôt, que la position même de la place, pour ainsi dire en dehors de la ville, tout à fait à son extrémité, loin des quartiers populeux, dans une zône où il y a plus de jardins que de maisons, rend explicable cette solitude. Sans doute, et je ne l'aurais signalée que d'un mot si elle eût été spéciale aux alentours du Dôme ; mais, dans toutes les parties de la ville, on sent le vide autour de soi, ce vide qui tient plus à l'allure de la population qu'au petit nombre de passants rencontrés dans les rues.

Les maisons, les palais, et ils bordent, en nombre très considérable, les rues assez mal pavées de la ville, ont cet aspect triste que donne, non pas l'abandon absolu, mais l'absence d'un mouvement correspondant à l'importance des bâtiments. On y vit, certainement, mais d'une vie renfermée, sans ressort ; cela se sent uniquement en contemplant la façade.

Mais, reprendront encore ceux qui chercheront à défendre Pise, s'il y en a, la ville reçoit cependant beaucoup d'étrangers pendant les premiers mois de l'hiver. Cela est vrai.

Ceux qui ne craignent pas la pluie, dont on jouit souvent à Pise, à qui l'humidité même de l'air, naturelle dans ce pays, peut être salutaire ; à qui il faut un climat doux, qui calme les nerfs et détende les poitrines oppressées, se plaisent fort à Pise et ils y viennent en assez grand nombre ; mais ils y viennent en malades, sans deman-

PISE. — La cathédrale.

der à la ville qui les abrite de grandes distractions, se contentant d'une promenade sur les bords de l'Arno, aux rayons pâlis mais encore chauds du soleil d'hiver ; et ce ne sont pas eux qui apportent beaucoup d'animation dans les rues, où ils n'habitent pas la plupart du temps, et où rien ne les attire.

Pour dire le vrai mot, Pise est une bonne ville de province, où on vit en provincial, sans même se préoccuper beaucoup des temps anciens, des temps où la splendeur et la richesse de la cité, sa suprématie politique et son importance artistique réunissaient dans ses murs une population de 150,000 habitants, dont le nombre est actuellement réduit à 26,000 mille. Il ne faut pas oublier, en effet, que Pise s'éleva, au commencement du XIe, et au XIIe et XIIIe siècles au premier rang des villes maritimes et commerçantes de la Méditerranée : qu'elle fut un moment la rivale de Venise, et surtout de Gênes ; qu'elle fut des plus ardentes dans la lutte contre les Infidèles, à qui elle enleva la Sardaigne et les Baléares. Elle possédait toutes les îles italiennes de la Méditerranée, toute la côte jusqu'à la Spezia, jusqu'à Civita Vecchia, imposait son pouvoir aux villes de l'intérieur et soutenait enfin, avec des fortunes diverses, une lutte longue et terrible avec Gênes et avec Florence, devant lesquelles elle succomba. Battue par Gênes, en 1284, elle perdit la Corse ; en 1320, le pape lui enlevait la Sardaigne pour la donner aux rois d'Aragon ; en 1509, elle devait enfin, après une défaite terrible, reconnaître la puissance souveraine de Florence, dont elle s'efforçait d'écarter le joug depuis un siècle.

Mais, à partir de cette époque, c'en fut fait de Pise ; sa sujétion devait marquer son déclin absolu, et il semble que les magnifiques monuments élevés en ses temps de gloire rendent plus sensible encore son morne abandon.

Ces monuments eux-mêmes, le Dôme comme les autres, ne sont plus ce que j'appellerai dans la vie de chaque jour. Ce sont des musées dont un gardien tient les portes fermées, et où il vous promène en échange du pourboire de rigueur. Le Dôme seul étant toujours livré au culte, est d'un accès plus facile, mais encore faut-il, le plus souvent, se contenter, pour y entrer, de la porte située au chevet de la cathédrale. Il est vrai que cela n'empêche en rien d'admirer comme ils le méritent ces merveilleux édifices.

Le Dôme est une basilique de style toscan, à cinq nefs, longue à l'intérieur de 95 mètres, large de 32 mètres, avec un transept à trois nefs. Il fut construit en 1063. L'aspect intérieur est majestueux. Sa longue succession de colonnes de marbre d'ordre corinthien, la galerie, à colonnes plus petites et plus nombreuses, qui court au-dessus des arcades qui relient les grandes colonnes du bas, la disposition même des marbres de couleurs différentes qui garnissent l'église, et notamment les piliers en lignes alternées horizontales, l'ampleur du chœur, dont le revêtement est formé de caissons de marbre sombre coupés par des corniches de marbre blanc, tout concourt à donner à ce vaste ensemble un aspect de grandeur imposante. En outre, au point de vue architectural, l'étude de ses diverses parties est des plus attachantes, et sa décoration, qui tient à plusieurs siècles, est non moins fertile en enseignements. Parmi les principaux monuments que renferme le Dôme est la chaire sculptée par Giovanni Pisano ; mais il n'en reste, en réalité, que diverses parties, les quatre Évangélistes notamment et les lions des colonnes, car elle fut presque entièrement détruite, ainsi que les portes de bronze de la cathédrale et d'autres œuvres d'art, lors de l'incendie qui endommagea si gravement l'édifice en 1596. D'autre part, Jean de Bologne a exécuté les anges en bronze qui se trouvent dans le chœur, le Christ qui surmonte le maître autel et les portes de bronze actuelles. Dans la chapelle Saint-Renier, où Foggini a sculpté le sarcophage du saint, on voit encore des sculptures intéressantes ; dans la chapelle du Saint-Sacrement également. Puis ce sont quelques peintures d'Andrea del Sarto, de Perin del Vaga, de Sodoma, de Cimabué, et on ne manque pas de vous faire remarquer la grande lampe, très belle, du reste, qui est suspendue au milieu de l'église et qui, dit-on, suggéra à Gallilée, par ses oscillations, l'invention du pendule.

L'extérieur est plus curieux. La façade, d'une grande magnificence, présente dans le bas une rangée de pilastres reliés par des arcades et, au-dessus, quatre galeries de colonnettes superposées, dont la largeur diminue graduellement. Les assises sont de marbres blanc et noir alternés, et l'aspect extérieur a un grand caractère.

En face le porche, s'élève le Baptistère, tandis que le Campanile, la tour penchée, se trouve au chevet de la basilique, et, dans ces trois bâtiments, se continue le caractère architectural des galeries à colonnettes; seulement, dans le Baptistère, on y a ajouté des ornements gothiques qui en modifient singulièrement le style. Le Baptis-

PISE. — Intérieur du dôme.

tère, commencé en 1153 par Diotisalvi, ne fut achevé que deux siècles plus tard, car les travaux, interrompus pendant longtemps, ne furent repris, d'après une inscription, qu'en 1253, et même en 1278. C'est un magnifique édifice, de forme circulaire, tout en marbre blanc, — il a 30 mètres de diamètre, — formé d'une rangée de pilastres supportant une galerie de colonnettes, et, au-dessus encore, une rangée de baies de forme ogivale, dominé enfin par une coupole conique de 54 mètres de haut. A l'intérieur, huit colonnes et quatre piliers soutiennent un second ordre de colonnes et de piliers semblables, et cette vaste coupole forme la plus magnifique couverture à la célèbre chaire sculptée par Nicolas Pisano en 1260, et qui est non seulement un magnifique travail, mais encore un des monuments les plus importants de l'art pisan. Cette tribune est de forme hexagone, supportée par sept colonnes qui reposent sur des lions et d'autres figures. Les bas-reliefs qui la décorent représentent *l'Annonciation* et *la Nativité*, *l'Adoration des Mages*, *la Présentation au temple*, *le Crucifiement*, *le Jugement dernier*. A chaque angle est une figure allégorique, et au-dessus la statue d'un des Apôtres.

Enfin, le Campanile — commencé en 1174, terminé en 1350 — termine cette trinité d'édifices de marbre auxquels leur revêtement gracieux et léger n'enlève rien de leurs formes solides et imposantes. Sa hauteur est de 54 mètres, et son diamètre de 16 mètres à sa base. Il comprend huit étages, deux étages de pilastres et six étages de colonnettes. C'est un fort curieux édifice, et je ne dis pas cela à cause de son inclinaison : — il dévie de 4^m,30 de la ligne verticale, — qui ne fait qu'ajouter une originalité, très extraordinaire, il est vrai, à l'aspect architectural du monument. Dieu sait si on a discuté au sujet de cette inclinaison : les uns soutenaient qu'il y avait là un effet volontaire de construction; les autres affirmaient que ses fondations avaient dû céder sous le poids des murs, alors que ceux-ci étaient déjà montés à moitié de leur hauteur. Cette dernière opinion est certainement exacte, les corrections faites à la déviation, à partir du quatrième étage, pour ramener autant que possible la plate-forme à l'état horizontal, suffiraient à le prouver. Cette forme penchée est vraiment des plus curieuses, et il est étonnant qu'elle n'enlève rien à la solidité de l'édifice. Or, à défaut d'autre preuve de cette solidité, on a le poids énorme des sept cloches, placées au haut du clocher, et dont les oscillations n'ont pas, depuis ce temps reculé, fait le moins du monde augmenter l'inclinaison survenue après le premier accident.

La visite de ces trois monuments est longue, si on veut la faire avec soin, je dirai presque qu'elle est fatigante et cette impression fut chez moi assez vive pour me faire remettre au lendemain la visite du Campo Santo, dont les murs, vers le nord, bordent la place de leur longue suite d'arcades soutenues par des pilastres. Puis je voulais voir si Pise entière avait perdu l'animation que je lui avais découverte à mon arrivée et je revins vers l'Arno, sur ces beaux quais où la même foule endimanchée continuait à remonter et à redescendre du pont Solferino au Ponte alla Fortezza. Plus loin, au delà de la porta alle Spiagge, la promenade continuait, mais dans une allée ombragée de grands arbres avec de jolies échappées de vues sur les dernières constructions de la ville, sur la campagne et sur le fleuve que deux gros chalands descendaient alors lentement, poussés par le courant. Quelques voitures, deux ou trois cavaliers, un nombre égal de vélocipèdes, suivaient la grande avenue, et sur les contre-allées, les piétons se suivaient d'un pas endormi, plus rares au fur et à mesure qu'on s'éloignait de la ville. Il y avait là, des robes jaunes à retroussis bleus, avec des chapeaux blancs, des robes crèmes, des robes roses, de toutes les couleurs les plus tendres et les plus voyantes. Le beau

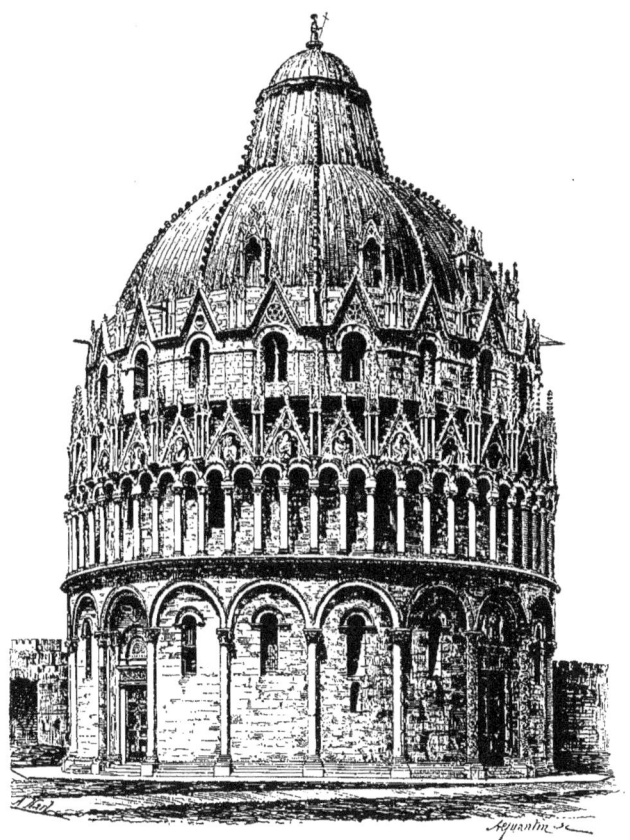

PISE. — Le baptistère.

soleil avait évidemment fait tirer des armoires tout ce qu'on avait de plus frais, et j'eus le mauvais goût de ne pas apprécier ces belles choses à la valeur qu'on leur donnait. Je trouvais autrement plaisants à l'œil les jupes rouges et les tabliers de cotonnade de quelques paysannes qui, elles aussi, se promenaient le long du quai, et les voiles de dentelle noire portés par des femmes de la classe demi-bourgeoise. Cela leur seyait autrement que les chapeaux empanachés des élégantes de la bourgeoisie.

Sur le quai, les cafés étaient pleins de monde. Aux balcons des belles maisons et des palais des femmes étaient assises regardant la foule ; à ce moment, ce Lungarno formait une belle et intéressante promenade, avec sa perspective d'ensemble sur la longueur des quais au bout desquels apparaissaient, de l'autre côté du fleuve, les clochetons dentelés de l'église della Spina, et du côté droit un pan des hauts murs de la citadelle, puis, plus près, à une des extrémités du ponte di Mezzo, s'élevaient les hauts bâtiments de l'ancienne Loggia de' Banchi, construite en 1605 par Buontalenti et le beau pallazzo del Commune. Au côté nord du Lungarno, il y a, du reste, de très beaux palais : le palais Toscanelli, le palais Lanfreducchi, appelé souvent palazzo alla Giornata, d'après une inscription portée sur la façade à côté d'un morceau de chaîne placé au-dessus de la porte, et encore le palais Agostino. Pise a pour elle, et c'est beaucoup, cette magnifique terrasse où s'étale le moindre rayon de soleil qui luit. Le lendemain de cette promenade il est vrai, les passants étaient plus rares, mais on sentait encore sur le Lungarno le véritable mouvement d'une ville. Dans ses rues intérieures, au contraire, c'était plus morne que la veille ; la petite via del Borgo, étroite et assez sombre, qui aboutit en face du Ponte di Mezzo, à une place entourée d'arcades, était seule animée. Tout près de cette place, est une vieille église San-Michele et, si je me rappelle exactement le palazzo Scorzi, qui déborde si étrangement sur la rue.

Pour retourner à la place du Dôme, je passai par la Piazza dei Cavalieri, où s'élève la statue en marbre du grand-duc Côme, exécutée en 1596, d'après Jean de Bologne, par Franchaville, le centre de la ville, où se trouvent l'église de San-Stefano ni Cavalieri, assez étrangement décorée de trophées turcs de chaque côté de la porte, et le palazzo dei Cavalieri. Là aussi, sont encastrés dans des constructions postérieures, les restes de la Tour de la faim, de la Tour d'Ugolin, la *Torre dei Gualandi alle sette vie*, dans laquelle l'archevêque Roger degli Ubaldini laissa mourir de faim, en 1288, sous prétexte de trahison, le comte Ugolin dei Gherardeschi, avec ses fils et ses neveux. Le terrible récit de cette mort horrible, transcrit par Dante, dans son *Enfer*, appelle cette imprécation du poète : « O Pise, opprobre de ces belles contrées où résonne le *si*, puisque tes voisins sont lents à te punir, que les îles de la Capraja et de la Gorgona s'ébranlent, et qu'elles ferment, comme d'une haie, les bouches de l'Arno, afin que tous tes habitants soient noyés dans tes murs ! »

De là, je gagnai le Campo Santo, le cimetière fondé en 1200 par l'archevêque Ubaldo qui fit apporter, dit-on, de la Terre-Sainte, cinquante-trois navires chargés de terre, pour y ensevelir les morts. Mais la construction qui l'entoure, ne fut commencée qu'en 1278 et achevée par Giovani Pisano, en 1283, peut-être même beaucoup plus tard, car il semble que certaines parties ogivales aient dû être ajoutées à une époque postérieure. A l'intérieur, on dirait un vaste cloître, ou plutôt encore, lorsqu'on ne considère que le portique sous lequel on se trouve, une nef de cathédrale, tant ces hautes fenêtres en plein cintre, qui se suivent dans toute la longueur de la galerie, vous donnent l'impression d'un vaisseau d'église. C'est simple et noble. Il y a soixante-deux de ces fenêtres, vingt-six sur chacun des grands côtés. Elles ouvrent sur la cour intérieure où pousse une herbe épaisse et éclairent les longs portiques remplis de monuments funèbres, de statues de toutes les époques, de bustes, de mausolées antiques ; on côtoie des tombes, on marche sur des tombes, car le pavé se compose de pierres tumulaires, et les murs sont couverts de fresques, de fresques où le beau se mêle avec l'horrible, où l'impuissance de l'exécution trahit la pensée élevée et philosophique, où la grâce triomphe quelquefois aussi des difficultés d'une composition compliquée outre mesure. Quelques-unes de ces fresques seraient de Giotto, mais presque perdues de dégradation, on les voit mal et il semble plutôt qu'elles doivent être attribuées à Francesco da Volterra ; d'autres fresques effrayantes, repoussantes parfois d'exécution et magnifiques de pensée, ont été peintes par André Orcagna ; d'autres encore sont d'Agost, Ghirlanda, de Guidotti, de Spinello Aretino, de Pietro et Ambra Lorenzetti, de Sienne, de Simon Memmi, d'Antonio Veneziano, de Spinello Spinelli, et enfin les vingt-quatre grands tableaux qui occupent la plus grande partie du mur du nord sont de Benozzo Gozzoli, l'élève de Fra Angelico, qui travailla seize ans, de 1469 à 1485, à ce gigantesque ouvrage.

Gozzoli se montre, dans ces vingt-quatre tableaux, conteur gracieux et fin, plein de verve et de charme ; car c'est un véritable récit qu'il vous fait de l' « Ivresse de Noé », la *Vergognosa*, de la « Malédiction de Cham », de l' « Histoire d'Abraham », de l' « Histoire d'Isaac » et de « Rébecca », de

Frère de la Miséricorde.

l' « Histoire de Joseph », de l' « Histoire de Jacob » et encore de l' « Histoire de Moïse ». Rien n'est joli, poétiquement traduit comme les « Noces de Jacob et de Rachel ».

Au contraire Orcagna, — mais c'est un siècle plus tôt — dans son « Triomphe de la mort », dans son « Jugement dernier », a accumulé les effets d'un réalisme brutal et terrifiant, pour rappeler aux puissants du monde que la mort n'épargne personne, et pour donner aux faibles, aux opprimés, cette consolation de voir ceux qui les avaient asservis, payer leurs fautes d'une pénitence éternelle. Il y a cinquante scènes accumulées sur ces quelques mètres de murailles, concourant toutes à rendre l'impression plus forte, et toujours reviennent, se précipitent, roulent dans l'espace à la recherche des âmes maudites, les démons aux corps velus, passant à travers les grandes flammes rouges. C'est souvent vulgaire et barbare, et c'est tellement puissant de pensée, que l'imagination se laisse emporter, subjuguer par cet étrange assemblage.

Dans les sculptures dont sont garnis les portiques, il y en a quelques-unes magnifiques. Nous y retrouvons les Giovani Pisano, les Orcagna, les Mino da Fiesole, puis quelques œuvres modernes, et après ce long examen des monuments de Pise, une réflexion vous vient. On cherche un peintre pisan, et c'est à peine si on retrouve le nom assez obscur de quelques-uns, tous les grands artistes du Campo Santo sont étrangers à Pise. Par contre, on voit ses artistes se distinguer dans l'architecture, dans la sculpture, et par son école de sculpture, dont Nicolas Pisano est la première et la plus haute expression, prendre une importance extrême dans l'histoire de la renaissance de l'art en Italie.

N'eût-elle que cette gloire, on pourrait pardonner à Pise sa somnolence actuelle. Ce doit être, du reste, une résidence aimable pour ceux qui aiment la vie tranquille et presque contemplative. Sa belle bibliothèque, sa grande et si ancienne université, encore importante, en font un centre d'études intéressantes, et ses environs charmants offrent maintes occasions d'aller chercher, au milieu des prés et des bois, le repos du grand air et du soleil. On peut gagner les pentes couvertes d'oliviers des monts Pisans, dans les gorges des vallées où coulent les torrents descendant des hauteurs, se diriger du côté de la Certosa, la belle chartreuse du XIVe siècle, qui élève ses vastes cloîtres dans le valle dei Calci, près de la petite rivière caillouteuse de la Zambra, ou si une courte promenade suffit, une belle avenue d'ormes et de peupliers conduit à travers la plaine, à l'ancienne métairie fondée par les Médicis, aux Cascine San Rossare, devenu château de chasse royale, où on continue à élever, parmi les autres bêtes du vaste haras établi dans les prairies, des chameaux dont, paraît-il, on emploie quelques-uns à l'exploitation de la ferme. Une vaste forêt de pins entoure la ferme et s'étend presque jusqu'à la mer.

II. — LIVOURNE.

Livourne peut encore offrir aux Pisans la distraction de ses bains de mer. La distance est très courte, 19 kilomètres, je crois, par le chemin de fer, c'est-à-dire une demi-heure de route à peine à travers de grandes plaines vertes et marécageuses que traverse le canal qui relie Pise à Livourne, plaines coupées de temps à autre par des bouquets de bois où poussent les fougères, les chênes et les pins parasols, derrière lesquels s'abritent, quand le vent souffle violent de la mer, les bœufs noirs et les chevaux que l'on voit errer dans les prairies par troupeaux entiers.

Je n'ai passé que quelques heures à Livourne où rien, à ce moment, ne pouvait me retenir. La ville n'offre, en réalité, aucune curiosité, il n'y a pas de monuments ; le Dôme, la Madonna, sont des églises comme on en voit partout, et des trois ou quatre statues élevées sur ses places, la plus curieuse est certainement celle du grand-duc Ferdinand Ier qui se trouve sur le port ; quatre esclaves turcs en bronze, par Pietro

PISE. — Tour d'Ugolin.

Tacca, occupent les angles du piédestal. Les rues sont larges, régulières, dans les nouveaux quartiers; on sent une ville, je dirai presque moderne, active, commerçante, dont le développement se continue sans trêve. En effet, Livourne ne date que de la fin du XVIe siècle. Simple bourgade lorsque les Génois la cédèrent aux Florentins en 1421, elle dut son extension, presque tout de suite très considérable, aux privilèges que les Médicis accordèrent à son port afin d'y attirer les négociants de toutes les nations et de toutes les religions. Notez ce dernier point ; ce fut peut-être la seule ville où tous les cultes purent s'exercer librement et une synagogue fut élevée, je crois, dès 1581. Les juifs, les maures d'Espagne et de Portugal, puis des négociants de tous les pays y affluèrent et firent prospérer son commerce. Actuellement, Livourne compte 80,000 habitants dans la ville même et 97,000 avec ses dépendances, et elle est la première place de commerce de l'Italie, après Gênes, si on s'en rapporte aux chiffres de ses exportations et de ses importations. Son commerce s'exerce surtout avec le Levant et avec la mer Noire, d'où lui arrivent les grandes cargaisons de grains, les cotons, les laines et les soies.

Une grande rue la traverse, de la Piazza Carlo Alberto au port que défend un grand môle, long de 600 mètres, formant le Porto Vecchio, malheureusement peu profond. Aussi a-t-on construit, il y a quelques années, un second môle en hémicycle qui forme le Porto Nuovo et protège la ville à l'ouest. Je fis en canot le tour de l'ancien môle; le port était plein de navires que l'on chargeait ou déchargeait; il y avait un mouvement considérable de barques, toutes les apparences enfin d'une activité commerciale importante.

Mais à côté de ce Livourne commercial, il y a, on pourrait dire, un Livourne extérieur, car il s'étend en dehors des fortifications, le long de la mer, derrière le Giardino dei Bagni. — Là se sont élevés, s'élèvent de belles maisons, de grands hôtels de voyageurs; c'est Livourne, ville de bains de mer; et, toute la côte, en passant derrière le grand lazaret, ne forme plus, jusqu'à Ardenza, qu'une jolie promenade plantée de pins et de tamaris qui ne donnent malheureusement pas encore assez d'ombre pour rendre aussi agréable qu'elle devrait l'être cette route poussiéreuse, mais d'où on a la plus jolie vue sur la mer, et de l'autre côté sur la grande plaine et les monts Pisans.

La saison des bains était passée quand j'arrivai à Livourne, et tout ce côté de la ville était fort peu animé; je faillis même me trouver dans un assez grand embarras. J'avais pris le tramway et j'étais descendu à Ardenza, l'heure du déjeuner avait sonné depuis longtemps, et tous les restaurants étaient fermés. Il me fallut reprendre le tramway, et continuer jusqu'à Ardenza in terra, où je trouvai dans une petite auberge, à l'endroit même où s'arrêtait la voiture, une friture de poissons délicieuse, un fromage exquis que j'arrosai d'un vin blanc muscaté aux tons de topaze, récolté sur les coteaux voisins, aussi bon que le reste du repas. Je crois bien que ma dépense monta à la somme énorme de 1 fr. 50. Ce qui me frappa le plus, ce fût que le pain était frais et excellent.

Je revins à Livourne à pied par le bord de la mer, ne me lassant pas de contempler cette immensité, où on pouvait distinguer les masses sombres de l'île d'Elbe et des îles de Capraja et de Gorgona, vers l'embouchure de l'Arno, qui tombe dans la mer à 15 kilomètres de là. Un peu après le grand Lazaret, qui dresse au bord du chemin de véritables murs de forteresse défendus par des fossés, je passai devant une petite église où se célébrait je ne sais quelle cérémonie. Il y avait foule; les femmes, jolies pour la plupart, avaient la tête couverte d'un grand fichu, quelques-unes d'une mantille; elles se pressaient pour entrer dans la petite nef déjà pleine, et à la porte se tenait une sorte de sacristain recouvert d'une longue robe en percale blanche, remontant sur la tête en forme de cagoule, et qui faisait sonner une sorte de tirelire en fer-blanc, dans laquelle on entendait tomber les sous. Un peu plus loin, les établissements de bains avançaient dans la mer leurs bâtiments légers soutenus sur de hauts pilotis, mais c'est à peine si quelques gamins remuaient sur la grève en sautant de pierre en pierre pour trouver quelques coquillages, et dans le jardin public très ombragé, très frais, quelques personnes seules se promenaient. Au milieu de l'été les baigneurs y affluent, au contraire.

III. — SAN-GIMIGNANO. — VOLTERRE. — SIENNE.

C'est à Empoli que se lie l'embranchement du chemin de fer qui remonte vers Sienne pour redescendre vers Rome. La vallée de l'Elsa qu'il suit jusqu'à Poggibonsi offre sur toute son étendue les plus frais et les plus jolis paysages. Tantôt on s'éloigne, tantôt on se rapproche de la petite rivière ; à Castel-Fiorentino, le pont qui la traverse

Pise. — Galerie est du Campo Santo.

débouche presque sur la voie ferrée, et des collines couvertes de vignes et d'arbres étagent sur la gauche leurs pentes verdoyantes. On passe à Certaldo, dont l'église Saint-Jacques posséda, pendant plus de deux siècles, le tombeau de Boccace, et où on vous montre encore la maison que l'auteur du *Décaméron* habita. De cette petite bourgade, on peut gagner en voiture San-Gimignano, la vieille ville si curieuse par son enceinte fortifiée et ses grosses tours rondes qui dressent encore leur masse décapitée au-dessus des maisons et des églises. Une seule d'entre elles a encore son couronnement, celle qui s'élève sur une haute arcade à côté du palazzo del Commune. Elle date de l'an 1290. L'aspect de cette ville si ancienne et que l'on trouve mêlée à toutes les luttes entre

Pise, Sienne et Volterre, est des plus pittoresques, et la visite de ses remparts, de ses vieux palais, de ses rues étroites vous retient si bien, que c'est à peine si on songe à aller visiter ses églises — elle en eut trente-quatre autrefois — qui renferment cependant, notamment la Collégiale, d'intéressantes peintures de Berna, de Giovanni d'Ascagnio, de Benozzo Gozzoli.

San-Gimignano n'est malheureusement pas sur la route suivie par les voyageurs et on hésite souvent à faire cette excursion curieuse. Il en est de même pour Volterre qui se trouve hors du chemin habituel, mais qui, elle au moins, est reliée par un embranchement au chemin de fer de Pise à Rome.

On peut s'y rendre aussi de Poggibonsi, la station après Certaldo, en passant par la route de Colle, et, ne fît-on que la traverser, il faut aller visiter cette vieille cité célèbre déjà sous les Étrusques, célèbre encore au temps des Romains et qui, république indépendante au moyen âge, conserva une grande importance jusqu'à ce qu'elle tombât définitivement sous le joug de Florence.

Il faut voir les restes de ses anciens murs formés de blocs énormes de pierre posés à plat sans être même cimentés, ses thermes romains, la piscine située près de la citadelle; il faut monter à la citadelle, construite en partie au XIV siècle, et d'où on a la vue la plus étendue sur la plaine et sur la mer, jusqu'à la Corse, quand le temps est clair. Son Palazzo pubblico, sa cathédrale qui date de l'an 1120, et qui fut agrandie en 1254 par Nicolas Pisano, assure-t-on, sont d'intéressants édifices dont certaines parties appellent même un examen attentif.

En visitant ces petites villes, ces anciennes républiques dont l'existence au moyen âge fut si étonnante, dont la vitalité fut si extraordinaire, on reste chaque fois plus stupéfait des conditions dans lesquelles s'est poursuivie cette longue période de quelques siècles pendant lesquels s'est formé, s'est constitué, peut-on dire, l'état social actuel.

Mais c'est à Sienne bien plus encore que cette pensée vous revient sans cesse à l'esprit, car Sienne est une des villes qui vous causent l'impression la plus profonde. De Poggibonsi, on y arrive rapidement par la vallée pittoresque, presque sauvage à certains endroits, de la Staglia, et en sortant du grand tunnel, long de 1,500 mètres, qui passe sous le monte San-Dalmazo, on se trouve dans la ville même.

Comment décrire cette ville étrange, immobilisée dans son aspect ancien? Une fois entré à Sienne, il semble que le moyen âge vous saisit, vous enlace, change vos idées et vos sentiments. Il n'est pas une des hautes maisons noires, pas un des beaux et sévères palais qui bordent ses rues étroites et sombres qui vous représentent la vie moderne. Les quelques bâtiments neufs que l'on rencontre de ci de là paraissent eux-mêmes si étonnés de se voir dans ce milieu, qu'ils cherchent l'ombre des maisons voisines pour mieux se dissimuler. Puis, lorsque la route suivie dans ce dédale de vieilles rues vous amène à un espace libre sur la pente de l'une des trois collines couvertes par la ville, on s'arrête tout surpris de trouver devant soi tant d'air, tant de lumière et tant de verdure. On remonte par une autre rue et on se replonge aussitôt dans les époques passées.

Au centre des trois branches de la cité qui se dirigent l'une au nord, les deux autres à l'ouest et au sud-est, dans la partie la plus ancienne et la plus touffue de cette masse de bâtiments sombres dont quelques-uns ont gardé leur vieille tour, se trouve la Piazza del Campo, inégale de niveau comme elle est irrégulière de forme, un vaste demi-cercle qui s'étale comme un large éventail. Dans le bas, est une sorte de forteresse bordée de créneaux, le Palazzo pubblico, surmontée d'une énorme tour carrée dont la légèreté contraste avec le massif bâtiment d'où elle sort, et aux flancs de cet édifice, une fine loggia Renaissance accole ses élégants piliers. En face, une suite de hautes maisons qui gar-

PISE. — Galerie nord du Campo Santo.

nissent les contours de la place, le palazzo dei Samedoni, au centre le casino dei Nobili, et devant, à mi-hauteur de la pente, la Fonte Gaja, une élégante fontaine de marbre. Toute cette place est pavée de larges dalles qui convergent en pente vers le Palazzo pubblico.

Non seulement les rues montent et descendent sans cesse, mais elles sont superposées au-dessus les unes des autres par gradins, si bien que le Casino dei Nobili se trouve avoir sa façade sur la via di Citta, à la hauteur du second étage de la façade qui donne sur la Piazza. La Loggia dei Nobili, degli Uniti, si on préfère, puisque c'est le nom qu'elle porte maintenant, est ainsi de plain-pied avec le second étage du palais. C'est un exemple entre cent autres.

D'autre part, les bâtiments continuent sans interruption. Mais il faut passer, et le rez-de-chaussée s'ouvre alors en une longue arcade noircie par le temps et permet aux deux rues de se joindre. C'est parfois, au point de vue scénique, du plus vrai, du plus grand pittoresque. Les maisons de brique, les palais à l'allure féodale sont mêlés, confondus avec les bâtiments des xive et xve siècles, et ils s'écrasent mutuellement de leur masse. Dans ces rues en pente, les constructions ont l'air de s'incliner les unes sur les autres, de se soutenir, de s'étayer mutuellement. Les voitures sont assez rares, on va plus vite à faire à pied ces ascensions continuelles, on n'en rencontre que quelques-unes qui viennent de la campagne, je suis sûr, et de ces chars à deux roues traînés par des bœufs, très communs dans le pays. Les paysans qui les conduisent sont de beaux hommes, solidement taillés, un peu épais de carrure; les femmes de la campagne que je voyais, le matin, portant le lait de maison en maison, avaient l'allure plus dégagée. Elles étaient toutes bizarrement coiffées d'un large chapeau de paille très fine, à la calotte entourée de rubans, très peu profonde, aux ailes très larges. Ce que nous appelons des chapeaux de bergère. Les grands bords se balançaient à chaque pas, faisant de grands mouvements d'ombre sur la figure ; c'était joli comme effet.

L'aspect de Sienne, c'est son histoire; sans cette histoire même on ne comprendrait pas cette ville si caractérisée, car cette vieille cité moyen âge n'existe pas seulement par sa cathédrale dont on parle toujours; à côté de cette merveille, il y a la ville qu'on relègue trop au second plan, à mon gré.

Or, il n'y a pas une des villes toscanes, pour ne prendre que cette région, qui ait gardé un esprit aussi entier, un caractère aussi prononcé au milieu des guerres et des luttes les plus effroyables qui se puissent imaginer. Il n'est pas de ville où les dissensions intestines et les luttes entre républiques voisines aient atteint un degré plus effrayant de cruauté, mais aussi où le patriotisme, et j'entends par là le sentiment de la cité, ait amené plus d'héroïsme. Véritablement Sienne, quand on l'examine pendant cette succession de quatre ou cinq siècles après lesquels elle s'endort, ou mieux elle tombe anéantie sous le joug de Florence, a l'existence la plus forte, la plus étonnante conception de son individualité.

Sienne n'existe qu'à partir du moyen âge, ou du moins on ne connaît rien de certain sur ses origines, et aussitôt sa république, concentrée sur un étroit territoire, entre en lutte avec les villes voisines, embrasse le parti gibelin, qu'elle ne devait jamais abandonner dans cette division générale des partis qui s'étend sur l'Italie du Nord entière. On est au xiie siècle. Les Gibelins sont chassés de Florence, Sienne les accueille et remporte en 1160, à leur profit, la bataille de Monte-Aperto. Mais ses discordes intérieures lui font réclamer, au siècle suivant, la protection de Charles IV, protection qu'anéantit quatorze ans plus tard une révolte populaire. Et toujours continue la lutte avec Florence, toujours aussi les dissensions intestines qui prennent un caractère implacable, inconnu même des autres cités. Un, deux, trois partis, jusqu'à cinq factions se disputent le pouvoir, les gentilshommes, les neuf, les vingt-quatre, les douze, les réformateurs, et chaque victoire de l'une de ces factions, quelque passager que soit son pouvoir, amène des exécutions sanglantes, des bannissements qui frappent non pas des centaines, mais des milliers de personnes. Un moment on donne le pouvoir à Galéas Visconti, et des séditions le lui arrachent au bout de quelques années ; un Siennois, Petrucci, réussit à imposer son pouvoir à ce peuple lassé, et à peine est-il mort que le parti populaire ressaisit la domination. Et les discordes se rallument plus violentes que jamais, ne faisant trêve un moment que lorsque le péril extérieur devient trop grand ; alors on fait appel tantôt aux Espagnols, tantôt aux Français ; mais la fortune abandonne cette nation si énergique. Pierre Strozzi est vaincu ; Blaise de Montluc, qui commande les troupes de Henri III contre Florence, soutient le siège le plus formidable, et doit enfin capituler. C'était en 1555, et les Mémoires de Montluc ont laissé le plus émouvant récit de cette guerre atroce où, pour résister plus longtemps, il fallut chasser hors des murs toutes les

VOLTERRA.

bouches inutiles en les vouant à une mort certaine, car les assiégeants repoussèrent ces affamés qui moururent par milliers entre les deux armées. Sienne comptait avant cette guerre dernière plus de 100,000 habitants : la moitié au moins périt par la faim, dans les supplices ou la proscription. La ville seule, qui comprenait 40,000 habitants avant la victoire de Cosme Ier, en conserva 6,000 à peine lorsqu'elle eut été réduite et définitivement asservie. Il faut admirer l'énergie de ce peuple qui, selon l'expression de Montluc, « s'était montré si dévotieux à sauver sa liberté » ; il avait compris que cette dernière défaite devait entraîner la perte définitive de son indépendance. Sienne ne fut plus en effet, à partir de ce moment, que la vassale de Florence.

L'histoire de Sienne comprend quatre siècles des plus remplis, et remplis, notez-le bien, non seulement par la vie politique la plus tourmentée, mais par un développement littéraire et surtout artistique incroyable. J'ai eu à en faire la remarque bien des fois déjà, l'essor du génie artistique dans les petites républiques italiennes, non seulement ne se trouve pas arrêté par l'agitation politique qui fait leur vie ; il semble qu'il se produise en rapport même avec le plus ou moins d'âpreté des discordes civiles qui secouent ces vivaces cités. Mais à Sienne, les luttes ont été si terribles, qu'elles auraient dû s'opposer à un semblable développement, on serait en outre porté à croire que ces luttes mêmes avaient pour principe, chez la population, un caractère sombre et jaloux. Or les Siennois ont toujours été regardés, et ils le sont encore, comme ayant un naturel ouvert et gai, amoureux d'art, et fiers de leur dialecte le plus pur de toute l'Italie. Cela pourrait passer pour une bizarrerie si tant d'exemples ne venaient montrer qu'il n'y a pas là un fait isolé, et ne l'expliquaient en même temps.

Prenons des dates. Le Palazzo pubblico est construit de 1295 à 1327, par Agnolo et Agostino, et la Loggia papale est de 1460. La cathédrale, je parle de sa reconstruction, date de 1322, mais le portail est moins ancien. La Libreria, élevée par le cardinal Piccolomini, qui devait devenir le pape Pie III, est de 1495. L'Université est plus ancienne de deux siècles, elle a été fondée en 1203, et nombre des palais élevés par ses nobles, des bâtiments publics dont est dotée la cité et qui sont des monuments de l'art, datent de la même période. Le palazzo Tolome est de 1203, le palazzo del Magnifico est achevé en 1508, la Loggia dei Nobili est de 1407, et la Fonte Gaja, commencée par Giacomo della Quercia en 1412, est terminée en 1419. Ce sont là des dates initiales, mais la décoration de ces édifices de tout genre se poursuit sans arrêt, sans que rien des agitations de la vie publique retarde leur ornementation dont les diverses manifestations marquent jusqu'au XVIe siècle un développement artistique continu. Architectes et sculpteurs, mosaïstes et peintres concourent à cette grande œuvre, et la blancheur du marbre de la cathédrale qui domine la ville, qui semble aspirer à sortir de cette masse sombre et noire, est comme le symbole du génie humain, du génie de l'art planant au-dessus de cette vie misérable et tourmentée en gardant toute sa pureté. Sienne, il est vrai, n'a pas eu de grands sculpteurs, mais elle a eu des peintres d'un rare mérite qui faisaient dire à Lanzi : « Une école riante au milieu d'un peuple toujours gai, tel est le spectacle que présente l'école siennoise. » Le premier est Guido, mais c'est Duccio di Buoninsegna, au commencement du XIVe siècle, qui peut être regardé comme le chef de cette école de Sienne où marqueront leur place tour à tour les Lorenzetti, les deux Memmi, Berna, Pinturicchio, le Pacchiarotto, le Sodoma, Domenico, Beccafumi dit Mecherino, Peruzzi, qui fut plus encore grand architecte, et des mosaïstes comme Mino da Turrita, Matteo di Giovanni et Beccafumi, le plus habile de ces derniers. Sienne, en tout cas, quelque jugement que l'on porte sur ses artistes, aura eu au moins le rare mérite d'être avec Pise la première à sentir le vrai beau.

J'arrivai à la cathédrale, lorsque j'allai la visiter, par une rue qui aboutit au chevet de l'église, et devant moi se dressa le Baptistère, cette chapelle extérieure si bizarrement accolée à l'église même, et qui dissimule l'escarpement au bord duquel se trouve bâtie la cathédrale, puis, montant par les larges escaliers de marbre, passant sous les hautes arcades qui semblent attendre la nef qu'elles devaient supporter, je longeai l'église et je me trouvai devant sa majestueuse façade flanquée de deux tourelles terminées en pyramides, que couvrent une multitude de sculptures, dont un certain nombre sont de Jacopo della Quercia. Cette façade a été élevée par Giovanni Pisano, sur la fin du XIIIe siècle, à la place de celle que son père Nicolas avait construite. Trois portes magnifiques, un portail en plein cintre, chargé de fines sculptures, donnent accès dans l'église, et au haut du pignon aigu qui termine la partie centrale, s'élève la statue de la Vierge à laquelle est consacrée l'église. Sienne n'est-elle pas, comme elle s'en fait gloire, « l'antique cité de la Vierge » ?

A l'extérieur, comme à l'intérieur, l'église est construite en assises horizontales alternées en marbre blanc et noir, mais la façade même est toute blanche, et seules, aux deux côtés de la porte, deux hautes colonnes de porphyre tranchent sur cette uniformité de couleur. C'est un amoncellement de pignons aigus, de pointes dentelées, de statues et de rosaces, de sculptures de toute sorte. Il faut regarder, au moins pour

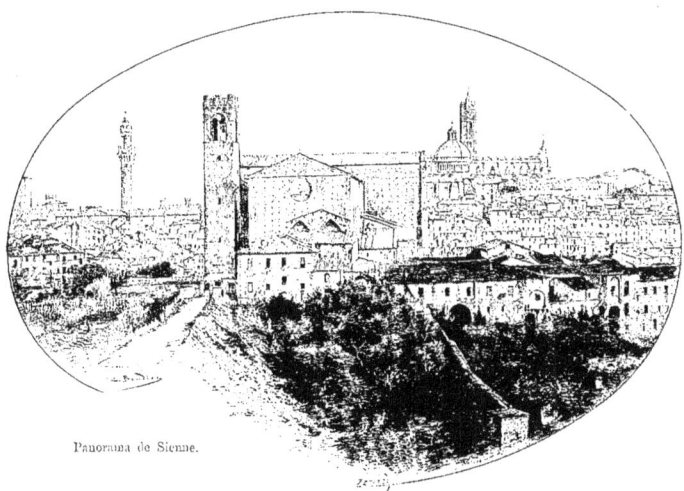

Panorama de Sienne.

leur bizarrerie, les animaux héraldiques qui s'y trouvent et qui symbolisent les villes avec lesquelles Sienne a été alliée. La louve, c'est Sienne ; la cigogne, c'est Pérouse ; l'oie, Orvieto ; l'éléphant, Rome ; le dragon, Pistoja ; le lièvre, Pise ; le rhinocéros, Viterbe ; le cheval, Arezzo ; le vautour, Volterra ; le lynx, Lucques ; le bouc, Grosseto.

L'ensemble est gothique, mais d'un gothique italien où les formes élancées qui viennent des pays du Nord se trouvent combattues par les formes solides léguées par la tradition antique, sans une règle absolue qui impose le strict modèle entrevu. Et lorsqu'on pénètre dans l'intérieur, lorsqu'on avance entre ces hauts piliers blancs et noirs, sous ces arceaux dorés et ces voûtes aux plafonds d'azur, dans ce monde de statues, on ressent l'impression la plus forte, mais une impression qu'on se dit n'avoir jamais éprouvée. C'est merveilleux de force, de grâce, de hardiesse, de grandeur, c'est unique ; pour tout dire en un mot, c'est beau.

Sous vos pieds des mosaïques grises étendent leurs tableaux d'une vérité et d'une puissance extrême, les unes dessinées par un simple trait noir, les autres ombrées avec une délicatesse extrême, les dernières nuancées des tons les plus adoucis. Elles ont un caractère spécial, bien défini. C'est d'abord un simple creux fait au fer dans la pierre et rempli d'un mastic noir. Plus tard, Matteo di Giovanni se servit de marbres de couleur, et enfin Beccafumi sut marier les marbres de telle sorte qu'il produisit ces magnifiques œuvres, où les clairs se détachent si puissamment sur les demi-teintes et les ombres; le *Sacrifice d'Abraham* et *Moïse sur le Sinaï*, de Beccafumi, sont des plus belles choses qu'on puisse voir.

Je ne pourrais nommer toutes les œuvres d'art que renferme cet admirable temple, mais je dois citer les peintures de Duccio di Buoninsegua, les sculptures du Bernin dans la chapelle Chigi et la magnifique chapelle Saint-Jean-Baptiste, dessinée par Peruzzi, où Donatello a modelé la statue du Saint, où Jacopo della Quercia a sculpté l'histoire d'Adam et d'Ève. Enfin, vers le chœur, s'élève la célèbre chaire de Nicolas Pisano, bien plus belle que celle du baptistère de Pise, mais d'un dessin semblable. Des lionnes, tenant un agneau dans leur gueule, servent de piédestaux à de fines colonnes blanches qui supportent le coffre octogone de la chaire. Une statue de femme assise est sur l'entablement de chaque colonne, et les bas-reliefs magnifiques qui couvrent la chaire, séparés à chaque angle par des apôtres et des anges, racontent la Nativité, la Passion, le Jugement, le Crucifiement. On ne peut rêver conception plus travaillée, plus luxueusement ornée, plus originale au point de vue de l'invention. Au bas de l'église, enfin, deux bénitiers charmants, dont l'un est ancien, présentent à tout venant leur coupe de marbre blanc que soutiennent deux légères colonnes entourées de figurines et de guirlandes de fruits et de feuillages. Le vaisseau énorme de la cathédrale, vu de ce point, s'élance avec une hardiesse incomparable, largement éclairé. Le soleil y pénètre librement et rend étincelant ce monde de pierre.

Attenante à la cathédrale est la Libreria où Pinturicchio a peint dix fresques remarquables, dont quelques auteurs ont voulu attribuer le dessin à Raphaël; mais il ne semble pas, d'après les récentes recherches, que celui-ci ait fait plus de deux de ces dessins, qui furent modifiés du reste, comme on peut le voir, sur les dessins lavés de bistre de Raphaël existant aux Uffizi et à Pérouse.

Pour examiner les dessins et le plan de la cathédrale telle qu'elle devait être terminée, car au nord, comme je l'ai dit, on voit les amorces d'une grande nef perpendiculaire, il faut aller sur un des côtés de la place, dans le fragment de construction qui la borde, et là, on vous montre toutes sortes de modèles, et des étoffes anciennes merveilleuses, quelques livres aussi d'une grande rareté.

En quittant le Dôme, on ne peut visiter d'autres églises, la comparaison serait trop terrible. Ni San-Domenico, ni San-Agostino, ni San-Spirito ni les autres encore ne peuvent plus vous attirer. Et même l'oratoire de Sainte-Catherine, la grande sainte de Sienne, ne pourrait présenter qu'un intérêt de curiosité. Celui-ci fut élevé sur l'emplacement de sa maison et de la boutique de son père, qui était teinturier. Revoir la ville pour la ville même, pour son aspect dur et sombre, est plus intéressant certainement. Puis il faut au moins jeter un coup d'œil sur les principaux de ses palais, sur le Piccolomini, sur le Bichi, sur la casa dei Beccafumi, sur le palazzo dei Tolomei qu'habita la

Pia dont parle Dante et que son mari, sur un simple soupçon relatif à sa fidélité, envoya mourir dans la Maremme, encore sur celui de Bonsignori, et de nouveau on se retrouve sur cette piazza del Campo, dont la disposition en peute réveille sans cesse votre surprise.

La Fonte Gaja, qui en occupe le milieu, a été ornée des plus belles sculptures par Jacopo della Quercia; on comprend l'enthousiasme que dut exciter la première eau qui y coula, quand on sait que, jusqu'à cette époque, on n'avait, à l'intérieur de la ville, que de l'eau de citerne. Seules la Fonte Branda, près de la porte de ce nom, la Fonte Nuova et la Fonte di Follonica existaient; mais l'eau restait une chose rare dans cette partie de la cité.

Du haut de la pente du Campo, le Palazzo pubblico produit l'effet le plus puissant, et l'œil suit complaisamment jusqu'au faîte la Mangia, la torre del Mangia. L'intérieur du Palazzo a été restauré, et, devant la suite de peintures si curieuses que renferment ses salles antiques, on revit

SIENNE. — Loggia dei Nobili.

plus encore que jamais de la vie du moyen âge que dépeignent ces vieilles fresques, où sont accumulés les batailles, les processions, les défilés d'hommes d'armes et de gentilshommes.

Dans la salle des archives, Lorenzetti a peint les « suites d'un bon et d'un mauvais gouvernement ». Simone Memmi a représenté la madone avec des saints, dans la salle du grand Conseil. Dans la chapelle de la Vierge, se trouvent des peintures du Sodoma, et dans une autre, attenante à la salle du grand Conseil, une Sainte Famille, à côté des fresques de Taddeo Gaddi.

Puis, au dehors, s'élève l'élégante Loggia que Pie II fit élever en 1460, par Antonio Federighi, au-dessus de l'autel où, chaque année une fois, on dit la messe, à côté du palazzo dei Governo, cet ancien Piccolomineo, bâti également par Pie II et qui est un des plus beaux de Sienne.

Il n'est pas de ville où les traditions anciennes aient gardé autant de force, où elles se continuent dans les mêmes formes sans admettre de modifications. Jadis chacune de ses rues formait ce qu'on pourrait appeler une compagnie d'hommes d'armes, ayant son capitaine, ses chefs et sa bannière; lorsque résonnait la grosse cloche de la Torre del Mangia, tous accouraient et se rangeaient en trois corps qui représentaient les trois quartiers de la ville. On se battait contre l'ennemi extérieur ou contre l'ennemi intérieur.

Chacune de ces cohortes prenait le nom de sa rue, et quelques-unes avaient même acquis un titre de noblesse. Or ces cohortes existent toujours, ou du moins quelques-unes existent encore : la nobil contrada dell'Aquila, la nobil contrada del Bruco, la contrada della Chiocciola, la contrada della Civetta, la contrada del Drago, la contrada del Giraffa, la contrada dell'Istrice, la contrada della Lupa, celles encore del Moutone, del Nicchio, dell'Oca, dell'Onda, della Pantera, della Selva, della Tartuca, della Torre, dell'Unicorno, et chacune d'elles a conservé son écu, ses armoiries anciennes, ses couleurs, qui la font reconnaître dans les cérémonies publiques.

Le temps des batailles est passé, dira-t-on. Sans doute, mais non celui des jeux, et Sienne a des fêtes publiques célèbres, qui remontent aux plus anciens temps et dont on conserve pieusement la coutume. Ce sont bien des fêtes publiques, car le peuple n'y est pas seulement spectateur, il y est acteur. La principale de ces réjouissances est la course de chevaux qui, tous les ans, le 15 août, a lieu sur la piazza del Campo, sur cette vaste arène de dalles de pierre où, pour éviter les accidents trop terribles, on est obligé d'étendre des matelas amortissant les chutes.

Les premières courses régulières de chevaux — auparavant il y avait eu des courses de taureaux — eurent lieu en 1550; elles se renouvelèrent chaque année à époque fixe et, dans toutes les grandes réjouissances, c'étaient précisément les « contrade » qui faisaient courir les chevaux; une de ces courses, en 1581, eut, paraît-il, un véritable retentissement, car la victoire fut remportée par une jeune fille, « la fanciulletta nominata Virginia », qui fut « corridrice sopra il Barbaro della contrada del Drago ». Chaque année, les courses se renouvellent et la foule accourt non seulement des environs, mais souvent encore de fort loin pour jouir de ce spectacle auquel l'emplacement, où il se produit, donne une si réelle originalité. Je doute, il est vrai, que des femmes recherchent encore le *palio*, le prix ; néanmoins, en tout, je le répète, prévaut la tradition ancienne.

Les Siennois ont gardé le caractère franc et gai que leur accordent les anciens auteurs, comme aussi ils continuent à parler le langage le plus gracieux de la Toscane. Peu à peu ils sortent de leur engourdissement et la ville s'efforce de mener une vie active, de prendre sa part du développement commun au pays entier. Ses habitants en profiteront, il faut le croire; mais le touriste regrettera peut-être un jour la sorte de transformation à laquelle on voudrait amener la vieille cité. Le cadre ne se prête guère aux changements que l'on rêve.

Avant de quitter Sienne, encore plein des fortes impressions que j'avais ressenties, je voulus monter en haut de la Torre del Mangia, pour embrasser une dernière fois d'un coup d'œil ce dédale de rues et de bâtiments sombres, et au-dessous, les jardins contenus dans l'enceinte fortifiée, puis les collines vertes qui s'étendent soit vers le nord, soit vers l'ouest; au nord, celles de Chianti, célèbres par l'excellent vin qu'on y récolte, à l'ouest, celles de Montemaggio et della Montagnola. Ces collines descendent vers la plaine couverte encore à certains endroits de chênes, de vignes et d'oliviers, mais plus souvent grises et déjà arides, et le pays se fait à chaque pas plus plat et plus gris, de la verdure grise des marécages, jusque vers Chiusi, l'ancienne frontière des États de l'Église et de la Toscane dont Sienne se trouvait la forteresse avancée.

SAN-GIMIGNANO. — Palais neuf du Podestat.

INDEX GÉOGRAPHIQUE

A

Abano, 313.
Abbate, 135.
Adda (l'), riv., 321.
Adige (l'), fl., 321.
Adria, 320.
Ala, 40.
Alassio, 46.
Alba, 32.
Albarete, 273.
Albaro, 68.
Albenga, 47.
Albissola, 49.
Alexandrie, 13.
Alserio (lac d'), 134.
Ampezzo, 270.
Ancône, 427.
Annone (lac d'), 134.
Aoste, 32, 33, 35.
Aposa (l'), riv., 332.
Archiano (l'), riv., 403.
Ardenza, 440.
Arenzano, 49.
Arezzo, 400.
Argegno, 122.
Arno (l'), fl., 346.
Arona, 136, 144.
Arqua, 312.
Ascona, 144.
Asiago, 280.
Asolo, 258.
Aspromonte, 74.
Assina (vallée), 134.
Asso, 134.
Astico (l'), riv., 280.
Aulla, 76.
Avenza, 76.
Avigliana, 2, 32, 37.

B

Bacchiglione (le), riv., 284.
Balangero, 38.
Baldo monte, 166.
Bard (fort), 32.
Bardolino, 166.
Bardonecchia, 2.
Bassano, 277.
Battaglia, 309, 313.
Baveno, 137.
Beinasco, 37.
Belgirate, 137, 144.
Bellaggio, 122, 125, 131.
Bellano, 130.
Bellinzona, 150.
Bello-Sguardo, 388.
Belluno, 270, 271.
Berici (mont), 284.
Bergame, 153.
Bevera (vallée de), 42.
Bevilacqua, 315.
Biasca, 150.
Bibbiona, 402.
Biella, 34.
Bientina (lac de), 409.
Binago, 135.
Binasco, 154.
Bisenzio (le), riv., 404.
Bissone, 152.
Blevio, 123.
Bodio, 150.
Bogliasco, 69.
Bologne, 332.
Bonassola, 72.
Bordighera, 44.
Borgofranca, 32.
Bormida (la), riv., 321.
Bormio, 132.
Borromées (îles), 137.
Boscolungo, 346.
Boscolungo, 412.
Brandollo, 322.
Braus (col de), 42.
Breganze, 280.
Brenner (le), riv., 333.
Brenta (la), riv., 321.
Brescia, 160, 162.
Bribano, 271.
Brouis (col de), 42.
Bruzin, 152.
Buccione, 146.
Burano (île de), 244.
Buso, 280.
Bussoleno, 2, 32.

C

Cacina, 162.
Cadare, 74.
Cadenabbia, 126.
Cadola, 270.
Cajano, 397, 406.
Caltrano, 280.
Camaldules (les), 400.
Camerlata, 135.
Camogli, 69.
Campaldino, 402.
Campione, 152.
Campo-Formio, 254.
Canaglia (val), 280.
Canavese, 32.
Cannero, 144.
Canobbio, 144.
Canzo, 134.
Capo di Monte, 270.
Capraja (île de), 440.
Carate, 124.
Carrare, 76.
Carrione (riv.), 76.
Casentino (vallées du), 400, 402.
Castagna, 74.
Castel Bolognese, 414.
Castel Fiorentino, 441.
Castelfranco, 255.
Castelletto, 168.
Cattajo, 310.
Cattini monte, 409.
Cattolica (la), 424.
Cavanella, 322.
Cavaso, 274.

Cecioli monte, 392.
Celle, 49.
Ceneda, 264.
Cernobbio, 123.
Certaldo, 442.
Cervia, 418.
Cervo, 46.
Cesena, 418.
Chiasso, 151.
Chiavari, 70.
Chieri, 32.
Chioggia, 242.
Chiusi, 451.
Chlusone (le), riv., 321.
Cirié, 38.
Cittadella, 255.
Cluzone (vallée), 40.
Cogoleto, 49.
Colico, 130.
Colma (col de), 146.
Colmeda (la), riv., 272.
Comabbio (lac de), 136.
Comba di Susa, 36.
Comacchio (vallées), 322.
Comacina (île de), 125.
Côme, 119.
Côme (lac de), 119, 122.
Compiobbi, 388.
Conco, 280.
Condove, 2.
Conegliano, 261.
Coni, 3, 41.
Cordevole (le), riv., 271.
Courmayeur, 34.
Crémone, 160.
Crepano, 277.
Crosara, 281.
Cuorgne, 32.
Custozza, 163.

D

Deiva, 72.
Dervio, 130.
Desenzano, 162.
Diano Marina, 46.
Doccia (la), 397.
Dolo, 300.
Domo d'Ossola, 148.
Dongo, 130.
Dora (la), riv., 25.
Dora (vallée), 2.
Dora Baltea, 32, 321.
Dora Riparia, 36, 321.
Duggia (val), 146.

E

Elsa (l'), riv., 441.
Empoli, 430.

Erba, 134.
Euganéens (monts), 312.

F

Faenza, 419.
Faido, 150.
Falterona (mont), 402.
Fano, 426.
Fanzolo, 256.
Fara, 280.
Fella (la), riv., 254.
Feltre, 272.
Fenestrelle, 40.
Fenis, 32.
Feriolo, 144.
Ferrare, 323.
Fezzano, 74.
Fiesole, 391.
Figline, 406.
Finale, 48.
Fiumicino (le), riv., 420.
Florence, 345.
Foglia (la), riv., 424.
Fontana, 42.
Forli, 419.
Forno, 40.
Fornoli, 412.
Fossombrone, 426.
Framura, 72.
Frioul (le), 253.
Frossasco, 32.
Fusina, 301.

G

Gallinara (île), 47.
Galluzzo, 390.
Gandria, 152.
Garda, 166.
Garde (lac de), 162.
Gardone, 162.
Gargnano, 168.
Gavirate, 136.
Genèvre (mont), 40.
Gênes, 51.
Germagnano, 40.
Ghiaia (val), 280.
Giandola, 42.
Giaveno, 37.
Giorosi, 273.
Giubiasco, 150.
Giudecca (la), riv., 222.
Gondo (vallée de), 148.
Gorgona (île), 440.
Goritz, 255.
Grand Paradis (mont), 24.
Gravedona, 130.
Gravedone, 162.
Grazie (le), 74.

Gualdo, 404.
Guardin (col de), 42.

I

Imola, 414.
Inverigo, 134.
Inzino, 162.
Isola Bella, 141.
Isola di Garda, 167.
Isola Madre, 142.
Issogne, 32.
Ivrea, 32, 33.

J

Javello monte, 406.

L

Laglio, 125.
Lago morto, 269.
Laigueglia, 46.
Lambro (le), riv., 134, 321.
Lanslebourg, 1.
Lanterne (fort de), 58.
Lanza (la), riv., 135.
Lanzo, 38.
Lario (lac), 130.
Lastra, 397.
Lavedo (cap de), 126.
Laveno, 140.
Lavagna, 71.
Lazise, 166.
Lecco, 133.
Lecco (lac de), 122.
Legnago, 315.
Lenno, 125.
Lerici, 74, 76.
Lesa, 139.
Levant (riv.), 68.
Levanto, 72.
Lezzeno, 125.
Lido (passe du), 239.
Lido (plage du), 240.
Lima (la), riv., 412.
Limone, 41, 168.
Livourne, 438.
Loano, 47.
Locarno, 144.
Locarno (lac de), 140.
Lonedo, 280.
Longarone, 270.
Lucino, 135.
Lucques, 409.
Lugano, 151.
Lugano (lac de), 151.
Lumezzane, 162.
Lurate Abbate, 135.

INDEX GÉOGRAPHIQUE.

M

Maderno, 168.
Maggia (la), riv., 140, 144.
Magnavacca, 322.
Magno, 162.
Majeur (lac), 136.
Malamocco, 242.
Malamocco (passe de), 242.
Malcesine, 168.
Malgia, 32.
Malgrate, 133.
Manarola, 72.
Mandria, 30.
Manerba, 166.
Mantoue, 119, 327.
Marala, 74.
Marche Trevisana, 260.
Marecchia (la), riv., 420.
Marostica, 280, 281.
Maser, 258.
Mazzorbo, 244.
Meina, 139.
Melide, 152.
Mella (la), riv., 162.
Menaggio, 130.
Mesola, 322.
Metauro (le), riv., 426.
Mezzaratta, 338.
Migliana, 406.
Milan, 81.
Mincio (le), riv., 321.
Mira (la), 300.
Modane, 1.
Modène, 331.
Moltrasio, 124.
Monate (lac de), 136.
Moncalieri, 28.
Moneglia, 72.
Moniga, 166.
Monselice, 314.
Montagnana, 314.
Mont Cenis, 1, 3.
Monteferrato, 406.
Montelupo, 430.
Monterosso, 72.
Montjovet, 32.
Montorfano (lac de), 134.
Monza, 118.
Morcote, 152.
Motterone (mont), 145.
Mugnone (le), riv., 392.
Murano, 250.
Murano (île de), 244.
Muslone, 168.
Musso, 130.

N

Nervi, 44, 68.
Nettuno (le), 78.

Nievole (le), riv., 409.
Nocera, 404.
Nole, 38.
Noli, 48.
Novare, 82.
Novi, 13.

O

Oggebbio, 144.
Ogio (l'), riv., 321.
Oldese, 168.
Olgiate, 135.
Oliveto monte, 388.
Olona (l'), riv., 321.
Ombrone (l'), riv., 346.
Omegna, 146.
Oneglia, 46.
Orbassano, 37.
Oria, 152.
Ornavasso, 148.
Orta, 146.
Orta (lac d'), 144.
Ossola (val d'), 148.
Osteno, 152.

P

Padenghe, 166.
Padoue, 288.
Pallanza, 143.
Palmaria (la), 73.
Panigaglia, 74.
Pariabigo, 108.
Parma (la), riv., 321.
Paterno, 401.
Pavie, 153.
Pederoba, 272.
Pegli, 49.
Pella, 146.
Perarolo, 270.
Pesaro, 424.
Peschiera, 165.
Piave (la), riv., 261, 270.
Piecimontra (la), riv., 406.
Pietrasanta, 77.
Pieve di Cadore, 270.
Pieve di Sori, 69.
Pignerol, 40.
Piovere, 168.
Pisciatello (le), riv., 420.
Pise, 428.
Pistoja, 406.
Pô (le), fl., 5, 17, 28, 29, 321.
Poggibonsi, 441.
Poggio, 397.
Pomposa, 322.
Pontassieve, 400.
Ponte a Greve, 395.
Ponte a Signa, 394.

Pontebba, 254.
Ponte di Brenta, 302.
Ponte Serraglio, 412.
Poppi, 400, 402.
Porlezza, 130, 152.
Porretta, 346, 412.
Porto Ceresio, 152.
Portofino, 70.
Porto-Maurizio, 46.
Porto-Venere, 44, 73.
Posa, 430.
Possagno, 275.
Prà, 49.
Pracchia, 346.
Praglia, 312.
Prato, 404.
Pratolino, 394.
Pratomagno, 401.
Pratovecchio, 402.
Prenzena (val), 280.
Prés Saint-Dizier, 34.
Primaro, 322.
Pusiano (lac de), 134.

Q

Quarto, 68.
Quinto, 68.

R

Racconigi, 30.
Ravenne, 414.
Rebbio, 135.
Recco, 69.
Reno (le), riv., 321.
Resegoul (le), riv., 280.
Resiutta, 254.
Retrone (le), riv., 284.
Rezzonico, 130.
Ricco monte, 312.
Rimini, 420.
Riomaggiore, 73.
Riva, 168.
Rivanazzano, 109.
Rivarolo, 32.
Rivoltella, 164.
Robecco, 162.
Robilante, 41.
Rocca Melone, 35.
Roche Melon, 24.
Rose (mont), 24, 145.
Rouchi, 280.
Rovenna, 123.
Rovigo, 314, 320.
Rua, 312.
Rubicon (le), fl., 420.

S

Sacro-Monte, 146.
Sagra di San-Michele, 35.

Saint-Bernard (col du petit), 34.
Saint-Georges (île), 196.
Saint-Gothard, 148.
Saint-Marin (rép. de), 422.
Salo (golfe de), 167.
Saluces, 32, 41.
San-Ambrogio, 3, 37.
San-Domenico, 392.
San-Elena, 228.
San-Francesco d'Albaro, 68.
San-Gimignano, 441.
San-Giuliano, 412.
San-Marcello, 346.
San-Marino, 424.
San-Martino della Battaglia, 163.
San-Maurizio, 38.
San-Michele, 252.
San-Miniato, 388.
San-Niccolo, 402.
San-Pietro, 36.
San-Quirico, 395.
San-Quirico de Vierno, 406.
San-Remo, 43.
San-Salvatore, 263.
San-Stefano, 46.
San-Terenzio, 74.
San-Vito, 74.
Santa-Croce, 270.
Santa-Elena (île de), 252.
Santa-Giustinia, 271.
Santa-Margherita, 70.
Santerno (le), riv., 414.
Santhia, 34.
Saronno, 118.
Sarzana, 76.
Sarzanella, 76.
Sassella, 42.
Sassi, 24.
Sasso, 346.
Sasso monte, 404.
Savena (la), riv., 332.
Savone, 48.
Scarena, 42.
Schio, 282.
Secchia (la), riv., 321.
Segrino (lac de), 134.
Sept Communes, 280.
Serchio (le), riv., 79, 409.
Sermione (presqu'île de), 163.
Serravalle, 264, 268.
Sesia (la), riv., 321.
Sesto, 346, 397.

Sestri, 44, 50.
Sestri Levante, 70.
Sienne, 442.
Sile (le), fl., 245, 260.
Simplon (le), 145.
Soffrata, 264.
Solferino, 163.
Sori, 69.
Sospello, 42.
Spezia (la), riv., 44, 73.
Spotorno, 48.
Staglia (la), riv., 442.
Stia, 402.
Stra, 302.
Strambino, 32.
Streza, 140.
Stupinigi, 30.
Stura (la), riv., 24, 321.
Suna, 142.
Superga, 23.
Suse, 2.
Suzegana, 263.

T

Taggia, 46.
Tagliamento (le), fl., 254.
Tanaro (le), fl., 321.
Taro (le), riv., 321.
Tenda, 42.
Tende (col de), 41.
Teolo, 312.
Terzole (le), riv., 400.
Tessin (le), fl., 140, 321.
Tesso (vallée du), 39.
Tezze, 262.
Thiene, 282.
Torano, 76.
Torbole, 168.
Torcello, 246.
Torcello (île de), 244.
Torno, 124.
Torre dei Lago, 79.
Torre del Gallo, 390.
Torre di Vezio, 130.
Torri, 168.
Tosa (la), riv., 143.
Toscolano, 168.
Trana, 37.
Trebbia (la), riv., 321.
Tremezzo, 126.
Trévise, 255, 260.

Trexana, 76.
Trieste, 254.
Turin, 4.

U

Udine, 254.
Urbino, 424.
Uso (l'), riv., 420.

V

Vado, 48.
Valdobiadenne, 273.
Vallombrosa, 400.
Valmara, 140.
Valstagna, 280.
Vaprio, 118.
Varallo, 144.
Varazze, 49.
Varenna, 130, 133.
Varese, 135.
Varese (lac de), 136.
Varignano, 74.
Vedelago, 256.
Venda (mont), 312.
Véneric (la), 30, 38.
Venise, 183.
Verceil, 81.
Vergato, 346.
Vermanagua (vallée), 41.
Verna (la), 400, 403.
Vernazza, 72.
Vérone, 169.
Verres, 32.
Vert (cap), 46.
Verzuolo, 32.
Viareggio, 78, 412.
Vicence, 283.
Vigne de la Reine (la), 30.
Villa, 412.
Vintimille, 44.
Viso (mont), 24.
Vogogna, 148.
Volterre, 442.
Voltri, 49, 109.

Z

Zambra (la), riv., 438.
Zenna (lac de), 140.
Zoagli, 70.

TABLE DES PERSONNAGES CÉLÈBRES

A

Agnolo, 446.
Agnolo Gaddi, 372, 405.
Agostino, 446.
Agostino di Duccio, 422.
Albane (L'), 330, 426.
Alberoni (Cardinal), 424.
Albert d'Este, 327.
Albert Dürer, 352.
Alberti, 330, 375.
Alessandro Bonvicino, 161.
Alessi, 102.
Alfieri (Comte), 15, 20.
Alfieri (Vittorio), 15.
Aliense, 200.
Allio, 292.
Allori, 374.
Almerico d'Este, 223.
Almerigo (Comte), 287.
Amedeo, 156.
Amati, 158.
Ambrogio Baroccio, 426.
Ambrogio Borgognone, 154.
Ambrogio da Fossano, 154.
Amédée VIII, 8.
Ammanati, 387, 410.
Ammanato, 350.
André della Robbia, 406.
André Solario, 155.
Andrea da Firenze, 374.
Andrea del Sarto, 276, 353.
Andrea di Jacopo d'Ognabene, 407.
Andrea Loredan, 213.
Andreasi (Comte), 331.
Andreasi (Évêque), 331.
Andrea Tafi, 372.
Antoine Venier, 218.
Antonello da Messina, 268.
Antonio da Ponte, 198, 202, 204, 212.
Antonio Federighi, 449.
Antonio Filarete, 101.
Antonio Veneziano, 374.
Aoste (Duc d'), 16, 20.
Apollonio Greco, 372.
Appiani, 111, 129.
Arconati (Comte), 126.
Arétin (L'), 354.
Arioste (L'), 327.
Aristide de Togni, 92.
Arnolfo, 6, 375.
Arnolfo di Cambio, 356.
Arnolfo di Lapo, 348.
Attila, 246.
Averlino, 101.
Avigliana (Marquis d'), 35.

B

Baccio da Montelupo, 364.
Baccio Pontelli, 426.
Baldovinetti, 372.
Balestra, 294.
Barbaro, 259.
Baroncelli, 325.
Basaiti, 250.
Bassan (Le), 200.
Battista del Moro, 181.
Beatrice d'Este, 156.
Beccafumi dit Mecherino, 446.
Bellini, 204.
Bembo, 160.
Bembo (Cardinal), 292.
Benedetto da Majano, 375, 386.
Benedetto da Rovezzano, 387.
Benozzo Gozzoli, 22, 442.
Bergamasco, 204, 252.
Berua, 442, 446.
Bernardino Rosso, 157.
Bernardino Zendrini, 242.
Bernardo de Venise, 154.
Bertola, 22.
Biagio Rossetti, 326.
Bianchi, 155.
Blaise de Montluc, 445.
Boccacini, 160.
Boïto, 15.
Boïto, 87.
Bollati, 20.
Bon, 204.
Bonaparte (Princesse Lætitia) 16.
Bonifazio, 261.
Borso d'Este, 327.
Bottacin (Chevalier), 297.
Bottecini, 15.
Botticelli, 352, 405.
Bracciolini, 360.
Bramante, 99, 102, 158.
Brentari, 279.
Briosco, 292.
Bronzino, 400, 407.
Brosses (De), 236.
Brunelleschi, 355, 358.
Brunetto Latini, 418.
Bruno di ser Lapo, 405.
Brusasorci, 181.
Buonconsiglio, 285.
Buondelmonti, 348.
Buontalenti, 352.
Byron, 238, 240.

C

Campagna, 204.
Campi, 160.
Cancellieri, 408.
Can Grande, 174.
Can Grande della Scala, 418.
Canonica, 104.
Canova, 126, 129, 276.
Can Signorio, 171.
Caparra, 386.
Capello, 278.
Carlo Bonone, 326.

Carlo Dolci, 405.
Caroline d'Angleterre, 123.
Caroto, 181.
Carpaccio (Le), 327.
Carrache, 332.
Casarotti, 278.
Casanova, 202.
Castelbarco (Comte), 172.
Castruccio Castracani, 76.
Cavazzuola, 181.
Cavour, 21.
Cellino di Nese, 407.
César Borgia, 425.
Charles Albert, 21, 35.
Charles-Emmanuel II, 8, 22.
Charles-Emmanuel III, 22.
Charles-Félix, 35.
Charles-Yriarte, 258, 259.
Chasteler (Marquis de), 218.
Cherubini, 375.
Ciceri, 107.
Cignani, 420.
Cigoli, 374.
Cimabué, 432.
Cima da Conegliano, 204, 216, 262, 314.
Cino da Pistoja, 407.
Cisterna (Princesse della), 20.
Claude Lorrain, 353.
Clément VII, 355.
Clément XII, 427.
Clementi, 331.
Clotilda Ambroni, 343.
Clotilde (Princesse), 38.
Colleoni (Comte), 282.
Colloni Bart., 218.
Comolli, 129.
Constance III, 416.
Contarini, 216.
Contarini (Doge), 241.
Corrège (Le), 330.
Cornaro (Amiral), 292.
Corsini, 380.
Cosimo Tura, 325, 326.
Cosme Ier, 348, 445.
Cosme l'Ancien, 355.
Crespi, 155.
Cristoforo Romano, 426.
Cronaca, 349, 374, 390.

D

Dacier (Mme), 296.
Dangeau, 296.
Dante (Le), 299, 402.
Demidoff (Prince), 362, 394.
Demin, 276.
Deshoulières (Mme), 296.
Diotisalvi, 433.
Domenico di Michelino, 360.

Dominico Contarini, 224.
Dominiquin (Le), 344.
Donatello, 293, 294, 364, 448.
Dorothea Bacchi, 343.
Dosso Dossi, 326.
Dotti, 340.
Duccio di Buoninsegua, 446, 448.

E

Élisabeth de Gonzague, 425.
Élisabeth Sirani, 336.
Emmanuel Philibert, 5, 8.
Emo di Capodilista, 256.
Enzio, 336.
Ezzelino, 314.

F

Fabris (De), 358.
Falconetto, 181, 292.
Farniato, 181.
Fausta, 98.
Fasolo, 286.
Federigo di Montefeltro, 425.
Ferdinand Ier, 223.
Ferdinand de Médicis, 399.
Fermo Guisoni, 330.
Ferracina, 278, 296.
Ferrari, 15.
Ferri, 20.
Filippino Lippi, 337, 374.
Filippo Lippi, 353.
Fioravanti, 335.
Foggini, 432.
Fogolino, 286.
Fontana, 45.
Formentone de Brescia, 160.
Foscari, 223.
Fra Angelico, 373.
Fra Bartolommeo, 353.
Fra Carnevale, 426.
Fra Damiano da Bergamo, 337.
Fra Diamante, 405.
Fra di Simone, 337.
Fra Guglielmo, 408.
Fra Marco Pensaben, 261.
Francesco Bissolo, 260.
Francesco da Brossano, 312.
Francesco da Milano, 268.
Francesco da Sangallo, 365.
Francesco da Volterra, 437.
Francesco Maria della Rovere, 425.
Francesco-Maria Preti, 303.
Franco, 499.
François II, 330.
François V, 310.
François d'Assise (Saint), 403.

François Sforza, 159.
Fra Paolino da Pistoja, 408.

G

Gaetana Agnesi, 343.
Galilée, 375.
Galla Placidia, 416.
Gallio (Cardinal), 130.
Galvani, 342.
Garofalo (Le), 325, 326.
Gasparo Grozzi, 304.
Gattamelata, 296.
Gatti, 160.
Gaudenzio Ferrari, 34, 38, 147.
Gentile da Fabriano, 353.
Ghiberti, 364.
Ghirlandajo, 352, 372.
Giacomo della Quercia, 446.
Ginori (Marquis), 394.
Gioberti, 21.
Giocondo da Verona, 172, 174.
Giolfino et Badile, 181.
Giorgione (Le), 204, 219, 353.
Giotto, 263, 293, 299, 358, 375.
Giovanni Bellini, 424.
Giovanni Cristiani da Pistoja, 407.
Giovanni da Pisa, 294.
Giovanni da San Giovanni, 394.
Giovanni d'Ascagnio, 442.
Giovanni degli Eremitani, 296.
Giovanni della Robbia, 408.
Giovanni Pisano, 432.
Giovanni Santi, 426.
Girolamo dai Libri, 181.
Girolamo da Treviso, 260.
Girolamo della Robbia, 408.
Girolamo Prigimelica, 303.
Girolamo d'Udine, 219.
Giuliano da Sangallo, 386.
Giulio Campi, 155.
Giuseppe Cesa, 306.
Goldoni, 228, 234.
Gomez, 15.
Gonzague, 328.
Gozzi, 228.
Gozzoli, 437.
Grandis, 1, 21.
Grattoni, 1, 21.
Guariento (Le), 200.
Guarini, 8, 19, 20.
Guarneri, 159.
Guerchin (Le), 325, 326.
Guibert, 22.
Guide (Le), 336.
Guidetto, 410.
Guido, 446.
Guido da Polenta, 418.
Guidotti, 437.
Gui d'Ubaldo, 425.

TABLE DES PERSONNAGES CÉLÈBRES.

H

Hayez, 126.
Henri III, 445.
Hercule Ier, 326.
Hippolyte de Médicis, 354.
Honorius, 416.
Horace Farnèse, 216.
Humbert Ier, 358.

I

Ilaria del Caretto, 411.

J

Jacopo da Empoli, 408.
Jacopo da Ponte, 278.
Jacopo della Quercia, 335, 411, 446.
Jacopo Lafri, 407.
Jacques de la Porte, 156.
Jacques Marcello, 223.
Jean XXIII, 372.
Jean de Bologne, 350, 364.
Jean de Médicis, 348, 355.
Jean d'Udine, 354.
Jean Galeas Visconti, 154, 155, 444.
Joseph II, 156.
Joseph Bembo (Doge), 218.
Jos. Meda, 96.
Jules Romain, 329, 330.
Julien de Médicis, 356.
Juvara, 6, 8, 20, 24, 30, 120, 331, 410.

L

Lagrange, 21.
Lanzi, 446.
Laura Bassi, 343.
Laurent II de Médicis (*il Pensiero*), 356.
Laurent le Magnifique, 400.
Laurent Venier, 221.
Lauretti, 336.
Lautrec, 158.
Lazzarini, 126.
Leandro da Ponte, 278.
Leonard Loredan, 218.
Leonardo di Ser Giovanni, 407.
Leone Battista Alberti, 421.
Leopardi, 204.
Leopardo Aless., 218.
Lombardo (P.), 188, 213, 216.
Longhena, 210, 222.
Lonigo (Comte), 274.

Lorenzo Costa, 326.
Lorenzo Credi, 407.
Lorenzo Monaco, 373.
Louis Manin, 200.
Luca da Giordano, 276, 294.
Luca della Robbia, 364, 373, 408.
Luca Signorelli, 352.
Ludovic Le More, 156.
Luigi Cagnola, 103.
Luigi del Moro, 358.
Luini (B.), 155.
Luitprand, 338.

M

Macciachini, 104.
Machiavel, 375.
Macrino d'Alba, 155.
Maganza, 285, 294.
Mantegna, 262, 291, 331.
Manzolina, 343.
Marc-Antoine Bragadin, 218.
Marc Cornaro, 218.
Marco da Faenza, 349.
Marco di Campione, 118, 154.
Marco Minghetti, 338.
Marco Polo, 310.
Marco Vecellio, 219.
Margaritone d'Arezzo, 428.
Marie-Adélaïde, 20.
Marie-Louise, impératrice, 411.
Marino Falieri, 199.
Marino Sanuto, 228.
Masacci, 410.
Masaccio, 374.
Massimo d'Asseglio, 21.
Matas, 374.
Matteo Civitali, 410.
Matteo del Parti, 421.
Matteo di Giovanni, 446.
Medesimo Tela, 276.
Melone, 160.
Melozzo da Forli, 426.
Memmo, 221.
Menganti, 336.
Mengoni, 84.
Meo del Caprino, 7.
Mica (Pietro), 21.
Micchelozzo-Micchelozzi, 101, 221.
Michel-Ange, 335, 375.
Michel Lanza, 218.
Mingozzi Colonna, 288.
Mino da Fiesole, 364, 393.
Mino da Turrita, 446.
Misson, 236.
Mondini, 342.
Montagna, 155.
Montaigne, 236.
Moretto Cremonese, 160.

Morgan (Lady), 300.
Morghen, 100.
Moro Lombardo, 252.
Morone, 181.
Morosini, 218.
Muntz, 421.

N

Nanni di Banco, 364.
Nicolas Marcello (Doge), 218.
Nicolas Tribolo, 335.
Nicolas Tron, 223.
Nicolas III, 324.
Nicolas V, 411.
Nicolas Orsini (Général), 218.
Nicolas Pisano, 291, 336, 337.
Nicolaus de Bonaventis de Parisius, 88.
Nicolo di Bari, 337.
Novella d'Andrea, 343.

O

Obelerio, 200.
Orcagna, 348, 365, 374.

P

Pacchiarotto, 446.
Pacciotto di Urbino, 22.
Palladio, 198, 204, 220, 283.
Palma le Jeune, 200, 202, 213, 254, 294.
Palma le Vieux, 216, 220.
Panetti, 327.
Paola Costa, 21.
Paolo Uccelli, 374.
Pâris Bordone, 260.
Pascal Cigogna (Doge), 216.
Pascal Malipiero (Doge), 218.
Pastoris (Comte), 31.
Paul V, 422.
Paul Véronèse, 422.
Pellegrini, 86, 88, 156.
Pelegrino Tibaldi, 147.
Perin del Vaga, 432.
Pertinchamp, 20.
Peruzzi, 446, 448.
Pérugin (Le), 155.
Pesaro (Amiral), 223.
Pétrarque, 312.
Philippe Strozzi, 386.
Piccarda Bueri, 355.
Pie II, 449.
Pie VII, 221.
Piermarini, 118.
Piero da Firenze, 407.
Pierre de Médicis, 355.

Pierre Mocenigo, 218.
Pierre Strozzi, 331, 445.
Pietro a Noceto, 411.
Pietro Bertelli, 231.
Pietro Danieletti, 306.
Pietro della Francesca, 421.
Pietro Tacca, 439.
Piniuricchio, 446, 448.
Piovene (Comte), 280.
Pironi, 292.
Pisani (Doge), 302.
Poccetti, 374.
Poggio, 390.
Pola (Bart. de), 155.
Pontorno, 400.
Pordenone (Le), 160, 260.
Primatice (Le), 330.
Procaccini, 155.
Prony, 242.

Q

Querini, 230.
Quirini (Cardinal), 160.

R

Raphaël Sanzio, 426.
Rembrandt, 353.
Rinaldo, 330.
Rizzo, 199, 202.
Rodari, 120.
Roger degli Ubaldini, 436.
Romanino, 160.
Rosalba Carrera, 244.
Rossellino, 407.
Rossi, 282.
Rossini, 375.
Rousseau (Jean-Jacques), 20.
Rubens, 353.
Ruisdaël, 353.

S

Saint-Didier (De), 236.
Sammicheli, 172, 174, 177, 180, 181, 286.
Sansovino, 194, 197, 199, 204, 212, 248, 290, 292.
Santi di Tito, 374.

Sassoferrato, 426.
Saxe-Meiningen (Duc de), 126.
Scaliger, 172.
Scamozzi, 194, 287.
Scarpagnino, 204, 212.
Scudéry (Mlle de), 296.
Sebastiano Veronese, 408.
Sebastien del Piombo, 261.
Sganzin, 242.
Sigismond d'Este, 326.
Sigismond Malatesta, 421.
Signorelli, 426.
Silvio Pellico, 202.
Simone di ser Memmo, 407.
Simone Ferrucci, 422.
Sodoma (Le), 352, 432, 446, 449.
Sommeiller, 1, 21.
Sophie Chéron, 296.
Spada, 337.
Spinello Aretino, 374, 390.
Spinello Spinelli, 436.
Stagio Stagi, 78.
Stradivarius, 159.
Suriano, 224.

T

Taddeo Gaddi, 348, 358, 364, 372, 449.
Taddeo Pepoli, 336.
Taine, 344.
Talenti, 358.
Talleyrand-Périgord, 380.
Tartagni, 337.
Téniers, 353.
Terribilia, 342.
Théodoric, 416.
Théophile Gautier, 188, 238, 252, 385.
Thomas (Prince), 8.
Thomas Mocenigo (Doge), 218.
Thorwaldsen, 126.
Tiarini, 337.
Tibaldi di Pellegrini, 428.
Tiepolo, 254, 279, 288, 306.
Timoteo Viti, 426.
Tintoretto (Le), 200, 204, 219, 221, 250, 330.

Titien (Le), 204, 330.
Tiziano Aspetti, 292.
Tocca, 405.
Torbido il Moro, 181.
Tosio (Comte), 162.
Trivulzio, 108.
Trommaso Lombard, 204.
Troubetzkoï, 120.
Tullio Lombardo, 292.
Turone, 181.

U

Uberti, 348.
Ubertino Carrara, 314.
Ugolin dei Gherardeschi, 434.
Urbani de Gheltof, 249.

V

Valentinien III, 416.
Valier (Sylvestre et Élisabeth), 218.
Van Dyck, 353.
Vasari, 349.
Vela, 20.
Velasquez, 354.
Vendramin, 218.
Véronèse, 200, 204.
Verocchio, 218, 349, 364, 407.
Vianelli, 244.
Victor Capello (Général), 218.
Victor-Emmanuel, 21.
Vincenzo Foppa, 157.
Vincenzo Gaiassi, 285.
Vittore Pisano, 421.
Vittoria, Alex., 224.

W

Wimpfen (Comte), 313.

Z

Zanelli (Comte), 419.
Zelotti, 257, 615.
Zoppo (Le), 286.
Zuccaro, 200.

TABLE DES GRAVURES

	Pages.
MODANE.	1
BARDONNECCHIA	2
VUES DU MONT CENIS.	3
TURIN. — Piazza Castello.	5
— Escalier du palais Madame.	7
— Panorama pris du monte dei Capuccini.	9
— La cathédrale.	11
— Palais Madame.	13
— Armeria Real.	15
— Valentino et les rives du Pô.	17
— Église de la Gran Madre di Dio et le monte dei Capuccini.	19
— Piazza San-Carlo.	21
BERSAGLIERS.	23
TURIN. — La Superga. — Le chemin de fer funiculaire.	25
— Les rives du Pô.	29
— La Superga.	31
IVREA. — Les quais sur la Dora.	33
AOSTE. — Arc de triomphe romain.	35
— Tour romaine.	37
LANZO. — Tour de l'hôtel communal.	39
MILITAIRES ALPINS.	41
TURIN. — Rives du Pô et mont des Capucins.	42
SAN-REMO. — Torrent de San-Remolo.	43
— Une rue.	45
PORTO-MAURIZIO.	47
NOLI.	48
PEGLI. — Villa Doria.	49
GÊNES. — Le port.	51
— Villa Pallavicini.	53
— Entrée de la villa Pallavicini.	55
— La Lanterne.	57
— Église de Santa-Maria di Carignano.	59
— Panorama du port.	61
— Santa-Annunziata.	63
— Détail de la façade de San-Lorenzo.	65
— Campo Santo.	69
BOGLIASCO.	71
SORI.	72
L'ENTELLA, près Chiavari.	73
LAVAGNA.	74

	Pages.
LEVANTO	75
DÉTROIT DE PORTO-VENERE ET LA PALMARIA	76
SAN-TERENZIO ET PORTO-VENERE	77
FEZZANO	78
CASTELLO DE AULLA	79
MILAN. — Dôme et place du Dôme	81
— Galerie Victor-Emmanuel	85
— — (intérieur)	87
— Façade et côté nord du Dôme	89
— Porte de la cathédrale	91
— Piazza dei Merchanti	93
— Corso Vittorio Emmanuele	95
— Corso Porto Venezia	97
— San-Ambrogio	101
— Ospedale Maggiore	103
ABBAYE DE CHIARAVALLE	105
MILAN. — Ospedale Maggiore (cour intérieure)	107
— Santa-Maria delle Grazie	109
— Colonnes de San-Lorenzo	111
— San-Satiro	113
— Statue de Léonard de Vinci	115
FEMME DU LAC DE CÔME	116
CÔME. — Panorama	117
LAC DE CÔME. — Vue prise de la villa d'Este	121
VILLA D'ESTE. — Cascade d'Hercule	123
LAC DE CÔME. — Sala et Isola Comacina	124
BELLAGGIO. — Vue prise de la villa d'Este	125
— Grotte de la villa Serbelloni	127
— Vue prise de Tremezzo	128
— Villa Trotti	129
—	131
BORMIO. — Vallée de l'Adda	132
LAC DE CÔME. — Varenna	133
VALLÉE VELLADDA. — Sondrio	134
MENAGGIO	135
LAC MAJEUR. — Les îles Borromées	137
MEINA. — Vue sur Angera	138
LAC MAJEUR. — Isola Bella	139
— Isola Bella	140
— Isola Bella et Isola Madre	141
— Pallanza	143
ISOLA PESCATORI. — Vue prise d'Isola Bella	145
LAC MAJEUR. — Angera	147
LAC D'ORTA. — Ile San-Giulio (vue prise d'Orta)	149
— Chapelle sur le Sacro Monte	150
LUGANO. — Panorama pris du monte San-Salvatore	151
PAVIE. — Façade de l'église de la Chartreuse	153
— Porte de l'église San-Michele	155
— Vues de la Chartreuse	157
— Porte de l'église de la Chartreuse	159

TABLE DES GRAVURES.

	Pages.
PAVIE. — Flanc de l'église de la Chartreuse	161
BRESCIA. — Palais municipal	163
COLA	164
LAC DE GARDE. — Punta di San-Vigilio	165
— Salo	166
— Torri	167
VÉRONE. — Le vieux pont et le castello San-Pietro	169
— Maison de Juliette	170
— Tombeau des Scaliger	171
— Château vieux et pont sur l'Adige	173
— Bénitier à Sainte-Anastasie	175
— Crypte de San-Zeno	176
— Les Arènes	177
— Acqua Morta	179
— Mausolée Castelbarco	180
— Villa Giusti	181
— Escalier du Mercato Vecchio	182
VENISE. — Quai des Esclavons, vu du canal	183
— Le Grand Canal, alla Ca d'oro	185
— Flanc droit de la basilique de Saint-Marc	189
— Le Grand Canal. — Santa-Maria della Salute	191
— Peintures du portail de Saint-Marc	193
— Le Rio Wanaxel	195
— Loggia du premier étage du Palais ducal	197
— Palais ducal. — Salle du Sénat	199
— Panorama	201
— Cour du Palais ducal	203
— Porteuses d'eau, au puits du Palais ducal	205
— Marchande de citrouilles	207
— Gondoliers	209
— Grand Canal et Canareggio	211
— Pont du Rialto	213
— Rio dei Mendicanti. — Église San-Giovanni e Paolo	215
— Palais Wismann	217
— Abbaye de San-Gregorio	219
— La Giudecca	221
— Fondaco dei Turchi	225
— Le Grand Canal, vu de Santa-Maria della Salute	227
— La lagune	229
— L'arsenal	233
— Quai des Esclavons	235
— Vue prise près du quai des Esclavons	237
— Une rue, vue du pont du Canareggio	239
— Le grand Canal, vu du pont de l'Académie	241
PÊCHEUR DE CHIOGGIA	243
QUINTO SUL SILE	245
TORCELLO. — Mosaïque de Santa-Maria	247
— Église Santa-Fosca	249
VENISE. — Via Santa-Margarita	251
FRIOUL. — Serravalle. — Le Meschio	253

	Pages.
Asolo	257
Conegliano	259
Vittorio. — Ceneda	265
— Serravalle	267
Belluno. — Porta Feltre	271
Cavaso	273
Possagno	275
Bassano	279
Vicence. — Cour du palais de l'Archevêché	281
— Palais Bonin	285
— Palais du Conseil	287
— Église San-Lorenzo	290
Padoue. — Abside de la Basilique	291
— Église Saint-Antoine	295
— Salone	297
— Prato della Valle et église Sainte-Justine	301
— Casa Valmarana	303
Stra. — Le Palais	305
Padoue. — Il Bacchiglione	307
Arqua. — Maison de Pétrarque	311
Ferrare. — Palais des Négociants	313
— Castelli dei Estenti	317
— Escalier du Palais municipal	321
— Porte des Lions	323
— La cathédrale	325
Mantoue. — Portique du Palais ducal	329
Carpi. — Palais communal	331
Bologne. — Palais du podestat	333
— Tours Asinelli et Garisenda	335
— Palais communal et Casa dei Notari	337
— Cour de l'église San-Domenico	339
— Église San-Luca	341
— Salicate de San-Francisco	343
Florence. — Ponte Vecchio	345
— Palais vieux	349
— Cour du Palais vieux	351
— Loggia dei Lanzi	353
— Fenêtre du Musée national	355
— Portique des Offices	357
— Façade postérieure du palais Pitti	359
— La cathédrale. — Le baptistère	361
— Portique de la chapelle Pazzi	363
— Mercato Vecchio	365
— Église San-Michel	367
— Le Bargello	369
— Cour du palais du podestat	371
— Le baptistère	373
— Musée de San-Marco	375
— Le Cloître vert de Sainte-Marie-Nouvelle	377
— Loggia dei Bigallo	379

TABLE DES GRAVURES.

	Pages.
GENDARME A CHEVAL ET SOLDAT D'INFANTERIE.	381
FLORENCE. — Pont vieux et portique des Offices.	383
— Ponte Vecchio.	385
— Panorama pris de San-Miniato.	389
SAN-MINIATO.	391
FLORENCE. — Musée national.	393
BORGUNTO.	395
GENDARME A PIED.	397
VILLA PETRAJA.	399
POPPI. — Escalier du palais Guddi.	401
ROMENA. — Le château.	403
CASENTINO. — Monastère des Camaldules.	405
VERNA. — Le Mont sacré.	405
PRATO. — Palazzo Pretorio.	407
PISTOJA. — Palais communal.	409
LUCQUES. — La cathédrale San-Martino.	411
FLORENCE. — Les Cascines.	412
URBINO. — Panorama.	413
RAVENNE. — Extérieur de San-Vitale.	415
— Intérieur de San-Vitale.	417
FORLI. — Église San-Mercuriale.	419
RIMINI. — Intérieur de la cathédrale.	421
SAINT-MARIN. — La petite roche.	423
FANO. — L'Arc d'Auguste.	425
ANCONE. — Panorama.	427
PISE. — Panorama.	429
— La cathédrale.	431
— Intérieur du Dôme.	433
— Le baptistère.	435
FRÈRE DE LA MISÉRICORDE.	437
PISE. — Tour d'Ugolin.	439
— Galerie est du Campo Santo.	441
— Galerie nord du Campo Santo.	443
VOLTERRA.	445
SIENNE. — Panorama.	447
— Loggia dei nobili.	444
SAN-GIMIGNANO. — Palais neuf du Podestat.	451

TABLE DES MATIÈRES

		Pages.
Avant-propos	. . . .	1

CHAPITRE PREMIER.

I.	Le mont Cenis. — Le tunnel. — De Bardonnecchia à Turin	1
II.	Turin. — Impression première. — Vieux quartiers et quartiers neufs	4
III.	Les vieux quartiers. — La basilique. — Le Palais royal	6
IV.	Les arcades. — La vie de la rue. — Les promenades. — Les cafés et les théâtres. — La Société. — Les Clubs	8
V.	Les monuments. — Les églises. — Les statues. — La citadelle et le quartier militaire .	19
VI.	La Superga	23
VII.	Instruction publique. — Arts. — Littérature. — Sciences. — Journaux et librairies. — Industrie et commerce	26
VIII.	La province de Turin. — Les maisons royales	28
IX.	Les vallées. — Le château de Fenis.	31
X.	La Sagra di San-Michele	35
XI.	Cirie. — Lanzo. — La vallée de la Stura	38
XII.	Pignerol. — Les vallées vaudoises. — Saluces. — Le col de Tende	40

CHAPITRE II.

I.	De Vintimille à Pise. — La rivière du Ponent	43
II.	Gênes	51
III.	La rivière du Levant	68

CHAPITRE III.

I.	De Turin à Milan. — Milan. — Tramways. — Facchini et agents de police. — La galerie Victor-Emmanuel	81
II.	Le Dôme	86
III.	Via Manzoni et la gare du chemin de fer. — Via Torino, et le quartier della Porta Ticinese. — Quartier della Porta Garibaldi et ses habitants. — Corso Vittorio Emmanuele et Corso Porta Venezia. — Les jardins publics et les bastions	92
IV.	Les monuments. — San-Lorenzo. — San-Ambrogio. — San-Eustorgio.	97
V.	Santa-Maria della Grazie. — La Cène	99
VI.	Porta Nuova. — Palazzo della Ragione. — Loggia dei Osii. — Ospedale Maggiore. — Il Castello. — Casa Castiglioni. — Palazzi Zucchi, Bentivoglio, Corio, d'Adda, Ponti, etc.	100
VII.	Arco della Pace. — Arena. — Porta Comasura, Ticinese. — Palazzi Besana, Belloni, Rocca, etc. — Cimitero monumentale	103
VIII.	Les divertissements. — Le carnaval. — Les théâtres. — La Scala. — Les cercles. . .	112

CHAPITRE IV.

		Pages.
I.	Milan l'été. — Les Villégiatures. — Monza. — Côme. — Le lac. — Lacs Majeur, de Varese, d'Orta, de Lugano	117
II.	Côme. — Le Broletto. — Le Dôme.	119
III.	Le lac	122
IV.	De Côme à Arona par Varese.	135
V.	Le lac Majeur	136
VI.	Le lac d'Orta. — Le Sacro-Monte	144
VII.	Le Saint-Gothard. — Le lac de Lugano	148

CHAPITRE V.

I.	De Milan à Venise par Pavie, Crémone, Brescia et Vérone. — Pavie	153
II.	Crémone	158
III.	Le lac de Garde	162

CHAPITRE VI.

I.	Vérone	169
II.	Les rues, les cafés, les arènes, les églises	175
III.	Venise. — L'arrivée. — Le grand canal et les ruelles. — Saint-Marc. — Le Palais ducal	183
IV.	Saint-Marc	187
V.	La Piazza. — Les Procuraties. — Le café Florian	193
VI.	La Piazzetta. — Le Palais ducal	197
VII.	Les Gondoles. — Les palais et les églises. — La Ca d'oro et I Scalsi. — San Giorgio et I Frari	207
VIII.	Les musées et les collections particulières. — Industrie et commerce. — L'arsenal. — Instruction publique. — Bibliothèques et journaux	224
IX.	Les bibliothèques. — Les archives. — Les journaux	228
X.	Le blond vénitien. — Les théâtres et les divertissements. — Les anciens voyageurs . .	231
XI.	La lagune. — Les îles. — Le Lido. — Chioggia. — Malamocco. — Torcello. — Burano. — Murano	238

CHAPITRE VII.

I.	Le nord de la Vénétie	253
II.	Maser	258
III.	Conegliano. — Son école de viticulture. — San-Salvatore	261
IV.	De Vittorio à Belluno	269
V.	De Feltre à Bassano. — Possagno et le temple de Canova. — Crespano	272
VI.	Possagno	275
VII.	Bassano	277
VIII.	Thiene. — Schio. — La filature Rossi. — Vicence	282
IX.	Padoue	288

		Pages.
x.	A travers la ville.	295
xi.	Les environs de Padoue. — Stra, Cattajo, Abano, Arqua	300
xii.	Stra	302
xiii.	Cattajo. — Abano. — Arqua	309
xiv.	Ferrare	323
xv.	Mantoue	327
xvi.	Bologne	332
xvii.	L'université et l'Académie des beaux-arts	342

CHAPITRE VIII.

i.	Florence. — De Bologne à Florence	345
ii.	Les Uffizi. — Le Palais Pitti. — San-Lorenzo. — La chapelle des Médicis	350
iii.	Le dôme	356
iv.	Les Cascines	360
v.	Les vieux quartiers	362
vi.	Le Bargello	366
vii.	Le Baptistère. — Santa-Maria Novella. — Santa-Croce	368
viii.	Un peu de vie actuelle. — La Florence moderne. — Les quartiers neufs. — Le Lung' Arno	376
ix.	Panorama de Florence. — San-Miniato. — Bello Sguardo. — Monte oliveto.	387
x.	Aux environs. — Fiesole	391
xi.	Ponte à Signa	394
xii.	La Doccia	397
xiii.	Le pays du Dante. — Vallombrosa. — Les Camaldules	400
xiv.	Prato. — Pistoja. — Lucques	404

CHAPITRE IX.

i.	De Bologne à Ancône. — Raverme. — Faenza. — Forli	413
ii.	Rimini. — Saint-Marin	420
iii.	Urbino. — Fano. — Ancône	424

CHAPITRE X.

i.	Pise	429
ii.	Livourne	438
iii.	San-Gimignano. — Volterre. — Sienne	441

Index géographique	453
Table des personnages célèbres	457
Table des gravures	461
Table des matières	467

www.ingramcontent.com/pod-product-compliance
Lightning Source LLC
Chambersburg PA
CBHW060225230426
43664CB00011B/1550